Horst Schreiber

GEDÄCHTNISLANDSCHAFT TIROL

INNS'
BRUCK

Veröffentlichungen des
Innsbrucker Stadtarchivs,
Neue Folge 68

STUDIEN ZU GESCHICHTE UND POLITIK
Band 24
herausgegeben von Horst Schreiber
Michael-Gaismair-Gesellschaft
www.gaismair-gesellschaft.at

www.gaismair-gesellschaft.at

Horst Schreiber

GEDÄCHTNIS LANDSCHAFT TIROL

Zeichen der Erinnerung an Widerstand, Verfolgung und Befreiung 1938–1945

StudienVerlag

Innsbruck
Wien
Bozen

Gefördert von     Nationalfonds der Republik Österreich
für Opfer des Nationalsozialismus

Gedruckt mit freundlicher Unterstützung durch die Kulturabteilung des Landes Tirol, den Nationalfonds sowie
den Zukunftsfonds der Republik Österreich.

© 2019 by Studienverlag Ges.m.b.H., Erlerstraße 10, A-6020 Innsbruck
E-Mail: order@studienverlag.at, Internet: www.studienverlag.at

Umschlag, Layout, Satz: Willi Winkler, www.neusehland.at
Umschlagfotos: Selina Mittermeier (links), Privatarchiv Horst Schreiber (Mitte und rechts)
Registererstellung durch den Autor

Gedruckt auf umweltfreundlichem, chlor- und säurefrei gebleichtem Papier.

Bibliografische Information der Deutschen Nationalbibliothek
Die Deutsche Nationalbibliothek verzeichnet diese Publikation in der Deutschen Nationalbibliografie; detaillierte
bibliografische Daten sind im Internet über <http://dnb.dnb.de> abrufbar.

ISBN 978-3-7065-5490-9

Inhalt

Einleitung

Die vorliegende Publikation dokumentiert die Erinnerungszeichen zu Widerstand und Verfolgung im Nationalsozialismus und zur Befreiung von der NS-Diktatur in Tirol. Sie rekonstruiert die Geschichte der Menschen, die auf diesen Gedenkzeichen genannt werden, und analysiert die Entwicklung der Erinnerungskultur in der Zweiten Republik auf regionaler und lokaler Ebene am Beispiel Tirols.

Das Forschungs- und Dokumentationsprojekt nimmt eine quantitative Gesamterhebung vor und veranschaulicht die Tiroler Gedächtnislandschaft visuell. Es beschreibt die Art der Erinnerungszeichen sowie die mit ihrer Errichtung verbundenen Entstehungs-, Entscheidungs- und Umsetzungsprozesse. Die Studie nennt die InitiatorInnen, macht Angaben zur künstlerischen und architektonischen Gestaltung, datiert die Gedenkzeichen, schildert den Ablauf der Feierlichkeiten und gibt Aufschluss über die teilnehmenden Personen. Bis auf wenige Ausnahmen konnten für alle auf den Gedenkzeichen gelisteten Opfer Kurzbiografien erstellt werden.

Im ersten Teil des Buches wird die Entwicklung der Erinnerungskultur in Tirol seit dem Kriegsende bis in die Gegenwart analysiert. Die Leserinnen und Leser erfahren, welche Opfergruppen das Gedenken bestimmen oder immer noch vergessen bleiben. Der Autor geht der Frage nach, wer die dominanten Persönlichkeiten in der Tiroler Gedächtnislandschaft sind und in welchem Maße Frauen repräsentiert werden, welche Formensprache die Erinnerungskultur prägt und wie das Gedenken in den Bezirken zu charakterisieren ist, welche zeitlichen Phasen bei den Zeichensetzungen zu unterscheiden sind und welche Veränderungen das kulturelle Gedächtnis in Tirol erfahren hat. Nicht zuletzt im Vergleich zur österreichweiten Entwicklung, die ihrerseits seit den 1990er Jahren zunehmend in einen europäischen Rahmen eingebettet ist.

Der zweite Teil des Buches nennt die Friedhöfe, in denen sich Gräber für Kriegsgefangene und Zwangsarbeitskräfte befinden. Erstmals liegt ein Gesamtüberblick für weitergehende und vertiefende Studien vor. Mehrere Anfragen beim Schwarzen Kreuz zu den Kriegsgräbern und anderen Objekten, für die es zuständig ist, blieben unbeantwortet oder verliefen ergebnislos mit dem Verweis auf fehlende Unterlagen. So informierte die Verwaltung des Soldatenfriedhofs in Innsbruck-Amras, der bedeutendsten Kriegsgräberstätte in Tirol, dass sie über keine Akten verfüge und der Ansprechpartner das Schwarze Kreuz sei. Für die Toten finden sich in den Friedhöfen in Amras, Hall, Imst, Kufstein, Landeck, Lienz, Natters, Pflach, Wörgl und Zams auf Kreuzen, Steinen und Tafeln nicht immer vollständig Vor- und Nachnamen, Geburts- und Sterbedaten, der Vermerk der nationalen Herkunft und Angaben wie Kriegsgefangener, Fremdarbeiter, Zwangsarbeiter etc. Nachforschungen der letzten Jahre zu den Toten der ehemaligen Sowjetunion haben in vielen Fällen Diskrepanzen zu den Inschriften auf den Friedhöfen zutage gefördert, manchmal scheint derselbe Tote in zwei Friedhöfen auf.

Für das Thema relevante Denkmäler und Gedenksteine in Friedhöfen, aber auch Grabkreuze, die in ihrer Inschrift über das oben Genannte hinaus Hinweise geben, etwa den Tod im Lager Reichenau, wurden in die Dokumentation der Gedenkzeichen aufgenommen. Dieser dritte Teil des vorliegenden Grundlagenwerkes führt die Orte der Erinnerung mit all ihren Erinnerungszeichen in alphabetischer Reihenfolge an.

Neben der Auswertung der vorhandenen Literatur und zahlreichen Aktenmaterials stellten Engagierte in Gemeinden, Pfarren, Klöstern, Museen, Vereinen, Bibliotheken, Ministerien, landesnahen Unternehmen und Archiven wertvolle Informationen zur Verfügung, ebenso Heimatforscherinnen, Chronisten, künstlerisch Schaffende, Historiker und Historikerinnen. Besonders wichtig waren Auskünfte von Initiatorinnen von Gedenkzeichen und Akteuren aus dem erinnerungskulturellen Feld. Ihnen allen gilt mein besonderer Dank. Von den 278 Kommunen, die um Hilfe gebeten wurden, antwortete zunächst jede dritte Gemeinde, nach einer weiteren Urgenz deutlich mehr als die Hälfte. Gerade bei der Darstellung der Gedenkfeierlichkeiten und von Kontroversen um Erinnerungszeichen waren Tageszeitungen, Zeitschriften, Bezirksblätter und Kirchenzeitungen unentbehrlich.

Die Druckkosten für dieses Buch übernahmen dankenswerterweise die Kulturabteilung des Landes Tirol, das Stadtarchiv Innsbruck, der Nationalfonds und der Zukunftsfonds der Republik Österreich.

Für die nahe Zukunft sind bereits weitere Gedenkzeichen geplant: am Ehrenmal der Universität Innsbruck, für Zwangsarbeitskräfte in Haiming und Kirchbichl, für Pater Franz Reinisch im Franziskanergymnasium Hall, für Opfer der NS-Euthanasie im Landeskrankenhaus Hall und NS-Opfer im Anatomischen Institut Innsbruck. In Zell am Ziller gibt es Überlegungen, ein Zeichen zu setzen, das an den sozialdemokratischen Widerstandskämpfer Hans Vogl erinnern soll. Nach umfangreichen Aktivitäten der Sozialdemokratischen FreiheitskämpferInnen brachte die Innsbrucker Stadträtin Elisabeth Mayr (SPÖ) im November 2018 einen Antrag zur Errichtung weiterer Gedenkzeichen ein, vor allem eines Denkmals für die Opfer der NS-Wehrmachtsjustiz. Das vorliegende Standardwerk zur Erinnerungskultur vermittelt Impulse für derartige Vorhaben, benennt die Gruppen, die bisher in der Tiroler Gedächtnislandschaft kaum Erwähnung fanden, und fordert zu künstlerischen Zeichensetzungen auf, die eine aktive Auseinandersetzung ermöglichen. Eine nachhaltige Weitergabe der Erinnerung erfordert eine ständige Aktualisierung von Gedenkzeichen, da diese in der Regel eine bestimmte Zeit nach ihrer Enthüllung an Sichtbarkeit und Bedeutung verlieren. Deshalb ist es nötig, das Objekt und den Ort der Erinnerung mit ungewohnten Ritualen, modernen Inszenierungen und partizipativen Projekten dem Vergessen zu entreißen und wieder lebendig zu machen. Von Fall zu Fall werden zeitgemäße Interventionen an Gedenkzeichen, die in die Jahre gekommen sind, notwendig sein: um eigene Antworten auf neue Fragen zu finden, bisherige Sichtweisen zu schärfen und vormalige Botschaften aus der jeweiligen Gegenwart heraus neu auszurichten.

Zu Beginn des 21. Jahrhunderts ist festzustellen, dass die lange Zeit verdrängte Geschichte der Opfer in die Erinnerung der österreichischen Politik und Gesellschaft aufgenommen wurde. Die materialisierte Erinnerungskultur und ihre neuen Praktiken beim Gedenken an Nationalsozialismus, Krieg und Holocaust haben die Toten und das Leiden der Opfer ins Zentrum gestellt. Mit dieser Opferidentifikation droht aber die Erinnerung an die kulturelle Nähe der Opfer zu den TäterInnen verlorenzugehen. Die österreichische Mehrheitsgesellschaft sah während des Nationalsozialismus bestimmte Gruppen von Menschen – politisch Andersdenkende, Juden und Jüdinnen, Roma und Sinti, Kranke, sogenannte Asoziale und Fremdvölkische – als überflüssig an und als gefährlich für die „Volksgemeinschaft". Die Erinnerung an die Diskriminierung, Ausgrenzung und Vernichtung dieser Menschen verschwindet aber weitgehend hinter moralisch aufgeladenen Opferdiskursen. Das Gedenkjahr 2018 ist ein Beispiel dafür. Auf der einen Seite richtete die Bundesregierung eindrucksvolle Veranstaltungen aus, besuchte Überlebende in Israel und lud sie nach Österreich ein. Schließlich kündigte sie eine Denkmalsetzung für die knapp 10.000 ermordeten österreichischen Opfer des Holocaust in Maly Trostinec bei Minsk und die Errichtung einer Gedenkmauer in Wien mit den Namen aller jüdischen Opfer Österreichs an. Die Mahnungen wegen der restriktiven Haltung der Staatengemeinschaft während der NS-Herrschaft bei der Gewährung von Asyl, die vielen Menschen das Leben kostete, waren unüberhörbar. Auf der anderen Seite setzte die Regierung in ihrer Gesetzgebung im Asylbereich völlig konträre Akzente. Sie entwickelte gegenüber Flüchtlingen, aber auch MigrantInnen, Bedrohungsszenarien und Feindbilder. Regierungsmitglieder brachten diese Gruppen in erster Linie in Zusammenhang mit Kriminalität und der Ausnutzung des österreichischen Sozialstaates. Das Eingeständnis der Mitverantwortung an den Verbrechen des Nationalsozialismus ist inzwischen trotz erheblicher Differenzen in wichtigen Details von allen Parteien im Nationalrat anerkannt. Doch welche Konsequenzen sich aus diesem Bekenntnis für die gegenwärtige Politik ableiten lassen, bleibt offen. Eines scheint bei künftigen Zeichensetzungen und Gedenkveranstaltungen notwendig zu sein: das opferorientierte Erinnern mit Fragen nach der eigenen Täterschaft zu verknüpfen und die Folgen einer solchen Erinnerungspraxis für die Gegenwart zu diskutieren.

Innsbruck, Mai 2019   Horst Schreiber, _erinnern.at_

Geschichte
der Gedenkzeichen
1945–2018

Gedenkzeichen nach Kategorien

Die Einordnung der Zeichen in Kategorien erfolgte nicht nur entsprechend dem Text auf den Objekten, sondern vor allem nach dem Verfolgungsgrund und dem realen Handeln der Personen, die auf den Erinnerungszeichen aufscheinen. Insgesamt konnten 201 Gedenkzeichen in 53 Gemeinden aufgenommen werden. Davon sind 186 Zeichen einer Kategorie zuordenbar, 14[1] Zeichen gedenken gleichzeitig Menschen, die mehr als eine Opfergruppe repräsentieren. Zwei Gedenkzeichen sind unspezifisch: Eine Inschrift am Kriegerdenkmal in Wörgl erinnert ganz allgemein an die Opfer im Widerstand gegen den Nationalsozialismus. Der Deutsche Alpenverein setzte einen Gedenkstein beim Friesenberghaus in den Zillertaler Alpen, um sich für die Ausgrenzung und Verfolgung seiner jüdischen Mitglieder zu entschuldigen. Die Inschrift „Gegen Intoleranz und Hass" lässt dies aber nicht erkennen, nur die Jahreszahlen (1921–1945) geben einen Hinweis.

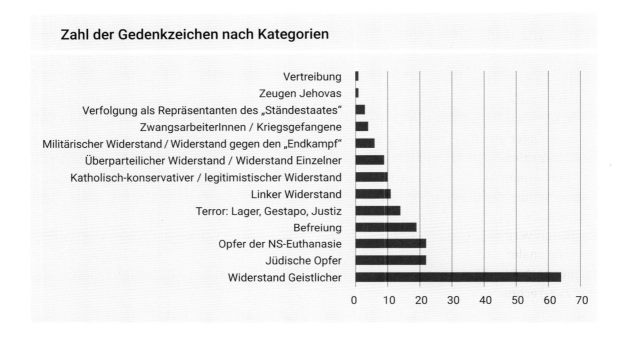

Das Befreiungsdenkmal in Innsbruck wurde doppelt zugeordnet: der Kategorie Befreiung und den Gedenkzeichen, die gleichzeitig an Personen erinnern, die unterschiedliche Kategorien abbilden. Ohne vorerst die Gedenkzeichen für Personen, die mehreren Kategorien zuzuordnen sind, zu berücksichtigen, ergibt sich folgendes Bild:

Über 36 % der Gedenkzeichen beziehen sich auf katholische Geistliche (rund ein Drittel) und Verfolgte, die dem katholisch-konservativen bzw. monarchistisch-legitimistischen Milieu zuzuordnen sind. Je rund 11 % der Gedenkzeichen wurden für die jüdischen Opfer und für die Ermordeten der NS-Euthanasie errichtet, über 9 % in Erinnerung an die Befreiung vom Nationalsozialismus. Allerdings ist zu bedenken, dass von den 23 Erinnerungszeichen der jüdischen Verfolgung fünf lediglich Grabinschriften sind. Die Nationalsozialisten ermordeten in Tirol Edith Stein zwar wegen ihrer jüdischen Herkunft, dennoch sind die errichteten Gedenkzeichen für die vom Judentum zum Katholizismus konvertierten Ordensschwester, die der Papst 1987 heiliggesprochen hat, der Kategorie der Geistlichen zugeordnet. Die Zeichen der Erinnerung an Edith Stein wurden nämlich in erster Linie wegen ihres Status einer katholischen Geistlichen angebracht. Bei der Prozentzahl für die Erinnerungszeichen an die Befreiung ist zu berücksichtigen, dass 12 der 19 Zeichen vorwiegend auf Privatinitiativen zurückzuführen sind, die sich der Erinnerung an abgeschossene US-Bomber und deren Luftwaffenangehörigen verschrieben haben.

Über 6 % der Gedenkzeichen beziehen sich auf den Komplex Lager / Gestapo / NS-Justiz. Doch auch hier ist zu relativieren, weil sieben der 13 Zeichen Grabkreuze am Amraser Soldatenfriedhof in Innsbruck sind, die lediglich vermerken, dass die Toten aus dem „KZ Reichenau" bzw. „KZ-Lager Reichenau" stammen.

Dem linken Widerstand sind über 5 % der Gedenkzeichen gewidmet, was in etwa dem Anteil des überparteilichen Widerstands einschließlich des Widerstandes Einzelner entspricht (über 4 %). 3 % aller Gedenkzeichen machen jene für den militärischen Widerstand samt dem Widerstand gegen den „Endkampf" aus. Praktisch inexistent ist die Erinnerung an das Schicksal der ZwangsarbeiterInnen und Kriegsgefangenen, auf die vier Objekte aufmerksam machen, die jedoch Staaten errichten haben lassen: die ehemalige Sowjetunion, die frühere Volksrepublik Polen und Italien. In diese Kategorie könnte man noch den Rundwanderweg Oradour und vor allem die Stele Oradour in Schwaz hinzurechnen, die an das ehemalige Zwangsarbeits- und Entnazifizierungslager in Schwaz gemahnt. Eher überraschend ist, dass nur eine Straße (für Adolf Hörhager in Innsbruck) und zwei Erinnerungstafeln verfolgten Repräsentanten des „Ständestaates" zugedacht sind. Die Tafel in Silz erinnert an Adolf Platzgummer, jene im Stadtpolizeikommando Innsbruck an Alois Lechner. Auf letzterer ist mit Franz Hickl ein weiteres NS-Opfer erwähnt, allerdings aus der Zeit vor der NS-Machtübernahme. Hickl wurde wie Bundeskanzler Engelbert Dollfuß während des Umsturzversuches der Nationalsozialisten im Juli 1934 ermordet. Das Gedenken an Dollfuß wurde in die vorliegende Studie nicht miteinbezogen. Auf den Bürgerkrieg 1934 und die Erinnerung an den „Kampf gegen den Faschismus" nimmt eine Tafel der SPÖ auf einem Gedenkstein in Wörgl Bezug. Das Ehrenmal für den aus Karrösten verjagten Pfarrer Josef Anton Geiger, der sich auch als Landtagsabgeordneter und überregionaler Exponent des „Ständestaates" um sein Heimatdorf verdient gemacht hatte, könnte noch dem Kreis der Erinnerungszeichen für verfolgte Repräsentanten des „Ständestaates" zugerechnet werden.

Gedenkzeichen für Bundeskanzler Engelbert Dollfuß finden sich in Tirol an mehreren Orten, so auf einer Deckenmalerei in der Pfarrkirche St. Jakob in Defereggen, auf Gedenktafeln an der Neuen Universitätskirche in Innsbruck und vor der Mariengrotte im ehemaligen Erziehungsheim Martinsbühel bei Zirl oder wie hier auf einer Metalltafel auf dem Karröster Gipfelkreuz am Tschirgant, die im August/September 2017 entwendet wurde.[2]
(Foto Horst Schreiber)

Aufschlüsselung der 14 Gedenkzeichen mit Personen, die unterschiedlichen Opfergruppen angehören[3] (Mehrfachnennungen)

	Zeichen	Personen
Katholisch-konservativer / legitimistischer Widerstand	8	17
Linker Widerstand	7	71
Widerstand Geistlicher	6	18
Militärischer Widerstand / Widerstand gegen den „Endkampf"	5	15
Opfer der NS-Euthanasie	5	8
Überparteilicher Widerstand / Widerstand Einzelner	4	17
Jüdische Opfer	3	5
Zeugen Jehovas	3	20
ZwangsarbeiterInnen / Kriegsgefangene	3	15
Deserteure	2	21
Verbotener Umgang mit Kriegsgefangenen	1	1
Verfolgung wegen sexueller Orientierung	1	1
Verfolgung wegen der Durchführung von Abtreibungen	1	1
Unbekannter Verfolgungsgrund	1	11

Die 14 Objekte, die auf einem Gedenkzeichen jeweils Personen nennen, deren Verfolgungsgrund unterschiedlichen Kategorien zuzuordnen ist, bestätigen den vorliegenden Befund. Das Befreiungsdenkmal in Innsbruck, der Kategorie Befreiung zugezählt, wurde hier nochmals miteinbezogen. Auf 14 Gedenkzeichen sind 35 Personen genannt, die Geistliche sind oder dem katholisch-konservativ-legitimistischen Lager angehören. Sieben Gedenkzeichen mit 71 erwähnten Ermordeten beziehen sich auf den linken Widerstand. Die hohe Anzahl von Personen aus dem kommunistischen und sozialdemokratischen Umfeld ist vor allem auf deren Nennung am Befreiungsdenkmal in Innsbruck, aber auch im Buch der Opfer am Mahnmal in Lienz zurückzuführen. Fünf Zeichen mit 15 Personenangaben beziehen sich auf den militärischen Widerstand Einzelner bzw. auf den Widerstand gegen den „Endkampf", ebenfalls fünf Objekte auf Opfer der NS-Euthanasie mit acht Menschen und drei allgemeinen Erwähnungen. Dem überparteilichen Widerstand und dem Einzelner sind vier Gedenkzeichen für 17 Personen gewidmet. Jeweils drei Gedenkzeichen erwähnen fünf jüdische Opfer und 20 Zeugen Jehovas. Drei Zeichen nennen 15 Zwangsarbeiter, zwei Objekte 21 Deserteure. Eine Frau im Buch der Opfer in Lienz, das 11 Menschen auflistet, deren Verfolgungshintergrund nicht im Detail bekannt ist, starb während der Haft im Krankenhaus nach ihrer Festnahme wegen verbotenen Umgangs mit Kriegsgefangenen, eine andere wurde wegen der Durchführung von Abtreibungen hingerichtet.

Kriegsgefangene und Zwangsarbeiter, Deserteure und Zeugen Jehovas werden fast ausschließlich am Innsbrucker Befreiungsdenkmal und im Buch der Opfer in Lienz genannt. Eine Ausnahme ist die Erwähnung des Zwangsarbeiters Marian Binczyk auf der Gedenktafel in Dölsach und der Angehörigen der Zeugen Jehovas Josef Salcher auf einem Kreuz am Hochstein bzw. Anna Gründler auf der Gedenktafel für die Wörgler Opfer des Widerstandes, der religiösen und rassistischen Verfolgung. Allerdings erschließt sich bei ihnen in der Textierung nicht, welchen Opfergruppen sie angehören.

Rudolf von Mayer ist der erste, der wegen seiner sexuellen Orientierung ermordet wurde und auf einer Gedenktafel verewigt ist. Jedoch weist ihn die Inschrift auf der Tafel in Innsbruck ohne Angabe der Hintergründe lediglich als Opfer des Nationalsozialismus aus.

Die untenstehende Tabelle gibt an, in welchen Gemeinden es welche Kategorien von Gedenkzeichen gibt. Bei den Kategorien Deserteure, Homosexualität, verbotener Umgang mit Kriegsgefangenen und Verfolgung wegen der Durchführung von Abtreibungen sei nochmals betont, dass es sich nicht um eigenständige Gedenkzeichen für diese Opfergruppen handelt. Die Ermordeten oder in der Haft verstorbenen Menschen sind auf einem Gedenkzeichen erwähnt, ohne dass in der Regel ihr Verfolgungsgrund erkennbar wäre.

Gedenkzeichen nach Kategorie und Gemeinde

Widerstand von Geistlichen	Dölsach, Fließ, Götzens, Hall, Imst, Innsbruck, Karrösten, Kartitsch, Landeck, Lienz, Mötz, Oberhofen, Patsch, Reutte, Scheffau, Silz, Stams, Thaur, Tösens, Vomp, Wattens
Jüdische Opfer	Ginzling, Innsbruck, Kitzbühel, Lienz, Reutte, Seefeld, St. Anton, Wörgl
Opfer der NS-Euthanasie	Fließ, Hall, Innsbruck, Jerzens, Kramsach, Lienz, Mils, Nassereith, Neustift, Obsteig, Pians, Ried, Rum, Schwaz, Sillian, Stams, Thaur, Uderns, Volders, Vomp, Wörgl, Zirl
Befreiung	Axams, Biberwier, Ehrwald, Innsbruck, Kössen, Lermoos, Leutasch, Nassereith, St. Anton, Stams, Thurn, Wildermieming
Katholisch-konservativer / legitimistischer Widerstand	Aldrans, Hall, Innsbruck, Kramsach, Kufstein, Lienz, Schwaz, Vomp, Wildschönau
Terror: Lager, Gestapo, Justiz	Innsbruck, Schwaz
Linker Widerstand	Axams, Dölsach, Erl, Innsbruck, Kitzbühel, Kufstein, Lienz, Schwaz, Wörgl
Überparteilicher Widerstand / Widerstand Einzelner	Innsbruck, Kufstein, Landeck, Lienz, Vomp, Wörgl
Militärischer Widerstand / Widerstand gegen den „Endkampf"	Hall, Innsbruck, Ried, Wattens, Wildschönau, Wörgl
ZwangsarbeiterInnen / Kriegsgefangene	Dölsach, Hall, Innsbruck, Lienz
Zeugen Jehovas	Assling, Innsbruck, Lienz, Wörgl
Deserteure	Innsbruck, Lienz
Verfolgung als Repräsentanten des „Ständestaates"	Innsbruck, Silz
Vertreibung	Innsbruck
Verfolgung wegen Homosexualität	Innsbruck
Verbotener Umgang mit Kriegsgefangenen	Lienz
Verfolgung wegen der Durchführung von Abtreibungen	Lienz

Das Mahnmal für Osttirols Freiheitskämpfer und Opfer des Nationalsozialismus in Lienz und das Befreiungsdenkmal am Eduard-Wallnöfer-Platz in Innsbruck erinnerten bis vor kurzem nur allgemein an die NS-Opfer. In der Zwischenzeit wurden beide Denkmäler durch die Nennung der Namen der Menschen, derer sie gedenken wollen, erweitert. Das Denkmal in Lienz nennt alle NS-Opfer des Bezirks, das in Innsbruck all jene, die wegen ihrer Widersetzlichkeit ermordet wurden. Das Befreiungsdenkmal ermöglicht über einen QR-Code an der nahe gelegenen Informationsstele, dass Interessierte mit ihrem Endgerät die Biographien und Fotos der Ermordeten aufrufen können. Eine dazugehörige Homepage ist ein weiteres Angebot, um sich über die widerständigen Menschen zu informieren.

Die folgende Grafik gibt Auskunft über die Opfergruppen, denen die namentlich Erwähnten im Buch der Opfer am Lienzer Mahnmal und am Innsbrucker Befreiungsdenkmal angehören.

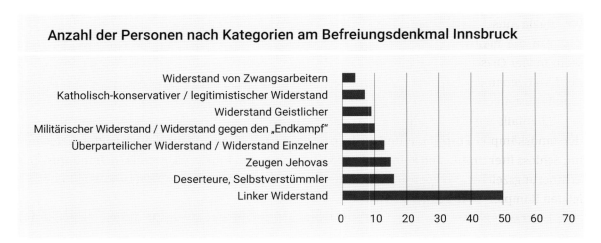

Lies: Von den 124 Menschen, an die am Befreiungsdenkmal erinnert wird, gehören 50 dem linken Widerstand an.

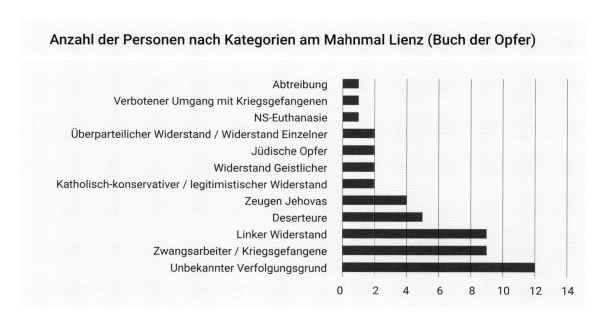

Lies: Von den 50 Menschen, an die im Buch der Opfer erinnert wird, gehören neun dem linken Widerstand an.

Dominante Personen

Die Tiroler Gedächtnislandschaft zum Nationalsozialismus ist, auch was die Anzahl der Personennennungen betrifft, von Zeichensetzungen für Geistliche dominiert, vor allem von jenen für Pfarrer Otto Neururer. Er ist in zehn Gemeinden verewigt: auf 31 Gedenkzeichen und in drei Gedenkstätten, wo ihm jeweils mehrere Erinnerungsobjekte gewidmet sind. Dazu kommen provisorisch bzw. inoffiziell errichtete Gedenkzeichen für den Seliggesprochenen in Kirchen und Kapellen in Tannheim, St. Jakob in Defereggen, Telfs-Bairbach, Jerzens und in der Haspingerkaserne in Lienz.

Pater Jakob Gapp (in fünf Gemeinden) und Pater Franz Reinisch (in drei Gemeinden) kommen auf 12 bzw. zehn Zeichen. Ein provisorisch errichtetes Gedenkzeichen für Gapp hängt in St. Jakob in Defereggen. Provikar Carl Lampert ist in drei Gemeinden vertreten und auf drei Gedenkzeichen erwähnt. Zudem sind zwei Gedenkstätten mit mehreren Erinnerungszeichen für ihn eingerichtet. Schwester Edith Stein sind fünf Zeichen in drei Gemeinden gewidmet, Schwester Angela Autsch ist auf vier Zeichen in zwei Gemeinden erwähnt.

Auf die meisten Nennungen auf Erinnerungszeichen als Nicht-Geistlicher, nämlich auf sechs in vier Ortschaften, kommt der katholisch-konservative Widerständler Walter Caldonazzi. Fünf Mal genannt sind die Widerständler Ernst Ortner in drei Gemeinden und vier Mal Christoph Probst an zwei Orten, beide aus dem katholisch-konservativen Milieu.

Ebenfalls vier Gedenkzeichen erinnern an den weltanschaulich nicht zuordenbaren Widerstandskämpfer Franz Mair und an Sepp Gangl (in zwei Gemeinden), der bei letzten Gefechten um Schloss Itter ums Leben kam. An Mair kann man nur in Innsbruck gedenken. Immerhin drei Erinnerungszeichen an ebensovielen Orten beziehen sich auf Viktor Czerny, der wie Gangl bei letzten Kämpfen 1945 getötet wurde.

Die meisten Erwähnungen auf Erinnerungszeichen unter den Linken finden in jeweils nur zwei Städten die WiderstandskämpferInnen Adele Stürzl, Josefine und Alois Brunner sowie Max Bär. Außerhalb der Gemeinden, in denen sie gewirkt haben, scheinen sie am Befreiungsdenkmal und in der Gedenkstätte im Parteihaus der SPÖ in Innsbruck auf.

Alle anderen Opfergruppen sind auf nur einem bis zwei Gedenkzeichen zu finden. Immerhin auf drei Objekten scheint das jüdische Opfer Richard Berger auf, den die SS in der Pogromnacht umbrachte.

Repräsentanz von Frauen

Frauen allein sind in neun Gemeinden[4] lediglich 16 Gedenkzeichen gewidmet, das sind 8 % aller Erinnerungszeichen. Es handelt sich um die geistlichen Schwestern Edith Stein und Angela Autsch, die auf acht, also der Hälfte aller Zeichen, aufscheinen, die linken Widerstandskämpferinnen Josefine Brunner, Adele Stürzl und Adele Obermayr, das jüdische Opfer Ilse Brüll (zwei Erinnerungszeichen) und um Maria Föger, die im Zuge der NS-Euthanasie ermordet wurde. Zwei Tafeln in Nassereith und Ried im Oberinntal zählen ausschließlich weibliche NS-Euthanasie-Opfer auf, nämlich 34.

Dazu kommen weitere 13 Gedenkzeichen in elf Gemeinden[5], auf denen sowohl an Männer als auch an Frauen gedacht wird, sowie drei Grabinschriften für Sofia Justman, Valerie Löwy und Berta Schnurmann im jüdischen Friedhof in Innsbruck, die deren gewaltsamen Tod anzeigen. Die erinnerten Frauen auf den gemischtgeschlechtlichen Zeichen sind Josefine Brunner, Maria

Peskoller, Adele Stürzl, Adele Obermayr aus dem linken Milieu, Helene Delacher, Anna Gründler, Hedwig Romen und Antonia Setz als Mitglied der Zeugen Jehovas, Alice Bauer, Elisabeth Gottlieb, Irene und Kornelia Sputz als jüdische Opfer sowie Rosa Stallbaumer, die jüdischen Verfolgten zur Flucht verhalf, und Klara Sturm, die gegen den Nationalsozialismus Spionage betrieb. Als Opfer der NS-Euthanasie werden Anna Griesser, Marianne Feichtner, Maria Triendl, Johanna Weisjele, Amalia Frischmann, Aloisia Glatz und Filomena Schneider genannt sowie weitere 12 Frauen auf der Gedenkstele in Uderns und 20 Frauen, die aus dem Versorgungshaus Nassereith deportiert wurden und auf einer Gedenktafel in Nassereith verewigt sind.

Insgesamt scheinen Frauen auf 16 % aller Gedenkzeichen auf. 70 % der Kommunen, in denen es Zeichen gibt, erinnern ausschließlich an Männer.

Die 16 Gemeinden, in denen auch Frauen gedacht wird, sind Dölsach, Innsbruck, Kufstein (2x), Lienz, Mötz, Nassereith, Obsteig, Patsch, Ried im Oberinntal, Stams, Thaur, Uderns, Vomp, Wörgl und Zirl.

Die Gedenkzeichen sind in erster Linie Tafeln (14) und die Benennung von Verkehrsflächen, einer Kapelle, einem Kreuz und einer Hochschule (7). Weiters umfassen sie drei Grabinschriften und Inschriften auf einem Gefallenendenkmal, dem Befreiungsdenkmal in Innsbruck und im Buch der Opfer in Lienz sowie zwei Porträts, eine Gedenkstele und eine Gedenkstätte.

Formensprache des Gedenkens

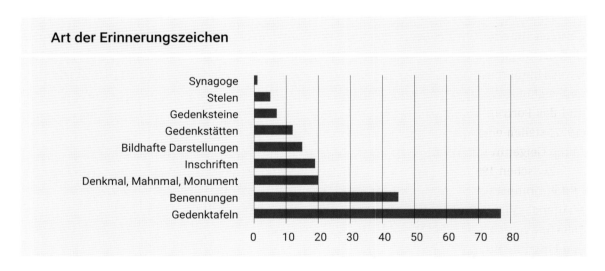

Benennungen: Straße (10), Gasse (2), Weg (13), Platz (2), Steg (1), Brücke (1), Kapelle (4), Hochschule (1), Haus (2), Hof (1), Brunnen (1), Altar (2), Kreuz (3), Glocke (2)
Inschriften auf: Denk- und Mahnmal (3), Grabkreuz (8), Grabstein (6), Kapelle (1), Arkade (1)
Bildhafte Darstellungen: Porträt (7), Relief (4), Plastik (1), Bildtafel (1), Bildstock (1), Statue (1)

Gedenkstätten: meist nur ein Ensemble von Gedenkzeichen

Das Gedenken an Verfolgung und Widerstand sowie an die Befreiung vom Nationalsozialismus in Tirol ist weitgehend einer traditionellen Formensprache verpflichtet. Die Erinnerungskultur zur NS-Vergangenheit ist geprägt von der Setzung von Gedenktafeln, die fast 40 % aller Objekte ausmachen.[6] Auf Gedenksteinen, Denkmälern und in Gedenkstätten sind weitere Erinnerungstafeln vorzufinden. Dazu gesellen sich zahlreiche Informations- und Hinweistafeln. Nicht ganz ein Viertel der Gedenkzeichen machen Benennungen aus: von Straßen (10), Gassen (2), Wegen (13), Plätzen (2), Kapellen (4), Häusern (2), Kreuzen (3), Altären (2) und Glocken (2) sowie eines Steges, einer Brücke, einer Hochschule und eines Brunnens. Zwei Drittel der Erinnerungszeichen in Tirol bestehen also aus Gedenktafeln und Benennungen.

10 % der Gedenkzeichen sind Monumente, Denk- und Mahnmäler einschließlich der beiden Installationen zur Vertreibung von Angehörigen der Medizinischen Fakultät der Universität Innsbruck und zur „Marionettenjustiz" in Innsbruck. Thematische Schwerpunkte der Denkmäler sind Befreiung (6), vor allem die Erinnerung an die Opfer des Absturzes von US-Flugzeugen und Zwangsarbeit (4).

Ebenso fast 10 % der Gedenkzeichen stellen Inschriften als eigenständige Zeichensetzungen dar: auf Denk- und Mahnmälern (3), Grabkreuzen (8) und Grabsteinen (6) sowie auf einer Arkade und in einer Kapelle.

Jedes siebente Gedenkzeichen ist eine bildhafte Darstellung. Darunter fallen künstlerische Porträts (7), Reliefs (4) und ein Bildstock mit einem Relief, eine Bildtafel und auch eine kleine Statue.

Gedenkstätten machen 6 % der Erinnerungsobjekte aus. Die meisten beziehen sich auf Geistliche (6) und die NS-Euthanasie (3). Das Erscheinungsbild der Erinnerungszeichen mit jeweils 3 % runden Gedenksteine und Stelen ab. Dort, wo die Nationalsozialisten und ein Bombentreffer das jüdische Bethaus zerstörten, steht seit 25 Jahren wieder eine Synagoge.[7]

Porträts, Reliefs, Büsten und Bildtafel sind häufige Formen der Erinnerung. Ansonsten sind Beispiele für eine künstlerische Gestaltung rar, vor allem bis Anfang der 1990er Jahre. Zu nennen sind das Siegesdenkmal in St. Anton (1946/47) und das Befreiungsdenkmal in Innsbruck (1948), jeweils initiiert von der französischen Militärregierung sowie das sowjetische Denkmal im Soldatenfriedhof Amras (1949). Die Skulptur für den Schiheroen Hannes Schneider in St. Anton (1957) und das Porträt von Pfarrer Otto Neururer am Eingangsportal der St. Barbarakirche in Fließ (1972) stellen ebensowenig einen Bezug zur NS-Zeit her wie die Metallplastik von Pfarrer Josef Anton Geiger in Karrösten (1961).

Zwischen 1993 und 1997 entstanden der Otto-Neururer-Brunnen in Imst, das Mahnmal für Rudolf Gomperz in St. Anton sowie in Innsbruck das Pogrommahnmal und das NS-Euthanasie-Mahnmal „Wider das Vergessen". Ab dem Jahr der Seligsprechung von Pfarrer Otto Neururer 1996 finden sich häufig Porträtbilder für ihn in mehreren Ortskirchen, fast ausschließlich gemalt von Elmar Peintner.

Ab 2003, beginnend mit dem Monument zur NS-Euthanasie für 61 ermordete Mitmenschen in Kramsach, wurden die meisten Gedenkzeichen mit künstlerischem Anspruch errichtet, die bei ihrer inhaltlichen Vermittlung nicht nur auf eine Verbalisierung setzen: bis 2008 eine Kapelle für Schwester Edith Stein mit einem Gedenkkreuz in Patsch, eine Gedenkstele für Josef Anton King in Schwaz und ein Mahnmal für die vertriebenen Angehörigen der Medizinischen Fakultät in Innsbruck.

2011 erfuhr der Eduard-Wallnöfer-Platz mit dem Befreiungsdenkmal eine völlig neue architektonisch-künstlerische Neugestaltung. 2014 bis 2016 wurden in Hall der Lichtort für die Opfer der NS-Euthanasie samt dem Grabmal für in der NS-Zeit verstorbene PsychiatriepatientInnen geschaffen, in Zirl eine Gedenkstätte für Opfer des Krankenmordes, eine Gedenkstele in Schwaz, die an ein Zwangsarbeiter- bzw. Entnazifizierungslager erinnert, in Innsbruck die Installation „Marionettenjustiz", in Götzens ein Denkmal für Otto Neururer und schließlich in Schwaz die

Arkade „Himmelszelt" für die Widerständler Max Bär, Josef Brettauer, die Opfer der NS-Euthanasie und für alle Opfer von Gewaltsystemen. Im Seefelder Waldfriedhof entstand eine gänzlich
neue Gedenkstätte für die jüdischen Opfer des Todesmarsches aus dem KZ Dachau. Das jüngste
Beispiel für ein künstlerisches Gedenkzeichen ist die Neugestaltung der Eingangshalle des SPÖ-
Parteihauses in Innsbruck 2018 mit der Gedenkstätte „Tor der Erinnerung".

Gedenkzeichen in den Bezirken

Nicht überraschend ist das Zentrum der Erinnerungskultur in Tirol die Stadt Innsbruck mit
seinen 71 Gedenkzeichen, wo auch der landesweit bedeutendste Gedenkort von überregionaler Bedeutung anzutreffen ist: der Eduard-Wallnöfer-Platz. In der Landeshauptstadt stehen die
meisten Monumente und Gedenkstätten: das Befreiungsdenkmal und Pogrommahnmal, die Installation zur NS-Justiz und das Denkmal zur NS-Euthanasie, der große Gedenkstein am Standort
des ehemaligen Arbeitserziehungslagers Reichenau und das Tor der Erinnerung, das den linken
WiderstandskämpferInnen zugedacht ist.

Auch beim Gedenken an den Holocaust kommt Innsbruck tirolweit der größte Stellenwert
zu mit der Synagoge und dem erwähnten Pogrommahnmal, fünf Grabinschriften und weiterer
neun Gedenkzeichen.

Die meisten Zeichen der Erinnerung beziehen sich auf Geistliche (19), die somit die do-
minierende Opfergruppe in der Landeshauptstadt repräsentieren. Neun Gedenkzeichen sind
Pfarrer Otto Neururer gewidmet, fünf Pater Franz Reinisch, zwei Provikar Carl Lampert, eine
Gedenktafel zählt Alois Grimm, Johann Steinmayr und Johann Schwingshackl auf, eine weitere
Pater Dominikus Dietrich und ein Weg ist nach Schwester Edith Stein benannt.

Eigenständige Zeichen für den linken Widerstand gibt es mit zwei Gedenktafeln für Johann
Orszag, einer Tafel auf einem Gedenkstein für Konrad Tiefenthaler und einer Straßenbenennung
für Adele Obermayr zwar nur an vier Orten, doch immerhin konnte Ende 2018 die Gedenkstätte
Tor der Erinnerung im Eingangsbereich des SPÖ-Parteihauses der Öffentlichkeit übergeben werden. Nur in Innsbruck scheint auf einer Gedenktafel mit Rudolf von Mayer ein Mann namentlich
auf, der wegen seiner sexuellen Orientierung ermordet worden ist.

Von allen Landbezirken verfügt Innsbruck-Land mit Abstand über die meisten Gedenkzeichen (38) und über die meisten Gemeinden (16), in denen sich Objekte der Erinnerung an den Nationalsozialismus befinden: Aldrans, Axams, Götzens, Hall, Leutasch, Mils, Neustift, Oberhofen, Patsch, Rum, Seefeld, Thaur, Volders, Wattens, Wildermieming und Zirl. Die Hälfte der Gedenkzeichen sind in Götzens, Hall und Wattens anzutreffen, in erster Linie für Geistliche, allen voran für Otto Neururer und Jakob Gapp. Fast 60 % der Erinnerungszeichen im Bezirk adressieren Geistliche, acht die NS-Euthanasie. Im Waldfriedhof von Seefeld liegt die bedeutendste Stätte des Gedenkens für jüdische Opfer außerhalb der Stadt Innsbruck. Dem linken Widerstand ist eine einzige Gedenktafel gewidmet.

Mit über zwei Dritteln der 16 Gedenkzeichen in sieben Gemeinden (Imst, Jerzens, Karrösten, Mötz, Obsteig, Silz, Stams) dominieren im Bezirk Imst Geistliche die Erinnerungskultur, die Hälfte bezieht sich auf Pfarrer Otto Neururer. Edith Stein, von Papst Johannes Paul II. heiliggesprochen, ist eine Ordensangehörige, nach der die Katholische Pädagogische Hochschule in Stams benannt ist und in der ein künstlerisches Porträt zu finden ist. Ermordet wurde sie wegen ihrer jüdischen Herkunft. Mit Schwester Angela Autsch ist in Mötz eine Frau drei Mal vertreten. Die meisten Gedenkzeichen (5) gibt es in Stams, wo Geistliche, speziell Edith Stein, eine besondere Rolle spielen und auch an abgeschossene US-Luftwaffenangehörige erinnert wird. Karrösten hält die Erinnerung an Pfarrer Josef Anton Geiger wach. Immerhin drei Gedenkzeichen sind NS-Euthanasie-Opfern in Jerzens, Obsteig und Stams zugeeignet. Auffallend ist die geringe Bedeutung der Bezirksstadt Imst, in der es lediglich einen Brunnen und ein Porträt in der Pfarrkirche gibt, die jeweils von Elmar Peintner stammen und Pfarrer Otto Neururer gewidmet sind. Die Stadt selbst hat bisher noch keine Initiative ergriffen, in der Erinnerungskultur zur NS-Zeit aktiv zu werden. Silz gedenkt nicht nur Otto Neururers, sondern mit Adolf Platzgummer auch eines verfolgten Repräsentanten des „Ständestaates".

Der Bezirk Kufstein stellt insofern eine Besonderheit dar, als zum einen nur ein einziges Gedenkzeichen einen Geistlichen verewigt, das noch dazu das Ergebnis einer privaten Initiative von Verwandten von Sebastian Haselsberger in Scheffau war. Zum anderen gilt fast ein Drittel der Erinnerungszeichen (6) dem linken Widerstand, besonders Josefine Brunner und Adele Stürzl. In Erl hängt eine Gedenktafel für Hans Vogl. Geprägt ist das Gedenken im Bezirk aber von der Person des katholisch-konservativen Widerstandskämpfers Walter Caldonazzi, dem allein ein Drittel der Zeichen (6) gewidmet ist. Hervorzuheben ist auch, dass mit Anna Gründler auf einer Tafel eines Mitglieds der Zeugen Jehovas gedacht wird. Insgesamt gesehen, konzentrieren sich die 19 Erinnerungszeichen im Bezirk auf lediglich sechs Gemeinden, allen voran Wörgl und Kufstein gefolgt von Kramsach. Bemerkenswert ist die Gedenkstätte auf der Praa-Alm in der Wildschönau, wo an Walter Caldonazzi, Viktor Czerny, Ferdinand Eberharter und Karl Mayr erinnert wird.

Im Bezirk Landeck liegen die Schwerpunkte der Erinnerung an den Nationalsozialismus in Fließ und St. Anton. Von den 19 Gedenkzeichen in lediglich sechs Gemeinden sind jeweils ein Drittel zum einen Pfarrer Otto Neururer in Fließ sowie zum anderen Hannes Schneider (Vertriebener) und Rudolf Gomperz (jüdisches Opfer) in St. Anton gewidmet. In Pians und Ried, aber auch in Fließ gedenkt man der Opfer der NS-Euthanasie, in Tösens eines widerständigen Pfarrers. Die Bezirksstadt Landeck, in der nur ein Porträt Neururers des Künstlers Elmar Peintner in der Pfarrkirche Perjen hängt, spielt keine Rolle in der regionalen Erinnerungskultur.

In sechs Gemeinden (Assling, Dölsach, Kartitsch, Lienz, Sillian, Thurn) des Bezirks Lienz existieren Gedenkzeichen. Das erinnerungspolitische Zentrum Osttirols ist die Stadt Lienz, wo sich seit 1965 ein Denkmal befindet, das dem Widerstand und den NS-Opfern des gesamten Bezirks gewidmet ist. In keinem anderen Landbezirk gibt es ein derartiges Monument. Mit der Installation des Buchs der Namen auf diesem Mahnmal sind, mit der bedauerlichen Ausnahme der Ermordeten der NS-Euthanasie, alle Opfer des NS-Regimes, die eruiert werden konnten, namentlich erfasst. Drei der neun Gedenkzeichen betreffen Geistliche, Edmund Pontiller in Dölsach und Josef Außerlechner in Kartitsch. Hervorzuheben ist Dölsach, wo nicht nur Pater Pontiller gedacht wird. Eine Tafel erwähnt die linke Widerstandskämpferin Maria Peskoller und den polnischen Zwangsarbeiter Marian Binczyk. Dank einer Privatinitiative wird in Assling am Hochstein in der Fraktion Bannberg an Josef Salcher, einen Zeugen Jehovas, erinnert. Außer in den genannten vier Gemeinden finden sich noch Erinnerungszeichen in Thurn (US-Luftwaffenangehörige) und Sillian (NS-Euthanasie).

Der Bezirk Schwaz verfügt über 13 Gedenkzeichen, die sich jedoch nur auf vier Gemeinden – Schwaz, Ginzling, Uderns, Vomp – verteilen. Das Zentrum ist die Stadt Schwaz mit sechs Erinnerungszeichen, immerhin drei finden sich in Vomp. Schwerpunkte des Gedenkens sind nur eingeschränkt sichtbar, auch wenn der linke Widerstandskämpfer Max Bär und das NS-Opfer Josef Brettauer, der konservativ-legitimistische Aktivitäten unterstützte, auf einer Inschrift und einer Gedenktafel genannt sind. Ein Gedenkzeichen erinnert an das Lager Oradour, wo zuerst Zwangsarbeiter, nach 1945 Nationalsozialisten gefangen waren. Der Gemeinderatsbeschluss zur Benennung eines Rundwanderwegs Oradour dürfte ohne erinnerungspolitisches Motiv gefallen sein. Am stärksten ist im Bezirk das Gedenken an die Ermordeten der NS-Euthanasie ausgeprägt, die auf vier Gedenkzeichen aufscheinen, namentlich allerdings nur auf der Gedenksäule in Uderns, die ausschließlich für diese Opfergruppe im Zillertal errichtet wurde, und auf einem Gedenkstein in Vomp.

Mit sechs von 13 Gedenkzeichen in fünf Gemeinden (Biberwier, Ehrwald, Lermoos, Nassereith, Reutte) bezieht sich fast die Hälfte der Objekte des Bezirks Reutte auf US-Luftwaffenangehörige, deren besonders in Ehrwald, aber auch in Biberwier und Lermoos bzw. in den Bergen gedacht wird. In der Stadt Reutte erinnert man sich an Pater Jakob Gapp und an zwei jüdische Opfer: Gustav Lenke und Hermann Stern. Zwei Gedenktafeln in Nassereith verewigen die Namen von Opfern der NS-Euthanasie. Die Mehrzahl der Gedenkzeichen geht auf privates Engagement und die Initiativen des Reuttener Chronisten Richard Lipp zurück.

Der Bezirk Kitzbühel ist ein erinnerungspolitisches Niemandsland in Hinblick auf den Nationalsozialismus. Die Bürgermeister von Kössen und Walchsee setzten sich in Kössen zugunsten der Errichtung einer Gedenktafel für US-Luftwaffenangehörige ein, was 2005 noch umstritten war und politische Auseinandersetzungen zur Folge hatte. Das zweite Gedenkzeichen im Bezirk erinnert in der Stadt Kitzbühel an vier linke Widerständler und ein jüdisches Opfer. Die Initiative für diese Gedenktafel ging jedoch nicht von der Stadt Kitzbühel aus, sondern von engagierten Einzelpersonen.

Mangel an Zeichensetzungen in der Nachkriegszeit

Die Grafik berücksichtigt alle in Erfahrung gebrachten Gedenkzeichen, auch die wieder verschwundenen, deren Entstehungsdatum eruiert werden konnte. Bei 20 Erinnerungszeichen ist das Datum der Errichtung unbekannt.[8]

Zeitlicher Verlauf der Errichtung von Gedenkzeichen 1945-2018

In den bisherigen Forschungen zur Setzung von Erinnerungszeichen zu Widerstand, Verfolgung und Befreiung vom Nationalsozialismus kommen die AutorInnen zum Ergebnis, dass es in der unmittelbaren Nachkriegszeit ein konsensuales Gedenken aller politischen Gruppierungen an den „österreichischen Freiheitskampf" gegeben habe, dass die Gedenkkultur zunächst vor allem von SPÖ und KPÖ dominiert war, während der katholisch-konservative Widerstand kaum Gegenstand öffentlicher Erinnerung gewesen sei, und dass bis 1955 ein großer Teil der bis heute gesetzten Gedenkzeichen errichtet worden ist.[9] Im Vergleich dazu sind in diesem Zeitraum die angebrachten Erinnerungszeichen in Tirol überaus spärlich gesät, die Linke spielte keine Rolle und es gab auch kein Muster, nach dem „schwarze" und „rote" Gemeinden „ihre Helden" öffentlich geehrt und ein segregiertes Gedenken entwickelt hätten. Von einer wie immer gearteten Gedenkkultur kann viele Jahre kaum gesprochen werden, auch der katholische Widerstand erfuhr zunächst keine besondere Aufmerksamkeit. Die bald nach dem Krieg errichteten Gedenktafeln, allesamt an oder in Kirchen und Kapellen für den ermordeten Pfarrer Sebastian Haselsberger in Scheffau und den Ordensbruder Josef Außerlechner in Kartitsch, gehen ebenso auf private Initiativen zurück wie jene für Ernst Ortner aus der katholischen Mittelschulverbindung Cimbria in Lienz und den Sozialdemokraten Josef Axinger in Axams. Dasselbe gilt für das Gedenkkreuz mit Inschrift für Walter Caldonazzi auf der Praa-Alm in der Wildschönau, die Grabinschriften für Pater Franz Reinisch am Wiltener Friedhof und für Sofia und Jakob Justman am Jüdischen Friedhof in Innsbruck.

In Wörgl nutzten Widerstandskämpfer die Gunst der Stunde, um 1945 ohne Gemeinderatsbeschluss die Benennung einer Straße nach Sepp Gangl durchzusetzen, der in den Endkämpfen bei Schloss Itter ums Leben gekommen war. Sie sorgten auch dafür, dass am Grab von Gangl im Städtischen Friedhof von Wörgl eine ausführliche Grabinschrift über seinen Widerstand informierte. 1950 benannte der Gemeinderat von Wattens einen Weg nach Albert Troppmair, einem führenden Kopf der örtlichen Widerstandsbewegung.

In die unmittelbare Nachkriegszeit fällt 1946/47 die Errichtung des französischen Siegesdenkmals in St. Anton und 1948 des Gedenksteins für 63 jüdische KZ-Häftlinge im Waldfriedhof Seefeld sowie 1950 die Anbringung einer Gedenktafel für den Generaladministrator der französischen Militärregierung, Pierre Voizard, in Innsbruck samt Benennung eines Hofes nach ihm. 1957 errichtete die Gemeinde St. Anton am Arlberg ohne Bezugnahme auf den Nationalsozialismus ein Denkmal für Hannes Schneider, den das NS-Regime wegen seiner antinationalsozialistischen Einstellung vertrieben hatte. Diese Zeichensetzung für den Tourismus-Pionier und bis dahin berühmtesten Skifahrer Österreichs, der in den USA Karriere gemacht hatte und in Japan hoch verehrt wurde, stand in Einklang mit den Wirtschaftsinteressen des aufstrebenden Schiorts St. Anton.

Die Gedenktafel von 1953 für sechs der apostolischen Administratur Innsbruck-Feldkirch zugerechneten Märtyrerpriester (Otto Neururer, Franz Reinisch, Carl Lampert, Alois Grimm, Johann Schwingshackl, Johann Steinmayr) in der Heilig-Blut-Kapelle im Stift Stams ist das erste offizielle Gedenkzeichen für katholische Geistliche. Doch nicht zufällig war Bischof Rusch bei der Tafelenthüllung nicht anwesend, wohl aber bei der Wallfahrt am nächsten Tag. Er war ein Vertreter jener Haltung der Amtskirche, die aus pastoralen Gründen die ermordeten Geistlichen und Laien ebenso überging wie die Verbrechen des NS-Regimes, die Schuld der Kirche und ihre MärtyrerInnen. Ehemalige Nazis und MitläuferInnen sollten wieder für die Kirche gewonnen werden, die Betonung der Handlungen von Menschen, die für ihren Glauben ihr Leben gaben, hätte viele Konflikte heraufbeschworen. So galt es als opportun, die Getöteten und die aus den Lagern und Gefängnissen zurückgekehrten Geistlichen und Gläubigen zu beschweigen, bis sie tatsächlich weitgehend in Vergessenheit gerieten. Als Pater Jakob Gapp 1996 seliggesprochen wurde, schrieb Franz Stocker im Wochenblatt der Diözese Innsbruck:

„Sein Schicksal wurde nach dem 2. Weltkrieg lange sowohl im Orden als auch in der Heimatgemeinde Wattens totgeschwiegen. Man fürchtete, das öffentliche Aufzeigen des Lebens und Sterbens von P. Gapp lasse alte Ressentiments aus der NS-Zeit hochsteigen und gefährde den Dorffrieden. (...) In Wattens wurde 1983 gegen den Widerstand einflußreicher Persönlichkeiten anläßlich des 40. Todestags von P. Gapp in der Laurentiuskirche eine Gedenktafel angebracht."[10]

Felix Gredler (Foto Simon Gredler)

Eines jener NS-Opfer, das in Tirol keinen Platz in der Erinnerung hat, ist Pfarrer Felix Gredler. Er wurde am 27. Juli 1892 in Mayrhofen geboren und wuchs in einer kinderreichen Familie aufgrund des frühen Todes des Vaters in ärmlichen Verhältnissen auf. Nach dem Besuch des Borromäums in Salzburg und dem Studium am Priesterseminar von Salzburg wurde Gredler 1915 zum Priester geweiht und wirkte in den folgenden Jahren als Kooperator in St. Veit im Pongau und in den Tiroler Pfarren Schwoich, Langkampfen und Zell bei Kufstein. Ein zweijähriger Studienaufenthalt in München unterbrach die Tätigkeit als Seelsorger. Im November 1934 wurde Gredler zum Pfarrer der Dekanatspfarre Altenmarkt ernannt, der ein größerer landwirtschaftlicher Betrieb angeschlossen war. Seine erfolgreiche Bewirtschaftung erregte nach 1938 bald die Begehrlichkeiten einheimischer Nationalsozialisten. Am 27. September 1940 wurde Gredler verhaftet und vor dem Salzburger Sondergericht wegen angeblicher

Vergehen gegen die Kriegswirtschaftsverordnung angeklagt: Er habe zu geringe Buttermengen abgegeben und zudem deutsche Urlaubsgäste mit Lebensmitteln versorgt. Gredler wehrte sich verzweifelt und verfasste umfangreiche Eingaben an das Gericht. Das vergleichsweise milde Urteil von sieben Monaten unter Einrechnung der Untersuchungshaft hätte nach Abschluss des Verfahrens die Entlassung Gredlers im April 1941 zur Folge gehabt. Stattdessen verfügte die Gestapo Innsbruck seine neuerliche Verhaftung und im August 1941 seine Überstellung in das KZ Dachau, wo er die Arbeits- und Haftbedingungen nicht überlebte. Er verstarb am 26. Juni 1942, die offizielle Todesursache lautete Bauchwassersucht.[11]

Foto Simon Gredler

Als zu Pfingsten 1966 die Urne von Felix Gredler auf Betreiben seiner Schwester Maria, die bei ihm in Altenmarkt Häuserin gewesen war, von Salzburg nach Mayrhofen überführt und auf dem „Gredlerschen Grabhügel" im alten Friedhof beigesetzt wurde, feierte Pfarrer Johann Margreiter ein Hochamt zu Gredlers Ehren.[12] Die Erinnerung an Felix Gredler ist heute in Mayrhofen völlig verblasst. Es gibt nur eine kleine schlichte Tafel, die vermutlich Verwandte im neuen Friedhof bei den Urnengräbern errichten ließen.

In der Gemeinde ist sie jedoch gänzlich unbekannt. Dass Gredler im Nationalsozialismus ums Leben kam, erschließt sich den historisch Kundigen, die mit dem angegebenen Sterbeort Dachau das Konzentrationslager verbinden. In Salzburg hingegen wird seiner gedacht. Am Gebäude des Priesterseminars der Erzdiözese Salzburg hängt eine Gedenktafel, auf der Felix Gredler erwähnt wird, in der Pfarrkirche Altenmarkt ist ihm eine eigene Gedenktafel gewidmet.[13]

Zwei Erinnerungszeichen sind es, die in der Nachkriegszeit hervorragen und eine größere öffentliche Wahrnehmung für sich beanspruchen konnten: die Gedenktafel des Landes Tirol für den Widerstand und Franz Mair am Alten Landhaus in der Maria-Theresien-Straße in Innsbruck 1946 sowie das auf Initiative der französischen Militärregierung 1948 fertiggestellte Befreiungsdenkmal zu Ehren der „für die Freiheit Österreichs Gestorbenen".

Tirol als Opfer des Nationalsozialismus im „ununterbrochenen Widerstandskampf"

Die groß angelegten Feierlichkeiten anlässlich der Einweihung der Tafel von Franz Mair blieben bis heute die bedeutendste Manifestation des offiziellen Tirol bei der Setzung eines Erinnerungszeichens, das Bezug auf den Nationalsozialismus nimmt. Sie sind repräsentativ für das jahrzehntelange Selbstverständnis des Landes und den Gründungsmythos der Zweiten Republik: die These von Österreich als erstem Opfer des Nationalsozialismus, das keinen Anteil an den NS-Verbrechen hatte. Die Überbetonung des Widerstandes sollte die Wiedererrichtung eines freien und demokratischen Österreich legitimieren, in Tirol kamen Hoffnung und Anspruch auf die Wiedervereinigung mit Südtirol hinzu. Tirol war in seiner Selbstsicht unschuldiges Opfer der Nazi-Barbarei, der Widerstand gegen das fremde NS-Regime als Besatzungsmacht heldenhaft, die Begeisterung gering, der Widerwille groß. Die Verbrechen hatte Deutschland begangen, der Nationalsozialismus war eine Zeit der „siebenjährigen Unterdrückung“. Derartige Interpretationen der NS-Vergangenheit stellen keine Einzigartigkeit dar, sondern waren in West- und Osteuropa in unterschiedlichen nationalen Varianten gebräuchlich.[14]

In den letzten Kriegswochen einigte Karl Gruber, erster provisorisch amtierender Landeshauptmann ab Mai 1945, Tiroler Widerstandsgruppen, denen es am 3. Mai 1945 angesichts der flüchtenden NS-Regierung sowie im Chaos rückflutender Wehrmachtsoldaten und SS-Einheiten gelang, das Landhaus zu besetzen und Innsbruck als befreite Stadt den Stunden später einrückenden US-Truppen zu übergeben. Ein Jahr danach, am 8. Mai 1946, erinnerte eine schlichte Tafel an diesen Widerstand und Franz Mair, der bei der Absicherung des Landhauses ums Leben gekommen war.[15] Bereits in der Früh legte der „Bund der Tiroler Freiheitskämpfer“, angeführt vom Pressechef der Landesregierung, der sich im Widerstand aktiv beteiligt hatte, in der Hofkirche vor dem Grabe Andreas Hofers einen Kranz nieder, dessen Schleife die Inschrift trug: „Dem Helden von 1809 – die Tiroler Freiheitskämpfer 1938–1945.“ Nach der symbolischen Gleichsetzung des Tiroler Heldenzeitalters, des Freiheitskampfes von 1809, mit dem Widerstand gegen den Nationalsozialismus folgte ein Dankgottesdienst mit den Spitzen der französischen Militärregierung, dem Landeshauptmann und dem Bürgermeister von Innsbruck. Im Anschluss daran erfolgte der feierliche Akt vor dem Landhaus in Anwesenheit einer unübersehbaren Menschenmenge. Die Häuser der Innenstadt waren mit rot-weiß-roten Fahnen und Tiroler Fahnen geschmückt. Vom Balkon des Alten Landhauses wehten die Flaggen der vier Besatzungsmächte, neben dem Rednerpult stand eine Ehrenkompanie der Marokkanischen Division in Galauniform. Nach dem Erklingen der Marseillaise und von „O du mein Österreich“ gedachte Landeshauptmann Alfons Weißgatterer „eines ununterbrochenen Widerstandskampfes gegen die nationalsozialistischen Gewaltherrschaften in Österreich“. Die Gedenktafel enthüllte er mit den Worten: „Sie soll jeden für immer an die Ruhmestaten der Widerstandsbewegung erinnern.“[16] Karl Gruber, der inzwischen zum Außenminister aufgestiegen war, schickte eine Botschaft, die feierlich verlesen wurde. Er externalisierte den Nationalsozialismus, den er als Angelegenheit der Deutschen abtat. Dieser „war eben nichtösterreichisch und damit waren seine Scheußlichkeiten auch schon hinlänglich erklärt“, so Gruber. Der Außenminister unterstrich, dass sich in Tirol nur „eine kleine Minderheit fand“, die dem „Verführer“ Hitler „Gefolgschaft leistete“. Die Bedeutung, die Gruber in seiner Botschaft dem Tiroler Widerstand zumaß, stand in keinem Verhältnis zur Realität. Das NS-Regime hatte er bis Kriegsende nie in Bedrängnis gebracht. Trotzdem betonte er:

> „Das österreichische Volk und mit ihm Tirol darf aber auch mit Stolz zurückblicken auf seinen Kampf gegen die preußischen Eindringlinge und deren nazistischen Statthalter. (…) Tirol darf die besondere Ehre für sich in Anspruch nehmen, weite Gebiete des Landes von den Nazis völlig gesäubert zu haben, bevor die alliierten Armeen hier einrückten.
> Nicht die weiße Fahne der Übergabe war das Zeichen des neuen Österreich in Tirol, sondern die rot-weiß-rote Fahne seines stolzen staatlichen Bewußtseins, begrüßt von den jubelnden Bürgern, die zu ihrer eigenen Befreiung beigetragen haben.
> Wenn die Naziführung bereits in den letzten Wochen und Monaten zu wanken begann, so vor allem aus ihrer tödlichen Angst vor den entschlossenen Kämpfern des inneren Widerstandes.

Tirol hat bewiesen, daß es für das große Ziel der politischen Freiheit seines Landes zu jedem Opfer bereit ist, nicht nur die Aktivisten der Innsbrucker Widerstandsbewegung, die die Hauptlast der Kampfhandlungen zu tragen hatten, sondern neben ihnen die geschlossene Kraft der Bauern in den Dörfern, die bereit waren, dem Befehl zum offenen Aufstand Folge zu leisten. Ehrendes Andenken den im Kampfe Gefallenen und den unter dem Beil des Henkers Gestorbenen. Möge der Wille zur Verteidigung der eigenen Freiheit das schönste Erbe dieser Epoche bleiben."[17]

Die Feierlichkeiten und die Reden standen in Einklang mit der Selbstdarstellung Österreichs im Rahmen der Opfertheorie, wie sie in der Unabhängigkeitserklärung vom 27. April 1945 zum Ausdruck kam, als Vertreter von SPÖ, ÖVP und KPÖ in ihrer Funktion einer provisorischen Regierung die Wiedererrichtung der Republik Österreich verkündeten. Der Tiroler Widerstandskämpfer Karl Gruber personifizierte dieses Selbstverständnis als Außenminister: Tirol bzw. Österreich war 1938 mit Gewalt von Hitler-Deutschland besetzt und sieben Jahre lang mit brutalem Terror unterdrückt worden. Die Bevölkerung war machtlos und stand abseits, bis schließlich der heimische Widerstand gemeinsam mit den Alliierten das Land befreite. Der Nationalsozialismus galt als Fremdherrschaft und wurde aus einer einseitigen Perspektive thematisiert: unter dem Aspekt von Widerstand und Verfolgung und ganz besonders als Freiheits- und Befreiungskampf.[18]

Die Einweihung der Gedenktafel am Alten Landhaus unter Teilnahme des offiziellen Tirol zur Erinnerung an den Widerstand blieb ein isolierter Akt. Im Gegensatz zu anderen Bundesländern entwickelte sich in Tirol zunächst keine ausgeprägte Gedenkkultur, die sich auf den österreichischen Freiheitskampf durch Denkmalsetzungen berufen hätte. Aus der Widerstandsbewegung hatte sich nach 1945 die „Österreichische Demokratische Freiheitsbewegung" (ÖDFB) entwickelt, an deren Spitze Alois Molling stand, der die Organisation als Machtinstrument nutzte und mehr mit der Durchsetzung eigener Interessen beschäftigt war. 1945 erhielt der ÖDFB vier Landtagsmandate auf der ÖVP-Liste, Molling selbst wurde Vizepräsident des Landtags. Unter seiner Führung geriet der ÖDFB in Verruf und Molling sah sich bereits zum Jahreswechsel 1946 mit derart vielen Vorwürfen konfrontiert, dass er von der Landesleitung zurücktrat, die ÖDFB ihre Aktivitäten 1947 einstellte und die Widerstandsbewegung sich neu aufstellen musste. Ihr Einfluss in der Politik wie in der Öffentlichkeit war daher nur noch gering.[19]

Auch die Linke wusste keine Akzente für die Etablierung einer Gedenkkultur für die Opfer des Nationalsozialismus zu setzen. Die KPÖ war eine sehr kleine Partei, sie hatte ihre aktivsten Mitglieder im Nationalsozialismus, aber auch im spanischen Bürgerkrieg verloren. In der Tiroler Landespolitik kamen ihr bereits im November 1945 jegliche Gestaltungsmöglichkeiten abhanden, nachdem sie bei den Wahlen nur etwas mehr als zwei Prozent der Stimmen erhalten hatte. Auch die SPÖ hatte in den elf Jahren des Parteiverbots zahlreiche Funktionäre und besonders engagierte Mitglieder eingebüßt, viele durch die Ermordung in der NS-Zeit. Ihre Inaktivität bei der Errichtung von Gedenkzeichen mag auch damit in Zusammenhang stehen, dass einige Spitzenfunktionäre in der Partei, im Parteivorstand, in der Gewerkschaft und Arbeiterkammer, im Landtag oder auch im Innsbrucker Gemeinderat NS-belastet waren.[20] Bei der ÖVP genügt es, einen Blick auf die Landeshauptmänner zu werfen. So waren zwischen Oktober 1945 und 1987 mit Ausnahme der sechsjährigen Amtszeit von Alois Grauß (1951–1957) alle Tiroler Landeshauptleute NSDAP-Mitglieder.[21]

Nach den Feierlichkeiten für den österreichischen Freiheitskampf und Franz Mair im Mai 1946 blieben sowohl die ermordeten WiderstandskämpferInnen als auch die anderen Opfergruppen des NS-Regimes jahrzehntelang weitgehend aus dem öffentlichen Gedächtnis ausgeklammert. Dies verdeutlicht symptomatisch der Bau des Befreiungsdenkmals in Innsbruck.

Leugnung von Widerstand und Befreiung

Im Gegensatz zu Ostösterreich und der Steiermark, wo die UdSSR für monumentale Zeichensetzungen im Gedenken an die Befreiung Österreichs und an die herausragende Rolle der Roten Armee verantwortlich ist, haben die Befreier Westösterreichs, die USA und Frankreich, das im Juli 1945 die Vereinigten Staaten als Besatzungsmacht in Tirol ablöste, deutlich weniger Spuren im öffentlichen Raum hinterlassen. Die Gedenkzeichen für die US-Armee und US-amerikanische Soldaten sind fast ausschließlich privaten Initiativen zu verdanken. Veteranen der „Cactus-Division" regten beim Land Tirol die Anbringung einer Gedenktafel an, die 1997 im Innsbrucker Zeughaus angebracht wurde und heute, kaum wahrgenommen, am Franziskanerplatz hängt. Um das Jahr 2000 sorgten Keith M. Bullock und Gerd Leitner, aber auch Roland Domanig dafür, dass nahe der Absturzstellen von US-Bombern Erinnerungszeichen angebracht wurden. Eine ähnliche Initiative entwickelten 2005 Stefan Mühlberger und Andreas Mayr, die Bürgermeister von Kössen und Walchsee, mit Roland Domanig und Jakob Mayr. Bei der Anbringung einer Gedenktafel für die abgestürzte Besatzung eines US-amerikanischen Flugzeugs in Kössen 60 Jahre nach Kriegsende gab es allerdings Widerstand des FPÖ-Bezirksparteiobmanns von Kitzbühel, der in der Setzung dieses Erinnerungszeichens einen „würdelosen Akt der Anbiederung an die Kriegsnation USA" sah. Die französische Militärregierung bzw. Kontrollmission errichtete 1946/47 ein Monument am Mooserkreuz in St. Anton, wo sich die französischen Divisionen, die Vorarlberg befreit hatten, vereinigten. An die führenden Persönlichkeiten der französischen Verwaltung in Westösterreich – Hochkommissar Émile Béthouart und Generaladministrator Pierre Voizard – erinnert auf Initiative der Stadt Innsbruck seit 1950 eine Tafel am Voizardhof in der Peter-Rosegger-Straße und ein Steg, der 2003 nach Béthouart benannt wurde.

Die bedeutendste Hinterlassenschaft der französischen Besatzungsmacht stellt das Befreiungsdenkmal in Innsbruck dar. Sie regte die Errichtung eines Baus an, der an den Widerstand Einheimischer gegen den Nationalsozialismus und an die alliierten Soldaten erinnern sollte, die im Kampf zur Befreiung Österreichs vom Nationalsozialismus gefallen waren. Der Standort war bewusst gewählt: gegenüber dem Neuen Landhaus, das die Nationalsozialisten 1938/39 errichtet hatten und das ihnen als Schaltzentrale ihrer Herrschaft gedient hatte. Die französische Seite trug die Kosten für das Denkmal, das Land Tirol kam für die weiteren finanziellen Aufwendungen auf, besonders für die Neugestaltung des großen Vorplatzes. Land Tirol und Stadt Innsbruck erhielten große Mitspracherechte, so dass das Befreiungsdenkmal (Monument du Landhaus) schließlich von einer Tirol-patriotischen Zeichensetzung und christlichen Symbolik dominiert war. Im Zentrum des Denkmals waren die Wappen der neun Bundesländer in der Form eines Kreuzes auf den Gittern angeordnet. Widerstand und Befreiung wurden so dem Katholizismus zugeordnet. Frankreich verzichtete darauf, sich zu glorifizieren oder sich als siegreiche Armee im Denkmal zu verewigen. Daher versagte es sich eine französische Inschrift, die, obwohl die Militärvertretung eine deutsche Beschriftung vorgeschlagen hatte, nach dem Willen des Landeskonservators auf Latein ausgeführt wurde: Pro Libertate Austriae Mortuis (Den für die Freiheit Österreichs Gestorbenen). Frankreich trat mit dem Denkmal als Fürsprecher für die Unabhängigkeit Österreichs auf und vertrat auch sonst die Opferthese.

Anlässlich der Gedenkfeier der Anbringung der Erinnerungstafel am Alten Landhaus hatte Generaladministrator Pierre Voizard betont: „Während die Soldaten Frankreichs die Befreiungsaufgabe vollendeten, indem sie zum letzten Male auf französischem Boden ihr Leben opferten, erkaufte Österreich selbst mit dem Blute seiner besten Söhne sein heiliges Recht zur Wiedergeburt unter den freien und unabhängigen Nationen."[22]

Trotz all dieser Bemühungen der französischen Militärregierung, ihrer Einbindung des Landes Tirol und der Zustimmung, dass das Denkmal ein betont österreichisches bzw. heimattümliches Gesamtbild erhielt, stieß die Zeichensetzung auf Ablehnung in der Bevölkerung, auch das offizielle Tirol distanzierte sich schließlich. Die auflagenstärkste Tageszeitung im Land, die *Tiroler Tageszeitung*, entpolitisierte das Denkmal und überging seine Bedeutung ebenso wie jene des Widerstandes. Sie hob die „geglückte Symphonie französischer und österreichischer bildender Kunst", das „Musterbeispiel Tiroler Schmiedekunst" sowie den herrlichen Blick auf und durch das Denkmal auf die Berge hervor. Die Zeitung sprach von einem Geschenk Frankreichs, das all jenen gewidmet wäre, „die für Österreichs Freiheit im letzten Kriege starben."[23] Damit konnten auch die österreichischen Wehrmachtsoldaten gemeint sein. Die Mehrheit im Land empfand das Befreiungsdenkmal als eine von außen aufgezwungene Zeichensetzung. Als Symbol der Befreiung und des Widerstandes vermochte es kein fester Bestandteil Tiroler Erinnerungskultur zu werden. Folgerichtig wurde das Denkmal nach seiner Fertigstellung nicht eingeweiht und es gab auch keine Eröffnungsfeier. Die französische Kontrollmission besprach sich zwar mit Innsbrucks Bürgermeister Anton Melzer, um die Einweihungsfeier so zu planen, dass die Tiroler Bevölkerung sie gut annehmen konnte. Melzer riet jedoch von Feierlichkeiten ab, da eine derartige Veranstaltung nicht Begeisterung, sondern Gleichgültigkeit auslösen würde. Seiner Meinung nach litten die TirolerInnen unter der französischen Besatzung, deren Ende nicht in Sicht war. Für sie würde eine Zeremonie drei Jahre nach der Befreiung Tirols vom Nationalsozialismus als weiterhin besetztes Land nicht viel Sinn ergeben. Der Bürgermeister konnte sich als Einweihung des Denkmals eine Veranstaltung mit Trachtengruppen und Blasmusikkapellen vorstellen, die er als Vertretung von „ganz Tirol" bezeichnete. Als geeigneten Zeitpunkt für Feierlichkeiten erschien ihm Allerheiligen, da das Denkmal jenen gewidmet wäre, „die im Kampf gefallen sind". Kritisch merkte der Verfasser der französischen Mitschrift des Gesprächs an, dass der Bürgermeister offengelassen habe, ob er die Widerstandskämpfer oder die Soldaten der Deutschen Wehrmacht gemeint habe. Jedenfalls dachte Melzer an eine Einweihung in Form eines Totengedenkens, das dem Denkmal seine wahre Bedeutung gäbe. Feierlichkeiten am Jahrestag des offiziellen Kriegsendes am 8. Mai, den die französische Kontrollmission als Tag der Enthüllung im Auge hatte, waren nicht im Sinn des Bürgermeisters, der als beste Lösung die Verschiebung der Eröffnungszeremonie für das Befreiungsdenkmal bis zum Abschluss des Staatsvertrags vorschlug. Dann wäre die Bevölkerung wirklich auf den Beinen, um der Einweihung dieses Denkmals beizuwohnen, das der ehemalige Besatzer bei diesem Anlass in die Obhut der Regierung eines freien Tirol stellen würde. Der Vertreter der französischen Kontrollmission hielt es zwar für möglich, dass im Vorschlag des Bürgermeisters eine „gewisse Bosheit" enthalten war, dennoch erschien ihm diese Vorgangsweise als gangbarer Weg, da ihm die Akzeptanz des Denkmals in der Tiroler Bevölkerung wichtig war.[24]

Das Befreiungsdenkmal wurde in der Bevölkerung dennoch nicht gewürdigt, sondern als Franzosendenkmal denunziert. Als einziges Denkmal für den Freiheitskampf gegen den Nationalsozialismus von überregionaler Bedeutung in Tirol konnte es seinen repräsentativen Symbolcharakter für die historische Identität des Bundeslandes nicht ausstrahlen. Ein Artikel in der *Tiroler Rundschau*, dem Presseorgan des „Verbandes der Unabhängigen" (VdU), Sammelbecken ehemaliger NationalsozialistInnen und Vorläufer der FPÖ, wenige Tage nach Unterzeichnung des Staatsvertrags im Mai 1955, brachte die Kritik am Denkmal und die Sicht vieler TirolerInnen auf den Punkt: Es sei ein Mahnmal der Unfreiheit Tirols aufgrund der französischen Besatzung. Der 8. Mai 1945 war kein Tag der Befreiung, sondern markierte die Unterdrückung der Tiroler Bevölkerung. Ein Artikel von Rainer v. Hart-Stremayr, einem ehemaligen Redakteur der *Innsbrucker Nachrichten*, dem Parteiorgan der NSDAP des Gaues Tirol-Vorarlberg, mokierte sich zwar über das Denkmal, er zeigte aber auf, dass das Befreiungsdenkmal und der Landhausplatz im Zentrum der Stadt Innsbruck nicht als Ort der Erinnerung an den Widerstand gegen den Nationalsozialismus angenommen wurde:

> „Das Auffällige an diesem Denkmal besteht in seiner Unauffälligkeit. Es wurde nämlich nicht feierlich eingeweiht und auch nie irgendwie ‚benützt‘. (...) Das österreichische Befreiungsdenkmal auf dem Landhausplatz schien es also an allen in Betracht kommenden Erinnerungstagen nicht zu geben. Es war all die Jahre hindurch, seit es gebaut wurde und steht, ein Mahnmal des Schweigens.“[25]

Zwar wäre das Motiv für die Errichtung offiziell die „Denazifizierung“ des ehemaligen Gauhauses gewesen, aber: „Richtig besehen, fügt sich das Denkmal ausgezeichnet in die Architektur des dahinterliegenden Gebäudes.“ Hart-Stremayr machte sich dennoch für das Denkmal stark, weil es an die Unterdrückung der Tiroler Bevölkerung durch die alliierten Besatzungsmächte erinnere: „Schließlich schadet es unseren Nachkommen auch nichts, durch ein Denkmal ‚PRO LIBERTATE‘ an die ersten zehn Jahre der Unfreiheit durch die Befreiung gemahnt zu werden.“ Die „wohl anständigste und sauberste Lösung“ wäre es, eine Tafel an der Schmalseite des Mahnmals anzubringen, die über die Baugeschichte und die „nie erfolgte Zweckwidmung“ Auskunft gibt. So könnten die TirolerInnen die Hintergründe darüber erfahren, warum die „vermeintliche Heldenmahnstätte“ keine Ehrfurcht wie bei sonstigen Ehrenmalen wecke und lediglich „ein beliebter Tummel- und Versteckspielplatz für unwissende Kinder“ sei.[26]

Felix Pettauer, nach den ersten Wahlen im Herbst 1945 Mandatar der KPÖ im Innsbrucker Gemeinderat und Mandatar der „Wahlgemeinschaft Österreichische Volksopposition“, eines Zusammenschlusses der KPÖ zu einem Wahlbündnis Anfang der 1950er Jahre mit der Demokratischen Union und der Sozialistischen Arbeiterpartei, beantragte in der Gemeinderatssitzung vom 31. März 1955 30.000 Schilling für die Errichtung eines Mahnmals für die Opfer des politischen Freiheitskampfes in Tirol. Als Vertreter einer Partei, die besonders viele Todesopfer durch Verfolgung und Widerstand im Nationalsozialismus zu beklagen hatte, identifizierte er sich nicht mit dem Befreiungsdenkmal der westlichen Besatzungsmacht Frankreich, noch dazu unter dem Zeichen des christlichen Kreuzes. Stadtrat Karl Kunst (SPÖ) wollte dem kommunistischen Wahlbündnis zwar keine Profilierungsmöglichkeit einräumen, sprach sich aber für das Projekt aus. Die Stadt sollte von sich aus eine Erinnerungsstätte schaffen.[27] Der Ausschuss für Kunst, Kultur und Wissenschaft lehnte den Vorstoß schließlich im Juli 1955 ab, weil „im Freiheitsdenkmal am Landhausplatz ein solches Ehrenmal bereits vorhanden ist und die Schaffung einer zweiten Gedenkstätte nicht damit in Übereinstimmung zu bringen wäre.“[28]

Kriegerdenkmäler und Gedenken an die NS-Zeit

Karl Böhm, der Direktor des Tiroler Landesarchivs, gab 120 Bände mit den Namen der gefallenen und vermissten Soldaten des Ersten Weltkrieges unter der Bezeichnung „Tiroler Ehrenbuch" heraus. 1947 präsentierte er die 23 Bände der Toten von 1938 bis 1945 im Tiroler Landesmuseum Ferdinandeum, nannte sie aber „Gedenkbuch der Todesopfer Tirols 1938–1945", da er die Verehrung der soldatischen Leistungen und Opfer im Ersten Weltkrieg nicht unumschränkt den im Zweiten Weltkrieg gefallenen Soldaten zugestehen wollte. Das Gedenkbuch enthält auch die Namen der „im Kampf der österreichischen Widerstandsbewegung Gefallenen, der im Hinterland durch Luftangriffe Getöteten, derer, die in den KZ sterben mußten".[29] Mit der Einbindung dieser Opfergruppen wollte der Landesarchivar verhindern, dass das Gedenkbuch in eine nationalsozialistische Traditionspflege eingebunden werden konnte. Eine Unterbringung des Gedenkbuches in der Gedächtnisstätte des Bergisels, „der ein ganz gewaltiges Stück Tiroler und damit österreichischer Geschichte beinhaltet" und wo sich bereits das Ehrenbuch des Ersten Weltkrieges befand, lehnten die Vertreter des Stiftes Wilten und des Altkaiserjägerklubs, die das Kuratorium bildeten, 1949 ab: „Die Zeit von 1938–1945 kann nicht als Ruhmesblatt, das zur Verherrlichung unserer Geschichte beitragen soll, bezeichnet werden."[30] Zwei Jahre später kam das Gedenkbuch schließlich doch auf den Bergisel.

Heidemarie Uhl sieht in den Jahren 1949/50 eine Wende in der Gedenkkultur, ungefähr um diese Zeit entwickelten sich die Kriegerdenkmäler für die gefallenen und vermissten Soldaten allmählich als Norm kollektiven Erinnerns. Diese Entwicklung ist auch für Tirol festzustellen. Von einer Wende kann hierzulande jedoch nicht gesprochen werden, weil es keine konkurrierenden Gedenknarrative gab. In der Nachkriegszeit hatte sich in Tirol keine materialisierte Erinnerungskultur für den österreichischen Freiheitskampf mit einer nennenswerten Breitenwirksamkeit herausgebildet, nicht einmal auf parteipolitischer Ebene. Auch in den folgenden 30 Jahren zwischen 1950 und 1980 kam es nur zu einer geringen Anzahl von Denkmalerrichtungen im Zusammenhang mit Widerstand und Verfolgung im Nationalsozialismus. Die herausragendsten waren das Denkmal für den Widerstand und die NS-Opfer in Lienz 1965 und das Mahnmal für die Opfer des Arbeitserziehungslagers Innsbruck-Reichenau 1972. Neben den bereits erwähnten Gedenkzeichen (Tafel für Geistliche in Stams 1953, Skulptur für Schneider in St. Anton 1957, Ehrenmal für Pfarrer Geiger in Karrösten 1961) wurden bis Ende der 1970er Jahre mehrere Gedenkzeichen für Otto Neururer in Fließ und Götzens gesetzt, eine Grabtafel mit Relief für Pater Franz Reinisch in Innsbruck, ein Grabkreuz mit ausführlicher Inschrift für Pfarrer Siegfried Würl in Tösens, eine Straße in Hall für Walter Krajnc, einem Opfer der NS-Militärjustiz, Gedenktafeln für Geistliche in einer Kapelle in Vomp-Fiecht und Gedensteine für jüdische Opfer im Waldfriedhof Seefeld.

Von einer Übergangsphase wie auf Bundesebene ab Mitte der 1960er Jahre mit einer Transformation des Geschichtsbewusstseins, das sich in der Gedächtniskultur widergespiegelt hätte, kann kaum die Rede sein.[31] Während das offizielle Österreich im Bund nun politischen Opfern des NS-Regimes dieselben Ehren wie den Wehrmachtsoldaten zukommen ließ – die Errichtung des Weiheraums für den österreichischen Freiheitskampf im Äußeren Burgtor der Wiener Hofburg symbolisierte diesen Prozess –,[32] beherrschten Kriegerdenkmäler, Gefallenen-, Andreas-Hofer- und Herz-Jesu-Feierlichkeiten die Tiroler Gedächtnislandschaft. Zum Nationalfeiertag 1965 drückte der Leitartikel der *Tiroler Tageszeitung* zwar das Bekenntnis der Kriegsgeneration zu Österreich aus, gleichzeitig aber auch deren Distanz zu Republik und Österreich als Nation:

„Besonders ältere Menschen werden mit diesem Ausdruck [Nationalfeiertag] nicht viel anfangen können. Denn wie ein Volk, das von sich selbst nur sehr teilweise annimmt, daß es eine Nation sei, einen ‚Nationalfeiertag‘ abhalten kann, wird ihnen unverständlich bleiben. Aber für unsere Jugend ist es gut, wenn es einen Tag im Jahr gibt, an dem sie sich mit dem ganzen Herzen Österreich zuwenden kann. Für sie wird es vielleicht einmal eine ‚unbestrittene österreichische Nation‘ geben. (...) Ein guter Österreicher kann schließlich auch sein, wer kein besonders herzlicher Republikaner ist. (...) Illusionslos, aber mit der Zähigkeit alter Soldaten, die das Grauen und die grenzenlose Angst um das bißchen menschliche Existenz auf den Schlachtfeldern Europas und Afrikas überstanden haben, bekennen wir uns stolz zu diesem Österreich, in das wir nach der Heimkehr auch zuviel investiert haben, als daß wir es heute nicht lieben müßten. Für uns, die wir die Republik mit unserer Hände Arbeit aufgebaut haben, ist Österreich ein Teil von uns; möge es den heranwachsenden und noch späteren Generationen vergönnt sein, sich als Teile dieses liebenswerten Österreich fühlen zu können."[33]

Ab den 1970er Jahren machte sich zwar in der Zivilgesellschaft eine generationelle Veränderung bemerkbar, die für die Folgezeit bedeutsam werden sollte, erste wichtige Publikationen wie „Zeugen des Widerstandes"[34] erschienen und 1984 konnten die beiden Dokumentenbände des Dokumentationsarchivs des österreichischen Widerstandes zu Tirol 1934–1945 herausgegeben werden.[35] Doch in erinnerungspolitischer Hinsicht wirkten sich die Jahre der SPÖ-Kanzlerschaft in Tirol nicht derart aus, dass von einer grundlegenden Änderung gesprochen werden könnte. Selbst das Gedenken an die Februarkämpfe von 1934, das 1974 zur Errichtung von zahlreichen Erinnerungszeichen in mehreren Bundesländern geführt hatte, hinterließ in Tirol keine Spuren. Erst ein Jahrzehnt später setzte die SPÖ das erste Zeichen zu den Februarkämpfen 1984 in Wörgl.

Es waren, so wie in anderen Bundesländern, die Opferverbände, die Initiative zeigten. Das zentrale Denkmal für den Widerstand in Osttirol wurde zum 20. Jahrestag der Befreiung in Lienz auf Betreiben des Obmannes der lokalen Organisation des „Bundes der Opfer des politischen Freiheitskampfes in Tirol" errichtet, 1972 führten die Bemühungen des Tiroler Bundes zur Errichtung eines Mahnmales für die Opfer des Arbeitserziehungslagers Reichenau in Innsbruck.

Dominantes Gedenken

Als „Antithese zum Widerstandsgedenken" prägte die Erinnerung an die gefallenen Wehrmachtsoldaten die Gedächtnislandschaft in Tirol viele Jahrzehnte.[36] In fast jeder Gemeinde errichtete vor allem der Kameradschaftsbund ein Kriegerdenkmal oder erweiterte das bereits vorhandene für den Ersten Weltkrieg.

Unmittelbar nach 1945 war die Ablehnung des Zweiten Weltkrieges in der Tiroler Bevölkerung noch groß gewesen. Viele ehemalige Soldaten sahen sich zu Unrecht in die Nähe von Kriegsverbrechen gerückt. Die Kriegerdenkmäler bewirkten einen Umschwung. Sie bewerteten den Dienst in der Wehrmacht neu und stellten den guten Ruf der gefallenen und überlebenden Kriegsteilnehmer wieder her. Die ehemaligen Soldaten galten nun nicht länger einfach nur als Opfer des Krieges, sondern als Opfer des Krieges gegen den Nationalsozialismus; darüber hinaus sogar als tapfere Verteidiger der Heimat und „Helden der Pflichterfüllung".[37]

Diese Entwicklung war der Eskalation des Kalten Krieges geschuldet – Antikommunismus ersetzte Antifaschismus –, aber auch wahltaktischen Überlegungen angesichts der politischen und gesellschaftlichen Wiedereingliederung der ehemaligen NationalsozialistInnen. Die Kriegerdenkmäler und die Unterstützungserklärungen von Politik und Kirche beinhaltete zudem ein Integrationsangebot. Diese integrative Wirkung des Gefallenengedenkens entsprach

> „dem konsensbetonten politischen Klima der Nachkriegsjahre und dem weitverbreiteten Bedürfnis nach Versöhnung und Überwindung jener Gegensätze der NS-Vergangenheit, die noch lange nach Kriegsende weiterwirkten. Die Erinnerungswelt der Kriegerdenkmäler kann als Beitrag zum oft geforderten ‚Schlussstrich‘ unter die Gegensätze der NS-Vergangenheit gesehen werden, denn sie war in erster Linie davon bestimmt, kontroversielle Themen der Vergangenheit auszublenden und in einem integrativen, ‚von Harmoniestreben und positiver Sinngebung geprägt[en]‘ Geschichtsbild aufgehen zu lassen.“[38]

Die Ausblendung von Verbrechen, Mitschuld und Mitverantwortung war auf lokaler und regionaler Ebene, wo die Geschehnisse und Handlungen, die TäterInnen und Opfer wohlbekannt waren, von großer Bedeutung. Heidemarie Uhl spricht in diesem Zusammenhang von einem gesellschaftlichen „Schweigegebot“ und von der Erinnerung an die Opfer als „Stachel im Fleisch des sozialen Vergessens“, die gerade deshalb „aus dem öffentlichen Gedächtnis ausgeklammert wurden und jahrzehntelang eine Leerstelle in der Erinnerungslandschaft blieben.“[39] In der Phase des ungesicherten Nationalbewusstseins ehrten Parteien, Behörden und Kirchen die Pflichterfüllung im Krieg als staatsbürgerliche Tugend wie im Ersten Weltkrieg, ohne dass sich die Wehrmachtsoldaten vom Aggressions- und Vernichtungskrieg distanzieren mussten. Im Gegenzug versicherten sie bzw. ihre Vertreter in den Traditionsverbänden der Republik Österreich symbolisch die Treue.[40] Der Widerstand rückte in die Nähe des Landesverrates, weil das Geschichtsverständnis des Kameradschaftsbundes und der Veteranenverbände dominierte: Der Kriegsdienst in der Wehrmacht erschien als Schutz der Heimat, soldatische Pflichterfüllung als Norm ehrenvollen Verhaltens. Die Kriegerdenkmäler entwickelten sich so zur „Alltagskultur“ der Erinnerung an die NS-Zeit unter Ausblendung des Nationalsozialismus, der Kriegsursachen und der Kriegsführung. Die zentralen Botschaften waren erstens der Krieg als gemeinsames Leiden an der Front wie in der Heimat und zweitens die Bedrohung durch den Bombenkrieg, die alliierten Armeen und die nachfolgende Besetzung Österreichs.[41]

Denkmalsetzungen für den antinationalsozialistischen Freiheitskampf oder öffentliche Ehrungen fanden folglich kaum statt und die Angehörigen der ermordeten WiderstandskämpferInnen sahen sich an den Rand gedrängt. In der Dorfgemeinschaft standen sie abseits. In diesen Prozess fügte sich 1957/58 der Streit um die Gedenktafel für Franz Mair und den Widerstand. Die ehemaligen Nationalsozialisten waren längst wieder in die Gesellschaft eingebunden und nahmen führende Positionen in der Verwaltung, den Behörden, Gerichten, Schulen und in der Privatwirtschaft ein.

Die Fremdenverkehrswirtschaft war in den 1950er Jahren von rasantem Wachstum geprägt, ab dem Winter 1951/52 stellten die deutschen Gäste in Tirol wieder die Mehrheit.[42] Unter ihnen befanden sich zahlreiche ehemalige NationalsozialistInnen, die seinerzeit in Tirol als „Kraft durch Freude-Reisende“, Parteifunktionäre, Militärangehörige, Beamte und Angestellte in der Verwaltung, bei der Finanz, Post, Polizei, Gestapo usw. schöne Tage verbracht hatten. Die Landesregierung wollte jegliche Störung der Befindlichkeit der deutschen Gäste vermeiden. Nicht zuletzt wegen der massiven Kritik des deutschen Generalkonsuls in Innsbruck, Max Zwicknagel, Schwiegervater des stellvertretenden Vorsitzenden der CSU und deutschen Verteidigungsministers Franz Josef Strauß, beschloss die Tiroler Landesregierung am 19. September 1957, die Ehrentafel für Franz Mair abschleifen zu lassen und mit einer neuen Formulierung in einer unleserlichen Schrift zu versehen. Übrig blieb nur noch folgender Satz: „Vor diesem Haus fiel im Mai 1945 Professor Dr. Franz Mair im Kampf um die Freiheit Tirols." Der katholische *Volksbote* berichtete über diesen Vorfall mit der Überschrift „Dem Fremdenverkehr geopfert". Seine Recherchen im Landhaus ergaben, dass sich deutsche Ferienreisende über die ursprüngliche Inschrift aufgeregt oder gar lustig gemacht hatten. Daher hielt es die Landesregierung für richtig, „diesen Stein des Anstoßes zu entfernen".[43] Ein ehemaliger Schüler Mairs schrieb in einem Leserbrief:

> „Darauf habe ich versucht, die ‚neue' Inschrift zu lesen. Sie ist mit lauter Schreibschrift-Großbuchstaben geschrieben, wie man es sonst bei Rätsellösungen macht, damit man es nicht zu rasch herausbekommt. Und der Text ist derart verharmlost, daß man fast meinen möchte, Prof. Mair sei beim Edelweißsuchen abgestürzt. Das ist also der Dank des Vaterlandes für die Kämpfer um seine Freiheit!
> Fremdenverkehr in Ehren! Aber, wenn es so weit geht, daß wir unsere Seele verkaufen, daß wir charakterlos werden, daß wir uns nicht mehr zu sagen getrauen, was wahr ist, dann hört sich das Tirolertum endgültig auf!"[44]

In der Tat zeigte sich der „Deutsche Reisebüro-Verband", dem rund 900 Reisebüros angehörten, und der Beauftragte des Landesverkehrsamtes für Deutschland sehr erfreut über die Vorgangsweise der Landesregierung, die „beiderseitigen freundnachbarlichen Beziehungen" seien nun wieder „ungetrübt".[45] In- und ausländische Zeitungen berichteten und attackierten die Landespolitiker, besonders aktiv war der „Bund der Opfer des politischen Freiheitskampfes" in Tirol unter ihrem Obmann Heinz Mayer. Landeshauptmannstellvertreter Franz Hüttenberger (SPÖ) distanzierte sich vom Beschluss der Landesregierung. Bei der fraglichen Sitzung sei er nicht anwesend gewesen: „Ich hatte von der Absicht, einen solchen Beschluß zu fassen, keine Kenntnis und hätte auch nicht dafür gestimmt."[46] Allerdings fand Hüttenberger diese deutlichen Worte zunächst nur im Vieraugengespräch mit Mayer. Eigeninitiative und Engagement ließ auch Hüttenberger vermissen. Während landesweit bereits die ersten Vorbereitungen für die großen Jubiläumsfeiern des Andreas-Hofer-Gedenkjahres 1959 anliefen, versuchten die Widerstandskämpfer daran zu erinnern, daß nicht nur 1809, sondern auch zwischen 1938 und 1945 beherzte Tiroler-Innen für die Selbständigkeit Tirols und Österreichs eingetreten waren. Die *Tiroler Tageszeitung* schrieb entrüstet: „So weit ist es also schon, daß man aus Rücksichtnahme auf unbelehrbare Nazi aus Adenauer-Deutschland vor einer solchen Würdelosigkeit nicht zurückschreckt und bereit ist, das Andenken von Kämpfern um die nationale Unabhängigkeit Österreichs dem Vergessen preiszugeben."[47] *Der Volksbote* klärte auf:

> „Spricht man mit Leuten, die den Initiatoren dieser unpatriotischen Tat nahestehen, dann hört man nicht nur das Argument, es hätten sich viele deutsche Touristen über die Tafel aufgeregt (…), sondern man vernimmt auch etwa folgendes Geflüster: ‚Na, seien wir doch ehrlich, was hat die österreichische Widerstandsbewegung schon geleistet? Diese Tafel, das war doch ein Krampf … Die neue Tafel (auf der weder von Unterdrückung noch von Widerstand die Rede ist, Anm. d. Red.) entspricht doch eigentlich erst der geschichtlichen Wahrheit …' und so weiter und so fort."[48]

Komitees in Innsbruck und Wien mit bekannten Künstlern, Publizisten, Schriftstellern, Journalisten, Widerstandskämpfern und zahlreichen Prominenten des öffentlichen Lebens, darunter eine erkleckliche Zahl ehemaliger Schüler von Franz Mair, setzten sich für die Wiederanbringung der Tafel ein, die die Landesregierung Anfang 1958 schließlich beschloss. Allerdings war die neue Gedenktafel, die am 11. März 1958 aufgehängt wurde, auf Drängen von Landeshauptmann Hans Tschiggfrey textlich nicht völlig ident mit der alten. Die siebenjährige NS-Herrschaft wurde nicht mehr als Zeit der „Unterdrückung", sondern der „Unfreiheit" bezeichnet.

Wie wenig staatstragend das Gedenken an die NS-Zeit in der Tiroler Landesregierung im Vergleich zum Gefallenengedenken noch 1978 verankert war, offenbaren die Schwierigkeiten der „Arbeitsgemeinschaft vaterlandstreuer Verbände Tirols" (Bund der Opfer des politischen Freiheitskampfes in Tirol, Bund sozialistischer Freiheitskämpfer Tirols, ÖVP-Kameradschaft der politisch Verfolgten Tirols, Israelitische Kultusgemeinde für Tirol und Vorarlberg, Aktion gegen den Antisemitismus in Österreich, Landesorganisation Tirol, Österreichische Liga für Menschenrechte, Landesverband Tirol, Österreichische Gemeinschaft, Landesverband Tirol), eine breitere Öffentlichkeit herzustellen. Zum 40. Jahrestag des Anschlusses Österreichs an Hitler-Deutschland erhielt die Arbeitsgemeinschaft auf ihr Schreiben an den Landeshauptmann keine Antwort. Der Vorstand betonte, „dass bestenfalls eine Regierungsgedenksitzung, allenfalls eine Landtagssitzung durchgeführt wird, dass aber bestimmt keine Feier gemeinsam mit unserer Arbeitsgemeinschaft zu erwarten ist. Bestenfalls werden wir zu einer Kranzniederlegung eingeladen." Der Vorstand trug sich mit dem Gedanken an einen ökumenischen Gottesdienst mit nachfolgender Veranstaltung. Doch allein aus den eigenen Kreisen könne kein Saal gefüllt werden. Es wäre eine „Blamage", wenn dies in den Zeitungen bekannt würde. Es fiel daher der Beschluss, sich mit einer Kranzniederlegung samt Ansprache am Befreiungsdenkmal und Kranzniederlegungen bei der Gedenktafel für Franz Mair, vor dem Denkmal in der Reichenau und der Erinnerungstafel für die jüdischen Opfer im Amraser Soldatenfriedhof zu begnügen.[49]

Die 1980er Jahre: Übergang zu einer neuen Erinnerungskultur

In den 1980er Jahren entstand eine ganze Reihe von Gedenkzeichen und Straßenbenennungen. Es waren zum einen ermordete Geistliche, Ordensfrauen und Exponenten des katholisch-konservativen Widerstandes, die Ehrung fanden, zum anderen wurden erstmals linke WiderstandskämpferInnen öffentlich gewürdigt und der Holocaust thematisiert. Diese Entwicklung setzte sich in den 1990er Jahren fort, der Durchbruch zu einer etablierten Erinnerungskultur für die Opfer des Nationalsozialismus erfolgte in den 2000er Jahren.

Die Zeichensetzungen in den 1980er Jahren hatten zunächst nur bedingt mit der hitzigen Debatte um die Kriegsvergangenheit von Bundespräsident Kurt Waldheim zu tun. Erst ab 1988, verbunden mit dem Gedenkjahr 50 Jahre Anschluss Österreichs an das Deutsche Reich, verlor die Opferthese allmählich an Bedeutung. In den 1980er Jahren wurden in Tirol genauso viele Gedenkzeichen errichtet wie in den 35 Jahren nach Kriegsende.

Der „Bund der Opfer des politischen Freiheitskampfes" in Tirol hatte bereits 1971 den Antrag in den Innsbrucker Gemeinderat gebracht, Straßen nach dem Opfer der Pogromnacht Richard Berger, dem Leiter der „Vaterländischen Front" im Bezirk Innsbruck-Land Adolf Hörhager, Pfarrer Otto Neururer und der linken Widerständlerin Adele Stürzl zu benennen, doch die Angelegenheit wurde auf die lange Bank geschoben.[50] 1977 kamen aus dem Stadtmagistrat Innsbruck Anfragen an die „Arbeitsgemeinschaft vaterlandstreuer Verbände Tirols", Namen von Widerstandskämpfern für Straßenbenennungen anzuführen. Diskutiert wurde in der

Arbeitsgemeinschaft, jüdische Opfer (Richard Berger, Richard Graubart, Wilhelm Bauer), linke Widerstandskämpfer (Konrad Tiefenthaler, Andreas Obernauer) und Repräsentanten des „Ständestaates" (Adolf Hörhager, Richard Steidle[51], Richard Glier[52]) zu berücksichtigen.[53] Ab 1978 setzten sich Mandatare im Innsbrucker Gemeinderat für Straßenbenennungen nach NS-Opfern und Widerstandskämpfern ein. Es handelte sich um Repräsentanten von Fraktionen, die sich von der ÖVP abgespalten hatten, aber mit ihr gekoppelt waren. Diese Politiker hatten entweder ein Nahverhältnis zu ihrem ehemaligen Lehrer Franz Mair oder waren selbst Widerstandskämpfer bzw. stammten aus einer Familie, die in der NS-Zeit verfolgt worden war. Die Stadtpolitik reagierte prinzipiell positiv auf die Initiative von Gemeinderat Hermann Weiskopf (Innsbrucker Mittelstand – IMS) und Stadtrat Wilhelm Steidl (Tiroler Arbeitsbund – TAB), dennoch übte Weiskopf Kritik. Im Mai 1980 stellte er nach der Beschlussfassung des Gemeinderates fest:

> „Es hat 35 Jahre gedauert, bis die Gemeinde Innsbruck endlich jenen Schritt gesetzt hat, den man schon früher hätte erwarten dürfen. Es ist auf die Initiative unserer Fraktion gemeinsam mit meinen Freunden in der Fraktion TAB zurückzuführen, daß es nach zwei Jahren hartnäckigen Strebens nun doch gelungen ist, wenigstens einmal ein sichtbares Ergebnis zu erreichen. Ich möchte dabei betonen, daß dieses Ergebnis noch nicht ganz unseren Vorstellungen entspricht, wir anerkennen jedoch, daß hier der gute Wille doch zum Ausdruck gekommen ist."[54]

Die Kritik Weiskopfs bezog sich vor allem darauf, dass für den in der Pogromnacht ermordeten Vorstand der Israelitischen Kultusgemeinde Richard Berger lediglich eine kurze Straße an der Peripherie Innsbrucks ausgewählt worden war. Als der Gemeinderat im Oktober 1980 beschloss, die östliche Angerzellgasse nach Franz Mair zu benennen, betonte Stadtrat Steidl:

> „Wir sind der Überzeugung, daß alle politischen Lager in Österreich große Persönlichkeiten und überzeugte Menschen hervorgebracht haben, die gegen ein Establishment oder eine Diktatur Widerstand geleistet und auch ihr Leben dafür gelassen haben. Ich nehme hier niemanden aus: da sind Sozialisten, Christliche, Kommunisten, Freiheitliche und auch Nationalsozialisten dabei. Das muß man in aller Form aussprechen. Es ist jetzt Zeit, daß man die Vergangenheit so weit überwindet, um Menschen, die ihr Leben für ihre Gesinnung geopfert haben, gleich in welchem Lager sie standen, für würdig zu finden, eine Straße nach ihnen zu benennen, damit die Jugend wenigstens weiß, daß es in der Bevölkerung solche Leute gegeben hat. Mir sind Straßennamen nach solchen Menschen, gleich welchen Lagers, lieber wie der Vögelebichl oder die Finkengasse. In einer demokratischen Öffentlichkeit haben diese Menschen, die am Schafott oder Galgen geendet haben, Anspruch auf Straßenbenennungen. Ich bin froh und glücklich, daß der Gemeinderat die Prof.-Dr. Franz Mair-Straße genau dorthin legt, wo dieser Mann als Professor gearbeitet und gewirkt hat."[55]

Maßgeblich verantwortlich für Straßenbenennungen nach NS-Opfern und WiderstandskämpferInnen waren neben den Gemeinderäten Hermann Weiskopf und Paul Flach vom Innsbrucker Mittelstand bzw. Stadtrat Wilhelm Steidl vom Tiroler Arbeitsbund die „Arbeitsgemeinschaft vaterlandstreuer Verbände Tirols". Diesen Akteuren war es zu verdanken, dass nach den Beschlüssen zu Straßenbenennungen für Richard Berger, Franz Mair, Otto Neururer und Edith Stein 1980 in den Jahren 1983 bis 1986 weitere Verkehrsflächen zur Ehrung NS-Verfolgter genutzt wurden: für Pater Franz Reinisch und den Südtiroler Diözesanjugendführer Josef Mayr-Nusser, beide hatten den Wehrdienst verweigert, sowie für Adolf Hörhager, der als Exponent des „Ständestaates" sein Leben verlor. Auffallend ist, dass linke NS-Opfer nicht vorkamen und vor allem Geistliche (Neururer, Reinisch und Stein) Berücksichtigung fanden. Durch ihre Konversion vom Judentum zum Christentum eignete sich Edith Stein, die keine Verbindung mit Tirol hatte, besonders für eine Eingemeindung in die Erinnerungskultur der 1980er Jahre. Ihre frühe Kritik an den Papst vom April 1933 mit der Aufforderung, sein Schweigen zur nationalsozialistischen Judenpolitik zu brechen, war zu diesem Zeitpunkt nicht bekannt. Die „Arbeitsgemeinschaft vaterlandstreuer Verbände", vor allem Walter Schwarzer, aber auch Heinz Mayer, der sich innerhalb der Arbeitsgemeinschaft für die Überweisung von 500 Schilling an den Pater Franz Reinisch Fonds eingesetzt hatte,[56] war bemüht, Reinisch besonders zu würdigen: mit der Benennung der Haymonbrücke nach ihm, ein Projekt, das zu unterstützen Bürgermeister Alois Lugger dem Freundeskreis Pater Reinisch in Aussicht gestellt hatte.[57] Hermann Weiskopf brachte im Jänner 1983 im Namen des Innsbrucker Mittelstandes und des Tiroler Arbeitsbundes im Gemeinderat den Dringlichkeitsantrag ein, den Fußgängersteg über die Konzertkurve von der Haymongasse zur Basilika „Pater-Reinisch-Steg" zu benennen. Nach Zwischenrufen ortete Weiskopf Nervosität bei jenen Gemeinderatsmitgliedern, die „diese Zeit in einem bestimmten Lager mitgemacht haben".[58] Walter Schwarzer berichtete über Widerstand von mehreren Seiten: „Auch der Abt vom Wiltener Kloster meint, dass der Steg nur nach einem Prämonstratenser benannt werden könne."[59] Die Stegbenennung wurde mit dem Beschluss des Gemeinderates zur Errichtung des Pater-Reinisch-Weges 1983 endgültig fallengelassen. Doch auch für die Realisierung des Pater-Reinisch-Weges musste die Arbeitsgemeinschaft immer wieder hartnäckig nachstoßen.[60]

Der Übergang zu einer neuen Gedenkkultur ist seit Beginn der 1980er Jahre in Tirol deutlich wahrnehmbar, ebenso aber auch der Widerstand gegen Zeichensetzungen zur NS-Vergangenheit. So fand 1982 das Anliegen der „Arbeitsgemeinschaft vaterlandstreuer Verbände Tirols", bei jenen Straßentafeln, die an Opfer des Nationalsozialismus erinnerten, erläuternde Zusatztafeln anbringen zu lassen, keine Zustimmung im Stadtsenat. Dieser begründete die Ablehnung mit den damit verbundenen Kosten, der Unattraktivität einer Überbeschilderung und dem grundsätzlichen Problem, dass in solch einem Fall bei allen Straßentafeln mit Namensbezeichnungen Zusatzschilder angebracht werden müssten.[61] Diese Position vertraten Bürgermeister Alois Lugger (ÖVP) und Vizebürgermeister Ferdinand Obenfeldner (SPÖ) im Gleichklang. Bei Obenfeldner hörte sich das so an: „Solche Zusatztafeln ziehen die Forderungen an sich, daß laufend alle Straßenbezeichnungen solche Zusätze erhalten sollen. Außerdem stehen die enormen Kosten für die Herstellung in keinem Verhältnis zu deren Zweckmäßigkeit."[62]

Widerstände waren auch anderenorts zu überwinden. Der Antrag des Kommunistischen Studentenverbandes 1980 für ein Gedenkzeichen, das an Christoph Probst, Mitglied der Widerstandsgruppe Weiße Rose in München, erinnern sollte, stieß auf inneruniversitären Widerstand. Es sollte vier Jahre dauern, bis der Akademische Senat eine Gedenktafel für ihn am Kriegerdenkmal der Universität beschloss. In Wörgl verhinderte die Mehrheit im Gemeinderat 1988, dass neben der Inschrift für die Opfer im Widerstand gegen den Nationalsozialismus am Kriegerdenkmal auch Namen genannt wurden, wie dies Grüne und SPÖ wünschten. An der Umfassungsmauer des Kriegerdenkmals von Brixlegg erinnert ein Schriftzug an den hingerichteten Widerstandskämpfer Franz Josef Messner. Die Namensnennung wird in diesem Fall inhaltlich lesbar, weil Messner mit einer Kurzbiografie im Buch der Gefallenen in der Kriegerkapelle am Mühlbichl aufscheint.

Dr. Meſſner Franz
geb. 8.12.1896
Konſul

Er machte den 1. Weltkrieg als Offizier mit, geriet in ruſſiſche Ge-
fangenſchaft, entfloh aus dieſer und kehrte Ende 1918 in die Heimat
zurück. Vor dem Anſchluß Öſterreichs an Deutſchland war er öſterr
Konſul in Braſilien. Bei der Heimreiſe im März 1944 wurde er in
Budapeſt von der Geſtapo verhaftet. In Wien wurde er im Okt.
1944 zum Tode durch den Strang verurteilt und am 23.4.1945
im Konzentrationslager Mauthauſen durch Vergaſung hingerichtet.

Links oben: Das Kriegerdenkmal in Brixlegg mit dem Heiligen Georg wurde 1926 errichtet. Rechts oben: In der kreis-
förmigen Anlage sind an der Mauer die Namen der Gefallenen aus Eisen angebracht, so auch jener von Dr. Franz
Messner. Unten: Zum Kriegerdenkmal gehört eine Kapelle, in der Bücher mit den Namen der Gefallenen bzw. der
Mitglieder des Kameradschaftsbundes und eine Kurzbeschreibung ihrer Militärzeit zu finden sind. In einem der Bücher
ist dieser Eintrag zu Dr. Franz Messner zu lesen.[63] (Fotos Elisabeth Sternat)

Ab den 1980er Jahren sind auch außerhalb der Landeshauptstadt Erinnerungszeichen zur NS-Vergangenheit zu finden, besonders für Geistliche. Es waren vor allem Einzelpersonen, Studentenverbindungen, Initiativgruppen und Schulen, die in der Tiroler Gedächtnislandschaft Akzente setzten. Im Franziskanergymnasium Hall veranlassten 1983 die Marianische Kongregation bzw. die Stadt Hall die Errichtung von Gedenktafeln für ehemalige Schüler, die in der NS-Zeit ermordet wurden. Im selben Jahr brachte der Pfarrgemeinderat von Wattens eine Gedenktafel für Pater Jakob Gapp an. Der Orden der Trinitarierinnen sorgte 1987 für eine Gedenktafel für ihre Ordensangehörige Angela Autsch in Mötz. Das Gymnasium in Landeck beschäftigte sich auf Betreiben von Direktor Manfred Weiskopf und engagierter Lehrkräfte mit dem Nationalsozialismus, eine umfangreiche Dokumentation und die Errichtung einer Gedenktafel 1989 für den Widerstandskämpfer Viktor Czerny in Ried im Oberinntal waren das Ergebnis. Der Tiroler Forstverein pflanzte 1988 zwei Gedenkbäume für seine ermordeten Forstangehörigen Walter Caldonazzi und Karl Mayr, zudem errichtete er eine Gedenktafel für Viktor Czerny auf der Praa-Alm in der Wildschönau. Die katholischen Studentenverbindungen Cimbria und Amelungia initiierten 1988, 1992 und 2002 Gedenktafeln für ihre ermordeten Bundesbrüder, speziell für Caldonazzi und Ernst Ortner in Kufstein und auf der Praa-Alm. Ab den 1990er Jahren wurden zahlreiche Gedenkzeichen für die Geistlichen Otto Neururer und Jakob Gapp in Fließ, Reutte, Wattens und Innsbruck errichtet, besonders im Zuge ihrer Seligsprechung und in der Zeit danach. Dieser Prozess bewirkte eine verstärkte Hinwendung der katholischen Kirche, katholischer Vereine und Freundeskreise zur Beschäftigung mit BlutzeugInnen und MärtyrerInnen in der Zeit des Nationalsozialismus.

Pfarren, die keine Gedenkzeichen errichten konnten, behalfen sich mit Provisorien. Der Seelsorger von Tannheim stellte ein Bild von Otto Neururer in eine Nische des Eingangsbereichs der Kirche und verfasste einen Hinweiszettel. (Foto Renate Ebentheuer)

Josef Freinademetz

Josef Freinademetz wurde am 15. April 1852 in Oies, im südtiroler Gadertal, als Sohn einfacher Bauersleute geboren. Im Herbst des Jahres 1872 trat er ins Priesterseminar in Brixen ein. Am 25. Juli 1875 empfing er die Priesterweihe aus den Händen von Fürstbischof Vinzenz Gasser. Nach kurzen Kaplansjahren in St. Martin im Gadertal schloss er sich im August 1878 der von Arnold Janssen 3 Jahre zuvor gegründeten Gemeinschaft in Steyl (Holland) an.

27 Jahre war er alt, als 1879 sein großer Wunsch in Erfüllung ging und er in die Mission nach China ausreisen durfte. Unter größten Schwierigkeiten und persönlichen Entbehrungen baute er mit einem Mitbruder die Mission in Südshantung auf. Weder Ablehnung noch Misshandlungen konnten ihn davon abbringen, den Chinesen in allem alles zu werden. „Ich will auch im Himmel ein Chinese sein": ist das große Resümee seines Lebens.

Als er 1908 an Typhus starb, bekannte ein chinesischer Katechist: „Es ist, als hätte ich Vater und Mutter zugleich verloren!" Er war ein Mann des Gebetes und von großem apostolischen Eifer beseelt. Durch seine Güte und Menschenfreundlichkeit gewann er die Herzen vieler. Josef Freinademetz wurde am 19.10.1975 von Papst Paul VI. selig- und am 05.10.2003 von Papst Johannes Paul II. heilig gesprochen.

Das Leben des [...]

Jakob Gapp wurde [...]
(Tirol) geboren. Nach [...]
nasium Hall zog er 1915 [...]
geriet am 6.11.1918 in itali[...]
aus der er nach neun M[...]
1920 trat er in das Novizi[...]
den Greisinghof bei Preg[...]
27.9.1921 die ersten Gelüb[...]
Tätigkeit als Erzieher un[...]
Theologiestudium nach [...]
Am 5.4.1930 wurde er in T[...]
weiht und kehrte nach Ö[...]
der nationalsoz. Machtüb[...]
dramatischer Leidensweg [...]
quer durch Europa treibt. [...]
Nationalsozialismus war [...]
Verlangen, der Wahrheit [...]
Am 9.11.1942 wurde P.Gap[...]
reich verschleppt, auf fran[...]
und nach Berlin überste[...]
verurteilt. P. Jakob Gap[...]
enthauptet und an einem [...]
gesetzt.

Seligsprechung [...]

Anlässlich der Seligsprechung von Pfarrer Otto Neururer und Pater Jakob Gapp am 24. November 1996 ergriff Martha Pitterle, die Schwester des Dekans von St. Jakob in Defereggen, die Initiative und erweiterte in der Kirche das Bildnis von Josef Freinademetz (1852–1908), einem Südtiroler Missionar in China, der 1975 selig- und 2003 heiliggesprochen wurde, um gerahmte Fotos von Otto Neururer und Jakob Gapp. Sie verfasste auch die Texte der Erklärtafeln. Einen offiziellen Einweihungsakt gab es nicht.[54] (Foto Gabi Innerhofer)

es.
...in Wattens
...im Gym-
...front und
...ngenschaft,
...ehrte.
...nisten auf
...legte am
...vierjähriger
...yn zum
...eizgesandt.
...Priester ge-
...rück. Nach
...beginnt ein
...gen Priester
...nung des
...s und vom
...ben, motiviert.
...n nach Frank-
...oden verhaftet
...3 zum Tode
...n 13. August 43
...u Ort bei-

...n Rom

Der selige Priester Otto Neururer

Otto Neururer, Pfarrer von Götzens, wurde 1938
von der Gestapo verhaftet, weil er unbeirrt an
der Heiligkeit der christlichen Ehe festgehalten
hatte. In den KZ Dachau und Buchenwald
übte er unter größter persönlicher Gefahr
seinen priesterlichen Dienst aus. Als er einem
angeblichen Taufbewerber das Sakrament
spendete, wurde Otto Neururer in den gefürchteten
„Bunker" gesperrt und auf grausame Weise zu
Tode gequält.
          Gebet :
Allmächtiger Gott, in deiner Kraft hat der
selige Märtyrer Otto Neururer für die Heiligkeit der Ehe und die unbeirrbare Treue zum
priesterlichen Dienst sein Leben dahingegeben.
Höre auf seine Fürsprache und wende uns
dein Erbarmen zu. Laß unter uns die Werte
aufleuchten, für die er gestorben ist.
Darum bitten wir durch Jesus Christus

          Amen .
Seligsprechung 24.11.1996 in Rom

Seit Jahrzehnten betreut das Ehepaar Maria und Helmut Reinstadler die Lourdeskapelle[67] in Jerzens mit großem Einsatz ehrenamtlich. Nach der Seligsprechung von Pfarrer Neururer im November 1996 brachte Helmut Reinstadler ein Foto in der Kapelle an. Zum 75. Todestag von Pfarrer Otto Neururer weihte Pfarrer Otto Gleinser von Wenns-Piller am 30. Mai Bitt- und Erinnerungsplaketten (Foto Maria Reinstadler) als Geschenk für Kirchen-besucherInnen, die auch einige Zeit in der Lourdeskapelle aufgestellt waren.[68] Heute hängt das Foto von Pfarrer Neururer auf der rechten Wand.

Porträt von Otto Neururer in einer Bleistiftzeichnung in der Gelöbniskirche Maria Himmelfahrt im Telfer Weiler Bairbach. Der bekannte Architekt Clemens Holzmeister entwarf diese 1966 eingeweihte Kapelle, deren Errichtung auf ein Gelöbnis des ehemaligen Chefredakteurs des *Allgemeinen Tiroler Anzeigers* und Mitherausgebers der *Stuttgarter Nachrichten,* Otto Färber,[65] zurückgeht, nachdem er das KZ Dachau überlebt hatte.[66] (Foto Stefan Dietrich)

Die vielen Gedenkzeichen für Märtyrergeistliche prägen die Gedächtnislandschaft Tirols nachhaltig. Dies war längere Zeit schon alleine deshalb nicht selbstverständlich, weil Ordensangehörige wie Gapp oder Reinisch mit ihrem offen antinationalsozialistischen Vorgehen auch bei ihren Vorgesetzten angeeckt waren. Den Krieg gegen die Bolschewisten bzw. gegen die Sowjetunion hatte die Kirche unterstützt, glaubenstreuen Menschen wie Pater Reinisch oder den nun hoch geachteten oberösterreichischen Bauern Franz Jägerstätter, die den Eid auf Hitler nicht leisten wollten und den Wehrdienst verweigerten, aber ihre Hilfe und Anerkennung versagt. Nach dem Krieg spielten die Ortspfarrer bei den Feierlichkeiten für die gefallenen Wehrmachtsoldaten eine herausragende Rolle und pflegten diese dominante Form der Erinnerungskultur. Die Amtskirche kümmerte sich nach 1945 wenig um ihre MärtyrerInnen, an einer Aufarbeitung der eigenen Rolle in der NS-Zeit war sie nicht interessiert. Die Kirche hatte im eigenen Selbstverständnis den Nationalsozialismus überdauert und besiegt, nun ging es um eine Rechristianisierung Tirols, Österreichs und Europas, aber auch um die Integration der ehemaligen NationalsozialistInnen zur Aussöhnung der Gesellschaft unter dem Vorzeichen des Christentums. Im Fokus stand der Kampf gegen den Kommunismus, deshalb verhalfen der Vatikan, allen voran der steirische Bischof Alois Hudal und der spätere Papst Paul VI., NS-Verbrechern, kroatischen Ustascha-Faschisten und mörderischen ungarischen Pfeilkreuzlern zur Massenflucht nach Übersee, wo sie zum Wohle des Christentums gegen kommunistische Umtriebe auftreten sollten.[69] Bischof Paulus Rusch widersetzte sich allen Bemühungen der Staatsanwaltschaft, die Kirche für eine Unterstützung im Prozess gegen Gauleiter Franz Hofer zu gewinnen, den Rusch bei der Unterbringung von Familienangehörigen in kirchlichen Institutionen unterstützte. Im Sinne des christlichen Verzeihens sollten Geistliche nicht gegen Nationalsozialisten aussagen oder belastendes Material zur Verfügung stellen. Sein Nachfolger Bischof Reinhold Stecher, eine herausragende Persönlichkeit im Kampf gegen den Antisemitismus in der Kirche, betonte noch im Gedenkjahr 1988 das besondere Verdienst der Kirche, über die NS-Vergangenheit geschwiegen zu haben:

„Obwohl es Material für hunderte von Prozessen gegeben habe, wurde von der Kirche in keinem einzigen Falle Anzeige erstattet. Stecher meinte, er glaube, die Gemeinschaft Jesu Christi müsse mit diesem ‚Schweigen aus Grundsatz' andere Maßstäbe setzen, als zum Beispiel der Staat. Letztlich sei dieses ‚Schweigen aus Grundsatz' auch ein Beitrag für den Aufbau einer neuen Welt und eines neuen Lebens der Gesellschaft gewesen, sagte der Bischof."[70]

Allerdings gehörte Bischof Stecher 1984 einer kleinen Schar Tiroler Persönlichkeiten an, die sich für die „anderen Helden" und die Errichtung eines Denkmals in der Hofkirche einsetzten – wenngleich ohne Erfolg. Unter ihnen befanden sich Landeshauptmannstellvertreter Karl Kunst (SPÖ) und der Widerstandskämpfer Friedl Volgger, ein führender Politiker der Südtiroler Volkspartei, die sich wie die „Arbeitsgemeinschaft vaterlandstreuer Verbände", in der sich der Redaktionsleiter der Sonntagszeitung der Diözese Innsbruck und ehemalige Direktor des Tyrolia Verlags, Werner Kunzenmann, sehr engagierte.[71] Sie wollten die Märtyrer des Glaubens ehren, „jene Männer und Frauen Tirols (...), die für die Freiheit des Landes und des Gewissens während der NS-Zeit ihr Leben hingegeben haben."[72] Die Initiatoren sammelten Unterschriften und stellten

„der hohen Landesregierung das Ersuchen, zum dauernden Gedenken für all jene Landsleute aus Gesamttirol, welche während des Dritten Reiches für die Freiheit des Landes und darüber hinaus für menschliche und religiöse Werte gehängt oder geköpft worden sind oder in Konzentrationslagern und Gefängnissen gestorben sind, in der Hofkirche zu Innsbruck an geeigneter Stelle ein würdiges Denkmal zu errichten, und begründen dies, wie folgt: Längst ist es allen Einsichtigen klar, dass heute der Name ‚Held' und die Bezeichnung ‚Heldentum' nicht bloss bewaffneten Freiheitskämpfern und militärischen Taten gebührt, sondern auch für all jene Männer und Frauen zu gelten hat, die, der Freiheit beraubt, einem totalitären Regime, wie es der Nationalsozialismus unserm Land und Volk auferlegt hat, bis zuletzt nur mehr geistig-moralischen Widerstand entgegensetzen konnten. Auf ihre Weise haben diese Tapferen, indem sie inmitten der Gewissensverwirrung jener dunklen Zeit stellvertretend ein Zeugnis für Freiheit und Menschenwürde ablegten, zugleich die Ehre Tirols und Österreichs gerettet, dafür gebührt ihnen ein Denk- und Dankmal, das auch ein Mahnmal für kommende Generationen sein kann.
Da sich am 15. Mai 1985 zum dreissigsten Mal der Tag jährt, an dem Österreich durch den Staatsvertrag seine Freiheit und Unabhängigkeit zurückerhalten hat, erscheint den Unterzeichneten dieser Termin als der nächstgeeignete für die endliche Erfüllung dieser Ehrenpflicht."[73]

Linkes Gedenken

Erst rund 40 Jahre nach Kriegsende machten sich die SPÖ bzw. die Sozialistischen Freiheitskämpfer erinnerungspolitisch deutlich bemerkbar. In Wörgl initiierten sie 1984 einen Gedenkstein für die Opfer der Februarkämpfe 1934. Im Gedenkjahr 1988 brachten sie die Namen ihrer hingerichteten WiderstandskämpferInnen Josefine und Alois Brunner am Gedenkstein an, die Kinderfreunde und der Tiroler Landesverband der „Sozialistischen Freiheitskämpfer und Opfer des Faschismus" sorgten für eine Gedenktafel im Ferienheim der Kinderfreunde auf der Hungerburg in

Innsbruck für Johann Orszag, einen der bedeutendsten Funktionäre der Sozialdemokratie, den die Nationalsozialisten in den Tod getrieben hatten. Im selben Jahr setzte die sozialistische Eisenbahnergewerkschaft auf Initiative der Sozialistischen Freiheitskämpfer in Innsbruck ein Gedenkzeichen für Konrad Tiefenthaler. Weitere Aktivitäten für linke Widerstandsopfer kamen nicht direkt aus dem Umfeld der SPÖ. In Kufstein sorgte Karl Mandler, Weggefährte der Sozialdemokratin und späteren Kommunistin Adele Stürzl sowie lokaler Obmann des „Bundes der Opfer des politischen Freiheitskampfes in Tirol" dafür, dass 1987 eine Gedenktafel am Gefallenendenkmal an Stürzl erinnerte und 1993 ein Weg nach der Widerstandskämpferin benannt wurde. Eine Projektgruppe „Alltagsgeschichte", die sich 1988 gebildet hatte, erkämpfte nach jahrelangem Einsatz eine Gedenktafel für den kommunistischen Widerstandskämpfer Max Bär in Schwaz. Dem Ortschronisten von Erl gelang es nach mühevoller Überzeugungsarbeit, dem sozialdemokratischen Lehrer und Widerstandskämpfer Hans Vogl 1988 eine Gedenktafel in der Volksschule zu errichten.

2005 initiierte der „Bund der Sozialdemokratischen FreiheitskämpferInnen, Opfer des Faschismus und aktiver AntifaschistInnen" eine Gedenktafel für Josef Axinger in Axams und für namentlich genannte Opfer des Nationalsozialismus und des spanischen Bürgerkriegs im SPÖ-Parteihaus in Innsbruck. 2007 regte die sozialdemokratische Gemeinderätin Sigrid Marinell die Benennung einer Straße in Innsbruck nach Adele Obermayr an.

Seit den 1990er Jahren engagieren sich die Sozialdemokratischen FreiheitskämpferInnen für die Erinnerung an jüdische Opfer und das Gedenken an die Pogromnacht. Die nachhaltigste Wirkung entfalteten sie mit ihrem Einsatz für ein Widerstandsdenkmal in Innsbruck, das wesentlich zum Entschluss der Landesregierung für die Neugestaltung des Befreiungsdenkmals am Eduard-Wallnöfer-Platz beitrug.

Die Aktivitäten der SPÖ und der Sozialdemokratischen FreiheisksämpferInnen für ein Gedenken an NS-Opfer generell und linke WiderständlerInnen speziell setzten auffällig spät ein. Erst unter Helmut Muigg, Obmann der Sozialdemokratischen FreiheitskämpferInnen seit 2002, ist ein intensives Engagement zu erkennen, wie man es für eine Partei, die sich auf ihre antifaschistische Tradition beruft, erwarten würde. Das so lange Zeit erstaunlich geringe Interesse an der Etablierung einer Gedenkkultur für den linken Widerstand hing wohl nicht nur von der katholisch-konservativen Dominanz in Politik und Gesellschaft ab, sondern auch vom mangelnden Einsatz von politischen Mandataren der SPÖ wie Innsbrucks Vizebürgermeister Ferdinand Obenfeldner, der, selbst NS-belastet,[74] auch bei den zahlreichen Initiativen von Hermann Weiskopf und Wilhelm Steidl ab Ende der 1970er Jahre im Gemeinderat inaktiv blieb. Dazu kam, dass der Landesverband der Sozialistischen Freiheitskämpfer bereits in der ersten Hälfte der 1960er Jahre nur noch auf dem Papier bestand. 1966 hatte er in Tirol lediglich ein einziges zahlendes Mitglied. 1965 hatte Adele Obermayr ihren Vorsitz niedergelegt, den Nationalrat Karl Horejs übernahm, ohne dass noch Sitzungen stattgefunden hätten. Eine Auflösung lehnte die Landespartei ab und beauftragte Landesparteisekretär Ferdinand Kaiser mit der Reorganisation.[75] Doch erst 1977/78 konnte ein Neuanfang gesetzt werden. Kaiser unterstrich, dass der Landesverband nur formal bestehen geblieben war, niemand von den ehemaligen Mitgliedern sich um eine Weiterführung bemüht hatte, viele bereits verstorben waren, einige sich dem „Bund der Opfer des politischen Freiheitskampfes in Tirol" angeschlossen hatten und zahlreiche linke WiderständlerInnen bzw. NS-Opfer nie beigetreten waren. Trotz seiner Bemühungen musste Kaiser festhalten:

> „Es waren jedoch keine Mitarbeiter zu gewinnen. Im Zug einer Veranstaltung ehemaliger Mitglieder der Sozialistischen Arbeiterjugend der Gruppe Dreiheiligen, aus deren Reihen viele illegal tätig gewesene RS-ler [Revolutionäre Sozialisten] an der Veranstaltung

teilnahmen, haben wir nun vereinbart, die Sozialistischen Freiheitskämpfer wieder zu aktivieren."[76]

Kaiser nahm sich mit seinen Mitstreitern Wendelin Schöpf und Alois Eichler ein Vorbild an der Bundesorganisation und bildete eine Arbeitsgemeinschaft mit der Sozialistischen Jugend und der Jungen Generation der SPÖ.[77] Am 10. November 1977 trat im Parteihaus der SPÖ ein Proponentenkomitee mit Kaiser und Schöpf an der Spitze zusammen: Adi Obermayr als Schriftführer, Eichler als Kassier sowie Balthasar Höck und Maria Kaiser als weitere AktivistInnen. Bis zur Mitgliederhauptversammlung am 10. Februar 1978 warben sie Mitglieder und sammelten das Adressenmaterial aller ehemaligen Revolutionären SozialistInnen und illegalen freien GewerkschafterInnen.[78] Zuerst Ferdinand Kaiser und dann seine Frau Maria führten die Sozialistischen FreiheitskämpferInnen in Tirol bis 2002. Auch wenn in Vorarlberg, das traditionell von Tirol aus mitbetreut wird, eine Reorganisation scheiterte – 1989 fanden sich im Ländle nur zwei Mitglieder –,[79] so nahmen die Sozialistischen FreiheitskämpferInnen dank der Entwicklung in Tirol dennoch einen Aufschwung. 1987 hatten sie wieder 85 Mitglieder.[80]

Trotz der einen oder anderen Initiative für die Errichtung von Erinnerungszeichen ab Mitte der 1980er Jahre fällt der Beitrag der Sozialistischen FreiheitskämpferInnen Tirols für die Gestaltung der Gedächtnislandschaft zu Widerstand und Befreiung bis Anfang der 2000er Jahre bescheiden aus. Helmut Muigg und Martin Ortner, der Vorsitzende des Renner-Instituts Tirol, stellten 2005 fest:

> „Es ist eine traurige Tatsache, dass auch die Sozialdemokratie die Erinnerung an den sozialdemokratischen Widerstand nicht übermäßig gepflegt hat. Von einigen wenigen Beispielen abgesehen, sind es überwiegend mündliche Erinnerungen von ZeitzeugInnen, die häufig am Rande von sozialdemokratischen Veranstaltungen erzählt oder fallweise durch kritische Wortmeldungen in der Öffentlichkeit bekannt wurden. Erst in letzter Zeit hat der ‚Bund Sozialdemokratischer FreiheitskämpferInnen, Opfer des Faschismus und aktiver AntifaschistInnen' mit tatkräftiger Unterstützung des SPÖ-Bildungsausschusses und des Renner-Institutes begonnen, dieses Thema durch Veranstaltungen und Aktionen wieder in den Blickpunkt der Tiroler Öffentlichkeit zu rücken.
>
> Die Sozialdemokratischen FreiheitskämpferInnen haben sich derzeit zwei Schwerpunkte gesetzt: Erstens sollen in Städten und Gemeinden Tirols, in denen WiderstandskämpferInnen und/oder deren Angehörige von Nazis ermordet wurden, Gedenktafeln errichtet werden. Zweitens erheben wir die Forderung, am Landhausplatz in Innsbruck für alle im Widerstand Umgekommenen eine Erinnerungsstätte, welche die Namen der Betroffenen und kurze Angaben zu ihrer Person enthalten soll, aufzustellen – gegebenenfalls in Verbindung mit dem Befreiungsdenkmal."[81]

Die jahrelangen Forderungen der Sozialistischen FreiheitskämpferInnen nach einer Errichtung eines Widerstandsdenkmals am Eduard-Wallnöfer-Platz in Innsbruck trugen wesentlich zur Neugestaltung des Befreiungsdenkmals in Innsbruck bei. Seit Ende 2018 birgt das SPÖ-Parteihaus eine eigene Gedenkstätte für den Widerstand aus den Reihen der Arbeiterbewegung.

2015 und 2016 setzten Initiativen unabhängig von der SPÖ in Wörgl, Kitzbühel und Kufstein durch, dass auch linke Widerstandskämpfer auf den Gedenktafeln aufscheinen. Hervorzuheben ist, dass Pfarrer die Errichtung von Gedenktafeln für linke Opfer des Nationalsozialismus unterstützten, wenn sich Widerstände erhoben. Dies war bereits 1993 in Schwaz der Fall, als der

Dekan die Anbringung der Tafel für den Kommunisten Max Bär auf einer Mauer, die der Kirche gehörte, ermöglichte. Die Nennung von Bärs Namen auf einer Arkade in Schwaz, allerdings ohne Hinweis auf seinen Widerstand, war 2016 kein Problem mehr. Der Pfarrer von Axams entsprach nach dem Krieg dem Wunsch der Lebensgefährtin von Josef Axinger, eine Gedenktafel an der Außenseite der Pfarrkirche von Axams anzubringen. 60 Jahre später ermöglichte Pfarrer Paul Kneussl die Anbringung einer Gedenktafel für Axinger am Widum, nachdem alle Gemeinderats-fraktionen eine öffentliche Ehrung des sozialdemokratischen Widerstandskämpfers abgelehnt hatten. Der Kirchenrat von Dölsach initiierte 2015 eine Gedenktafel für die Osttiroler Kommu-nistin Maria Peskoller, die sich für Deserteure, Wehrdienstverweigerer und PartisanInnen ein-gesetzt hatte.

Jüdische Opfer

Die ersten Erinnerungszeichen für jüdische Verfolgte waren Gedenksteine bzw. Gedenktafeln, die das Schwarze Kreuz betreute: 1948 im Seefelder Waldfriedhof für die Opfer des Todesmar-sches aus dem KZ Dachau und vermutlich in den 1960er Jahren mit jeweils gleichlautendem Text im Soldatenfriedhof Amras, im Waldfriedhof Seefeld und im Jüdischen Friedhof in Innsbruck. Die Textierung auf Deutsch und Hebräisch war noch sehr allgemein gehalten: „Zum Andenken an die Opfer des Nationalsozialismus 1938–1945". Die Erinnerung an sie wäre unweigerlich ver-bunden gewesen mit der Erinnerung an die Taten und die TäterInnen vor Ort. Dies passte nicht in das offizielle Geschichtsbild, selbst Opfer des Nationalsozialismus gewesen zu sein. Antise-mitische Einstellungen in der Tiroler Gesellschaft waren ebenso hinderlich und kamen immer wieder zum Vorschein:

– bei der Schändung des Jüdischen Friedhofs in Innsbruck 1961;[82]
– bei der Weigerung von Bischof Paulus Rusch, die Verehrung des Anderle von Rinn in der Wallfahrtskirche von Rinn, wo die erfundene Ermordung des Knaben durch Juden auf einem Deckenfresko dargestellt war und wohin Lehrkräfte zahlreiche Schulklassen noch viele Jahre nach dem Krieg führten, kompromisslos zu beenden;[83]
– in einem Artikel von Rupert Kerer im Dezember 1980 in der *Tiroler Tageszeitung*, in dem er prominente Juden der Zerstörung der Grundlagen menschlichen Zusammenlebens be-schuldigte;[84]
– in einer Geschichte-Matura 1987 am Akademischen Gymnasium in Innsbruck, in der der Vorsitzende, Direktor am Gymnasium und ÖVP-Vizebürgermeister in Lienz, faktenwidrig darauf bestand, dass Bertolt Brecht Jude war. Nach Vorlage des Gegenbeweises betonte er mit Verweis auf das antisemitische NS-Hetzblatt *Der Stürmer*, dass Brecht zumindest wie ein Jude ausgesehen habe.[85]

Die Aufnahme von Erinnerungszeichen für jüdische Opfer ist zunächst auf besondere Umstän-de oder auch auf die Initiative von einigen wenigen Menschen zurückzuführen. Die Sektion Berlin des Deutschen Alpenvereins weihte im Juli 1980 eine Erinnerungstafel im Friesenberg-haus in den Zillertaler Alpen zum Gedenken an die Verfolgung und Ermordung jüdischer Berg-steigerInnen in der NS-Zeit ein. Im September 1981 kam es in Innsbruck zu einer doppelten Einweihung unter Teilnahme des Landeshauptmannes und des Bürgermeisters von Innsbruck:

Am Parkplatz in der Sillgasse erinnerte aufgrund einer Initiative des israelischen Botschafters ein Stein an den Standort der zerstörten Synagoge mit einer Gedenktafel, dessen Text aber jegliche Mitverantwortung von Tirolern überging. Es war nur davon die Rede, dass die Synagoge „von den Nationalsozialisten" zerstört worden war. Nach den Feierlichkeiten rund um diese Gedenktafel übergab Bürgermeister Alois Lugger den neu gestalteten Jüdischen Friedhof, der wegen der Errichtung der Autobahnabfahrt West um die Hälfte verkleinert worden war, an die Kultusgemeinde.

In den 1980er Jahren ist festzustellen, dass sich die Zeichensetzungen stärker zu personalisieren begannen; die Menschen, an die erinnert werden sollte, erfuhren immer öfter eine namentliche Nennung. Ersichtlich ist auch eine allmähliche Hinwendung nicht nur zu Opfern des Widerstandes, sondern auch zu Opfern der Verfolgung. Bei der Gruppe der jüdischen Opfer setzte die Erinnerung an konkrete Menschen im öffentlichen Raum aber nur in bescheidenem Maße ein. Die konservativen Innsbrucker Stadtpolitiker Hermann Weiskopf und Wilhelm Steidl setzten sich erfolgreich dafür ein, dass der Gemeinderat 1980 Straßenbenennungen nach Richard Berger und Edith Stein beschloss. In St. Anton war es der jahrelangen hartnäckigen Arbeit des Heimatforschers Hans Thöni zu verdanken, dass einer der bedeutendsten Tourismus-Pioniere des Ortes und von ganz Tirol dem Vergessen entrissen wurde. 1988 erreichte Thöni, dass die Gemeinde Rudolf Gomperz, der im Holocaust ermordet worden war, eine kleine Gedenktafel widmete. 1995, inzwischen hatte der Dramatiker Felix Mitterer das Schicksal von Gomperz bekannt gemacht, ehrte ihn ein großes Mahnmal.

Die Gründung des Instituts für Zeitgeschichte der Universität Innsbruck Anfang der 1980er Jahre, seine Vortragsreihen und Publikationen waren ebenso wie die Waldheim-Debatte und das Gedenkjahr 1988, in dem überdurchschnittlich viele Gedenkzeichen gesetzt wurden, Motor der Veränderungen in der Tiroler Gedächtniskultur. Besonders ab Ende der 1980er Jahre begann eine verstärkte wissenschaftliche Auseinandersetzung mit dem Nationalsozialismus, neue Fragestellungen richteten sich auf Themen, die bislang Tabus dargestellt hatten, speziell in Verbindung mit dem Holocaust. Bundeskanzler Franz Vranitzky (SPÖ) und Bundespräsident Thomas Klestil markierten mit ihren Reden im In- und Ausland den allmählichen Übergang zur Mitverantwortungs-These, nach der Österreich zwar als Staat Opfer des Deutschen Reichs geworden war, viele ÖsterreicherInnen sich aber an den Verbrechen des Nationalsozialismus beteiligt hatten. Der Nationalsozialismus galt nun als Teil der österreichischen Geschichte, für deren „dunkle Seiten" die Republik Österreich Verantwortung übernehmen wollte. Dieses Eingeständnis hatte bereits Bundespräsident Kurt Waldheim 1988 gemacht, als er sich im Namen der Republik „für von Österreichern begangene Verbrechen des Nationalsozialismus" entschuldigte. Das Bekenntnis „zur Mitverantwortung für das Leid, das zwar nicht Österreich als Staat, wohl aber Bürger dieses Landes über andere Menschen und Völker gebracht haben", bekräftigte Bundeskanzler Vranitzky 1991 im Nationalrat und 1993 in Israel, wo er eine kollektive Verantwortung Österreichs für die Verbrechen in der NS-Zeit betonte. In diesem Sinn sprach auch Bundespräsident Klestil 1994 in Israel von Österreichern als Opfer und Täter. In den 1990er Jahren etablierte sich dieses neue Geschichtsverständnis in Österreich sowohl auf der politischen Ebene – mit Ausnahme der FPÖ – als auch mit deutlicher Mehrheit in der österreichischen Bevölkerung.[86] Die Folgejahre waren geprägt von der Einrichtung eines „Nationalfonds der Republik Österreich für Opfer des Nationalsozialismus" 1995 und des Beschlusses im Nationalrat 1997, einen NS-Opfer-Gedenktag am 5. Mai aus Anlass der Befreiung des Konzentrationslagers Mauthausen einzuführen. Weiters zum einen von der Einsetzung einer Historikerkommission 1998 mit dem Auftrag, den Vermögensentzug auf dem Gebiet der Republik Österreich in der NS-Zeit und die Rückstellungen bzw. Entschädigungen seit 1945 zu untersuchen, zum anderen von der Einrichtung eines Versöhnungsfonds zur Entschädigung der NS-ZwangsarbeiterInnen im Jahr 2000 unter der Regierungskoalition von ÖVP und FPÖ. Ein Jahr später erfolgte der Abschluss des Vertrages über die Restitution „arisierten" Vermögens.[87]

Die zunehmende zeitliche Distanz zur NS-Zeit und ein Generationenwechsel erleichterten es, dass sich die Erinnerungskultur vervielfältigte und differenzierte. Deutliches Zeichen hierfür war die finanzielle Unterstützung des Neubaus einer Synagoge in Innsbruck durch die Stadt Innsbruck, das Land Tirol und den Bund. Ein engagierter Förderer war Bischof Reinhold Stecher. Die personellen Änderungen in der Kultusgemeinde, allen voran Esther Fritsch, die die jüdische Gemeinde aus ihrer Isolation und ihrem Mangel an Selbstbewusstsein herausführte, bildeten die Voraussetzung für ein Erblühen jüdischen Lebens in der Landeshauptstadt. Bereits 1993 konnte die neue Synagoge eröffnet werden. Vier Jahre später wurde das Pogrommahnmal mit vier Namen der Opfer am Eduard-Wallnöfer-Platz in Innsbruck enthüllt. Bemerkenswert ist, dass die Initiative vom Tiroler Jugendlandtag ausging, aber auch, dass es keine Ausschreibung für einen künstlerischen Wettbewerb gab. Der Landesschulrat rief die Schulen zu Projekten auf, die sie innerhalb eines halben Jahres einreichen mussten. Dies bedeutete, dass die Kosten geringgehalten werden konnten und eine öffentliche Debatte ausblieb, sieht man von einem Artikel des Chefredakteurs der Tiroler Kronen-Zeitung mit antisemitischen Untertönen ab. Die Anregung des Instituts für Zeitgeschichte, eine Broschüre für Tiroler Schulen zum Massenmord an Tiroler Jüdinnen und Juden herauszugeben, scheiterte am Desinteresse der Tiroler Landesregierung. Schlussendlich erreichte das von Mario Jörg, einem Schüler der HTL Fulpmes, entworfene Pogrommahnmal in Form einer Menorah aber breite Akzeptanz. Das Land lud die jüdischen Überlebenden aus dem Ausland zum Eröffnungsakt ein, den diese ebenso positiv aufnahmen wie das Mahnmal und das Engagement der Jugend: als einen wichtigen Schritt zur Aussöhnung mit der alten Heimat.

Ab den 2000er Jahren entstanden weitere Gedenkzeichen für jüdische Opfer: auf Initiative von Richard Lipp, dem Chronisten in Reutte, für Gustav Lenke, des Heimatmuseums in Wörgl für das Ehepaar Rudolf und Elisabeth Gottlieb, von engagierten BürgerInnen in Kitzbühel für Ignaz Zloczower und des Erziehungswissenschafters Peter Stöger in Innsbruck unter Beteiligung von SchülerInnen und Lehrkräften für Ilse Brüll, der die Stadt 2010 zudem eine Gasse widmete. Auch die evangelische Kirche, die in der NS-Zeit ein besonderes Nahverhältnis zur Diktatur hatte, zeigte Aktivität. Olivier Dantine, der Superintendent der Diözese Salzburg/Tirol, gab beim Institut für Zeitgeschichte eine Studie zur Geschichte des Hauses Gänsbacherstraße 4 in Auftrag, wo in der Pogromnacht die SS eine jüdische Familie überfallen hatte. Das evangelische StudentInnenwohnheim in der Gänsbacherstraße hat keine Verbindung zur Enteignung der BesitzerInnen in der NS-Zeit, dennoch sah der Superintendent die Verpflichtung, eine Gedenktafel zu errichten, die seit 2014 auf die blutigen Geschehnisse aufmerksam macht, denen Alice und Karl Bauer ausgesetzt waren.

2008 errichteten die Universitäten und die tirol kliniken (ehemals TILAK) ein Mahnmal für die vertriebenen Angehörigen der Medizinischen Fakultät in Innsbruck, allerdings ohne Namensnennung. Sie beauftragten die israelische Künstlerin Dvora Barzilai, deren Ehemann der renommierte Oberkantor der Israelitischen Kultusgemeinde in Wien ist, mit der ästhetischen Umsetzung. Die Formensprache des Objekts mit den fünf Büchern Moses ist religiös geprägt und nimmt besonders Bezug auf die jüdischen Opfer. Auch die Einweihung und die Feierlichkeiten, die zum 70. Jahrestag des Novemberpogroms abgehalten wurden, betonten diese Sichtweise, obwohl nur ein Teil der Opfer jüdischer Herkunft war und eine religiöse Einstellung, ob jüdisch oder christlich, nicht bei allen Menschen, an die erinnert werden soll, angenommen werden kann. Zentral platziert ist ein Aphorismus eines bedeutenden chassidischen Rabbi, der eine bestimmte Form der Mystik im osteuropäischen Judentum vertritt. Das Mahnmal bezieht sich aber auf die „vertriebene Vernunft", also auf eine säkular geprägte, rationale Wissenschaft.

Ein abschreckendes Beispiel, das einen überraschend unsensiblen Zugang zur Geschichte des Nationalsozialismus offenlegt, ist im Kaufhaus Tyrol in der Maria-Theresien-Straße im Zentrum von Innsbruck zu besichtigen. Seit dem Sommer 2010 erinnerten eine Gedenktafel und ein großflächiges Plakat zur rechten Seite des Haupteinganges an die Firmengeschichte und die jüdischen Familien Bauer und Schwarz, die das Kaufhaus 1908 gegründet und bis zur „Arisierung" 1938 geführt hatten. Die Enthüllung erfolgte noch in Anwesenheit von hoher Politprominenz der Stadt Innsbruck und des Landes Tirol. Nun präsentiert sich die einstige Gedenknische nach der Entfernung des Plakats, das einem Bankomaten und Werbebildschirmen weichen musste, als ein Ort, an dem die kleine Gedenktafel mit geringer Schriftgröße nicht mehr bemerkt wird.

In der Gemeindestube der Landeshauptstadt wird der Gesinnungswandel im Umgang mit den jüdischen Opfern besonders sichtbar. In der katholischen Abteilung des Städtischen Westfriedhofes erhebt sich das Denkmal der Burschenschaft Suevia, auf dem mit Gerhard Lausegger eines ihrer Mitglieder geehrt wird, das als Anführer eines SS-Sturmtrupps maßgeblich an der Ermordung des Vorstandes der Israelitischen Kultusgemeinde Richard Berger beteiligt war. Rund 20 Jahre lang hatten sich vor allem die Sozialdemokratischen FreiheitskämpferInnen vergeblich bemüht, diesem Gedenken ein Ende zu setzen. Der Innsbrucker Stadtsenat beschloss schließlich, in unmittelbarer Nähe zum Suevia-Denkmal eine Gedenkstele für Richard Berger aufstellen zu lassen, die seit 2015 das Opfer ehrt und den Täter mit seiner Verbindung zur Burschenschaft nennt.

Die Inszenierung der Gedenkstätte für die im Waldfriedhof von Seefeld begrabenen jüdischen Opfer des Todesmarsches von KZ-Häftlingen aus Dachau, die auf Initiative der Israelitischen Kultusgemeinde 2016 entstand, versinnbildlicht in den Augen des verantwortlichen Architekten nicht nur die Erinnerung an die ums Leben gekommenen jüdischen KZ-Häftlinge, sondern auch jene an die gefallenen Soldaten und die im Alltag in Seefeld verstorbenen Menschen. Sie alle seien „hier nun bewusst (…) in Frieden vereint". Allerdings ist fraglich, ob dieser bedenkliche Narrativ, der Opfer und Täter auf eine Stufe stellt, für BesucherInnen der Gedenkstätte tatsächlich wahrzunehmen ist.

Die Liquidierung der jüdischen Gemeinde, die Vertreibung ihrer Mitglieder und die Vernichtung rund eines Drittels der jüdischen Bevölkerung stellt in Tirol nicht mehr DIE Schweigestelle im öffentlichen Raum dar, wie dies bis in die 1990er Jahre der Fall war. Die verbrecherische Dimension des Nationalsozialismus ist in der Tiroler Gedächtnislandschaft nun auch in Bezug auf die Judenverfolgung kenntlich gemacht. Zwar kann man nicht davon sprechen, dass die Ermordung der Jüdinnen und Juden ins Zentrum der Tiroler Erinnerungskultur gerückt wäre, doch nimmt das Gedenken an die jüdischen Opfer mit einigen prägnanten Erinnerungszeichen, dem traditionellen Kaddish zum Totengedenken am Holocaust-Gedenktag und am Gedenktag der Pogromnacht am Eduard-Wallnöfer-Platz bzw. im Jüdischen Friedhof einen etablierten Platz in der neuen Erinnerungskultur zur nationalsozialistischen Vergangenheit ein.

Zeichensetzungen zur NS-Euthanasie

In den 1990er Jahren und besonders nach dem Jahr 2000 nahmen zivilgesellschaftliche Initiativen für ein Gedenken an „vergessene" WiderstandskämpferInnen, aber auch für bis dahin kaum gewürdigte NS-Opfer zu. Bereits im Schuljahr 1987/88 startete die Hauptschule Gries am Brenner ein Projekt unter dem Titel: 1938 und die Folgen für Gries, Schmirn, St. Jodok und Obernberg". So sammelten die SchülerInnen unter Mithilfe ihres Lehrers Alois Gasser und des Pfarrers Dietmar Melzer Lebensdaten und Erinnerungen zu Antonia Mader, geboren am 11. Jänner 1898, Tochter einer armen Bauernfamilie, die im Sunnwinkelhaus in Schmirn aufwuchs. Als sie psychisch erkrankte, kam sie in die Heil- und Pflegeanstalt Hall und von dort am 20. März 1941 in die Mordanstalt Schloss Hartheim, wo sie getötet wurde. Aufgrund der Ergebnisse des Schulprojekts initiierte Pfarrer Melzer im Sunnwinkelhaus ein Skulpturenensemble für Antonia Mader, das der Künstler Gottfried Obholzer schuf. Nach dem Tod des Pfarrers wurde das Haus verkauft, seitdem ist die Skulptur verschwunden, ihr Verbleib unbekannt.[88]

Das Jahr 1997 markiert den eigentlichen Beginn der Zeichensetzungen im öffentlichen Raum in Tirol für Opfer des Massenmordes an Menschen mit psychischen Krankheiten und Behinderung. Der Impulsgeber für das Mahnmal „Wider das Vergessen" in Innsbruck war Bischof Reinhold Stecher, die Anregung griff die Führung der Universitätsklinik für Psychiatrie in Innsbruck auf. Im Folgejahr initiierte die Oberin des St. Josef-Instituts Mils bei Hall eine Gedenktafel für die ermordeten Menschen ihres Heimes. Der Orden der Barmherzigen Schwestern, engagierte Laien und Pfarrer unterstützten dieses Opfergedenken. Vor allem Bischof Manfred Scheuer, der schon der Erinnerungspflege für die getöteten Geistlichen förderte, war es ein vorrangiges Anliegen, die im Zuge der NS-Euthanasie ums Leben gebrachten Menschen dem Vergessen zu entreißen, so dass bereits vorhandene Initiativen vonseiten der Kirche aufgegriffen und unterstützt wurden. Die Kritik am Massenmord an kranken Menschen trugen in der NS-Zeit zahlreiche Pfarrer, Ordensangehörige und auch Bischöfe, die für die Hilflosen eintraten. Allerdings mangelt es in Tirol an einer Auseinandersetzung mit der Rolle der Barmherzigen Schwestern, die sich beim Abtransport ihrer Schützlinge in einer äußerst schwierigen Lage befanden, in der sie das Leben von Menschen zu retten versuchten, dabei aber auch in die Selektion verstrickt wurden.

2003 schuf der Künstler Manfred Schild die Metallskulptur „Das Steckenpferd des Diktators. Monument für 61 ermordete Mitmenschen", das an die aus dem Heim Kramsach-Mariathal in die Tötungsanstalt Schloss Hartheim bei Linz deportierten PatientInnen erinnert. Er unternahm als erster den Versuch, die Krankenmorde zu personifizieren. Schild montierte auf sein Objekt die Vornamen der Opfer, um zu betonen, dass vier Fünftel der Getöteten Kinder und Jugendliche waren. Die Einbindung von Schulen und KünstlerInnen unter Abhaltung zahlreicher Kulturveranstaltungen führte dazu, dass die vehementen Gegenstimmen aus der Gemeindepolitik und Bevölkerung einer zunehmenden Akzeptanz des Mahnmals wichen, so dass die „Eduard-Wallnöfer-Stiftung" schließlich das Gesamtprojekt in der Kategorie „mutigste Initiative zum Wohle unseres Landes" auszeichnete.

Mit 22 Gedenkzeichen in Städten und Gemeinden in ganz Tirol ist die Erinnerung an die Opfer der NS-Euthanasie hierzulande auffallend ausgeprägt. Dies ist in hohem Maß auf das mehrjährige Kunstprojekt „Temporäres Denkmal – Prozesse der Erinnerung" von Franz Wassermann zurückzuführen, das 2003 seinen Anfang nahm und die Historikerin Andrea Sommerauer in enger Kooperation mit dem Künstler begleitete. Ab dem Frühjahr 2004 schrieben sie 193 Heimatgemeinden von Opfern, die die Nationalsozialisten von der ehemaligen Heil- und Pflegeanstalt Hall in Tötungsanstalten deportiert hatten, in Österreich wie im Ausland an, mehrheitlich in

Im Herbst 2005 ließ Franz Wassermann in Steinach Quilts aus alten Kleidungsstücken nähen, gleichzeitig wurde an die Lebensgeschichten der drei ermordeten Menschen aus Steinach erinnert: Jakob Spörr, geboren 1886 in Steinach, und Josef Handl, 1896 in Innsbruck, heimatzuständig in Steinach, wurden nach ihrer Deportation am 10. Dezember 1940 von der Heil- und Pflegeanstalt Hall in Hartheim ermordet; Franz Strickner, geboren am 29. Juni 1889 in Steinach, ereilte dasselbe Schicksal mit seinem Abtransport am 20. März 1941.[90] Die Quilts lagern im Pfarrarchiv, die Fototafeln hingen im Pfarrsaal, bis Wassermann sie 2017 dem Landesmuseum Ferdinandeum übergab.[91] (Foto Franz Wassermann, Temporäres Denkmal)

Tirol und Vorarlberg. Sie regten an, Straßen, Plätze und Parks nach den Opfern zu benennen. Auf dem Gelände des Landeskrankenhauses Hall plante Wassermann einen „Park der Erinnerung", in Steinach am Brenner initiierte der Künstler das Nähen von „Quilts – Tücher der Erinnerung". Eine Kunstaktion – „Die Rückgabe" – schloss den Projektprozess ab und übergab die Verantwortung für die Erinnerung an die Opfer der NS-Euthanasie wieder der Gesellschaft. Im Laufe des Projekts hatte sich ein weiterer Prozess entwickelt, „Das lebende Archiv", ein Karteikasten mit Kärtchen für jedes Opfer, das Anstoß für weitere Forschungen geben sollte, um dem Opfer ein Gesicht zu geben: „Damit diese nicht auf ihre Krankengeschichte reduziert werden mit der Eintragung ‚überstellt andere Anstalt', die ihr Todesurteil bedeutete. Damit sie nicht nur Missbrauchte und Ermordete sind, nicht nur Opfer, sondern auch Menschen mit Vorlieben und Abneigungen, mit einer Lebensgeschichte".[89]

Die künstlerischen Prozesse von Franz Wassermann, der den Projektverlauf öffentlich machte,[92] fanden ein hohes Medienecho über einen langen Zeitraum, zahlreiche Veranstaltungen an mehreren Örtlichkeiten führten zu intensiven Diskussionen: in der Psychiatrie und in der Organisation der Tiroler Gesundheitseinrichtungen (tirol kliniken), in den Gemeinden und Pfarren, unter ChronistInnen und HistorikerInnen, in der Politik und in betroffenen Familien.

Im Laufe der Jahre nahmen immer mehr Menschen am Projekt aktiv teil, von der Kulturstation im Landeskrankenhaus Hall, der Wäscherei P, die am Anfang des Prozesses entscheidender Impulsgeber war, bis zur Gruppe „Spurensuche", die sich aus Opferangehörigen, ExpertInnen und Interessierten zusammensetzte, vom „Arbeitskreis Kritischer Medizin" bis zur „Zeitlupe – Verein für Geschichte und Gegenwart", von weiteren Künstlern und WissenschaftlerInnen bis Pax-Christi.

Auch wenn es manchmal einige Jahre dauerte, so führten zahlreiche Gemeinden die Anregung von Franz Wassermann durch, Gedenkzeichen für die Opfer der NS-Euthanasie zu errichten; zivilgesellschaftliche Initiativen entstanden, LehrerInnen und SchülerInnen, ChronistInnen und Heimatvereine begaben sich auf Spurensuche. Im Gedenkjahr 2005 wurden besonders viele Erinnerungszeichen gesetzt. Auch wenn eine ganze Reihe von Gemeinden keine Reaktion zeigte oder Aktionen versprach, die sie dann nicht in die Tat umsetzten, so blieb das Schreiben des Bürgermeisters von Lienz im Juli 2004 einem Geschichtsverständnis vergangener Zeiten verpflichtet, wie es sonst kaum noch zutage trat oder offen geäußert wurde. Der Stadtrat habe sich zwar positiv zum Erinnerungsprojekt geäußert, wolle aber für seine Opfer nicht aktiv werden, so der Bürgermeister:

> „Dies wurde zum einen damit begründet, dass es quer durch die Jahrhunderte auch in Lienz eine Reihe von Opfern von Verfolgungen – von der Inquisition bis zum Naziregime – gegeben hat und uns eine Wertung, wem besondere Aufmerksamkeit geschenkt werden soll, nicht zukommt.
>
> Zum anderen sind wir nicht sicher, ob es den Angehörigen der betreffenden Lienzer Euthanasieopfer überhaupt recht wäre, wenn wir derart an so schmerzliche Erinnerungen rühren.
>
> Das bedeutet nicht, dass wir uns für ‚Vergessen' oder ‚Verdrängen' aussprechen, wir denken einfach, dass es nicht Aufgabe einer Stadt ist, solche Aktionen zu setzen."[93]

Die Errichtung von Gedenkzeichen für Opfer des Krankenmordes stieß immer wieder auf Widerstände, wenngleich nicht derart spektakulär wie in Stams, wo einen Monat nach der Einweihung einer Gedenktafel an der Leichenkapelle im Juni 2014 ein Säureanschlag die Tafel beschädigte. Inzwischen hat die Gegnerschaft im Dorf deutlich abgenommen.

Die Gedenkzeichen für die Opfer der NS-Euthanasie befinden sich von Ausnahmen abgesehen in Friedhöfen, an und bei Kriegerdenkmälern. Den Ritus der Erinnerung tragen in hohem Maße die Pfarren. Der Pfarrer in Uderns unterstützte die Bemühungen einer Lehrerin und kam sogar für einen Teil der Kosten für die Gedenksäule selbst auf. Gegen die Eingemeindung der aus der Gesellschaft ausgeschlossenen Opfergruppe der NS-Euthanasie in die Erinnerungskultur der Kriegerdenkmäler und unter christlicher Zeichensprache gibt es vielfachen Widerspruch. Für die Opfer ohne christliche Konfession, die sich jedoch in Tirol in engen Grenzen halten, sei dies ein Übergriff ohne Legitimation. Die Denkmäler, die die gefallenen Wehrmachtsoldaten ehren, setzten unterschiedslos Täter und Opfer gleich, in einer Form und Diktion, die Pflichterfüllung und Heldentum betonen, den Nationalsozialismus und seine Verbrechen aber ausblenden. Aus einem anderen Blickwinkel betrachtet, können auch positive Entwicklungen festgestellt werden. In vielen Gemeinden setzten sich Einzelpersonen, Gruppen, Schulen und ChronistInnen für die Erinnerung an die Opfer der NS-Euthanasie ein. Manchmal löste ihr Engagement Konflikte aus, das eine oder andere Mal hatten sie mit ihren Vorstellungen einer neuen Erinnerungskultur keinen Erfolg. In den meisten Fällen setzten sie aber einen Prozess der Auseinandersetzung und teilweise auch einen Bewusstwerdungsprozess in Gang. Was einige Jahre zuvor noch unrealistisch erschien, war nun möglich: In Traditionsverbänden fand bei zahlreichen Funktionären und Mitgliedern ein Umdenken statt. Ihr Geschichtsbild erweiterte sich. Diejenigen, die sie bislang als nicht erinnerungswürdig ausgeschlossen hatten, wurden in die dominante Erinnerungsgemeinschaft des Ortes miteinbezogen. Mit der Aufnahme eines wehrlosen Opfers, das weder zur Heldenverehrung noch zum Lob militärischer Pflichterfüllung genutzt werden kann, schreibt sich eines der ganz großen Verbrechen in die Gedächtnislandschaft der Kriegerdenkmäler ein. Wer wie die Schützen in Neustift im Stubaital gegen diese Entwicklung opponierte, mochte sich bisweilen noch durchsetzen, unwidersprochen und selbstverständlich ist diese Haltung nun aber weder im Ort noch innerhalb der Vereine, die sich der Traditionspflege verschrieben haben. Die althergebrachten Botschaften der Kriegerdenkmäler benötigen eine Neubewertung, die Interventionen erfordern. Vielleicht kann die Anbringung der Namen von Opfern nationalsozialistischer Verfolgung, von WiderstandskämpferInnen, Deserteuren und Wehrdienstverweigerern auf Kriegerdenkmälern eine Diskussion über ihren Sinngehalt im 21. Jahrhundert auslösen. Die Kritik an Kriegerdenkmälern, dass sie mit den Werthaltungen, die sie in Stein gemeißelt vermitteln, ungeeignet seien für die symbolische Wiederaufnahme der NS-Opfer, bleibt weiterhin ein triftiger Einwand. Es liegt jedoch am zivilgesellschaftlichen Engagement, an der Politik und an den Akteuren und Akteurinnen im Feld der Erinnerungskultur, überkommene Narrative in Frage zu stellen und neue zu etablieren.

2012 errichtete die Gemeinde Rum eine Gedenktafel für ihre Opfer des Krankenmordes an der Außenmauer der Friedhofskapelle. Friedhöfe erscheinen den Gemeinden als besonders geeigneter Ort für Gedenkzeichen, da sie Räume der Erinnerung darstellen und mit dem traditionellen Gedenken unter christlichem Vorzeichen verbunden werden können. Anderslautende Vorschläge wie in Rum, einen Standort im Gemeindezentrum zu wählen, um die Ermordeten mit diesem symbolischen Akt deutlich sichtbar wieder in die Mitte der Gesellschaft zu holen, hatten bislang selten Aussicht auf Erfolg. Die heftige Kontroverse in der Gemeinde Rum berührte jedoch eine tiefergehende Problematik, die beim Gedenken an die Opfer der NS-Euthanasie immer wieder ähnliche Fragen aufwarf: Dürfen die Namen der Opfer öffentlich genannt werden? Genügt es, in der Erinnerungskultur Opferzahlen zu nennen und anonym der Opfergruppe als Ganzes zu gedenken? Ist Erinnerung und Lernen überhaupt möglich, wenn es nicht um konkrete Menschen geht, mit denen man sich auseinandersetzen kann? Die Antworten auf diese Fragen entzweien und emotionalisieren bis heute. Dass die Namen von WiderstandskämpferInnen oder der getöteten Jüdinnen und Juden recherchiert und bekannt gemacht werden, damit sie ein Gesicht bekommen und dem Vergessen entrissen werden können, ist heute eine Selbstverständlichkeit. Nicht so bei den NS-Euthanasie-Opfern, deren Erkrankungen mitunter immer noch als Schande gelten. Dürfen Verwandte bestimmen, dass es keine namentliche Erinnerung an die Getöteten gibt, etwa weil eine schlechte Nachrede im Dorf zu befürchten ist? Wiederholt werden datenschutzrechtliche Bedenken gegenüber namentlichen Nennungen angeführt, Unruhe und Konflikte in der Gemeinde, aber auch die Übertragung der Stigmatisierung der getöteten Menschen mit ihren psychischen Erkrankungen auf die Angehörigen befürchtet. Derartige Überlegungen verhinderten die Aufnahme der Namen auf der Gedenktafel in Neustift im Stubaital (2005). Die Gemeinde Sillian (2005) begnügte sich ebenso mit einem allgemeinen Verweis auf die Opfer der NS-Euthanasie wie die Stadt Schwaz auf einer Gedenktafel (2005) und mit einer Inschrift im Deckengewölbe einer künstlerisch gestalteten Arkade (2016) sowie die Stadt Lienz im Buch der Opfer auf ihrem Bezirksdenkmal für den Widerstand und die NS-Opfer (2017). Die Gedenktafel in Schwaz macht fälschlicherweise glauben, dass die Ermordeten der NS-Euthanasie in der ehemaligen Heil- und Pflegeanstalt Hall „hingerichtet wurden". Die Textierung auf der Arkade elf Jahre später läuft immer noch Gefahr missverstanden zu werden, wenn das Kunstwerk „allen Opfern des Psychiatrischen Krankenhauses Hall in Tirol, die im Rahmen des N.S. Euthanasie Programms getötet wurden", gewidmet ist. Jerzens nennt zwar die Namen von zwei Opfern, aus der Tafelinschrift (2004) erschließt sich jedoch nicht, warum sie ums Leben kamen. Zudem wird ihr Tod gleichgesetzt mit dem aller „zivilen Opfer des NS-Regimes", für die sie stellvertretend genannt werden.

Die Nationalsozialisten wollten die Menschen nicht nur physisch auslöschen und verschrotten wie überflüssigen Plunder, der zu nichts nutze ist, in einer bürokratischen Maschinerie, an deren Ende in Hartheim ein qualvoller Todeskampf stand, in einer unvorstellbaren Angst, die alle Dimensionen des Darstellbaren sprengt. Sie beabsichtigten die derart barbarisch Gepeinigten, die in ihrer Hilflosigkeit des Schutzes der Gesellschaft bedurft hätten, auch aus dem kollektiven Gedächtnis zu bannen, so als hätten sie nie existiert. Christiane Unterwurzacher, eine ambitionierte Lehrerin aus Rum, wollte in ihrem Heimatort einen Beitrag leisten, um die Ermordeten wieder als Menschen sichtbar zu machen, jenseits von Zahlenkolonnen und jenseits anonymen Gedenkens. Sie sprach mit Angehörigen der Opfer, kontaktierte Archive, recherchierte die Namen und biografischen Daten der Ermordeten. Damit sie ihre Würde zurückbekommen. Damit sie wieder einen Platz in der Dorfgemeinschaft, aus der sie ausgeschlossen wurden, erhalten. Damit die Verwandten der Ermordeten einen Ort für ihre Trauer und Weitergabe der Erinnerungen im Familiengedächtnis haben. Obwohl mit einer Ausnahme alle Angehörigen der Opfer den Namen der Verwandten genannt wissen wollten, verhinderte der Bürgermeister das Heraustreten der Ermordeten aus der Anonymität. Er bevorzugte, wie dies bei der Setzung von Gedenkzeichen häufig der Fall ist, eine traditionelle Formensprache mit steriler, wenig aussagekräftiger Textierung, weil ihm das Erinnern der NS-Vergangenheit von einem Künstler, MandatarInnen der Grünen und einer engagierten Einzelperson aufgedrängt worden war. Er hoffte, auf diese Weise Kontroversen außerhalb der Gemeindestube ausweichen zu können und das Aufmerksamkeitspotenzial des Gedenkzeichens so gering wie möglich zu halten. Das Positive des Konflikts war, dass er einerseits offenlegte, dass die Mehrheit des Gemeinderates mit dem Gedenken an die Opfer der NS-Euthanasie kein vorrangiges Anliegen verband und sich mit einem stereotypen Text auf der Erinnerungstafel zufrieden gab, der von Trauer und Respekt sprach, ohne konkret zu benennen, um wen die Marktgemeinde Rum trauerte und welche Menschen sie respektieren wollte.[94] Andererseits stellte die überaus emotionale und polemische Auseinandersetzung Öffentlichkeit her. Diskutiert wurde im Gemeinderat, in der Bevölkerung, in den Medien, in einem wissenschaftlichen Beitrag und einer Postwurfsendung an alle Rumer Haushalte. Dies wirkt einer Erstarrung der Erinnerungskultur und dem Aufhängen von Gedenktafeln entgegen, von denen bisweilen kaum jemand Notiz nimmt. Wenn Gedenkzeichen Unruhe erzeugen und Diskussionen auslösen, bleibt Erinnerungskultur dynamisch und kann sich weiterentwickeln.

Die Gemeinde Zirl entschied sich 2014 für einen anderen Weg als Rum: für eine künstlerische Gestaltung einer großen Gedenkstätte nach der Auslobung eines Wettbewerbes, die die Namen der Opfer nennt, zum Verweilen und Reflektieren einlädt und über den Hintergrund des Entstehens der Gedenkstätte informiert. Brigitte Zach, Studierende des Abendgymnasiums Innsbruck und Initiatorin des Denkmals, die die wissenschaftliche Recherche besorgte, gab eine Broschüre heraus. In weiteren Publikationen der Gemeinde wurde die Bevölkerung über das Projekt umfangreich informiert. Der Einweihungsakt erfolgte in großem Rahmen unter Einbindung der Traditionsverbände.

Die Beispiele Rum und Zirl unterstreichen die Bedeutung des Engagements von Einzelpersonen, so auch in Stams, wo sich 2014 ein Künstler erfolgreich für ein Gedenkzeichen einsetzte. Einen besonderen Stellenwert nimmt der Schulbereich ein, von wo aus eine Reihe von Initiativen für Zeichensetzungen ausgingen, so in Uderns (2005), Thaur (2006), Volders (2008), Rum (2012) und Zirl (2014), aber auch in Nußdorf-Debant, wo die Gemeindeführung nach einem Schreiben von Franz Wassermann im Jahr 2004/05 ein Schulprojekt einer vierten Klasse Hauptschule unter Leitung von Sigrid Ladstätter anregte. Nach der öffentlichen Präsentation der Ergebnisse im Gemeindezentrum unter Anwesenheit von Bürgermeister, Vizebürgermeister, GemeinderätInnen und der Presse pflanzten die SchülerInnen im Toni-Egger-Park zur Erinnerung an die Ermordeten einen Baum, an den ein Gedenktäfelchen angebracht wurde, das einwachsen sollte, in der Zwischenzeit aber nicht mehr auffindbar ist.[95]

Einige Gemeinderäte vollzogen nicht nur formal Beschlüsse für die Errichtung von Erinnerungszeichen, nachdem dies von außen an sie herangetragen worden war, sondern setzten eigene Akzente wie in Zirl oder auch in Pians, wo es dem Bürgermeister ein besonderes Anliegen war, eine Brücke nach einem Opfer der NS-Euthanasie zu benennen. Eine große Gedenktafel aus Glas zeigt eine Zeichnung des Ermordeten, die biografische Daten ergänzt. Die Gemeinde vertreibt einen liebevoll gestalteten Folder, der Auskunft über den Menschen und die nach ihm benannte Brücke gibt.

2010 gedachte der Orden der Barmherzigen Schwestern in einer großen Feier und mit der Anbringung von Gedenktafeln, auf denen die Namen der vielen Menschen zu lesen sind, die aus den Versorgungshäusern in Nassereith, Ried im Oberinntal und Imst deportiert und in Tötungsanstalten ermordet worden waren, ihrer Opfer. Im Heim Kramsach-Mariathal für Menschen mit Behinderungen, in dem das Land Tirol nach dem Krieg zunächst ein Erziehungsheim für Kinder, in dem brutale Gewalt herrschte, und dann eine Landessonderschule einrichtete, fehlt ein Zeichen, das an den Massenmord an den hier in der NS-Zeit untergebrachten PatientInnen erinnert. Obwohl die Landessonderschule vor einigen Jahren generalsaniert wurde und der vormalige Leiter Fritz Entner eine Gedenkstätte anregte, für die er bereits einen künstlerischen Entwurf eingeholt hatte, lehnte die Baubehörde wegen der anfallenden Kosten ab. Andrea Sommerauer verweist darauf, dass damit auch die Gelegenheit verabsäumt wurde, Anna Bertha Königsegg zu ehren, die Visitatorin der Salzburger Ordensprovinz der Barmherzigen Schwestern, zu der auch der Tiroler Anteil gehörte.[96] Sie hatte sich bis zu ihrer Verhaftung durch die Gestapo und ihrer Verbannung aus Österreich gegen alle „Verlegungen" von PatientInnen aus den Ordensheimen gewehrt, für die sie Verantwortung trug, auch aus dem Heim Kramsach-Mariathal. Sie untersagte strikt jegliche Zusammenarbeit der Ordensschwestern mit dem NS-Regime.[97]

Die Einrichtung einer würdigen Gedenkstätte für die 360 Menschen, die von der ehemaligen Heil- und Pflegeanstalt Hall in Tötungsanstalten deportiert wurden, konnte auf dem Gelände des Landeskrankenhauses nicht realisiert werden. Die künstlerischen Projekte eines Wettbewerbs überzeugten die Jury im November 2015 nicht.[98] Die Setzung eines Gedenkzeichens und das Vorhaben, ein Zentrum für Forschung und Didaktik unter Einbindung des Psychiatriearchivs einzurichten, das besonders Schulen ansprechen soll, befindet sich im Planungsstadium. Realisiert wurden hingegen im Jahr 2014 Gedenkstätten im Bereich des Landeskrankenhauses und im Städtischen Friedhof Hall. Dort, wo sich einst der Anstaltsfriedhof der Heil- und Pflegeanstalt aus der NS-Zeit befand, erhebt sich nun ein spiritueller Lichtort, eine Mauer mit Lichtschlitzen, die die 228 aufgelassenen Gräber versinnbildlichen, und ein symbolischer Grabstein, der den historischen Hintergrund erklärt. In der Psychiatrie von Hall gab es, so die Ergebnisse eines groß

Der Baum, den die Hauptschule Nußdorf-Debant im Gedenkjahr 2005 für die Opfer der NS-Euthanasie des Dorfes pflanzte, ist zwar kräftig gewachsen, doch das Gedenktäfelchen ist verschwunden. Zurück bleibt eine Narbe im Baum. (Foto Sigrid Ladstätter)

angelegten Forschungsprojektes und einer Expertenkommission, kein Mordprogramm, sondern es war die Wechselwirkung von Unterernährung, Kälte, Platzmangel und medizinischer sowie pflegerischer Unterversorgung, die oft tödlich wirkte. Die sterblichen Überreste von 222 der 228 Menschen des aufgelassenen Anstaltsfriedhofs wurden in einem neu geschaffenen Grabmal im Städtischen Friedhof Hall wiederbestattet. Die Angehörigen haben nun einen Ort, an dem sie ihrer Toten gedenken können.

In der Erinnerungskultur für die Opfer des Massenmordes an Menschen mit psychischen Krankheiten und Behinderungen hat sich die Nennung der Namen tendenziell durchgesetzt, die Entpersonalisierung bei diesen Erinnerungszeichen nahm deutlich ab. Dies hat damit zu tun, dass Franz Wassermann in seinem Kunstprojekt aufgerufen hat, individuelle Gedenkzeichen zu errichten und sich mit den einzelnen Menschen auseinanderzusetzen, mit ihrer Biografie und ihrem Schicksal. Von elementarer Bedeutung war die Rolle der Historikerin Andrea Sommerauer, die im Rahmen des Projekts und darüber hinaus mit Familienangehörigen gesprochen hat, die sie in ihren familiären Aufarbeitungsprozessen unterstützte. Der Bewusstseinswandel, den die beiden mit den vielen am Projekt Beteiligten in der Tiroler Gesellschaft angestoßen haben, ist nicht hoch genug einzuschätzen. Das „Temporäre Denkmal" stellt als Projekt das immense Potenzial der Kunst für eine lebendige Erinnerungskultur unter Beweis.

Leerstellen der Erinnerung

Die Opfergruppen, die die Gedächtnislandschaften in Tirol am nachhaltigsten prägen, sind jene des Widerstandes. Im Mittelpunkt steht die katholisch-konservative Opposition, allen voran die Erinnerung an die Verfolgung von Priestern und Ordensangehörigen. Die Linke bleibt unterrepräsentiert. Mit großem Abstand folgen Gedenkzeichen für die Opfer der NS-Euthanasie und des Holocaust.

Deserteuren, Wehrdienstverweigerern und generell Opfern der NS-Militärjustiz bzw. der SS-Gerichtsbarkeit wird nur sehr vereinzelt gedacht, vor allem durch eine namentliche Nennung seit 2011 auf dem Befreiungsdenkmal in Innsbruck. Handelte es sich um Opfer der Militärjustiz, so wurden ihre Namen in der Regel ohne Erklärung auf die Denkmäler für die „Gefallenen des Zweiten Weltkriegs" gesetzt. Als Beispiel seien Georg Fankhauser in Mayrhofen und Hermann Jenewein in Pfunds genannt. Sie hatten jahrelang in Norwegen gekämpft und folgten nicht mehr in letzter Konsequenz dem sinnlosen Befehl, eine Stellung zu halten. Beide wurden vom Divisionsgericht wegen „Feigheit vor dem Feind" zum Tode verurteilt, am 11. Dezember 1944 hingerichtet und auf dem Friedhof von Valnesfjord südlich von Narvik beerdigt.[99] Seit Jahren bemüht sich die Familie von Georg Fankhauser, bisher vergeblich, seinen Namen vom örtlichen Kriegerdenkmal zu löschen und eine Gedenktafel anzubringen, die auf sein wahres Schicksal hinweist. Eigene Erinnerungszeichen gibt es für Walter Krajnc, den Widerstandskämpfer in den Reihen der Wehrmacht in Frankreich, mit einer Straßenbenennung und einer Inschrift auf einer Gedenktafel in Hall und für Anton Stock, der als Mitglied eines Gendarmeriewachzuges in Slowenien gegenüber Gefangenen Menschlichkeit bewies, auf einer Gedenktafel in Vomp. Stocks Ehefrau Marianne wurde im Dorf gemieden, eine geringfügige finanzielle Leistung im Rahmen der Opferfürsorge erhielt sie erst nach längeren Bemühungen von Heinz Mayer, dem Präsidenten des „Bundes der Opfer des politischen Freiheitskampfes in Tirol". Ihm ist es auch zu verdanken, dass Anton Stock 1977 posthum das Ehrenzeichen der Republik Österreich erhielt.[100] Der bekannteste Kriegsdienstverweigerer ist Pater Franz Reinisch. In Innsbruck, Stams und Hall ist sein Name auf Gedenktafeln und am Befreiungsdenkmal genannt. Ihm sind Reliefs, ein Weg und ein Bildstock gewidmet. Bei positivem Ausgang seines laufenden Seligsprechungsprozesses ist mit weiteren Aktivitäten zu rechnen. Der Diözesanführer der katholischen Jugend Südtirols Josef Mayr-Nusser, der den Eid in der Waffen-SS verweigerte, wurde 2017 seliggesprochenen. An ihn wird nicht nur in Südtirol erinnert, auch ein Weg in Innsbruck ist nach ihm benannt. Die ansonsten geringe Aufmerksamkeit für diese Opfergruppe ist dem lange Zeit so dominanten Gedenken an die Soldaten der Wehrmacht geschuldet. Deserteure und Wehrdienstverweigerer galten bis vor nicht allzu langer Zeit noch als Verräter, Feiglinge und Kameradenmörder. Auch die äußerst schlechte Quellen- und Forschungslage ist dafür verantwortlich, dass die Opfer der Militär- und SS-Gerichte von ganz wenigen Ausnahmen abgesehen unbekannt sind. In einem Steinbruch am Paschberg nahe dem „Bretterkeller" in Innsbruck gab es eine Hinrichtungsstätte für Angehörige der Deutschen Wehrmacht. Die Todesurteile sprachen die Kriegsgerichte der Wehrmachts-Divisionen 188 und 418 mit Sitz in der Anichstraße 26–28. Wir wissen noch wenig über die genauen Vorgänge und Abläufe, die Identität der Opfer wie der Täter und über den Umgang mit den Leichen.[101] Ein Denkmal, das Auskunft gibt und das Verborgene der idyllischen Landschaft zum Vorschein bringt, existiert nicht, „höchstens vereinzelte Erzählungen, immer leiser werdende, langsam verblassende Erinnerungen, die bald endgültig verlöschen werden", wie es Martin Pollack in seiner Beschreibung kontaminierter Landschaften ausdrückt.[102] Derzeit bemühen sich der „Bund Sozialdemokratischer FreiheitskämpferInnen" unter der Führung von

Helmut Muigg und die Stadträtin Elisabeth Mayr (SPÖ) mit einem Antrag im Gemeinderat um die Errichtung eines Gedenkzeichens für die Ermordeten vom Paschberg.

Nachweislich wurden die Leichen von zwei Menschen, die am Paschberg erschossen wurden, in das Anatomische Institut der Universität Innsbruck gebracht. 39 Leichen erhielt das Institut aus den Kriegsgefangenenlagern Landeck, Jenbach und St. Johann im Pongau. Dazu kam die Überführung von acht jüdischen Personen, von denen fünf Selbstmord verübt hatten, und ein Häftling aus dem „Arbeitserziehungslager Reichenau", der vor der Überstellung nach Auschwitz ums Leben gekommen war, sowie von 60 Opfern der NS-Justiz, die in München-Stadelheim vor allem in Zusammenhang mit Widerstandstätigkeiten enthauptet worden waren. Mindestens bis 1957 verwendete das Institut für Anatomie in Innsbruck Leichenteile für Sezierkurse. Sowohl die Anatomie als auch die Medizinische Fakultät widersetzten sich nach dem Krieg einer Aufarbeitung. Noch 1995 verschleierte der Vorstand der Anatomie, dass das Institut über „menschliche Präparate" aus der NS-Zeit verfügte.[103] 2016 fiel der Startschuss zur wissenschaftlichen Erforschung der Innsbrucker Anatomie im Dritten Reich, die mit der Setzung eines Gedenkzeichens im Anatomischen Institut enden soll.[104]

Im Bereich des österreichischen Bundesheers in Tirol existieren keine Gedenkzeichen, die sich auf Widerstand und Verfolgung im Nationalsozialismus beziehen.[105] Immerhin gab es aber dennoch ein Engagement einzelner Soldaten. Am 13. März 2009 brachte Vizeleutnant Gottfried Kalser im Rahmen seiner dienstlichen Tätigkeit im Heer eine von ihm selbst erstellte Glastafel für die ihm bis dahin bekannten 21 NS-Opfer von Lienz in der Soldatenkapelle der Haspinger-

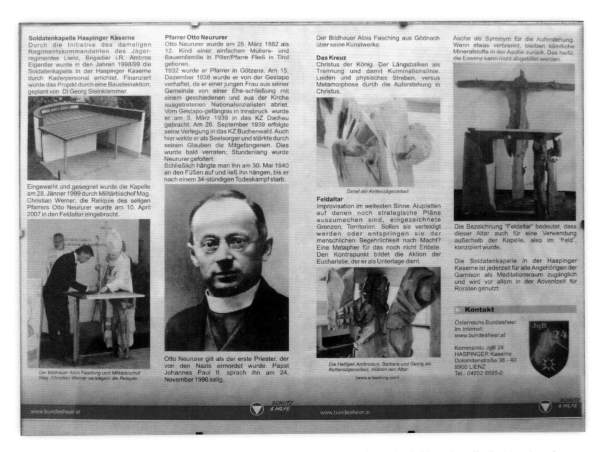

Fotos oben und nächste Seite: Glastafeln für Otto Neururer und 21 NS-Opfer in der Soldatenkapelle der Haspingerkaserne Lienz, in der sich auch ein Altartisch mit einem Behälter befindet, der eine Reliquie von Otto Neururer enthält. (Fotos Martin Schuß)

Opfer der NS-Verfolgung in Osttirol
(ohne Anspruch auf Vollständigkeit)

ANETTER	Paul	LIENZ
KZ Mauthausen † 1.10.1942		
AUßERLECHNER	Josef	KARTISCH
KZ Dachau † 13.10.1944		
EDLINGER	Johann	LIENZ
KZ Dachau † 8.2.1942		
GUTZELNIG	Gottfried	LIENZ
KZ Mauthausen † 27.3.1945		
HOLZER	Alois	GLANZ
Bewährungsbataillon, Ostfront † März 1945		
LORENZINI	Johann	LIENZ
KZ Mauthausen † 26.4.1945		
MAIER	Konrad	LIENZ
KZ Sachsenhausen † 26.3.1940		
MENTIL	Johann	LIENZ
KZ Dachau † 24.5.1945 (Typhus)		
PALLA	Emil	STRIBACH
KZ Sachsenhausen † 18.11.1942		
PESKOLLER	Maria	GÖRTSCHACH
Graz, enthauptet † 23.12.1944		
PONTILLER	Josef	DÖLSACH
München Stadlheim, enthauptet † 9.2.1945		
RANACHER	Erich	LIENZ
Graz, enthauptet † 23.12.1944		
RONACHER	Peter	LIENZ
Klagenfurt, Gestapo-Haft † 12.1.1944 (gefoltert)		
SALCHER	Josef	BANNBERG
KZ Sachsenhausen † 23.4.1940		
WERNISCH	Lorenz	LIENZ
KZ Stutthof, Danzig † 21.8.1942		
STALLBAUMER	Rosa	SILLIAN
KZ Auschwitz † 23.11.1942		
STEINER	Anton	LIENZ
KZ Mauthausen † 19.4.1942		
DELACHER	Helene	BURGFRIEDEN
Berlin-Plötzensee, enthauptet † 12.11.1943		
ORTNER	Ernst	LIENZ
Wien, Graues Haus, enthauptet † 22.3.1945		
NIEDRWIESER	Alois	ANRAS
KZ Mauthausen † 18.10.1943		
MAYR	Hubert	SOE, Zone LIENZ
Beim Einsatz in DELLACH / DRAU † 01.01.1945 (amtl. Datum)		

- Bei der Euthanasie-„Aktion T4" wurden nach Schätzung von Trojer, 50 Osttiroler ermordet, 31 Namen sind aufgelistet.

Quelle:	Zeugen des Widerstandes, Tyrolia Verlag; Martin Kofler, Osttirol im 3. Reich, Studien Verlag 1996
Bearbeitung:	Gottfried Kalser

kaserne an. Zudem hängte er eine Glastafel auf, die das Leben und Leiden von Otto Neururer dokumentierte. Inhalt und Layout gestaltete Oberstabswachtmeister Boris Kurnik unter Mitarbeit von Stabswachtmeister Franz Faustini und Oberstabswachtmeister Gerd Thalhammer.[106] Als Druckwerk lag es in der Kapelle bereits um 2007 zur Einsicht und freien Entnahme auf. Eine offizielle Einweihung der beiden Glastafeln fand zwar nicht statt, doch hält Gottfried Kalser wehrpolitische und zeitgeschichtliche Führungen mit Soldaten, Kommandanten des Heers, Schülergruppen und interessierten Vereinen wie dem Lionsclub ab, in denen er über die Opfer der NS-Diktatur referiert. Er betont: „Das NS-Unrechtssystem ist so zumindestens in der Garnison Lienz ‚SICHTBAR' gemacht!"[107]

In letzter Zeit öffnete sich das Innsbrucker Oberlandesgericht der Auseinandersetzung mit seiner NS-Vergangenheit, sowohl auf der Ebene der Forschung als auch der Erinnerung. Impulsgeber dieser Auseinandersetzung ist Klaus Schröder, Präsident des Oberlandesgerichts. Auf seine Initiative hin entstand 2015 die Installation „Marionettenjustiz" im Landesgericht Innsbruck.

Die Gruppe der ausländischen Arbeitskräfte und Kriegsgefangenen, die zu zehntausenden in Tirol Zwangsarbeit verrichteten, sind nicht im öffentlichen Gedächtnis präsent. Auch hier machen sich nicht zuletzt die erheblichen Forschungslücken bemerkbar. Mit Ausnahme der Gedenkzeichen im Soldatenfriedhof Amras in Innsbruck, die Italien, Polen und die ehemalige Sowjetunion errichtet haben, weisen in erster Linie Gräber auf Friedhöfen in mehreren Tiroler Gemeinden auf diese Menschen hin. Das Massengrab im Stadtfriedhof Kufstein weist die ZwangsarbeiterInnen, die nach Kriegsende auf tragische Weise ums Leben kamen, als „Kriegstote" aus. In Dölsach wird auf einer Gedenktafel des polnischen Zwangsarbeiters Marian Binczyk gedacht, den die Gestapo wegen intimen Umgangs mit einer Einheimischen erhängte. 2015 errichtete die Stadtgemeinde Schwaz eine Stele in Erinnerung an das Lager „Oradour" mit einem Gedenkstein, der auf die Errichtung des Zwangsarbeiterlagers und die „katastrophal schlechten" Arbeitsbedingungen hinweist sowie auf seine Nachnutzung als Entnazifizierungslager. Allerdings ist in den nächsten Jahren mit der Errichtung von Gedenkzeichen zu rechnen. Dies hat damit zu tun, dass Neubauvorhaben Relikte von Zwangsarbeiterlagern zu Tage gefördert haben, die archäologische Grabungen und wissenschaftliche Aufarbeitungen nach sich zogen. Dies ist sowohl in Kirchbichl der Fall, wo in der NS-Zeit ein Kraftwerk gebaut wurde, als auch in Haiming, wo eine große Kraftwerksgruppe entstehen hätte sollen und die Luftforschungsanstalt München den Bau eines Windkanals plante. Die TIWAG bzw. das Land Tirol haben ihre Absicht bekundet, nach Abschluss aller notwendigen Arbeiten und der Präsentation der Forschungsergebnisse Erinnerungszeichen zu setzen.[108]

2011 fanden die Zeugen Jehovas erstmals Erwähnung am Befreiungsdenkmal in Innsbruck, 2017 dann im Buch der Opfer in Lienz. Seit 2015 ist auf einer Gedenktafel in Wörgl der Name einer Bibelforscherin zu lesen, allerdings ohne Nennung der Zugehörigkeit zu den Zeugen Jehovas. Ein eigenes kleines Messingschild für einen Zeugen Jehovas, Josef Salcher, befindet sich aufgrund einer Privatinitiative der beiden Bundesheerangehörigen Gottfried Kalser und Erwin Hertscheg seit 2015 auf einem Kreuz in über 2000 m Höhe am Hochstein im Gemeindegebiet von Assling.

Einige Opfergruppen wie Roma, Sinti, Jenische, Homosexuelle oder sogenannte „Asoziale" sind in der Tiroler Gedächtnislandschaft überhaupt nicht vertreten. Kein einziges Erinnerungszeichen kündet von der Anerkennung ihrer Leiden. Sie bleiben weiterhin vergessen, niemand kann Anteil nehmen an ihrem Schicksal im öffentlichen Raum. Sie sind Angehörige von Opfergruppen, deren Verfolgung nicht 1938 begann und auch 1945 nicht endete.

Widersprüchliche Erinnerungsschichten –
Wandlung des Tiroler Geschichtsbewusstseins

In den 1980er Jahren begann in Tirol ein Prozess, der in den 1990er Jahren Fahrt aufnahm und sich seit Mitte der Nullerjahre des 21. Jahrhunderts durchsetzte. Eine neue Form gesellschaftlichen Erinnerns, weg von der Opferthese, hin zur Frage von Schuld und Verantwortung in der eigenen Geschichte, beförderte das Bedürfnis, die Opfer des Nationalsozialismus zu ehren. Vor allem zivilgesellschaftliche, lokale wie private Initiativen, in geringerem Maß die Politik, sorgten dafür, dass jene Geschichte und jene Menschen, die in der Erinnerungtradition in den Städten und Dörfern ausgeblendet waren, nun stärker berücksichtigt wurden. So entstanden zahlreiche Erinnerungsprojekte, fehlende Gedenkzeichen wurden eingemahnt, lösten Diskussionen aus, erweiterten die traditionellen Formen des Gefallenengedenkens. Es ging nicht mehr nur darum, eine positive Identitätsstiftung aus der Vergangenheit zu gewinnen, sondern sich mit dem eigenen Anteil an den Verbrechen des Nationalsozialismus auseinanderzusetzen. In den letzten zwanzig Jahren hat dieses „negative Gedenken"[109] im öffentlichen Diskurs in Tirol an Breite gewonnen. Diese Form des Gedenkens übernimmt in einem bestimmten Ausmaß Verantwortung für historische Verbrechen und integriert die Opferperspektive in das regionale Geschichtsbewusstsein. Die NS-Vergangenheit wurde und wird laufend aufgearbeitet, als Teil der österreichischen bzw. Tiroler Geschichte begriffen und die Mitverantwortung als Bestandteil der politischen Kultur gesehen. Wenn der Historiker Tony Judt den Zerfall der Nachkriegsmythen und die Auseinandersetzungen um ein neues Geschichtsbild speziell seit dem Ende des Ost-West-Konfliktes als transnationales Phänomen in Europa und darüber hinaus charakterisiert, so weist Heidemarie Uhl darauf hin, dass der Abschied von der Opferthese die österreichische Variante einer gesamteuropäischen Transformation des Geschichtsbewusstseins ist.[110]

Im besagten Zeitraum entstand in Tirol eine Topographie von Gedenkzeichen, die sich auf die Verfolgung im Nationalsozialismus beziehen. Allerdings sei hier kurz in Erinnerung gerufen, dass es gegen diese Entwicklung in Tirol lange Zeit heftige Widerstände gegeben hat. 1985, im „Jahr der Zeitgeschichte", verhinderte der Tiroler Landesschulrat, dass die ehemalige SPÖ-Nationalratsabgeordnete und KZ-Überlebende Rosa Jochmann als Zeitzeugin in die Höhere Lehranstalt für wirtschaftliche Frauenberufe in Innsbruck kommen konnte, da ihr Auftritt nicht lehrplankonform und von ihr keine objektive Geschichtsdarstellung zu erwarten wäre.[111] Erst nach längeren Streitigkeiten konnte 1989 die von einer Historikerinnengruppe der Universität Salzburg konzipierte Ausstellung über Frauenbild und Frauenalltag im Dritten Reich „Sieg der Waffen – Sieg der Wiegen", für die sich eine lokale Frauenprojektgruppe stark gemacht hatte, in der Aula des Bundesrealgymnasiums und der Handelsakademie Wörgl gezeigt werden. Die Verteilung der Broschüre zur Ausstellung an SchülerInnen, die das Unterrichtsministerium zu diesem Zweck angekauft hatte, untersagte der Landesschulrat wegen „teilweise einseitiger und umstrittener Äußerungen". In einem ORF-Interview äußerte eine Wörgler Stadträtin der ÖVP, die am massivsten gegen die Ausstellung aufgetreten war, die Befürchtung, dass die SchülerInnen durch die „tendenziöse" Art und Weise der Aufarbeitung des Themas Frauen im Nationalsozialismus davon abgehalten werden, „im Muttersein das einzige Glück zu sehen".[112] Auch die Auseinandersetzungen um die Gedenktafel am Gebäude in der Herrengasse in Innsbruck, wo der Sitz der Gestapo untergebracht war, offenbarte, dass die Aufarbeitung der NS-Zeit selbst Ende der 1990er Jahre weiterhin umstritten blieb. Abgesehen von innerparteilichen und persönlichen Animositäten zwischen dem Landeshauptmann und dem Bürgermeister von

Innsbruck ging es darum, das Gebäude, in dem die Landesbaudirektion untergebracht ist, nicht als „Gestapo-Haus" zu brandmarken. Schließlich kam es zu einem Kompromiss bei der Textierung, auf eine offizielle Einweihung der Gedenktafel wurde verzichtet. Landeshauptmann Wendelin Weingartner befürwortete zwar, dass man sich mit der Geschichte befasse, doch sollten dies nicht „Zeitgeschichtler" tun, da diese „sofort Urteile fällen".[113] Eine Erforschung der Gestapo, die aufgrund der schwierigen Quellenlage äußerst aufwändig ist, verkündete das Land Tirol zwar über die Medien, zu einer Durchführung kam es nie. Auch für die Aufarbeitung der Zwangsarbeit fühlte sich die Politik nicht zuständig. Dass ab Ende der 1990er Jahre das Tiroler Landesmuseum Ferdinandeum Provenienzforschung betrieb, um die Frage der Restitution jüdischen Eigentums zu klären, hatte weniger mit einer Initiative des Landes zu tun als mit dem öffentlichen Druck und den Folgewirkungen der Verabschiedung des „Bundesgesetzes über die Rückgabe von Kunstgegenständen aus den Österreichischen Bundesmuseen und Sammlungen" des österreichischen Nationalrates im November 1998. Immerhin ersuchte das Land Tirol das Ferdinandeum, die Herkunft der durch den Gau Tirol-Vorarlberg erworbenen Kulturgüter zu eruieren.[114]

Noch 2005 sah es Landeshauptmann Herwig van Staa nicht als Aufgabe des Landes Tirol an, Aufträge zur Erforschung der NS-Geschichte zu vergeben. Zum einen wäre diese Zeit die wissenschaftlich am intensivsten untersuchte, zum anderen sei dies Angelegenheit der Universität und das Land angehalten, keine Auftragsforschung zu betreiben, um nicht in den Geruch der Einflussnahme zu kommen.[115] Bereits als Bürgermeister von Innsbruck hatte er 1998 einen Antrag im Gemeinderat, dass die Stadt an die Politikwissenschaft und das Zeitgeschichte-Institut herantreten möge, um Projekte zur Geschichte Innsbrucks im 20. Jahrhundert auf den Weg zu bringen, mit ähnlicher Begründung abgelehnt: „Die Universität Innsbruck ist in ihrer Forschung frei, hätte alles schon erforschen können, wenn sie gewollt hätte."[116] Dem Institut für Zeitgeschichte der Universität Innsbruck und ihren MitarbeiterInnen begegneten das Land Tirol und die Stadt Innsbruck mit großem Misstrauen, sie unterstellten ihnen ein mangelndes Tirolbewusstsein oder schätzten sie als „von Wien gesteuerte Linke" ein. „Totschweigen, verdrängen und vertuschen – das scheint vielfach immer noch die politische Maxime zu sein", ging der Historiker Thomas Albrich im Jahr 2000 mit dem offiziellen Tirol hart ins Gericht. Die erinnerungspolitische Situation um die Jahrtausendwende fasste er so zusammen:

> „Das Budget ist die in Zahlen gegossene Politik.' Geht man von der Richtigkeit dieser Aussage aus, dann beginnt für das offizielle Tirol die Landesgeschichte mit Meinhard II. und endet mit Andreas Hofer. Die finanziellen Aufwendungen des Landes für die Landesausstellungen 1995 (‚Eines Fürsten Traum') und 2000 (‚Leonhard und Paola' als Nordtiroler Beitrag zur Gesamtausstellung ‚ca. 1500') bewegen sich unter verschiedenen Budgettiteln in zweistelliger Millionenhöhe. Für die zeitgeschichtliche Forschung hingegen, d.h. für die Erforschung der Geschichte Tirols im 20. Jahrhundert, insbesondere aber der NS-Zeit, stellt das Land Tirol im Normalfall kein Geld zur Verfügung. (…) Seitens des Landes initiierte und finanzierte Forschung erfolgt nur im Zusammenhang mit den Landesausstellungen, Andreas-Hofer-Gedenkjahren oder ‚identitätsstiftenden' Projekten wie dem ‚Tirol-Atlas'.
> Wie erklärt sich diese Diskrepanz? Stark vereinfacht so: Mit den Themen der Landesausstellungen und der sogenannten ‚Traditionspflege' – den Millionen für Schützen-, Trachten- und Musikvereine – wird vor dem Hintergrund einer ‚Europaregion Tirol' ein politisch erwünschtes, identitätsstiftendes Tirolbild für ein Massenpublikum transportiert.

(…) Anders verhält es sich mit dem Umgang des offiziellen Tirol mit der NS-Zeit und ihren Folgen. Im Gegensatz zu ‚ca. 1500‘ ist Tirol ‚ca. 1938‘ kein angenehmes und schon gar kein identitätsstiftendes Thema. (…) Ein klares politisches Bekenntnis zur Erforschung dieses im doppelten Sinne ‚dunklen‘ Kapitels der Landesgeschichte fehlt bis heute.“[117]

Gerade als das Land Tirol einen Schlussstrich unter die Aufarbeitung des Nationalsozialismus ziehen wollte, brach 2005 wegen der bekanntgewordenen NSDAP-Mitgliedschaft von Altlandeshauptmann Eduard Wallnöfer eine höchst emotionale öffentliche Diskussion aus. Sie markiert die Fortsetzung des Prozesses einer differenzierten Bewertung der Rolle Tirols und der TirolerInnen zwischen 1938 und 1945. Es ging um die Infragestellung der 2005 immer noch nicht zur Gänze gebrochenen Sichtweise Tirols als Opferkollektiv, um die verschiedenen Beteiligungsformen der Bevölkerung am Nationalsozialismus und die NS-Belastung von Tiroler Spitzenpolitikern der Zweiten Republik. Die überwiegende Mehrheit der Reaktionen in Leserbriefen und aus der Politik ging dahin, sich gegen ein „Anpatzen“ Wallnöfers zu verwehren und seine NS-Parteikarriere als Verhalten des „Zeitgeistes“ und als notwendige Anpassung an den äußeren Druck zu interpretieren.[118] Differenzierte Gegenstimmen wurden nur vereinzelt laut:

„Landesvater Eduard Wallnöfer war Mitglied der NSDAP. Wahrscheinlich weil er sich und seine Familie schützen wollte und sich auch einen Vorteil erwartete – wie einer meiner Großväter auch. (…) Allerdings gab es in jener dunklen Zeit auch Menschen, die gegen das Regime und die NSDAP aufgetreten sind, und für die Freiheit und Demokratie aktiv tätig waren. Sie wurden von einem System, dessen Fundament die NSDAP war, denunziert, eingesperrt, gefoltert und umgebracht. Diesen Menschen gehört mein tiefster Respekt, mein bewunderndes Andenken, nicht dem ‚Walli‘ oder meinem Großvater.“[119]

Die Wortmeldungen zeigten, dass es vor allem die persönliche Geschichte war, die aufwühlte: die Einschätzung des Verhaltens geliebter Menschen in der NS-Zeit und die innerfamiliäre Interpretation der Ereignisse. In die Diskussion um die Person Wallnöfers begannen sich die Familiengeschichten vieler TirolerInnen zu mischen. Ein Großteil empfand bereits die öffentliche Auseinandersetzung als Verunglimpfung Wallnöfers und infolgedessen auch als Verunglimpfung der eigenen (Groß)Eltern.[120]

Harald Welzer hat in seinen Untersuchungen darauf hingewiesen,

„dass die Erinnerungspraktiken und -inhalte der offiziellen Erinnerungs- und Gedenkkultur auf der einen und der privaten Erinnerungspraxis auf der anderen Seite erheblich auseinanderklaffen können. Individuen gehören unterschiedlichen Erinnerungsmilieus an, wie sie durch Familien, lokale Gemeinschaften, Interessengruppen, pädagogische Rahmenvorgaben und nicht zuletzt durch die Massenmedien geschaffen werden. (…) Die Familie stellt als Erinnerungsgemeinschaft ein Relais zwischen biographischem Erinnern auf der einen und öffentlicher Erinnerungskultur sowie offiziellen Geschichtsbildern auf der anderen Seite dar. Bislang ist die Bedeutung der Weitergabe von Vergangenheitsvorstellungen durch direkte Kommunikation, etwa in der Familie, gegenüber den Effekten pädagogischer Geschichtsvermittlungen erheblich unterschätzt worden. Was in der Familie beiläufig und absichtslos, aber emotional nah und damit immer auch als etwas vermittelt wird, was mit der eigenen Identität zu tun hat, kann andere Vorstellungen erzeugen als das, was über dieselbe historische Zeit in der Schule [sowie in der öffentlichen Erinnerungskultur und

Erinnerungspolitik] als Wissen vermittelt wird – und es kann für die Geschichtsdeutung wirksamer sein."[121]

Im Rahmen der Diskussion um Eduard Wallnöfer betonte Horst Schreiber, dass ein Desinteresse des Landes Tirol, die NS-Forschung finanziell zu unterstützen, die einseitige Sicht, nur Opfer zu sein, weiter fortschreiben würde: „Wer sich zu seiner Mittäterschaft bekennt, übernimmt auch eine aktive Rolle bei der Untersuchung des Nationalsozialismus in Tirol."[122] Erst in den 2010er Jahren unter Landeshauptmann Günther Platter und der Innsbrucker Bürgermeisterin Christine Oppitz-Plörer sollte sich diese Situation ändern, wurden Aufträge zur Erforschung des Nationalsozialismus erteilt, wobei bei Untersuchungen auf Initiative des Landes bzw. von Landesunternehmen (tirol kliniken, TIWAG) heftige öffentliche Debatten und archäologische Funde den Ausschlag gaben. Dies betraf besonders den Themenkomplex der NS-Euthanasie, die Rolle von Tiroler Komponisten in der NS-Zeit, die zur Einrichtung eines mehrjährigen Förderschwerpunktes für Projekte zur Volkskultur im Nationalsozialismus führten, sowie die Forschung zu Zwangsarbeit, speziell der Zwangsarbeiterlager Kirchbichl und Haiming.[123] Kritisch anzumerken ist, dass Tirol immer noch in erster Linie seine historische Identität in Persönlichkeiten wie Kaiser Maximilian sieht und dafür unverhältnismäßig mehr Geld ausgibt als für die Erforschung seiner Zeitgeschichte. Anlässlich des 500. Todesjahres des Kaisers rief das Land für 2019 ein „Maximiliansjahr" aus und war bereit, über 100 Veranstaltungen auszurichten und dafür gemeinsam mit der Stadt Innsbruck 4,3 Millionen Euro zu veranschlagen. Tourismusverbände und die Europaregion Tirol, Südtirol und das Trentino steuerten weitere 800.000 Euro bei.[124]

Auf lokaler Ebene erteilte die Stadt Schwaz Ende der 1990er Jahre einen Auftrag zur Erforschung ihrer Geschichte im 20. Jahrhundert, 2013 folgte die Gemeinde Kematen mit der Aufarbeitung der NS-Zeit.[125] Einzelne Städte wie Lienz (1996) und Landeck (1998) förderten in der zweiten Hälfte der 1990er Jahre den Druck von Standardpublikationen zum Nationalsozialismus, die auf Eigeninitiative der Autoren erarbeitet worden waren.[126] Die Marktgemeinde Telfs übernahm die Produktionskosten für die Geschichte des Ortes von der Zwischen- bis zur Nachkriegszeit zur Gänze.[127] Ansonsten sind Städte und Gemeinden bis heute weiterhin zurückhaltend, sich auf wissenschaftlicher Basis eingehend mit der NS-Zeit auseinanderzusetzen. Allerdings beziehen VertreterInnen des Gemeinderates nur mehr selten so offen Stellung gegen einen Forschungsauftrag, wie dies in Seefeld 2016 der Fall war, wo sich nur zwei von 15 PolitikerInnen für eine NS-Studie aussprachen. Diese würde die Bevölkerung nicht interessieren, die Leute wollten in Ruhe gelassen werden. Für den Bürgermeister waren Ziele und Inhalte „zu schwammig" formuliert. Bei Kosten von 35.000 Euro wäre ihm nicht ausreichend klargeworden, „wohin die Reise geht". Seefeld habe seine Geschichte schon „umfangreich aufgearbeitet". Ein Gemeinderat betonte, dass er es „auch einmal gut sein lassen" wolle: „Ich glaube, wir können friedlicher miteinander leben, wenn wir endlich verzeihen".[128] Eine engagierte Seefelderin sorgte auf privater Basis für die Finanzierung des Projekts.

Die bedeutendste erinnerungspolitische Aktivität des Landes Tirol war der Auftrag zur Umgestaltung des Eduard-Wallnöfer-Platzes mit zwei künstlerischen Interventionen von Christopher Grüner am Befreiungsdenkmal 2011 und 2016 sowie den Recherchen eines Teams von HistorikerInnen unter der Leitung von Horst Schreiber, um die Namen der ums Leben gekommenen WiderstandskämpferInnen zu eruieren. Der Platz ist seitdem augenscheinlich der zentrale Ort der Erinnerung an den Nationalsozialismus, wo Verfolgung, Widerstand, Befreiung und die Involvierung der Tiroler Gesellschaft thematisiert und in Beziehung zueinander gesetzt werden können. Das umgestaltete Denkmal, das die Tiroler WiderstandskämpferInnen und gefallenen alliierten Soldaten für ihren Beitrag zur Befreiung vom Nationalsozialismus würdigt, markiert einen Einschnitt im Umgang mit der jüngeren Vergangenheit. Das Monument, seine Interpretation und die am Eduard-Wallnöfer-Platz abgehaltenen Feierlichkeiten waren dominiert vom Jahr 1955, dem Staatsvertrag und dem Abzug der alliierten Soldaten, kurz, von der Wiedererlangung der staatlichen Selbstständigkeit als symbolisches Gründungsereignis der Zweiten Republik. Die totale Niederlage Hitlerdeutschlands infolge des Sieges der Alliierten als Voraussetzung für die Befreiung vom Nationalsozialismus und der Wiedererrichtung der Demokratie mit der Gründung der Zweiten Republik 1945 spielte im Gedenken kaum eine Rolle. Bereits zum Zeitpunkt der Fertigstellung des Denkmals 1948 wurden die Befreier in erster Linie als Besatzer wahrgenommen, das Jahrzehnt nach 1945 als Zeit der Unfreiheit, nicht selten gleichgesetzt mit den Jahren der NS-Herrschaft. Waren die ÖsterreicherInnen und TirolerInnen aus ihrer Sicht 1938 Opfer Hitlers und des Nationalsozialismus, so sahen sie sich mit Blick auf das Schwellenjahr 1945 als Opfer des Krieges gegen den Nationalsozialismus.

2011 hatte Christopher Grüner die lateinische Textierung auf Deutsch übersetzt, so dass die ermordeten Tiroler WiderstandskämpferInnen unter der Überschrift „Den für die Freiheit Österreichs Gestorbenen" genannt werden konnten. 2016 erfolgte die Übersetzung in die Sprachen der Alliierten. Mit der Intervention am Befreiungsdenkmal 2016 setzte Tirol ein klares Zeichen und bezog unmissverständlich Position: Das Jahr 1945 ist der erste identitätsstiftende Bezugsrahmen. Das Kriegsende am 8. Mai 1945 bedeutet die Befreiung vom NS-Terror und die Wiedererrichtung von Demokratie und Republik. Dies gilt es zu erinnern und zu feiern. Diese Haltung entspricht dem Geist der Gedenkveranstaltungen zu 70 Jahre Kriegsende 2015, als sich das offizielle Österreich von der zweiten Opferthese, dass Österreich 1945 von der Unfreiheit in Hitlerdeutschland in die Unfreiheit der Besatzungsmächte geriet, verabschiedete, 1945 als Befreiung deklarierte und den 8. Mai, so wie in Europa üblich, als Tag der Befreiung von der NS-Gewaltherrschaft verkündete. Bundespräsident Heinz Fischer erklärte, dass es in der Besatzungszeit zwar Übergriffe, Menschenrechtsverletzungen und Willkürakte gegeben hat, doch: „Die klare Antwort lautet wie folgt: Österreich ist 1945 von einer unmenschlichen verbrecherischen Diktatur befreit worden".[129]

In der erinnerungspolitischen Praxis ist das Kriegsende 1945 als Narrativ der Befreiung jedoch noch wenig im kollektiven Geschichtsbewusstsein Tirols verankert, die Politik besetzt diese Sichtweise nach außen in geringem Maß. Im Gedenkjahr 2015 spielte der Zweite Weltkrieg eine völlig untergeordnete Rolle, während die Erinnerung an den Ersten Weltkrieg, die mit mannigfachen Aktivitäten 2014 ihren ersten Höhepunkt erreichte, hochgehalten wurde: mit großen Feierlichkeiten, einer Vielzahl an offiziellen Gedenkveranstaltungen und breiter medialer Präsenz. Der Festakt zur künstlerischen Intervention am Befreiungsdenkmal am Vorabend des Nationalfeiertages 2016 stand im Schatten der anschließenden Feiern, bei denen das Land Tirol alljährlich mit dem Militärkommando Tirol den „Großen Österreichischen Zapfenstreich" durchführt, begleitet von Schützen, Musikkapellen und Fahnenabordnungen der Tiroler Traditionsverbände. Im Mittelpunkt standen weiterhin der Abzug der Besatzungstruppen, Staatsvertrag und immerwährende Neutralität. Das Jahr 1945 war bei diesen Festaktivitäten zum Nationalfeiertag wie immer kein Bezugspunkt, obwohl kurz zuvor das erneuerte Denkmal am Eduard-Wallnöfer-Platz mit seiner Betonung des Kriegsendes als Befreiung vom Nationalsozialismus der Öffentlichkeit übergeben worden war. Landeshauptmann Platter hielt die Festrede beim offiziellen Feiertagsakt mit dem Zapfenstreich, bei den Feierlichkeiten vor dem Befreiungsdenkmal vertrat ihn Landesrätin Beate Palfrader. Noch ist das Jahr 1945 als Zeitpunkt der Befreiung in der offiziellen Erinnerungspolitik Tirols nicht angekommen.

Der Eduard-Wallnöfer-Platz ist trotz seiner Veränderungen seit 2011 weiterhin der jahrzehntelangen Gedenktradition der Aufmärsche des Bundesheeres, der Schützen oder des Kameradschaftsbundes verpflichtet. Weder die Politik noch die Zivilgesellschaft, KünstlerInnen oder HistorikerInnen waren bis jetzt imstande, den Platz und das Ensemble an Erinnerungsobjekten für neue, zeitgemäße Formen des Gedenkens zu nutzen. Lediglich das Pogrommahnmal dient regelmäßig Erinnerungsfeiern, ausgerichtet von der Israelitischen Kultusgemeinde, deren Einladung PolitikerInnen vereinzelt Folge leisten. In der Bevölkerung werden immer wieder kritische Stimmen laut, die sich an der architektonischen Beschaffenheit des Platzes stoßen, eine inhaltliche Auseinandersetzung mit der historischen und aktuellen Bedeutung dieses Ortes fehlt weitgehend. Immerhin vermochte Landtagspräsident Herwig van Staa 2016 Diskussionen auszulösen: erstens mit seinem letztlich gescheiterten Plan, eine große Büste für seinen Schwiegervater Eduard Wallnöfer auf dem Platz aufzustellen;[130] und zweitens mit seiner Kritik an der Öffnung der Gittertore des Befreiungsdenkmals mit den Wappen der österreichischen Bundesländer in Kreuzform. Die politischen Stärkeverhältnisse in Tirol hatten 1948 dazu geführt, dass der Widerstand christlich interpretiert wurde und die Kirche als Trägerin des Widerstands gegen den Nationalsozialismus erschien, das katholische Österreich bzw. Tirol als Opfer. Es ging bei dieser Geschichtsdarstellung um eine Nationswerdung im Sinne von Opferthese und Rekatholisierung des Landes, die als wirkungsvollste Immunisierung gegen den Nationalsozialismus galt. SozialdemokratInnen und KommunistInnen, die viele Opfer im Widerstand zu beklagen hatten, blieben in dieser Erzählung ausgeschlossen. Im Zeichen des Kreuzes hatten sie sich nicht gegen das NS-Regime erhoben. Der Künstler und die ArchitektInnen wollten bei der Neugestaltung des Platzes und ihrer Intervention am Denkmal die Gitter nicht demontieren, um die Interpretation von 1948 zu erhalten. Durch die Öffnung der Tore beabsichtigten sie, alle WiderständlerInnen in die Erinnerung miteinzubeziehen, unabhängig von Glaube, Herkunft und politischer Überzeugung. Schließt man die Tore, wird die Geschichtsauffassung von 1948 wahrnehmbar und der christliche Widerstand erhält besonderes Gewicht. Der Landtagspräsident sah „Kreuzstürmer" am Werk,[131] ähnlich wie der Theologe Johann Großruck, Biograf des ermordeten Priesters Edmund Pontiller, der eine „ideologisierende Neudeutung" des Kreuzes für einen „offensichtlich de(kon)struktiv-ideologisierenden Zweck" ortete und die Öffnung der Gittertore in die Nähe der nationalsozialistischen Praxis rückte, das christliche Kreuz aus der öffentlichen Wahrnehmung zu entfernen:[132]

> „Die intendierte Kreuz-Dekonstruktion kommt somit unwillkürlich in den Geruch eines populistischen Alibi-Aktionismus, der an die Stelle einer unvoreingenommenen Erinnerungskultur tritt, in welcher (ob in Tirol oder anderswo) die christliche Kreuzsymbolik akzeptierbar und tolerierbar sein sollte. (...) Religiöse Intoleranz oder Ignoranz, wie auch immer argumentiert und propagiert, sind gewiss keine geeigneten Pfade, auf welchen das Andenken an die Befreiung vom Naziterror angemessen zu beschreiten wäre."[133]

Der Eduard-Wallnöfer-Platz und ganz besonders das Befreiungsdenkmal legen nun widersprüchliche Erinnerungsschichten offen, sie machen die Wandlung des österreichischen bzw. Tiroler Geschichtsbewusstseins sichtbar.

Politische Erinnerungskultur mit Resonanz in der Gegenwart oder Gedenkzeichen der wirkungslosen Unauffälligkeit?

Anonymes und personalisiertes Gedenken

Die größeren Gedenkzeichen, die über den lokalen Bezug hinausweisen, kamen zum Zeitpunkt ihres Entstehens zunächst alle ohne namentliche Inschriften aus: Das Befreiungsdenkmal in Innsbruck 1948 ebenso wie der Gedenkstein im Waldfriedhof Seefeld für 63 jüdische KZ-Häftlinge 1949, das Mahnmal in Lienz für den Freiheitskampf und die Opfer des Nationalsozialismus 1965 und der 1972 errichtete Gedenkstein für die Häftlinge des Arbeitserziehungslagers Reichenau der Gestapo in Innsbruck.

Seit 2011 wird am Befreiungsdenkmal an Menschen erinnert, in Lienz seit 2017. Von den genannten – prominenten – Beispiele abgesehen, erinnern die meisten Gedenkzeichen bereits seit Kriegsende namentlich an die NS-Opfer, vor allem an den Widerstand gegen die Diktatur.

Die Zeichen mit einer Textierung in allgemein gehaltener Form sind eindeutig in der Minderzahl. Zum Andenken an die Opfer des Nationalsozialismus / Zum Gedenken an alle Tiroler Juden / Den Opfern im Widerstand gegen den Nationalsozialismus etc. sind Beispiele für einen Sprachgebrauch, der vor allem seit den 1980er Jahren mehrfach Anwendung fand. So auf Gedenktafeln am Jüdischen Friedhof und im Amraser Soldatenfriedhof für jüdische Opfer in Innsbruck und am Kriegerdenkmal in Wörgl. Ein Gedenkstein in Wörgl ist „Den Opfern im Kampf gegen den Faschismus" gewidmet. Nur dem historisch Gebildeten erschließt sich aufgrund der Jahreszahlen, dass der Bürgerkrieg, also die Februarkämpfe 1934 gemeint sind. Ebenfalls häufiger kommen Wendungen wie „Den Opfern der NS-Euthanasie" ohne Namensangaben vor (Mils 1998, Neustift und Sillian 2005, Rum 2012, Schwaz 2013 und 2016), doch auch in dieser Opferkategorie werden die Betroffenen ansonsten mehrheitlich genannt.

Eine parteipolitische Kenntlichmachung wie auf der Tafel am Gedenkstein in Wörgl, die die SPÖ als Initiatorin nennt, oder im Parteihaus der SPÖ in Innsbruck ist selten zu finden. Selbst die Gedenktafel für das Ehepaar Alois und Josefine Brunner gibt außer den Namen nur das Datum ihrer Hinrichtung an. Daher lässt sich nur indirekt folgern, dass es sich um SozialdemokratInnen handelt, da die Tafel unterhalb der SPÖ-Gedenktafel für die Februarkämpfe angebracht ist. Die Umstände und Ursachen ihres Todes werden nicht geklärt, der einzige Hinweis auf den Nationalsozialismus ist das Sterbejahr 1943. Dass es sich bei erwähnten Todesopfern um Linke handelt, ist allein im Eingangsbereich des SPÖ-Parteihauses und beim Befreiungsdenkmal in Innsbruck ersichtlich, wo eine Homepage, die mit einem Smartphone über einen QR-Code auf einer Informationsstele erreichbar ist, genaue Auskunft über die gesellschafts- und parteipolitische Zugehörigkeit der Widerstandsopfer gibt. Ansonsten wird nur auf den beiden Gedenktafeln für Johann Orszag in Innsbruck ersichtlich, dass der Genannte ein Vertreter der SPÖ ist. Mitglieder der KPÖ, die besonders viele Opfer im Widerstand zu beklagen hatte, scheinen mit ihrer Parteizugehörigkeit lediglich auf der Homepage des Befreiungsdenkmals und am Touchscreen im Parteihaus der SPÖ auf.

Während das gesellschaftspolitische Milieu bei Geistlichen und katholisch-konservativen Opfern im Sprachduktus bzw. in der Widmung der Gedenkzeichen greifbar wird (Zeuge Christi / Blutzeuge in christusfeindlicher Zeit / Der Österreichische Cartellverband gedenkt), ist dies im parteipolitischen Bereich nicht der Fall. So erwähnt die Gedenktafel für den in der NS-Zeit verfolgten Adolf Platzgummer dessen Berufslaufbahn als Richter, Staatsanwalt und Landtagspräsident, nicht aber seine Parteizugehörigkeit zu den Christlich-Sozialen bzw. zur ÖVP. Dasselbe gilt auch für Pfarrer Josef Anton Geiger, der christlich-sozialer Landtagsabgeordneter war, oder Ludwig Steiner, der auf der ihm gewidmeten Tafel nicht nur als Widerstandskämpfer, sondern auch mit einigen von ihm ausgeübten politischen Ämtern aufscheint, ohne dass er aber als ÖVP-Spitzenpolitiker ausgewiesen wäre.

Die Stadt Innsbruck hat ihre Straßenschilder so erneuert, dass die namensgebenden Personen mit ihrer Tätigkeit, ihrem Opferstatus und ihrem Engagement gegen den Nationalsozialismus genannt werden, nicht aber mit ihrer Parteizugehörigkeit.

Problematisch ist, dass bei einer Reihe von Gedenkzeichen trotz der Namensnennung der Opfer unklar bleibt, wer sie sind und aus welchen Gründen sie im Nationalsozialismus ihr Leben verloren. Die Personalisierung des Gedenkens über die Namen ist zwar unerlässlich, trotzdem genügt dieser Fortschritt auf Dauer nicht. Es ist notwendig, mehr über diese Menschen zu erfahren, an die erinnert werden soll, will man nicht Gefahr laufen, dass diese Gedenkzeichen in ihrer aufklärerischen Funktion des Erinnerns zu eingeschränkt bleiben. Es herrscht ein Spannungsfeld zwischen Gedenkorten, an denen Erinnerungszeichen keine Aussagekraft entwickeln und unbeachtet bleiben, und Gedenkorten, die einen Raum für Diskussionen eröffnet haben: für Vorträge und Führungen, für eine weitere Spurensuche und die Einbeziehung der Bevölkerung, besonders von Jugendlichen, in Vermittlungsaktionen. Dort, wo nicht erläutert, erzählt und kontextualisiert wird, erscheinen die Gedenkzeichen erstarrt, wissen die Menschen mit den Namen auf einer Tafel nicht viel anzufangen. Generell sind das offizielle Tirol und die Zivilgesellschaft dazu aufgerufen, neue Formen der Erinnerung jenseits der Topographie einer Gedenktafellandschaft zu initiieren, die sichtbarer, herausfordernder, diskursiver, künstlerisch anspruchsvoller und unbequemer sind.

Notwendige Aktualisierung „unsichtbarer" Gedenkzeichen

Zweifellos kommt die Botschaft zahlreicher Gedenkzeichen bei den Menschen, die sie ansprechen wollen, nicht an, weil die notwendigen Informationen fehlen oder sie gar nicht ins Bewusstsein gedrungen sind. Der Schriftsteller Robert Musil hat behauptet,[134] dass Denkmäler das Vergessen befördern würden. Man bemerke sie zwar, doch entzögen sie sich unseren Sinnen. Im Alltag dränge die Wahrnehmung sie in den Hintergrund, damit wir uns auf das Wesentliche konzentrieren können. In der Aufmerksamkeitsökonomie umtriebiger Geschäftigkeit gebe es in der Regel kein andächtiges Innehalten. Eine stichprobenartige Befragung von MitarbeiterInnen des Landeskrankenhauses Innsbruck, die sich in der Mittagspause auf dem Klinikgelände aufhielten, wo zwei Denkmäler zur NS-Euthanasie und zur „Vertriebenen Vernunft" stehen, hat Musils Vermutung bestätigt. Nur wenige wussten von deren Existenz, obwohl die Menschen zum Teil sogar in unmittelbarer Nähe zum Denkmal saßen, geschweige denn von deren Bedeutung. Um dem entgegenzuwirken, forderte Musil eine Modernisierung von Denkmälern, die sich mehr anstrengen müssten, um von ihrer überkommenen Formensprache wegzukommen. Man könne von Monumenten mehr verlangen, als dass sie nur stumm, starr und monoton vor sich hindämmern.[135] Auch dies kann als Plädoyer aufgefasst werden, dass in Tirol künftig verstärkt auf künstlerische Interventionen und Inszenierungen gesetzt werden sollte, die es verstehen, die Aufmerksamkeit auf ein Gedenkzeichen und seine Thematik zu lenken. Aleida Assmann hebt das Potenzial jener Denkmäler hervor, die selbstreflexiv sind. In dieser künstlerischen Praxis mahnt das Denkmal nicht nur und „fordert

Gedenken ein, sondern setzt sich mit den Paradoxien der Aufmerksamkeit auseinander, und lädt dazu ein, auch über die Möglichkeiten und Grenzen von Denkmälern nachzudenken."[136] Assmann verweist aber zudem darauf, dass Musil die Dimension des Handelns ausblende. Die Wirkung von Denkmälern gehe über ihre materielle Gestalt hinaus und beschränke sich nicht im einmaligen Akt der Eröffnung, Einweihung und Enthüllung. Ins soziale Gedächtnis komme die Botschaft eines Gedenkzeichens durch Riten, die an einem Denkmal periodisch vollzogen werden. Dadurch, dass Denkmäler „Sicherungsformen der Dauer" und damit verknüpft „Sicherungsformen der Wiederholung" mit kulturellen Praktiken an spezifischen Gedenktagen sind, bieten sie immer wieder „Bühnen für neue Inszenierungen" und können „zu einem Kristallisationspunkt der Aufmerksamkeit gemacht werden. (...) Ein solcher Akt zelebrierten Erinnerns ist zwar kurz, punktuell und ephemer, aber er verweist doch deutlich auf jene Stränge, die manche Denkmäler noch mit dem Leben einer Stadt und dem Gedächtnis ihrer Bewohner verbinden."[137] Dadurch haben Denkmäler das Potenzial, „Störenfried" zu sein, Diskussionen auszulösen und so das Erinnern immer wieder zu aktualisieren und erneut Aufmerksamkeit zu erregen.[138]

Allerdings ist ersichtlich, dass Gedenktafeln als die in Tirol am meist verbreitete Erinnerungsform im Vergleich zu elaborierteren Erinnerungsobjekten weniger Chancen für die Verankerung kultureller Praktiken bieten als eindrucksvolle Monumente und künstlerisch ins Auge stechende Objekte, die uneindeutig sind und von vornherein weniger auf eine passive Rezeption als auf eine Auseinandersetzung abzielen. Statt „Störenfried" zu sein, besteht ebenso die Gefahr, dass Gedenkzeichen Feierlichkeiten mit affirmativem Charakter nach sich ziehen, reduziert auf „moralische Appelle, überhistorisches Existentialisieren bzw. Anthropologisieren – Welt und Menschen sind und waren immer schon schlecht – oder die Akklamation von Bürger- und Menschenrechten im gleichsam luftleeren Raum."[139] Hier sind Politik, Kirche und Zivilgesellschaft aufgefordert, entsprechende Akzente und Aktivitäten zu setzen, die die Botschaft der Gedenkzeichen vermitteln, damit die rituellen Umgangsformen nicht langweilen und sich nicht in verbalen Banalitäten und Belanglosigkeiten verlieren.

Ein gelungenes Beispiel für eine Aktualisierung stellt das Befreiungsdenkmal dar, das zwar groß und mächtig im Zentrum Innsbrucks stand, im Laufe der Zeit aber keine Aufmerksamkeit mehr auf sich lenken konnte und trotz seiner Monumentalität „unsichtbar" geworden war. Sein Zweck war immer mehr dem Vergessen anheimgefallen, es diente nur mehr als Ruheplatz für jausnende ArbeitnehmerInnen und als Aufenthaltsort von Angehörigen prekär lebender Randgruppen. Ab und zu wurde der Platz als Versammlungsort für Demonstrationen, Prozessionen und Gedenkfeierlichkeiten ohne Bezug zur NS-Zeit genutzt. Das Denkmal war zu jenem Typus von Erinnerungsobjekt mutiert, dessen „schiere Dauer und Unbeweglichkeit", so Musil, ihm keine „außergewöhnliche Aura" mehr verlieh, sondern letztlich nur mehr wirkungslose „Unauffälligkeit". Die architektonischen und künstlerischen Interventionen 2011/16 verdichteten den Platz zu einem eindrucksvollen Raum der Erinnerung. Die Umgestaltung ermöglicht einen neuen Blick, fördert ein konzentrierteres Hinschauen, bietet kontextualisiertes Wissen an, etabliert neue Blicke auf die Vergangenheit und mutet erinnerungsgeschärfte Botschaften zu. Der Eduard-Wallnöfer-Platz wird nicht mehr als Abladeplatz unterschiedlicher Erinnerungsobjekte wahrgenommen, er ist nun inhaltlich zentriert und erinnerungspolitisch definiert. Doch trotz all dieser Veränderungen ist immer noch ein erheblicher Vermittlungsbedarf vorhanden, ist noch einiges zu tun, damit die Bevölkerung und die jugendlichen SkaterInnen, die den Platz beleben, diesen neuen Erinnerungsraum bewusst wahrnehmen. Führungen von Klassen am Eduard-Wallnöfer-Platz, die in Kooperation zwischen dem Tiroler Kulturservice und erinnern.at, dem Institut für politisch-historische Bildung über Holocaust und Nationalsozialismus, in jedem Schuljahr stattfinden, sind hierfür ein erster wichtiger Schritt. Ansonsten wird der Platz weiterhin nur selten erinnerungspolitisch genutzt, die Kulturszene hält sich abseits.

Dass auch Gedenktafeln, die in den 1990er Jahren erkämpft wurden, eine Zeit lang eine wichtige Funktion einnahmen, dann aber in Vergessenheit gerieten, ein Aufmerksamkeitspotenzial haben, das wiedererweckt werden kann, bewies der Schriftsteller Güni Noggler, der mit seiner hartnäckigen Kritik am Standort von Tafeln in Schwaz Diskussionen entfachte, die zur Anbringung und Errichtung neuer Gedenkzeichen in der Stadt führten.

Der Nationalsozialismus als nachrangiger historischer Bezugspunkt trotz Würdigung der Opfer

Heidemarie Uhl ist der Meinung, dass am Beginn des 21. Jahrhunderts eine Erinnerungskultur, die nicht nur dem Gefallenengedenken und den Mythen der Opferthesen verpflichtet ist, weitgehend im gesellschaftlichen Konsens verankert wäre und dass das offizielle Österreich die „Verpflichtung (…), die Erinnerung an die Opfer wach zu halten und das, was sie durchlitten haben, nie zu vergessen" in großem Ausmaß anerkennt, ebenso die Bedeutung, die „das Wissen um Geschichte für das Verständnis unserer Demokratie und der Menschenrechte" hat.[140] Prinzipiell ist diesem Befund zuzustimmen, immer mehr Opfer und Opfergruppen werden in Tirol gewürdigt und damit auch, was lange vernachlässigt wurde, die Angehörigen. Dennoch sind die Herz-Jesu- und Andreas-Hofer-Feierlichkeiten, der Hohe Frauentag, der Große Zapfenstreich und das Gefallenengedenken weiterhin weitaus dominanter. Die Gedächtnislandschaft der Kriegerdenkmäler wird in der Tiroler Bevölkerung ungleich mehr wahrgenommen als die Gedenkkultur zum Nationalsozialismus. Die traditionellen Gedenkformen sind hierzulande in hohem Maß ritualisiert und institutionalisiert, sie bilden durch diese kontinuierliche Erinnerungspflege das vorherrschende „kollektiv geteilte Wissen" aus. Am ehesten gelingt ein derartiger Prozess der katholischen Kirche mit ihren Erinnerungspraktiken. Seit der Seligsprechung von Pater Jakob Gapp und Pfarrer Otto Neururer Ende 1996 sind es die Tiroler Bischöfe, Pfarrer, engagierte MitarbeiterInnen in kirchlichen Organisationen, aber auch eine Reihe von Basisinitiativen und Einzelpersonen, die mit einer Vielzahl von Erinnerungsformen, Feierlichkeiten, Gedenktagen, Messen und Wallfahrten eine lebendige Kultur etabliert haben, in der kognitive, affektive und reflexive Zugänge zu den Märtyrerpriestern, zur NS-Vergangenheit und zu den Konsequenzen für die Gegenwart geschaffen wurden. Immer öfter reduziert sich dieses Gedenken nicht nur auf oberflächliche Rituale und vordergründige Betroffenheit, sondern produziert Wissen als Voraussetzung für Gedenken, aus dem nachträglich Erkenntnisse gewonnen werden können.

Die führenden RepräsentantInnen von Politik und Gesellschaft sind beim Gedenken an den Nationalsozialismus weit weniger präsent als bei Traditionsfeiern. Dies soll nicht den Blick auf die positiven Veränderungen der letzten 20 Jahre verstellen, besonders die Kulturabteilung des Landes hat in den letzten Jahren einen offenen und unterstützenden Zugang bei der Aufarbeitung des Nationalsozialismus gepflegt. Ein derartiges Engagement legt seit vielen Jahren auch das Innsbrucker Stadtarchiv an den Tag, in der Stadtpolitik ist dies in den letzten zehn Jahren deutlich bemerkbar. Doch als historischer Bezugspunkt spielt der Nationalsozialismus in Tirol immer noch eine eher untergeordnete Rolle. Weder der internationale Holocaust-Gedenktag am 27. Jänner noch der 5. Mai als österreichischer „Gedenktag gegen Gewalt und Rassismus im Gedenken an die Opfer des Nationalsozialismus" sind in Tirol wirklich fest verankert, auch wenn Anregungen engagierter Akteure und Akteurinnen bereitwillig aufgegriffen werden. Zieht man Vergleiche mit dem Andreas-Hofer-Gedenkjahr 2009, mit den Erinnerungsprojekten zum Ersten Weltkrieg seit 2014 oder den Feierlichkeiten anlässlich des 500. Todestages von Kaiser Maximilian I. 2019, blickt man auf das jeweils umfangreiche Programm, die Breite der Orte mit Aktivitäten und die hierfür aufgewendeten hohen finanziellen Mittel, so wird schnell ersichtlich, welcher Zeit in der Geschichte welche Relevanz in der Gegenwart beigemessen wird.

Hinwendung zu einer politischen Erinnerungskultur

Generell besteht die Gefahr, dass die Erinnerungskultur zum Nationalsozialismus, so wie vielfach die traditionellen Erinnerungskulturen, nicht auf historische Aufklärung und historisches Begreifen abzielen. Sie droht, sich in eine Gedächtnis- und Identitätspolitik zu verwandeln, die zu sehr ein Gemeinschaft stiftendes Erzählen von Vergangenheit betreiben. Dieser Prozess hat seit langem eingesetzt. In den ersten Jahrzehnten nach Kriegsende ging es den einen um die Aufarbeitung der NS-Vergangenheit und darum, einen Bruch mit den ideologischen und gesellschaftlichen Kontinuitäten herzustellen, den anderen um das Gedenken der eigenen Leiden. In einer nächsten Phase gelang es nach und nach, die Opfer des Nationalsozialismus in den Mittelpunkt zu stellen. Für Harald Welzer ist es unabdingbar, an diesem Punkt nicht stehenzubleiben. Es komme nun darauf an, „von der Thematisierung des Grauens und der Opferschaft auf die Herstellung von Ausgrenzungs- und Tötungsbereitschaft zu wechseln und verstehbar zu machen, wie sich normative Verschiebungen in modernen Gesellschaften etablieren, die schließlich zu gegenmenschlichen Entwicklungen und Massengewaltprozessen führen können." In diesem Sinn wäre Erinnerungskultur eine zivilgesellschaftliche Angelegenheit, „nicht museal und identifikatorisch, sondern gegenwärtig, reflexiv und politisch". Eine reflexive Erinnerungskultur entwickelt Konzepte des Nachdenkens über Ausgrenzung und prosoziales Verhalten, die Stärkung von Verantwortung, die Nutzung von Handlungsspielräumen und die Möglichkeit, Erfahrungen mit eigenen Handlungs- und Verhaltensbereitschaften zu machen. Die neue Herausforderung auf dem erinnerungspolitischen Feld ist es, Gedenkzeichen zu setzen, die die Tätergesellschaft thematisieren, die auf die Vergemeinschaftung in der NS-Zeit durch Ausgrenzungsprozesse und die Herstellung von Zugehörigkeitsidentitäten hinweisen, auf Flucht und Vertreibung, die Teilhabe an der Gewalt durch passive Hinnahme, Wegschauen, Zuschauen und Mitmachen. Die Erosion der Parteienlandschaft in Europa mit der Regierungsbeteiligung antiliberaler und rechtsextremer Bewegungen, die eine Politik der Exklusion und gruppenspezifischer Ungleichbehandlung, aber auch der Angstmache und der nationalen Gefühlsaufwallung betreiben, verlangt eine Aktualisierung der Erinnerungskultur, die am Beispiel des Nationalsozialismus die Mechanismen der schrittweisen Transformation einer bürgerlich-demokratischen Gesellschaft in eine Diktatur aufzeigt.

Quer durch Tirol finden sich Gedenkzeichen zur NS-Vergangenheit, einiges gilt es noch zu ergänzen, anderes zu überarbeiten. Doch bereits jetzt können wir wahrnehmen, an wie vielen Orten Menschen zu Schaden kamen, eingesperrt, gefoltert, erschossen, erhängt, deportiert und vergast, vernichtet und ausgelöscht wurden. An vielen Orten begegnen wir der Erinnerung an Menschen, die sich nicht anpassten, die versucht haben im Kleinen wie im Großen zu helfen, sich unmenschlichen Normen nicht zu beugen, Widerständigkeiten an den Tag zu legen oder gar Widerstand zu leisten. Überträgt man die Gedenkzeichen, die entstanden sind, auf eine

Landkarte Tirols, wird eindrucksvoll ersichtlich, dass wir in unmittelbarer Nähe von Geschehnissen leben, die von der Barbarei in unserer Mitte künden. Diese Gedächtnislandschaft kann in uns ein Bewusstsein entstehen lassen, ein Bewusstsein der Gefährdung, ein Bewusstsein der Zerbrechlichkeit unserer Zivilisation, ein Bewusstsein, dass der Zivilisationsprozess stets umkehrbar ist.[141]

Gräber für Kriegsgefangene und ZwangsarbeiterInnen

Im Stadtfriedhof und im Friedhof Kleinholz in Kufstein befinden sich je ein Massengrab mit ausländischen ZwangsarbeiterInnen aus der Sowjetunion, aus Polen, Jugoslawien und Litauen bzw. zwei Gedenktafeln, auf denen AusländerInnen angeführt sind. Erinnert wird an sie aber nur allgemein als Kriegstote und Opfer einer Bombenexplosion.

Massengrab im Stadtfriedhof Kufstein

Namenstafel am Massengrab für die im Mai 1945 verstorbenen ZwangsarbeiterInnen. (Foto Chronik Fritz Kirchmair)[142]

Am 15. Mai 1945 entdeckten, so der ehemalige Landeschronist Fritz Kirchmair, ukrainische ZwangsarbeiterInnen einen Waggon voll Alkohol, von dem sie tranken. Da es sich jedoch um Methylalkohol handelte, kamen sie unter unvorstellbaren Schmerzen ums Leben. Viele Sterbende lagen in der Gartenanlage des Krankenhauses, das nicht ausreichend Platz für alle hatte. Sie wurden in einem Massengrab im Friedhof beerdigt. Das Schwarze Kreuz sprach 1988 von 133 „Ostarbeitern" im Gemeinschaftsgrab. Im selben Jahr ersetzte es die alte Namenstafel durch eine neue Bronzetafel.[143] Heute besteht das Denkmal für ehemalige ZwangsarbeiterInnen aus drei Teilen: der großen Tafel mit 96 Opfern, deren Herkunft mit „Russen", Polen, Jugoslawe und Litau-

er angegeben wird, und einer Längstafel mit sechs in der Nachkriegszeit (1946/47) Verstorbenen, ohne Angaben zur Herkunft (Leonid Zaloga (1946), Maria Mischko und Rostislav Mordninov (1947), Jakob Danilu, Pelagia Hlobistova, Elisabeth Lubarsky), sowie einer privaten Tafel, die der Sohn eines französischen Zwangsarbeiters errichtet hat: A mon Père / Jean Baron / Enfin retrouvé, / 4-4-1917 – 15-5-1945 (Für meinen Vater / Jean Baron / Endlich wiedergefunden).[144]

Auf der Tafel angeführt sind die Polen Michael Gawia, Stefan Nemschen und Michael Sabotek, der Jugoslawe Bavimir Radejowitsch und der Litauer Anicetas Miskewizius. Als „Russen" ausgewiesen sind:

Blick auf das vom Schwarzen Kreuz erneuerte Denkmal mit drei Gedenktafeln: Die 1988 neu angebrachte Kupfertafel wurde um zwei Vornamen ergänzt; auf der Längstafel sind die Namen von sechs ehemaligen ZwangsarbeiterInnen zu finden, die 1946/47 in Kufstein verstarben; die Tafel für einen französischen Zwangsarbeiter ist schwer lesbar. (Foto Gisela Hormayr)

Jann Abramiuk	Dimitrij Furmann	Nikolai Kaulovow	Nikolai Malanin
Jultasch Achmitow	Genard Galiulin	Josef Kawaluzyk	Peter Malzow
Pjotr Asmelowsk	Wladimir Gorenski	Maria Kirschkowa	Willi Margaresch
Simlon Bakulin	Galina Grisach	Iwan Korokoff	Alex Misko
Pawel Belajew	Nikolai Grizenkow	Paulo Kosirsky	Djatk Miskradow
Gregorij Bogdanow	Alexej Gromow	Otto Kosmin	Wasili Molin
Trofim Boiko	Peter Jakow	Alex. Kozschyk	Pjotr Morosow
Peter Bokow	Iwan Jaripaseka	Feofelak Kozschyk	Nikolai Nischakow
Stan Borodatij	Nikolai Kalimin	Wasil Kozschyk	Wasily Obereschow
Alex. Borodenko	Trofim Kamlik	Alex. Krimitschni	Iwan Osikow
Peter Christrachow	Jakow Kapustin	Peter Kudrin	Iwan Petrow
Alex. Demilonkow	Josef Karbi	Nikolai Litschov	Adam Plochatnuk
Iwan Deublia	Wasilij Karperowitsch	Iwan Litwin	Anatolij Ponomarenko
Alex. Elisarow	Konrad Katschivotiau	Wladimir Ljapun	Ostavi Porostadi

Leonid Premenko	Grigorij Schalko	Stefan Simin	Lenio Wassilewitsch
Andrej Prittkow	Zakier Schidomischov	Andrej Slovotanik	Peter Wög
Sergej Repedi	Leonid Schigorew	Ignaz Solomin	Anna Zamestowaka
Janina Rotkowska	Peter Schirokow	Ostap Swatschuk	Wasilew Zelnoweinikow
Wladimir Rudigow	Samereilen Schorer	Nikolaus Szust	Wasilij Zelowachnikow
Josef Ruselki	Anton Schuljak	Wladimir Tarkin	Wasilij Zimbalo
Wasil Salikow	Pavel Schweno	Nikolai Tschernow	
Kriwy Savan	Afanesi Sertschuk	Alex. Tschwankow	
Zakier Schakirow	Peter Silin	Stefan Waschenko	

Peter Sixl hat mit Hilfe ausländischer Archivalien, von Beerdigungspässen und Akten des Innenministeriums die bisher gründlichste Auflistung sowjetischer Toter des Zweiten Weltkriegs in Österreich erarbeitet. Mit teils von den Grabinschriften abweichender Schreibweise hat er folgende Sowjets eruiert, die im Stadtfriedhof Kufstein begraben sind:[145]

Jochann Abramiuk/Jogann Abramuk (6.7.1895–2.6.1945), Juftasch/Juldasch Achmitow (1918–15.5.1945), Jaweni Anwichen/Anwitschen (1920–15.5.1945), Pjotr Asmelowsk(i) (15.5.1945), Semjon/Simeon Bakulin (15.5.1945), Pawel Belaew/Beljajew (15.5.1945), Gregori/Grigori Bogdanow (15.5.1945), Trofim Boiko (15.5.1945), Peter/Pjotr Bokow (15.5.1945), Stan Borodatij/Stach Borodaty (15.5.1945), Alex/Alexandr Borodenko (15.5.1945), Olga Chladum, Marsansk, Russland (8.1.1873–11.4.1946), Pelageja Chlobystowa (8.11.1873, 11.4.1946), Pjotr Christrachow (18.5.1918–15.5.1945), Alexandr Demilonkow (15.5.1945), Iwan Deublia/Doiblja (15.5.1945), Gregor Dollhow (10.7.1943), Alexandr Elisarow (10.10.1904–15.5.1945), Step Furma (15.5.1945), Dmitri Furman (15.5.1945), S.W. Galitsyn (15.5.1945), Genard Galiulin (15.5.1945), Loktion Iwanowitsch Gorelow (15.5.1945), Wladimir Gorenski (15.5.1945), Pjotr Nikolajewitsch Grinkow (15.5.1945), Leontewitsch Grinmann (15.5.1945), Nikolai Grinzenkow (15.5.1945), Galina Grisach (15.5.1945), Alexandr Gromow (15.5.1945), Konstantin Andrejewitsch Grusdow (15.5.1945), Sadscha Umarowitsch Jakischew (27.5.1945), Pjotr Jakow 27.5.1945), Pawel Jaremenko (15.5.1945), Iwan Jaripasseka (15.5.1945), Iwan Fjodorowitsch Jelagin (11.1927–2.1945), Alexandr Jelisarow (10.10.1904–15.5.1945), Andrei Kaliberda (13.12.1907), Nikolai Kalimin (13.12.1907–15.5.1945), Kaminski (7.191915.5.1945), Trofim Kamlik (22.7.1919–

15.5.1945), Iwan Wassiljewitsch Kapriza (15.5.1945), Jakow Kapustin (15.5.1945), Nikolai Alexandrowitsch Karaulow (15.5.1945), Jossif Karbi (15.5.1945), Wladimir Jewlampijewitsch Karneew 15.5.1945), Iwan Karokow/Kasnow (15.5.1945), Wassili Kasperowitsch (15.5.1945), Sachari Michailowitsch Katschan (15.5.1945), Artenti Katschkowski (15.5.1945), Jossif Kawaljusik/Nikolai Kaulowow (12.12.1912–15.5.1945), Wassili Iwanowitsch Kirsanow (1926–15.5.1945), Marija Kirschkowa (1926–15.5.1945), Paulo Kosirky/Pawel Kosyrski (1899–15.5.1945), Otto Kosmin (15.5.1945), Alexandr Kotschik/Kozschik (7.6.1911–10./15.5.1945), Feofelak Kotschik/Kozschik (8.3.1879–10./15.5.1945), Wassili Kotschik/Kozschik (27.2.1913–10./15.5.1945), Alexandr Krimitschnij/Krimitschny (15.5.1945), Peter/Pjotr Kudrin (15.5.1945), Nikolaus Leonow, Arzt (8.10.1908–18.1.1947), Nikolai Litschof/Litschow (1923–15.5.1945), Iwan Li(t)win (15.5.1945), Mark Andrejewitsch Ljapoin/Wladimir Ljapun (6.2.1926–15.5.1945), Jelisaweta Ljubarskaja (1946), Nikolai Magara/Willi Magaresch (15.1.1920–15.5.1945), Nikolai Malamusch (15.5.1945), Nikolai Malanin (15.5.1945), Alexandr Awerjanowitsch Malischkin (29.10.1944–16.11.1944), Kirill Nikolajewitsch Malzew (15.5.1945), Pjotr Malzew (15.5.1945), Marija Mischko (1947), Nikolajewitsch Miskewitsch (15.4.1908–15.5.1945), Alexandr Misko (1899–15.5.1945), Iwan Semjonowitsch Misko (15.5.1945), Miskowski (15.5.1945), D(jatk) Miskradow (15.5.1945), Anizetas Miskuwitschjus (15.4.1908–15.5.1945), Grigori Pantelejewitsch Moliarenko (15.5.1945), Wassili Molin (15.5.1945), Rotislaw Mordwilow (1947), Peter/Pjotr Morosow (15.5.1945), Musika (30.10.1944), Michaïl Napora (20.11.1924–17.2.1945), Nikolai Nischakow (15.5.1945), Wassili Obereschkow (15.5.1945), Iwan Osikow (28.5.1945),

Iwan Ossikow (15.5.1945), Nikolai Patson (15.5.1945), Wera Pelepey (26.4.1924–17.5.1944), Jakow Peter (15.5.1945), Iwan Petrow (15.5.1945), Peter Piekiely (29.7.1943), Adam Plochatnjuk/Plochatnuk (1922–15./6.5.1945), Anatoli Ponomarenko (15.5.1945), Osta(p) Porostadi (23.2.1905–15.5.1945), Leonid Premenko (18.7.1895–15.5.1945), Andrei Prit(t)kow (15.5.1945), Sergei Repedi (15.5.1945), Janina Rotkowska(ja) (20.10.1925–15.5.1945), Wladimir Rudigow (15.5.1945), Josef/Jossif Ruselski (15.5.1945), Michaïl Saboschnik/Sabotek (15.5.1945), Wassilo Salietschko/Wassili Salikow (25.1.1906–15.5.1945), Leonid Saloga (7.8.1855–11.3.1946), Anka Samestowskaja (8.6.1925–15.5.1945), Kriwi Sawan/Ja.M Sawajewa (10.7.1914–15.5.1945), Nikolai Schakerow/Sakir Schakirow (1912–15.5.1945), W.G. Schalimow (18.11.1913–15.5.1945), Grigori Schalko (15.5.1945), Iwan Schigar (15.5.1945), Leonid Schigorow (15.5.1945), Nikita Schikalew (15.5.1945), Schikomischow (15.5.1945), Alexandr Schirjajew (15.5.1945), Pjotr Schirokow (15.5.1945), G.I. Schontin (15.5.1945), N.F. Schücenko (7.10.1912–15.5.1945), Anton Schuljak (10.07.1912–15.5.1945), Nikolai Schust (14.5.1883–15.5.1945), Witali Iwanowitsch Schwedow/Pawel Schweno (9.6.1913–15.5.1945), Afanassi/Afganesi Sertschuk (1910–15.5.1945), Peter/Pjotr Silin (7.3.1905–15.5.1945), Stefan/Stepan Simin (15.5.1945), Grigori Sloboda (1.2.1895–4.7.1942), Andrei Slowatanik/Slowatnik (15.5.1945), Ignat/Ignaz Solomin (15.5.1945), Swatschenko (1900–15.5.1945), Ostap Swattschuk (1900–15.5.1945), Antoni Szuxzta (5.1883–15.5.1945), Petro/Wladimir Tarjanik/Tarkin (15.8.1905–15.5.1945), M.M. Tschankomalowa/Alexandr Tschankow (11.2.1918–15.5.1945), Georgi Iwanowitsch/Nikolai Tschernow (15.5.1945), Stefan/Stepan Waschenko (1902–14.5.1945), Lenio/Leonid Wassilewitsch (15.5.1945), Peter Wög (15.5.1945), Leonid Zaloga (11.3.1946), Anna Zamestowska (8.6.1925–15.5.1945), Wassilew Zellnoweinikow (15.5.1945), Wassili Zelowachnikow (15.5.1945), Wassili Zimbalo/Zymbalo (15.5.1945).

Gedenktafeln für Opfer einer Bombenexplosion und für Kriegstote auf der Innenseite des Portals des Friedhofs Kleinholz im Kufsteiner Stadtteil Zell

Am 4. November 1944 bombardierten 23 amerikanische Kampfflugzeuge zwischen 12 Uhr 45 und 12 Uhr 50 mit 50 Sprengbomben und 2.000 bis 3.000 Brandbomben den Bahnhof Kufstein. Zahlreiche Brände zerstörten vier Gebäude und beschädigten 64 Häuser. Das Reservelazarett der Wehrmacht brannte aus. Insgesamt gab es 15 Tote und 23 Verwundete.[146]

Am nächsten Tag kamen beim Ausgraben von Blindgängern und Langzeitzündern durch eine Explosion fünf Menschen ums Leben. Die frühere Annahme, dass sie Häftlinge des KZ Dachau waren, ist nicht richtig. Im Archiv der Gedenkstätte Dachau scheinen die Namen nicht auf. Leopold Unterrichter erwähnt fünf Opfer und nennt sie in seinen Aufstellungen über die Luftangriffe in Tirol Kriegsgefangene. Er gibt Alter und Orte an, wobei nicht klar ist, ob es sich um die Geburts- oder Wohnorte handelt: Däti Bakery, 21, aus Collo (vermutlich Koło, Polen); Anton Doare, 22, aus Guenat (unbekannter Ort); Imbert Recchia, 37, aus Tallin, Estland (die Gedenktafel weist ihn als Italiener aus); Mario Sponzar ohne Altersangabe aus Robigno (richtig Rovigno). Während Johann Pichl nicht aufgezählt wird, führt Unterrichter einen Pierre Bettin, 28, aus Paris an.[147]

Nachforschungen von Gisela Hormayr beim internationalen Suchdienst ITS Bad Arolsen blieben bei Bakery, Doare und Pichl ohne Erfolg. Zu Imbert Recchia konnte sie zwei Einträge eruieren, die auch vom Alter und Geburtsort her passen:

a) Imbert Reccia, geboren am 7.8.1907 in Marseille oder Sora in Italien, ledig, katholisch, wurde vom 24.7.1942 bis 2.10.1942 in Markt Wolfratshausen gemeldet. Vom 3.10.1942 bis 11.5.1943 war er bei Metzeler-Gummi Werke, München, Westendstraße 131/133 beschäftigt.

b) Über Imbert Rechia, geboren am 17.10.1907 in Sora, Zivilarbeiter, liegt vor, dass er vom 19.3.1943 bis 1.4.1943 in einem Krankenhaus in München in Behandlung war.

Mario Sponzer, geboren am 13.1.1923 in Rovigno, Italien (nach 1945 Jugoslawien), verunglückte am 5.11.1944 in Kufstein bei der Freilegung eines Zeitzünders tödlich. Unteroffizier Pierre Bertin, geboren am 3.8.1916 in Paris, geriet am 24.6.1940 in deutsche Gefangenschaft und kam zunächst in das Kriegsgefangenen-Mannschafts-Stammlager (Stalag) VII A im Norden von Moosburg an der Isar, 60 Kilometer von München entfernt. Ab September 1940 war Bertin als Kriegsgefangener im Ortsteil Höhenmoos der Gemeinde Rohrdorf am Inn im Landkreis Rosenheim gemeldet und vom 29.10.1943 bis 9.10.1944 in der Allgemeinen Ortskrankenkasse Rosenheim zwangsversichert. Er wurde als Kriegsgefangener zwischen September 1940 und Mai 1945 in Höhenmoos, Landkreis Rosenheim, gemeldet. Bertin dürfte bei Peter Schauer, Bauunternehmen, Achenmühle bei Rosenheim beschäftigt gewesen sein. Er verstarb drei Tage nach der Explosion infolge der Bombenentschärfungen am 8.11.1944 in Kufstein. Diese Daten ergaben sich nach einer Suchanfrage seines Vaters im Jahr 1945.[148]

Kleinholz ist eine kleine Wallfahrtskirche mit eigenem Friedhof, die dem Exerzitienhaus Maria Hilf der Missionare vom Kostbaren Blut in Kufstein zuzuordnen ist.[149] Im Friedhof liegen Kriegstote des Zweiten Weltkrieges.[150] Die beiden Gedenktafeln ersetzen drei Tafeln älteren Datums. Sie erinnern an Opfer des Bombenkrieges, gefallene Soldaten des Zweiten Weltkriegs und eine polnische Arbeiterin: Filomena Kartschewska (Fotos Gisela Hormayr)

Die inzwischen abgehängte Tafel verwies darauf, dass es sich bei dem österreichischen Bombenopfer und den vier ausländischen Bombenopfern um Häftlinge eines Konzentrationslagers gehandelt habe. Diese Angabe war falsch. (Foto Gisela Hormayr)

Die alten Tafeln gaben keine nähere Auskunft über die polnische Arbeiterin und den italienischen Soldaten. Bei Filomena Kartschewska ist anzunehmen, dass sie eine Zwangsarbeiterin war. Woran sie bzw. Giuseppe (fälschlicherweise Guiseppe geschrieben) Paribello kurz vor bzw. nach Kriegsende gestorben sind und ob der italienische Soldat Kriegsgefangener und Zwangsarbeiter war, konnte der Stadtchronist bereits in den 1970er Jahren nicht mehr eruieren. (Fotos Gisela Hormayr)

Grabkreuze und Grabsteine für Kriegsgefangene und Zwangsarbeitskräfte in den Friedhöfen Hall, Imst, Kramsach, Landeck, Lienz, Natters, Pflach, Wörgl und Zams

Eine Gedenkstätte mit Grabanlagen und Denkmälern in Friedhöfen für Gefallene der alliierten Armeen, Kriegsgefangene oder ausländische Zwangsarbeitskräfte findet sich in Tirol lediglich im Soldatenfriedhof in Innsbruck-Amras. In einigen Ortsfriedhöfen sind Grabkreuze und Grabsteine mit der Angabe aufgestellt, dass es sich bei den Toten um Kriegsgefangene oder um ZwangsarbeiterInnen handelt. Gräber französischer oder US-amerikanischer Angehöriger sind in Tirol kaum vorhanden. Die Vereinigten Staaten exhumierten mit wenigen Ausnahmen ihre Soldaten und überführten die Gebeine auf den französischen Soldatenfriedhof von Saint-Avold in Lothringen. Die französische Militärbehörde erfasste 141 Militärangehörige und 98 männliche und weibliche Zivilisten und exhumierte ihre Überreste ab Mitte Oktober 1947, um sie zuerst nach Straßburg und schließlich an ihre Familien zu überführen. Der erste Abtransport fand am 24. Oktober um zehn Uhr in der Früh statt. Am Innsbrucker Westbahnhof versammelten sich Vertreter der französischen und Tiroler Behörden, unter ihnen General Pierre Voizard und der Tiroler Landeshauptmann Alfons Weißgatterer. Bei der einfachen Verabschiedungszeremonie, die Voizard zum Anlass nahm, sich für die Betreuung der französischen Gräber zu bedanken, nahmen auch die Eltern eines jungen französischen Zwangsarbeiters teil, der nahe Innsbruck den Tod gefunden hatte.[151]

Im Friedhof von Hall in Tirol erinnern im Bereich der Kriegsgräber schmiedeeiserne Grabkreuze mit runder Plakette, auf denen Namen, Todesdatum und Herkunft vermerkt sind, an ZwangsarbeiterInnen und politische Opfer mehrerer Nationalitäten.

Zu zählen sind fünf weibliche und 21 männliche ZwangsarbeiterInnen. Je einer kam aus der Türkei (Evangele Bojadsoglu) und Jugoslawien (Franz Molten, 13.9.1947), je zwei aus Bulgarien und der Sowjetunion (Alois Bosnjak, 11.5.1945 und Evstatios Kesapides bzw. Nadja Ribalkina (Nadija Ribalkina, Nadeschda Rybalkina),[152] 29.4.1920–26.2.1946 und Nadja Spaska (Nadeschda Spasskaja),[153] 3.1.1925–15.2.1945), sieben aus Italien (Guido Adami, 1.2.1945; David Caste, 1.12.1944; Ernesto Cattano, 22.12.1944; Giuseppe Jurilli, 1.2.1945; Natale Orsini, 15.2.1945; Gino Pasotto, 29.9.1944; Alois Sartori, 10.5.1945) und zwölf aus Polen (Valentin Barbitsch, 14.4.1944; Stanislaus Cenzorowsky, 1.5.1944; Beleslav Clonk, 4.12.1943; Ladislav Czyz, 1.5.1944; Wladistov Dylyniak, 10.1.1943; Boleslav Kubiszewsky, 14.4.1944; Pietro Kuschtsch, 1.2.1944; Iwan Luppa, 19.5.1945; Andrä Manet und Tekla Somilinska, 6.6.1944; Adele Schikanovsky, 26.4.1945; Jania Semischek, 11.2.1945; Iwan Zibulka, 13.2.1945).

Weiters sind im Friedhof Hall ein Bombenopfer aus Jugoslawien, Jovanica Bozidara, die am 16.2.1945 ums Leben kam, und ein sowjetisches „Kriegsopfer" Hynka Motschanowa (8.7.1890–26.11.1943) zu finden.[154] Peter Sixl führt noch die sowjetischen Kriegsgefangenen Magsam Spanow (3.1.1925–15.2.1945) und Jussup Tadschibaew aus Kirgisistan (1905–3.1.1944) an.[155]

Neun Kriegsgräber verzeichnen politische Opfer: Gerhard Zimpel (7.1.1945), Josef Bliem und Johann Haninger aus Österreich; Franz Kiefer (2.1.1944) und Johann Krump (7.1.1945) aus Deutschland; Paul Moerenhout (26.7.1943) und Vital van Böllinghen aus Belgien sowie Jenko Zeboschek (24.11.1943) und Karl Sauschläger (3.12.1943) aus der Tschechoslowakei.[156]

Grabanlage im Friedhof Hall, in der Wehrmachtsoldaten und ZwangsarbeiterInnen beerdigt sind. (Fotos Karl Bader)

Im Friedhof von Imst gibt es ein Kriegsgrab für die sowjetische Zwangsarbeiterin Alexandra Ehestosko,[157] den jugoslawischen Kriegsgefangenen Nuculic Zavadin und das jugoslawische „Kriegsopfer" Palmar Koloman. Sixl gibt an, dass Ehestosko am Soldatenfriedhof in Amras beerdigt ist. (Foto Karl Bader)

Im Soldatenfriedhof finden sich auf den glattgeschliffenen Natursteinen Plaketten die Namen sowjetischer und serbischer Kriegsgefangener ohne Geburts- und Todesdatum.[158]

Sowjetische Kriegsgefangene: Alexander Archipov, P. Barczenko, Fedor Bjuchanov, Gregor Farasink, Sergius Gribenink, Romanov Kuzma, Alexej Lebo-dow, N. Melnikow, Kosema Najdgionow, Wasily Sonin, Alexander Tischanow.

Serbische Kriegsgefangene: Marinko Jakic, Osman Madarevic, Lubomir Markow, Pero Popovic.

Als ZwangsarbeiterInnen ohne Angabe der Nationalität scheinen Viktor Scharworonka und als einzige Frau Lydia Franz auf.

Blick in den Soldatenfriedhof Voldöpp-Kramsach (Foto Karl Bader)

Im Waldfriedhof (Soldatenfriedhof) hinter der Waldkapelle oberhalb der Stadtpfarrkirche Landeck stehen Aluminiumgusskreuze für Soldaten und „Ostflüchtlinge", die aber auf den Kreuzen nicht ausgewiesen sind. Sowjetische Kriegsgefangene bzw. ZwangsarbeiterInnen sind:[159] Lydia/Lidija Baranowitsch, 33 Jahre; Maria Bogofczan/Marija Bogowtschan[160], 66 Jahre; Peter/Pjotr Born, 34 Jahre; Dr. Iwan Bryk/Brik[161], 68 Jahre; Maria Brynowetz/Marija Bronowetz[162], 31 Jahre; Larissa Hryniowsky/Laryssa Chriniowskaja[163], 27.7.1939–31.1.1949; Dr. Wladimir Hrynowsky/Chriniowski[164], 50 Jahre; Iwan Dekajlo/Dekailo[165], 52 Jahre; Wladimir Elisew/Jelissew, 25 Jahre; Nikolaus/Nikolai Kibal, 21 Jahre; Iwan Mazan/Masan, 54 Jahre; Eugenia Nyzankowsky/Ewgenija Nisankowskaja, 68 Jahre;[166] Bohan Onyschkeywtsch/Bochan Onischkewitsch[167], 37 Jahre; Sophie/Sofija Pankiw, 22 Jahre;[168] Maria/Marija Pultorat, 21 Jahre; Olga Rewa (1.1.1947–3.12.1947); Martha Roszko/Marta Roschko[169], 65 Jahre; Stephanie/Stefanija Socha, 37 Jahre; Johann Sonkovits/Jogann Sonkowitsch[170], 46 Jahre; Iwan Sorowckyj/Sorowski[171], 36 Jahre; Irene Sawshak/Irena Sowschak[172], 65 Jahre; Mykola Srokowskyj/Nikolai Srokowski[173]; 55 Jahre; Mykola/Nicolai Watamaniuk, 38 Jahre; Stefan Ziolkowsky (35 Jahre). Sixl führt weiters Olga Sechelskaja und Michaïl Tschernita an.[174]

Fotos Horst Schreiber

Plaketten auf schmiedeeisernen Kreuzen erinnern mit Namen, Geburts- und Sterbedatum an sowjetische Zwangsarbeiter, die im Soldatenfriedhof des Zweiten Weltkriegs nahe dem kommunalen Friedhof von Lienz beerdigt sind, darunter zehn unbekannte „Russen" und ein unbekannter „Russe" mit dem Sterbedatum 4.6.1945:[175] Absandor Abrachmanow/Abrachanow[176], 1923–14.2.1945, Wladimir Arslanovic/Arslanowitsch[177], 16.5.1914–15.6.1945, Deutscheri Bserjejow, 15.5.1918–20.5.1945 (vermutlich ident: Deutscheri Bscherejew, 15.5.1918-28.5.1945)[178], Dimitri Gottero/Gotero[179], 20.10.1911–4.4.1945, Chaffin Ismalow/Abdrachman (Chafin) Ismailow[180], 1908–14.9.1943, Kerschan Maxidoff/Maxidow bzw. Iwan Petrowitrsch Maxakow[181], 1908-18.9.1943, Wasil Pissoroky (Wassili Pisorki/Pissorsk)[182], 28.1.1916–4.4.1945, Kasimir Rewinow, 11.11.1913–8.4.1945, Fedor Ripasow/Fjodor Rinasow[183], 23.6.1901–11.7.1945, Iwan Scharke, 10.7.1910–4.4.1945[184], Nikolai Schergunow, 12.12.1925–3.6.1945, Radisje Dajic, 6.11.1921–31.3.1945, Bozidor Dobric, 26.2.1926–26.3.1945, Etfin Schuk, 2.2.1888–15.07.1945, und Alex Zoltorewski,14.3.1894–16.7.1945, waren nach den Recherchen von Sixl keine Staatsbürger der Sowjetunion.

Als unbekannt führt er nur mehr zwei Personen an und nennt folgende SowjetbürgerInnen namentlich, die am Lienzer Soldatenfriedhof beerdigt sind: Marija Benetschuk, Stepan Stepanowitsch Bondar aus Weißrussland, 2.2.1916–2.8.1943, Franz Boschnik, Alex Cigarow, 1922–4.1945, Iwan Dajanowitsch, Schia Sofia Fenina, 10.1.1947, Jelisaweta Fjodorowa, 14.1.1947, Alexei Konrischkin, 7.8.1926–30.10.1945, Churri Lebiw/Garri Lebow, 6.6.1945, Anton Miklautitsch, 9.9.1906–12.6.1945, A.R. Miscenco/Kadyr Misch, 2.3.1905–26.5.1945, Stefan Nikolajenko, 8.3.1905), Ignat Nosan/Anton Nowak, 10.5.1902-27.3.1945, Awgust Orlowski, 26.7.1918–31.3.1945, Trofim Owtschinnikow bzw. Wassili Pakadorow, 13.3.1902–18.5.1945, Timofei Piljarski, Jakow Popow, Filipp Sagribelin, Michaïl Scharin, 18.7.1910–4.4.1945, Luka Schtuk, 15.10.1905–7.6.1945, Iwan Snidareïtsch, Iwan Sobolew/Sobolow, 12.3.1945, Wladimir Sokolowski, Alexandr Solotewski, Semjon Sossipow, 1901–21.1.1945, Iwan Tarbinski, Jekaterina Witjuk, Baraska Woskobiyniyk/Woskoboinik, Ärztin, 10.3.1905–6.1945, Alexandr Zigarow, 1922–1.4.1945.

Grabkreuze im Soldatenfriedhof Lienz (Fotos Klaus Lukasser)

Michael Dzula (20.11.1910–1.8.1942) erscheint in den Akten meist in der Schreibweise Drula (selten Tschurla). Nach den Recherchen von Sixl ist die richtige Schreibweise Michaïl Dzula/Dschula.[185] Er war ukrainischer Zwangsarbeiter auf einem Hof im Osttiroler Iselsberg, wo er ein Verhältnis mit einer einheimischen Magd hatte, die deshalb in mehreren Gefängnissen einsaß, zudem auch rund zweieinhalb Jahre im KZ Ravensbrück. Das Kind, das dieser Beziehung entstammte, nahmen ihr die Behörden ab.[186] Am 14. März 1942 kam es zur Festnahme von Michaïl Dzula „wegen fortgesetzten Verkehrs mit einem deutschen Mädchen."[187] Am 1. August 1942 um 10 Uhr früh hängte ihn die Gestapo auf einem Baum in der Schinterwiese in Sillian auf. Der Postenkommandant von Sillian berichtete, zur Hinrichtung hatten „alle in den umliegenden Gemeinden beschäftigten Polen-Ostarbeiter zu erscheinen. Der Gefertigte hatte sie auf den Hinrichtungsplatz zu führen und aufzustellen. Über geschilderte Hinrichtung war die Bevölkerung von Sillian und Umgebung sehr empört und /empfand/ diese Maßnahme als eine Schmähung, indem derlei Handlungen /früher/ nicht vorgekommen wären."[188] Der hingerichtete Zwangsarbeiter wurde im Friedhof von Sillian beerdigt, schließlich aber exhumiert und im Soldatenfriedhof von Lienz bestattet.[189]

Am 9. Juni 1944 stürzte ein US-Bomber B-24H beim Anflug zu einem Angriff auf München in der Fraktion Oberdorf der Gemeinde Thurn bei Lienz ab. Mit Ausnahme des 21-jährigen Bordschützen Vincent J. Marimpietri, dessen Fallschirm sich nicht öffnete, überlebte die Besatzung.[190] Nach Flaktreffern bei einem Angriff auf Salzburg, der den Ausfall von zwei Motoren bewirkte, stürzte auf dem Rückflug am 22. November 1944 um 14 Uhr 15 ein B-24J US-Bomber auf der steilen Marratwiese oberhalb des Walderbaches in der Fraktion Winnebach der Gemeinde Innichen in Südtirol ab. Der 22 Jahre alte Schütze und 2. Funker Jerome Resler verfing sich beim Absprung mit seinem Fallschirm in einer hohen Fichte. Soldaten zwangen ihn, herunterzuspringen. Er erlitt schwere Bauchverletzungen und kam ins Reservelazarett Lienz, wo er am 2. Dezember 1944 starb.[191] Auf Betreiben von Keith M. Bullock und mit Unterstützung von Roland Domanig ermöglichte das Schwarze Kreuz die Errichtung eines Grabkreuzes für die beiden Piloten. Eine US-amerikanische Delegation, unter ihnen Angehörige von Vincent Marimpietri, der Bordschütze Marvin Guthrie und der Kopilot des in Winnebach abgestürzten Flugzeugs, Virgil Hall, legten am 30. Juli 2000 unter der Patronanz von Bischof Alois Kothgasser und der Lienzer Bürgermeisterin Helga Machne Kränze am Grabkreuz nieder.[192]

Im Lienzer Heldenfriedhof ist ein Grab zwei US-Piloten gewidmet, die jeweils im Alter von 21 Jahren mit ihren Flugzeugen abgestürzt sind: Vincent J. Marimpietri und Jerome Resler. (Foto Klaus Lukasser)

Im Friedhof von Natters ist ein Kriegsgrab angelegt für Katharina Gaubatz (25.2.1927–23.12.1945), eine jugoslawische Zwangsarbeiterin, die im Krankenhaus ihren Dienst versehen musste und einige Monate nach Kriegsende im Alter von 18 Jahren verstarb.[193] (Foto Selina Mittermeier)

Im Soldatenfriedhof auf dem ehemaligen Pestfriedhof in Pflach bei Reutte finden sich vier Kriegsgräber von zwei Zwangsarbeitern, einer Zwangsarbeiterin und dem Kind einer Zwangsarbeiterin. Während auf den orthodoxen Grabkreuzen der 17-jährigen Ukrainerin Anna Poljakowa (10.11.1927–19.4.1945), zuletzt wohnhaft in Holzgau, und des 25-jährigen polnischen Wald- und Holzarbeiters Ladislaus Suma aus Galizien, der im Stollen Wolfsberg angeblich nach einem Unfall durch Felssturz einen Wirbelsäulenbruch erlitten hatte, Ge-

burts- und Sterbedaten angegeben sind, fehlen diese bei Wladimir Aristow, einem russischen Schriftsteller. Beim katholisch getauften Säugling Anton Drulak, der mit nicht einmal sechs Monaten kurz vor Kriegsende starb, ist nur das Sterbedatum vermerkt. Er wurde am 27. Oktober 1944 in Breitenwang geboren und war das Kind der in Heiterwang beschäftigten polnischen Zwangsarbeiterin Anna Drulak.[194] Laut Sixl sind Anna Poljakowa und Wladimir Aristow im Soldatenfriedhof Amras beerdigt.[195]

Drei orthodoxe Grabkreuze für Zwangsarbeitskräfte und ein katholisches Grabkreuz für das Kind einer Zwangsarbeiterin im Pestfriedhof Pflach (Fotos Astrid Kröll)

Im Bereich der Kriegsgräber im alten Sektor des Wörgler Stadtfriedhofs finden sich schmiedeeiserne Kreuze mit Plaketten für AusländerInnen ohne Angabe der Nationalität mit Namen und Todesdatum, die als „Zivilarbeiter" bezeichnet werden:[196]

Nadja/Nadeschda Jeleschin, 23.2.1945, Anna Kowalowa/Kowaljowa/Kowalewa[197], 1945, Militärarzt Dr. Nikolaus/Nikolai Lenow/Leonow[198], 8.10.1908[199]–18.1.1946, Malischko/Malyschko[200], 29.10.1944[201]–16.11.1944 („russisches" Kind), Musika/Musyka[202], 30.10.1944[203], Michael/Michaïl Napora, 20.11.1924[204]–17.2.1945, Was(s)ili Odinzow, 1944 (21.7.1943)[205], Vera/Wera Pelepj/Pelepei[206], 26.4.1924[207]–17.5.1944, Peter/Pjotr Piekiely/Pikilei[208], 29.7.1943, Grigory/Grigori Sloboda, 1.2.1895[209]–4.7.1942, Roman Stomischka/Stomitschka[210], 1.7.1925–3.7.1944 (1945)[211]. Sie alle waren Angehörige der Sowjetunion.

Weiters liegen am Friedhof Wörgl noch folgende ausländische „Zivilarbeiter" begraben, ohne Angabe der Nationalität:[212] Gregor Dollhow, 10.7.1943,[213] Stanislava Gorgol, 1.6.1944, Franz Guasniejewski, 21.2.1945 und Klara Gutmann, 1943.

Als Bestattungsort Friedhof Wörgl führt Sixl noch folgende sowjetische Angehörige an:

Anton Busilin, 1945, Iwan Konstatinowitsch Chorunschi, Provinz Rostowskaja, Südrussland, 20.3.1900–4.7.1943, Anton Denk, 1945, Pjotr Dmitruk, 1945, Grigori Dolgow, 10.7.1948, Jekaterina Frajman, 10.5.1914–11.6.1945, Anton Gaschser, 1945, Franz Gwasnijewski, 21.2.1945, Jossif Konetschny, 1945, Iwan Michun, 1945, Georgi Rosowitsch, 1945, Sachaburdin Samanowitsch Schaigosamow, 3.8.1927–11.6.1945, Iwan Walanski, 1945.

Foto Gisela Hormayr

Im Bereich der Soldatengräber des Friedhofs von Zams[214] stehen schmiedeeiserne Grabkreuze mit Namen und Todesdatum für die sowjetischen Zwangsarbeiter Michael Deluk/Michaïl Deljuk, 12.2.1907–29.2.1944[215], Wladimir Kwardschelia/Kwardschelija/Kwaratschelia,[216] 20.5.1911–10.5.1944[217], und Theodor Tepetzyn bzw. Teodor Tepetschin/Tepetzyn[218], 29.3.1887–23.4.1945, sowie für je einen polnischen, tschechischen und jugoslawischen Zwangsarbeiter: Thomas Skotnicki, 17.4.1945, Jaroslav Körytar und Vid Kuchus, 15.3.1944. Wladimir Demkiw, 27.7.1945,

Mykola Hnatiw, 30.5.1947, und Iwan Pawluk, 8.5.1946, waren Polen, Jani Badaiakas, 13.2.1943, ein bulgarischer Arbeiter. Als Kriegsgefangene aus Polen konnten eruiert werden: Antoni Szambelan und Richard Szymanski, 24.12.1944, aus der Sowjetunion Nikolay/Nikolai Krjutschkow, 6.12.1909–20./21.10.1943[219], und Michael Njestrow/Nesterow, 3.7.1945, sowie aus Jugoslawien Stephan Jovic, 24.5.1943.

Dazu kommen zwei Gräber für unbekannte „Russen". Peter Sixl führt Ilja Teperin, 29.3.1887–23.4.1945, und Jakow/Susanne Birute, 12.2.1921–31.5.1945, an.[220]

Kriegsgräber
im Friedhof Zams
(Fotos Karl Bader)

Grabkreuze für ZwangsarbeiterInnen und politische Opfer im Soldatenfriedhof Amras

Im Soldatenfriedhof Amras wurden ein Denkmal für die toten Angehörigen der Sowjetunion und für jüdische Opfer errichtet, eine Gedenktafel für italienische Kriegsgefangene und ein steinernes Denkmal in Form eines Kreuzes für polnische StaatsbürgerInnen, die in der NS-Zeit und kurz danach ums Leben gekommen sind. In einem ab 1949 angelegten Friedhofsfeld für Tote des Zweiten Weltkriegs südlich des sowjetischen Friedhofteils liegen Wehrmachtsoldaten, in- und ausländische politische Opfer sowie zahlreiche Kriegsgefangene und ausländische ZwangsarbeiterInnen unterschiedlicher Nationalitäten begraben.

„FremdarbeiterInnen"

Auf den Grabkreuzen für „FremdarbeiterInnen" fehlen die Angaben zur nationalen Herkunft.[221]
(Fotos Selina Mittermeier)

Jerko Cop, 2.3.1905–24.2.1945; Katarina Towtschonik, 15.5.1918–30.3.1943 (nun als Angehörige der Sowjetunion mit dem Vornamen Jekaterina identifiziert)[222]; Nikola Vujanovic, 1922–25.7.1943; Ladislaw Wapinsky, 1.1.1924–26.7.1942, ein unbekannter Fremdarbeiter

Polnische ZwangsarbeiterInnen

Fotos Selina Mittermeier

Johann Gtowacz, 1.10.1897–11.12.1945; Franziska Katon, 1919–24.6.1945; Ceslav Kialka, 20.7.1920–23.8.1944; Jan Kosnik, 15.10.1905–2.9.1940; Josef Markofsky, 25.3.1915–2.5.1945; Josef Markowitsch, 21.7.1923–19.9.1943; Zäzislaus Mondry, 1.4.1921–25.4.1945; Maria Mozer, 6.9.1909–13.5.1944; Thadäus Augusty Novic, 17.8.1925–14.5.1944; Josef Pecinka, 31.8.1895–12.7.1942; Jan. Podletzky, 12.3.1896–12.5.1943; Stanislaus Sikorski, 12.12.1922–7.2.1946; Johann Stefanik, 5.1.1909–10.5.1945; Anton Strzelecki, 21.1.1882–11.7.1945; Josef Stzroda, 10.1.1945; Theodor Szymanowicz, 26.10.1889–22.1.1945; Feodor Tschernuka, 17.8.1901–29.4.1944; Stefan Widla, 19.6.1904–2.9.1940; Josef Wojtczak, 29.12.1922–6.7.1944; Adolf Woytanonski, 2.2.1926–12.12.1944; Franciszek Zientek, 23.3.1908–13.10.1943. Anatoli Gorschakow/Gorschkow, 10.11.1905–13.5.1943 und Natalia/Natalja Samsonenko, 13.3.1926–26.10.1944 sowie Iwan Tignon/Tignow, auf den Grabkreuzen als Polen ausgewiesen, sind sowjetische Tote.[223]

Im November 1953 berichtete das Gemeindeamt Kirchbichl der Tiroler Landesregierung, dass die Polen Stefan Widla aus Zabierzów bei Krakau und Jan Kosnik, beide im „Ausländerarbeiterlager"[224] untergebracht, am 2. September 1940 beim Huberwäldchen in Kirchbichl wegen Beziehungen zu einheimischen Frauen gehängt und dort verscharrt worden waren.[225] Das Gendarmeriepostenkommando Kirchbichl gab in seiner Chronik im September 1940 an, dass die Hinrichtung am Nordende der Heroldwiese und Grenze Heroldwiese-Huberwald stattgefunden hatte: „Die beiden Polen pflegten mit den Frauen (...) intimen Verkehr. Laut Merkblatt für polnische Arbeiter ist darauf Todesstrafe gesetzt. Die zwei Frauen sehen auch der gerechten und vom Volk geforderten Strafe entgegen."[226] 15 bis 20 SS-Männer waren in mehreren Autos mit den beiden Gefangenen von der Gestapozentrale in Innsbruck nach Kirchbichl gefahren, um bei der Exekution als Hilfspolizisten Dienst zu machen. Zwei SS-Männer führten ihr Opfer zur Richtstätte, die Hinrichtung hatten polnische Zwangsarbeiter durchzuführen. Nach der ersten Erhängung wurde der zweite Pole auf dieselbe Weise getötet.[227] Einer der SS-Männer berichtete bei seiner Beschuldigtenvernehmung nach dem Krieg: „Als die Exekution beendet war, der Arzt hatte den Tod der beiden festgestellt, mußten sämtliche Polen des Lagers an den Gehängten vorbeimarschieren. Anschließend war unser Dienst beendet. Wir kamen in einem Gasthof in Kirchbichl zusammen und haben dort Wein und Bier getrunken."[228]

Als polnische Arbeiter bezeichnete Männer und Frauen

Foto Selina Mittermeier

Polnische Kriegsgefangene

Foto Selina Mittermeier

Franz Biertowsky, 1899–9.4.1943; Withold Cieslik, 1924–2.3.1944; Kasimir Janikowski, 1922–1943; Maria Kasperowicz, 1910–18.9.1945; Stefan Kazmicerczak, 23.12.1911–3.6.1943; Ignaz Kendzierski, 1907–3.3.1943; Stanislaus Klemczak, 21.9.1902–16.12.1944; Josef Krendel, 1902–1.9.1945; Anton Krulikowsky, 1907–18.3.1943; Edmund Lica, 1921–6.3.1944; Papola Meczilaw, 1898–29.8.1943; Kasimir Metelski, 24.12.1924–16.12.1944; Stanislaus Mociak, 1916–5.3.1944; Michajl Olijarnyk, 1915–24.6.1944; Johann Pilarski, 1925–5.9.1945; Stanislaus Rybak, 1922–17.5.1944; Johann Smolka, 1909–15.12.1943; Max Stanislawski, 1921–20.10.1944; Peter Striciv, 16.7.1922–25.10.1944; Stanislaus Wieczorek, 27.2.1921–20.10.1944

Jan, 6.4.1945; Przywa Dovsky, 6.4.1945; Gustav Kaminsky, 6.4.1945; Reinhold Klatt, 25.3.1946; Wladislav Kowalik, 6.11.1920-3.8.1940

Sowjetrussische ZwangsarbeiterInnen

Fotos Selina Mittermeier

Maria Czeika/Marija Tschaika, 1922–7.5.1945[229]; Wassilij Lawelinsky/Wassili Lewelinski[230], 24.4.1905–20.10.1942; Isidor Losziniowski/Issidor Loznowski[231], 13.6.1901–27.7.1944

Als russische Arbeiter bezeichnete Männer und Frauen

Foto Selina Mittermeier

Andrej Alchoweg/Andrai Alschomeg[232] 7.6.1945 (30 Jahre), möglicherweise ident Andrei Alschoweg, 1915–2.5.1945[233]; Josef/Jossif Androck[234], 13.11.1944 (24 Jahre); Fedor Antol/Fjodor Antal 2.5.1945[235]; Michael/Michaïl Dimitrici bzw. Michaïl Dimitrizi,[236] 8.6.1945 (29 Jahre); Michael/Michaïl Kascharaba, 9.5.1896–20.10.1944; Andrion/Andron Kissil, 26.8.1898–9.5.1945; Katja/Jekaterina Makarowa, 24.6.1945; Peter Lohovsky/Pjotr Lochowski,[237] 5.11.1925–27.5.1945; Boris Mironjenko/Mironenko bzw. Alexei Mironinko, 1.5.1914–20.10.1944[238]; Boris Mironjenko (5.1923–3.6.1943)[239]; Wladimir Sarubin, 25.12.1927/1923[240]–13.11.1944; Viktor (Wiktor) Sinelnik, 25.12.1925–15.11.1944

Sowjetrussische Kriegsgefangene

Foto Selina Mittermeier

Iwan Dolojow, 23.8.1902–27.6.1942; Iwaschina/Iwachina Hapka, 1916–20.7.1943; Swathona/Swaltona Paschkina, 24.9.1944; Wassili Saritschev/Saritschew, 7.3.1945

Rund um das sowjetische Denkmal im Soldatenfriedhof Amras sind zehn Grabsteine gruppiert, auf denen Namen, Geburts- und Sterbedaten sowie teils der Herkunftsort der Toten angeführt sind. (Foto Selina Mittermeier)

Jugoslawische Kriegsgefangene

Foto Selina Mittermeier

Mila Jovanovic, 10.2.1910–9.3.1945; Radenko Kojovic, 6.12.1914–4.6.1943; Milic Mihailovic, 25.11.1909–29.1.1943; Zivota Stevic, 11.8.1903–7.6.1941

Als jugoslawische Arbeiter bezeichnete Männer[241]

Foto Selina Mittermeier

Viktor Augustin, 24.5.1945; Lukas Boric, 6.1.1901–25.5.1942; Grga Drazenowitsch, 1907–3.2.1943; Jaso Martcelja, 1911–1.4.1944; Josef Milakowitsch, 1922–20.10.1944; Jure Pavlowitsch, 1921–25.4.1944

AusländerInnen mit verschiedener Zuordnung

Foto Selina Mittermeier

Als jugoslawische Zwangsarbeiterin scheint auf Hilde Sewschek, 1.5.1924–12.1.1944, als tschechoslowakische Beatrix Vesely, 2.7.1924–5.6.1944, als tschechischer Arbeiter Miroslav Vlasak, 26.6.1926–15.12.1943, und als belgischer Romanus Jansens, 8.10.1900–23.7.1943. Lediglich als Jugoslawe ausgewiesen ist Bayer Svesko, 30.10.1930–1945. Die beiden Bombenopfer ohne Herkunftsangabe – Adam Wozniakowski, 13.12.1911–23.2.1945, und Sofia Wozniakowski, 1919–23.2.1945, – dürften ausländische Zwangsarbeitskräfte gewesen sein.

Zwangsarbeiter ohne nationale Zuordnung

Foto Selina Mittermeier

AusländerInnen ohne nationale Zuordnung[242]

Fotos Selina Mittermeier

Johann Burian, 3.5.1941; Wendelin Kovar, 1.9.1877–22.3.1945; Jan Palka, 23.12.1913–3.8.1940; Bronislav Szydlowsky, 13.10.1923–21.8.1944; Bronislav Zakrzewski, 13.12.1925–10.2.1942

Milan Abradovich, 7.7.1906–4.2.1946; Maria Soscynska, 14.9.1942; Kriegsgefangener Daniel Bourdusche, 18.11.1922–23.12.1944; Mate Jelinic, 22.9.1888–1945; Grigori Marduck, 26.2.1921–12.11.1943; Kriegsopfer Profirij Skoropar, 6.8.1948; Lymar Oryszka, 22.3.1900–1.7.1946; Kriegsgefangener Milan Perkic, 20.4.1919–20.3.1944; Tadeusz Sujecki, 18.5.1908–19.4.1944

Die auf den Grabkreuzen als Kriegsopfer angegebenen Personen Alexis Grosman, 24.2.1886–2.1.1946, Serge Issakoff, 22.7.1859–12.11.1946, und Paul Pobegailo, 1.4.1945, sowie ohne weitere Zuordnung Petro Wetraw, 25.6.1925–17.12.1943, sind nun als sowjetische Tote identifiziert. Sixl gibt von den Inschriften auf den Grabkreuzen abweichende Schreibweisen der Namen an, auch Geburts- bzw. Todesdatum stimmen nicht immer überein: Alexei Grosman, 24.2.1919–2.1.1946; Sergei Issakow, 27.7.1859–12.11.1946; Pawel Pobegaiko/Paul Pobegailo, 1908–1.4.1945, Peter/Pjotr Wetrow, 25.6.1925–17.12.1943.[243]

Inschrift des Grabsteins, der sich zwar außerhalb, aber in unmittelbarer Nähe des sowjetischen Friedhofsteils für sowjetische ZwangsarbeiterInnen befindet. (Foto Selina Mittermeier)

Iwan Emanatschenko/Jemanatschenko[244], 20.6.1926–17.12.1943; Juri Filipowitsch, 26.6.1926–17.12.1943; Cyrill/Kirill[245] Schmutz, 25.3.1915–17.12.1943; Petro Wetraw bzw. Peter/Pjotr Wetrow[246], 25.6.1925–17.12.1943

Jüdisches Grab

Der Zusatzname Israel diente dem NS-Regime zur stigmatisierenden Kennzeichnung von Juden. Das Grab von Labi Mimborach befindet sich zwar unweit des Gedenksteins für jüdische Opfer, jedoch inmitten von Grabkreuzen für deutsche Soldaten und für Zwangsarbeitskräfte und Kriegsgefangene unterschiedlicher Nationalitäten. (Fotos Selina Mittermeier)

Politische Opfer

Foto Selina Mittermeier

Am Friedhof liegen noch ein unbekannter Pole und ein unbekannter indischer Soldat begraben, die am 24.9.1943 bzw. am 21.9.1943 den Tod fanden. Der Inder gehörte zur Besatzung eines abgeschossenen Flugzeugs.[247] (Foto Selina Mittermeier)

Johann Hübl, 17.5.1911–5.2.1945; Paul Jremenko-Pustavoj, 25.4.1945; Otto Konwalin, 17.5.1912–1945; Paul Olifertschuk, 25.4.1945; Michael Owtscharenko, 25.4.1945

Peter Sixl konnte nur drei Personen nicht identifizieren. Als sowjetische Tote, die im Soldatenfriedhof Amras beerdigt sind, führt er insgesamt an:[248]
Alexandr Adamenko (22.12.1924–10.4.1943), Andrei Alschoweg (1915–2.5.1945), Andrai Alschomeg (7.6.1945), Josef/Jossif Androk (1922–30.11.1944), Fjodor Antal (2.5.1945), Wladimir Aristow, Fritz/Friz Awramenko (22.7.1925–11.11.1944), Alguscha Baitimbertow/Beitimbetrow, Provinz Almaty, Kasachstan (1909–19.12.1943), Bakitko (4.5./24.5.1945), Grigori Batuschenko/Gregor Betuschenko (14.7.1923–11.11.1944), Alexei Beikutow/Bejkutow (10.8.1907–10.3.1943), Achim Benchezow/Benchesow bzw. Akim Bentschesow (13.0.1916–19.12.1943), Semjon Iwanowitsch Bobrowski, Verwaltungsbezirk Woronesch, Südwestrussland (13.2.1915–19.12.1943), Semjon/Simeon Bobrowski (1909–19.12.1943), Anatoli Bondarenko (24.5.1945), Nikolai Bulawko (1923–19.12.1943), Dededabai Bulchaybol (1923–19.12.1943), Dschedolbai Bulganbaew, Provinz Taschausskaja, Turkmenistan (1923–19.12.1943), Michaïl Cercanow (23.9.1923–11.11.1944), Chankajamow (1916–20.7.1943), Miroslaw Chiwczak (3.2.1915–19.12.1944), Schtschepan Chomitsch (5.1935–4.1945), Nikolai Pawlowitsch Chorunschi (7.1943), Iwan Chorwuschew (5.7.1943), Nikolai Wassiljewitsch Chudo bzw. Wladimir Chudobjak (23.11.1920–1.6.1943), Nikolai Cimbalin (22.5.1901–10.5.1945), Alois Cwetinski (16.12.1926), Iwan Dalojew (23.8.1902–27.6.1942), Alexei Dancewski (1913–11.1944), Josif Dawidowitsch (4.4.1866–1.2.1945), Alexei Dawtschewski (2.3.1913–30.1.1944), Andrei Demidenko (22.2.1924–11.11.1944), Akim Nikonowitsch Denisow, Lopatino, Russland, (15.9.1901.19.12.1943), Michaïl Dimitrici/Dimitrizi (1916–8.6.1945), Iwan Dolojow (23.8.1902–27.6.1942), Alexandr Dorow (20.10.1894–20.4.1945), Anna Dowgopol (5.3.1923–6.5.1945), Jossif Dowidowitsch (4.4.1866–1.2.1945), Alexandra Ehestosko (26.2.1921–12.11.1943), Nikolai Ena (24.4.1921–19.12.1943), Nachet Erasnow (1903–12.1943), Lawrenti Sawwitsch Ewtodjew (13.3.1920–18.11.1944), Wassil Fedortschenko bzw. Jewsta Fedoruk (14.12.1924–26.3.1944), Juri Filipowitsch (26.6.1926–17.12.1943), Iwan Folschew (1914–1945), Abram Zenmanowitsch Gamerberg (10.3.1905–19.12.1943), Rafik Gamidow (10.3.1905–19.12.1943), Teodor Gladyschew (3.2.1915–

19.12.1944), Alexandr Goljakow (30.3.1919–31.5.1945), Wera Golkowa (3.3.1919–31.5.1945), Alexandr Jakowlewitsch Gontschar bzw. Iwan Gontscharenko (5.1.1905–24.4.1945), Pjotr Gontscharenko (9.5.1935–24.4.1945), Andrei Gorbenko (1919–1943), Fjodor Gorbunow (1919–1943), Anatoli Gorschkow bzw. Alexei Grosman (24.2.1919–2.1.1946), Jefim Andrejewitsch Gubej bzw. Grigori Gubernowitsch (20.6.1921–17.5.1945), Iwan Gwosdik (4.5.1931–20.1.1944), Wassili Kondratjewitsch Gwosdjukowski (4.5.1931–20.1.1944), Isrelian (27.2.1889–12.11.1946), Sergei Issakow (27.7.1859–12.11.1946), Iwachina [Hapka] (1916–20.7.1943), M. Iwanik (21.11.1924–13.11.1943), Michaïl Iwanischin (21.11.1924–13.11.1943), Andrei Jatzkiw (1943), Klimenti Jawdoschlak (1943), Jewdokim Iwanowitsch Jelabugin (6.5.1924–11.11.1944), Jefim Jelenin (6.5.1924–11.11.1944), Iwan Jemanatschenko (20.6.1926–17.12.1943), Nikolai Jena (24.4.1921–19.12.1943), Nachet/Nagmet Jerschanowitsch Jerschanow, Bezirk Aktjubinskaja, Kasachstan (1903–19.12.1943), Alexei Jewtuschenko (13.3.1920–18.11.1944), Afanassi Kacenja (12.6.1906–2.7.1942), Alexandr Iwanowitsch Kalatschew (26.10.1924–19.1.1943), Kalinitschenko (12.6.1906–2.7.1942), Iwan Kaljewski (19.7.1924–25.6.1945), Ilja Kaltschenko (25.10.1924–19.1.1943), Kartzidse (10.7.1923), Kasimowka (11.11.1944), Kirill Kasatschenko (10.7.1923–11.11.1944), Nadeschda Kasatschenko (8.10.1923–15.12.1943), Wiktor Archipowitsch Kasatschenko bzw. Michaïl Kascharaba (9.5.1896–20.10.1944), Lydija Kawritow (18.10.1923–15.12.1943), Kazarowic (12.6.1906–2.7.1942), Andrion/Andron Kissil (26.8.1898–9.5.1945), Michaïl Koedo/Kordo/Korpo, Rybinsk, Russland (9.10.1927–11.11.1944), Wladimir Kolkotin (19.7.1924–26.6.1945), Michaïl Koloschin/Kolosin (25.10.1907–26.9.1943), Alexei Korni(j)enko (26.5.1899–28.8.1945), Axenti Korowcuk/Korowtschuk (28.3.1899–1.12.1944), Kutschan (8.7.1945), Wassili Kostenko (28.4.1917–28.10.1944), Jakow Petrowitsch Kotow, Bezirk Woronesch Südwestrussland (1907–28.2.1945), Boris Kotschur (4.8.1924–11.11.1944), Alexei Krikanow (24.5.1945), Wassili Kuchar, Kiew (10.1.1922–7.7.1945), Leonid Kuscher (5.6.1925–11.11.1944), Luka(s) Leniw (28.3.1892–10.2.1943), Iwan Lescheg/Leseg (10.5.1945), Wassili Lewelinski (24.4.1905–20.10.1942), Pjotr

Lochowski (5.11.1925–27.5.1945), Nikolai Lohelat (5.11.1925–27.5.1945), Nikolai Loskutew, Sorocko Tarnopol, Ukraine (13.6.1901–27.7.1944), Issidor Loznowski (13.6.1901–27.7.1944), G.M. Makarow (24.6.1945), Jekaterina Makarowa (24.6.1945), Konstantin Makarowitsch Marezki (23.4.1923–5.1945), Sergei Maribu (23.4.1921–12.5.1945), Wassili Dmitrijewitsch Markow (1.8.1929–12.12.1944), Simon Martischko bzw. Wassili Martitisch (1924–14.10.1942), Michaïl Wassiljewitsch Martschak (12.9.1922–11.11.1944), Boris Fomitsch Masnik (3.4.1906–31.12.1942), Masnow (16.4.1945), Semjon Iwanowitsch Masun (28.7.1905–29.7.1942), Iwan Masur (28.7.1905–29.5.1942), Nikita Iwanowitsch Mechwedew (21.7.1915–17.4.1945), Pawel Mikolow bzw. A.S. Mirkulow (16.5.1921–5.12.1944), Boris Mironenko (1.5.1914–20.10.1944), Alexei Mironinko, Tuapse, Russland (1.5.1914–20.10.1944), Boris Mironjenko (5.1923–3.6.1943), Jakow Mironow (21.5.1923–5.6.1943), Chynka Motschanowa[249] (8.7.1890–26.1.1943), Alanasius Naherny (22.2.1906–8.11.1943), Iwan Nakometny/Nakometnyj (15.2.1916–19.12.1943), Grigori Nasarenko/Nazarenko (24.5.1945), Wladimir Nes(s)arenko (24.5.1945), Jemeljan Nikitjuk/Jemelijan Nikizjuk, Stadt Jaroslawl, Russland (4.8.1898–3.12.1945), Niklolai Nikmasow (9.8.1918–19.12.1943), Obrazow (21.7.1943), Anna Okum/Okun (24.2.1924–19.2.1944), Iwan Parisew (12.2.1912–18.4.1943), Iwan Paritschew (12.2.1912–1.8.1943), Alexandr Parlow (14.3.1944), Swaltona Paschkina ([24].9.1944)[250], Wassili Perga, Iwanowka, Westsibirien (9.10.1923–20.2.1945), Pawel Pobegaiko/Paul Pobegailo (1908–1.4.1945), Matias/Matiasch Pogleon (7.7.1920–11.2.1944), Nikolai Pokorowski/Pokrowski, Kursk, Russland (7.10.1891–8.6.1945), Anna Poljakowa (10.11.1927–19.4.1945), Wladimir Prodaiko/Prodajko (24.5.1945), Wassili Pulsko (27.10.1914–16.6.1945), Karatoi/Karatei Rachimowitsch Rachimow, Taschkent, Usbekistan, (1900–19.12.1943), Iwan Romanow (10.5.1914–18.11.1942), Dimitri Rus(s)anow (6.2.1916–20.1.1944), Dschulamet/Dsulamet Rusta(n)ow (1902–19.12.1943), Alexei Sachartschenko (16.5.1900–18.12.1944), Pawel Saimerowski (15.12.1943), W.P. Salmakin bzw. Abdula Salmanow (10.3.1905–19.12.1943), Abdula Salmanow, Aserbaidschan, (1923–19.12.1943), Natalja Samsonenko (13.3.1926–26.10.1944), Alexei Stepanowitsch Sanatin (5.1945), Iwan Sandalow (24.5.1945), Wassili Saritschew (7.3.1945), Grigori Sarow (15.12.1927–13.11.1944), Wladimir Sarubin (25.12.1923–13.11.1944), Michaïl Schenko/Senko (27.12.1915–7.5.1943), Sergei Schewetewski (6.8.1936–28.8.1945), Kirill Schmutz (25.3.1915–17.12.1943), Alexei Schulgin (21.10.1913–19.4.1945), Iwan Petrowitsch Sdor (6.8.1926–28.8.1945), Wladimir Simbes(ch)ew (19.12.1943), Wiktor Sinelnik (25.12.1925–5./15.11.1944), Stepan Slobodjan (14.8.1921–21.2.1944), Alexandr Smirnow (12.5.1922–31.5.1945), Alexei Smirnow (11.6.1921–3.3.1942), Fjodor Smoljakow (25.8.1909–17.7.1944), Kondrat Jakowlewitsch Stebljuk (19.12.1943), Iwan Stechanez (19.12.1943), Wassili Stolnikow (1.7.1925–3.7.1944), Nikolai Strelzow (9.5.1901–13.7.1944), Lutcher Sultner (24.7.1919–19.4.1945), Swjetlow (14.8.1921–21.2.1944), Wladimir Tarkin (25.12.1903–14.0.1945), Stepan Tarkowski (25.12.1903–14.12.1945), L.S. Tenikow (28.6.1908–16.2.1943), Dmitri Tenjanek (20.6.1908–16.2.1943), Iwan Tignow (1941), Luka Timosch (30.10.1910–1.4.1944), Wassili Nikolajewitsch Tolstow (20.6.1908–16.12.1943), Olej Towstek (15.5.1918–30.3.1943), Jekaterina Towtschonik (15.5.1918–30.3.1943), Marija Tschaika (1922–7.5.1945), Nikita Prokofjewitsch Tschekomasow, Gremutschaja, Sibirien (9.8.1915–19.12.1943), Michaïl Tscherednik (3.9.1923–11.11.1944), Mikifer Tschernowanowa (20.1.1944) Fjodor Tschernowizki (22.1.1944), A.A. Tumjakow (30.10.1910–1.4.1944), Michaïl Waldis/Walusch (1.11.1924–11.11.1944), Nikolai Wasilcenko, Kursk, Russland (11.12.1921–13.1.1943), Peter/Pjotr Wetrow (25.6.1925–17.12.1943), Alexandr Wlaikow (1909–20.7.1945), Artjom Wosny (22.4.1902–17.1.1944), Alexei Zacharschenko, Kiew, (16.5.1900–18.12.1944), Pawel Zaimerowski (15.2.1943), Nikolai Zimbal (22.5.1901–10.5.1945), Aloïs Zwetinski (16.12.1926–11.11.1943).

Orte der
Erinnerung

Aldrans

Gedenktafel für Christoph Probst
bei der Pfarrkirche

Christoph Probst, am 6. November 1919 in Murnau am Staffelsee in Oberbayern geboren, wuchs ohne religiöses Bekenntnis auf. Er studierte zunächst in München Medizin, wo er mit den späteren Mitgliedern des Widerstandskreises der „Weißen Rose" in Kontakt kam. Im Dezember 1942 nahm er sein Studium in Innsbruck auf. Er wohnte in Aldrans, seine Frau und seine beiden Kinder wohnten in Lermoos im Außerfern. Mehrmals traf er sich mit seinen Freunden Hans Scholl und Alexander Schmorell in München. Sie lasen christliche Autoren und diskutierten, wie das NS-Regime bekämpft werden könnte. Auf die Bitte von Hans Scholl schrieb Probst den Entwurf für ein Flugblatt, in dem alle Deutschen aufgerufen wurden, sich von Adolf Hitler, „dem Sendboten des Hasses", „der die Juden zu Tode marterte, die Hälfte der Polen ausrottete, Russland vernichten wollte", abzuwenden: „Hitler und sein Regime muss fallen, damit Deutschland weiterlebt. Entscheidet Euch, Stalingrad oder Untergang (...). Und wenn Ihr Euch entschieden habt, dann handelt."[251] Um die Mittagszeit des 20. Februar 1943, zwei Tage nach der Verhaftung der Geschwister Scholl in München, nahm die Gestapo Christoph Probst in Innsbruck fest und überstellte ihn nach München. Einen Monat vorher hatte seine Frau das dritte Kind zur Welt gebracht. Am 22. Februar sprach ihn der Volksgerichtshof unter Präsident Roland Freisler des Hochverrats, der Feindbegünstigung und der Wehrkraftzersetzung für schuldig. Bereits um 17 Uhr wurde Christoph Probst hingerichtet. Die Verantwortlichen an der „Deutschen Alpen-Universität" Innsbruck schlossen ihn noch am Tag der Verurteilung auf Dauer vom Studium an allen deutschen Hochschulen aus, da er „aktive kommunistische Propaganda" betrieben habe.[252]

Christoph Probst (Weisse Rose Institut e.V. München)

InitiatorInnen der Gedenktafel: Die GymnasialprofessorInnen Brigitte Lutz und Karl Schmutzhard, die in Aldrans wohnen, setzten sich für ein ehrendes Zeichen für Christoph Probst ein, so dass es zu einem Beschluss des Pfarr- und Gemeinderates kam. Bürgermeister, Pfarrer, der Gemeinde- und Pfarrgemeinderat sowie zahlreiche Privatpersonen unterstützten ihr Anliegen. Für die Kosten der Tafel kam die Gemeinde auf. Aus Anlass des 70. Jahrestags der Hinrichtung von Christoph Probst weihte Diakon Nikolaus Albrecht unter Beisein von Bürgermeister Adolf Donnemiller und der Gemeindevertretung sowie Nachkommen von Christoph Probst die Gedenktafel am 19. Oktober 2013 ein. Die Festansprachen hielten der Bürgermeister, Brigitte Lutz und Karl Schmutzhard.[253]

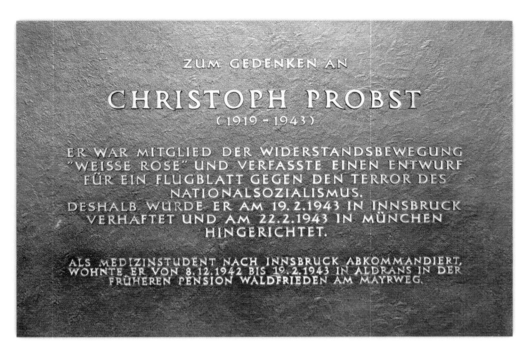

ZUM GEDENKEN AN

CHRISTOPH PROBST
(1919 – 1943)

ER WAR MITGLIED DER WIDERSTANDSBEWEGUNG
"WEISSE ROSE" UND VERFASSTE EINEN ENTWURF
FÜR EIN FLUGBLATT GEGEN DEN TERROR DES
NATIONALSOZIALISMUS.
DESHALB WURDE ER AM 19. 2. 1943 IN INNSBRUCK
VERHAFTET UND AM 22. 2. 1943 IN MÜNCHEN
HINGERICHTET.

ALS MEDIZINSTUDENT NACH INNSBRUCK ABKOMMANDIERT,
WOHNTE ER VON 8. 12. 1942 BIS 19. 2. 1943 IN ALDRANS IN DER
FRÜHEREN PENSION WALDFRIEDEN AM MAYRWEG.

Gedenktafel von 2013 neben dem Eingang am Felsen der Pfarrkirche. Der Fels, auf dem der Turm der Kirche steht, ist zugleich Kriegerdenkmal und Gedenkort für Christoph Probst. (Foto Gisela Hormayr / Selina Mittermeier)

Assling

Messingschild für Josef Salcher am Hochstein in der Fraktion Bannberg

Im April 2015 brachten Vizeleutnant Gottfried Kalser und Vizeleutnant Erwin Hertscheg vom Hochgebirgs-Jägerbataillon 24 Lienz beim „Heimkehrerkreuz" am Hochstein ein Messingschild für Josef Salcher, geboren am 18. März 1890, an.[254] Er war Mitglied der Zeugen Jehovas, die sich wegen ihres Glaubens weigerten, den Eid auf Adolf Hitler abzulegen und Wehrdienst zu leisten. Nach seiner Verhaftung am 27. September 1939 in Lienz überstellte ihn die Gestapo vermutlich am 14. Dezember 1939 in das KZ Sachsenhausen. Dort starb Josef Salcher bereits am 23. April 1940.[255]   ■

Erinnerung an Josef Salcher unterhalb der Namen der Gefallenen beider Weltkriege auf dem „Heimkehrerkreuz" am Hochstein bei Lienz auf über 2.000 Meter (Fotos Gottfried Kalser)

Axams

Gedenktafel für Josef Axinger an der Mauer des Pfarrhauses (Widumhöfl), Innsbrucker Straße 1

Josef Axinger, geboren am 25. Oktober 1871 in Michaels-Neukirchen (Oberpfalz), übersiedelte im Juni 1928 von Deutschland nach Axams, wo er als selbstständiger Friseurmeister arbeitete. Er war Mitglied der SPD, später der SPÖ. Von 1934 bis 1938 betätigte er sich in der illegalen sozialistischen Organisation von Axams. Dem NS-Regime, das in ihm einen „eingefleischten Marxisten" sah, stand er von Anfang an ablehnend gegenüber. Am 14. September 1943 ordnete die Gestapo nach einer Denunziation im Dorf die Einlieferung Axingers in die Polizeihaft nach Innsbruck an. Vom 24. September 1943 bis 7. April 1944 befand er sich im Landesgerichtlichen Gefangenenhaus, danach erfolgte seine Überstellung nach München-Stadelheim. Axinger hatte Feindsender gehört und in Axams Flugblätter der Alliierten verteilt, die er beim Besuch seiner Tochter in Amberg (Oberpfalz) gefunden und mitgenommen hatte. Darin wurde zum Sturz Hitlers aufgerufen und der unausweichliche Sieg der Alliierten verkündet. Axinger hatte die Flugblätter laut Anklageschrift unter solchen Personen in Axams verbreitet, „bei denen er eine innerliche Gegnerschaft gegen die nationalsozialistische Regierung sowie eine besondere Empfänglichkeit für die Feindpropaganda vermutete." Er musste zugeben, „dass seine Feindschaft gegen das nationalsozialistische Deutschland der Grund für sein Tun gewesen" sei. Der Volksgerichtshof verurteilte ihn am 12. April 1944 wegen Feindbegünstigung zum Tode. Josef Axinger wurde am 3. August 1944 im Alter von 73 Jahren in München-Stadelheim hingerichtet.[256]

Initiatoren der Gedenktafel: Die Lebensgefährtin von Josef Axinger ließ nach dem Krieg, das genaue Datum ist unbekannt, eine Gedenktafel an der Außenseite der Pfarrkirche von Axams anbringen, später wurde sie auf die Friedhofsmauer montiert. Im Zuge von Renovierungsarbeiten in den 1990er Jahren ging die Tafel verloren.

Seit 2005 erinnert in Axams eine Gedenktafel an Josef Axinger. (Foto Helmut Muigg)

Josef Axinger (Foto Inge Freisel)

In diesem Haus lebte und arbeitete von 1929 bis 1944

JOSEF AXINGER,

der am 3. August 1944 als entschiedener Antifaschist in München hingerichtet wurde.

Zum Gedenken an ihn und an alle, die während der nationalsozialistischen Gewaltherrschaft Widerstand geleistet haben, missachtet, verfolgt oder ermordet wurden.

Niemals vergessen !

Foto Helmut Muigg

Die Aktivitäten für eine neue Tafel starteten Dietmar Höpfl, Landessekretär der Naturfreunde, wohnhaft in Axams, und der Vorsitzende des „Bundes Sozialdemokratischer FreiheitskämpferInnen, Opfer des Faschismus und aktiver AntifaschistInnen" des Landesverbandes Tirol, Helmut Muigg. Auch Gerd Haberditzl aus Axams unterstützte das Vorhaben. Im Jänner 2004 wandten sich Höpfl und Muigg mit ihrem Vorhaben an die Gemeinde Axams. Alle Gemeinderatsfraktionen traten für einen Beitrag über Axinger im neuen Heimatbuch ein, lehnten aber ein öffentliches Gedenken an ihn ab – zunächst auch die Sozialdemokratische Partei. In der Septemberausgabe 2004 der Gemeindezeitung wurde Axingers Hinrichtung mit seinem undiplomatischen Verhalten erklärt.

Höpfl, Haberditzl und Nachkommen Axingers besprachen sich mit Pfarrer Paul Kneussl, da das Wohn- und Arbeitshaus von Josef Axinger nach dem Krieg in den Besitz der Kirche gekommen war und als Widum genutzt wurde. Kneussl war einverstanden, eine Gedenktafel für Josef Axinger am Pfarrhaus anbringen zu lassen. In Absprache mit dem Pfarrkirchenrat, dem Bürgermeister und der Vertretung der Diözese Innsbruck musste eine Bedingung erfüllt werden: Die Gedenktafel „soll für den Frieden und gegen jegliche Form von Gewalt mahnen." Weder anlässlich der Enthüllungsfeier noch zu einem späteren Zeitpunkt dürfe es bei der Gedenktafel zu parteipolitischen Kundgebungen kommen.

Am 12. April 2005, dem Jahrestag der Verurteilung von Josef Axinger, leitete Pfarrer Paul Kneussl einen Gedenkgottesdienst. Dann segnete er die Gedenktafel. Die Ansprache hielt der Vorsitzende der Tiroler SPÖ, Landeshauptmann-Stellvertreter Hannes Gschwentner. Eine Verwandte Axingers verlas einen persönlich gehaltenen Text.[257]

Denkmal für US-Luftwaffenangehörige auf einem Felsblock am Talschluss der Axamer Lizum

Am 9. Juni 1944 stürzte um 11 Uhr eine US-amerikanische B-24H auf der Marchreisenspitze ab, nachdem sie unter Beschuss der Flak in Innsbruck geraten war. Alle zehn Besatzungsmitglieder retteten sich mit dem Fallschirm und wurden an verschiedenen Orten in der Umgebung von Innsbruck gefangengenommen.[258]

Initiator der Gedenktafel: Da seine Eltern nach dem Krieg die Lizum Alm gepachtet hatten, hielt sich Werner Singer in seiner Kindheit dort auf und spielte mit den Überresten des abgeschossenen Flugzeugs, nachdem die größten Teile von Altwarenhändlern abtransportiert worden waren. Als die Schotterreisen ein Fahrgestell und andere Teile freigaben, transportierte er diese mit zwei armenischen Flüchtlingen mühsam ins Tal, um im Sommer 2005 ein Denkmal auf einem Stein 20 Meter westlich eines alten Stallgebäudes zu errichten, das sich neben dem Auslauf der Damenabfahrt am Talschluss der Axamer Lizum befindet. Der Obmann des Tourismusverbandes Hubert Klingan übernahm die Finanzierung, einer seiner Mitarbeiter, Günter Haller, führte die Arbeiten durch. Die Malerei Geiler aus Axams fertigte die Gedenktafel, deren Text Werner Singer, Altbürgermeister von Götzens, nach den Unterlagen von Jakob Mayer aus Innsbruck verfasste. Eine offizielle Einweihungsfeier fand nicht statt. Wetterbedingt hat das „Fliegerdenkmal" arg gelitten. Aufgrund der finanziellen Zusage des Tourismusverbandes an Werner Singer kann die Gedenktafel im Frühjahr 2019 neu aufgestellt werden.[259]

Rechts oben: Blick in die Lizum (Foto Jakob Mayer)
Rechts unten: Gedenktafel mit Wrackteilen des abgestürzten US-Bombers (Foto Werner Singer)

Biberwier

Gedenktafel für US-Luftwaffenangehörige am Panoramaweg von Biberwier nach Ehrwald

Um 11 Uhr 50 des 3. August 1944 stürzte eine US-amerikanische B-24G nach dem Beschuss deutscher Flugzeuge hinter Biberwier in den Wald. Vier Besatzungsmitglieder kamen ums Leben: Bombardier Lt. Garber deWitt, Schütze S/Sgt. Hoyt O. Geoghagen, Schütze S/Sgt. Victor E. Bullock und Schütze S/Sgt. Albert A. Pearson.[260]

Initiatoren der Gedenktafel: Keith M. Bullock aus Mils bei Imst, der als junger Mann im Krieg Radarexper-

te in der britischen Royal Airforce war, unterhielt gute Beziehungen zu den US-Luftstreitkräften und machte es sich zum Hobby, die Flugzeugabstürze des Zweiten Weltkrieges im Tiroler Raum zu erforschen und Kontakte mit noch lebenden US-Soldaten und deren Angehörigen herzustellen. Er ergriff 1999/2000 gemeinsam mit Gerd Leitner aus Ehrwald, einem begeisterten Bergsteiger, die Initiative, unweit von acht Absturzstellen von US-Flugzeugen in Tirol (und darüber hinaus auch in Südtirol), Gedenktafeln anzubringen. Finanzielle Unterstützung erhielten sie von Stanley Pace, Kommandant und Pilot des US-Bombers, der bei Wildermieming abgestürzt war. Im Sommer 2000 brachten Bullock und Leitner die Tafel an einem großen Stein am Panoramaweg von Biberwier nach Ehrwald an, rund 50 Meter nach der Überquerung der Lifttrasse.[261]   ■

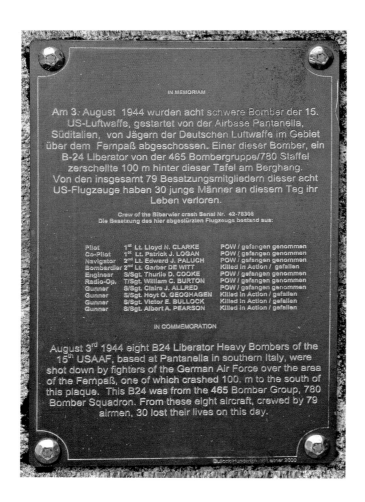

Gedenktafel zur Erinnerung an die Gefangengenommenen und Toten eines abgeschossenen US-amerikanischen Bombers. Die eigentliche Absturzstelle ist rund 100 Meter entfernt. (Fotos Sarah Bullock)

Dölsach

Gedenktafel für Edmund Pontiller OSB in der Pfarrkirche

Josef (Ordensname Edmund) Pontiller OSB, geboren am 4. November 1889 in Göriach bei Dölsach, trat 1912 in den Orden der Benediktiner ein, 1916 wurde er zum Priester geweiht. Er wirkte nach dem Abschluss seines Theologiestudiums besonders in der Jugendarbeit bei den Kinder-Freunde-Benediktinern in Innsbruck und Bayern, zuerst an der Lehrlingsanstalt Kirchschletten bei Bamberg und dann am Studienseminar der Benediktinerabtei Niederaltaich. Im Oktober 1936 floh Pontiller nach Oberösterreich in die Benediktinerabtei von Lambach, da ihm wegen angeblichen „Kanzelmissbrauches" eine Verhaftung durch die Gestapo drohte. Im Oktober 1938 musste der Benediktinerpater nach Ungarn auswandern. Seine scharfe Kritik gegen das NS-Regime hatte dort schließlich im Mai 1944 seine Verhaftung zur Folge. Die Anklageschrift, die ihn des Rundfunkverbrechens, der Wehrkraftzersetzung und der Feindbegünstigung beschuldigte, stützte sich in erster Linie auf

einen Brief Pontillers aus dem Jahr 1942, der in den Augen der Ankläger eine „hasserfüllte Greuelhetze gegen das Deutsche Reich, insbesondere den Führer" darstellte. Darin bezeichnete er Hitler als „Nero auf deutschem Thron" und verurteilte die NS-Repressalien gegen die Kirche scharf.

Unter dem Vorsitz von Roland Freisler, dem Präsidenten des Volksgerichtshofes, wurde Pater Edmund Pontiller noch 1944 in Salzburg zum Tode verurteilt und am 9. Februar 1945 in München-Stadelheim enthauptet. Nach der Hinrichtung erhielt das Kloster Niederaltaich seine Taschenuhr, an dem ein kleines Metallkreuz hängt, auf dem Pontillers Lebensmotto eingraviert ist: „Christo confixus sum cruci – Mit Christus bin ich ans Kreuz genagelt."[262]

Initiator der Gedenktafel: Michael Pontiller, der Neffe des Ermordeten, regte die Anbringung einer Gedenktafel in der Krypta der Dölsacher Pfarrkirche an. Der Bürgermeister von Dölsach Josef Brunner griff die Idee auf. Am 23. Mai 1987 segnete Bischof Reinhold Stecher die Tafel im Rahmen einer Pfarrfirmung in Anwesenheit von Verwandten Pontillers und des Abtes von Niederaltaich.[263]   ◾

Gedenktafel in der Pfarrkirche aus dem Jahr 1987 (Foto Katrin Kalcher)

Pater Edmund Pontiller OSB
(Foto Diözesanarchiv Innsbruck)

Gedenkstätte für Edmund Pontiller OSB in der Gruftkapelle (Grüftl) der Pfarrkirche

Ein Teil der Gebeine von Pater Edmund Pontiller wurde 1987 von der Mönchs-Krypta der Abtei Niederaltaich nach Dölsach überführt. Sie sind in der Pater Edmund-Pontiller-Gedenkstätte im Grüftl unter der Südmauer der Dölsacher Pfarrkirche in einem Metallschrein aufbewahrt, der sich in einem Marmorsarkophag unterhalb der Gedenktafel befindet, auf dem in Goldlettern die Inschrift „Edmund Pontiller" eingraviert ist. Aus Anlass des 70. Todestages von Pater Edmund Pontiller 2015 renovierte Anda Blasl mit der ehrenamtlichen Unterstützung durch das k.u.k. Artillerieregiment unter Obmann Edi Moser die Gedenkstätte. 2016 wurde die Marienstatue, die bei der Gedenktafel Pontillers in der Gruft stand, in den Kirchenraum gebracht, da sich das Bischöfliche Bauamt für einen bewusst schlichten Erinnerungsraum aussprach.[264] ∎

Die 2015 renovierte Pater-Edmund-Pontiller-Gedenkstätte mit Gedenktafel und Marmorsarkophag (Fotos Katrin Kalcher)

Gedenktafel für Maria Peskoller und Marian Binczyk in der Gruftkapelle (Grüftl) der Pfarrkirche

Maria Peskoller, geborene Greil, kam am 5. Dezember 1902 in Görtschach, Gemeinde Dölsach, auf die Welt. Sie wuchs in einer Bauernfamilie auf, ihr Mann Josef war Eisenbahner und Mitglied der Sozialdemokratischen Arbeiterpartei. Mitte der 1930er Jahre fand er seine politische Heimat in der Kommunistischen Partei. 1932 zog die Familie von Lienz nach Villach. Bereits während des Austrofaschismus wurde Maria Peskoller aufgrund ihrer politischen Gesinnung verfolgt, Josef Peskoller kam wiederholt in Haft. Auch während der NS-Zeit verbrachte er viele Jahre im Gefängnis. In dieser Zeit wurde Maria Peskoller zu einer zentralen Figur des Widerstandes in Villach. Sie knüpfte ein breites Kontaktnetz zu verschiedenen Partisanengruppen und entflohenen ZwangsarbeiterInnen. Im Juni 1944 begann sie zusammen mit Bekannten, eine Partisanengruppe im Raum Villach aufzubauen. Deserteure und Wehrdienstverweigerer wurden im Wald versteckt und mit untergetauchten ZwangsarbeiterInnen in Verbindung gebracht. Im Jahre 1944 gewährte sie Erich Ranacher,

Maria Peskoller (Foto Helga Emperger)

einem verwundeten Deserteur aus Lienz, Unterschlupf. Im November 1944 wurde Peskoller gemeinsam mit ihrer 16-jährigen Tochter Helga verhaftet und im Gestapo-Gefängnis Klagenfurt eingesperrt. Den Prozess gegen die Villacher Partisanengruppe in Klagenfurt leitete der

Die 2015 angebrachte Gedenktafel für die Widerstandskämpferin Maria Peskoller und des wegen „Rassenschande" verurteilten polnischen Zwangsarbeiters Marian Binczyk (Foto Katrin Kalcher)

berüchtigte Präsident des Volksgerichtshofes Roland Freisler. Maria Peskoller wurde am 18. Dezember wegen der Unterstützung der Partisanengruppe zum Tode verurteilt und am 23. Dezember 1944 in Graz durch das Fallbeil hingerichtet.[265]

Marian Binczyk, geboren am 5. Juli 1907, stammte aus Polen und war als Zwangsarbeiter in der Landwirtschaft bei einem Bauern in Iselsberg untergebracht. Er wurde wegen intimen Umgangs mit einer Einheimischen zum Tode verurteilt. Auf der Gedenktafel ist als Todesdatum der 22. Juli 1942 angegeben. Allerdings notierte das Gendarmeriepostenkommando Dölsach am 26. Mai 1942: „Das Urteil wurde als abschreckendes Beispiel in Göriach, Obernußbaumer Schupfe, vollstreckt.

Sämtliche in Dölsach und Umgebung eingesetzten Polen und Ukrainer mußten der Hinrichtung beiwohnen."[266]

Initiator der Gedenktafel: Anlässlich der Renovierung der Gedenkstätte für Pater Edmund Pontiller in der Gruft der Pfarrkirche wurde auf Initiative des Kirchenrates von Dölsach auch eine Gedenktafel für Maria Peskoller und Marian Binczyk nahe der Gedenkstätte Pontillers angebracht. Peskoller war die Tante der Schwägerin von Pater Pontiller. Nach der Gedenkmesse für den ermordeten Geistlichen am 8. Februar 2015 enthüllten Bischof Manfred Scheuer und Pfarrer Bruno Decristoforo in einem Festakt die Gedenktafel für Maria Peskoller und Marian Binczyk. Der Historiker Martin Kofler würdigte die beiden.[267]   ∎

Ensemble der Erinnerungszeichen für Edmund Pontiller, Maria Peskoller und Marian Binczyk (Foto Katrin Kalcher)

Ehrwald

Monument für US-amerikanische und deutsche Luftwaffenangehörige beim Kriegerdenkmal

Am 3. August 1944 griff der 15th USAAF (United States Army Air Corps: US-amerikanische Luftstreitkräfte) in drei Bomberverbänden mit 453 Flugzeugen von Panella in Apulien aus die Kriegsindustrie von Friedrichshafen an. Auf dem Rückflug über Tirol eröffneten ab 11 Uhr 40 deutsche Jagdmaschinen in zwei Wellen das Feuer auf den zweiten US-Bomberverband mit seinen 148 viermotorigen schweren Bombern B-24 und 45 P-51 Jägern Begleitschutz. Die überaus heftigen Luftkämpfe erstreckten sich von Vils über das Außerfern bis zum Inntal. Die deutschen Jäger schossen acht B-24 Maschinen mit 79 Besatzungsmitgliedern ab, von denen 30 Männer ihr Leben verloren. Auf deutscher Seite stürzten sechs Flugzeuge ab, die sechs Piloten mit in den Tod rissen.[268]

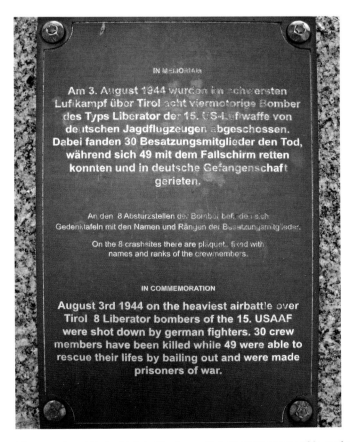

Monument und Gedenktafeln für die am 3. August 1944 im Luftkampf umgekommenen US-amerikanischen Besatzungsmitglieder (Fotos Sarah Bullock)

Initiatoren der Gedenkstätte: Der Museumsverein Ehrwald initiierte mit Zustimmung des Gemeinderates die Errichtung einer Gedenkstätte, entworfen und gestaltet von Gerd Leitner, für den Luftkampf im August 1944 über dem Fernpassgebiet. Der Stein, auf dem zwei Gedenktafeln für die amerikanischen und eine für die deutschen Toten angebracht sind, ein Monolith aus Granit, stammt aus dem Steinbruch von Mauthausen. Vor dem Gedenkstein befindet sich der Turbolader eines US-amerikanischen Flugzeuges, das an der Nordseite der Hohen Munde im Gaistal zerschellte. Es konnte erst im Sommer 2000 aus der Leutascher Schlucht geborgen werden. Für die Bergung sorgte Keith M. Bullock, das Monument mit den Tafeln montierte Luis Gander. Für die finanziellen Kosten kamen Stanley Pace, die ehemalige 780th Sqadron, George Britton, Lee Engelhorn, Betty Bracken, Bill Kurtz, Joseph Spontak, Gerd Leitner, Daniel Bullock, Raiffeisenkasse Ehrwald, Teresa Dyer, Joan Moody, Margaret M. Burghart, Deborah Benson und die Gemeinde Leutasch auf. Weitere Unterstützung kam von Erhard Hundertpfund, Helmut Loitzl, Andreas Gruber, den Firmen Kreidl, Steger und Intersport-Leitner, von Baumeister Schennach und der Gemeinde Ehrwald. Die Einweihung der Gedenkstätte mit Totengedenken durch Pfarrer Michael Lerchenmül-ler aus Holzhausen fand 60 Jahre nach den Ereignissen am 3. August 2001 unter Teilnahme von Angehörigen der Toten und Überlebenden des Luftkampfes aus Österreich, Deutschland und den USA statt. Deborah Benson, die Enkelin eines der Bomberschützen, nahm die Enthüllung unter Anwesenheit des Tiroler Landesgeschäftsführers des Schwarzen Kreuzes Hans Ullmann, des Ehrwalder Bürgermeisters Thomas Schnitzer und Abordnungen der Schützen, der Feuerwehr, des Trachtenvereines, der Bergwacht und des Österreichischen Roten Kreuzes vor. Oberst Bäcker, Jagdflieger im Krieg und danach Offizier der Luftwaffe der deutschen Bundeswehr, erinnerte in Beisein von Kriegskameraden an Gefallene der Luftkämpfe auf deutscher Seite. Von den US-amerikanischen Fliegern nahmen der Militärattaché an der US-Botschaft in Wien Col. Bruce Bowers und ein ehemaliges Mitglied eines US-Bombers, Navigator Joe Spontak, Abschied. Die Bläsergruppe der Ehrwalder Musikkapelle begleitete diesen Abschnitt der Feier. Die Kranzniederlegung besorgten der Landesgeschäftsführer des Schwarzen Kreuzes und der Ortsbürgermeister.[269] Paul Richter, der Obmann des Ehrwalder Heimatmuseums, betonte: „Wir sollten dankbar sein, dass seit nun 60 Jahren Friede in Europa herrscht und sich die Gegner von damals die Hände reichen.“[270]   ∎

Gedenktafel für US-Luftwaffenangehörige beim Wamperten Schrofen

Genau zu Mittag des 3. August 1944 beschossen deutsche Jäger eine US-amerikanische B-24J, die in 2.520 Meter Seehöhe an der Westwand des Wamperten Schrofens zerschellte. Sechs Besatzungsmitglieder kamen ums Leben. Der Ehrwalder Wirt Josef Posch berichtete 1946:

„Am Nachmittag ging ich selbst zur Absturzstelle und fand 250 Meter neben dem Flugzeug eine Leiche. Der Mann war ungefähr 1.80 m groß, hatte lockiges Haar und war schwer verbrannt. Ich nehme an, es war der Navigator, da er noch immer Kopfhörer trug. Im Wrack fand ich eine noch brennende verstümmelte Leiche mit rötlichem Haar. Wahrscheinlich war dies einer der Piloten, da er sich im Cockpit befand."[271]

Die Schützen S/Sgt. Willis L. Prince und S/Sgt. John W. Lemley sowie S/Sgt. Ernest R. Zamora und der namentlich nicht aufscheinende Navigator wurden an der Absturzstelle zwischen Schachtkopf und den Felsen des Wamperten Schrofens beerdigt. Der Schütze Sgt. William R. Campell, der mit seinem Fallschirm im Ringtal zu Tode kam, fand sein Grab zunächst an der Absturzstelle, bis er später vermutlich auf den Friedhof in Lermoos umgebettet wurde. Die Leiche des Funkers S/Sgt. John Kostick konnte nahe dem Marienberghaus beerdigt werden. Vereinzelt wurden nach Kriegsende die Gebeine tödlich abgestürzter Besatzungsmitglieder wie jene von Willis L. Prince in die USA überführt. Generell exhumierte die USA nach Beendigung des Krieges alle bekannten Gräber ihrer Soldaten und Luftwaffenangehörigen, um die Gebeine auf den französischen Soldatenfriedhof von Saint-Avold in Lothringen zu verlegen.[272]

Im Sommer 2000 brachten Keith M. Bullock und Gerd Leitner eine Tafel zur Erinnerung an die ums Leben gekommenen Besatzungsmitglieder des abgeschossenen US-amerikanischen Flugzeuges am Jubiläumssteig 200 Meter südlich des Schachtkopfes an. Der Absturzort ist etwas oberhalb am Fuße der Felswand des Wamperten Schrofens, wo dieser in die Sandreise übergeht.[273]
(Fotos Sarah Bullock)

Gedenktafel auf einem schmiedeeisernen Kreuz für US-Luftwaffenangehörige auf dem Brendlkar im Gaistal

Nach Beschuss durch deutsche Jagdflugzeuge stürzte am 3. August 1944 um 11 Uhr 37 ein US-amerikanisches Flugzeug B-24H im Brendlkar im Gaistal ab. Die Schützen S/Sgt. Lawrence J. Hamilton und S/Sgt. Charles F. Sellars, dessen Fallschirm im Heck des Flug-

zeugs verbrannt war, kamen ums Leben. Der Leichnam von Hamilton konnte erst 1946 unterhalb der Griesspitze geborgen werden. Sellars Leiche zündeten deutsche Soldaten mit Benzin an und begruben sie am Absturzort.[274] Eine Schule aus Innsbruck stellte viele Jahre später an dieser Stelle ein kleines schmiedeeisernes Kreuz mit der inzwischen durch die Gedenktafel ersetzte Inschrift auf: „Hier ruht ein amerikanischer Pilot – Juli 1944" (richtig: August).[275]

Im Sommer 2000 brachten Keith M. Bullock und Gerd Leitner direkt an der Absturzstelle eine Gedenktafel am kleinen schmiedeeisernen Kreuz an, das rund 400 Meter östlich des Brendlsees steht, am wenig begangenen Steig zur Scharte zwischen den Igelsköpfen. (Fotos Sarah Bullock)

Erl

Gedenktafel für Hans Vogl
in der Volksschule

Hans Vogl, geboren am 3. April 1895 in Eben am Achensee, war Gemeindesekretär in Erl, wo er von 1918 bis 1936 in der Volksschule unterrichtete, davon 15 Jahre als Direktor. Als Sozialdemokrat, der noch dazu der Religion fernstand, war er den Anfeindungen des Bürgermeisters und von Pfarrer Sebastian Haselsberger ausgesetzt, die im Dorf und beim Landesschulrat gegen ihn intrigierten. 1936 wurde Vogl in die Hauptschule Jenbach, 1937 in die Hauptschule Zell am Ziller versetzt. Nach dem Anschluss Öster-

reichs schien sich Vogl zunächst zu arrangieren; er erhielt den Posten des Hauptschuldirektors und trat der NSDAP bei. Doch bald engagierte er sich aktiv im Widerstand und stellte Verbindungen zwischen linken Gruppen her und unterstützte die illegale Tätigkeit auch finanziell. Die Widerstandsgruppe in Kufstein informierte er über die Festnahme eines ihrer führenden Mitglieder.

Am 10. April 1942 verhaftete die Gestapo Hans Vogl, am 8. Jänner 1943 überstellte sie ihn ins KZ Dachau. Dort war er zunächst voll der Hoffnung auf einen baldigen Untergang des Nationalsozialismus. Am 25. September 1943 wurde Vogl nach Innsbruck transportiert, am 18. Februar 1944 nach München-Stadelheim, wo ihn der Volksgerichtshof am 14. April 1944 wegen „Feindbegünstigung" und dem „Aufbau

Anlässlich des Gedenkjahres 1988 wurde die Tafel zur Erinnerung an Hans Vogl angebracht.
(Foto Peter Kitzbichler)

Hans Vogl im Kreise seiner SchülerInnen (Foto Magdalena Rom)

kommunistischer Zellen und der Förderung kommunistischer Bestrebungen" zum Tode verurteilte. In letzten Aufzeichnungen vor seiner Hinrichtung am 30. Juni 1944 schrieb Hans Vogl seiner Frau Hilde und den vier Kindern: „Ich starb nicht, weil ich jemandem Böses getan habe, sondern weil ich immer auf der Seite der Armen und Hilflosen stand, also wegen meiner Weltanschauung. Das soll keine Schande für Euch sein. Ihr dürft stolz darauf sein. (...) Das richtige Urteil wird die Geschichte sprechen!"[276]

Initiator der Gedenktafel: Anlässlich der 1.200-Jahrfeier von Erl gewann der spätere Ortschronist Peter Kitzbichler nach beharrlicher Überzeugungsarbeit die Gemeinde dafür, eine Gedenktafel für Hans Vogl in der Volksschule anbringen zu lassen. Den Text verfasste der Landeschronist Fritz Kirchmair. Die Festansprache am 20. März 1988 hielt Volksschuldirektor Josef Wieser unter Beisein von Bürgermeister Hans Scherlin, Vogls Frau Hilde und zwei seiner Söhne.[277]   ▪

Fließ

Relief aus Stein für Otto Neururer in der Krypta der Pfarrkirche Mariä Himmelfahrt (Maaßkirche)

Otto Neururer, geboren am 25. März 1882 in Piller, Gemeinde Fließ, besuchte in Brixen Gymnasium und Priesterseminar. 1907 wurde er zum Priester geweiht, anschließend wirkte er als Kooperator in verschiedenen Tiroler Gemeinden – so auch 14 Jahre lang an der Propsteikirche St. Jakob in Innsbruck –, bis er 1932 Pfarrer in Götzens bei Innsbruck wurde. Da Neururer seine Religionsstunden nicht den Vorstellungen der NS-Schulbehörde anpasste, hatte ein Unterrichtsbesuch des Bezirksschulinspektors im Herbst 1938 eine Verwarnung zur Folge. Im Dezember 1938 verhinderte er eine standesamtliche Heirat zwischen einer Frau seiner Pfarrgemeinde und einem um 30 Jahre älteren, geschiedenen und aus der Kirche ausgetretenen Nationalsozialisten. Kurz darauf, am 15. Dezember 1938, verhaftete die Gestapo Neururer. Sie überstellte ihn am 3. März 1939 in das KZ Dachau und am 26. September in das KZ Buchenwald.

Obwohl jede seelsorgliche Handlung streng verboten war, blieb Neururer während der Gefangenschaft seiner Berufung als Priester treu. Nachdem er einem Mitgefangenen die Taufe gespendet hatte, brachte die SS ihn in den Lagerarrest, den sogenannten Bunker. Zwei Tage später, am 30. Mai 1940, war Pfarrer Otto Neururer nicht mehr am Leben. SS-Männer hatten ihn mit dem Kopf nach unten so lange aufgehängt, bis der Tod eingetreten war. Die Leiche wurde im Städtischen Krematorium Weimar eingeäschert und die Asche in seine Heimat gesandt.[278]

InitiatorInnen des Steinreliefs: Im Zuge der Renovierung der baufälligen Maaßkirche, in der heute ein Foto von Otto Neururer hängt, wurde 1993 eine Krypta im alten Gemäuer der Gruft geschaffen, mit einer Grab- und Gedächtnisstätte für Pfarrer Simon Alois Maaß sowie zwei weiteren Steinreliefs für die beiden aus Piller stammenden Glaubenszeugen Pater Franz Flür, der als Missionar in Britisch-Nord-Borneo 1945 ums Leben kam, und Otto Neururer. Am 12. September 1993 versammelten sich anlässlich der Segnung der Kirche durch Bischof Reinhold Stecher die Traditionsformationen von Fließ, Piller und Hochgallmigg zum Festgottesdienst, den der Kirchenchor Fließ, eine

Bläsergruppe und der Chor De Eendracht aus Holland musikalisch gestalteten.[279] 1996 wurde der Text am Steinrelief von Pfarrer Neururer ergänzt. ■

Steinreliefs für die Pfarrer Otto Neururer und Alois Simon Maaß sowie für Pater Franz Flür (Fotos Elisabeth Pircher)

Otto Neururer mit Mutter, Schwester und seinen Brüdern am Tag der Primiz in Piller am 3. Juli 1907 (Foto Diözesanarchiv Innsbruck)

Gedenktafel für Otto Neururer und Otto-Neururer-Glocke in der Kaplaneikirche Maria Schnee im Ortsteil Piller

Am 28. April 1996 enthüllte Bischof Reinhold Stecher die bronzene Gedenktafel für Pfarrer Neururer und die neue Otto-Neururer-Glocke, die die Kaplanei in Auftrag gegeben hatte und von der Firma Grassmayr in Innsbruck gegossen worden war, in der Kirche in Piller am Geburtsort von Pfarrer Neururer. Am nächsten Tag kam sie in den Kirchturm, wo sie das erste Mal am 24. November, am Tag der Seligsprechung von Pfarrer Neururer und des Marianistenpaters Jakob Gapp, angeschlagen wurde.

Die Tafel finanzierten Bundesbrüder der katholischen Studentenverbindung Unitas aus Österreich und Deutschland: einerseits aus Anlass der Seligsprechung von Otto Neururer, andererseits als Dank an Bundesbruder Magnus Kaminski, Mitglied der Unitas Norica-Greifenstein zu Innsbruck und von 1970 bis 2002 Seelsorger in Piller. Er war die treibende Kraft bei der Einleitung des Seligsprechungsprozesses für Neururer und für die Errichtung der Gedenktafel.[280]   ■

Otto-Neururer-Glocke (Foto Manfred Gaim)

Gedenktafel aus dem Jahr 1996 (Foto Elisabeth Pircher)

Gedenkstätte für Otto Neururer mit Foto, Marmorstele, Porträt und Statue in der Kaplaneikirche Maria Schnee im Ortsteil Piller

Am 1. Juni 1997 segnete Magnus Kaminski in Anwesenheit sämtlicher Seelsorger des Dekanates Fließ anlässlich des 57. Todestages des Seligen und des Abschlusses der Renovierungsarbeiten in der und um die Kirche bei einer Dekanats-Familienwallfahrt mit rund 800 Gläubigen die neue Gedenkstätte in der Kaplaneikirche. Die Predigt hielt Dekan Heinrich Thurnes. Die neue Otto-Neururer-Gedenkstätte in einer Nische der Kaplaneikirche von Piller mit einem Foto des Priesters enthält eine in die Marmorstele eingelassene Kapsel mit der Asche Otto Neururers. Eine schlichte Inschrift weist ihn als Seligen und Märtyrer unter Angabe von Geburts- und Sterbedaten aus.[281] Neben der Gedenkstätte hängt seit 1997 ein Porträt des Priesters, das der Künstler Elmar Peintner im Jahr zuvor auf Auftrag von Dekan Hubert Rietzler für die Pfarrkirche Imst gemalt hatte. 20 Jahre nach der Seligsprechung wurde das Ensemble der Gedenkstätte durch eine Statue Neururers ergänzt. Am Christkönigssontag, dem 20. November 2016, fand mit der Musikkapelle und dem Kirchenchor Piller der feierliche Gottesdienst statt.[282]

Otto-Neururer-Gedenkstätte (Fotos Elisabeth Pircher)

In der Kaplaneikirche befindet sich ein Foto Neururers und eine Prozessionsfahne (Foto Elisabeth Pircher)

Relief aus Kupfer von Otto Neururer am Eingangsportal der St. Barbarakirche

Der Künstler Engelbert Gitterle gestaltete 1971/72 das Eingangsportal der Barbarakirche in einer Kupfertreibarbeit. Die Kunstschmiedearbeiten führte die Firma Gstrein aus Pfunds aus. Das linke Portal zeigt die Fließer Märtyrerpriester Otto Neururer (rechts) und Franz Flür, der 1945 als Missionar in Nord-Borneo hingerichtet wurde. (Foto Elisabeth Pircher)

Statue von Otto Neururer
in der Vorhalle der St. Barbarakirche

Aufgrund der Initiative von Pfarrer Martin Frank Riederer wurden in der Vorhalle der Fließer St. Barbarakirche zwei neue Statuen aufgestellt, die an die Seligsprechung von Otto Neururer im November 1996 und die Heiligsprechung von Papst Johannes Paul II. im Jahr 2014 erinnern. Die Statue von Pfarrer Otto Neururer mit dem Religionsheft von Bischof Reinhold Stecher schnitzte die Südtiroler Firma Holzschnitzarbeiten Dolfi nach der Anleitung des Pfarrers. Dazu Riederer: Da „ich am Bergisel zwei Tage nach meiner Weihe (am 27. Juni 1988) beim Papst-Hochamt assistieren durfte und miterlebt habe, wie Bischof Reinhold seinen Religionslehrer dem Heiligen Vater in besonderer Weise vorgestellt und um Seligsprechung gebeten hatte, war für mich klar, dass dieser große, stille Zeuge des Glaubens, der Gewissensfreiheit und der Schutzpatron der Ehe und Familie mit dem Religionsheft des Reinhold Stecher am treffendsten dargestellt wäre."[283]

Feierlichkeiten zum Abschluss der Renovierung der Barbarakirche fanden vom 7. bis 15. September 2014 statt. Bischof Manfred Scheuer nahm mit Pfarrer Riederer am 14. September den Fest- und Weihegottesdienst vor, in dem der neue nach dem Entwurf von Baumeister Karlheinz Gigele angefertigte Volksaltar mit den Reliquien des Papstes (ein Blutstropfen) und von Pfarrer Neururer (Asche) eingeweiht wurde.[284] ◼

Statue von Otto Neururer mit dem Religionsheft von Bischof Stecher in der Hand (Foto Elisabeth Pircher)

Seliger
OTTO NEURURER
geboren am 25. März 1882 in Piller - Gemeinde Fließ;
wegen verbotener Ausübung seines Priesteramtes auf grausame Weise
zu Tode gequält verstarb er am 30. Mai 1940 im KZ; erster Religionslehrer von Bischof Reinhold Stecher
Aschenreliquie im Volksaltar

Gedenkstätte mit Gedenktafel für die Opfer der NS-Euthanasie im Friedhof

Irmgard Wille setzte sich jahrelang in der Gemeinde für die Errichtung eines Gedenkzeichens zur Erinnerung an die Opfer des Krankenmordes ein. Ihr Bruder Hermann, Mitglied der Schützen, konnte die Skepsis der Schützenkompanie von Fließ überwinden und sie von der Sinnhaftigkeit des Vorhabens überzeugen.[285] Irmgard Wille recherchierte einige Namen von Ermordeten, der Bürgermeister Hans-Peter Bock griff die Initiative auf. Der Kulturausschuss der Gemeinde unter der Führung von Alexandra Partl beschloss, eine Gedenkstätte zu errichten, jedoch ohne Namensnennung, da einige Angehörige abgeneigt waren, die Opfer ihrer Familien öffentlich zu ehren. Nach einer Ausschreibung beauftragte die Gemeinde den Steinbildhauer Martin Schwienbacher aus Fließ mit der Gestaltung. Die Einweihung der Gedenkstätte am 8. November 2015 fand am Seelensonntag im Anschluss an den Gottesdienst im Zug der traditionellen Kranzniederlegung statt. Martin Schwienbacher verlas den von ihm verfassten Text, der an der Außenwand der Leichenhalle angebracht ist.[286]

Die 2015 errichtete Gedenkstätte, die sich vor der Aufbahrungshalle befindet. (Foto Irmgard Bibermann)

Ginzling

Gedenktafel für jüdische Bergsteiger, Friesenberghaus, Schutzhütte der Sektion Berlin des Deutschen Alpenvereins (DAV) in den Zillertaler Alpen

Die Zunahme des Antisemitismus und die Einführung des „Arierparagraphen" in zahlreichen Sektionen des Deutschen und Österreichischen Alpenvereins (DuOeAV) motivierten 1921 liberale und jüdische Mitglieder zur Gründung der Sektion Donauland. Doch bereits 1924 setzten sich die Antisemiten durch und Donauland wurde aus dem DuOeAV ausgeschlossen. Daraufhin verließen 600 Mitglieder der Sektion Berlin aus Protest gegen die antijüdische Hetze den DuOeAV und gründeten den Deutschen Alpenverein Berlin. Gemeinsam mit Donauland errichteten sie das Frie-

senberghaus, das am 3. Juli 1932 offiziell mit einer Feier eröffnet wurde. Eine Bewirtschaftung fand bereits seit 1931 statt. 1938 verboten und enteigneten die Nationalsozialisten Donauland. Das Friesenberghaus diente nun der Wehrmacht als Ausbildungsstätte.

Nur wenige Mitglieder von Donauland und des Deutschen Alpenvereins Berlin überlebten Krieg und NS-Herrschaft. 1945 erhielt Donauland das ausgeplünderte Friesenberghaus wieder zurück, erst 1957 begann nach und nach die Wiederinstandsetzung. Aufgrund mangelnder Finanzkraft übergab Donauland 1968 das Friesenberghaus an die Sektion Berlin des Deutschen Alpenvereins.[287]

Initiatorin der Gedenktafel war die Sektion Berlin des Deutschen Alpenvereins, die am 26./27. Juli 1980 die Erinnerungstafel im Friesenberghaus zum Gedenken an die Verfolgung und Ermordung jüdischer BergsteigerInnen in der NS-Zeit einweihte.[288] ◼

Gedenktafel aus dem Jahr 1980 (Foto Österreichischer Alpenverein)

Gedenkstein mit bronzener Plakette gegen Intoleranz und Hass, Friesenberghaus, Schutzhütte der Sektion Berlin des Deutschen Alpenvereins (DAV) in den Zillertaler Alpen

1999 beschloss der Hauptausschuss des Deutschen Alpenvereins nach einem Antrag der Sektion Berlin, an BergsteigerInnen zu erinnern, die Opfer von Intoleranz, politischer, weltanschaulicher, religiöser und rassistischer Verfolgung wurden. Noch im selben Jahr empfahlen Mitglieder des Hauptausschusses des Deutschen Alpenvereins und der Sektion Berlin in einem Arbeitskreis, eine alpine „Denk-Stätte" zu schaffen, die sich mit dem Antisemitismus in der Vereinsgeschichte auseinandersetzt. Am 17. März 2001 bekannte sich der Deutsche Alpenverein zu diesen Vorschlägen mit dem Willen, die belastete Vergangenheit aufzuarbeiten, Gedenksteine zu setzen und eine Begegnungsstätte zu schaffen. In seiner Proklamation „Gegen Intoleranz und Hass" entschuldigte er sich für Ausgrenzung und Verfolgung der jüdischen Mitglieder und jener, die sie unterstützten. Noch im selben Jahr begann der Ausbau des Friesenberghauses, so dass es am 12./13. Juli 2003 als internationale Bildungs- und Begegnungsstätte gegen Intoleranz und Hass eingeweiht werden konnte. Seitdem befindet sich am Zugang zum Friesenberghaus ein Gedenkstein mit einer bronzenen Plakette. Die Einweihung im Juli 2003 erfolgte in einem ökumenischen Festakt durch einen jüdischen Rabbiner (Andreas Nachama aus Berlin) gemeinsam mit einem evangelischen Pastor (Meynhardt von Gierke aus Jenbach) und einem katholischen Pfarrer (Otto Walch aus Lanersbach).[289] ■

Der Gedenkstein gegen Intoleranz und Hass vor dem Friesenberghaus wurde im Jahr 2003 gesetzt.[290]

Götzens

Gedenkstätte für Otto Neururer mit Kupfertafel, Gedenkvitrine und Porträt in der Otto-Neururer-Kapelle in der Pfarr- und Wallfahrtskirche

Am 30. Juni 1940 fand in Götzens die Beerdigung für Otto Neururer unter Anteilnahme eines großen Teils der Bevölkerung und des Diözesanklerus statt. Die NS-Machthaber zwangen jedoch kurze Zeit später die Pfarrgemeinde, Neururers Urne aus dem Presbyterium der Kirche zu entfernen und im Friedhof beizusetzen. Zu Christi Himmelfahrt am 30. Mai 1957 fand die Wiederbeisetzung der Urne an ihrem ursprünglichen Ort statt. Pfarrangehörige hatten eine neue kunstvolle Kupferurne in barocker Form anfertigen lassen.[291] Auch eine Gedenktafel wurde angebracht. Bei der Öffnung der alten Urne aus dem Friedhof fand man in einem angerosteten Behälter nicht nur die Asche des Ermordeten, son-

Ehemalige Gedenktafel für Otto Neururer aus dem Jahr 1957[292]

Die Grabstätte für Otto Neururer aus dem Jahr 1977 in der ihm gewidmeten Seitenkapelle der Kirche. Hinter der Kupfertafel befand sich seine Urne. (Fotos Horst Schreiber)

GEDENKSTÄTTE

des seligen Märtyrers Pfarrer Otto Neururer

 eboren am 25. März 1882 in Piller-Fließ.

Pfarrer in Götzens vom 1. Oktober 1932 bis zu seiner Verhaftung am 15. Dezember 1938.

Martyrium am 30. Mai 1940 im KZ Buchenwald.

Seligsprechung am 24. Nov. 1996 in Rom.

Otto Neururer wurde am 25. März 1882 in Piller (Pfarre Fließ) geboren. Nach seiner Priesterweihe im Jahre 1907 wirkte er an verschiedenen Tiroler Orten als Kooperator, durch 14 Jahre als Benefiziat an der Propsteikirche St. Jakob in Innsbruck. Im Jahre 1932 wurde er zum Pfarrer in Götzens bestellt und war in dieser Gemeinde ein vorbildlicher Seelsorger. 1938 wurde er von der Gestapo verhaftet, weil er unbeirrt an der Heiligkeit der christlichen Ehe festgehalten hatte. Er wurde zunächst ins KZ Dachau und von dort ins KZ Buchenwald gebracht. Unter größter persönlicher Gefahr hat er seinen priesterlichen Dienst auch hier ausgeübt. Als er einem angeblichen Taufbewerber das Sakrament spendete, wurde Neururer in den gefürchteten „Bunker" geworfen und auf grausame Weise zu Tode gequält. Am 30. Mai 1940 wurde sein Tod gemeldet. Die Aschenurne – jetzt in der Pfarrkirche Götzens – wurde unter großer Anteilnahme des Tiroler Klerus und der Bevölkerung beigesetzt. Seit 1996 ist ein Teil der Asche in der Altarurne.

Informationstafel am Eingang zur 1997 errichteten Gedenkstätte des Seliggesprochenen (Foto Horst Schreiber)

Gedenkvitrine und Ölbild von Lois Irsara in der Otto-Neururer-Kapelle (Foto Peter Scheulen)

Habseligkeiten von Otto Neururer und Gegenstände aus dem Behälter, den die Verwaltung des KZ Buchenwald der Urne mit der Asche des Ermordeten beigelegt hatte.[293]

dern auch ein Sterbekreuz, einen Rosenkranz und ein Steinplättchen mit der Krematoriumsummer 32. Die abendliche Feiergestaltung nahmen Ortspfarrer Arnold Stecher, Schuldirektor Vinzens Haas und Lehrer Franz Heidegger vor, begleitet vom Kirchenchor und dem Männergesangsverein „D'Velleberger". Ebenfalls anwesend waren Neururers ehemalige Kooperatoren in Götzens: Dekan Nikolaus Madersbacher aus Schwaz und die Pfarrer Pfeifauf und Hausner sowie mehrere seiner Freunde und ein Mitschüler aus dem Priesterstand. Dekan Madersbacher nahm die Einsegnung vor und hielt auch die Ansprache.[294] In der Götzner Heimatmappe heißt es:

> *„Leider war die Feier zu wenig bekanntgemacht worden und zu ungünstiger Zeit eingesetzt. Trotzdem ging jeder, der sie miterlebt, tief beeindruckt nach Hause. Vor allem zeigte sich das eine deutlich, dass Götzens selbst den guten Pfarrer nicht vergessen hatte. Die Pfarrgemeinde gab sichtlich ihr Bestes, diese Feier mit Wärme und Hingabe zu gestalten."*[295]

Da die Grabstätte im Altarraum vom Kirchenschiff aus kaum sichtbar und schwer zugänglich war, ließ Pfarrer Franz Schranz zum besseren Schutz der wertvollen Kircheinrichtung den rückwärtigen Teil des Kirchenraumes durch ein verschließbares schmiedeeisernes Gitter abteilen. 1977 wurde die Erinnerungstafel aus dem Jahr 1957 entfernt, da man die Grabstätte in eine dem Märtyrerpriester gewidmete Seitenkapelle links des Haupteingangs der Kirche versetzte.[296] Am 29. Juni,

dem Patroziniumstag zu Peter und Paul, feierte die Pfarrgemeinde einen Gottesdienst und eine „prunkvolle Prozession" durch das Dorf. „Um 14 Uhr marschierten die Formationen auf und in einer ergreifenden Feier wurden die kleine Kapelle und die neue Grabstätte des Märtyrerpfarrers gesegnet und die Aschenurne in der neuen Grabstätte beigesetzt. Unser Generalvikar, Prälat Dr. Josef Hammerl, zeichnete in seiner Ansprache das Lebensbild Pfarrer Otto Neururers und nahm die Segnung der Kapelle vor", berichtete Ortspfarrer Franz Schranz.[297] Er ließ die Urne, von einer beschrifteten Kupfertafel bedeckt, in einen altarförmigen Sockel ein, auf den er eine Madonnenstatue stellte.[298] Im Zuge der Seligsprechung von Otto Neururer richtete die Pfarre Götzens 1997 die Otto-Neururer-Kapelle neu ein, in der neben einem Ständer mit Neururer-Kerzen ein Porträt-Ölbild des Geistlichen von Lois Irsara aus der ladinischsprachigen Ortschaft Pedraces in der Gemeinde Abtei in Südtirol und eine Gedenkvitrine zu finden sind. Sie enthält Habseligkeiten von Otto Neururer: Patene, Bleistift und Pinsel sowie einen Kelch mit Untersatz, auf dessen Boden hier nicht sichtbar die Widmung der Innsbrucker Kinderkongregation St. Ursula, die ihn Neururer 1932 zum Geschenk machte, eingraviert ist; zudem auch Gegenstände, die die Verwaltung des KZ Buchenwald in der Urne beigelegt hatte: sein kleines Holzkreuz, den verschmorten Rosenkranz und die Steinplakette mit der Krematoriumsnummer.[299] ▪

Volksaltar mit der Urne von Otto Neururer und seinem Porträt am Kreuz in der Pfarr- und Wallfahrtskirche

Unmittelbar nach Bekanntwerden der Seligsprechung von Otto Neururer wollte der Götzner Pfarrer Franz Schranz die Urne des Märtyrers sichtbar in den Volksaltar unterbringen. Da dieser sich aber zu diesem Zweck als ungeeignet herausstellte, wurde nach Rücksprache mit Bischof Reinhold Stecher ein neuer Volksaltar mit Lesepult und eine neue Urne in Auftrag gegeben. Helmut Dreger, der Architekt der Innsbrucker Diözese, entwarf eine 1,75 m ovale Altarplatte aus indischem Serpentin (grüner Marmor), die auf einer Marmorsäule ruht, in der sich eine nach vorne offene Nische für die Urne befindet. Der um die goldene Urne rankende Stacheldraht erinnert an die Lagerhaft Neururers in Buchenwald. Die Marmorarbeiten führte die Schwazer Firma Franz Holzer aus. Die Urne stellte das Innsbrucker Metallkunstatelier Walter Häusl her. Der Volksaltar wurde am 2. Dezember 1996 fertiggestellt und am 7. Dezember ein Teil der Asche Neururers aus der alten Urne, die in der Otto-Neururer-Kapelle aufgestellt war, in die neue Urne umgefüllt.[300] Am 15. Dezember segnete Bischof Reinhold Stecher den Volksaltar mit der Urne anlässlich eines Festgottesdienstes. Seitdem ist die Pfarrkirche auch eine Wallfahrtskirche.[301]

In Zuge dieser Umgestaltungen erfolgte die Entfernung des Madonnenbildes am Standkreuz von Johann

Bußkreuz von Johann Schnegg aus dem 18. Jahrhundert mit dem Bild Neururers und einer Inschrift, die ihn als Märtyrer ausweist. (Foto Horst Schreiber)

Schnegg in der Pfarrkirche und die Anbringung eines Ölporträts von Otto Neururer, gemalt von Lois Irsara, mit der von Walter Teussl geschaffenen Beschriftung „Otto Neururer – Märtyrer".[302]

Blick auf den 1996 errichteten Volksaltar, unter dem sich die Urne mit einem Teil der Asche von Otto Neururer befindet. (Foto Horst Schreiber)

Denkmal für Otto Neururer mit Relief aus Bronze am Vorplatz der Pfarr- und Wallfahrtskirche und Glocke

„Pfarrer Otto Neururer wird uns immer an die Heiligkeit der Ehe erinnern, für die er ins Gefängnis ging, und an die Treue zum priesterlichen Dienst, weswegen er ermordet wurde. Sein Zeugnis berührt somit zwei Säulen des christlichen Lebens", stellte Papst Johannes Paul II. in seiner Ansprache an die zur Seligsprechung von Otto Neururer, Jakob Gapp und Catherine Jarrige angereisten Pilgerinnen und Pilger, unter ihnen rund 3.000 aus Tirol, fest, die diesen Festtag im Petersdom in Rom am 24. November 1996 miterlebten.[303]

Initiatoren des Denkmals: Aus einer persönlichen Betroffenheit heraus machte der Haller Künstler Manuel Schmid über das Leiden und den Tod von Otto Neururer zahlreiche Skizzen und Zeichnungen, die er in der „Langen Nacht der Kirchen 2013" in der Petrus-Canisius-Kirche Innsbruck West der Öffentlichkeit vorstellte. Aufgrund des regen Interesses präsentierte der Künstler sein Projekt der Gemeinde Götzens, die sich ebenso wie die Pfarre angetan zeigte. Manuel Schmid erhielt den Auftrag, den Vorplatz der Kirche unter Einbeziehung der Neururer-Glocke zu gestalten. Er schuf ein Relief aus Bronze mit einer Beschriftung, die er auf einer Betonsäule anbrachte. Zu seinem Kunstwerk stellte Schmid fest:

Das 2015 fertiggestellte Denkmal aus Beton mit Relief aus Bronze am Vorplatz der Pfarrkirche (Foto Horst Schreiber)

„*Teilt man das Relief von links oben nach rechts unten in zwei Dreiecke, zeigt die rechte Dreieckshälfte zerstörte Hakenkreuze, die zu leidenden Gesichtern mutieren. Die Glaubensstärke Otto Neururers zerbrach die Symbole des Regimes, andererseits war er vielen Leidensgenossen Trost und Stärkung. Die linke Dreieckshälfte zeigt den im Tod verklärten Kopf des Märtyrers Otto Neururer und Attribute des Glaubens: der Palmzweig (und Totenkopf) als Zeichen des Sieges und ewigen Lebens, die mit starker Hand umfasste Heilige Schrift als Quelle der Glaubensstärke, die Weihwasserschale als Hinweis auf das seelsorgerische Wirken Neururers im KZ und als Kelch des Schicksals.*"[304]

Nach der Seligsprechung Neururers 1996 entwickelte sich Götzens zu einem Wallfahrtsort. Zum 75. Todestag von Neururer am 30. Mai 2015 hielt Bischof Manfred Scheuer einen Festgottesdienst ab und segnete die älteste, 1717 gegossene Glocke der Kirche, die nun Otto-Neururer-Glocke heißt, sowie das neue Denkmal für den ermordeten Priester in Anwesenheit von Pfarrer Peter Ferner, Bürgermeister Hans Payr, Pfarrkirchenratsobmann Paul Gampler, Pfarrgemeinderatsobmann Hubert Stolz, Pfarrkuratorin Elisabeth Schmölz, der Notarin im Seligsprechungsprozess von Neururer Beate Fink und dem Obmann des Vereins der Freunde der Wallfahrtskirche Götzens, die für die Organisation des Gedenk-Wochenendes verantwortlich waren, das mit einem Mozart-Requiem schloss.[305] ■

Otto-Neururer-Weg

Am 16. November 1976 beschloss der Gemeinderat von Götzens die Benennung eines Weges, der von der Kirchstraße abzweigt, nach dem Märtyrerpriester.[306] (Foto Horst Schreiber)

Otto-Neururer-Friedensglocke mit Inschrift an der Außenmauer der Pfarrkirche (Foto Horst Schreiber)

Hall

Krajnc-Straße

Dr. Walter Krajnc kam am 22. Februar 1916 in Steinach am Brenner zur Welt. Er studierte in Innsbruck Jus, war Mitglied der Hochschulverbindung Vindelicia und gehörte dem katholischen Widerstand in Hall an. Aufgrund seiner antinationalsozialistischen Einstellung wurde er 1938 nicht zum Gerichtsdienst zugelassen. 1943 erhielt Krajnc den Befehl, in eine Funk-Kompanie im Hauptquartier der 19. Armee der Deutschen Wehrmacht in Avignon einzurücken. Dort trat er als Mitglied I514 in die französische Résistance ein und versorgte sie als Funker ebenso mit Informationen wie die US-amerikanische und britische Armee. Bei seiner Verhaftung Mitte Juli 1944 schnitt er sich mit einer Rasierklinge, die er in der Rocktasche mit sich trug, die Pulsader auf. Krajnc wurde schließlich ins Gefängnis von Avignon eingeliefert und vom Militärgericht des Armee-Oberkommandos 19 als Spion wegen Landesverrates zum Tode verurteilt. Am 29. Juli 1944 erschossen seine Funkkameraden Walter Krajnc auf einem Schießplatz in der Nähe von Avignon. Er wurde am Friedhof in Les Angles beigesetzt.[307]

Initiatoren der Straßenbenennung: Auf Vorschlag des Bauausschusses der Stadt Hall in Tirol beschloss der Gemeinderat am 23. Februar 1965 im Zuge der Ausweitung der Siedlungsflächen, außerhalb der Altstadt eine Verkehrsfläche nach Walter Krajnc zu benennen. Irrtümlich wurde angenommen, dass er wegen der Weigerung hingerichtet worden war, an einer Geiselerschießung teilzunehmen. Ende 1983 regte der Kulturausschuss an, Straßenschilder mit Rechtschreibmängeln auszutauschen und akademische Titel zu streichen. Die Schildererneuerung sollte jedoch „erst dann durchgeführt werden, wenn ein Austausch aus einem anderen Grund notwendig wird." Die Dr. Krajnc-Straße sollte in Krajncstraße abgeändert werden. Tatsächlich

Straßenschild in Hall-Schönegg mit ungenauen Angaben zu Walter Krajnc (Foto Sabine Pitscheider)

Dr. Walter Krajnc war ein hervorragender Cellist. (Foto Forschungsinstitut Brenner-Archiv Innsbruck)

lautet die Bezeichnung heute Krajnc-Straße. In Hall sind eine Reihe von Straßennamen und Straßenschilder zu finden, die nicht dem genauen Wortlaut der Gemeinderatsbeschlüsse entsprechen. Es ist daher nicht mehr zu eruieren, ob bei der Straßenbeschilderung der Gemeinderatsbeschluss von 1965 bzw. 1983 oder auch beide nicht punktgenau umgesetzt wurden. Der Tiroler Komponist Werner Pirchner schrieb im Andenken an Krajnc ein Flöten-Solo.[308]

Gedenktafel für Jakob Gapp SM, Josef Anton Geiger, Walter Krajnc, Franz Josef Messner, Kapistran Pieller OFM und Franz Reinisch SAC in der Eingangshalle des Franziskanergymnasiums, Kathreinstraße 6

Gedenktafel aus dem Jahr 1983 für die ehemaligen Schüler des Franziskanergymnasiums, die „als Opfer ihres Widerstandes für Glaube und Heimat starben". (Foto Gisela Hormayr)

Jakob Gapp, geboren am 26. Juli 1897 in Wattens, wuchs in einer kinderreichen Fabriksarbeiterfamilie auf und absolvierte das Gymnasium der Franziskaner. Er trat 1920 auf dem Greisinghof in Tragwein bei Linz in den Orden der Marianisten ein, 1925 legte er die Gelübde ab, in Fribourg in der Schweiz erfolgte 1930 seine Weihe zum Priester. Als Religionslehrer bekämpfte er schon früh die Ideologie des Nationalsozialismus, den er als Todfeind der katholischen Kirche betrachtete. Bereits im März 1938 geriet er erstmals mit dem NS-Regime in Konflikt, da er im Privatrealgymnasium des Marieninstituts in Graz die Ableistung des Hitler-Grußes verweigerte und kein Hakenkreuzabzeichen trug. Die Leitung empfand die oppositionelle Haltung Gapps als Gefahr für den Orden, der sich um ein Auskommen mit den neuen Machthabern bemühte. Gapp kehrte aus diesem Grund im September 1938 nach Tirol zurück und wirkte als Kooperator und Katechet in Brei-

Jakob Gapp SM mit seiner Mutter anlässlich seiner Primizfeier 1930 in Wattens (Foto Josefine Schreck)

tenwang. In Reutte erteilte er in der Volks- und Hauptschule den Religionsunterricht. Nachdem er dort das Gebot der Nächstenliebe ohne Rücksicht auf Nationalität und Religion propagiert und sich laut späterer Anklageschrift als „Judenfreund und Gegner des Führers" zu erkennen gegeben hatte, erhielt er ein allgemeines Unterrichtsverbot. Im Dezember 1938 verurteilte er im Rahmen einer Predigt in der Pfarrkirche Wattens das nationalsozialistische Weltbild scharf und musste daraufhin Tirol verlassen. Nach einem kurzen Aufenthalt in einer Niederlassung seines Ordens in Bordeaux floh er im Mai 1939 nach Spanien. Auch dort predigte er gegen den Nationalsozialismus und verteilte Broschüren mit englischen Rundfunknachrichten über die Kriegsereignisse. Getarnte deutsche Agenten entführten Gapp in das von der Wehrmacht besetzte Frankreich, wo ihn die Gestapo am 9. November 1942 verhaftete und nach Berlin brachte. Roland Freisler, der Präsident des Volksgerichtshofes, leitete den Prozess. „Wer so die Stimme des Blutes in sich verrät, wer alles daran setzt, (…) Deutschlands Feinden zu helfen", müsse mit dem Tode bestraft werden, hieß es in der Urteilsbegründung. Am 23. August 1943 wurde Jakob Gapp in der Haftanstalt Berlin-Plötzensee hingerichtet. Im November 1996 erfolgte seine Seligsprechung. Seit 2005 ergeht der auf Anregung der Katholischen ArbeitnehmerInnenbewegung von Bischof Manfred Scheuer gestiftete Jakob Gapp Preis an Tiroler Betriebe, die sich bemühen, Ziele und Kriterien der Katholischen Soziallehre und des ökumenischen Sozialwortes zu erfüllen.[309]

Josef Anton Geiger, geboren am 16. Jänner 1889 in armen bäuerlichen Verhältnissen in Pettneu, maturierte 1899 im Franziskanergymnasium Hall. Die Gymnasialzeit davor hatte er allerdings im Bischöflichen Knabenseminar Vinzentinum in Brixen verbracht. Nach der Matura studierte er im Priesterseminar in Brixen. Ab März 1903 scheint Geiger als Mitglied des Akademischen Vereins Vindelicia in Hall auf, am 29. Juni fand seine Priesterweihe statt. Er wirkte als Kooperator in Fließ und Zirl, ab 1909 als Pfarrprovisor in Karrösten im Bezirk Imst, wo er, von zwei Jahren als Feldkurat an der italienischen Front im Ersten Weltkrieg abgesehen, bis zu seiner Verhaftung 1939 als Seelsorger tätig blieb. Geiger war im Vorstand des Bauernbundes Oberinntal und von diesem in den Landtag als Abgeordneter gesandt, Mitglied des Bundeswirtschaftsrates zwischen 1934 und 1938 und Leiter der Vaterländischen Front in Karrösten. Er initiierte ein Dr. Dollfuß-Denkmal, einen Dollfußweg und ein Dollfußkreuz am Tschirgant. Ende Oktober 1939 entzog ihm die NS-Schulbehörde die Erlaubnis, Religionsunterricht zu erteilen. Anfang Dezember 1939 verhaftete ihn die Gestapo mit der Beschuldigung, die Hitlereiche umgeschnitten zu haben. Er wurde aber nicht aus diesem Grund angeklagt, son-

Josef Anton Geiger
(Foto Hansjörg Sailer)

dern wegen des Abhörens verbotener Rundfunksender und des Verbreitens feindlicher Nachrichten. Das Sondergericht Innsbruck verurteilte ihn zu 18 Monaten schweren Kerker, die er zum überwiegenden Teil in der Haftanstalt Garsten verbüßte. Im Jänner 1941 vorzeitig entlassen, durfte er infolge eines „Gauverweises" nicht mehr nach Karrösten zurückkehren. Seine letzten Lebensjahre verbrachte Geiger als Hausgeistlicher im Schwesternheim von Bad Brückenau in Bayern. Josef Geiger verstarb am 20. Oktober 1945 in Würzburg an Speiseröhrenkrebs. Zu seinem Begräbnis erschienen der Bischof und das gesamte Domkapitel von Würzburg.[310]

Walter Krajnc, erschossen am 29. Juli 1944 bei Avignon wegen Spionage[311]
(Foto Stadtarchiv Hall)

Dr. Franz Josef Messner, Aufnahmen der Gestapo Wien
(Foto DÖW Wien)

Dr. Franz Josef Messner, geboren am 8. Dezember 1896
in Brixlegg, arbeitete als Kaufmann in Wien, Innsbruck,
Dakar und Brasilien, wo er 1931 die Staatsbürgerschaft
erwarb. Ab 1934 war er wieder in Wien tätig und stieg
1937 zum Direktor der Semperit-Werke auf. Messner
verband eine langjährige Freundschaft mit dem Wiener
Kaplan Dr. Heinrich Maier, der einer Widerstandsgruppe vorstand, die Messner maßgeblich förderte. Darüber
hinaus arbeitete er eng mit der Widerstandsgruppe von
Walter Caldonazzi zusammen, die auch in Tirol höchst
aktiv war. Ab 1942 trat Messner während seiner Aus-
landsreisen in Kontakt zum US-amerikanischen Ge-
heimdienst, dem er wichtige Informationen über die
deutsche Rüstungsindustrie sowie über die Munitions-,
Waffen- und Flugzeugproduktion im Wiener Raum verriet. Am 29. März 1944 wurde Messner verhaftet, nachdem er versucht hatte, für die Widerstandsbewegung
einen hohen Geldbetrag von Budapest nach Wien zu
schmuggeln. Am 27./28. Oktober 1944 sprach der Volksgerichtshof über ihn wegen Hochverrats, Feindbegünstigung und Verbindung zum feindlichen Ausland zum
Zwecke der Bombardierung deutscher Rüstungswerke
das Todesurteil aus. Aufgrund seiner brasilianischen
Staatsbürgerschaft wurde die Hinrichtung aufgescho-
ben und Messner ins KZ Mauthausen transportiert, wo
der Lagerführer SS-Standartenführer Franz Ziereis am
23. April 1945 seine Tötung mit Gas anordnete.[312]

DDDr. Johannes Wilhelm Pieller, geboren am 30.
September 1891 in Wien, musste nach dem Tod seines
Vaters das Gymnasium in Wien abbrechen und seinen
Lebensunterhalt nach einer kurzen kaufmännischen
Ausbildung als Kontorist bestreiten. 1909 trat er in Graz
ins Franziskanerkloster ein, 1910 wurde er ins Fran-
ziskanergymnasium Hall geschickt, wo er im Juli 1914

maturierte. 1918 zum Priester geweiht, promovierte er zwischen 1927 und 1937 an der Universität Graz
in Staats- und Rechtswissenschaften sowie in Wien in
Theologie. In Graz wirkte Pieller als Katechet und Seelsorger, so auch in der Studentenverbindung Carolina.
Nach seiner Priestertätigkeit in St. Pölten war er ab 1940
als Guardian des Franziskanerklosters in Eisenstadt tätig. Im Juli 1943 erfolgte Piellers Verhaftung, da er die
„Antifaschistische Freiheitsbewegung Österreich" unterstützt hatte. In ihrem abschließenden Bericht vom
30. Oktober 1943 hielt die Gestapo Wien fest, dass Pieller
„bereits in der Systemzeit NS-feindlich eingestellt war

Pater Dr. Johannes
Wilhelm Pieller
(Ordensname richtig
Kapistran) OFM 1945
(Foto Franziskanerarchiv
Graz)

und seine gehässige und niedrige Gesinnung auch nach
dem nationalen Umbruch nicht geändert hat." Es handle sich bei Pieller um einen „unentwegten Staatsgegner
übelster Sorte." Die konkreten Tatvorwürfe waren allerdings weit geringerer Natur: Pieller habe den Text eines
an Tiroler gerichteten Flugblattes diktiert, 150 Reichsmark für die Widerstandsarbeit zur Verfügung gestellt
und einen Revolver mit der Bemerkung übergeben,
dass sie „gut zum Nazierschießen" sei und er als Priester dann ja, wenn nötig, die Beichte abnehmen könne.
Pieller leugnete vergeblich, derartige Aussagen im Ernst
getätigt zu haben. Die Hauptverhandlung gegen die 13
Angeklagten zwischen dem 9. und 11. August 1944 endete mit acht Todesurteilen wegen Vorbereitung zum
Hochverrat, Wehrkraftzersetzung und Feindbegünstigung. Eingaben von Kardinal Theodor Innitzer zur Rettung von Pieller, der im Landesgerichtlichen Gefängnis
einsaß, blieben ohne Erfolg. Er gehörte zu einer Gruppe von 46 zum Tode verurteilten Gefangenen, die am

5. April 1945 – einen Tag vor Ankunft der Roten Armee in Wien – paarweise aneinander gekettet ins Zuchthaus Stein an der Donau getrieben wurden. Nach viertägigem Gewaltmarsch erreichten die Häftlinge Stein, eine knappe Woche später, am 15. April 1945, war Kapistran Pieller unter jenen Häftlingen, die auf Befehl des Gauleiters von Niederdonau und des Generalstaatsanwaltes durch Genickschuss hingerichtet wurden.[313]

Franz Reinisch SAC als Schüler des Franziskanergymnasiums Hall 1920 (Foto Reinisch-Büro, Vallendar)

Franz Reinisch, geboren am 1. Februar 1903 in Feldkirch, wurde 1928 in Innsbruck zum Priester geweiht.[314] Zwei Jahre später trat er in den Pallottinerorden ein. Seine seelsorglichen Aufgaben führten ihn in viele Orte Deutschlands und Österreichs. In seinen Predigten und Reden vertrat er eine ablehnende Haltung gegenüber der NS-Ideologie. Im September 1940 erhielt er deshalb ein Redeverbot für das ganze Deutsche Reich. Im April 1941 wurde Reinisch in die Wehrmacht einberufen. Er meldete sich umgehend bei der Stellungskommission, um seiner Entscheidung, den Treueeid auf Hitler zu verweigern, Ausdruck zu verleihen. Daraufhin erfolgte seine Verhaftung. Das Reichskriegsgericht verurteilte ihn am 7. Juli 1942 wegen Wehrkraftzersetzung zum Tode. In seiner Schlusserklärung befürwortete Reinisch zwar den Kampf gegen den Bolschewismus, warf dem NS-Regime aber vor, dass es mit seiner kirchenfeindlichen Politik selbst bolschewistisch handle. Reinisch widersetzte sich dem Abt des Pallotinerordens, der ihn zur Eidleistung aufforderte, da Hitler Vertreter einer gottgewollten Ordnung sei. Dem entgegnete Reinisch: „Die gegenwärtige Regierung ist keine gottgewollte Autorität, sondern

eine nihilistische Regierung, die ihre Macht errungen hat durch Gewalt, Lug und Trug! (...) Ich lebe und sterbe als Österreicher."[315] Pater Franz Reinisch wurde am 21. August 1942 in Berlin-Brandenburg enthauptet. Er war der einzige Priester im Deutschen Reich, der den Eid auf Hitler verweigert hatte und deshalb hingerichtet wurde.

InitiatorInnen der Gedenktafel: Am 11. Februar 1983 enthüllte der Bürgermeister von Hall, Josef Posch, die von der Haller Firma Blumentritt gestaltete Marmortafel, welche die Stadt finanziert hatte. Anlass war die 50-jährige Wiederkehr des Jahrestages der Machtübernahme von Adolf Hitler in Deutschland. Der Jahresbericht der Schule betont, dass die auf der Gedenktafel verewigten ehemaligen Schüler des Franziskanergymnasiums „als Opfer ihres Widerstandes für Glaube und Heimat starben" und auch für all jene stehen, „die sonstwie für Freiheit und Menschenrechte starben." Bei der von einer Bläsergrupe musikalisch begleiteten Eröffnungsfeier waren Vertreter der Stadt Hall, des Elternvereins, Lehrkräfte und SchülerInnen anwesend. Professoren der Schule trugen Lebensbeschreibungen der auf der Tafel Geehrten vor, die, so der Bürgermeister, „als Vorbild der Charakterstärke unserer Jugend immer vor Augen stehen mögen."

Alois Flatscher, ein weiterer Schüler des Franziskanergymnasiums, der in der NS-Zeit ums Leben gebracht wurde, fehlt auf der Tafel.

Der Satz „Mein Lebensopfer soll ein Hohes Lied werden auf die Würde des Menschen" ist ein Zitat aus einem Brief von Pater Reinisch aus der Todeszelle.

Übersetzung der lateinischen Aufschriften: Accipere quam facere praestat iniuriam – Besser ist es Unrecht zu erleiden als zuzufügen; Haec tabula discipulis scholae franciscanae testibus conscientiae fortibus devote erecta! – Diese Tafel wurde Schülern des Franzikaner-Gymnasiums als tapferen Zeugen ihres Gewissens in Ehrfurcht errichtet! In diesen Zeilen findet sich ein von Pater Alfons Penz, dem Direktor des Gymnasiums, verfasstes lateinisches Chronogramm, in dem das Jahr der Einweihung festgehalten ist: HaeC tabVLa DIsCIpVLIs sChoLae franCIsCanae testIbVs ConsCIentIae fortIbVs DeVote ereCta. Die römischen Ziffern „CVLDICIVLICICIVCCIIIVDVC" ergeben das Jahr 1983.[316]

Gedenktafel für Franz Reinisch mit Relief an der Mauer im Hof des Franziskanergymnasiums, Kathreinstraße 6

Zum Schuljahrsbeginn im September 1983 errichtete die Marianische Kongregation (MK) an der Hofmauer des Franziskanergymnasiums Hall die Gedenktafel mit Reliefporträt zu Ehren von Pater Franz Reinisch. Unterhalb seiner Abbildung sind Geburts- und Sterbedatum eingraviert: 1.2.1903 P. Franz Reinisch 21.8.1942.[317]
(Foto Horst Schreiber)

Bildtafel „Offene Briefe" mit Informationstafel für Jakob Gapp im Franziskanergymnasium, Kathreinstraße 6

Zu ihrem 50-jährigen Jubiläum beauftragte die Maturaklasse des Jahrgangs 1954 den in Hall geborenen und in Wien lebenden Künstler Ernst Friedrich, für die Eingangshalle der Schule ein Kunstwerk für Pater Jakob Gapp zu schaffen. In seiner vierteiligen Bildtafel montierte Friedrich unter Mitarbeit seiner Frau Eleonor ein Bildnis von Gapp und Textauszüge aus dessen „Geständnis" sowie aus dem Todesurteil gegen den Priester. Partiturteile der Haydn-Passion sollen das Ausmaß des Leides im Leben und Sterben Gapps wach werden lassen. Die vorherrschenden Farben sind schwarz und rot, das dichte graphische Netz und der rhythmische Detailreichtum gleichen die Strenge der Farben aus. Initiator dieses Kunstsponsorings war Gerhard Rainer, einer der Jubilare der Maturaklasse, von der 21 Absolventen am Festakt teilnahmen. Franziskanerprovinzial Pater Rupert Schwarzl und sein Amtsvorgänger Pater Wolfgang Heiss, beide Maturajahrgang 1954, gestalteten die Segnungsfeier am 3. Juli 2004. Ansprachen hielten Bürgermeister Leo Vonmetz, Kulturreferent Thomas Mair und Direktor Gerhard Sailer.[318]   ■

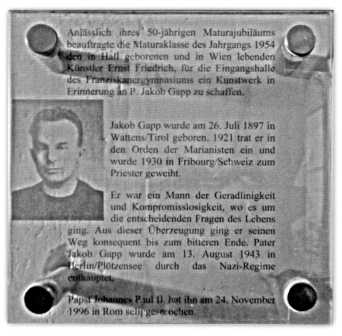

Foto Horst Schreiber

Bildtafel „Offene Briefe" in der
Eingangshalle des Gymnasiums
mit Informationstafel
(Fotos Susanne Jäger)

Gedenkmauer / Lichtort mit Informationstafeln auf dem Gelände des Landeskrankenhauses für die in der NS-Zeit im Anstaltsfriedhof der Heil- und Pflegeanstalt begrabenen PatientInnen

Als der Krankenhausträger tirol kliniken am Areal des Landeskrankenhauses Hall Erweiterungsbauten in Angriff nehmen wollte, wurde 2010 im Zuge der Planungsarbeiten der in den 1950er Jahren aufgelassene, längst nicht mehr sichtbare und weitgehend in Vergessenheit geratene ehemalige Anstaltsfriedhof entdeckt. Es stellte sich heraus, dass sich die Belegungsdauer des Friedhofes ausschließlich auf die NS-Zeit von November 1942 bis April 1945 beschränkt hatte. Die Verantwortlichen hielten am ausgewählten Grundstück fest, beschlossen jedoch, das Projekt „Bergung und Untersuchung des Anstaltsfriedhofes des Psychiatrischen Krankenhauses in Hall i. T." durchzuführen. Noch vor Baubeginn wurde der Friedhof von ArchäologInnen exhumiert und die Hintergründe des Friedhofes, vor allem aber die möglichen Ursachen für die stark erhöhte Sterblichkeit der dort beerdigten PatientInnen, von WissenschafterInnen aus Archäologie, Anthropologie, Geschichte, Medizin und Gerichtsmedizin untersucht. Das ursprüngliche Projekt der tirol kliniken wurde ergänzt durch einen Forschungsauftrag des Landes Tirol, den eine ExpertInnenkommission durchführte, die ihre Ergebnisse laufend publizierte. Speziell die Frage, ob es direkt in der Heil- und Pflegeanstalt einen Krankenmord gegeben hat, sollte angesichts der Tatsache beantwortet werden, dass die Sterberate, die 1937 bei 4,4 % lag, in den Jahren 1944 und 1945 auf 13 % bzw. 21 % gestiegen war. Insgesamt starben in der Anstalt während der NS-Zeit 448 PatientInnen mehr, als bei gleichbleibender Vorkriegssterblichkeit zu erwarten gewesen wäre. Es war die Wechselwirkung von Unterernährung, Kälte, Platzmangel und medizinischer sowie pflegerischer Unterversorgung, die oft tödlich wirkte. Am verhängnisvollsten waren die Folgen der reduzierten Nahrungsversorgung, die nicht nur auf den Krieg, sondern besonders auf die NS-Gesundheitspolitik zurückzuführen ist, die in den PsychiatriepatientInnen „unnütze Esser" sah. Gezielte Ermordungen gab es nicht, vielmehr spielte sich das Sterben in einer Grauzone vor einer aktiven Tötung ab.

Immer weniger Personal musste die PatientInnen mit immer weniger Medikamenten und wegen der Betteneinsparungen auf immer engerem, dürftig geheiztem Raum betreuen. Schlechte hygienische Bedingungen, zunehmende Ansteckungsgefahr und Erkrankungen erhöhten den Pflege- und Behandlungsaufwand, dem mehr als ungenügend nachgegangen wurde. Die tendenzielle Benachteiligung von unheilbaren und stark pflegebedürftigen PatientInnen liegt auf der Hand. Die hohe Zahl an Frakturen, speziell von Rippenbrüchen, die die AnthropologInnen bei den sterblichen Überresten im ehemaligen Anstaltsfriedhof feststellten, bezeugen nicht nur eine strukturelle Vernachlässigung der PatientInnen, sondern auch eine brutalisierte Pflege, die in psychiatrischen Großeinrichtungen häufig anzutreffen war. Dies legt, so Oliver Seifert, „den Schluss nahe, dass man sich weitgehend mit der Benachteiligung der Psychiatrie im Allgemeinen und mit jenem Teil ihrer PatientInnen im Speziellen, die weder produktive Arbeit leisteten noch als therapierbar galten, abgefunden hatte bzw. diese zum Teil sogar mittrug" und quasi „als kriegs- und schicksalsbedingt" ohne erkennbaren Widerstand einfach hinnahm. Die Heil- und Pflegeanstalt Hall zählte, auch wenn im Einzelfall Tötungen oder zumindest das Herbeiführen bzw. Zulassen eines schnellen Todes nicht ausgeschlossen werden können, nicht zu jenen Anstalten, in denen ein systematischer und gezielter Krankenmord stattfand. *„Auf jeden Fall haben Hunger, Kälte, Raumnot sowie medizinische und pflegerische Unterversorgung und Vernachlässigung die Überlebenschancen vieler PatientInnen derart verringert, dass deren massenhaftes Sterben als logische Konsequenz erscheint."*[319]

Da der Städtische Friedhof in Hall überfüllt war und die Fortsetzung einer jahrzehntelangen Praxis, verstorbene AnstaltspatientInnen dort zu begraben, nicht mehr durchführbar erschien, wurde auf Forderung der Stadtgemeinde und des Landrates auf dem Gelände der Heil- und Pflegeanstalt ein eigener Anstaltsfriedhof als eine „kriegsbedingte, zeitlich begrenzte Notlösung" angelegt. Zwischen 2. November 1942 und 18. April 1945 wurden 212 von insgesamt 334 PatientInnen, die in der Psychiatrie verstarben, sowie 16 weitere Leichen, die in keinem direkten Zusammenhang zur Heil- und Pflegeanstalt standen, auf diesem Anstaltsfriedhof in pietätvoller Weise beige-

Gedenkmauer / Lichtort mit Hinweistafel im Gelände des Landeskrankenhauses Hall aus dem Jahr 2014 zur Erinnerung an die PatientInnen der ehemaligen Heil- und Pflegeanstalt, die in der NS-Zeit verstarben und im Anstaltsfriedhof begraben wurden. (Fotos Oliver Seifert)

In Memoriam

An dieser Stelle befand sich der 1942 angelegte Friedhof der psychiatrischen Heil- und Pflegeanstalt Hall. 228 Patientinnen und Patienten - überwiegend aus Tirol, Vorarlberg und Südtirol stammend - wurden hier zwischen 1942 und 1945 bestattet. Der Tod vieler dieser Menschen ist dem nationalsozialistischen Gesundheitssystem geschuldet, das in ihnen nur „Ballastexistenzen" sah. Nach 1945 geriet der Friedhof in Vergessenheit. Seine Wiederentdeckung im Jahr 2010 führte zu einer eingehenden Auseinandersetzung mit der NS-Psychiatrie in Tirol. Die sterblichen Überreste der hier Bestatteten wurden 2014 in einem Grabmal auf dem städtischen Friedhof Hall beigesetzt. Die 228 Lichtöffnungen in dieser Mauer sollen symbolisch an die Verstorbenen erinnern.

Informationstafel auf dem symbolischen Grabstein im Lichtort (Foto Oliver Seifert)

Gedenkmauer und Lichtort bei Nacht (Foto Peter Paul Pontiller)

setzt. Vermutlich Anfang der 1960er Jahre wurden der Friedhof endgültig aufgelassen, das Areal aufgeschüttet und Obstbäume gepflanzt. Ein Erinnerungskreuz suchte man vergeblich, so dass der Friedhof allmählich in Vergessenheit geriet, die Krankenhausleitung im Jahr 2000 auf dessen Areal einen Parkplatz anlegte und 2010 das Grundstück als Bauplatz für einen Neubau vorgesehen war. Nach dem Abschluss der Exhumierung des Friedhofes errichteten die tirol kliniken hier 2012/13 eine neue forensische Abteilung.[320]

Initiatorin der Gedenkstätte: Seit der Exhumierung und dem Abriss der alten Leichenhalle sind keine materiellen Zeugnisse mehr vorhanden, die auf die Vergangenheit hinweisen würden. Die tirol kliniken beauftragten die Innsbrucker Architekten Peter Paul Pontiller und Oswald Schweiggl mit der Errichtung eines Gedenkortes. Seit Herbst 2014 erinnert auf dem

Gelände des Landeskrankenhauses Hall in unmittelbarer Nähe zum ehemaligen Anstaltsfriedhof eine als Lichtort bezeichnete Mauer an diesen Friedhof. Die Aussparungen in der Gedenkwand symbolisieren das Erinnerungskreuz, das nie auf dem ehemaligen Anstaltsfriedhof aufgestellt wurde. Lichtschlitze in der Mauer versinnbildlichen die aufgelassenen 228 Gräber und erinnern an alle Verstorbenen, für die auch Kerzen aufgestellt sind. Die Architekten wollten dem Gedenkort Spiritualität geben: „Es ging nicht darum, ein aufwändiges Denkmal zu setzen, sondern den Verstorbenen, deren Angehörigen und den Besuchern einen Ort der Stille und des Gedenkens zu schaffen. Dazu wurde die Abgrenzung zur Tiefgarageneinfahrt als Mauer mit 228 Lichtschlitzen, eben der Anzahl der hier Begrabenen, konzipiert", so Pontiller.[321] Ein „symbolischer Grabstein mit Inschrift" nimmt Bezug auf den ehemaligen Friedhof und erklärt den historischen Kontext. Auf einer längs gezogenen Hinweistafel ist zu

Das Grabmal auf dem Städtischen Friedhof Hall für die ehemals auf dem Anstaltsfriedhof beigesetzten Verstorbenen (Fotos Oliver Seifert)

lesen: „228 Lichtöffnungen als Symbol für 228 hier am ehemaligen Anstaltsfriedhof bestatteten Patienten in den Jahren 1942–1945.“

Am 8. November 2015 weihten Bischof Manfred Scheuer und Superintendent Olivier Dantine in Anwesenheit von Vertretern der Klinikseelsorge und der tirol kliniken sowie Angehörigen und MitarbeiterInnen des Krankenhauses den Lichtort im Rahmen einer ökumenisch-liturgischen Gedenkfeier ein, die nun jedes Jahr am ersten Sonntag nach Allerheiligen stattfindet. Der Bischof führte aus:

„Die Erinnerung an die toten Patientinnen und Patienten ist verbunden mit einem Eingedenken an die Würde und an den Wert ihres Lebens. Behinderte Menschen sind ein wichtiges Korrektiv in unserer Leistungsgesellschaft, in der alles und jeder scheinbar reibungslos zu funktionieren hat. Wir sollten uns zum bedingungslosen Wert des Lebens bekennen. Leben ist nicht perfekt, sondern bunt und vielfältig.“[322]

Bereits im Juni 2014 erfolgte die Wiederbestattung der sterblichen Überreste in einem auf dem Städtischen Friedhof in Hall errichteten Grabmal.[323]

Die tirol kliniken beauftragten das Innsbrucker Architektenbüro Illmer & Tautschnig mit der Errichtung einer Grabstätte am Städtischen Friedhof von Hall. Am 28. Juni 2014 wurden die Überreste von 222 der 228 Menschen beerdigt, die am nunmehr aufgelassenen Anstaltsfriedhof auf dem Gelände der Heil- und Pflegeanstalt während der NS-Zeit begraben worden waren, in einem auf dem Städtischen Friedhof in Hall errichteten Grabmal. Die Einweihung besorgten Bischof Manfred Scheuer, Superintendent Olivier Dantine und Klinikseelsorger Andreas Krzyzan im Beisein von Angehörigen. Die Bestattung in einer Gruft erfolgte in individuell zuordenbaren Metallbehältnissen.

Im Zentrum der Grabstätte sind auf vier Glasplatten die Namen, Geburtsorte sowie Geburts- und Ster-

Glasplatten in der Gruft des Grabmals mit den Namen der Verstorbenen (Foto Oliver Seifert)

bejahre der Verstorbenen angeführt. Die Glasplatten werden von einer dreiseitigen Steinbank umschlossen, über der ein Sims schmale Fenster für Grabkerzen auslässt. Am Grabmal ragen eine kleine und eine große weiße Säule in die Höhe. Den Architekten war daran gelegen,

„eine bauliche Anlage in Form einer zugänglichen Gruft für die Bestattung herzustellen und zudem einen Ort zu schaffen, an dem die Toten DA sind. Es geht also nicht mehr nur um die Deutung, sondern um die Erfahrung: Die Verstorbenen sind hier. Dies entspricht nun auch dem Anliegen der Angehörigen – sie wollen am Grab stehen, die Namen der Toten lesen und so ihrer gedenken. Räumlich ist der Friedhof definiert durch sei-

ne Abgrenzung nach außen in Form einer Umfriedung aus Sichtbeton. Dieser erhebt sich schalenförmig in konzentrisch gestuften Kreisen nach oben, gen Himmel. Indem die Geschlossenheit der Form ein Eintreten und Innewerden verlangt, wird sich der Besucher durch die Begegnungskraft des Ortes seiner selbst bewusst und zum Andenken angeregt. Der in der Mitte der Anlage liegende Gedenkstein erinnert an ein aufgeschlagenes Buch, in das die Namen der Toten eingraviert sind. Eine umlaufende Sitzbank aus Laaser Marmor umschließt die Lichtsäule mit dem Kerzentabernakel, der gleich den Kerzennischen am oberen Rand der Umfriedung das Motiv des Lichtes (...) aufgreift": Das ewige Licht möge ihnen leuchten.[324]   ∎

Denkmal in Form eines Kreuzes für die polnischen Opfer des Hitlerterrors im neuen Teil des Friedhofs

Den Kriegsgräbern für ausländische Kriegsgefangene, ZwangsarbeiterInnen und Soldaten der Wehrmacht zugewandt, steht ein Betondenkmal in Form eines Kreuzes mit einer auf Polnisch und Deutsch verfassten Inschrift, das der Rat zum Schutz der Kampf- und Märtyrerdenkmäler der Volksrepublik Polen in Erinnerung an die polnischen StaatsbürgerInnen aufstellen ließ, die in der NS-Zeit in Tirol den Tod fanden. Der Zeitpunkt der Errichtung ist unbekannt, jedenfalls vor 1989. Im Amraser Soldatenfriedhof in Innsbruck befindet sich ein identes Denkmal.

Foto Horst Schreiber

Imst

Otto-Neururer-Brunnen im Stadtteil Lassig

Die Idee zum Brunnenbau an einem zentralen Platz im jungen Imster Stadtteil Lassig stammt von den Siedlern Helene und Walter Grössl, Ingrid und Erwin Rotter, Gitti und Reinhold Covini sowie der Familie Gruber, die sich an den in der Lassig beheimateten Künstler Elmar Peintner wandten. Dekan Hubert Rietzler machte Peintner auf Otto Neururer aufmerksam, für den der Seligsprechungsprozess im Gange war. Der Künstler nahm den Vorschlag auf. Er hatte sich bereits Anfang der 1980er Jahre mit der Person Neururers auseinandergesetzt und das Landesmuseum Ferdinandeum das von ihm geschaffene Porträt, von dem eine Kopie in die Pfarrkirche Götzens kam, angekauft. Elmar Peintner entwarf unentgeltlich eine Plastik für den Brunnen, dessen Planung und Bauleitung in den Händen von Baumeister Grössl lag.[325] Der Städtische Bauhof Imst, die Stadtwerke Imst und die Firmen Franz Thurner, Baumarkt Canal, Eisen Gstrein und Andrä Sager machten sich „in selbstloser Weise um den Brunnenbau verdient".[326] Die aufgebogenen Gitterstäbe stehen für das Konzentrationslager, das Pfarrer Neururer mit seinem Tod überwunden hat. Symbol für sein Leben und seine Vollkommenheit ist die vergoldete Eisenkugel über den Stäben. Das Gold versinnbildlicht die Heiligkeit des geistlichen Regimegegners. Auf einem Nirostaband unterhalb der Gitterstäbe weist eine Widmung auf den Seligen hin.[327] Dekan Rietzler weihte den Otto-Neururer-Brunnen am 23. Oktober 1993 ein, bevor die Bevölkerung das Lassiger Brunnenfest feierte. ▪

Der „Märtyrer-Brunnen" an der Kreuzung zweier Wege ist zentral gelegen und Teil eines Begegnungszentrums im jungen Imster Stadtteil Lassig. Die Säule des Künstlers Elmar Peintner ist eine symbolische Darstellung des Leidens und der Erlösung von Otto Neururer, der im KZ Buchenwald ums Leben kam. (Fotos Rainer Hofmann)

Porträt von Otto Neururer
mit Informationstafel in der Pfarrkirche

Für den Künstler Elmar Peintner war das Kreuz Otto Neururers, zu dem er Ja sagte, das KZ Buchenwald, das er im Querbalken des Porträts durch SS-Männer mit Ochsenziemern und ihren Bluthunden sowie mit der Todeszelle Neururers darstellt. Am Längsbalken des Kreuzes scheint die Häftlingsnummer des Seliggesprochenen auf als Zeichen der Entmenschlichung im Nationalsozialismus.[328]

Initiator des Porträts: Dekan Hubert Rietzler gab das Bild von Otto Neururer beim Künstler Elmar Peintner in Auftrag. Es hängt an der rechten Seite der Kirchenwand vor dem Seitenaltar. Dekan Rietzler enthüllte das Bild am 3. November 1996 während einer meditativen Andacht nach der Abendmesse in der Pfarrkirche Imst.[329]

Bildhafte Darstellung der Aufforderung von Jesus Christus „Wer mein Jünger sein will, der nehme das Kreuz auf sich und folge mir nach" in der Maltechnik Bleistift mit Eitempera von Elmar Peintner (Foto Rainer Hofmann) mit Informationstext (Foto Elmar Peintner)

Seliger Pfarrer OTTO NEURURER

Otto Neururer wurde am 25. März 1882 in Piller, Pfarre Fließ, als zwölftes und letztes Kind einer Bergbauernfamilie geboren.

1907 in Brixen zum Priester geweiht, wirkte in verschiedenen Orten Tirols. 1932 übernahm er die Pfarre Götzens (bei Innsbruck), wo ihm ab März 1938 wegen seiner kompromisslosen Haltung der nationalsozialistischen Herrschaft gegenüber ein dornenvoller Leidensweg beschieden war.

Weil er einem Mädchen aus Götzens von einer Ehe mit einem geschiedenen Mann abgeraten hatte, wurde er noch im Dezember 1938 verhaftet. Man warf ihm vor, eine "deutsche Ehe" verhindert zu haben. Der enttäuschte Bräutigam war ein Nazi und hatte seiner Braut verschwiegen, dass er eigentlich schon verheiratet ist. Vom Gestapogefängnis Innsbruck kam Pfarrer Neururer im März 1939 ins Konzentrationslager Dachau und im folgenden September nach Buchenwald bei Weimar.

Trotz gesundheitlicher Schwäche ertrug er alle Mühen und Leiden gottergeben und versuchte sogar unter größter persönlicher Gefahr, als Priester unter seinen Mithäftlingen zu wirken. Wahrscheinlich wegen der Aufnahme eines Konvertiten in die Kirche und wegen heimlicher Sakramentenspendung wurde er nach verlässlichen Nachrichten an den Fußgelenken mit dem Kopf nach unten aufgehängt und hat still betend sein Leben Gott zurückgegeben. Sein Tod wurde am 30. Mai 1940 gemeldet.

So hat er als Blutzeuge seinen irdischen Lauf vollendet und die Märtyrerkrone empfangen. Am 24. November 1996 wurde er von Papst Johannes Paul II. seliggesprochen. Seine Grabstätte ist in der Pfarrkirche in Götzens.

Am 30. Mai gedenkt die Diözese Innsbruck des Seligen Pfarrers Otto Neururer.

Der Künstler dieses Bildes ist Prof. Elmar Peintner aus Imst.

Innsbruck

Sowjetisches Denkmal im Soldatenfriedhof Amras, Ecke Wiesengasse/Amraser Straße

Der Soldatenfriedhof im Innsbrucker Stadtteil Amras ist die größte Kriegsgräberanlage Tirols, die 1917 angelegt und nach 1945 ständig erweitert wurde. Neben Gefallenen der Tiroler Freiheitskriege Ende des 18. Jahrhunderts, des Ersten Weltkriegs mit einem eigenen muslimischen Teil für die bosnisch-herzegowinischen Regimenter und des Zweiten Weltkriegs liegen hier Bombenopfer, Kriegsgefangene bzw. Zwangsarbeiter-Innen und ausländische Tote des Arbeitserziehungslagers Reichenau begraben. Gedenksteine erinnern an jüdische, polnische und italienische Opfer der NS-Zeit, ein sowjetisches Denkmal überragt die Anlage.[330] Der Friedhof, verwaltet von der Burghauptmannschaft und betreut vom Schwarzen Kreuz, ist seit 1958 zur Gänze im Besitz der Republik Österreich. Für das Schwarze Kreuz gilt der Friedhof als „Mahnmal für Frieden, Versöhnung und Völkerverständigung",[331] denn: „Die beerdigten Helden ruhen nicht nach Nationen und Konfessionen getrennt", sie seien

„nunmehr als Freunde zu ewigem Frieden geeint (...) alle in gleicher Fürsorge betreut, denn sie alle haben ihr Leben in treuer Pflichterfüllung bis in den Tod hingegeben. Nicht prunkvolle Denkmale in Verherrlichung des Krieges, sondern schlichte Kreuze und Blumen trauernden Gedenkens sollen das gemeinsam erlittene Kriegsleid aller Völker in österreichischer Bescheidenheit zum Ausdrucke bringen."[332]

In seinen Mitteilungen schrieb das Schwarze Kreuz 1986: „Toleranz im Friedhof: Soldaten des Ersten Weltkrieges, KZ-Opfer und Männer der Waffen-SS ruhen in Frieden nebeneinander."[333] Einen gegenteiligen Standpunkt nehmen die österreichischen Ausstellungsmacher der internationalen Wanderausstellung „Zwangsarbeit im Nationalsozialismus" der Stiftung Gedenkstätten Buchenwald und Mittelbau-Dora ein, die 2016 im Museum Arbeitswelt Steyr gezeigt wurde:

„Am Beispiel des Soldatenfriedhofs Innsbruck-Amras zeigt sich die unterschiedslose Behandlung von einheimischen Bombenopfern, von Kriegsgefangenen, Zwangsarbeitern und Soldaten als Kriegsopfer, aber

Informationstafel im Soldatenfriedhof Amras
(Foto Selina Mittermeier)

auch von SS-Offizieren, deren Einheiten nachweislich am Massenmord in den besetzten sowjetischen Gebieten beteiligt gewesen waren. Sie sind nebeneinander bestattet, ihre Gräber sind unabhängig von der Todesursache einheitlich gestaltet."[334]

Südlich des sowjetischen Friedhofsbereiches schließt sich, so Oswald von Gschliesser 1965, ein „im Jahre 1949 angelegtes Friedhofsfeld an, in welchem auf 110 schmiedeeisernen Kreuzen die Namen von ungefähr ebenso vielen Angehörigen der deutschen Wehrmacht und im zweiten Weltkrieg im Lande verstorbener, meistenteils zwangsweise verpflichteter Fremdarbeiter aus verschiedenen Nationen verzeichnet stehen. Sie waren sämtlich zunächst auf verschiedenen Zivilfriedhöfen beigesetzt gewesen."[335]

Sowjetisches Denkmal mit Inschrift und einem der zehn Grabsteine, die rund um das Denkmal platziert sind. (Fotos Selina Mittermeier)

Übersetzung der nordseitig auf der Tafel aus weißem Marmor am Obelisken angebrachten kyrillischen Inschrift:[336]
„Hier liegt die Asche von 59 Kriegsgefangenen der heroischen Sowjetarmee, die 1941–1945 von deutschen faschistischen Truppen gefangengenommen und in der deutschen faschistischen Gefangenschaft für die Ehre und Unabhängigkeit der Sowjetunion getötet wurden."
„Hier sind 46 sowjetische Staatsbürger begraben, die 1941–1945 von deutschen faschistischen Invasoren in Gefangenschaft entführt wurden und weit weg von ihrer Heimat starben."

Über die Entstehung des sowjetrussischen Friedhofsteils im Nordwesten der Anlage schreibt Oswald von Gschliesser: „Als man sich im Jahre 1949 vor der Notwendigkeit gestellt sah, die im zweiten Weltkrieg in Tirol verstorbenen russischen Kriegsgefangenen und Zivilarbeiter auf einem gemeinsamen Friedhof beizusetzen, griff man auf einen Teil der 1932 aufgelassenen Friedhofsfelder."[337] Begraben liegen hier SowjetbürgerInnen und Angehörige der Roten Armee, die zwischen 1942 und 1945 als Kriegsgefangene und ZwangsarbeiterInnen in Tirol den Tod fanden oder nach Kriegsende als Mitglieder der sowjetischen Militärmission.[338]

Generell finanzierte die Sowjetunion die Planung der Kriegsgräberanlagen, während Bund, Land und Gemeinde die Ausführungskosten übernahmen. Sowjetische Architekten gestalteten in Österreich die Anlagen in stalinistischem Stil mit ganz bestimmten Vorgaben: Quadrat- oder Rechteckform mit einem zentralen „Heldenplatz", einem Siegesobelisken oder einem sonstigen massiven Monument, Sowjetstern und patriotisch-pathetisch gehaltener Inschrift zum Ruhme der im Kampf gegen den deutschen Faschismus Gefallenen. Einfache Soldaten und Unteroffiziere kamen in Massengräber, Offiziere in Einzelgräber.[339]

In Innsbruck-Amras ist der sowjetische Friedhofsteil mit einer Hecke umgeben. Im Zentrum erhebt sich ein Rundobelisk aus Gussstein über einem zweistufigen kubischen Granitsockel, bekrönt von einem fünfzackigen Sowjetstern. Zehn radial angelegte Gemeinschaftsgräber aus Kunststeinblöcken tragen auf Russisch die Namen der nun hier beigesetzten SowjetbürgerInnen.[340]

Denkmal in Form eines Kreuzes für die polnischen Opfer des Hitlerterrors im Soldatenfriedhof Amras

Inmitten von Grabkreuzen für ausländische Kriegsgefangene, ZwangsarbeiterInnen und Wehrmachtsoldaten steht ein Denkmal in Kreuzesform mit einer auf Polnisch und Deutsch verfassten Inschrift, das der Rat zum Schutz der Kampf- und Märtyrerdenkmäler der Volksrepublik Polen vor 1989 in Erinnerung an die polnischen StaatsbürgerInnen aufstellen ließ, die in der NS-Zeit in Tirol den Tod fanden. Im Friedhof von Hall in Tirol befindet sich ein identes Denkmal. ▪

Foto Selina Mittermeier

Denkmal mit Gedenktafel für Kriegsgefangene im italienischen Teil des Soldatenfriedhofs Amras

Im Zentrum des italienischen Teils im Südosten der Friedhofsanlage befindet sich ein 1920 für die im Ersten Weltkrieg gefallenen Soldaten errichtetes, nach 1945 ergänztes, und auf einem zweistufigen Podest stehendes turmähnliches Steinmonument in polychromer Farbgebung mit kupfernem Zeltdach und bekrönendem Steinkreuz. Zu sehen sind Kriegsgeräte der vier Waffengattungen jeweils in entwicklungsgeschichtlicher Abfolge auf weißem Marmor, das Wap-

Steinmonument im italienischen Friedhofsbereich mit einer der vier Inschriftstafeln (Foto Selina Mittermeier)

pen Savoyens an der Ostseite und der Savoyische Knoten im Süden und Norden. Auf allen vier Seiten sind Granittafeln mit Inschriften auf Latein und Deutsch angebracht.

Von den 20 italienischen Staatsangehörigen, die als Tote des Zweiten Weltkriegs mit steinernen Grabkreuzen bedacht sind, starben fünf als Kriegsgefangene. Die Übersetzung der italienischen Inschrift auf der Gedenktafel lautet: „Zum Gedenken an die Italiener, die 1943–1945 in Gefangenschaft starben und an einem unbekannt gebliebenen Ort des angrenzenden Zivilfriedhofs begraben wurden." ■

Gedenkstein für jüdische Opfer im Soldatenfriedhof Amras

Das Österreichische Schwarze Kreuz errichtete im Amraser Soldatenfriedhof so wie im Waldfriedhof in Seefeld und im Jüdischen Friedhof in Innsbruck einen Gedenkstein aus rotem Marmor mit jeweils gleichlautender hebräischer und deutscher Inschrift zu Ehren der jüdischen Opfer des Nationalsozialismus. Wann er errichtet wurde, ist unbekannt, jedenfalls vor 1975.[341] Bischof Reinhold Stecher intervenierte erfolgreich, den Gedenkstein besser sichtbar zu positionieren.[342] ■

Gedenkstein für die jüdischen NS-Opfer. Der hebräische Text lautet übersetzt: „Zum Andenken an die Seelen der Opfer des Naziregimes in den Jahren 5698–5705", nach gregorianischem Kalender 1938–1945. (Foto Selina Mittermeier)

Denkmal mit einer Gedenktafel für italienische Kriegsgefangene (Foto Selina Mittermeier)

Grabkreuze mit Inschrift für Opfer des Arbeitserziehungslagers (KZ) Reichenau im Soldatenfriedhof Amras

Die Toten des Arbeitserziehungslagers Reichenau, die hier beerdigt sind, scheinen teils mit, teils ohne nationale Herkunft auf oder sind mit einem deutschen Soldaten oder mit nicht näher beschriebenen Personen bestattet. (Fotos Selina Mittermeier)

Marcelli Duch, 26.1.1942; Amerikaner John Gittermann, 4.12.1943; Jugoslawischer Zwangsarbeiter Mate Jelinic, 2.1.1944; Luk. Jurik, 28.1.1944; Pole Konstantin Kozakowsky, 8.4.1945; Sixtus Krauzer, 6.11.1943; Jugoslawe Johann Kunst, 10.12.1944; Josef Nicolic, 28.7.1942; Johann Poleiner, 10.4.1944; Gefreiter Pam. Peidis, 22.11.1944; Jugoslawischer Zwangsarbeiter Christian Pratotnik, 13.12.1944; Pole W. Suchta, 12.4.1945; Chinese Chee Chung Tseng, 28.4.1944. ▪

Denkmal für Widerstand und Befreiung am Eduard-Wallnöfer-Platz

Das Befreiungsdenkmal um 1950 mit Blick auf die Serles
(Foto Stadtarchiv Innsbruck)

Die Ähnlichkeit zwischen dem Mittelrisalit des ehemaligen Gauhauses
und dem Befreiungsdenkmal sind augenscheinlich. (Foto Friedrich
Stepanek). Unten: Nahaufnahme der schmiedeeisernen Gitter mit den
Wappen der österreichischen Bundesländer, die in Form eines Kreuzes
angeordnet sind. (Foto Stadtarchiv Innsbruck)

Blick auf den neu gestalteten Eduard-Wallnöfer-Platz 2011
(Foto Günter Richard Wett)

Durch die Öffnung der Gittertore schließt das Denkmal alle Gruppen des Widerstandes mit ein. Sind die Tore geschlossen, so erscheint das Narrativ der Nachkriegszeit, das den Widerstand unter das Zeichen des Kreuzes stellt und in erster Linie christlich versteht. (Foto Günter Richard Wett)

Die lateinische Inschrift an der nördlichen Attika des Denkmals (Foto Hansjörg Paul). Unten: Die lateinische Inschrift ließ der Künstler Christopher Grüner 2016 auf Französisch, Englisch und Russisch übersetzen und diese neue Textierung auf der südlichen Attika anbringen. Damit wird die Rolle der Alliierten für die Befreiung Tirols und Österreichs sichtbar. (Foto Günter Richard Wett)

BEFREIUNGSDENKMAL

PRO LIBERTATE AUSTRIAE MORTUIS
Den für die Freiheit Österreichs Gestorbenen

Dieses Denkmal wurde von 1946 bis 1948 auf Initiative der französischen Militärregierung nach Plänen des Architekten Jean Pasceaud errichtet. Gegenüber dem ehemaligen Gauhaus, heute Sitz der Tiroler Landesregierung, ehrt es alle alliierten Soldaten, Tirolerinnen und Tiroler, die für die Befreiung vom Nationalsozialismus und für die Wiedererstehung Österreichs ums Leben kamen. Auf den schmiedeeisernen Gittern wurden kreuzförmig die Wappen der neun Bundesländer angeordnet, am Dach des Denkmals steht ein in Kupferblech getriebener Adler. Bei der Neugestaltung des Eduard-Wallnöfer-Platzes im Jahr 2011 wurden die Gitter geöffnet und das Befreiungsdenkmal begehbar gemacht.
Die an den Schmalseiten geschriebenen Namen erinnern an jene Frauen und Männer, die wegen ihres Widerstandes gegen den Nationalsozialismus sterben mussten.
Als nun konkret benennbare Menschen treten sie aus ihrer bisherigen Anonymität heraus und in die Erinnerungskultur Tirols ein. Sie stehen auch für all jene, von denen wir noch nichts wissen.
Die lateinische Inschrift PRO LIBERTATE AUSTRIAE MORTUIS wurde in die Sprachen der alliierten Befreier übersetzt und 2016 an der südseitigen Attika angebracht.

www.eduard-wallnoefer-platz.at

Eine Stele informiert über die Geschichte des Befreiungsdenkmals (Foto Christian Kuen)

Der QR-Code auf der Stele führt zu Videos, Fotos, Zeitungsartikel und Texten auf einer Website (www.eduard-wallnoefer-platz.at), die Horst Schreiber für erinnern.at betreibt. Dort finden sich auch die Kurzbiografien zu den derzeit 124 Menschen, die am Denkmal verewigt sind:

Paul Anetter
Josef Außerlechner
Cäcilia Autsch
Josef Axinger
Max Bär
Michael Bazil
Johann Blassnig
Anton Bodenwinkler
Alois Brunner
Josefine Brunner
Matthäus Burgstaller
Walter Caldonazzi
Viktor Czerny
Alfons Degasperi
Helene Delacher
Heinrich Depaoli
Johann Desch
Ferdinand Eberharter
Rudolf Eder
Johann Erler
Peter Falkner
Georg Fankhauser
Ernst Federspiel
Nikolaus Federspiel
Alois Flatscher
Franz Frank
Oskar Frank
Sepp Gangl
Jakob Gapp
Johann Gasser
Alois Graus
Franz Gruber
Georg Gruber
Anna Gründler
Alfred Grundstein
Gottfried Gutzelnig
Hubert Hell
Andreas Hofer
Alois Holzer
Ferdinand Humer
Josef Hundegger
Alois Hupfau
Shmuel David Janaszewicz
Hermann Jenewein
Jakob Justman
Karl Killinger

Anton Kofler
Walter Krajnc
Marian Kudera
Stefan Kudera
Carl Lampert
Josef Lengauer
Franz Mair
Adolf Martinek
Hubert Mayr
Karl Mayr
Konrad Meier
Johann Mentil
Franz Josef Messner
Franz Möslinger
Robert Moser
Otto Neururer

Andreas Obernauer
Anton Obholzer
Ernst Ortner
Josef Pair
Emil Palla
Hugo Paterno
Johann Pechriggl
Maria Peskoller
Oskar Pfeifer
Anton Pils
Hugo Pircher
Viktor da Pont
Josef Pontiller
Erich Ranacher
Josef Ratzesberger
Anton Rausch

Franz Reinisch
Anton Rettenbacher
Johann Rieder
Narciso Riet
Hedwig Romen
Josef Salcher
Thomas Salvenmoser
Josef Schmiderer
Johann Schmidt
Albert Alois Schnitzer
Johann Schroffner
Franz Schwab
Nikolaus Schwarz
Karl Seemann
Antonia Setz
Franz Setz
Rosa Stallbaumer
Anton Steiner
Florian Steiner
Lorenz Steiner
Johann Steinmayr
Anton Stock
Richard Stöllnberger
Franz Stolzlechner
Adele Stürzl
Klara Sturm
Alfons Sturm
Ferdinand Thaler
Otto Thies
Konrad Tiefenthaler
Martin Tissner
Franz Toman
Leopold Tomschik
Ludwig Totzenberger
Albert Troppmair
Stefan Valentinotti
Hans Vogl
Johann Wanner
Karl Weiroster
Josef Werndl
Lorenz Wernisch
Josef Wieser
Johann Winkler
Franz Wurzenrainer
Josef Zeisser
Josef Zendron

Personalisierung des Widerstandes: Unter der deutschen Überset-zung der lateinischen Inschrift an der nördlichen Attika des Denkmals „Den für die Freiheit Österreichs Gestorbenen" sind seit 2011 und 2016 auf beiden Schmalseiten des Denkmals die Namen jener 124 Frauen und Männer zu lesen, die wegen ihres Widerstandes und ihrer Widersetzlichkeit gegen Normen des NS-Staates ums Leben kamen. Die nicht-alphabetische Reihenfolge gewährleistet eine künftige Er-weiterung des Personenkreises. Historische Recherche ist prinzipiell unabgeschlossen. (Foto Günter Richard Wett)

Johann Blassnig, geboren am 28. August 1922 in Hopfgarten in Defereggen, rückte im Oktober 1941 ein und kämpfte in Norwegen und an der Ostfront, wo er sich mit einigen Kameraden in das Hinterland absetzte, jedoch von der Feldgendarmerie festgenommen, als Deserteur am 8. Dezember 1943 dem Kriegsgericht vorgeführt und zu acht Jahren Haft verurteilt wurde. Blassnig kam zu einer „Bewährungskompanie" und starb an seinem 22. Geburtstag am 28. August 1944 bei Kampfhandlungen in Ditró, Ostungarn.[343]

Anton Bodenwinkler, geboren am 22. September 1911 in Lienz, gehörte den Zeugen Jehovas an. Er wurde am 22. Februar 1939 verhaftet und am 2. Juni 1939 in das KZ Dachau gebracht. Am 29. September 1939 überstellte man ihn in das KZ Mauthausen, wo er am 11. Februar 1940 starb. Anton Bodenwinkler zählte vermutlich zu jenen Zeugen Jehovas, die wegen ihrer Nichtanerkennung des NS-Staates zu Opfern des Dritten Reiches wurden.

Matthäus Burgstaller, geboren am 10. September 1880 in Pichl bei Wels, war Zeuge Jehovas und wurde zwangspensioniert, weil er sich weigerte, den Diensteid auf den NS-Staat zu leisten. Er nahm einen wichtigen Platz im Herstellungs- und Verteilungssystem des illegalen Publikationsorgans der Zeugen Jehovas ein, des „Wachtturms". Am 16. August 1943 verhaftete die Gestapo ihn mit seiner Frau Johanna. Verurteilt wegen Wehrkraftzersetzung, wurde Matthäus Burgstaller am 9. Oktober 1944 in Berlin hingerichtet. Johanna Burgstaller erhielt vier Jahre Zuchthaus.

Helene Delacher
(Foto Archiv der Zeugen Jehovas Wien)

Helene Delacher, geboren am 25. August 1904 in Leisach, war Mitglied der Zeugen Jehovas. Wegen ihrer starken Schwerhörigkeit wurde sie als geistig beschränkt beschrieben. Am 13. Juni 1940 verhaftete sie die Gestapo, das Sondergericht Innsbruck verurteilte sie zu acht Monaten Gefängnis wegen Zugehörigkeit zu einer wehrfeindlichen Verbindung. 1943 wurde sie an der italienischen Grenze verhaftet, als sie sechs Nummern des „Wachtturms" bei einem Treffen mit ihrem Verlobten bei sich hatte. Den Vorschlag des Gerichts, in einer Munitionsfabrik zu arbeiten, lehnte sie aus Glaubensgründen ab. Helene Delacher wurde am 12. November 1943 in Berlin-Plötzensee hingerichtet.

Johann Desch, geboren am 29. Juli 1897 in Mariatal bei Kramsach, bekundete im Jänner 1939 bei der Musterung, wegen seines Glaubens als Zeuge Jehovas nicht einrücken zu wollen. Er wurde deshalb am 23. Jänner 1939 verhaftet und zwei Monate später in das KZ Dachau eingeliefert, im September 1939 ins KZ Mauthausen. Aufgrund seiner körperlichen Schwächung kam er wieder ins KZ Dachau, wo er am 25. August 1940 an den Folgen der Unterernährung starb.

Peter Falkner, geboren am 17. Oktober 1908 in Sölden, hatte eine leitende Funktion in einer Widerstandsgruppe von Deserteuren und politisch Verfolgten im Ötztal. Er erlebte zwar noch die Befreiung Tirols, starb aber am 25. Juli 1945 an den Folgen der dauernden Strapazen, denen die Mitglieder der Widerstandsgruppe ausgesetzt waren.

Georg Fankhauser
(Foto Arthur Fankhauser)

Georg Fankhauser, geboren am 17. April 1916 in Tux, und Hermann Jenewein, geboren am 8. November 1917 in Pfunds, standen 1944 im Fronteinsatz in Norwegen. Die beiden räumten entgegen anderslautenden Befehlen beim Herannahen der Roten Armee eine Stellung frühzeitig und meldeten sich erst zwei Tage später wieder bei ihrer Einheit. Fankhauser und Jenewein kamen vor ein Kriegsgericht und wurden am 11. Dezember 1944 hingerichtet.

Alois Flatscher
(Foto Burgenländisches Landesarchiv)

Alois Flatscher, geboren am 31.1.1894 in Schlaiten, maturierte 1915 am Gymnasium der Franziskaner in Hall in Tirol, wo er mit seiner Frau und seinem Sohn lebte. Er war bis zum März 1938 Betriebsorganisations-Referent der Vaterländischen Front, zuständig für die Erfassung aller in der Privatwirtschaft tätigen Arbeitskräfte. Im März 1938 verlor er seinen Posten und musste als Buchhalter arbeiten. Am 23. Oktober 1942 nahm ihn die Gestapo aus politischen Gründen fest und inhaftierte ihn im Gefängnis des Landesgerichts Innsbruck. Von 17. Dezember bis 8. Jänner 1943 war er im Arbeits-

erziehungslager Reichenau in Gestapohaft und wurde anschließend ins KZ Dachau überstellt. Von dort wurde er am 28. Jänner 1944 ins KZ Lublin gebracht, wo er zunächst in einem Arbeitskommando in der Lindenstraße unter vergleichsweise guten Arbeitsbedingungen lebte. Im Juli 1944 wurde er mit anderen Gefangenen auf einen Todesmarsch nach Auschwitz geschickt. Zu diesem Zeitpunkt war sein Gesundheitszustand bereits äußerst prekär. Schwache und Kranke erschossen die Wachmachmanschaften unterwegs. Am 31. Juli 1944 kam Alois Flatscher ums Leben.

Johann Gasser
(Foto Hedwig Usel)

Johann Gasser, geboren am 19. August 1884 in Innsbruck, war Angehöriger der Heimatwehr und äußerte sich abfällig gegen führende Persönlichkeiten des NS-Regimes. Gasser wurde am 25. Mai 1939 ins KZ Dachau überstellt und am 27. September ins KZ Mauthausen, wo er am 4. November 1939 starb, angeblich an „Arteriosklerose und Gehirnschlag".

Gottfried Gutzelnig, geboren am 9. November 1896 in St. Veit an der Glan, geriet an seinem Arbeitsplatz in Huben bei Matrei in Osttirol in Streit mit einem Kollegen, der ihn im Frühjahr 1944 offenbar mehrfach bei der Ortsgruppenleitung wegen „abfälliger Äußerungen gegen führende Persönlichkeiten der NSDAP" denunzierte. Die Gestapo Lienz verhaftete Gutzelnig am 30. März 1944 und überstellte ihn in das KZ Dachau. Er kam im Oktober 1944 ins KZ Auschwitz und am 25. Jänner 1945 ins KZ Mauthausen, wo er im Nebenlager „Quarz" in Melk bei der Zwangsarbeit für eine Tochterfirma der Steyr-Daimler-Puch AG am 27. März 1945 wegen „Herzschwäche" starb.

Hubert Hell, geboren am 10. Februar 1915 in Längenfeld, diente als Soldat an der Ostfront, bis er bei einem Heimaturlaub im September 1943 desertierte und zur Schweizer Grenze aufbrach. Ein Bauer in Fiss verriet ihn, so dass ihn zwei Gendarmen aus Serfaus verhaften konnten. Auf dem Weg nach Serfaus erschossen sie Hubert Hell, angeblich als er einen Fluchtversuch unternahm.

Andreas Hofer
(Foto Wiener Stadt- und
Landesarchiv)

Andreas Hofer, geboren am 24. August 1915 in Innsbruck, war Polizist, der bei seinem Einsatz im Osten die Gräueltaten an Jüdinnen, Juden und PartisanInnen miterlebte und sich dann einer konservativen Widerstandsgruppe anschloss mit Mitgliedern aus unterschiedlichen politischen Lagern. Hofer verteilte mit Walter Caldonazzi fiebertreibende Mittel an Wehrmachtsoldaten, um sie vor einer Einberufung zur Wehrmacht zu schützen. Auf ähnliche Weise versuchte auch er selbst, einer neuerlichen Verlegung an die Front zu entgehen. Am 28. Februar 1944 verhaftete ihn die Gestapo, am 7. November 1944 verurteilte ihn das Volksgericht wegen Vorbereitung zum Hochverrat, Feindbegünstigung und Wehrkraftzersetzung zum Tod. Anfang April 1945 wurde Andreas Hofer wegen der vorrückenden sowjetischen Truppen ins Gefängnis nach Stein an der Donau verlegt und am 15. April 1945 im Hof von SS-Männern erschossen.

Alois Holzer
(Foto Sammlung Peter Pirker)

Alois Holzer, geboren am 28. Jänner 1919 in Schlaiten, desertierte mit seinem Bruder David wegen seines christlichen Glaubens und der Verbrechen, die er mitansehen musste. Ab Sommer 1943 hielten sie sich mit ihrem Bekannten Franz Stolzlechner, der ebenfalls desertiert war, im Wald bei Schlaiten in einer selbstgebauten Höhle versteckt. Am 11. Jänner 1944 wurde Stolzlechner von der örtlichen Gendarmerie angeschossen und verhaftet. Daraufhin stellten sich die Brüder, um ihre Familie vor dem Zugriff der Gestapo zu schützen. Das Militärgericht Klagenfurt verurteilte sie zu Zuchthausstrafen, überstellte sie aber in das Militärstraflager Börgermoor, dann in ein „Bewährungsbattaillon". Im März 1945 fiel Alois Holzer bei Brünn, sein Bruder David überlebte.

Josef Hundegger, geboren am 16. April 1902 in Innsbruck, setzte sich als Angehöriger der Schützenkompanie Arzl für die Abhaltung der Fronleichnamsprozession unter Teilnahme der Schützen ein, obwohl die Partei dies untersagt hatte. Vermutlich wegen der Anzeige des Ortsgruppenleiters kam Hundegger am 23. Juni 1939 für einen Monat in Gestapohaft. Am 12. September verhaftete die Gestapo ihn „wegen der Verbreitung von Greuelnachrichten" und überstellte ihn am 9. November ins KZ Sachsenhausen. Am 6. April 1940 erfolgte sein Abtransport ins KZ Flossenbürg, wo Josef Hundegger am 9. Mai 1942 ums Leben kam. Als Todesursache wurde „Herzschwäche bei akutem Magen- und Darmkatarrh" angegeben.

Karl Killinger, geboren am 2. Juli 1901 in Pabneukirchen in Oberösterreich, wurde am 16. Februar 1939 als Zeuge Jehovas verhaftet, am 24. März ins KZ Dachau und am 24. September 1939 ins KZ Mauthausen gebracht, wo er völlig entkräftet am 19. Jänner 1940 starb.

Anton Kofler, geboren am 22. Jänner 1914 in Riffian, kam als Südtiroler Optant 1940 nach Innsbruck. Im Juni 1944 musste er einrücken; nach einem Urlaub im März 1945 kehrte er nicht mehr an die Front zurück. Am 19. März 1945 wurde er in Innsbruck zur Ausweisleistung aufgefordert und nach einem Fluchtversuch erschossen.

Marian Kudera, geboren am 5. August 1923 in Myslowitz (Mysłowice) in Polen, und Stefan Kudera, geboren am 9. September 1916 in unbekannt (Diefort?), galten als Volksdeutsche. Beide lebten in Innsbruck, Marian studierte Medizin, und schlossen sich einer Widerstandsbewegung polnischer ZwangsarbeiterInnen an. Nach ihrer Verhaftung am 21. Februar 1944 folterte die Gestapo die Brüder schwer, besonders Marian, weil sie in ihm den Anführer vermuteten. Am 28. April 1944 überstellte die Gestapo Stefan und Marian Kudera in das KZ Dachau, wo sie am 19. Juli 1944 gehängt wurden.

Josef Schmiderer
(Foto Claudia Pittrich)

Josef Lengauer, geboren am 6. November 1909 in Innsbruck, desertierte aufgrund seiner Erlebnisse an der russischen Front bei einem Heimaturlaub im Mai 1942. Das Ehepaar Maria und *Josef Schmiderer,* geboren am 23. Februar 1878 in Rinn, versteckte ihn in Maria Brettfall über Strass im Zillertal, wo sie den Mesnerdienst verrichteten. Am 22. Oktober 1942 nahm die Gestapo Josef Lengauer fest, der schließlich zu 15 Jahren Zuchthaus verurteilt wurde. Es gelang ihm zu fliehen und in sein Versteck beim Ehepaar Schmiderer zu gelangen, doch bereits wenige Wochen später führte die Denun-

ziation eines guten Bekannten zu seiner neuerlichen Verhaftung. Lengauer kam ins Militärstraflager in Börgermoor, nach seinem letzten Fluchtversuch Ende 1944 verliert sich seine Spur. Das Sondergericht Innsbruck verurteilte das Ehepaar Schmiderer zu drei Jahren Gefängnis. Maria Schmiderer überlebte. Ihr Mann kam ins berüchtigte Lager Rodgau in Hessen, wo in der Umgebung Zwangsarbeit zu verrichten war. Josef Schmiderer verstarb nach siebenmonatiger Haft am 15. Februar 1945 in Münster bei Dieburg.

Adolf Martinek, geboren am 5. Oktober 1906 in Fügen, desertierte in den letzten Wochen vor Kriegsende und schloss sich während eines Fronturlaubes einer in Fügen und Umgebung agierenden Widerstandsbewegung an. In der Früh des 4. Mai 1945 wollte sie in Fügen die Waffen-SS entwaffnen. Es kam zu einem Schusswechsel, bei dem ein SS-Mann Adolf Martinek tödlich traf.

Konrad Meier, geboren am 4. Februar 1891 in Tristach bei Lienz, war Zeuge Jehovas, der dem NS-Staat die Loyalität verweigerte und in dessen Haus Versammlungen stattfanden. Die Gestapo verhaftete ihn am 19. September 1939 und lieferte ihn Ende November in das KZ Sachsenhausen ein, wo er am 26. März 1940 wegen Unterernährung an Ruhr starb.

Hugo Paterno
(Foto Wolfgang Paterno)

Hugo Paterno, geboren am 19. Dezember 1896 in Bludenz, wurde wegen Kritik an der Führung des Deutschen Reiches nach Tirol versetzt. Im Sommer 1943 beanstandete er in einer Trafik in Scharnitz die NS-Kirchenpolitik und die Errichtung von Konzentrationslagern, zudem prophezeite er Deutschland die Niederlage im Krieg. Eine Denunziation führte zu seiner Verhaftung und Enthauptung am 7. Juli 1944 wegen Wehrkraftzersetzung in München-Stadelheim.

Johann Pechriggl, geboren am 20. April 1878 in Itter, verweigerte dem NS-Staat als Angehöriger der Zeugen Jehovas den Gehorsam. Er wurde am 5. Dezember 1939 verhaftet und am 29. Februar 1940 in das KZ Sachsenhausen überstellt, wo er bereits am 21. Juni ums Leben kam.

Oskar Pfeifer, geboren am 1. März 1892 in Imst, war zu Kriegsende freiwillig im Ordnungsdienst eingesetzt, um in der Stadt Imst Terror- und Zerstörungsakte der Nationalsozialisten zu verhindern. Am 1. Mai 1945 kam es am Stadtplatz zu heftigen Auseinandersetzungen zwischen Parteianhängern und Teilen der Bevölkerung. Dabei gerieten der Bannführer der Hitlerjugend und Pfeifer aneinander. Im Zuge der Streitigkeiten wurde Oskar Pfeifer durch einen Kopfschuss so schwer verletzt, dass er am 4. Mai 1945 im Krankenhaus Zams seinen Verletzungen erlag.

Hugo Pircher, geboren am 12. August 1906 in Innsbruck, wurde 1940 auf die Insel Rügen in einen Rüstungsbetrieb dienstverpflichtet. Er äußerte sich wiederholt abfällig über das NS-Regime und seine Führer. Hitler nannte er einen „Verbrecher und Narren". Hugo Pircher wurde verhaftet, wegen Wehrkraftzersetzung und Hochverrat verurteilt und im Wehrmachtsgefängnis Berlin-Spandau am 29. September 1944 hingerichtet.

Anton Rettenbacher, geboren am 18. Februar 1922 in Sautens, schloss sich mit zwei seiner Brüder der Ötztaler Widerstandsbewegung an. Am 24. Oktober 1944 flüchteten sie vor der Gestapo und versteckten sich in der Gegend des Piburger Sees. In der Früh des 3. Mai 1945 gingen sie nach Sautens in das Haus, in dem der Bürgermeister und der Ortsgruppenleiter wohnten, um ihnen „ordentlich die Meinung zu sagen" und die Schlüssel zur Gemeindekanzlei sicherzustellen. Dabei erschoss Emil Parth Anton Rettenbacher aus dem Hinterhalt. Beim anschließenden Feuergefecht wurde der Täter selbst schwer verletzt und starb nach einigen Wochen.

Johann Rieder, geboren am 29. Dezember 1913, galt in seinem Geburtsort in Stummerberg als führender Kopf

der Widerstandsbewegung. Bei der Festnahme bekannter Nationalsozialisten in Stumm wurde er am 4. Mai 1945 durch einen Kopfschuss getötet. Die näheren Umstände konnten nicht aufgeklärt werden.

Narciso Riet
(Foto Archiv der Zeugen Jehovas Wien)

Narciso Riet, geboren am 30. September 1908 in Mülheim an der Ruhr, war jahrelang der Verbindungsmann zwischen der Zentrale der deutschsprachigen Zeugen Jehovas in Bern und den illegalen Gruppen der Bibelforscher in einem Großteil Deutschlands. Ende Dezember 1942 kam er nach Innsbruck, warb Matthäus Burgstaller zur Mitarbeit an der Herstellung des „Wachtturms" an und organisierte von hier aus seine verschiedenen Tätigkeiten für die Zeugen Jehovas. In Flugblättern interpretierte er den Nationalsozialismus als „das Werk Satans". Im August 1943 flüchtete Riet nach Italien, wo ihn die Gestapo aufspürte. Der Volksgerichtshof Berlin verurteilte ihn am 28. November 1944 wegen Wehrkraftzersetzung zum Tod. Vor dem Prozess war Narciso Riet als Gefangener im KZ Dachau in Ketten gelegt. Vermutlich starb er Anfang 1945 in Berlin in der Haft.

Hedwig Romen, geboren am 24. Dezember 1885 im westpreußischen Heimsoot (heute Polen, Przeczno), gehörte zu den Zeugen Jehovas in Innsbruck und verweigerte dem NS-Staat ihre Gefolgschaft. Sie wurde am 22. Februar 1939 verhaftet, am 15. Juni 1939 in das KZ Ravensbrück transportiert und dann ins KZ Auschwitz, wo sie am 20. Oktober 1942 an Typhus starb.

Johann Schroffner, geboren am 10. Mai 1891 in Thalgau in Salzburg, wurde 1915 zum Priester geweiht. Seit 1936 war er Pfarrer in Oberndorf. Er war ein glühender Anhänger von Bundeskanzler Engelbert Dollfuß und des autoritären „Ständestaates". Dieser Einstellung schwor er auch nach der NS-Machtübernahme nicht ab. Seine Äußerung „Man soll lieber die Parteibonzen in die Kanonen stecken und dem Göring in den Hintern schießen" führte am 2. August 1939 zu seiner Verhaftung sowie Überstellung ins KZ Dachau und KZ Buchenwald. Dort starb er am 14. April 1940 qualvoll in der Bunkerhaft an einer Benzininjektion und den Folgen der erlittenen Misshandlungen.

Franz Schwab, geboren am 12. September 1894 in Schwaz, wurde im Februar 1943 verhaftet, weil er sich in einem vollbesetzten Lokal in Schwaz abfällig über HJ, SA, SS geäußert und einen der Anwesenden aufgefordert hatte, das Parteiabzeichen von der Jacke zu entfernen. Die Gestapo überstellte ihn am 24. April 1943 in das KZ Mauthausen. Zwischen dem 3. August 1943 und dem 29. November 1944 war er im KZ-Außenlager Wiener Neudorf. Ab Dezember 1944 befand sich Franz Schwab im Lager „Quarz" in Melk an der Donau, wo er am 6. April 1945 an „Kreislaufschwäche" verstarb.

Nikolaus Schwarz, geboren am 28. Februar 1898 in Fließ, war Bahnbediensteter, der nach Salzburg versetzt wurde und im Reichsbahnlager Parsch in näheren Kontakt zu französischen Kriegsgefangenen kam. Er verfasste im März 1943 einen schriftlichen Aufruf an sie, in der „Stunde der Abrechnung" mit den Österreichern gegen die „Nazi- und Hitlerbanditen" anzutreten. Nikolaus Schwarz wurde verhaftet, am 3. Dezember 1943 wegen Feindbegünstigung und Vorbereitung zum Hochverrat zum Tod verurteilt und am 10. Februar 1944 in München-Stadelheim hingerichtet.

Karl Seemann, geboren am 8. April 1920 in Lans, verletzte sich absichtlich, um nicht in den Krieg ziehen zu müssen. Er wurde denunziert und nach der Verurteilung durch das Militärgericht am 29. September 1942 in einem Steinbruch am Paschberg in Innsbruck erschossen.

Das Ehepaar *Antonia und Franz Setz,* ihre Geburtsdaten sind unbekannt, lebte in Innsbruck. Sie waren Zeugen Jehovas. Franz Setz verteilte aus der Schweiz eingeschmuggelte Nummern des „Wachtturms". Er wurde am 11. Mai 1938, vermutlich mit seiner Frau, verhaftet und am 23. Juni 1938 in das KZ Dachau überstellt, wo er am 9. Februar 1939 starb. Von Antonia Setz ist bisher nur belegt, dass sie im KZ Ravensbrück starb, genaue Daten liegen nicht vor.

Klara Sturm, geboren am 5. November 1898 im Schweizer Rorschach, und *Alfons Sturm,* geboren am 28. April 1895 in Innsbruck, spionierten bereits seit Mitte der 1930er Jahre die NSDAP für den französischen Nachrichtendienst aus. Am 27. April 1938 verhaftete die Gestapo das Ehepaar in Innsbruck. Der Volksgerichtshof verurteilte am 4. Juli 1939 Klara Sturm zu zehn Jahren und Alfons Sturm zu fünf Jahren Zuchthaus wegen Landesverrats. Klara Sturm verstarb am 9. August 1942 in der Strafanstalt Aichach in Bayern. Alfons Sturm wurde offenbar nach seiner Entlassung aus dem Gefängnis am 19. Februar 1944 in das KZ Dachau gebracht und am 17. August 1944 ins KZ Mauthausen überstellt, wo er vermutlich ums Leben kam, ein Todesdatum ist nicht bekannt.

Rosa Stallbaumer
(Foto Luise Reider)

Rosa Stallbaumer, geboren am 30. November 1897 in Sillian-Arnbach, gehörte zu einer Gruppe von Gleichgesinnten, die nach 1938 Jüdinnen und Juden beherbergten und ihnen beim Grenzübertritt nach Italien Hilfe leisteten. 1942 verhaftete die Gestapo die Gruppe. Einige der Fluchthelfer, so auch Rosas Ehemann Anton Stallbaumer, wurden zu Haft- und Geldstrafen verurteilt. Rosa Stallbaumer kam ins KZ Dachau und dann ins KZ Auschwitz, wo sie am 23. November 1942 ohne Angabe genauerer Umstände als verstorben gemeldet wurde.

Florian Steiner, geboren am 29. Mai 1913 in Taufers, kam als Südtiroler Optant nach Innsbruck. Er desertierte mit seinem Kameraden Richard Kofler und wollte in die Schweiz flüchten. An der Grenze bei Spiss hielten drei Grenzposten sie am 6. September 1944 auf. Sie schossen Kofler in die Schulter. Kofler gab an, dass die Posten Florian Steiner trotz erhobener Hände erschossen hatten.

Ausschnitt aus der Parte für Ferdinand Thaler (Foto Privatarchiv Horst Schreiber)

Franz Stolzlechner (Foto Sammlung Peter Pirker)

Ferdinand Thaler, geboren am 25. April 1889 in Innsbruck, war in Volders als ausgesprochener Gegner des Nationalsozialismus bekannt. Wegen Protesten gegen antikirchliche Maßnahmen saß er im Februar/März 1939 einen Monat im Gefängnis. Da er sich gegen einen Parteifunktionär in Großvolderberg, dessen Hof niedergebrannt war, negativ geäußert hatte, fiel der Verdacht der Brandstiftung auf ihn. Er wurde festgenommen, nach rund einer Woche wieder freigelassen und schließlich von der Gestapo am 8. Mai 1939 ins KZ Dachau eingeliefert, am 27. September 1939 ins KZ Mauthausen. Dort kam er am 18. Februar 1940 wegen „Lungenentzündung, Herz- und Kreislaufschwäche" ums Leben.

Franz Stolzlechner, geboren am 11. Oktober 1923 in St. Peter im Südtiroler Ahrntal, lebte im Osttiroler Dorf Schlaiten, wo er 1941/42 zur Wehrmacht eingezogen und in Stalingrad schwer verwundet wurde. Im Juni 1943 desertierte er und versteckte sich mit den Brüdern David und Alois Holzer im Wald von Schlaiten. Am 10. Jänner 1944 schossen ihn örtliche Gendarmen an, als er im elterlichen Haus Nahrungsmittel beschaffen wollte. Die Gestapo vertrieb die Familie vom Hof, sein Vater tauchte bis Kriegsende unter. Franz Stolzlechner kam Ende Februar in das Wehrmachtuntersuchungsgefängnis in Wien-Favoriten und wurde am 9. Juli 1944 in Wien-Kagran erschossen.

Ludwig Totzenberger (Foto Familie Totzenberger)

Ludwig Totzenberger (Tarnname Novaček), geboren am 15. Juli 1907 in Wien, war Mitarbeiter des US-amerikanischen Geheimdienstes. Er kam im April 1945 auf die Kemater Alm, um die dortige Widerstandsgruppe deutscher und Tiroler Wehrmachtsangehöriger als Funker zu unterstützen. Am 27. April umstellte der

Sicherheitsdienst der SS den Stützpunkt und erschoss Ludwig Totzenberger im Feuergefecht.

Johann (Hans) Wanner, geboren am 23. Jänner 1919 in Seefeld, flüchtete im August 1939 aus dem Lager des Reichsarbeitsdienstes in Dornbirn über die Grenze in die Schweiz, um dem Dienst in der Wehrmacht zu entgehen. Im Mai 1942 entschloss er sich, vermutlich wegen der Falschbehauptung eines Spitzels, dass sein Vater im Sterben liege, nach Tirol zurückzukehren. Johann Wanner wurde in der Gegend von Pfunds im Oberinntal unter ungeklärten Umständen angeschossen und starb am 1. Juni 1942 im Krankenhaus Zams.

Karl Weiroster, geboren am 14. Dezember 1903 in Windegg in Schwertberg, war Zeuge Jehovas und beherbergte in seinem Haus in Maurach am Achensee einen Glaubensbruder. Er beflaggte sein Haus nicht wie vorgeschrieben mit einer Nazifahne, nahm an Versammlungen der Zeugen Jehovas teil und studierte den verbotenen „Wachtturm". Mehrere Zeugen Jehovas, die in Maurach lebten, wurden verhaftet, so auch Karl Weiroster am 25. Jänner 1939. Die Gestapo überstellte ihn vom Polizeigefängnis Innsbruck am 24. März 1939 ins KZ Dachau und am 29. September 1939 ins KZ Mauthausen, wo er am 23. März 1940 ums Leben kam

Josef Wieser, geboren am 10. Mai 1899 in St. Johann in Tirol, wurde 1942 zur Gendarmerie-Reserve in Tirol eingezogen. 1943 kam er im Wachzug der Strafanstalt Vigaun in der Oberkrain in Einsatz. Mit Anton Stock aus Schwaz und einem Oberösterreicher ermöglichte er einer gefangenen Partisanin, Celistene Kerschischnig, Briefe zu schreiben und ein Paket zu empfangen. Am 7. Jänner 1944 wurden die drei Wachebeamten verhaftet und vom SS- und Polizeigericht zu hohen Zuchthausstrafen verurteilt. SS-Gruppenführer, General der Waffen-SS und Polizei Erwin Rösener setzte aber eine Neuverhandlung durch, so dass die drei wegen Kriegsverrates zum Tode verurteilt und am 5. April 1944 von Mitgliedern ihres eigenen Wachzuges erschossen wurden.

Josef Zendron, geboren am 7. Jänner 1910 im Schweizer Buchs, wuchs in Wattens auf. In Absprache mit seiner Frau desertierte er im September 1944 bei der Ver-legung seiner Wehrmachtseinheit von der Oberkrain nach Niedersachsen. Am 29. September 1944 wurde das Ehepaar auf dem Weg zur Schweizer Grenze in der Nähe von Pfunds verhaftet, Josef Zendron am 8. November 1944 zum Tod verurteilt. Im März 1945 befand er sich im KZ Buchenwald, wenig später im Lager Leitmeritz (Litoměřice) in Tschechien, einem Außenlager des KZ Flossenbürg, das gegen Kriegsende Ziel zahlreicher Evakuierungs- und Todesmärsche war. Sein Todesdatum ist mit 1. April 1945 in Wien vermerkt, die genauen Umstände sind ungeklärt.

InitiatorInnen des Denkmals: Am 3. Mai 1945 marschierten US-Truppen in Innsbruck ein, im Juli 1945 lösten französische Einheiten die Streitkräfte der USA als Besatzungsmacht in Tirol ab. Die neue Militärregierung regte den Bau eines Denkmals an, das an den Widerstand Einheimischer und an die gefallenen alliierten Soldaten erinnern sollte. Der Standort gegenüber dem Landhaus am heutigen Eduard-Wallnöfer-Platz war bewusst gewählt. 1938/39 hatten die Nationalsozialisten ein Gauhaus errichtet, in dem die Behörden und Dienststellen von Staat und Partei ihren Platz fanden. Von hier aus betrieben sie ihre terroristische und menschenverachtende Politik. Für die französische Militärregierung war das Landhaus als ehemaliges Gauhaus ein Symbol der NS-Gewaltherrschaft. Mit dem Bau des Denkmals (Monument du Landhaus) „in Form eines Siegestores, zu Ehren der für die Freiheit Tirols Gefallenen" wollte sie ein Gegengewicht zur Monumentalität des ehemaligen Gauhauses schaffen und das Landhaus von der Erinnerung an die Nationalsozialisten befreien.

Der französische Architekt Jean Pascaud war für das Gesamtkonzept verantwortlich, sein Entwurf steht in der Tradition der Triumphbögen. Seltsam mutet an, dass er sich auch von der Herrschaftsarchitektur des Nationalsozialismus inspirieren ließ. Das Befreiungsdenkmal kommt einer Spiegelung des Mittelrisalits des ehemaligen Gauhauses nahe. Bei der Ausgestaltung des Denkmals hatte die Tiroler Seite weitgehende Mitsprache. Sie sorgte für eine christliche Symbolik und Tirolpatriotische Zeichensetzung. Schlossermeister Anton Fritz, späterer ÖVP-Stadtrat, führte nach den Plänen des Innsbrucker Bildhauers Emmerich Kerle die Arbeiten am knapp 3,5 m hohen, in Kupferblech getriebenen

Tiroler Adler aus, der seitdem auf dem Denkmal thront. Fritz war es auch, der die Gitter zwischen den Pfeilern des Denkmals entwarf, indem er die Wappen der neun Bundesländer Österreichs in Kreuzform anordnete. Graf Oswald Trapp, Landeskonservator von 1933 bis 1959, setzte sich bei der Textierung am Denkmal durch. Sie ist daher nicht wie geplant auf Deutsch, sondern auf Latein: PRO LIBERTATE AUSTRIAE MORTUIS. Die Symbolik des Befreiungsdenkmals mit den Wappen der Bundesländer war ein Appell, Österreich als souveränen Staat wiederherzustellen. Als Initiator des Denkmals trat Frankreich indirekt als Österreichs Fürsprecher gegenüber den anderen Alliierten auf und betonte seine Präsenz in Tirol, ohne sich und seine Armee zu glorifizieren. Dass der Widerstand gegen den Nationalsozialismus unter das Zeichen des Kreuzes gestellt wurde, entsprach dem damaligen Verständnis der Tiroler Politik. Als das Denkmal 1948 fertiggestellt war, hatte der Widerstand gegen den Nationalsozialismus seine große Bedeutung verloren, die er in der unmittelbaren Nachkriegszeit gehabt hatte. Zudem hatte sich mit dem Ausbruch des Kalten Krieges die weltpolitische Lage verändert, Antikommunismus hatte Vorrang gegenüber Antifaschismus. Aufgrund der Stimmung in der Tiroler Politik und Bevölkerung verzichtete die französische Militärregierung auf eine offizielle Einweihung. Die dominante Erinnerungskultur in Tirol waren die Kriegerdenkmäler, die die Soldaten der Wehrmacht als Opfer des Krieges unter Ausblendung des Nationalsozialismus rehabilitierten.

2011 gestaltete die ARGE LAAC/Stiefel Kramer/ Christopher Grüner im Auftrag des Landes Tirol den Eduard-Wallnöfer-Platz um. Grüner schärfte die Bot-

schaft des Befreiungsdenkmals. Auf den beiden Schmalseiten sind unter der deutschsprachigen Version des lateinischen Textes („Den für die Freiheit Österreichs Gestorbenen") nun die Namen jener 124 Frauen und Männer zu lesen, die wegen ihres Widerstands gegen den Nationalsozialismus ums Leben kamen und von einem Team von HistorikerInnen (Martin Achrainer, Gisela Hormayr, Christian Mathies, Oliver Seifert) unter der Leitung von Horst Schreiber eruiert worden waren.

Ein weiterer Eingriff ermöglicht nun zwei verschiedene Sichtweisen auf das Denkmal: Durch die Öffnung der Gittertore bezieht es alle Gruppen des Widerstands mit ein, unabhängig von ihrer politischen und religiösen Haltung. Schließt man die Tore, wird die Geschichtsauffassung von 1948 wahrnehmbar, und der christliche Widerstand erhält besonderes Gewicht.

In seiner Intervention von 2016 machte Christopher Grüner die Leistung der Alliierten für die Befreiung Österreichs sichtbar. Er ließ die lateinische Inschrift des Denkmals auf Französisch, Englisch und Russisch übersetzen und brachte die neue Textierung an der südlichen Attika an. Sie wird der ursprünglichen Absicht Frankreichs gerecht, an den Widerstand Einheimischer und an die im Kampf gegen Hitler-Deutschland gefallenen alliierten Soldaten zu erinnern. Der Widerstand in Tirol hatte seine Verdienste, doch die Vernichtung des Nationalsozialismus war das Ergebnis des militärischen Sieges der Alliierten. Mit den Veränderungen am Denkmal setzte Tirol ein klares Zeichen: Der 8. Mai 1945 ist nicht ein Tag der Niederlage, sondern der Befreiung von der Barbarei des Nationalsozialismus. Ein Tag, der die Wiedererrichtung von Österreich als demokratischen Rechtsstaat möglich machte.[344]   ∎

Gedenktafel für die Männer des Widerstandes und Franz Mair am Alten Landhaus, Maria-Theresien-Straße 43

Franz Josef Maria Mair wurde am 29. Oktober 1910 in Niederndorf bei Kufstein geboren. Er studierte Anglistik und Deutsch an der Universität Innsbruck und unterrichtete am heutigen Akademischen Gymnasium, wo er als „Englisch-Mair" bei seinen Schülern sehr beliebt war. In seiner Wohnung in der Museumstraße in Innsbruck machte er sie mit Verbotenem vertraut: mit jüdischen Komponisten und Jazz. Mair erörterte die Aussichtslosigkeit des Kriegs für Deutschland und diente als geistige „Auftankstation" für junge Leute, die sich gegen das NS-Regime engagierten. Mit ehemaligen Schülern unternahm er Sabotageaktionen und die Störung von NS-Versammlungen. Ab 1940 entstand um Mair eine Gruppe junger Gegner des NS-Regimes, die ihre kritische Haltung Mairs Einfluss verdankten. Aufgrund seiner offen ausgesprochenen Kritik am Verhalten von NS-Funktionären, an der Hitlerjugend und NS-Judenpolitik wurde er angezeigt, doch konnte er mit viel Glück vor dem Volksgerichtshof in Berlin dem drohenden Todesurteil entkommen. Nach seiner Entlassung aus der Haft setzte Mair die Widerstandtätigkeit fort. Seine Gruppe sammelte für Deserteure und stellte Kontakte zu anderen Tiroler Widerstandskämpfern her, aber auch zu alliierten Agenten. Am 3. Mai 1945 kam es nach der Befreiung des Landhauses zu bewaffneten Auseinandersetzungen zwischen SS-Angehörigen und Kräften der Tiroler Widerstandsbewegung, bei denen Mair in der Maria-Theresien-Straße eine tödliche Schussverletzung davontrug. Franz Mair verstarb am 6. Mai 1945.

InitiatorInnen der Gedenktafel: Die Tiroler Landesregierung und der „Bund der Tiroler Freiheitskämpfer" sorgten für die Anbringung einer Gedenktafel für Franz Mair an der Außenmauer des Alten Landhauses. Der Widerstandskämpfer und Pressechef der Tiroler Landesregierung Fritz Würthle führte am Morgen des 8. Mai 1946 eine Abordnung des „Bundes der Tiroler Freiheitskämpfer" an, die in der Hofkirche vor dem Grabe Andreas Hofers einen Kranz niederlegte, dessen Inschrift auf der Schleife eine Kontinuität zwischen dem Freiheitskampf von 1809 und dem Widerstand in der NS-Zeit suggerierte. Am Dankgottesdienst nahmen

Die Ehrentafel für Franz Mair aus dem Jahr 1946[345]

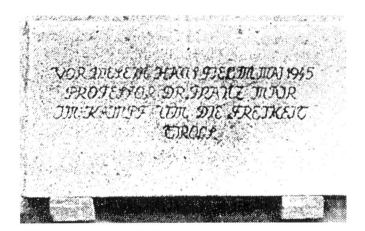

Abgeschliffene Gedenktafel mit verstümmeltem Text in unleserlicher Schrift Ende 1957 (Foto *Der Volksbote*, 16.11.1957)

Gedenktafel mit Ersetzung des Wortes Unterdrückung durch Unfreiheit aus dem Jahr 1958 (Stadtarchiv Innsbruck)

Franz Mair
(Foto Ludwig Kögl)

Gedenktafel und betonte „die Ruhmestaten der Widerstandsbewegung".[346] Für die offiziellen Vertreter Tirols war der schwer einordenbare Freigeist Franz Mair ein christlicher Märtyrer der Befreiung seiner Heimat und Symbol des Tiroler Widerstandes in der Tradition von Andreas Hofer. Sein gewaltsamer Tod unterstrich die Selbstsicht Tirols als Opfer des Nationalsozialismus.

Mitte der 1950er Jahre protestierten deutsche TouristInnen, der „Deutsche Reisebüro-Verband" und der deutsche Generalkonsul in Innsbruck gegen den Text der Gedenktafel für Franz Mair. Am 19. September 1957 beschloss die Landesregierung, die Ehrentafel abnehmen und abschleifen zu lassen. Auf der neuen Tafel war in fast unleserlicher Schrift nur mehr zu lesen: „Vor diesem Haus fiel im Mai 1945 Professor Dr. Franz Mair im Kampf um die Freiheit Tirols". Die massiven Proteste aus dem In- und Ausland zwangen die Tiroler Politik dazu, am 11. März 1958 eine Tafel mit der alten Textierung wieder anzubringen. Allerdings mit einer Abänderung: Nun war nicht mehr von der NS-Zeit als siebenjähriger Unterdrückung die Rede, sondern nur noch von Unfreiheit.[347]   ∎

neben Vertretern der Freiheitskämpfer die Spitzen der französischen Militärregierung und der Tiroler Landesregierung mit Landeshauptmann Alfons Weißgatterer teil, aber auch die wesentlichen Repräsentanten der Stadt Innsbruck, allen voran Bürgermeister Anton Melzer. In seiner Rede gedachte der Landeshauptmann „eines ununterbrochenen Widerstandskampfes" gegen die NS-Herrschaft. Dann enthüllte Weißgatterer die

Die vierte Version der Gedenktafel, textident mit jener von 1958, ist nicht mehr aus Stein oder Marmor, sondern aus Bronze. Die Firma Grassmayr goss sie 1968 anlässlich der Erneuerung der Fassade des Alten Landhauses. (Foto Beate Mayr)

Prof.-Franz-Mair-Gasse

Anlässlich des 40. Jahrestags des Einmarsches deutscher Truppen in Österreich stellte Gemeinderat Hermann Weiskopf als Vertreter der ÖVP – Innsbrucker Mittelstand am 31. März 1978 den Antrag zur Benennung von Straßen und Plätzen in der Landeshauptstadt nach Opfern des Nationalsozialismus. Er bezeichnete es als Gewissenspflicht für die Stadt Innsbruck, mit Verkehrsflächen „jener Männer und Frauen ehrenvoll zu gedenken, die in den Jahren 1938 bis 1945 wegen ihrer aufrechten österreichischen Gesinnung, ihres Glaubens oder ihrer Rasse ihr Leben lassen mußten."[348] Er schlug Pater Franz Reinisch, Richard Berger, Walter Caldonazzi und Adolf Hörhager vor. Seinem Antrag versagte die Mehrheit des Gemeinderats mit Ausnahme des Tiroler Arbeitsbundes die Dringlichkeit.[349] Auf Antrag von Stadtrat Günther Schlenck (ÖVP) wurden am 24. Mai 1978 die von Gemeinderat Weiskopf „beantragten Straßenbenennungen in die Vormerkliste für eine allfällige spätere Straßenbenennung beim zuständigen Amt aufgenommen."[350] Ein Jahr später zeigte sich Weiskopf enttäuscht, dass in der Sache nichts weiterging. Bürgermeister Alois Lugger (ÖVP) begründete den Stillstand damit, dass 1978 vorwiegend Straßenzüge mit untergeordneter Bedeutung um- und neubenannt werden konnten. Weiskopf ersuchte Lugger zu prüfen, „ob nicht die eine oder andere Straße, die einen Namen trägt, der für uns und die heutige Zeit nicht mehr von so großer Bedeutung ist, umbenannt werden kann."[351] Die Stadt Innsbruck habe große Versäumnisse nachzuholen, weil sie sich für die Zeit des Nationalsozialismus als „geschichtslos" darstelle. Stadtrat Wilhelm Steidl vom Tiroler Arbeitsbund unterstützte Weiskopf. Man sollte „Straßenbenennungen bewußt auch nach Leuten der jüngsten Geschichte vornehmen. Diese Zeit gilt es zu verkraften. Unsere jüngste Geschichte soll dadurch viel mehr in den Vordergrund gerückt werden."[352] Am 22. November 1979 beantragte Hermann Weiskopf, unterstützt von Wilhelm Steidl, zunächst vergeblich die südliche Haymongasse ab der Pastorstraße in Pater-Reinisch-Straße umzubenennen.[353] Am 29. Mai 1980 war es aber soweit. Der Innsbrucker Gemeinderat beschloss nach Beratungen im Kulturausschuss erstmals, vier Straßen nach Widerstandskämpfern bzw. nationalsozialistischen Opfern zu benennen: Richard Berger, Franz

In der Prof.-Franz-Mair-Gasse gibt es keine Hausnummer. Das einzige Gebäude, das Akademische Gymnasium, hat die Adresse Angerzellgasse 14. (Foto Horst Schreiber)

Mair, Otto Neururer und Edith Stein. Weiskopf drückte seine Genugtuung darüber aus, dass ihm und dem Tiroler Arbeitsbund dies „nach zwei Jahren hartnäckigen Strebens nun doch" endlich gelungen war.[354]

Für Franz Mair war die Straße nördlich des Canisiusweges in Hochrum vorgesehen, für Edith Stein jene südlich. Doch die Bevölkerung protestierte gegen die Umbenennung des nach einem heimatlichen Diözesanpatron benannten Weges. Stadtrat Wilhelm Steidl, ein ehemaliger Schüler Mairs, nahm die Anregung aus einem Leserbrief auf, die östliche Angerzellgasse, in der sich das Gymnasium befindet, in dem Mair gelernt und gelehrt hatte, nach Franz Mair zu benennen. Seinen Antrag nahm der Stadtsenat am 9. Juli 1980 an. Der Gemeinderat fasste den entsprechenden Beschluss einstimmig am 16. Oktober 1980. Doch die Schulleitung, ausnahmslos der gesamte Lehrkörper, der Elternverein und zu einem Aktionskomitee zusammengeschlossene SchülerInnen des Akademischen Gymnasiums machten gegen dieses Vorhaben mobil. Sie argumentierten damit, dass es sich bei der Angerzellgasse um einen alten Flurnamen handle und die Schule seit Generationen unter dem ehrwürdigen Namen Gymnasium in der Angerzellgasse bekannt wäre. Eine hitzige öffentliche Diskussion war die Folge. Schließlich vollzog Bürgermeister Alois Lugger trotz aufrechten Stadtsenats- und Gemeinderatsbeschlusses den Kompromissvorschlag des Direktors. Das Gymnasium behielt seine Adresse, nur das kurze Stück der Seitenfront des Tiroler Landesmuseums bis vor die Schule wurde Prof.-Franz-Mair-Gasse benannt. Die Konsequenz: Diese Gasse ist ohne postalische Zustelladresse. Das einzige Haus in der Mair-Gasse ist das Akademische Gymnasium, das jedoch weiterhin mit der Adresse Angerzellgasse 14 geführt wird.[355]   ∎

Gedenktafel für Franz Mair in der Aula des Akademischen Gymnasiums, Angerzellgasse 14

Im Schuljahr 1998/99 nahm die Lehrerin Claudia Rauchegger-Fischer im Wahlpflichtfach Geschichte am Akademischen Gymnasium mit einer 14-köpfigen SchülerInnengruppe der 7. Klassen ein Projekt zu Franz Mair in Angriff. Am 30. Juni 1999 erfolgte in Anwesenheit von Direktor Roman Nell, Lehrkräften und SchülerInnen im Rahmen einer Schulfeier, in der Albert Fiegl an seinen ehemaligen Lehrer erinnerte, die Enthüllung einer Gedenktafel zu Ehren von Franz Mair. Die Finanzierung übernahm die „Gemeinschaft der Absolventen und Absolventinnen und Förderer des Akademischen Gymnasiums".[356]

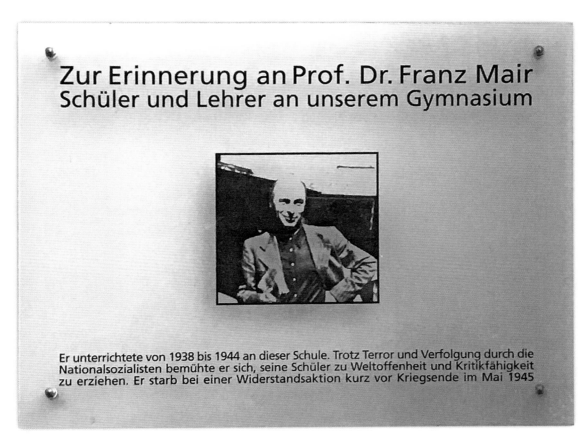

Gedenktafel für Franz Mair aus dem Jahr 1999 (Foto Horst Schreiber)

Mahnmal für die Opfer des Arbeits-erziehungslagers Reichenau der Gestapo westlich der Haupteinfahrt des Recyclinghofs Rossau

Das Arbeitserziehungslager Reichenau befand sich nahe dem heutigen Gelände des Städtischen Bauhofs im Gewerbegebiet von Innsbruck. Damals lag diese Gegend außerhalb der Stadt und war unbewohnt. Eigentlich handelte es sich um einen Lagerkomplex, da es neben dem Arbeitserziehungslager noch ein Kriegsgefangenenlager mit bis zu 500 Männern und ein weiteres Lager der Deutschen Reichsbahn mit rund 200 Menschen gab.

Wegen der schlechten Löhne, der unzureichenden Verpflegung und der miserablen Behandlung setzten sich immer mehr ausländische Arbeitskräfte und Kriegsgefangene zur Wehr. Arbeitsverweigerungen, verminderte Arbeitsleistung, unerlaubte Entfernung vom Arbeitsplatz und verbotene Rückkehr in die Heimat häuften sich. In der Sprache des NS-Regimes wurde diese Gegenwehr als Arbeitsvertragsbruch, Arbeitsflucht und Sabotage bezeichnet. Sicherheitsbehörden und Unternehmer forderten härtere Bestrafungen und Abschreckungsmaßnahmen – auch gegen die einheimischen Arbeitskräfte. Deshalb wurden im Deutschen Reich ab 1941 Arbeitserziehungslager errichtet, die direkt der Gestapo unterstanden. So auch in Tirol, wo Georg Mott, SA-Hauptsturmführer und SS-Obersturmführer, im Sommer 1941 den Auftrag erhielt, in der Reichenau in Innsbruck ein „Auffanglager für Italiener" zu errichten. Als angeworbene Zivilarbeiter und Angehörige des mit Deutschland am engsten verbündeten Landes waren sie freiwillig gekommen, doch die schweren Luftangriffe der Alliierten und die unerträglichen Arbeitsbedingungen veranlassten viele, die in Nord- und Westdeutschland tätig waren, zur Rückkehr nach Italien. Diese italienischen „Arbeitsvertragsbrüchigen" wurden in Tirol vor ihrem Grenzübertritt gefasst und in das Arbeitserziehungslager Reichenau gebracht, dort mit brutalen Maßnahmen eingeschüchtert und anschließend wieder in der deutschen Kriegswirtschaft eingesetzt.

Von Anfang an kamen auch Tiroler in das Lager Reichenau. Gauleiter Franz Hofer forderte im November 1942 alle Landräte, den Innsbrucker Polizeipräsi-

denten und die Gestapo auf, mehr Ausländer und Tiroler in das Arbeitserziehungslager zu schicken:

„Betriebsführer und Gewerbetreibende, aber auch Bauern beklagen sich immer wieder, daß einzelne Arbeiter die ihnen aufgetragenen Arbeiten oft recht nachlässig verrichten und auf Ermahnungen entweder gar nicht reagieren oder sogar noch frech werden. Da dieses Verhalten einer Sabotage gleichkommt und auch die ordentlichen Arbeiter dadurch in Mitleidenschaft gezogen werden, letzten Endes aber die gesamte Arbeitsleistung zurückgehen muß, erlaube ich mir, auf das Arbeitserziehungslager der Geheimen Staatspolizei in der Reichenau mit der Bitte nochmals besonders aufmerksam zu machen, bei der Einweisung in dieses Lager einen schärferen Maßstab anlegen zu wollen. (...)*

Die bisherigen Erfahrungen haben gezeigt, daß diese Erziehungsmaßnahme sich als sehr nutzbringend erweist.

Es treiben sich im Lande auch immer noch einzelne arbeitsscheue Individuen herum, die von der Gendarmerie raschestens zu erfassen und ebenfalls dem Arbeitserziehungslager zu überstellen wären.

Ich bitte um entsprechende Veranlassung, damit die tüchtigen und ordentlichen Arbeiter sehen, daß wir nicht nur den Willen, sondern auch die Macht haben, Elemente, die unsere Arbeit stören wollen, zur Ordnung zu bringen."[357]

Georg Mott war bis Juli 1944 Lagerleiter, dann löste ihn SS-Untersturmführer Martin Schott ab. Die Lagerwache verfügte über knapp 30 Gestapo- und SS-Angehörige, ab Mai 1943 waren dies vor allem dienstverpflichtete Polizisten, Gendarmen und Hilfspolizisten aus Estland. Die oberste Führung setzte sich aus Deutschen zusammen, die mittlere und untere Ebene in erster Linie aus Österreichern. Die vorgesehene Dauer dieser „Erziehungsmaßnahme" von 12 bis 56 Tagen ab dem Zeitpunkt der Verhaftung konnte verlängert oder in eine andere Haftart umgewandelt werden, viele wurden in ein KZ überwiesen. Die offizielle „Eröffnung" des Lagers war um die Jahreswende 1941/42, tatsächlich war es bereits einige Zeit vorher in Betrieb. Es konnte bis zu 800 Menschen aufnehmen und umfasste 18 Holzbaracken, die von einem zwei Meter hohen Holzzaun mit Stacheldraht umgeben waren. Durchschnittlich hielten sich 400 bis 500 Menschen gleichzeitig im Lager auf.

Links: Das Mahnmal von 1972, auf dem die Jahreszahlen ursprünglich falsch datiert waren (1939–1945), mit zwei Gedenksteinen am Boden. (Foto Martin Kapferer)

Oben: Anlässlich der 10-Jahresfeier der Pfarrkirche St. Pirmin in der Reichenau entstand unter Pfarrer Franz Troyer 2002 ein Stadtbesinnungsweg mit einer Station beim Mahnmal, wo die Pfarre dieses Gedenkzeichen setzte. (Foto Niko Hofinger)

Die Arbeits- und Lebensbedingungen glichen jenen in Konzentrationslagern. Lagerkommandant Mott ordnete wiederholt Folterungen an, die Lagerordnung sah Prügelstrafen, Essensentzug, Arrest im Bunker, „Rundenlaufen" unter Verabreichung von Schlägen und „Kaltbaden" vor, bei dem die Wachleute die Häftlinge so lange mit einem kalten Wasserstrahl anspritzten, bis diese blau gefroren waren. Danach sperrten sie die Gefangenen bei Minusgraden in den Bunker. Auch Minderjährige erfuhren eine derart grausame Behandlung. Ab dem Frühjahr 1943 wurden vorübergehend Frauen eingeliefert, so etwa „Ostarbeiterinnen", die bei den Heinkel-Werken in Jenbach arbeiteten, wo eine Außenstelle des Lagers Reichenau eingerichtet war. Alleine das Innsbrucker Landesgefangenenhaus überstellte 315 Frauen in die Reichenau, darunter 287 aus der ehemaligen Sowjetunion.

Die „erzieherische" Funktion des Lagers war also, unangepasste in- und ausländische Arbeitskräfte durch schwerste körperliche Arbeit und unter äußerster Brutalität zu disziplinieren. Nach erfolgreicher „Erziehung" sollten sie als gehorsame Arbeitskräfte wieder an ihren Arbeitsplatz zurückkehren. Das Lager Reichenau war in der Öffentlichkeit bekannt, nur so konnte es seine beabsichtigte einschüchternde Wirkung erfüllen. Seine wirtschaftliche Funktion bestand darin, die Insassen billig an Betriebe jeder Größenordnung zu „vermieten", auch an die öffentliche Hand, speziell an die Städtischen Bauämter Innsbruck und Hall. So arbeiteten die Gefangenen offen im Stadtgebiet von Innsbruck: für die Kiesgewinnung aus dem Inn, beim Bau der Oberleitungen für die Buslinien bis hinauf nach Hötting, Mühlau und Arzl, für den Luftschutzbau sowie bei Aufräumarbeiten und Blindgängerbeseitigungen nach Bombenangriffen. Bei derartigen „Himmelfahrtskommandos" fanden einige Häftlinge den Tod.

Aufgrund der überfüllten Gefängnisse in Innsbruck kamen neben einheimischen und ausländischen Arbeitskräften auch politische Häftlinge in die Reichenau. Kurz vor Kriegsende lieferte die Gestapo rund 100 Mitglieder der Tiroler Widerstandsbewegung ein. Auch einige Jüdinnen und Juden wurden in das Lager Reichenau gebracht. So entwickelte sich die Reichenau von einem Auffanglager zu einem Arbeitserziehungslager und schließlich zu einer Art Konzentrationslager der Gestapo. Als Durchgangslager war die Reichenau Zwischenstation für hunderte Häftlinge auf dem Weg in ein KZ, vor allem nach Dachau, aber auch in ein Vernichtungslager. So wurden ein 16-jähriger Berliner Jude, zwei Tiroler Jüdinnen, die lange Zeit wegen ihrer Ehe mit einem „Arier" geschützt waren, und 31 Südtiroler Jüdinnen und Juden von der Reichenau nach Auschwitz deportiert und umgebracht. Viele Menschen, auch Minderjährige, gingen im Arbeitserziehungslager zugrunde, wurden erschlagen, begingen Selbstmord oder wurden exekutiert. Wie viele Menschen sich insgesamt im Arbeitserziehungslager Reichenau aufgehalten und dabei umgekommen sind, ist unbekannt. Eine grobe Schätzung geht von insgesamt 8.600 eingelieferten Häftlingen aus. Der Lagerarzt gab nach dem Krieg an, für 120–134 Gefangene einen Totenschein ausgestellt zu haben. Es dürften aber deutlich mehr Menschen umgekommen sein, da hunderte Reichenauer Häftlinge in andere Konzentrationslager überstellt und dort ermordet wurden.[359]

InitiatorInnen des Mahnmals: Gemeinderat Herbert Salcher (SPÖ) übermittelte im Oktober 1968 dem Innsbrucker Bürgermeister ein Schreiben des „Bundes der Opfer des politischen Freiheitskampfes" in Tirol, der die Errichtung einer Gedenkstätte im ehemaligen Lagergelände des „Auffanglagers Reichenau" anregte. Der stellvertretende Bürgermeister Ferdinand Obenfeldner (SPÖ) stellte im Gemeinderat fest, dass über die Gestaltung „dieser Gegend" noch keine Entscheidung gefallen sei, dass aber generell nichts gegen die Anbringung einer Erinnerungstafel spreche.[360] Drei Jahre später wandte sich die „Arbeitsgemeinschaft vaterlandstreuer Verbände" Tirols an die Stadtgemeinde mit dem Ersuchen, dass diese „westlich der Einfahrt zum Zentralhof, der auf dem ehem. Lagergelände errichtet ist", ein Denkmal für die Opfer des Lagers aufstellen möge. Der Eigentümer sollte der „Bund der Opfer des politischen Freiheitskampfes" in Tirol sein. Modell und Kostenvoranschlag waren bereits eingeholt worden.[361] Anfang Oktober 1972 war die „Mahn- und Gedenkstätte für die Opfer des Gestapolagers

Reichenau", das rund 226.000 Schilling gekostet hatte, bis auf die Bepflanzung fertiggestellt.[362] Die Stadt beschloss, jährlich zu Allerheiligen beim Denkmal einen Kranz niederzulegen.[363]

Am Nachmittag des Nationalfeiertages am 26. Oktober 1972 fand der traditionelle Österreichmarsch der Jugend Tirols von Absam nach Innsbruck statt. Über 500 meist jugendliche TeilnehmerInnen zogen dieses Mal in die Reichenau, wo Bürgermeister und Landtagspräsident Alois Lugger (ÖVP) das von der Stadt Innsbruck errichtete Mahnmal, ausgeführt vom Wiener Bildhauer Franz Anton Coufal, enthüllte. Anwesend waren die Spitzen der Behörden und zahlreiche ausländische Delegationen. Die Tiroler Schützen intonierten das KZ-Lied „Die Moorsoldaten". Die Vertreter aller Körperschaften und Organisationen legten 25 Kränze nieder. Nach den Ansprachen von Lugger und Heinz Mayer, dem Obmann des „Bundes der Opfer des politischen Freiheitskampfes", marschierten die TeilnehmerInnen zur Flaggeneinholung zum Landhausplatz, wo der Hauptakt zum Nationalfeiertag mit dem Landeshauptmann stattgefunden hatte. Die Veranstalter der Kundgebung in der Reichenau, die „Arbeitsgemeinschaft vaterlandstreuer Verbände", organisierten zum Abschluss ihrer Feierlichkeiten einen Freundschaftsabend. Anwesend waren auch Vertreter des internationalen Verbandes der Widerstandskämpfer „Fédération Internationale des Résistants" (FIR), des Partisanenverbandes „Associazione Nazionale Partigiani d'Italia" (ANPI) aus Italien und Südtirol, eine Delegation des Ungarischen Partisanenverbandes und ein Sprecher verschiedener Organisationen aus Deutschland. Die Begrüßung nahm Landeshauptmannstellvertreter Herbert Salcher (SPÖ) vor.[364]

2015 plante ein Personenkomitee mit Landesrätin Christine Baur (Grüne), Landtagsabgeordneten Thomas Pupp (SPÖ) und dem Museumsleiter von Absam Matthias Breit einen Garten der Erinnerung auf dem Areal am Inn bei der Grenobler Brücke, wohin das Denkmal, ergänzt mit Informationstafeln, wandern sollte. Der Stadtsenat stellte 5.000 Euro für einen Rohentwurf des geplanten Gartens durch den Architekten Rainer Köberl zur Verfügung.[365] Bis jetzt kam das Projekt über das Vorplanungsstadium nicht hinaus. ▪

Gedenkstein für die politischen Deportierten aus Sesto San Giovanni ins Arbeitserziehungslager Reichenau

Als Antwort auf die Landung der Alliierten in Sizilien und der Entmachtung von Benito Mussolini im Juli 1943 marschierte die deutsche Wehrmacht in Italien ein. In den großen Industriebetrieben von Sesto San Giovanni, einem Vorort von Mailand, kam es im Dezember 1943 und im März 1944 zu einem Generalstreik, auf den die deutsche Besatzungsmacht mit Massenverhaftungen und Deportationen („Streikertransport") von rund 600 Menschen in deutsche Konzentrationslager reagierte, von denen 231 Personen ums Leben kamen. Am 4. März 1944 traf einer dieser Transporte mit ca. 100 Verhafteten im Arbeitserziehungslager Reichenau ein, wo sie ihre Baracken nicht verlassen durften. Am 13. März erfolgte die weitere Deportation in das KZ Mauthausen und dessen Außenlager Gusen. Ende November kam ein weiterer großer Transport mit Arbeitern der Pirelli-Werke aus Sesto San Giovanni im Lager Reichenau an, nachdem sie am 23. November einen Streik ausgerufen hatten. Auch für sie diente Innsbruck als Durchgangslager für die Überstellung in Konzentrationslager.

Nach dem Krieg organisierten sich die Überlebenden und ihre Angehörigen und schlossen sich in der „Associazione nazionale ex deportati nei campi nazisti" (ANED) von Sesto San Giovanni zusammen.[366]

InitiatorInnen des Gedenksteins: Im Zuge seiner Recherchen zum Arbeitserziehungslager Reichenau kam Johannes Breit in Kontakt mit der ANED aus Sesto San Giovanni, deren Mitglieder er mit seinem Vater Matthias Breit traf und nach Innsbruck einlud. Am 20. Mai 2008 besuchte eine Delegation von rund 30 Personen aus Italien die Tiroler Landeshauptstadt. Den überwiegenden Teil der Kosten übernahmen das Land Tirol und die Stadt Innsbruck, der Rest konnte mit Hilfe privater

Gedenkstein mit italienischer Inschrift. Die deutsche Übersetzung lautet: Den politischen Deportierten von Sesto San Giovanni und der Provinz von Mailand. (Foto Matthias Breit)

Zuwendungen aufgebracht werden. Ein Höhepunkt der Begegnung war neben einer Pressekonferenz und einer Diskussion mit den Gästen die Enthüllung eines Gedenksteins nahe dem Mahnmal in der Rossau, den Elisabeth Breit, die Mutter von Matthias Breit, spendete. Gemeinsam mit Angelo Ratti, einem der in das Lager Reichenau Deportierten, und Giuseppe Valota, dem Vorsitzendem von ANED, dessen Vater in Mauthausen umgekommen war, entwarfen Johannes und Matthias Breit die Inschrift. Landeshauptmannstellvertreter Hannes Gschwentner (SPÖ) und Bürgermeisterin Hilde Zach (Für Innsbruck) sorgten für die Begrüßung beim Gedenkstein, wo die Bürgermeisterin eine Rede hielt, in der sie betonte: „Für uns, die wir hier in Innsbruck leben, sind diese Momente des Gedenkens und Erinnerns gemeinsam mit Ihnen von größter Bedeutung. Das geschehene Unrecht bleibt unauslöschlich."[367] ▪

Jüdischer Friedhof, Fritz-Pregl-Straße 2

Am Eingang des jüdischen Friedhofsbereiches im Innsbrucker Westfriedhof verweist eine Gedenktafel darauf, dass hier Gräber bzw. Grabsteine jüdischer Soldaten des Ersten Weltkriegs und jüdischer Opfer der NS-Diktatur zu finden sind.
(Foto Horst Schreiber)

Das vom Bund jüdischer Frontkämpfer mit einer Widmung des Beerdigungs- und Krankenpflege-Vereins Chewra Kadischa errichtete Kriegerdenkmal für sechs Innsbrucker Juden, die im Ersten Weltkrieg ums Leben kamen. Auf den Flügeltafeln zu beiden Seiten des Obelisken sind die Namen von 63 jüdischen Soldaten angebracht, die in einem Tiroler Lazarett starben. (Foto Hansjörg Paul)

Blick auf die Grabsteine im Soldatenfriedhof im jüdischen Teil des Westfriedhofs (Foto Hansjörg Paul)

Richtige Schreibweise: Shmuel David Janaszewicz
(Foto Hansjörg Paul)

David Janaszewicz entkam mit seiner halbwüchsigen Tochter Paulina und den Geschwistern Ruth und Regina Litman dem Ghetto Piotrkow (Piotrków, Petrikau) in Polen. Sie konnten sich falsche Papiere besorgen, mit denen sie in Landeck arbeiteten. Nach einer gescheiterten Flucht in die Schweiz und der Aufdeckung einer polnischen Widerstandsgruppe enttarnte die Gestapo ihre jüdische Herkunft und schickte alle vier am 13. März 1944 ins Arbeitserziehungslager Reichenau. Während David Janaszewicz am 25. April in der Reichenau hingerichtet wurde, kamen die weiblichen Häftlinge nach wenigen Tagen von der Reichenau ins Innsbrucker Polizeigefängnis („Sonne").[369] Davids 11-jährige Tochter Paulina[370] und Regina Litman wurden im Jänner 1945 nach Bergen-Belsen in Niedersachsen verfrachtet,

V.l.n.r.: Regina Litman, ein Freund, Ruth Litman, David Janaszewicz. In der Mitte die kleine Paulina, die Tochter von David Janaszewicz[368]

überlebten aber das Konzentrationslager. Ruth Litman konnte mit Unterstützung des Leiters des Innsbrucker Polizeigefängnisses Wolfgang Neuschmid wegen ihrer Lungenentzündung vorerst im Polizeigefängnis bleiben und kam, nachdem Neuschmid sie als Halbjüdin ausgegeben hatte, nicht auf einen Todestransport, sondern mit 1. März 1945 ins Frauenlager Jenbach, wo sie überlebte.[371]

Foto Horst Schreiber

Sofia Silberberg und Jakob Justman[372] heirateten in Sofias Geburtsort im polnischen Dorf Piontek (Piątek). Sie zogen in die nahegelegene Stadt Lodz (Łódź), wo Jakob als Handlungsreisender für Schweizer und hausgemachte Schokolade tätig war. Eine geplante Auswanderung nach Australien mit ihrer Tochter Lorraine scheiterte aufgrund des Ausbruchs des Krieges. Die Familie floh daraufhin nach Piontek, kehrte kurzfristig nach Lodz zurück und begab sich schließlich in die Stadt Lowicz (Łowicz, Lowitsch), wo sie einige Zeit frei leben

Jakob Justman
(Foto Jeffrey Wisnicki)

konnte, dann aber ins Ghetto übersiedeln musste. Sofia Justman, die drei Fremdsprachen fließend beherrschte, engagierte sich im Ghetto als Pflegerin, während ihr Mann das Risiko auf sich nahm, illegal nach Warschau zu pendeln, um Süßigkeiten zu verkaufen und auf diese Weise Frau und Kind zu versorgen. Seinen Geschäftssinn verlor er auch nicht, als die Familie ins Warschauer Ghetto deportiert wurde, wo die Menschen in unerträglichen Verhältnissen lebten und massenweise starben. Er mietete einen kleinen Laden, in dem Sofia und Lorraine Justman an die wenigen KundInnen Süßes verkauften, das er mit Hilfe eines Schmugglers auftrieb. Ein Bekannter aus Lowicz besorgte ihnen gegen Bezahlung Arbeitspapiere, mit denen sie das Ghetto verlassen und im Dorf Gorczkowice relativ unbehelligt leben konnten. Bis sie am 15. Oktober 1942 mit der jüdischen Bevölkerung des Ortes und der Umgebung zum Bahnhof getrieben wurden, um ins Vernichtungslager Treblinka überstellt zu werden. Die SS wählte rund 20 Personen aus, die bleiben konnten, unter ihnen Jakob Justman und seine Frau Sofia, die aber ihren Platz mit der Tochter tauschte, um deren Überleben zu sichern. Nach weiterem kurzen Aufenthalt in Gorczkowice, während dem Vater und Tochter die verlassenen Quartiere der jüdischen Bevölkerung aufräumen mussten, erfolgte der Transport in die halb niedergebrannte Synagoge von Piotrkow (Petrikau), von wo die nächste Deportation in die Vernichtungslager abging. Im letzten Augenblick gelangten sie ins Ghetto der Stadt. Jakob Justman leistete täglich 12 Stunden Zwangsarbeit in deutschen Fabriken, seine Tochter Lorraine schuftete als Wäscherin und Pflegehelferin im Spital.

Mit Hilfe eines Polen, der im Arbeitsamt tätig war, konnte eine Gruppe von Jüdinnen und Juden gegen Bezahlung mit gefälschten Papieren, die sie als polnische KatholikInnen auswies, nach Deutschland als freiwillige polnische ZivilarbeiterInnen fahren. Unter ihnen befanden sich auch Jakob und Lorraine Justman, die sich nun als Geschwister Leokadia und Jan Gralinska ausgaben. Die beiden begaben sich von München aus nach Seefeld, da sie sich in Österreich eine bessere Behandlung erhofften. In Seefeld arbeiteten sie unter groben Beschimpfungen und harten Verhältnissen in einem Hotel. Da Jakob Justman groß, blond und blauäugig war, fiel er auf und wurde als eindeutschungsfähig eingestuft, so dass er in Innsbruck in der Textilfabrik von Foradori-Baur 60 Stunden pro Woche in Arbeit kam und seine Tochter nachholen konnte. Sie mussten zwar ein auf gelbem Untergrund aufgedrucktes „P" (Pole) in lila Farbe tragen, konnten jedoch privat wohnen. Als eine polnische Widerstandsgruppe aufflog, enttarnte die Gestapo die wahren jüdischen Identitäten der aus Polen Geflohenen. Sie verhaftete am 13. März 1944 Lorraine und Jakob Justman, den sie ins Arbeitserziehungslager Reichenau einlieferten und am 25. April mit David Janaszewicz und vier weiteren polnischen Zwangsarbeitern hinrichteten. Lorraine Justman kam ins Polizeigefängnis („Sonne") und arbeitete dort in der Küche. Mit Unterstützung des Gefängnisdirektors und von Polizisten, einer von ihnen war Küchenchef in der Haftanstalt, entging Lorraine den ihr drohenden Deportationen in den Tod. Am 19. Jänner 1945 floh sie mit ihrer Freundin aus dem Gefängnis und konnte mit Hilfe einiger InnsbruckerInnen schließlich ins Salzburger Dorf St. Martin gelangen, wo sie überlebte.

Lorraine Justman ließ ihren Vater, der am Pradler Friedhof in einem namenlosen Grab lag, das nur mit einer Nummer gekennzeichnet war, exhumieren und beerdigte ihn am 7. Dezember 1945 unter Anwesenheit der jüdischen Gemeinde und zweier Rabbiner am Jüdischen Friedhof in Innsbruck. Zur selben Zeit fand die Exhumierung und Bestattung von David Janaszewicz statt, dessen Grab sich neben jenem von Jakob Justman befindet.[373]

Fotos oben links und rechts: Ilse Brüll und Ludwig Mayer wurden in Auschwitz ermordet und zu Asche verbrannt. Um ihrer gedenken zu können, verewigten ihre Verwandten sie mit einer Inschrift auf dem Grab der Familie Brüll bzw. auf dem Grab der Eltern von Ludwig Mayer. (Fotos Horst Schreiber). Unten links: Inge Brüll mit ihrem Vater Rudolf um 1930 (Foto Inge Brüll)

Ilse Brüll, die Tochter von Rudolf und Julie Brüll, wuchs wohlbehütet in einem gutbürgerlichen Milieu auf. Ihr Großvater Michael Brüll hatte 1908 begonnen, in der Anichstraße 7 ein Möbelhaus mit einer Tischlerei und Tapeziererei aufzubauen. An seinem 51. Geburtstag am 21. September 1938 verhaftete die Gestapo Ilses Vater mit 20 anderen Juden und schlug ihn brutal zusammen. In der Pogromnacht am 10. November war Ilse Brüll bei Verwandten in München, als ein SA-Trupp ihre Mutter Julie ohnmächtig schlug und ihrem Vater Rudolf mit einem Schlagring zwei Rippen brach. Eine halbe Stunde später drang ein weiterer Schlägertrupp in die Wohnung, vor dem sich Rudolf Brüll barfuß und im Nachthemd über den Balkon auf das Dach rettete. Die Familie Brüll verlor ihren Besitz und musste nach

Wien übersiedeln. Im April 1939 fuhr Ilse Brüll mit ihrer Kusine Inge mit einem Kindertransport der Quäker nach Holland, wo sie im Kloster Eersel bei Eindhoven unterkamen. Am 10. Mai 1940 überfiel die Deutsche Wehrmacht Holland. Die Nonnen von Eersel erhielten den Befehl, das jüdische Mädchen Ilse Brüll auszuliefern. Am 5. August 1942 holte sie die Gestapo ab und wies sie ins Durchgangslager Westerbork ein. Am 31. August wurde Ilse Brüll nach Niederkirchen, einem Außenlager von Auschwitz, transportiert und am 3. September 1942 mit Gas getötet. Ihre Eltern überlebten das KZ Theresienstadt und kehrten nach Innsbruck zurück. Rudolf Brüll war treibende Kraft bei der Wiedergründung der Israelitischen Kultusgemeinde, der er als Präsident bis zu seinem Tod 1957 vorstand.[374]

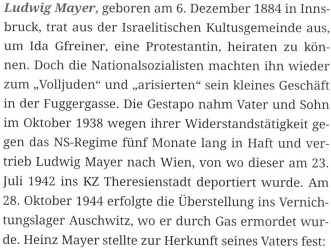

Ludwig Mayer mit Sohn Heinz 1935 vor seinem Geschäft in der Fuggergasse 2 (Foto Gerti Mayer)

Familiengrab Löwy (Foto Hansjörg Paul)

Ludwig Mayer, geboren am 6. Dezember 1884 in Innsbruck, trat aus der Israelitischen Kultusgemeinde aus, um Ida Gfreiner, eine Protestantin, heiraten zu können. Doch die Nationalsozialisten machten ihn wieder zum „Volljuden" und „arisierten" sein kleines Geschäft in der Fuggergasse. Die Gestapo nahm Vater und Sohn im Oktober 1938 wegen ihrer Widerstandstätigkeit gegen das NS-Regime fünf Monate lang in Haft und vertrieb Ludwig Mayer nach Wien, von wo dieser am 23. Juli 1942 ins KZ Theresienstadt deportiert wurde. Am 28. Oktober 1944 erfolgte die Überstellung ins Vernichtungslager Auschwitz, wo er durch Gas ermordet wurde. Heinz Mayer stellte zur Herkunft seines Vaters fest:

> *„Hiezu möchte ich noch bemerken, dass mein Vater wohl jüdischer Abstammung war, jedoch schon seit 3 Generationen in Innsbruck ansässig war und als Kriegsfreiwilliger im [Ersten] Weltkrieg mehrfach verwundet und mit der Silbernen Tapferkeitsmedaille, dem Karl Truppenkreuz, der Verwundetenmedaille u.a. als Offizier der ‚Reitenden Tiroler Kaiserschützen' ausgezeichnet wurde."*[375]

Das Grab der *Familie Löwy* versinnbildlicht die Auswirkungen des Holocaust. Weder Valerie, Siegfried und Ernst noch Josef, Alfred und Erwin Löwy sind hier beerdigt. Valerie Löwy wurde in der Slowakei im Februar 1945 in einer Razzia gefasst und kam im KZ Ravensbrück um. Josef starb am 15. Dezember 1944 im KZ Dachau, seine Frau um 1944 in Auschwitz. Josef, Alfred (ums Leben gebracht um 1942 in Auschwitz mit seiner Frau und Tochter Judith) und Erwin waren Valeries Söhne. Zwischen 1942 und 1945 kamen Erwin Löwy in Auschwitz, seine Frau Josefine mit den Kindern Franziska und Alfons im Vernichtungslager Sobibor ums Leben. Ernst, der Enkel von Valerie Löwy, wurde 1945 im Zwangsarbeits- und Konzentrationslager Sered in der Slowakei getötet. Ernsts Vater Viktor „Sigi" Löwy starb um 1943 in einem Konzentrationslager.[376]

Foto Horst Schreiber

tion ins KZ Theresienstadt. Zwei Jahre später, am 16. Oktober 1944, wurde Adolf Neumann nach Auschwitz verschickt, wo er ums Leben kam. Anna Neumann-Seidl überlebte und kehrte nach Innsbruck zurück. Ihr Sohn Wilhelm Seidl konnte zwar nach Palästina flüchten, kam dort aber durch eine Landmine zu Tode.[377]

Grab von Karl und Berta Schnurmann mit hebräischer Inschrift, dass ihre Seelen auferstehen mögen und dass sie ermordet wurden. (Foto Hansjörg Paul)

Adolf Neumann wurde am 22. Februar 1885 in der zur böhmischen Kleinstadt Liban (Libáň) gehörenden Ortschaft Psinitz (Psinice) geboren. Im November 1911 übersiedelte er nach Innsbruck, wo er ab 1931 Mitglied des Kultusrates der Israelitischen Gemeinde war. Seine gleichaltrige ebenfalls aus Böhmen stammende Lebensgefährtin Anna Seidl, die als erste Frau im Vorstand des Kultusrates saß, war seit 1909 mit Karl Seidl verheiratet, der bereits 1913 verstorben war. Sie wohnte in der Andreas-Hofer-Straße 29, wo sie ihre Branntweinbrennerei, Likörfabrik und Branntweinhandlung Grätzer & Seidl führte, gemeinsam mit Adolf Neumann, der zunächst ihr Untermieter gewesen war. In der Pogromnacht am 10. November 1938 stürmte ein SA-Trupp die Wohnung und prügelte Anna Seidl und Adolf Neumann solange, bis sie bewusstlos liegen blieben. Neumann musste eine Woche in der Klinik stationär behandelt werden. Sowohl das Geschäft als auch das Haus wurden arisiert. Ende November 1938 heirateten Anna Seidl und Adolf Neumann. Kurz vor Weihnachten mussten sie nach Wien übersiedeln. Am 10. Oktober 1942 erfolgte ihre Deporta-

Karl Schnurmann kam am 7. Februar 1884 im Ortsteil Schmieheim der Gemeinde Kippenheim in Baden-Württemberg zur Welt. Um 1905 übersiedelte er nach Innsbruck, wo er als Tapezierer arbeitete. Seine Frau Berta Tanzer, geboren am 27. Mai 1883, stammte aus der böhmischen Stadt Falkenau an der Eger (Sokolov) und migrierte 1909 nach Innsbruck. Die beiden wohnten in der Defreggerstraße 13, wurden aber kurz nach Weihnachten 1938 gezwungen, nach Wien zu gehen, wo sie in unmittelbarer Nähe der jüdischen Familie Turteltaub wohnten, in der Rembrandtstraße 39/7. Bereits in Innsbruck waren sie Nachbarn gewesen.

Am 3. Dezember 1941 wurden die 58-jährige Berta und der 57-jährige Karl Schnurmann in die lettische

Letzte Fotos vor der Zwangsumsiedlung nach Wien Anfang Dezember 1938 im Haus der Familie Turteltaub in der Defreggerstraße 12. Das Ehepaar Berta und Karl Schnurmann steht in der letzten Reihe nebeneinander. (Foto Abraham Gafni)

Hauptstadt Riga deportiert, wo sie am 6. Dezember ankamen und ins provisorische KZ Jungfernhof unweit des Ankunftsbahnhofs eingeliefert wurden. Der Jungfernhof war ein 200 Hektar großes Gut mit wenigen Gebäuden, die in einem erbärmlichen Zustand waren. Behelfsmäßig mussten für die in vier Transporten insgesamt rund 4.000 Ankommenden mehrstöckige Holzpritschen in den unbeheizbaren Ställen und Scheunen aufgestellt werden. Unter diesen Bedingungen kamen rund 800 Menschen in den Wintermonaten ums Leben, 1.600 bis 1.700 wurden im Wald von Biķernieki östlich von Riga erschossen, 500 Kranke zu Beginn 1942 abtransportiert und umgebracht. Die Überlebenden kamen ins Ghetto Riga und von dort ins Arbeitslager Riga-Kaiserwald, nach Auschwitz oder ins KZ Stutthof bei Danzig. Von den 1.001 am 3. Dezember 1941 von Wien nach Riga deportierten Jüdinnen und Juden überlebten 18 Personen. Das Ehepaar Schnurmann war nicht darunter. Ihre Söhne Erwin und Siegfried flohen nach Palästina. Siegfried Schnurmann kehrte nach Innsbruck zurück.[378]

Vom Mittelalter bis zum Jahr 1864 lag der Jüdische Friedhof am Judenbühel außerhalb des damaligen Stadtgebietes, am Abhang der Nordkette unterhalb der Hungerburg. Im selben Jahr fand der erste Jude in der „Abteilung für Israelitische Kultusangehörige" im neu gebauten Städtischen Westfriedhof seine Ruhestätte. 1938 war gut die Hälfte der 463 Grabstellen belegt. Im Mai 1925 weihte die Israelitische Kultusgemeinde ein jüdisches Kriegerdenkmal ein, 1937 wurden 30 Gräber für jene jüdischen Soldaten des Ersten Weltkrieges errichtet, die in Tiroler Lazaretten gestorben waren.

Die NS-Behörden planten den Friedhof aufzulassen, aufgrund von Arbeitskräftemangel kam es nicht dazu. Die wertvolleren Grabdenkmäler verkauften sie an Steinmetze oder ließen sie abtransportieren. Einige Bombentreffer beschädigten zahlreiche Grabsteine. Unmittelbar nach Ende des Zweiten Weltkrieges kümmerte sich zunächst ein jüdisches Hilfskomitee um die Wiederherstellung des Friedhofs. Das in den Pradler Friedhof verlegte Denkmal für die Gefallenen des Ersten Weltkriegs kam wieder an seinen ursprünglichen Platz. Die Kultusgemeinde unter dem Vorsitz von Rudolf Brüll handelte 1952 mit der Stadt Innsbruck, die noch im Besitz von Geldern aus dem Verkauf von Grabsteinen während der NS-Zeit war, eine Summe aus, mit der die Gräber renoviert werden konnten. In der Folgezeit wurden die abtransportierten und durch Bomben beschädigten Grabsteine durch einheitlich gestaltete, schlichte Grabsteine nach einem Entwurf des Architekten Theodor Prachensky ersetzt. Es handelte sich um rund 30 Gräber für jene Toten, deren Familien im Holocaust umgekommen waren, aber nicht mehr aufgefunden werden konnten oder nun völlig mittellos dastanden. Viele Familien, die ihre Verwandten verloren hatten, hegten den Wunsch, die Namen ihrer Toten auf den neu zu errichtenden Familiengrabsteinen zu ergänzen. So setzte Rudolf Brüll den Namen seiner Tochter Ilse 1952, zehn Jahre nach ihrem gewaltsamen Tod in Auschwitz, auf das Grabdenkmal der Familie. Diese Praxis, so Thomas Albrich, „Personen, die nicht tatsächlich in Innsbruck begraben worden waren, auf den Grabdenkmälern nachzutragen, ist bis heute sehr verwirrend für Angehörige, die auf dem Friedhof nach Familienmitgliedern suchen und die wissen wollen: Wer wurde wirklich

Das „Erinnerungsgrab" an der Südmauer mit den Gebeinen der Umgebetteten aus dem Jahr 1981 (Fotos Hansjörg Paul)

Der hebräische Text der vermutlich in den 1960er Jahren vom
Schwarzen Kreuz angebrachten Gedenktafel lautet übersetzt:
„Zum Andenken an die Seelen der Opfer des Naziregimes in den
Jahren 5698-5705", nach gregorianischem Kalender 1938–1945.
Die Kultusgemeinde veranlasste 1981 eine Ergänzung: „Zum
Gedenken an alle Tiroler Juden / Die ihr Leben – für die Heiligung des
Göttlichen Namens – [als Märtyrer] lassen mussten."[379]
(Foto Selina Mittermeier)

hier bestattet? Wer lag oder liegt heute in diesen Gräbern?"[380] Auffallend ist, dass nur eine einzige Grabinschrift, jene für Jakob und Sofia Justman, ausführlich
auf das Schicksal der getöteten Menschen eingeht.
Drei Gräber erwähnen Auschwitz als Todesort, ein
Grab allgemein „KZ", eine Grabinschrift weist darauf
hin, dass es sich um ein politisches Opfer im KZ Reichenau handelt und eine weitere gibt an, dass die Verewigten ermordet wurden.

Im November 1961 schändeten deutschnationale Studenten der Burschenschaft Suevia und Brixia
den Jüdischen Friedhof. Sie stießen dutzende Grabsteine um, warfen Kränze durcheinander und besudelten sie. Katholische und evangelische Jugendliche
demonstrierten ihre Solidarität mit der Israelitischen

Kultusgemeinde und veranstalteten einen Fackel-Sühnemarsch mit 600 TeilnehmerInnen. Die Tiroler Landesregierung setzte eine Prämie für die Ausforschung
der Täter aus und übernahm die Kosten für die Wiederherstellung der Gräber. Das Gericht verurteilte die
Täter zu acht Monaten Kerker, als Tatmotiv machte es
bei den beiden korporierten Medizinstudenten einen
„Geltungstrieb" aus.

1980/81 wurde der Jüdische Friedhof wegen der
Errichtung der Autobahnabfahrt West um die Hälfte
verkleinert. Es war die größte organisierte Verlegung
eines jüdischen Friedhofes in Mitteleuropa nach 1945.
Kaum ein Stein blieb auf dem anderen. Auch wenn
nach dem religiösen Gebot der Halacha ein jüdisches
Grab und ein jüdischer Friedhof auf ewige Zeiten bestehen bleiben müssen, war diese Vorschrift in Innsbruck seit 1891 bereits mehrfach gebrochen worden.
Dies war den Straßenplanern bewusst, die die Israelitische Kultusgemeinde unter Druck setzten. Die Entrichtung einer Entschädigungszahlung veranlasste
schließlich die Kultusgemeinde, ihre Zustimmung zu
geben. Die Verlegungen richteten sich nach den Vorgaben des Oberrabbiners aus Wien, der aber aufgrund
von Sachzwängen die rituellen Abläufe nicht immer
streng nach den gebotenen Regeln vollziehen konnte.
Die Beerdigten wurden nicht nur händisch, sondern
auch mit Baggern ausgegraben, 78 Grabdenkmäler
größtenteils innerhalb des Friedhofes verlegt, einige
aber auch nach Wien transportiert. Der Großteil der
Gräber im verbliebenen Teil des Friedhofs musste neu
arrangiert werden. 64 Grabstätten wurden formell
„aufgelassen", die Gräber dann aber meist einfach in
dem Zustand belassen, in dem sie waren, bis die betreffende Grabstelle für eine anderweitige Beisetzung
benötigt wurde. Die Gebeine von 76 Verstorbenen kamen in ein neu geschaffenes „Erinnerungsgrab", das
zu einer Gedenkstätte ausgebaut auf einer bronzenen
Tafel die Namen der Umgebetteten auflistet.[381]

InitiatorInnen der Gedenktafel und Gedenksteine: Am 14. September 1981 fand eine Doppelveranstaltung statt. Zuerst weihte Oberrabbiner Akiba Eisenberg im Beisein von Landeshauptmann Eduard
Wallnöfer und Bürgermeister Alois Lugger (ÖVP), des
israelischen Botschafters Isaac Ben-Jaacov sowie von
Vertretern weiterer Religionsgemeinschaften den Ge

denkstein zur Erinnerung an die zerstörte Synagoge in der Sillgasse ein. Das offizielle Mitteilungsblatt der Landeshauptstadt meldete:

> *„Anschließend wurde am Städtischen Westfriedhof der in den Jahren 1980 bis 1981 durch die Brenner-Autobahn AG, die BundesstraßenVerwaltung und die Stadtgemeinde Innsbruck, die Kriegsgräberfürsorge des Amtes der Tiroler Landesregierung und mit Unterstützung des ‚Volksbundes deutscher Kriegsgräberfürsorge‘ neugestaltete Israelitische Zivil- und Soldatenfriedhof vom Bürgermeister an die Israelitische Kultusgemeinde übergeben und durch Oberrabbiner Prof. Dr. Eisenberg geweiht. Anlaß für die Neugestaltung war die Errichtung der Autobahnabfahrt Innsbruck-West, die eine Versetzung der Friedhofmauer nach Norden erforderlich machte, wovon vor allem der Israelitische Friedhof betroffen und wofür ein besonderes Entgegenkommen der Israelitischen Kultusgemeinde erforderlich war."*[382] ▪

Synagoge, Sillgasse 15

1910 wurde in einem „äußerlich schmucklosen" Stöcklgebäude im Hof des Hauses des Vorstandes der Israelitischen Kultusgemeinde Wilhelm Dannhauser und seiner Frau Berta in der Sillgasse 15 ein Betsaal eingerichtet, die Innsbrucker „Synagoge", auch als Tempel bezeichnet. Die Pläne für den Bau einer Synagoge, die diese Bezeichnung wirklich verdiente, konnten nie realisiert werden. In der Pogromnacht vom 9. auf den 10. November 1938 wurden das Innere der Synagoge und zahlreiche Einrichtungsgegenstände zerstört. Die silbernen Kultgegenstände konfiszierte die Gestapo, ebenso die restliche Inneneinrichtung. Die Gebietsführung der Hitlerjugend bemächtigte sich eines eisernen Ofens und eines Pianos. Verbliebenes Inventar wurde nach Wien gebracht. Ein Toramantel, den Wolf Meier Turteltaub 1926 gestiftet und seiner Frau Malke gewidmet hatte, tauchte vor einigen Jahren in der Israelitischen Kultusgemeinde Wien auf. Sie überließ den Mantel dem Jüdischen Museum Hohenems als Dauerleihgabe. Turteltaubs Tochter, Eva Alloggi, konnte zwei Torarollen bei ihrer Flucht von Innsbruck nach Haifa retten. 1943 zerstörte ein Treffer alliierter Bomber das Gebäude in der Sillgasse 15, das Stöcklgebäude stand zwar noch, doch der geplünderte ehemalige Betraum konnte nur mehr in Innsbruck lebenden jüdischen Studenten als Studentenheim zur Verfügung gestellt werden. Schließlich wurden die Überreste abgetragen, so dass in den 1950er Jahren eine freie Fläche entstand, die einige Zeit später als Parkplatz genutzt wurde.

Den Überlebenden blieb nichts anderes übrig, als ihren Kult in Privaträumen abzuhalten, zunächst im Haus der Familie Brüll in der Anichstraße 7; ab den 1960er Jahren richteten sie einen Betraum in einer angemieteten Wohnung in der Zollerstraße ein, wo auch das Büro der Israelitischen Kultusgemeinde für Tirol und Vorarlberg Platz finden musste. Da jeglicher Hinweis am ehemaligen Standort der Synagoge fehlte, schlug der israelische Botschafter Isaac Ben-Jaacov die Errichtung eines öffentlichen Erinnerungszeichens vor. Nachdem der Jüdische Friedhof im Städtischen Westfriedhof wegen des Baus der Südumfahrung Innsbrucks um die Hälfte verkleinert worden war, weihte Oberrabbiner Akiba Eisenberg aus Wien im Beisein von Landeshauptmann Eduard Wallnöfer, Innsbrucks Bür-

Gedenkstein mit Tafel am Standort der alten Synagoge in der Sillgasse 15 aus dem Jahr 1981
(Foto Stadtarchiv Innsbruck)

germeister Alois Lugger, des israelischen Botschafters und Vertretern weiterer Religionsgemeinschaften den umgestalteten Jüdischen Friedhof im September 1981 ein. Zuvor hatten sie bereits den vom Land Tirol und der Stadt Innsbruck finanzierten Gedenkstein mit einer Kupfertafel am Parkplatz in der Sillgasse enthüllt, der der Straße abgewandt wenig sichtbar war. Die Tafelinschrift informierte zwar darüber, dass sich an der Stelle des Gedenksteins die Synagoge befunden hatte, nannte aber weder Täter noch Opfer und sah über jegliche Mitverantwortung von Tirolern hinweg. Die Gedenktafel ist heute im Vorraum der neuen Synagoge aufgehängt.

Das Leben der Kultusgemeinde, das völlig im Verborgenen stattfand, konnte sich erst ab 1986 wieder entfalten, als Esther Fritsch die Leitung übernahm und zur Stadt Innsbruck und vor allem zu Bischof Reinhold Stecher eine gute Kommunikationsbasis aufbaute. Mit Unterstützung von Bund, Land Tirol und der Stadt Innsbruck kam es – in der Sillgasse 15 – zum Neubau der Synagoge nach den Plänen der Architekten Hubert und Michael Prachensky. Am 18. April 1991 fand die Grundsteinlegung statt. Die Reden hielten Innsbrucks Bürger-

meister Romuald Niescher, Präsidentin Fritsch und der Wiener Oberrabbiner Paul Chaim Eisenberg. Auf einer Urkunde, die ins Haus eingemauert wurde, hatten in Innsbruck geborene Juden ihrer Freude Ausdruck verliehen, dass „am Ort unserer alten Synagoge eine neue entsteht". Die Eröffnung der Synagoge im unteren Geschoß der Sillgasse 15 am 21. März 1993 mit über 600 Gästen aus aller Welt nahm Oberrabbiner Paul Chaim Eisenberg vor, der die Mesusa am Eingangsportal anschlug. Im anschließenden Festakt an der Alten Universität sprachen Paul Grosz, der Präsident des Bundesverbandes der Israelitischen Kultusgemeinden Österreich, Landeshauptmann Alois Partl und Bürgermeister Romuald Niescher sowie die Präsidentin der Israelitischen Kultusgemeinde in Innsbruck Esther Fritsch. Der Hauptredner war Bischof Reinhold Stecher. Aus dem Ausland waren auf Einladung von Bürgermeister Niescher 16 vertriebene Innsbrucker Jüdinnen und Juden gekommen.

Über dem Eingangsportal der Synagoge ist eine hebräische Inschrift zu lesen: „Baut mir dieses Haus und ich werde darin wohnen". Am rechten Türpfosten

Eingangsportal der neuen Synagoge mit der Mesusa am rechten Türpfosten und hebräischer Inschrift: „Baut mir dieses Haus und ich werde darin wohnen". (Foto Hansjörg Paul)

Innenraum der Synagoge (Foto IKG Innsbruck)

ist eine Mesusa angebracht, die ein Pergament mit einem Bibeltext enthält. Der Gebetsraum ist in optischer Anlehnung an den Jerusalemer Sandstein mit naturbelassenem Marmor verkleidet. Das Deckengewölbe zeigt den Sternenhimmel am Tag der Einweihung in Richtung Jerusalem. An der Ostwand befindet sich der Toraschrein mit Torarollen aus Prag. Der Toravorhang ist ein Stück aus der alten Synagoge und wurde 1899 von Innsbrucker Frauen gestiftet. Die Witwe des letzten Innsbrucker Rabbiners, Wilma Rimalt, gab einen neuen Toravorhang, der im Vorraum zu sehen ist, als Geschenk. Ein Präsent kam von Bischof Stecher: ein in Israel gefertigter silberner Chanukkaleuchter, der einen Ehrenplatz neben dem Toraschrein erhielt. Der Bischof überbrachte auch ein altes Gebetbuch, das bei der Zerstörung der Synagoge 1938 arg in Mitleidenschaft gezogen worden war. Ein anderes Geschenk war ganz besonderer Art: Zwei Wochen vor der Fertigstellung der Synagoge bekam die Gemeinde den Schlüssel der zertrümmerten Synagogentür, den im November 1938 ein Nachbar abgezogen hatte. Nun liegt er als Erinnerung an die Zerstörung des ersten Innsbrucker Tempels im Betraum. 2014 wurden die Räumlichkeiten in der Synagoge um einen Mehrzwecksaal erweitert, in dem die für den Betraum in der Zollerstrasse in den 1950er Jahren von Gemeindemitgliedern gespendeten, mit bunten Bleiverglasungen versehenen Fenster hängen.[383]

Pogrommahnmal für Josef Adler, Wilhelm Bauer, Richard Berger und Richard Graubart am Eduard-Wallnöfer-Platz

Oben: Das 1997 errichtete Pogrommahnmal, von Pflanzen überwuchert, im Jahr 2003, mit den Namen der Opfer der Pogromnacht 1938, die am Sockel zu lesen sind: Josef Adler, Wilhelm Bauer, Richard Berger, Richard Graubart. (Foto Hansjörg Paul)

Rechts: 2011 wurde das Mahnmal vom äußeren Ende des Eduard-Wallnöfer-Platzes in die Nähe des Befreiungsdenkmals gerückt. (Foto Günter Richard Wett)

Rechts unten Foto Horst Schreiber

Josef Adler (rechts) mit seinem Vater Wilhelm, der in Riga ermordet wurde. (Foto Joseph Adler)

Wilhelm Bauer (Foto Privatarchiv Horst Schreiber)

Oberbaurat Ing. Josef Adler, geboren am 18. Oktober 1885 in Wien, zog im Dezember 1918 von der Bundeshauptstadt nach Innsbruck. 1919 heiratete er Getrude Weiss, die jüngere Schwester von Richard Bergers Ehefrau Grete. Josef Adler war in der Bahndirektion in Innsbruck angestellt und führender Exponent der Zionistischen Ortsgruppe Innsbruck, des Bundes Jüdischer Frontsoldaten sowie Mitglied des Kultusrates der Israelitischen Gemeinde. In der Pogromnacht überfiel ein Kommando des SA-Eisenbahnersturms die Wohnung Adlers in der Anichstraße 5 und verletzte ihn durch Schläge auf den Kopf schwer. Josef Adler, der an einem Hirntumor litt, war nach dem gewalttätigen Angriff halbseitig gelähmt. Seine Frau übersiedelte mit ihm nach Wien, wo er am 23. Jänner 1939 verstarb und am Zentralfriedhof beerdigt wurde. Adlers Sohn Felix emigrierte nach Palästina und zog später nach England. Gertrude Adler überlebte in Palästina, kehrte aber nach dem Krieg nach Innsbruck zurück, wo sie 1966 starb.[384]

Dr. Wilhelm Bauer kam am 14. März 1893 in Innsbruck zur Welt. Er führte mit seinem Bruder Stefan die Manufakturwarenhandlung in der Brixnerstraße 2 – Herzog-Friedrich-Straße 7 und war Vorsitzender der Jüdischen Kaufmannschaft. In den frühen Morgenstunden des 10. November 1938 drangen SS-Männer unter der Führung von SS-Hauptsturmführer Hans Aichinger im Innsbrucker Stadtteil Saggen in die Villa Gänsbacherstraße 5 ein. Sie misshandelten Wilhelm Bauer und stachen mit einem Messer auf ihn ein. Er verstarb auf dem Transport in die Klinik. Bauers Kinder Thomas und Eva kamen mit einem Kindertransport im März 1939 nach England. Seine Frau Edith konnte schließlich mit beiden Kindern nach Kanada ausreisen.[385]

Richard Berger
(Foto IKG Innsbruck)

Richard Graubart
(Foto Vera Graubart)

Oberbaurat Ing. Richard Berger wurde am 8. Juli 1885 in Sebrovitz bei Brünn geboren. Er besuchte die Technische Hochschule in Brünn und trat 1909 in den Dienst der k. k. österreichischen Staatsbahnen. Ab Juli 1910 Fahrdienstleiter und Kassier am Bahnhof Kitzbühel, arbeitete er seit August 1912 in der Brückenbaugruppe der Staatsbahndirektion Innsbruck. Ab 1913 war er endgültig in Innsbruck ansässig. 1915 heiratete er Grete Weiss, mit der er zwei Söhne hatte: Walter und Fritz (Frederick). Er war Mitgründer und Präsident der Zionistischen Ortsgruppe Innsbruck und ab 23. Juni 1938 Vorstand der Israelitischen Kultusgemeinde für Tirol und Vorarlberg. In dieser Funktion versuchte er den in Innsbruck verbliebenen Gemeindemitgliedern zu helfen, wo es ging. In der Nacht vom 9. auf den 10. November 1938 drang ein SS-Kommando mit Gerhard Lausegger, Führer des SS-Studentensturms und Mitglied der Burschenschaft Suevia, an der Spitze in seine Wohnung in der Anichstraße 13 ein und verschleppte ihn in einem Auto nach Kranebitten ans Ufer des Inns. Dort schlugen ihm die SS-Männer, unter ihnen SS-Untersturmführer Walter Hopfgartner, mit dem Kolben einer Pistole bzw. einem schweren Stein mehrmals auf den Kopf und auf die Schläfen. Dann warfen sie Richard Berger in den Fluss. Nach der Überführung nach München wurde Bergers Leiche im Krematorium eingeäschert. Seine Söhne konnten fliehen: Walter nach Palästina, Fritz erreichte England und kämpfte in der britischen Armee gegen Deutschland.[386]

Richard Graubart, geboren am 5. Mai 1899 in Innsbruck, führte mit seinem Bruder Alfred das Schuhhaus Graubart in der Museumstraße 8. 1931 heiratete er Margarethe Hermann aus Innsbruck. Dasselbe Mordkommando, das Wilhelm Bauer überfallen hatte, griff in der Früh des 10. November 1938 mit Schlägen und Messerstichen Richard Graubart an, der im 1. Stock der Villa in der Gänsbacherstraße 5 wohnte. So versetzte ihm der SS-Mann Gottfried Andreaus einen Schlag auf den Kopf, während SS-Hauptsturmführer Hans Aichinger ihm einen Dolch in die Seite rammte. Nach dem Tod des Vaters erreichte Vera Graubart gemeinsam mit Eva und Thomas Bauer, den Kindern Wilhelm Bauers, im März 1939 in einem Kindertransport London. Dorthin konnte auch ihre Mutter Margarethe flüchten. Diese kehrte nach dem Krieg wieder nach Innsbruck zurück und führte das Schuhgeschäft Graubart noch eine Zeit lang. 1996 übersiedelte sie nach England, wo sie bis zu ihrem Tod 2002 bei ihrer Tochter Vera lebte.[387]

Am Abend des 9. November 1938 versammelten sich die höchsten Repräsentanten des NS-Regimes in München, um des gescheiterten Hitler-Putsches von 1923 zu gedenken.[388] Als bekannt wurde, dass der deutsche Gesandtschaftsrat Ernst vom Rath in Paris den Folgen des Attentats von Herschel Grynszpan, einem 17-jährigen Juden, erlegen war, nahmen dies die Spitzen der NSDAP zum Vorwand, die längst vorbereitete Planung zur Ausschreitung gegen Jüdinnen und Juden im Deutschen Reich in die Tat umzusetzen. Die anwesenden NS-Größen, Gauleiter und SA-Führer, erhielten von Propagandaminister Joseph Goebbels die Anweisung, jüdische

Geschäfte zu zerstören, die Wertgegenstände sicherzustellen, Synagogen in Brand zu stecken und Massenverhaftungen vorzunehmen. Ein Eingreifen der Polizei wurde untersagt. In der Folge organisierte das Reichssicherheitshauptamt, speziell der Sicherheitsdienst der SS unter Mithilfe von Gliederungen der Partei (SS, SA, NSKK), die Pogrome gegen Jüdinnen und Juden, die die Nazis beschönigend als „Reichskristallnacht" bezeichneten. Sie hatten den Zweck, die jüdische Bevölkerung zur Flucht aus Deutschland zu veranlassen und sie ihres Vermögens zu berauben.

Der Gauleiter für Tirol und Vorarlberg Franz Hofer erteilte nach seiner Rückkehr aus München am 10. November 1938 um ein Uhr Früh den lokalen Führern der SS und SA, der Sicherheitspolizei und der Gestapo sowie dem Sicherheitsdienst der SS den Auftrag, dass sich „die kochende Volksseele gegen die Juden" erheben müsse. SS-Oberführer Hanns Feil gab unter Beisein von SS-Standartenführer Erwin Fleiss entsprechend den Anweisungen Hofers ausgesuchten SS-Führern den Befehl, Richard Graubart, Karl und Wilhelm Bauer „auf möglichst geräuschlose Art umzulegen" und Richard Berger „aus dem Wege zu räumen". Der Gebrauch von Schusswaffen war ausdrücklich verboten. Arisierungskommissar Hermann Duxneuner hatte die Liste der Jüdinnen und Juden vorbereitet, die überfallen werden sollten. Keine jüdische Familie sollte ungeschoren davonkommen. Die Rollkommandos bestanden aus verlässlichen und ideologisch überzeugten SS-Männern. Zwei Drittel von ihnen waren „illegale Nationalsozialisten", die sich bereits während der Verbotszeit von 1933 bis 1938 für die Partei eingesetzt hatten.

Die Überfälle der Rollkommandos auf über zwei Dutzend jüdische Familien erfolgten schließlich kurz vor drei Uhr morgens. Die Synagoge in der Sillgasse wurde verwüstet, jüdische Geschäfte wurden geplündert, Wilhelm Bauer, Richard Graubart und Richard Berger ermordet. Josef Adler starb einige Monate später an den Folgen der Verletzungen, Karl Bauer überlebte körperlich und geistig beeinträchtigt. Die Opfer wurden aufgrund ihrer gesellschaftlichen Position innerhalb und außerhalb der Israelitischen Kultusgemeinde ausgesucht, zudem wollten SS und NSDAP den Immobilienbesitz der Ermordeten. Ein Bericht des Tiroler Sicherheitsdienstes der SS vom 12. November 1938 stellte fest:

„In der Nacht vom 9. und 10. ds. Mts. wurde von seiten der Bevölkerung schlagartig eine Aktion gegen die Juden Innsbrucks unternommen. Im Verlaufe dieser Aktion wurden die Wohnungen aller noch nicht ausgewanderten Juden schwer beschädigt. Falls Juden bei dieser Aktion keinen Schaden erlitten haben, dürfte dies darauf zurückzuführen sein, daß sie übersehen wurden."[389]

Bei den antijüdischen Ausschreitungen am 10. November 1938 gab es in zwei österreichischen Städten Todesopfer zu beklagen: in Wien und Innsbruck. Im Verhältnis zur Größe der jüdischen Gemeinde war Innsbruck einer der blutigsten Schauplätze der Pogromnacht im gesamten Deutschen Reich. Im Gegensatz zu Wien nahm jedoch die Bevölkerung an den Ausschreitungen nicht teil. Vereinzelt brachten InnsbruckerInnen jüdischen Familien ihre Ablehnung des barbarischen Vorgehens des NS-Regimes zum Ausdruck. Hilfeleistungen blieben jedoch in der Regel ebenso aus wie ein öffentlicher Protest. Auch die katholische Kirche schwieg zu den Ereignissen.

InitiatorInnen des Mahnmals: Am 17. November 1995 schlugen Jugendliche im „Landtag der Jugend" vor, ein Denkmal für die in der Pogromnacht im November 1938 ermordeten Juden in der Altstadt von Innsbruck zu errichten.[390] Innsbrucks Bürgermeister Herwig van Staa (Für Innsbruck) nahm den Antrag an und entschied sich für den Eduard-Wallnöfer-Platz als Aufstellungsort. Das Land Tirol war bereit, die Kosten zu übernehmen. Landesrätin Elisabeth Zanon (ÖVP) schrieb ein Projekt unter dem Motto „...um nicht zu vergessen" aus. Es sah vor, dass Tirols Höhere Schulen Vorschläge für ein derartiges Denkmal erarbeiten sollten. Zwischen der Ausschreibung des Projekts und dem Einreichtermin lag nur ein knappes halbes Jahr. Eine Fachjury bewertete im Sommer 1996 48 Arbeiten: Der Gewinner war der 19-jährige Schüler Mario Jörg, der die Höhere Technische Lehranstalt für Maschinenbau in Fulpmes besuchte. Er entwarf ein Denkmal mit einer Menorah, die auf einem runden Sockel aus Kupfer steht. Um den siebenarmigen Leuchter, der nicht nur ein wichtiges religiöses, sondern auch ein bedeutendes politisches Symbol darstellt, da er in das Staatswappen Israels aufgenommen wurde, waren Glasscherben gruppiert. Diese sind heute nicht mehr zu sehen, weil sie wiederholt abgebrochen wurden. Sie versinnbildlichten für Mario Jörg die zerbrochenen Herzen der ermordeten Juden und ihrer Angehörigen. In den Sockel sind die vier Namen jüdischer Männer eingraviert, die in der Pogromnacht bzw. in deren Gefolge in Innsbruck ums Leben kamen. Eine kreisförmige Begleittafel vervollständigt das Mahnmal.

Am Sonntag, dem 8. Juni 1997, wurde das Pogromdenkmal in Innsbruck der Öffentlichkeit übergeben. Paul Chaim Eisenberg, der Oberrabbiner der Israelitischen Kultusgemeinde Wien, sprach ein Gebet in hebräischer und deutscher Sprache. Bischof Reinhold Stecher verglich das Mahnmal mit einer Sonnenuhr, die ihre Schattenstriche auf das Gewissen der Menschen werfe. Yoel Sher, der israelische Botschafter, betonte die Pflicht, sich der Opfer des Holocaust zu erinnern. Anwesend waren Paul Grosz und Esther Fritsch, die PräsidentInnen der Israelitischen Kultusgemeinde Wien bzw. für Tirol-Vorarlberg, der Landeshauptmann von Tirol Wendelin Weingartner, Bürgermeister Herwig van Staa und zahlreiche weitere SpitzenpolitikerInnen. Eine besondere Note erhielt die Feier dadurch, dass das

Land Tiroler Holocaust-Überlebende samt ihren Angehörigen eingeladen hatte. Der Jazzmusiker Oscar Klein, selbst ein jüdisch Verfolgter, dessen Schwester in Innsbruck wohnt, umrahmte die Feier musikalisch. Bischof Reinhold Stecher stellte zum Pogrommahnmal fest:

„Es ist mit seiner schlanken Menorah eine Sonnenuhr, die ihren Schattenstrich auf das Gewissen der Gesellschaft werfen will – nicht als Vorwurf an eine Generation, die an vergangenen Geschehnissen nicht schuld ist, sondern als Erinnerung daran, wie weit es kommen kann, wenn Menschlichkeit in Haßideologien untergeht."[391]

Als die ARGE LAAC/Stiefel Kramer/Christopher Grüner 2011 den Eduard-Wallnöfer-Platz neugestaltete, rückte sie das Pogrommahnmal vom südlichen Ende des Platzes stärker ins Zentrum: in die Nähe des Befreiungsdenkmals. Es entstand eine stimmige Erinnerungslandschaft, in der der Täterbau (Neues Landhaus, das ehemalige Gauhaus), das Denkmal für Widerstand und Befreiung sowie das Opfermahnmal nun in einem erkennbaren Spannungsverhältnis aufeinander Bezug nehmen.[392]

Die kreisförmig angelegte Begleittafel, die das Mahnmal ergänzt. (Fotos Natascha Osler)

Richard-Berger-Straße

Initiatoren der Straßenbenennung: Am 29. Mai 1980 beschloss der Innsbrucker Gemeinderat, eine Straße, die von der Haller Straße abbiegt und ins Gewerbegebiet Neuarzl führt, nach Richard Berger zu benennen.[393] Gemeinderat Hermann Weiskopf, der im März 1978 die Initiative ergriffen hatte, Straßen nach Opfern des Nationalsozialismus zu benennen, kritisierte die Auswahl der peripher gelegenen Verkehrsfläche:

„Ich habe damals erklärt, daß ich mit dem Herrn Bürgermeister konform gehe und auch der Meinung bin, daß man für die Opfer des Nationalsozialismus, die Zeugen des Glaubens und des Widerstandes keineswegs Straßen von untergeordneter Bedeutung benennen sollte. Aus der vorliegenden Liste ersehe ich, daß man diesem Kriterium in bezug auf den Präsidenten der Israelitischen Kultusgemeinde nicht Rechnung getragen hat. Die von der Coca-Cola-Fabrik zum Bahndamm führende Straße ist nicht als bedeutend zu bezeichnen (…). Ich werde trotzdem dem heutigen Antrag zustimmen, weil ich den guten Willen anerkenne. Ich möchte jedoch bitten, bei künftigen Vorschlägen für Straßenbenennungen zu berücksichtigen, daß Straßen, an denen keine Gebäude oder Wohnhäuser liegen, nicht für einen solchen Zweck herangezogen werden."[394] ▪

Fotos Stadt Innsbruck

Gedenkstele für Richard Berger im Städtischen Westfriedhof, Fritz-Pregl-Straße 2

Dr. Gerhard Lausegger kam am 23. September 1915 in Klagenfurt zur Welt und studierte in Innsbruck Jus. Er war Mitglied der deutschnationalen Burschenschaft Suevia, Obmann des Innsbrucker Waffenrings, eines Dachverbandes der schlagenden Burschenschaften, illegaler Führer des Nationalsozialistischen Deutschen Studentenbundes, Führer des SS-Studentensturms, Adjutant der 87. SS-Standarte und beteiligte sich in der Nacht der Machtübernahme der Nationalsozialisten an der Besetzung des Landhauses noch vor dem Einmarsch deutscher Truppen in Innsbruck. Für seine Rolle beim Mord an Richard Berger wurde Lausegger nie zur Rechenschaft gezogen. Zwar hatte Frederick Benson (Fritz Berger), der nach England geflohen war und als Soldat in der britischen Armee diente, ihn im Internierungslager Wolfsberg aufgespürt und ihn am 1. Juni 1946 auch zu einem Geständnis bewegen können. Doch am 6. März 1947 entwich Lausegger anlässlich seiner

Überstellung ins Gefangenenhaus Innsbruck seinem Hilfsaufseher am Bahnhof Villach. Er setzte sich nach Südtirol ab und floh mit einem Ausweis des Internationalen Roten Kreuzes nach Argentinien, wo er bis zu seinem Unfalltod am 20. Dezember 1966 „als ehemaliger rumänischer Staatsbürger" Nicolo Gracea lebte.[395]

InitiatorInnen der Stele: Auf dem Denkmal der völkischen Burschenschaft Suevia am Städtischen Westfriedhof in Innsbruck sind die Namen verstorbener Mitglieder eingraviert, an die unter folgender Überschrift erinnert wird: „Für des deutschen Volkes Ehre opferten ihr Leben". Unter ihnen befindet sich auch Gerhard Lausegger. Seit Mitte der 1990er Jahre engagierten sich sozialdemokratische FunktionärInnen und Organisationen, vor allem der „Bund Sozialdemokratischer FreiheitskämpferInnen, Opfer des Faschismus und aktiver AntifaschistInnen" des Landesverbandes Tirol unter der Führung von Helmut Muigg – vergeblich – für eine Entfernung von Lauseggers Namen vom Denkmal. 2014 brachte die Suevia einen QR-Code auf der Rückseite des Denkmals an, die auf eine Internetseite der

Das Denkmal der Burschenschaft Suevia: Gerhard Lausegger, Anführer des SS-Kommandos, das Richard Berger ermordete, wird auf dem Denkmal als Mitglied der Suevia geehrt. (Foto Hansjörg Paul)

Die Stele für Richard Berger steht neben dem Burschenschafterdenkmal. (Foto Niko Hofinger)

Burschenschaft leitet, in der sie die Entstehung ihres Denkmals erklärt und sich von Lausegger distanziert, die Geschehnisse gleichzeitig aber wieder relativiert. Die Stadt Innsbruck wollte ein sichtbareres Zeichen im Umgang mit dem Verbrechen Lauseggers an Berger setzen. Am 16. September 2015 beschloss der Innsbrucker Stadtsenat nach Beratungen mit der Israelitischen Kultusgemeinde, dem Institut für Zeitgeschichte der Universität Innsbruck und dem „Bund Sozialdemokratischer FreiheitskämpferInnen, Opfer des Faschismus und aktiver AntifaschistInnen" auf städtischem Grund unmittelbar neben dem Denkmal eine Stele aus Breccie mit einer 40 x 30 cm großen Bronzetafel zu errichten. Der Text entstand nach Beratungen zwischen Helmut Muigg, Stadtarchivar Lukas Morscher, Niko Hofinger als Vertreter der Israelitischen Kultusgemeinde und den Zeithistorikern Martin Achrainer und Horst Schreiber mit Stadtrat Gerhard Fritz (Die Grünen). Am 4. November 2015 übergab Bürgermeisterin Christine Oppitz-Plörer (Für Innsbruck) die Stele der Öffentlichkeit in Anwesenheit von Nachkommen von Richard Berger, die aus England angereist waren, von Stadtrat Gerhard Fritz, den Gemeinderätinnen Angela Eberl und Sophia Reisecker (SPÖ), der Präsidentin der Israelitischen Kultusgemeinde Esther Fritsch sowie Helmut Muigg. Die Bürgermeisterin betonte:

„Es geht um das Eingeständnis historischer Schuld, womit der Grundstein zur Versöhnung gelegt werden kann. Es geht aber auch um Gerechtigkeit, die, auch wenn sie erst viele Jahre später ausgesprochen wird, Hoffnung bringen kann. Hoffnung auf Menschlichkeit und Chancen auf Vergebung und dafür ist es nie zu spät.“[396]

Stadtrat Gerhard Fritz führte aus: „Mit der Stele für Richard Berger distanziert sich die Stadt Innsbruck in würdiger Form vom leider nicht zu ändernden Suevia-Denkmal. Mit dem Gedenken entsteht eine Erinnerung, die auch eine Form der Begegnung ist.“[397] ▪

Die Stele der Stadt Innsbruck für Richard Berger 2015 (Foto Niko Hofinger)

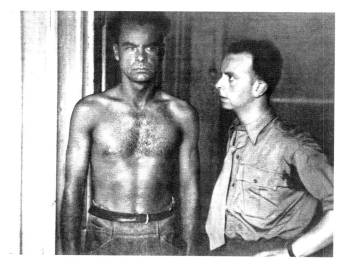

Frederick Benson (Fritz Berger) verhört Gerhard Lausegger, den Anführer der SS-Gruppe, die 1938 seinen Vater Richard Berger ermordete. (Foto Privatarchiv Michael Gehler)

Edith-Stein-Weg

Edith Stein, eine bedeutende Philosophin des 20. Jahrhunderts, wurde am 12. Oktober 1891 in Breslau als elftes Kind einer jüdischen Händlerfamilie geboren. Sie promovierte in Freiburg beim Philosophen Edmund Husserl, bei dem sie als wissenschaftliche Assistentin arbeitete, bis sie zuerst als Lehrerin in der Schule der Dominikanerinnen in Speyer und schließlich als Dozentin ans Deutsche Institut für wissenschaftliche Pädagogik in Münster wechselte. Dort wurde sie wegen ihrer jüdischen Herkunft 1933 entlassen, obwohl sie 1922 zum Katholizismus konvertiert war. Edith Stein trat 1933 als Ordensschwester ins Kloster der Karmelitinnen in Köln ein, in dem sie 1938 die Gelübde ablegte. 2003 wurde ihr Brief vom April 1933 an Papst Pius XI. öffentlich bekannt, in dem sie ausführlich den NS-Terror gegen die jüdische Bevölkerung beschrieb und den Papst aufforderte, öffentlich Stellung zu beziehen. Die Verantwortung falle auch auf jene, die schweigen, so Edith Stein:

Edith Stein OCarm[398]

„Als ein Kind des jüdischen Volkes, das durch Gottes Gnade seit elf Jahren ein Kind der katholischen Kirche ist, wage ich es, vor dem Vater der Christenheit auszusprechen, was Millionen von Deutschen bedrückt. Seit Wochen sehen wir in Deutschland Taten geschehen, die jeder Gerechtigkeit und Menschlichkeit – von Nächstenliebe gar nicht zu reden – Hohn sprechen. Jahre hindurch haben die nationalsozialistischen Führer den Judenhass gepredigt. Nachdem sie jetzt die Regierungsgewalt in ihre Hände gebracht und ihre Anhängerschaft – darunter nachweislich verbrecherische Elemente – bewaffnet hatten, ist diese Saat des Hasses aufgegangen. (...) Alles, was geschehen ist und noch täglich geschieht, geht von einer Regierung aus, die sich ‚christlich' nennt. Seit Wochen warten und hoffen nicht nur die Juden, sondern Tausende treuer Katholiken in Deutschland – und ich denke, in der ganzen Welt – darauf, dass die Kirche Christi ihre Stimme erhebe, um diesem Missbrauch des Namens Christi Einhalt zu tun. (...) Wir alle, die wir treue Kinder der Kirche sind und die Verhältnisse in Deutschland mit offenen Augen betrachten, fürchten das Schlimmste für das Ansehen der Kirche, wenn das Schweigen noch länger anhält. Wir sind der Überzeugung, dass dieses Schweigen nicht imstande sein wird, auf die Dauer den Frieden mit der gegenwärtigen deutschen Regierung zu erkaufen. Der Kampf gegen den Ka-

tholizismus wird vorläufig noch in der Stille und in weniger brutalen Formen geführt wie gegen das Judentum, aber nicht weniger systematisch. Es wird nicht mehr lange dauern, dann wird in Deutschland kein Katholik mehr ein Amt haben, wenn er sich nicht dem neuen Kurs bedingungslos verschreibt."[399]

Über die Antwort des Papstes schreibt Edith Stein: „Ich habe einige Zeit danach seinen Segen für mich und meine Angehörigen erhalten. Etwas anderes ist nicht erfolgt"[400]

Da die Priorin ihres Klosters den NS-Machthabern die jüdische Abstammung verriet, floh Theresia Benedicta vom Kreuz, so ihr Ordensname, am 1. Jänner 1939 ins Kloster Echt in die Niederlande. Dort verhaftete die SS sie gemeinsam mit ihrer Schwester Rosa am 2. August 1942 und deportierte sie fünf Tage später nach Auschwitz, wo beide in der Gaskammer ums Leben kamen. Von einer Flucht in die Schweiz hatte sie abgesehen, da sie ihre Schwester zurücklassen hätte müssen.

Papst Johannes Paul II. sprach Schwester Theresia Benedicta am 1. Mai 1987 selig und am 11. Oktober 1998 als die erste geborene Jüdin in der Kirchengeschichte heilig. 1999 erklärte der Papst sie zur Schutzheiligen Europas.[401]

Initiatoren des Weges: Am 29. Mai 1980 beschloss der Innsbrucker Gemeinderat die Straße südlich des Canisiusweges in Hochrum nach Edith Stein umzubenennen, Anrainerproteste verhinderten dies aber.[402] Daher traf der Gemeinderat am 13. November 1980 die Entscheidung, eine neue Wohnstraße im Innsbrucker Stadtteil Wilten in der Nähe des Karmelitinnenklosters als Edith-Stein-Weg zu benennen. Es handelt sich um den Fußgängerweg zwischen Michael-Gaismair-Straße und Mentlgasse beim Wohnpark Wilten-Ost.[403] Am 12. Oktober 1982 fand die offizielle Übergabe des Weges mit einem anschließenden ökumenischen Gottesdienst statt.[404]   ■

Gedenktafel für Ilse Brüll auf der Mauer beim Eingang der NMS Wilten

Sowohl das Schulzentrum Wilten als auch die Stadt Innsbruck bekundeten ihr Interesse für die Idee des Innsbrucker Erziehungswissenschafters Peter Stöger, zu Ehren von Ilse Brüll eine Erinnerungstafel anbringen zu lassen. Jeweils eine vierte Klasse der beiden Wiltener Hauptschulen (Dr. Fritz-Prior-Hauptschule und Hauptschule Wilten) setzten sich in ihrem Projekt „Sternenkinder", das die Lehrerin Henriette Hölzl leitete, ein Schuljahr lang intensiv mit dem National-

Links oben und unten: Gedenktafel für Ilse Brüll beim Eingang der Neuen Mittelschule Wilten, Michael-Gaismair-Straße 6 (Fotos Horst Schreiber)
Rechts oben: Ilse Brüll (rechts) mit ihrer Cousine Inge in Ötz 1936. Ilse Brüll besuchte vermutlich die Volksschule in der Franz-Fischer-Straße und schließlich ab September 1935 die Hauptschule in der Michael-Gaismair-Straße in Wilten. Im Gebäude des heutigen Gymnasiums in der Sillgasse erhielt sie Religionsunterricht. (Foto Inge Brüll)

Gedenktafel für Ilse Brüll beim Eingang der Neuen Mittelschule Wilten, Michael-Gaismair-Straße 6 (Fotos Horst Schreiber)

sozialismus und seinen Auswirkungen auf Innsbruck auseinander. Am 28. April 2004, dem 79. Todestag von Ilse Brüll, fanden die Feierlichkeiten anlässlich der Enthüllung der bronzenen Gedenktafel statt. Die in weiß gekleideten SchülerInnen lasen selbst verfasste Texte vor und ließen weiße Luftballons steigen. In Anwesenheit von Ferdinand Neu, dem Leiter des Amtes „Erziehung, Bildung und Gesellschaft" der Stadt Innsbruck, und unter der musikalischen Begleitung der Chorgemeinschaft Petrus Canisius unterstrich Peter Stöger die Bedeutung der Erinnerungskultur: „Das englische Wort für erinnern heißt remember. Darin kommt re für zurück und member für Mitglied vor. Ein verloren gegangenes Mitglied aus Innsbruck wurde durch die bewundernswerte Arbeit der Schüler wieder in unser Wissen zurückgeholt."[405]

Die Innsbrucker Stadträtin Christine Oppitz-Plörer (Für Innsbruck) unterstrich die Multiplikatorenfunkti-

on der SchülerInnen, die dadurch, dass sie die Geschichte der Ilse Brüll nach außen trugen, gegen das Vergessen und Verdrängen der NS-Zeit aktiv geworden seien. Inge Brüll erlebte mit der Anbringung der Gedenktafel eine große Freude, kämpfte sie doch seit Kriegsende für das Gedenken an ihre Cousine Ilse. Die Präsidentin der Israelitischen Kultusgemeinde für Tirol und Vorarlberg Esther Fritsch sprach ein Gebet in hebräischer Sprache und lobte die Arbeit der SchülerInnen. Leise Kritik abseits des offiziellen Aktes drückte sie am Tafeltext aus, der vom Schulamt der Stadt Innsbruck erarbeitet worden war.[406] Die Formulierung „stellvertretend für alle jene Kinder Innsbrucks, welche Opfer dieser Zeit wurden" lehnte Esther Fritsch ab, weil die Ermordung jüdischer Kinder in den Konzentrationslagern unvergleichlich sei. Mit dem Ausdruck „... dieser Zeit" wurde auch die ausdrückliche Benennung des Nationalsozialismus vermieden.[407]   ■

Ilse-Brüll-Gasse

Der Kulturausschuss der Stadt Innsbruck, der über eine lange Namensliste von Persönlichkeiten zur Benennung von Verkehrsflächen in der Landeshauptstadt verfügt, schlug Ilse-Brüll-Gasse für den Verbindungsweg zwischen der Heiliggeiststraße und der Michael-Gaismair-Straße vor. Am 9. Dezember 2010 fasste der Gemeinderat einen entsprechenden Beschluss. Bürgermeisterin Christine Oppitz-Plörer (Für Innsbruck) argumentierte, dass Ilse Brüll hier die Schule besucht hatte und in unmittelbarer Nähe eine Gedenktafel an sie erinnert. Stadträtin Uschi Schwarzl (Grüne) sah in der Benennung einen wichtigen Beitrag zur Geschichtsbetrachtung und Geschichtsbearbeitung, wenn Straßen den Namen von Opfern oder Widerständigen im Nationalsozialismus erhalten. Diese Position vertraten auch Kuturausschuss-Obfrau Gerti Mayr (Für Innsbruck) und Hermann Weiskopf jun. (Liste Rudi Federspiel).[408] ■

Foto Horst Schreiber (o.) und Stadt Innsbruck

Gedenktafel für das Warenhaus und die Familien Bauer und Schwarz im Kaufhaus Tyrol, Maria-Theresien-Straße 29–33

Die jüdischen Familien Bauer und Schwarz aus Mattersburg bzw. dem kroatischen Esseg (Osijek) setzten im Innsbrucker Handel neue Maßstäbe. Josef Bauer und Victor Schwarz arbeiteten sich im letzten Drittel des 19. Jahrhunderts vom Marktfahrer und Reisenden zu Pächtern kleiner Geschäftsräume und Verkaufslokale hinauf, bis die Familien und ihre Nachkommen 1908 das Warenhaus Bauer & Schwarz in der Maria-Theresien-Straße eröffnen konnten. Es war das erste moderne Großkaufhaus Tirols nach dem Vorbild von Wien, London und Paris. Zeitgenössische Stimmen sprachen von einem „Aufbruch aus dem provinziellen Krämerdasein zu großstädtischen Kaufs- und Verkaufsritualen". Nach der Machtübernahme boykottierten die Nationalsozialisten das Warenhaus und trieben es in den Konkurs. Im April 1938 war alleine die Immobilie noch auf 1,1 Millionen Reichsmark geschätzt worden, ein halbes Jahr später erstand der Münchner Unternehmer Ferdinand Kraus sie um 320.000 Reichsmark. Gänzlich mittellos mussten die jüdischen GesellschafterInnen ins Ausland fliehen, zahlreiche Familienmitglieder wurden im Holocaust ermordet. Die Familien Bauer und Schwarz erhielten 1959 nach 12 Jahren Prozessführung nur eine minimale „Entschädigungszahlung". Zwischen 1966 und 2004 leiteten unterschiedliche Mieter und Besitzer das Großwarenhaus, bis es der Investor und Immobilienentwickler René Benko als Teilhaber der SIGNA-Holding erstand. Im März 2010 eröffnete er das neue Kaufhaus Tyrol nach drei Jahren heftigen öffentlichen Streites um das Aussehen der Fassade und nach weiteren drei Jahren Bauzeit.[409]

Initiatorin der Gedenktafel: Seit 23. Juli 2010 erinnert eine Gedenktafel zur rechten Seite des Haupteinganges im Erdgeschoß des Kaufhaus Tyrol an die jüdischen Familien Bauer und Schwarz. Es war die Israelitische Kultusgemeinde, die sich für dieses Erinnerungszeichen stark gemacht und auch den Tafeltext (Niko Hofinger) entworfen hatte. René Benko enthüllte gemeinsam mit der Präsidentin der Kultusgemeinde Esther Fritsch die Gedenktafel unter Anwesenheit von Landtagspräsident Herwig van Staa und Landesrätin Beate Palfrader

(ÖVP), Bürgermeisterin Christine Oppitz-Plörer (Für Innsbruck) und Vizebürgermeister Franz X. Gruber (ÖVP). Das erklärte Ziel war, Raum für die Würdigung der wirtschaftlichen Pionierleistungen der beiden jüdischen Familien zu schaffen und an die Verbrechen des Nationalsozialismus zu erinnern. Nicht die kleine Tafel mit noch kleineren Lettern zog die Aufmerksamkeit der BesucherInnen des Kaufhauses an, sondern ein großflächiges Plakat, das die Geschichte des Kaufhauses Tyrol mit Texten und Fotos in vier Stationen erzählte. Die beiden Erinnerungszeichen bezogen sich aufeinander und entfalteten ihre Wirkung als Ensemble.

Wer heute das Kaufhaus Tyrol betritt, tut sich schwer, die Tafel zu bemerken. Das Plakat mit den Informationen zur Firmengeschichte wurde beseitigt, eine verkleinerte Version befindet sich nun auf einer Seitenwand nahe einem Nebeneingang des Kaufhauses. Die einstige Gedenknische präsentiert sich zweckentfremdet und ist einer banalen Inszenierung gewichen. Die Erinnerungstafel verschwindet zwischen einem wuchtigen Bankomaten und einem Bildschirm mittlerer Größe, der Werbebotschaften der Sparkasse unter die Kundschaft bringt.[410]

Links oben und unten:
Die 2010 eingerichtete Gedenknische mit Informationen zur Firmengeschichte von Bauer & Schwarz und der Gedenktafel (Fotos Manfred Mühlmann)

Rechts oben:
Durch die Neugestaltung der Nische wird die kleine Gedenktafel kaum mehr wahrgenommen. (Foto Natascha Osler)

Rechts unten:
Eine verkleinerte Version des Plakats, das sich in der ehemaligen Gedenknische befand, wurde beim Nebeneingang des Kaufhauses am Sparkassenplatz angebracht. (Foto Selina Mittermeier)

AN DIESER STELLE BEFAND SICH
DAS 1908 GEGRÜNDETE WARENHAUS
"BAUER UND SCHWARZ",
DAS 1938 ARISIERT WURDE UND VON
1966 BIS 2007 ALS "KAUFHAUS TYROL"
WEITER BESTAND.

DIE FAMILIEN BAUER UND SCHWARZ
WAREN SEIT DER MITTE DES 19. JAHR-
HUNDERTS IN INNSBRUCK ANSÄSSIGE
JÜDISCHE KAUFMANNSFAMILIEN, DIE
MIT DEM BAU IHRES WARENHAUSES
DAS ERSTE MODERNE GROSSKAUF-
HAUS WESTÖSTERREICHS SCHUFEN.
DAS WARENHAUS ÜBERSTAND DIE
HERAUSFORDERUNGEN DES ERSTEN
WELTKRIEGS, DER WELTWIRTSCHAFTS-
KRISE UND DER INFLATIONSZEIT.

DAS ENDE DER LANGEN JÜDISCHEN
KAUFMANNSTRADITION ERFOLGTE 1938
MIT DEM "ANSCHLUSS".
DIE MITGLIEDER DER BEIDEN GROSSEN
FAMILIEN WURDEN VERFOLGT,
VERTRIEBEN UND EINIGE VON IHNEN
ERMORDET.

ISRAELITISCHE KULTUSGEMEINDE
FÜR TIROL UND VORARLBERG

Gedenktafel für Heinz Mayer an der Mauer des Waldhüttls, Natterer-See-Weg 6

Heinz Mayer, geboren am 12. Juni 1917 in Innsbruck, war von der österreich- und kaisertreuen Einstellung seines Vaters geprägt. Er engagierte sich gegen den Nationalsozialismus und für die Freiheit Österreichs. Heinz Mayer war aber auch Opfer der rassischen Verfolgung, er galt nach den Nürnberger Rassegesetzen als „Halbjude" bzw. „Mischling 1. Grades", obwohl er Katholik war. Ab Oktober 1938 war er mit seinem Vater fünf Monate lang in Haft wegen gemeinsamer Widerstandstätigkeit. Bereits als Jugendlicher setzte sich Heinz Mayer gegen die NSDAP für ein eigenständiges Österreich ein. Mit dem Vater schloss er sich im März 1938 einer monarchisch orientierten Gruppe namens „Freiheit Österreich" an, in der meist sehr junge Männer und Frauen, darunter auch einige Linke, verbotene ausländische Radiosender hörten, Informationen verbreiteten und antinationalsozialistische Flugzettel streuten oder Zettelklebeaktionen durchführten. Heinz Mayer verfasste im Geschäft seines Vaters zahlreiche Texte, die gegen die Nazis gerichtet waren. Er organisierte Waffen, um sie beim Bauern Hans Maier, Besitzer des Gasthauses und Bauernhofes Waldhüttl, zu verstecken, wo die WiderständlerInnen mehrere konspirative Treffen abhielten. Nach seiner Haftstrafe verweigerte die Gestapo Heinz Mayer die Ausreise in die USA und beschlagnahmte sein gesamtes Barvermögen. Bis Juni 1943 hielt er sich mit Hilfsarbeiterjobs über Wasser. Dann verhaftete die Gestapo ihn abermals und überstellte ihn in das Arbeitserziehungslager Reichenau, wo er Schwerarbeit unter unmenschlichen Bedingungen verrichtete. Zwei Monate später erfolgte die Deportation ins KZ Buchenwald. Dort arbeitete er zunächst bei der Trockenlegung versumpfter Gebiete. Im Winter 1943/44 kam Mayer in die Paketstelle und übte schließlich die Arbeit eines Kommandoschreibers aus. Er half mit, Briefe und Pakete zu schmuggeln, um so den Widerstand im Lager zu unterstützen. Am 11. April 1945 erlebte Mayer seine Befreiung und kehrte nach Tirol zurück – als Vollinvalider mit einem schweren Lungenleiden.[411]

Am 8. September 1945 heiratete er Margarete (Gerta) Krug-Löwy, die einen großen Teil ihrer Familie im Holocaust verloren hatte und von den Nationalsozialisten als „Halbjüdin" eingestuft und verfolgt worden

war.[412] Das Leben von Heinz Mayer war von seinem Einsatz für die Interessen der Opfer und GegnerInnen des Nationalsozialismus und seinem Kampf gegen rechtsextreme Umtriebe bestimmt. Er unterstützte hunderte Verfolgte und WiderstandskämpferInnen als Mitgründer und Obmann des „Bundes der Opfer des politischen Freiheitskampfes in Tirol" und in verschiedenen anderen Organisationen. Er arbeitete an zahlreichen gesetzlichen Regelungen in der Opferfürsorge mit, wurde in den Vorstand des Dokumentationszentrums des Österreichischen Widerstandes berufen und erhielt zahlreiche Auszeichnungen. So wurde ihm 1967 das „Goldene Verdienstzeichen der Republik Österreich" verliehen. Mayer betonte: „Ein Verzeihen setzt primär ein Wiedergutmachen des angerichteten Schadens voraus." Die zahlreichen Drohbriefe, die er erhielt, schüchterten ihn nicht ein:

„Es wäre für Sie wohl angezeigt, sie würden mit ihrer Hetzerei endlich einmal aufhören und dem Frieden dienen, ansonsten gehen Sie zu ihren Glaubensgenossen nach Israel, wo Sie besser hinpassen anstatt in unserem Tirolerland nur Unfrieden und Hetzerei zu betreiben. Sie haben am allerwenigsten Ursache sich zu beklagen, Sie Hinterlandstachinierer, ist Ihnen im KZ nichts passiert und wurden außerdem noch reichlich und weiterhin entschädigt. (...) Also unterlassen (sic!) Sie als Jude die Hetzerei in unserem Tirolerland (...). Wir werden sie weiterhin beobachten und dann darnach handeln."[413]

Heinz Mayer war vor allem nach dem Tod Rudolf Brülls wegen seines umfassenden Wissens Anlaufstelle für viele Nachkommen und schließlich auch für HistorikerInnen – zu einer Zeit, als sich erst wenige für die Geschichte der jüdischen Gemeinde in Tirol interessierten. Besonders stolz zeigte sich der für sein großes Engagement hoch Geehrte, dass der Bundespräsident seinem in Auschwitz ermordeten Vater 1981 nachträglich das Ehrenzeichen für die Verdienste um die Befreiung Österreichs verlieh. Heinz Mayer starb im 82. Lebensjahr am 14. März 1999 in Innsbruck.[414]

Initiatoren der Gedenktafel: Das Stift Wilten ist Besitzer des Waldhüttl mit ausgedehntem Grund oberhalb des Innsbrucker Stadtteils Mentlberg. Es stellte die Immobilie Jussuf Windischer zur Verfügung, der eine Vinzenzgemeinschaft gründete und das Waldhüttl mit der Hilfe einiger Roma sanierte. Im November 2012 wur-

Die 2014 angebrachte Gedenktafel für Heinz Mayer
(Foto Jussuf Windischer)

Heinz Mayer als Hilfsarbeiter in der Putzerei Hotschewar in
Innsbruck 1940 (Foto Gerta Mayer)

de das Wohnprojekt eröffnet, in dem reisende Roma, Romnija und Obdachlose Unterkunft finden. Gemeinsam mit Helmut Muigg, Vorsitzender des „Bundes Sozialdemokratischer FreiheitsämpferInnen" initiierte die Vinzenzgemeinschaft Waldhüttl unter der Leitung von Windischer die Errichtung einer Gedenktafel für Heinz Mayer. Die Feierlichkeiten fanden 2014 im Beisein von rund 80 Gästen statt: 75 Jahre nach Beginn des Zweiten Weltkrieges und 15 Jahre nach dem Tod von Heinz Mayer. Den 1. September wählten die Veranstalter, weil die UNO diesen Tag zum Antikriegstag erklärt hat. Nach Begrüßungsworten von Muigg und Windischer würdigten Landtagspräsident Herwig van Staa

(ÖVP), Stadtrat Gerhard Fritz (Die Grünen) und der Historiker Horst Schreiber Heinz Mayer, musikalisch umrahmt von Julia und Elias Schumacher sowie Medina Dzevahira. Dieter Oberkofler sang „Die Moorsoldaten". Der Abt von Wilten, Raimund Schreier, sprach ein Gebet in Erinnerung an alle NS-Opfer. Christoph Wötzer, Vertreter der Vinzenzgemeinschaft, erinnerte an die Verfolgung der Vinzenzgemeinschaften, während Daniel Baumgartner mit Bewohnern des Waldhüttls über den Widerstand in der Gegenwart für soziale Gerechtigkeit und ökologische Nachhaltigkeit informierte. Gerta Mayer, die Witwe von Heinz Mayer, enthüllte die Gedenktafel.[415]

Gedenktafel für die Geschichte der Villa Gänsbacherstraße 4 und das Ehepaar Alice und Karl Bauer an der Außenmauer des StudentInnen-Wohnheims Saggen des Diakonischen Vereins Tirol

Karl Bauer
(Foto Niko Hofinger)

Alice Klein, geboren am 22. März 1897 in Budapest, war seit 1918 mit Karl Bauer verheiratet, der am 11. Dezember 1879 in Innsbruck zur Welt kam und Mitinhaber des Warenhauses Bauer & Schwarz war. Alice war seit Mitte der 1920er Jahre Besitzerin der Villa samt Garten in der Gänsbacherstraße 4 im Innsbrucker Saggen. In der Früh des 10. November 1938 drang ein SS-Kommando unter Führung von SS-Sturmbannführer Alois Schintlholzer in das Haus ein. Schintlholzer verletzte Karl Bauer so schwer, dass er ihn für tot hielt und von ihm abließ. Bis 14. Jänner 1939 verblieb Bauer im Sanatorium. Als es sein Gesundheitszustand endlich zuließ, fuhr Karl Bauer am 26. Februar 1939 von einer ärztlichen Untersuchung direkt von der Klinik zum Bahnhof, um mit seiner Frau der Aufforderung nachzukommen, nach Wien zu übersiedeln. Bis zu seinem Tod litt Karl Bauer an den Folgen der schweren Verletzungen. Er war geh- und sprachbehindert und konnte nie wieder einer Erwerbsarbeit nachgehen. Das Ehepaar floh nach Rotterdam, von wo aus es am 17. Februar 1940 mit dem Schiff Noordam nach New York fuhr.

Nur aufgrund des massiven Drucks des NS-Regimes hatte Alice Bauer im Frühjahr 1939 die Immobilie an die Sparkasse der Stadt Innsbruck zu einem Spottpreis verkauft. Von dieser Summe erhielt sie nur Zahlungen für die Bestreitung des kargen Lebensunterhalts der Familie und für die Schiffsfahrkarten. Sohn Alois war schon im September 1938 in die USA geflohen, auch Tochter Gerda gelangte dorthin. Im Frühjahr 1939 mietete die SS die Villa, im Dezember 1943 erwarb die NSDAP die Liegenschaft.

Nach dem Krieg fiel das Vermögen der NSDAP automatisch der Republik Österreich zu. Im März/April 1948 erhielt Alice Bauer ihre Villa zurück, da es „aussenpolitisch nicht vertretbar sei, der Rückstellungswerberin als heutiger US.-Amerikanerin ihr Vermögen weiter vorzuenthalten".[416] Um die finanziellen Bedingungen der Rückgabe musste Alice Bauer jedoch bis 1950 mit der Republik und der Sparkasse prozessieren. Außer Leid und Heimatverlust hatte die Familie Bauer auch

deutliche finanzielle Einbußen zu beklagen. Karl Bauer starb 1966 in New York, Alice folgte ihm 1979, Sohn Alois bereits 1978.[417] Tochter Gerda Anna, verheiratete Schoenfeld, geboren am 8. März 1919 in Budapest, lebt hochbetagt im kalifornischen Berkely, USA.

Im August 1957 erwarb der Weltkirchenrat, vertreten durch den Evangelischen Oberkirchenrat A.B. in Wien, die Villa in der Gänsbacherstraße 4 und eröffnete im April 1958 das Haus als „Ungarisches Mädchenheim" für unbegleitete minderjährige Flüchtlinge. Im Frühjahr 1965 ging die Leitung des Mädchenheimes an die evangelische Pfarrgemeinde Innsbruck über. 1980 schenkte der Evangelische Oberkirchenrat dem Diakonischen Verein Tirol die Liegenschaft, der heute Träger des StudentInnen Wohnheims Saggen ist, das jungen Studierenden unabhängig von Konfession und Nationalität offensteht.[418]

InitiatorInnen der Gedenktafel: Der evangelische Superintendent Olivier Dantine der Diözese Salzburg/Tirol gab eine Studie zur Geschichte des Hauses Gänsbacherstraße 4 an das Institut für Zeitgeschichte der Universität Innsbruck in Auftrag, die die Historikerin Sabine Pitscheider durchführte. Nach Vorliegen der Ergebnisse sorgte Dantine für die Errichtung der Gedenktafel am Eingangsbereich des StudentInnen Wohnheims, die am 17. Jänner 2016 eingeweiht wurde. An der Feier nahmen neben BewohnerInnen des Wohnheims, ZeithistorikerInnen und dem Vorstand des Diakonischen Vereins Tirol unter Obmann Michael Orendi auch die Präsidentin der Israelitischen Kultusgemeinde für Tirol und Vorarlberg Esther Fritsch, Stadtrat Gerhard Fritz (Die Grünen) und der Vorstand der Tiroler Sparkasse Hans Unterdorfer teil. „Möge dieser Ort nun

Blick auf die Villa Gänsbacherstraße 4 (Foto Horst Schreiber).

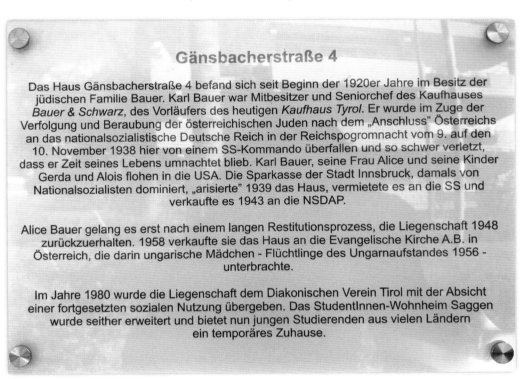

Gänsbacherstraße 4

Das Haus Gänsbacherstraße 4 befand sich seit Beginn der 1920er Jahre im Besitz der jüdischen Familie Bauer. Karl Bauer war Mitbesitzer und Seniorchef des Kaufhauses *Bauer & Schwarz*, des Vorläufers des heutigen *Kaufhaus Tyrol*. Er wurde im Zuge der Verfolgung und Beraubung der österreichischen Juden nach dem „Anschluss" Österreichs an das nationalsozialistische Deutsche Reich in der Reichspogromnacht vom 9. auf den 10. November 1938 hier von einem SS-Kommando überfallen und so schwer verletzt, dass er Zeit seines Lebens umnachtet blieb. Karl Bauer, seine Frau Alice und seine Kinder Gerda und Alois flohen in die USA. Die Sparkasse der Stadt Innsbruck, damals von Nationalsozialisten dominiert, „arisierte" 1939 das Haus, vermietete es an die SS und verkaufte es 1943 an die NSDAP.

Alice Bauer gelang es erst nach einem langen Restitutionsprozess, die Liegenschaft 1948 zurückzuerhalten. 1958 verkaufte sie das Haus an die Evangelische Kirche A.B. in Österreich, die darin ungarische Mädchen - Flüchtlinge des Ungarnaufstandes 1956 - unterbrachte.

Im Jahre 1980 wurde die Liegenschaft dem Diakonischen Verein Tirol mit der Absicht einer fortgesetzten sozialen Nutzung übergeben. Das StudentInnen-Wohnheim Saggen wurde seither erweitert und bietet nun jungen Studierenden aus vielen Ländern ein temporäres Zuhause.

Gedenktafel aus dem Jahr 2016 (Foto Selina Mittermeier)

ein Ort des Gedenkens und Mahnung werden", betonte Superintendent Dantine: „Es ist ein wichtiges Anliegen der Evangelischen Kirche, dass die Geschichte des Hauses und das Schicksal seiner früheren Bewohnerinnen und Bewohner auf diese Weise sichtbar gemacht wurden".[419] In seinem Grußwort erinnerte er an die Erklärung der Generalsynode von 1998 mit der darin enthaltenen Selbstverpflichtung, die Erinnerung an die Leidensgeschichte des jüdischen Volkes und an die Shoa stets wachzuhalten.[420]

Pater-Reinisch-Weg

Am 22. November 1979 beantragte Hermann Weiskopf (ÖVP – Innsbrucker Mittelstand) die südliche Haymongasse ab der Pastorstraße in Pater-Reinisch-Straße umzubenennen.[421] Seine Begründung lautete:

„Pater Franz Reinisch war ein Innsbrucker, der 1928 die Priesterweihe in St. Jakob erhielt und seine Primiz in der Basilika feierte. Seine Beziehungen zur Wiltener Basilika waren eng. Seine Eltern sind an der Friedhofsmauer bestattet, dort steht auch eine Tafel als Erinnerung an diesen Helden und österr. Patrioten."[422]

Im Jänner 1980 urgierte Weiskopf nochmals die Umbenennung der südlichen Haymongasse in Pater-Franz-Reinisch-Straße. Wilhelm Steidl vom Tiroler Arbeitsbund unterstützte Weiskopf:

„Es ist wichtig, wenn wir Straßen nach hervorragenden Persönlichkeiten unserer Geschichte benennen, gleich in welchem politischen Lager sie standen und welcher religiösen oder sonstigen Überzeugung sie waren. (...) Es ist jetzt die Zeit gekommen, in der man über die Gräben springen muß und den großen Persönlichkeiten auch unserer jüngsten Geschichte den Tribut zu zollen hat."[423]

Der Gemeinderat lehnte den Antrag ab und wies ihn dem Kulturausschuss zu. Am 28. Juli 1983 beschloss der Gemeinderat schließlich die Wegbenennung für Pater Reinisch. Weiskopf kritisierte in dieser Sitzung, dass der Gemeinderat seinem Antrag und seiner Begründung in der Sitzung vom 24. Jänner 1980 nicht gefolgt war und der Kulturausschuss für den Meinungsbildungsprozess vier Jahre benötigt hatte.[424] Der Pater-Reinisch-Weg beginnt bei der Wiltener Basilika, in der der Pater am 1. Jui 1928 seine erste Messe zelebriert hat,[425] und führt entlang der Stubaitalbahn bis zur Einmündung bei der Brennerstraße. Die Straßentafel wurde im Februar 1984 angebracht.[426]   ■

Der Pater-Reinisch-Weg zwischen Wiltener Basilika und Brennerstraße (Foto Horst Schreiber) mit erneuertem Text (Foto Stadt Innsbruck)

Bildstock für Franz Reinisch SAC mit Relief aus Bronze, Stubaitalbahnhof am Pater-Reinisch-Weg

Kaminkehrermeister Hermann Neuner aus Hall, ein Verehrer von Pater Franz Reinisch, veranlasste die Errichtung der Gedenkstätte am Ende des Pater-Reinisch-Weges. Am 18. November 1987 nahm der Pallotinerpater Klaus Brantzen von Vallendar-Schönstatt die Segnung vor. Pater Heribert aus dem Internat der Franziskaner in Hall (Leopoldinum) erwarb für den Bildstock ein Bronzerelief, das ident mit jenem an der Kirchhofmauer in Wilten ist. Alois Kogler, hauptberuflicher Mesner der Basilika Wilten, pflegte die Gedenkstätte bis zu seiner Pensionierung 2013.[427]

Inschrift mit Relief aus Bronze für Franz Reinisch SAC am Grab im Wiltener Friedhof

Im Jänner 1980 war noch an der Mauer des Friedhofs um die Wiltener Basilika eine Gedenktafel für Pater Franz Reinisch mit Namen, Geburts- und Sterbedatum mit der Inschrift angebracht: „Er wurde wegen seiner Treue zu Gott und seinem Vaterland Österreich in Brandenburg in Preußen enthauptet", wie Gemeinderat Hermann Weiskopf im Innsbrucker Gemeinderat vortrug.[428] Die Tafel kam nach der Versetzung der Mauer anlässlich einer Verbreiterung der Brennerstraße abhanden.[429]

Bildstock mit Reinisch-Relief und MTA-Bild (Foto Horst Schreiber)

Grabtafel und Relief an der Innenseite der Friedhofsmauer nahe dem Eingang der Sakristei der Wiltener Basilika (Foto Selina Mittermeier)

Der Vater von Franz Reinisch dürfte bald nach Kriegsende die weiße Marmortafel für das Grab in Auftrag gegeben haben, in dem nur wenige Monate zuvor seine Frau beerdigt worden war.[430] Die Grabtafel für die Familie Reinisch erweckt den Anschein, dass der Pater und seine Eltern hier bestattet liegen. Die Urne von Franz Reinisch befindet sich jedoch neben der Gnadenkapelle in Stadtteil Schönstatt von Vallendar in Berlin-Brandenburg. Das ursprüngliche Grab der Eltern, das sich ungefähr dort befunden hat, wo nun die alte Grabtafel noch zu sehen ist, wurde wegen Umbaumaßnahmen für die Olympiade in Innsbruck 1964 aufgelöst.[431] Das Bronzerelief mit dem Bildnis von Pater Franz Reinisch und die marmorne Grabtafel wurden nach 1964 an der Innenmauer des Friedhofs angebracht. Weitere Informationen sind unbekannt. ▪

Bronzerelief mit Bildnis von Pater Franz Reinisch (Foto Selina Mittermeier)

Relief aus Bronze mit Informationstafel für Franz Reinisch SAC in der Herz-Jesu-Kirche der Redemptoristen, Maximilianstraße 8

Das Relief für Pater Franz Reinisch aus einer Goldschmiede in Schönstatt wurde Ende 1991 in der Herz-Jesu-Kirche angebracht und vom Innsbrucker P. Franz Reinisch Fonds, Österreichischer Freundeskreis unter der Führung von Walter Schwarzer[432], dem pensionierten Direktor des Gymnasiums in der Sillgasse, errichtet. In der NS-Zeit kam er „als Christ und Österreicher" aus Gewissensgründen der Ablegung des Eides auf Adolf Hitler nicht nach, obwohl sein Orden ihn dazu aufgefordert hatte. Da es Widerstände in der Gemeinschaft gegen die Gedenktafel für den Kriegsdienstverweigerer Franz Reinisch gab, wurde die Tafel laut Pater Andreas Resch „mehr oder weniger in einer Nacht- und Nebelaktion an der Säule in unserer Kirche angebracht".[433] ◾

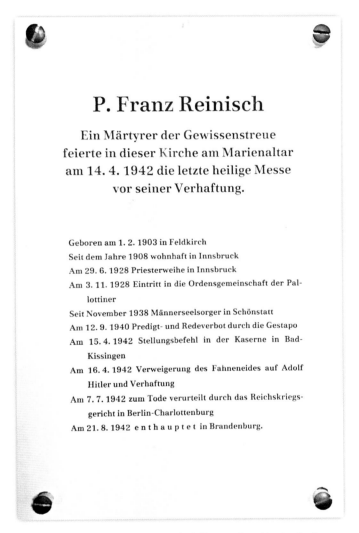

P. Franz Reinisch

Ein Märtyrer der Gewissenstreue
feierte in dieser Kirche am Marienaltar
am 14. 4. 1942 die letzte heilige Messe
vor seiner Verhaftung.

Geboren am 1. 2. 1903 in Feldkirch
Seit dem Jahre 1908 wohnhaft in Innsbruck
Am 29. 6. 1928 Priesterweihe in Innsbruck
Am 3. 11. 1928 Eintritt in die Ordensgemeinschaft der Pallottiner
Seit November 1938 Männerseelsorger in Schönstatt
Am 12. 9. 1940 Predigt- und Redeverbot durch die Gestapo
Am 15. 4. 1942 Stellungsbefehl in der Kaserne in Bad Kissingen
Am 16. 4. 1942 Verweigerung des Fahneneides auf Adolf Hitler und Verhaftung
Am 7. 7. 1942 zum Tode verurteilt durch das Reichskriegsgericht in Berlin-Charlottenburg
Am 21. 8. 1942 e n t h a u p t e t in Brandenburg.

Relief von Franz Reinisch mit Informationstafel aus dem Jahr 1991 in der Herz-Jesu-Kirche, wo er am 14. April 1942 vor seiner Abreise in die Kaserne von Bad Kissingen seine letzte Messe in Tirol feierte. (Fotos Horst Schreiber)

Gedenktafel für Franz Reinisch SAC
und Dominikus Dietrich OPraem
im Leopoldenhaus, Bürgerstraße 10

Josef Ferdinand Dietrich OPraem, geboren am 30. Dezember 1871 in Hall in Tirol, trat 1889 in das Prämonstratenserstift Wilten ein und nahm den Ordensnamen
Dominikus an. Am 26. Juli 1894 empfing er die Priesterweihe. Er lehrte Philosophie und Dogmatik im Stift
Wilten und übte von 1914 bis 1934 das Amt des Novi-
zenmeisters und Priors im Stift aus. Von 1931 bis zu
seinem Tod wirkte Dietrich als Pfarrer von Wilten. Er
begegründete das Notburgaheim für Dienstmädchen
in Innsbruck und engagierte sich für den Bau der The-
resienkirche auf der Hungerburg. Drei Monate lang
war Dominikus Dietrich 1923 Nationalratsabgeord-
neter für die Christlich-Soziale Partei. In der NS-Zeit
war er 1939/40 dreimal jeweils für einige Tage in Haft
wegen Bemerkungen über die Aufhebung des Stiftes
und eines Jugendaufrufs sowie wegen einer verbotenen Rosenkranzprozession. Als Mitglied der katholischen Studentenverbindung Leopoldina in Innsbruck
war er wesentlich beteiligt am Kauf und Umbau des
Leopoldenhauses. Er verstarb am 26. Oktober 1951 in
Innsbruck.[434]

Dominikus Dietrich
(Foto Stiftsarchiv Stams)

Initiator der Gedenktafel: Peter Pichler, ein Mitglied
der katholischen Hochschulverbindung Leopoldina,
beschäftigte sich intensiv mit der Geschichte von Pater
Franz Reinisch und regte die Anbringung einer Erinnerungstafel im Foyer des Leopoldenhauses in Innsbruck
an. Im Rahmen des Stiftungsfestes am 23. Mai 2003
weihte der Verbindungsseelsorger Jesuitenpater Franz
Dangl die Gedenktafel für die Verbindungmitglieder
Franz Reinisch und Dominikus Dietrich ein.[435]   ∎

Gedenktafel aus dem Jahr 2003 mit der Inschrift auf Latein: Unerschütterlich wie die Berge der Heimat (Foto KÖHV Leopoldina Innsbruck)

Gedenktafel für Franz Reinisch SAC und Rudolf von Mayer an der Südseite der Neuen Universitätskirche St. Johannes am Innrain

Rudolf von Mayer kam am 28. Mai 1905 im sächsischen Waldenburg zur Welt. 1924 nahm er sein Studium der Rechtswissenschaften an der Universität Breslau auf, wo er der katholischen Studentenverbindung Winfridia beitrat. Er wurde schließlich bei der Studentenverbindung Leopoldina couleurstudentisch aktiv, nachdem er in die Universität Innsbruck übergewechselt war, sein Studium mit Ablegung der Staatsexamen 1930 und 1933 aber in Breslau abschloss. Danach arbeitete er als Gerichtsassessor in Breslau. Nach Beschuldigung der Homosexualität nahm ihn die Gestapo in Schutzhaft und deportierte ihn am 30. Mai 1941 ins KZ Auschwitz, wo er am 19. August 1942 ums Leben kam.[436]

Häftlingsfoto von Rudolf von Mayer
(Foto Archiv Museum KZ-Gedenkstätte Auschwitz-Birkenau)

InitiatorInnen der Gedenktafel: Unweit des Leopoldenhauses befindet sich in der Blendnische an der äußeren Südseite der Johanneskirche, seit 1993 „Neue Universitätskirche St. Johannes am Innrain", unter dem Wappen der Leopoldina eine 1926 von Fritz Müller errichtete Gedenktafel für die im Ersten Weltkrieg

DIE KATH. ÖST. HOCHSCHULVERBINDUNG LEOPOLDINA
GEDENKT IHRER BUNDESBRÜDER DIE IN DEN
WELTKRIEGEN GEFALLEN ODER OPFER DES
NATIONALSOZIALISMUS GEWORDEN SIND

AICHNER PAUL	KURZTHALER ARMIN
ALLGÄUER EDUARD	LUMPER FRIEDRICH
ARNOLD STANISLAUS	MAIR RAIMUND
AUDERER HERMANN	MARTE EDWIN
BÉCHTER FERDINAND	MARTINSTETTER JOSEF
BECK PETER	VON MAYER RUDOLF
BEHMANN KARL	MAYER FRANZ
BENJA GUSTAV	MAYR KARL
BEREUTER ANTON	MERL JOSEF
BONNER HUBERT	MESSNER FRANZ
BUCHELT GÜNTHER	PACA RUDOLF
BURGER JOSEF	PETER FRANZ
CRAZZOLARA JOSEF	PETEREK EDUARD
DAUM JOSEF	PULLBECK HERMANN
DOLLFUSS ENGELBERT	RATZA EWALD
DREIER ERNST	REINISCH FRANZ
ENK JOSEF	RONCO FRANZ
FOIDL ANTON	SCHNEIDER HEINZ
FUCHS JOSEF	SCHWARZLER FRANZ
GARBER ALOIS	SCHWIENBACHER JOSEF
GROSS ALOIS	SPORS HEINRICH
GUSOWSKI LUDWIG	STEINACHER ALBERT
HARTLIEB ALOIS	WALTL HANS
KAISER LOTHAR	WESSLING HELMUT
KELLER ALFONS	ZUTTER JOHANN

FIDUCIT

Die 2012 erneuerte Gedenktafel an der Universitätskirche (Fotos Selina Mittermeier)

gefallenen Mitglieder der Verbindung, die nach 1945 um die im Zweiten Weltkrieg ums Leben Gekommenen erweitert wurde. Aufgrund der Forschungen der Verbindungsmitglieder Peter Pichler und Peter Muschol beschloss die Leopoldina, den Inhalt der Gedenktafel zu korrigieren und insbesondere auch die Opfer des Nationalsozialismus miteinzubeziehen. Sie ließ den alten Tafeltext abschleifen, die bis 1938 gültige Bezeichnung „katholisch-deutsche" in „katholisch-österreichische" Studentenverbindung abändern und die Inschrift so erweitern, dass nicht nur an die Gefallenen, sondern auch an die Opfer des Nationalsozialismus erinnert wird. Daher wurden neu eruierte Namen von Bundesbrüdern, die im Krieg ums Leben kamen, ebenso auf der Tafel angebracht wie jene von Bundeskanzler Engelbert Dollfuß, den die Nationalsozialisten im Zuge des Juliputsches 1934 ermordet hatten, sowie von Franz Reinisch und Rudolf von Mayer, die hingerichtet wurden bzw. im Konzentrationslager ums Leben kamen.

Die Tafel wurde anlässlich der Leopoldskneipe am 17. November 2012 im Rahmen des alljährlichen Totengedenkens im Anschluss an die Messe ohne besondere Zeremonie eingeweiht. Anwesend waren zahlreiche Bundesbrüder und Mitglieder befreundeter Verbindungen.[437]   ∎

Pfarrer-Otto-Neururer-Straße

Die Benennung einer Verkehrsfläche im Olympischen Dorf von Innsbruck nach Pfarrer Otto Neururer erfolgte nach dem Beschluss in der Gemeinderatssitzung vom 29. Mai 1980.[438] (Fotos Stadt Innsbruck)

Gedenkstein mit Tafel für Otto Neururer an der Pfarrer-Otto-Neururer-Straße

Am 25. Mai 1997, dem Gedenktag von Otto Neururer, hielten der Kanzler der Diözese Innsbruck Monsignore Hermann Steidl und Dekan Karl Plangger eine Feldmesse mit anschließender Einweihung eines Gedenksteins aus Höttinger Breccie für Otto Neururer ab, den die Schützenkompanie „Alter Schießstand" gestiftet und der Künstler Helmut Millonig gestaltet hatte. Die Inschrift verfasste Bischof Reinhold Stecher.[439] ▪

Gedenkstein für Otto Neururer aus dem Jahr 1997 im Olympiapark des Olympischen Dorfes nahe dem DDr.-Alois-Lugger-Platz (Foto Alexander Mitterer)

Neururerkapelle mit Gedenkkreuz im Neururer-Haus, dem Bischöflichen Priesterseminar der Diözesen Innsbruck und Feldkirch, Riedgasse 9

Nach eineinhalb Jahren Umbau und Sanierung segneten die Bischöfe Reinhold Stecher und Klaus Küng am 7. Dezember 1996 in Anwesenheit von Diözesanpriestern, MitarbeiterInnen der Diözese Innsbruck und geladenen Gästen die Räumlicheiten des Priesterseminars und weihten eine kleine Kapelle, die im Zuge des Umbaus statt des „kleinen Hörsaals" errichtet worden war, auf den Namen von Otto Neururer ein. Eine Reliquie mit Asche aus der Urne des Seligen ist in die Wand eingelassen. Das Gebäude heißt nun Neururer-Haus.[440] ▪

Priesterseminar Neururer-Haus[441] mit Blick in die Neururerkapelle (Foto Roland Buemberger)

Otto Neururer Kapelle mit Informationstafel im Wohn- und Pflegeheim O-Dorf, An-der-Lan-Straße 26a

Am 8. Juli 2015 weihte Bischof Manfred Scheuer die Kapelle des neuen Wohn- und Pflegeheims O-Dorf im Beisein von Bürgermeisterin Christine Oppitz-Plörer und Vizebürgermeister Christoph Kaufmann (Für Innsbruck), Stadträtinnen und Gemeinderätinnen ein. Den Bezug von Otto Neururer zu Innsbruck stellt seine langjährige Tätigkeit als Religionslehrer dar.[442]   ∎

Eingang zur Kapelle (Foto Horst Schreiber), in der sich ein Reliquiar und eine Informationstafel für den Seliggesprochenen befindet (Fotos Martin Scherl)

SELIGER PFARRER **OTTO NEURURER**
*25.3.1882 Piller/Fließ +30.5.1940 KZ Buchenwald

Der selige Otto Neururer war ein Nordtiroler Priester, der wegen seines christlichen Glaubens im NS-Konzentrationslager sein Leben hingeben musste.
Als zwölftes und letztes Kind einer Bergbauernfamilie geboren, wurde er 1907 in Brixen/Südtirol, das damals der Bischofssitz für einen großen Teil Nordtirols war, zum Priester geweiht. Er wirkte an etlichen Tiroler Orten als Seelsorger, zuletzt ab 1932 in Götzens. Unter anderem war er auch der Religionslehrer von Bischof Reinhold Stecher.

Nach dem Anschluss Österreichs an das nationalsozialistische Deutschland im März 1938 hatte Otto Neururer wegen seiner regimekritischen Haltung einen schweren Stand.
Bereits im Dezember 1938 wurde er verhaftet, weil er einer jungen Frau von einer Ehe mit einem Nationalsozialisten abgeraten hatte.

Vom Gestapo-Gefängnis Innsbruck kam er im März 1939 ins Konzentrationslager Dachau und im folgenden September ins KZ Buchenwald bei Weimar.
Trotz vielerlei Beschwerden und Schwierigkeiten betätigte sich Otto Neururer weiterhin als Seelsorger und spendete heimlich die Sakramente. Nach verlässlichem Zeugnis wurde er an den Fußgelenken verkehrt aufgehängt und erlitt am 30. Mai 1940 den Märtyrertod.
Die Asche von Otto Neururer erhielt die Pfarre Götzens, als letzte Wirkungsstätte vor seiner Verhaftung, per Post zugestellt.

Der hl. Papst Johannes Paul II. sprach Pfarrer Otto Neururer am 24. November 1996 in Anwesenheit von Bischof Stecher selig.
Ein Teil der Asche von Pfarrer Otto Neururer befindet sich hier, in der nach ihm benannten Kapelle, in einem Reliquienbehältnis vor dem Altar.

Gedenkstätten mit Plaketten und Gedenktafeln für Carl Lampert und Otto Neururer im Dom zu St. Jakob

Carl Lampert[443]

Dr. Carl Lampert wurde am 9. Jänner 1894 in Göfis (Vorarlberg) geboren und im Mai 1918 zum Priester geweiht. Anschließend wirkte er in der Pfarre St. Martin in Dornbirn. Nach dem Studium des Kanonischen Rechts in Rom kehrte er im September 1935 nach Österreich zurück. Durch seine Ernennung als Provikar zum Stellvertreter von Bischof Paulus Rusch, der seit Oktober 1938 Apostolischer Administrator von Innsbruck-Feldkirch war, avancierte Lampert in der NS-Zeit zum ersten Verteidiger kirchlicher Interessen in Tirol und Vorarlberg. Die politischen Machthaber – allen voran Gauleiter Franz Hofer – erkannten Bischof Rusch nicht an, da sie in das Auswahlverfahren zur Bestellung des Bischofs nicht eingebunden worden waren. Aus diesem Grund vertrat Lampert den Bischof in allen kirchenpolitischen Verhandlungen. Er protestierte vehement gegen die kirchenfeindliche Politik des Gauleiters. Diese Gegenwehr und die Verfassung der Todesanzeige für den im KZ Buchenwald ermordeten Pfarrer Otto Neururer brachten Lampert 1940 dreimal ins Gefängnis. Von Ende August 1940 bis 1. August 1941 saß er im KZ Dachau und im KZ Sachsenhausen-Oranienburg ein. Nach seiner Entlassung musste Lampert zwangsweise nach Mecklenburg-Vorpommern übersiedeln. Am 4. Februar 1943 verhaftete ihn die Gestapo in Stettin erneut, nachdem ihn ein getarnter NS-Agent ausgehorcht hatte. Wegen Feindbegünstigung, Zersetzung der Wehrkraft, Verbrechen gegen das Rundfunkgesetz und Spionage wurde Carl Lampert zum Tode verurteilt und am 13. November 1944 in Halle an der Saale hingerichtet. Lampert war der ranghöchste Kleriker Österreichs, den die Nationalsozialisten ermordeten.[444]

Gedenkstätte mit Gedenkplakette und einer Reliquie von Provikar Carl Lampert im Seitenaltar im zweiten Joch des Innsbrucker Doms. Lamperts Geburtsmonat ist jedoch Jänner, nicht Oktober. (Foto Florian Huber)

Initiatorin der Gedenkzeichen: Die Diözese Innsbruck feierte anlässlich der Seligsprechung von Provikar Carl Lampert am 18. November 2011 im Dom zu St. Jakob einen Dankgottesdienst mit Bischof Manfred Scheuer als Hauptzelebrant unter Teilnahme von Bischof Elmar Fischer aus der Diözese Feldkirch, Altbischof Reinhold Stecher, die Generalvikare von Innsbruck und Feldkirch, Jakob Bürgler und Benno Elbs, sowie Pater Gaudentius

Gedenktafel für den Seliggesprochenen (Foto Horst Schreiber)

Gegenüber der Gedenkstätte von Carl Lampert befindet sich der Kreuzaltar mit einer Reliquie von Pfarrer Otto Neururer, einer Gedenkplakette und Erinnerungstafel. Die barocke Reliquienpyramide ist eine Leihgabe der Pfarre St. Michael in Absam.[445] (Fotos Horst Schreiber)

Walser und Richard Gohm, die eine entscheidende Rolle im Seligsprechungsprozess spielten. Die Predigt hielt Jakob Bürgler. Das Land Tirol war durch Landtagspräsident Herwig van Staa, Alt-Landtagspräsident Helmut Mader und Landesrat Christian Switak (ÖVP) vertreten, Gemeinderätin Herlinde Keuschnigg (Für Innsbruck) repräsentierte die Stadt Innsbruck bei der Feier. Die Dommusik unter Domkapellmeister Christoph Klemm gestaltete den Gottesdienst, an dessen Ende die Bischöfe Scheuer und Fischer den westlichen Seitenaltar mit einer Reliquie, einer Gedenkplakette und einer Gedenktafel als Erinnerungsstätte für Provikar Carl Lampert einweihten.[446]

Trotz intensiver Recherche,[447] auch im Online-Archiv der Katholischen Presseagentur,[448] konnte für Otto Neururers Gedenkstätte im Dom kein Einweihungsakt eruiert werden.   ◼

Gedenktafel für Carl Lampert mit Foto-Projektion in der Landschaftlichen Pfarre Mariahilf

2013 beging die Diözese Innsbruck den Gedenktag an Carl Lampert in der Landschaftlichen Pfarre Mariahilf in Innsbruck, wo dieser von 1935 bis 1939 seelsorglich gewirkt hatte. Am 10. November segneten Bischof Manfred Scheuer und Monsignore Hermann Röck im Rahmen eines Festgottesdienstes das Gedenkzeichen, das der Architekt Markus Illmer entworfen hatte: eine Gedenktafel für Carl Lampert und die Projektion seines Porträts. Die musikalische Umrahmung gestalteten die „Kirchensinger" unter der Leitung des Nationalratsabgeordneten Georg Willi (Die Grünen) und die Bläsergruppe der Stadtmusikkapelle Mariahilf-St. Nikolaus unter Teilnahme der Stadtschützenkompanie und von Landtagspräsident Herwig van Staa (ÖVP).[449] ∎

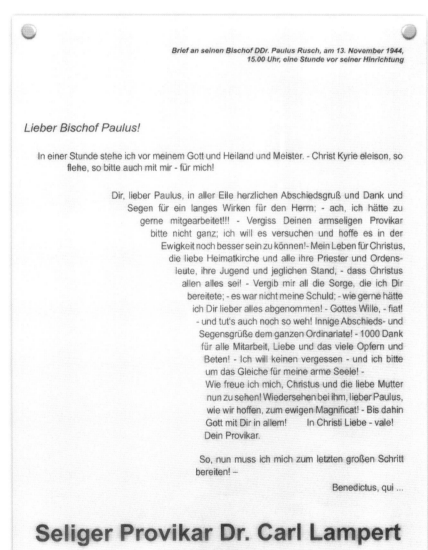

Brief an seinen Bischof DDr. Paulus Rusch, am 13. November 1944, 15.00 Uhr, eine Stunde vor seiner Hinrichtung

Lieber Bischof Paulus!

In einer Stunde stehe ich vor meinem Gott und Heiland und Meister. - Christ Kyrie eleison, so flehe, so bitte auch mit mir - für mich!

Dir, lieber Paulus, in aller Eile herzlichen Abschiedsgruß und Dank und Segen für ein langes Wirken für den Herrn; - ach, ich hätte zu gerne mitgearbeitet!!! - Vergiss Deinen armseligen Provikar bitte nicht ganz; ich will es versuchen und hoffe es in der Ewigkeit noch besser sein zu können!- Mein Leben für Christus, die liebe Heimatkirche und alle ihre Priester und Ordensleute, ihre Jugend und jeglichen Stand, - dass Christus allen alles sei! - Vergib mir all die Sorge, die ich Dir bereitete; - es war nicht meine Schuld; - wie gerne hätte ich Dir lieber alles abgenommen! - Gottes Wille, - fiat! - und tut's auch noch so weh! Innige Abschieds- und Segensgrüße dem ganzen Ordinariate! - 1000 Dank für alle Mitarbeit, Liebe und das viele Opfern und Beten! - Ich will keinen vergessen - und ich bitte um das Gleiche für meine arme Seele! - Wie freue ich mich, Christus und die liebe Mutter nun zu sehen! Wiedersehen bei ihm, lieber Paulus, wie wir hoffen, zum ewigen Magnificat! - Bis dahin Gott mit Dir in allem! In Christi Liebe - vale! Dein Provikar.

So, nun muss ich mich zum letzten großen Schritt bereiten! –

Benedictus, qui ...

Seliger Provikar Dr. Carl Lampert Märtyrer

Gedenkzeichen für Carl Lampert (Fotos Horst Schreiber)

Gedenktafel für Ludwig Steiner
im Innenhof der Pfarrkirche Mariahilf

Ludwig Steiner
(Foto Archiv des
Karl von Vogelsang-
Institutes)

Diplomvolkswirt Dr. Ludwig Steiner, geboren am 14. April 1922 in Innsbruck, wuchs in einem katholisch und antinationalsozialistisch geprägten Elternhaus auf. Sein Vater, von Beruf Bäckermeister, ebenfalls Ludwig mit Vornamen, war in der Pfarre Mariahilf, im Katholischen Gesellenverein und von 1924 bis 1934 im Innsbrucker Gemeinderat tätig. Bischof Sigismund Waitz und Provikar Carl Lampert gehörten zum Bekanntenkreis. Mitschüler von Ludwig Steiner in der Innsbrucker Handelsakademie, die sich in der illegalen Hitlerjugend betätigt hatten, sammelten Informationen gegen ihn wegen seiner Tätigkeit in der Katholischen Jugend und seiner Beteiligung an Aktionen gegen den Nationalsozialismus. Vater Ludwig wurde am 29. September 1939 wegen angeblichen Abhörens ausländischer Rundfunksendungen verhaftet, sein Sohn von der Gestapo unter Druck gesetzt, sich freiwillig zur Waffen-SS zu melden, um die Freilassung des Vaters zu erwirken. Im Dezember 1939 kam dieser ins KZ Sachsenhausen und im September 1940 ins KZ Dachau. Als Ludwig Steiner sen. nach Hause zurückkehrte, war er kaum wiederzuerkennen und gebrechlich. Er verstarb im August 1941. Sohn Ludwig konnte am Begräbnis nicht teilnehmen. Er durfte seinen Einsatzort im Reichsarbeitsdienst (Cognac, Frankreich, nach dem Dienst im Arbeitslager Derneburg, einem Ortsteil der Gemeinde Holle im Landkreis Hildesheim) nicht verlassen, da er als „politisch unzuverlässig" galt. Im Oktober 1941 wurde Ludwig Steiner vom Reichsarbeitsdienst zur Wehrmacht als Adjutant ins Gebirgsjäger-Ersatzbataillon 136 in Innsbruck überstellt. Im Juli 1943 bei Murmansk schwer verwundet, kehrte er wieder nach Innsbruck zurück. Gemeinsam mit dem deutschen Major Werner Heine bildete Ludwig Steiner im 136. Gebirgsjäger-Ersatzbataillon seit 1944 eine äußerst aktive Widerstandszelle. Sie fälschten Urlaubs- und Passierscheine. Truppenarzt Emil Eckl half mit, fingierte Krankmeldungen

IN EHRENDEM GEDENKEN AN

DR. LUDWIG STEINER

* 14. APRIL 1922 IN INNSBRUCK, + 28. JUNI 2015 IN WIEN

FÜHRENDES MITGLIED DER WIDERSTANDSBEWEGUNG
ZUR BEFREIUNG TIROLS, DIPLOMAT, BOTSCHAFTER,
TEILNEHMER AN DEN VERHANDLUNGEN ZUM
ÖSTERREICHISCHEN STAATSVERTRAG,
ABGEORDNETER ZUM NATIONALRAT,
STAATSSEKRETÄR IM AUSSENMINISTERIUM,
IM EUROPARAT ENGAGIERT FÜR MENSCHENRECHTE,
RECHTSSTAATLICHKEIT UND MINDERHEITENSCHUTZ.

EIN TIROLER PATRIOT UND EIN GROSSER EUROPÄER.

Erinnerung an Ludwig Steiner (Foto Horst Schreiber)

auszustellen, so dass zahlreiche Wehrmachtsangehörige nicht einberufen wurden oder nicht an die Front zurückkehrten.

Die Kemater Alm und die etwas höher gelegene Adolf-Pichler-Hütte nutzte die Widerstandsgruppe, um gefährdete Angehörige zu verstecken. Zudem brachte sie dort Funkstationen unter, nachdem sie ab dem 20./21. April 1944 einen Kontakt mit den Alliierten über die Brüder Fritz und Otto Molden von der österreichischen Widerstandsbewegung O5 hergestellt hatte. Am 30. April 1945 eilte Ludwig Steiner im Auftrag von Karl Gruber, der die verschiedenen Widerstandsgruppen in Tirol zu Kriegsende zusammengeführt hatte, zum Gendarmerieposten Zirl, um die US-Truppen über die Lage in Innsbruck und Umgebung zu informieren und ihnen beim Vorrücken in die Stadt hilfreich zur Seite zu stehen.

Nach dem Krieg schloss Steiner, Mitglied der Studentenverbindung Austria Innsbruck, sein Studium als Volkswirt und Doktor der Wirtschaftswissenschaften ab und startete eine politische Karriere. Er war Mitgründer der ÖVP Tirol, Mitglied des Provisorischen Tiroler Landtags, Sekretär des provisorischen Landeshauptmannes von Tirol bzw. späteren Außenministers Karl Gruber und von Innsbrucks Bürgermeister Anton Melzer (ÖVP). Steiner übte die Funktion eines Kabinettchefs unter Bundeskanzler Julius Raab (ÖVP) aus, war Mitglied der Regierungsdelegation bei den abschließenden Verhandlungen für den Staatsvertrag in Moskau, Staatssekretär im Außenministerium unter Bruno Kreisky (SPÖ), Botschafter, ÖVP-Nationalratsabgeordneter (1979–1990), Vorsitzender des Versöhnungsfonds zur Entschädigung ehemaliger ZwangsarbeiterInnen, Vizepräsident des Dokumentationszentrums des Österreichischen Widerstandes und vieles mehr. Ludwig Steiner verstarb am 28. Juni 2015 in Wien, wo er am Zentralfriedhof begraben ist.

Initiator der Gedenktafel: Das Land Tirol errichtete die Gedenktafel für Ludwig Steiner zum Jahrestag seines Todes am 28. Juni 2016. Nach dem Gedenkgottesdienst enthüllten Landtagspräsident Herwig van Staa und die beiden ÖVP-Stadträte Franz X. Gruber und Andreas Wanker die Tafel in Anwesenheit einer Abordnung der katholischen Studentenverbindung Austria Innsbruck, dessen Mitglied Steiner war.[450]

Gedenktafel für Alois Grimm SJ, Johann Steinmayr SJ und Johann Schwingshackl SJ in der Jesuitenkirche

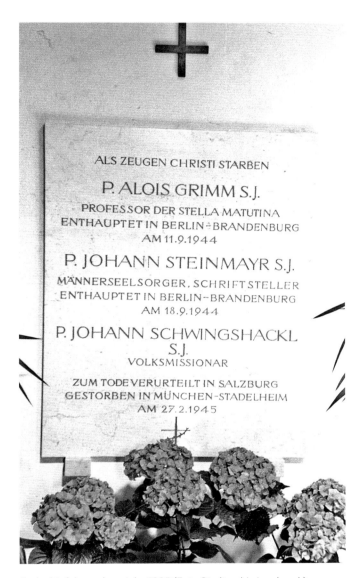

Gedenktafel aus dem Jahr 1985 (Foto Stadtarchiv Innsbruck)

Alois Grimm kam am 24. Oktober 1886 in Külsheim (Baden-Württemberg) zur Welt. 1907 trat er in das Noviziat des Jesuitenordens in Feldkirch ein, 1920 wurde er zum Priester geweiht. Grimm unterrichtete an der Stella Matutina in Feldkirch und in St. Blasien im Schwarzwald, ab 1939 musste er wieder nach Feldkirch-Tisis zurückkehren, wo er ab 1940 im Pfarrhaus lebte, seine wissenschaftliche Arbeit über die Kirchenväter betrieb, Jugendgruppen betreute und in der Seelsorge aushalf. Nazispitzel, die religiöse Konversion und Wei-

Alois Grimm als Novize 1907/1909 (Foto Archiv der Österreichischen Provinz der Gesellschaft Jesu)

präses, Exerzitienleiter und religiöser Schriftsteller mit einer dreijährigen Unterbrechung in Linz. Dann war Steinmayr in der Familien- und Männerseelsorge in Innsbruck tätig. Steinmay reiste in dieser Funktion von Pfarre zu Pfarre, hielt dort Predigten, Vorträge und Glaubensschulungen ab und wurde aus diesem Grund von der Gestapo besonders überwacht. Wegen eines Schulungskurses über den NS-Ideologen Alfred Rosenberg und dessen Werk verhörte die Gestapo Steinmayr, seine Verbindung zu einer Widerstandsgruppe um den Innsbrucker Arzt Hermann Flora blieb jedoch unentdeckt. Nach wiederholten Verhören saß er Mitte April 1940 eine Woche lang in Haft. Da Steinmayr durch seine klug formulierten Vorträge der Gestapo keinen Anlass zum wirksamen Einschreiten lieferte, setzte sie einen Spitzel auf ihn an. Der getarnte Gestapo-Mann gab sich als Konvertit aus und befragte Steinmayr bei seinen Besuchen zu politisch brisanten Themen. Die Gestapo verhaftete ihn am 15. Oktober 1943 und überstellte ihn nach München und schließlich in ein Gefängnis nach Berlin. Am 14. August 1944 verurteilte das Volksgericht Johann Steinmayr zum Tode, am 18. September fand seine Hinrichtung im Zuchthaus Brandenburg-Görden statt.[452]

terbildungswillen vortäuschten, verwickelten Grimm in Besprechungen zur Kriegslage. Die Gestapo verhaftete den Pater am 14. Oktober 1943 und überstellte ihn in ein Gefängnis nach Berlin. Sie malträtierte ihn so lange, bis er das Abhören von Auslandssendern bei Hermann Flora zugab, der daraufhin verhaftet wurde. Wegen defätistischer Äußerungen und Wehrkraftzersetzung verurteilte ihn das Volksgericht am 12. August 1944 zum Tode. Bereits am 11. September wurde Alois Grimm hingerichtet.[451]

Johann Steinmayr (Foto Archiv der Österreichischen Provinz der Gesellschaft Jesu)

Johann Steinmayr, geboren am 25. September 1890 in St. Magdalena in Gsies, Südtirol, besuchte das Vinzentinum in Brixen und absolvierte sein Noviziat bei den Jesuiten in Wien-Lainz. Nach dem Theologiestudium in Innsbruck wurde er 1919 Priester. Bis 1937 wirkte er in Wien als Prediger, Beichtvater, Kongregations-

Johann Schwingshackl wurde am 4. Mai 1887 in Ried bei Welsberg im Südtiroler Pustertal geboren. Acht der elf Geschwister ergriffen geistliche Berufe. Im Ersten Weltkrieg schwer verwundet, konnte er erst nach längerer Gefangenschaft in Sibirien 1919 bei den Jesuiten in St. Andrä im Lavanttal eintreten. 1924 wurde er zum Priester geweiht. Schwingshackl arbeitete als Volksmissionar und Novizenmeister in Innsbruck und Niederösterreich, 1938 wurde er Rektor der Pfarre St. Martin in Wien und war auch als Seelsorger tätig. Er forderte vom katholischen Klerus eine kompromisslose Auseinandersetzung mit dem Nationalsozialismus. Dementsprechend sahen auch seine Predigten aus, die ihm mehrere Verhöre bei der Gestapo einbrachten. Deshalb versetzte ihn der Orden nach Steyr und dann nach Bad Schallerbach. Am 18. Februar 1944 nahm die Gestapo Johann Schwingshackl fest, nachdem er seinem Ordensoberen und einem Mitbruder einen umfangreichen Brief geschickt hatte, in dem er von einem notwendigen „frontmäßigen Kampf gegen das nationalsozialistische

Johann Schwingshackl (Foto Archiv der Österreichischen Provinz der Gesellschaft Jesu)

Josef-Mayr-Nusser-Weg

Josef-Mayr-Nusser-Weg

Josef Mayr-Nusser (1910–1945), wurde im Zweiten Weltkrieg zur Waffen-SS einberufen und weigerte sich aus religiösen Gründen den SS-Eid abzulegen. Er verstarb 1945 auf der Fahrt ins KZ Dachau. Die Straßenbenennung erfolgte 1986.

Fotos Stadt Innsbruck

Reich" sprach. Schwingshackl kritisierte die Untätigkeit der Kirche, deren Vertreter nicht begriffen hätten, dass es um „Sein oder Nichtsein der katholischen Religion in Europa gehe". Wegen „Wehrkraftzersetzung und Feindbegünstigung" wurde er zum Tode verurteilt. Im Gefängnis von München-Stadelheim, wo er enthauptet hätte werden sollen, verstarb Johann Schwingshackl in der Nacht vom 27. auf den 28. Februar 1945 an den Folgen der Lungentuberkulose, die er sich in sibirischer Kriegsgefangenschaft im Ersten Weltkrieg zugezogen hatte.[453]

Initiator der Gedenktafel: Pater Johann Reiter SJ, der bereits 1977 zum Widerstand in Tirol publizierte,[454] machte sich für ein Erinnerungszeichen für Alois Grimm, Johann Steinmayr und Johann Schwingshackl stark.[455] Zum Auftakt des Herz-Jesu-Triduums weihte der Rektor des Jesuitenkollegs Pater Müllner am 13. Juni 1985 die Gedenktafel für die drei in der NS-Zeit ermordeten Jesuiten in der ersten Altarnische der Jesuitenkirche links vom Hauptportal ein. Der Entwurf stammt von Oswald Haller aus Innsbruck, die Ausführung besorgte der Haller Steinmetz Albert Reich. Während des Gottesdienstes lagen die Gebeine von Johann Schwingshackl in einem kleinen Sarg zu Füßen des Altars. Unmittelbar nach dem Krieg waren sie im Jesuitenfriedhof in Pullach bei München beigesetzt worden. Nach dem Gottesdienst wurden die Gebeine in der Krypta der Jesuitenkirche zur letzten Ruhe gebettet.[456] Eine idente Gedenktafel hängt in der Jesuiten-/Universitätskirche in Wien.[457]

Josef Mayr-Nusser wurde am 27. Dezember 1910 in Bozen geboren. Er arbeitete als kaufmännischer Angestellter und in der kirchlichen Sozial- und Jugendarbeit. Mit 24 Jahren avancierte Mayr-Nusser zum Diözesanjugendführer Südtirols. Er war Mitglied der Katholischen Aktion, die aufgrund ihrer guten Vernetzung im demokratischen Ausland während des italienischen Faschismus den Grundstein für ein kritisches Potenzial in der

Josef Mayr-Nusser
(Foto Tiroler
Geschichtsverein
Bozen/Südtiroler
Landesarchiv)

Südtiroler Jugend legte. Früh warnte sie vor dem Nationalsozialismus. Der Andreas-Hofer-Bund, dessen Angehöriger Mayr-Nusser war, wandte sich gegen Option, Faschismus und Nationalsozialismus. 1939 entschied sich Josef Mayr-Nusser dafür, nicht für die Auswanderung nach Deutschland zu votieren. Im September 1943 besetzten deutsche Truppen Südtirol, im Sommer 1944 wurde Mayr-Nusser nach Konitz nahe Danzig in die Waffen-SS einberufen und erhielt dort eine militärische und politische Ausbildung. Aus religiösen Gründen weigerte er sich aber, den Eid auf Hitler abzulegen. Deshalb wurde er vor das SS-Gericht in Danzig gestellt, wegen Wehrkraftzersetzung angeklagt und in die SS-Strafvollzugsanstalt Dachau für Kriegsdienstverweigerer und verurteilte Wehrmachtsangehörige überstellt, die in das KZ Dachau integriert war. Während des Transports am 24. Februar 1945 verstarb Josef Mayr-Nusser in einem Viehwaggon am Bahnhof Erlangen an einem Hungerödem und einer Lungenentzündung.[458]

Initiator der Straße: Am 28. Februar 1985 beantragte Hermann Weiskopf (ÖVP – Innsbrucker Mittelstand),

eine Straße, einen Platz oder eine Brücke nach Josef Mayr-Nusser zu benennen: „Als sichtbares Bekenntnis zum einen Tirol über die Brennergrenze hinweg und im Gedenken an die Wiedererlangung der Freiheit und Demokratie vor 40 Jahren aus dem Terror durch den Nationalsozialismus und den Faschismus".[459] Weiters führte er aus:

„Diese schwierige Zeit der jüngsten Vergangenheit, die so viele von uns am eigenen Leib erleben mußten, wird totgeschwiegen und man ist nicht bereit, jene Tiroler als Vorbild hervorzuheben, die in jener Zeit wirklich vorbildhaft gehandelt haben.

Nach dem Abschluß des Gedenkjahres an den Tiroler Freiheitskampf vor 175 Jahren ist es meiner Ansicht nach sehr sinnvoll, mit dem Gedenkjahr an die Zeit vor 40 Jahren anzuschließen und jene Tiroler Helden und Märtyrer hervorzuheben, denen wir es letztlich verdanken, daß wir heute in einem freien, friedlichen und demokratischen Österreich (...) leben können."[460]

In der Gemeinderatssitzung vom 27. Februar 1986 forderte Gemeinderat Paul Flach (ÖVP – Innsbrucker Mittelstand) eine schnelle Realisierung der Benennung einer Verkehrsfläche nach Mayr-Nusser: „Ein volles Jahr ist nunmehr vergangen und nichts ist diesbezüglich geschehen."[461] Am 26. Juni 1986 beschloss der Gemeinderat, den Verbindungsweg zwischen Griesauweg und Archenweg im Gewerbegebiet in der Rossau nach Josef Mayr-Nusser zu benennen.[462]

Papst Franziskus sprach Josef Mayr-Nusser selig. Der Präfekt der Heiligsprechungskongregation Kardinal Angelo Amato verkündete am 18. März 2017 die Seligsprechung in einem Festgottesdienst im Bozner Dom unter Teilnahme des Diözesanbischofs von Bozen-Brixen Ivo Muser, des Tiroler Diözesanadministrators Jakob Bürgler und der ehemaligen Bischöfe von Tirol Alois Kothgasser und Manfred Scheuer.[463] ∎

Dr.-Adolf-Hörhager-Straße

Adolf Hörhager (Foto ÖCV-Archiv Wien)

Dr. Adolf Hörhager kam am 11. Februar 1884 in Ried im Zillertal als Sohn einer Kaufmannsfamilie auf die Welt. Er absolvierte das Gymnasium in Brixen, leitete nach einem Jurastudium in Innsbruck eine Rechtsanwaltskanzlei und war vor allem als Wirtschaftsberater tätig. Vom Oktober 1918 bis Juni 1919 war er Tiroler Landtagsabgeordneter. Hörhager war Mitglied der katholischen Studentenverbindung Austria und Gründungsmitglied der Rheno-Danubia, ab 1934 Leiter der „Vaterländischen Front", der Einheitspartei des autoritären „Ständestaates" im Bezirk Innsbruck-Land. Aufgrund seiner exponierten Stellung verhaftete ihn die Gestapo noch in der Nacht vom 11. auf den 12. März 1938. Am 30. Mai transportierte sie ihn ins KZ Dachau, im Herbst 1939 ins KZ Mauthausen. Dort verstarb Dr. Adolf Hörhager am 1. Februar 1940. Als Todesursache wurde offiziell „Grippe, Herz- und Kreislaufschwäche" angegeben.[464]

Initiator der Straßenbenennung: In der Gemeinderatssitzung vom 28./29. März 1985 beschloss der Innsbrucker Gemeinderat nach einem Antrag von Gemeinderat Paul Flach (ÖVP – Innsbrucker Mittelstand) und als eine der Aktivitäten der Stadt Innsbruck „anläßlich des 40-Jahr-Jubiläums der Wiedergeburt Österreichs" die Benennung des Straßenstücks zwischen Rossaugasse und Trientlgasse östlich des Zentralbauhofs nahe

Dr.-Adolf-Hörhager-Straße

Adolf Hörhager (1884–1940), Rechtsanwalt und Bezirksführer der Vaterländischen Front Innsbruck-Stadt. 1938 verhaftet, verstarb er im Konzentrationslager Mauthausen am 1. Februar 1940.

Fotos Stadt Innsbruck

dem ehemaligen Arbeitserziehungslager Reichenau nach Adolf-Hörhager zu benennen. Gemeinderat Flach zeigte sich erfreut über die rasche Realisierung und führte aus: „Ich darf dem Gemeinderat im Namen derjenigen danken, die sich (…) im Widerstand betätigt haben. Ich danke, daß einer jener Männer in die Liste von Straßenbenennungsvorschlägen aufgenommen wurde, der es sich sicher verdient hat."[465]

Gedenktafel für Christoph Probst
am Ehrenmal der Universität Innsbruck,
Christoph-Probst-Platz

Am 3. Juli 1926 enthüllte Rektor Egon Schweidler nach
der Lesung eines Requiems des Abts von Stift Wilten unter dem Spiel der Alpenjägermusik und einer Rede des
Prorektors, in Anwesenheit von Landeshauptmann und
Innsbrucks Bürgermeister, des deutschen Konsuls, der
Spitzen der Behörden, zahlreicher Militärs, Regiments-
verbände und Kriegervereine das auf dem Vorplatz des
Hauptgebäudes der Universität Innsbruck gelegene
Kriegerdenkmal, das nach einem Entwurf des Architekten Lois Welzenbacher gestaltet wurde. Es erinnerte an
die 97[466] im Ersten Weltkrieg gefallenen Angehörigen
der Universität und war zugleich ein Monument für die
Einheit des Landes Tirol nach der Trennung Südtirols
von Österreich 1919. Auf einem monumentalen, dreiseitigen Sockel aus Stein breitet ein in Kupfer getriebener Adler nach der Skizze des Münchner Bildhauers
Karl Röhrich seine Schwingen aus. Der Stein trägt die
Inschrift „Ehre – Freiheit – Vaterland".[467] Laut den *Inns-*
brucker Nachrichten war das Denkmal „eines der künstlerisch interessantesten Werke, das in unserem Lande
in neuerer Zeit errichtet wurde." Der Adler, nach „modernen Anschauungen stark stilisiert", übe besonders
aus der Fernsicht „eine mächtige Wirkung aus. Anerkennung verdient auch die ausgezeichnete Triebarbeit,
die Schlossermeister Soratroi unter besonders großen
Opfern materieller wie auch handwerklicher Hinsicht
lieferte. Die Herstellung des Sockels lag in den Händes
des Bauunternehmers Ing. Thaler und des Stukkateurs
Sicker."[468]

    Während des Weltkriegs war die Universität Mo-
tor eines chauvinistischen Patriotismus. Ihr Rektor sah
Österreich als „Vorkämpfer deutscher Kultur gegen den
halbbarbarischen Osten".[469] Die deutschnationale Aus-
richtung der Bildsprache des Denkmals und des Gedenkens spiegelte sich auch in den Eröffnungsreden wider.
Über die Ansprache von Prorektor Egon Theodor Ritt-
ler, eingeleitet durch das „Andreas-Hofer-Lied", berichteten die *Innsbrucker Nachrichten*: Das Denkmal

    „soll ein Zeichen dafür sein, daß wir uns zu den Idea-
len der hier geehrten Toten bekennen, zur unbedingten
Liebe zum großen deutschen Volke, zum österreichischen
Vaterlande und zur tirolischen Heimat. Niemand dürfe

Das Ehrenmal der Universität Innsbruck ...

sagen, daß sie umsonst gefallen seien. In dieser Stunde
geloben wir aufs neue, dafür zu sorgen, daß ihre Pflicht
und ihr Opfermut in uns weiterwirken. Das Beispiel, das
sie gegeben – Volk, Vaterland und Heimat über alles zu
stellen – wollen wir halten. (...) Zum Schlusse betonte der
Redner das feste Vertrauen auf den Sieg der Idee der na-
tionalen Selbstbestimmung und des heiligen Rechts des
Volkstums. Und während seine eindringlichen Worte mit
dem Ruf ausklangen: ‚Deutschland, dein Reich komme',
fielen die Hüllen vom Denkmal, von dem nun der mächti-
ge Adler zum erstenmal trutzig hinausschaute – während
das ‚Deutschland'-Lied über den Platz schallte."[470]

    Rektor Schweidler dankte den Spendern, welche
die Errichtung des Denkmals ermöglicht hatten, besonders jenen aus Bayern. Er rief die Studentenschaft auf
zum „Kampfe, der zu dem einen Ziele führen werde,
das wir alle erstreben: das große, freie, einige deutsche
Vaterland!"[471]

... mit dem Wahlspruch der völkischen Burschenschaften Ehre, Freiheit, Vaterland (Fotos Selina Mittermeier)

Bereits in der Zwischenkriegszeit war die Universität ein Hort antidemokratischer Tendenzen, des Deutschnationalismus, Antimarxismus, Antisemitismus und schließlich der illegalen NS-Bewegung. Armin Hämmerle (CV Austria), der als Vorsitzender der Deutschen Studentenschaft Innsbruck 1923/24 bis 1926 bei der Denkmalenthüllung Worte des Gedenkens für die Gefallenen sprach, hatte 1925 gegen die Zulassung des Zahnarztes Wilhelm Bauer als Dozent protestiert, weil er Jude war.[472] Am Kreistag der Deutschen Studentenschaft für Österreich in Graz 1926 machte er mit Blick auf die Universität „die tatsächlich erfreuliche Mitteilung", dass „wir eben in Innsbruck keine Juden und Sozi haben."[473] Am Deutschen Studententag desselben Jahres in Bonn sprach sich Hämmerle im Namen der Innsbrucker Studentenschaft für den „wirtschaftlichen und politischen Zusammenschluss zwischen Deutschland und Österreich" aus. Die Voraussetzung dafür sah er

darin, dass der „Anschluß auf der akademischen Hochschule vollkommen durchgeführt wird."[474] Trotz der ideologischen Überschneidungen zwischen den völkischen und katholischen Studentenkorporationen offenbarte die Enthüllungsfeier am Universitätsdenkmal den Bruch der beiden Fraktionen. Die nationale Studentenschaft sprach den katholischen Studierenden das Recht ab, den Schläger, Symbol studentischer Wehrhaftigkeit, bei den Feierlichkeiten zu tragen, und warf ihnen in der Vergangenheit ungenügende Kriegsleistungen vor.[475] Sie veranstaltete daher für die Gefallenen vor dem Denkmal am 4. Juli 1926 eine eigene Gedächtnisfeier, die mit dem „Andreas-Hofer-Lied" begann. Der 2. Vorsitzende der Deutschen Studentenschaft Innsbruck, Wolfram Bruckner (Burschenschaft Germania), gedachte „der gefallenen Kommilitonen, die ihr Gelöbnis, ihrer Hochschule immer Ehre zu bereiten, mit ihrem Leben eingelöst haben. Als brave Burschen, treu dem

HUMANITÄT FREIHEIT DEMOKRATIE

DEM ANDENKEN AN
CHRISTOPH PROBST
STUDENT DER MEDIZIN
MITGLIED DER WEISSEN ROSE

ALS WIDERSTANDSKÄMPFER
VON DEN NATIONALSOZIALISTEN
AM 22. 2. 1943 HINGERICHTET

Gedenktafeln für Christoph Probst ...

alten Tiroler Freiheitsgeiste, fielen sie für Deutschlands Ehre. (...) Zweck-, ziel- und wertlos sei das Leben des Einzelnen, wenn es nicht als Baustein geweiht sei für den großen deutschen Volksdom." Bruckner schloss mit dem Gelöbnis: „So wahr wir deutsche Burschen sind, so wahr die Worte ‚Ehre, Freiheit, Vaterland' die Leitsterne unseres Lebens sind, geloben wir, wenn es Zeit ist, unsere alte liebe Klinge fürs Vaterland zu schwingen und den gefallenen Kameraden ein Denkmal zu setzen, so groß und so schön wie noch keines war: das große freie Deutsche Reich!" Mit dem Absingen des „Deutschland"-Liedes endete die Gedächtnisfeier.[476]

1952 ließ der Akademische Senat die am Denkmal eingemeißelten Namen der im Ersten Weltkrieg gefallenen Angehörigen der Universität, die bereits stark verwittert waren, abtragen. Da auch die Toten des Zweiten Weltkriegs „Anspruch auf pietätvolles Gedenken" hätten, brachte er stattdessen auf jeweils einer Seitenfläche des Ehrenmals eine allgemeine Widmung an: „Den Gefallenen der Universität Innsbruck" bzw. „1914–1918 // 1939–1945".[477] Der Senat schloss damit an das übliche Gefallenengedenken der dominanten Erinnerungskultur der Kriegerdenkmäler in Österreich an. Um 1970 wurde die Widmung „still und leise" entfernt. Akten zu diesem Vorgang gibt es im Universitätsarchiv keine.[478] Helle Flecken im Beton des Ehrenmals zeugen heute noch von der Existenz der ehemaligen Beschriftungen.

1980 stellte der Kommunistische Studentenverband zwar vergeblich einen Antrag an den Akademischen Senat, in einem der großen Hörsäle der Medizinischen Fakultät eine Gedenktafel für den Widerstandskämpfer Christoph Probst anzubringen, doch löste er einen mehrjährigen kontroversen Diskussionsprozess aus. Aus Angst vor einer kommunistischen Vereinnahmung von Probst wurden christliche Motive für dessen Handeln betont. Am 17. Mai 1984 beschloss der Senat den Text für eine Gedenktafel zu Ehren von Probst mit der Überschrift „Humanität – Freiheit – Demokratie", die an der vorderen Seite des Denkmals angebracht wurde. Der ursprünglich angenommene Vorschlag von Universitätspfarrer Bernhard Hippler, den Begriff Freiheit durch das Wort Glaube zu ersetzten, musste aus formalrechtlichen Gründen wieder zurückgenommen werden.[479] Aus Anlass des 65. Geburtstages von Christoph Probst enthüllten Universitätsrektor Josef Rothleitner und der Vorsitzende der Österreichischen Hochschülerschaft Winfried Eder am 6. November 1984 die Gedenktafel, die der Architekt Josef Lackner, Professor an der Fakultät für Bauingenieurwesen und Architektur, entworfen hatte.[480] Die Festrede unter Anwesenheit der Innsbrucker Stadtpolitiker Hermann Weiskopf und Paul Flach (ÖVP – Innsbrucker Mittelstand), Wilhelm Steidl (ÖVP – Tiroler Arbeitsbund) und Alexander Csonka (SPÖ) sowie Magistratsdirektor August Wammes

... sowie für Ignacio Ellacuría
und Segundo Montes
(Fotos Horst Schreiber)

hielt der Dekan der Rechtswissenschaftlichen Fakultät Franz Horak:

„Ich wüßte keinen Ort, an dem die Tafel sinnvoller angebracht werden könnte – wenn man nicht in diesem Denkmal, verfangen in gedankenloser Konvention, die Glorifizierung eines Wahnes sehen will, der sich das Grauen dieser beiden Kriege erträglich macht, indem er die menschenverachtende Hinopferung von Millionen als Heldentod verklärt. Wer dagegen in diesem Stein ein Mahnmal sieht, das daran erinnern soll, welchen entsetzlichen Preis der verblendete Machtwahn bedenkenloser Politiker gefordert hat, der wird die kleine Tafel hier, provozierend scharf eingeschnitten in die Kante, als genau das empfinden, was sie sein soll: als eine schmerzende Aufforderung zum Nachdenken, nicht bloß zu einem unverbindlichen Gedenken, wie man es nennen mag, wenn man unbequemen Gedanken aus dem Wege gehen will.“[481]

In seiner Sitzung am 11. Jänner 1990 fasste der Akademische Senat auf Antrag des Leiters des Universitätsarchivs Gerhard Oberkofler, unterstützt von der Dekanin der Katholisch-Theologischen Fakultät, Herlinde Pissarek-Hudelist, den Beschluss, eine weitere Erinnerungstafel am Ehrenmal anzubringen. Am 15. November 1991 enthüllte Universitätsrektor Hans Moser vor zahlreichen Gästen aus Politik und Universität eine Gedenktafel für die in San Salvador wegen ihres Ein-

satzes für Frieden und Gerechtigkeit sowie gegen Ausbeutung, Unterdrückung und Armut am 16. November 1989 auf Befehl der salvadorianischen Militärführung ermordeten Jesuiten und Befreiungstheologen Ignacio Ellacuría und Segundo Montes,[482] die an der Innsbrucker Theologischen Fakultät studiert hatten und in der Tiroler Landeshauptstadt zu Priestern geweiht worden waren. Moser betonte, dass der Akademische Senat ein anderes Verständnis des Ehrenmals entwickelt habe und nicht mehr mit den Begriffen „Ehre – Freiheit – Vaterland" übereinstimme. Zwar respektiere er weiterhin die Erinnerung an die Gefallenen der Universität in beiden Weltkriegen, doch bereits 1984 habe eine neue Interpretation eingesetzt mit der Ehrung des Widerstandskämpfers Christoph Probst, der für die Werte der Humanität, Freiheit und Demokratie ums Leben kam. Die neue Gedenktafel für die Jesuitenpater setze diesen Weg fort. Dekanin Herlinde Pissarek-Hudelist unterstrich, dass Ellacuría und Montes für ein geschundenes Volk Partei ergriffen hatten und deshalb mit ihrem Leben bezahlen mussten.[483]

2018 lobte die Universität Innsbruck einen Wettbewerb für eine künstlerische Intervention am Ehrenmal aus, die das deutschnationale Narrativ brechen und ein „zukunftsweisendes Bekenntnis für die Verantwortung einer modernen und weltoffenen Universität" ablegen soll.[484]

Christoph-Probst-Platz (Innrain 52)

Nach der Anbringung der Gedenktafel für den Widerstandskämpfer 1984 fanden jährlich Christoph-Probst-Gedenktage statt, die die Österreichische Hochschülerschaft 1992 zum Anlass nahm, um bei der Universität und der Stadt Innsbruck für eine Umbenennung des Platzes vor der Universität in Christoph-Probst-Platz zu werben. Am 16. März 1994 war es soweit, nachdem der Akademische Senat und die Stadt Innsbruck die entsprechenden Beschlüsse gefasst hatten. Der Akademische Senat hob hervor, dass die Platzbenennung vor allem als Zeichen gegen den neu aufgekommenen Rechtsradikalismus und die zunehmende Ausländerfeindlichkeit zu verstehen sei. Für die Hochschülerschaft war die Umbenennung ein „demonstratives Bekenntnis zu den Idealen der Demokratie und Menschenrechte". Sie betonte den gewaltlosen Widerstand von Probst und der „Weißen Rose", die ihrem Gewissen folgten und sich engagierten, „um gegen Unmenschlichkeit und Feigheit in der eigenen Umgebung aufzutreten". Die Namenstafel enthüllten Rektor Hans Moser und Bürgermeister Romuald Niescher (ÖVP). In seiner Festrede erinnerte der Politikwissenschafter Anton Pelinka daran, dass prominente Nationalsozialisten nach 1945 bis in höchste Ämter der Universität aufsteigen konnten als Folge „einer falsch verstandenen Versöhnung. Denn zwischen Tätern und Opfern gibt es keine Versöhnung, wenn nicht die Täter zunächst die Distanz zu ihren Taten deutlich machen können."[485]   ▪

Schild beim Eingang der Alten Universität. Die Umbenennung galt als interner Akt, so dass die Adresse Innrain 52 nicht geändert wurde. (Foto Horst Schreiber)

Mahnmal „Wider das Vergessen" am Gelände des Tiroler Landeskrankenhauses – Universitätskliniken Innsbruck

Mahnmal nach einem Entwurf von Oswald Tschirtner (Foto Selina Mittermeier)

Im Rahmen der NS-Euthanasie deportierten die Nationalsozialisten aus der Heil- und Pflegeanstalt Hall 360 PatientInnen, um sie zu ermorden. Zwischen Dezember 1940 und Mai 1941 überstellten sie in drei Transporten 300 PatientInnen in die Tötungsanstalt Schloss Hartheim bei Linz, wo sie mit Giftgas getötet wurden. Im Frühjahr 1941 gerieten in Tirol im Zuge des Massenmordes an Menschen mit geistiger Behinderung und psychischen Krankheiten auch die BewohnerInnen der Versorgungs-, Armen- und Altersheime in den Blick der „Euthanasie-Ärzte", die in den von den Barmherzigen Schwestern geführten Heimen in Imst, Nassereith und Ried im Oberinntal die Auswahl trafen, wer getötet wurde und wer leben durfte. Ausschlaggebend waren vor allem Kriterien wie Arbeitsfähigkeit, Unangepasstheit, „rassische Minderwertigkeit" oder eine behauptete „Asozialität". Während die PatientInnen dieser Heime zuerst in die Heil- und Pflegeanstalt Hall und dann nach Schloss Hartheim zur Tötung transportiert wurden, kamen 50 Kinder und Jugendliche sowie elf PatientInnen über 20 Jahre am 23. Mai 1941 in Bussen direkt von der Bewahranstalt Kramsach-Mariatal der Barmherzigen Schwestern zu ihrer Ermordung ins Schloss Hartheim. Fast ein Jahr nach dem offiziellen Ende dieses zentralen Krankenmordes unter dem Decknamen „Aktion T4" transportierten die NS-Machthaber Ende August 1942, höchstwahrscheinlich auf Drängen von Dr. Hans Czermak, Leiter der Abteilung III für „Volkspflege" beim Reichsstatthalter im Gau Tirol-Vorarlberg, weitere 60 PatientInnen von der Heil- und Pflegeanstalt Hall nach Oberösterreich; dieses Mal in die Heil- und Pflegeanstalt Niedernhart bei Linz, wo die Menschen mit überdosierten Medikamenten getötet wurden. Insgesamt kamen 502 Tiroler und Tirolerinnen mit psychischen Krankheiten, Behinderungen und abweichendem Verhalten während der Mordaktionen der NS-Euthanasie zu Tode.[486]

InitiatorInnen des Mahnmals: Das Objekt erinnert an die Menschen mit psychischen Krankheiten sowie geistigen und körperlichen Behinderungen, die im Nationalsozialismus als „unwertes Leben" getötet wurden. Es stellt die Frage, wie die heutige Gesellschaft dieser Gruppe gegenübertritt und warnt vor den Folgen des Verlustes ethischer Normen in der Medizin. Im Dezember 1995 regte Bischof Reinhold Stecher in einem Wortgottesdienst anlässlich einer Gedenkfeier für die Opfer

der NS-Euthanasie, veranstaltet von der Universitätsklinik für Psychiatrie mit der Medizinischen Fakultät der Universität Innsbruck und der Gesellschaft für psychische Gesundheit des Tiroler Landeskrankenhauses – Universitätskliniken Innsbruck, die Errichtung eines Denkmals an:

„(...) so gedenken wir jener Gruppe von Opfern der unmenschlichen Gewaltherrschaft, jener Opfer, für die es keine Bronzetafeln, keine Gedenksteine, keine heroischen Kriegsdenkmäler, ja kaum literarische Gedächtnisse gibt (...) ich würde aus ganzem Herzen wünschen, daß es irgendwo in unserem Land ein sichtbares Denkmal für diese Opfer gäbe."[487]

Hartmann Hinterhuber, Vorstand der Universitätsklinik für Psychiatrie in Innsbruck, der das erste Standardwerk zur NS-Euthanasie in Tirol und Südtirol schrieb, griff mit seinen Mitarbeitern die Idee auf. Besonders aktiv wurde Ullrich Meise, Geschäftsführer der Gesellschaft für psychische Gesundheit in Tirol und stellvertretender Vorstand der Universitätsklinik für Psychiatrie; eine Bausteinaktion sorgte für die nötigen finanziellen Mittel. Der Psychiater Johann Feilacher, Leiter des „Hauses der Künstler" in Maria Gugging, Klosterneuburg, schlug vor, die Zeichnung „Stehende und gebeugte Menschen" von Oswald Tschirtner als Modell zu nehmen. So wurde durch die Errichtung des Denkmals, umgesetzt von Florian und Gregor Unterrainer in der Schmiede Infeld in Kitzbühel, das erste plastische Werk des Künstlers realisiert. Oswald Tschirtner, geboren 1920, litt nach seinem Kriegseinsatz und seiner Gefangenschaft in Frankreich an psychischen Problemen. Ab 1954 befand er sich ständig in der Nervenklinik Gugging, wo er von 1981 bis zu seinem Tod 2007 im „Haus der Künstler" lebte. Ab 1970 stellte Tschirtner als national und später auch als international bekannter Künstler der Art brut im In- und Ausland aus, seine Werke sind in bedeutenden Sammlungen und Museen vertreten. Tschirtner war tiefgläubig und entwickelte einen Stil, der von der Darstellung von „Kopffüßern" ausging:

„Tschirtners ‚Menschen' sind allen Schmuckes entkleidet, weder Gewand noch Geschlecht sind diesen Menschendarstellungen, seinen ‚Kopffüßern', zu entnehmen. Er schuf eine menschliche Figur, die in ihrer Verlängerung ‚im weißen Feld der Blätter gegen den Himmel strebte."[488]

Foto Selina Mittermeier

Herbert Weissenböck, Vorstandsdirektor der Tiroler Landeskrankenanstalten (TILAK, nunmehr tirol kliniken), ermöglichte die Aufstellung des Denkmals im Gelände des Tiroler Landeskrankenhauses in Innsbruck. Am 26. Juni 1997 luden die Leopold-Franzens-Universität Innsbruck, die Medizinische Fakultät Innsbruck, die Universitäts-Klinik für Psychiatrie Innsbruck, die Tiroler Landeskrankenanstalten und die Gesellschaft für psychische Gesundheit Tirol zur Einweihungsfeier.

Die Reden hielten Hartmann Hinterhuber, Vorstand der Innsbrucker Psychiatrie, und Universitätsrektor Christian Smekal, der unterstrich, dass die Universität eine Mitschuld an den Verbrechen habe. Bischof Reinhold Stecher weihte das Mahnmal ein, das die „stumme, hilflose Klage der Opfer" vermittle, die sich nicht artikulieren konnten und ein „Grenzstein der Ehrfurcht vor dem Leben" sei.[489]   ◾

Mahnmal für die vertriebenen Angehörigen der Medizinischen Fakultät auf dem Gelände des Landeskrankenhauses – Universitätskliniken, Südwestecke des Gebäudes der Hautklinik

Auf Betreiben der Medizinischen Universität Innsbruck und der Tiroler Landeskrankenanstalten (nun tirol kliniken) entstand ein Mahnmal zum Gedenken an die ab

März 1938 ausgegrenzten, vertriebenen und ermordeten ProfessorInnen, Ärzte, Ärztinnen und Studierende der Medizinischen Fakultät. Die Einweihung fand am 9. November 2008 durch Universitätspfarrer Bernhard Hippler und Oberrabbiner Paul Chaim Eisenberg statt, nachdem Landtagspräsident Herwig van Staa (ÖVP) den Festakt eröffnet hatte. Rektor-Stellvertreter Manfred P. Dierich, die Vorsitzende des Universitätsrates Gabriele Fischer, die Präsidentin der Israelitischen Kultus-

Ausgegrenzt – Vertrieben – Ermordet 1938-1945. Im Gedenken an die PROFESSOREN, ÄRZTINNEN und STUDENTINNEN der Medizinischen Fakultät Innsbruck.
Mahnmal „Vertriebene Vernunft" der israelischen Künstlerin Dvora Barzilai aus dem Jahr 2008 mit Skulptur der fünf Bücher Moses in Bronze und einem Aphorismus des chassidischen Rabbis Nahman von Bratzlav, Ukraine, auf Deutsch, Englisch und Hebräisch (Fotos Horst Schreiber)

gemeinde für Tirol und Vorarlberg Esther Fritsch und TILAK-Vorstand Andreas Steiner hielten Ansprachen. Dierich unterstrich die langjährige Tradition des Antisemitismus an der Universität. Der ehemalige Chefredakteur der Jerusalem Post Ari Rath ging in seiner Rede auf Biografien von Studierenden und Professoren ein. Als informative Ergänzung des Mahnmals dient eine Internet-Porträtserie der beiden Universitäten über ihre in der NS-Zeit verfolgten Mitglieder: „1938–2008: Vertriebene Wissenschaft“.[490] ▪

Gedenktafel für Alois Lechner im Stadtpolizeikommando Innsbruck, Kaiserjägerstraße 8

Tafel im ersten Stock des Stadtpolizeikommandos
(Foto Horst Schreiber)

„Den Opfern der Pflicht“ gewidmet ist eine Gedenktafel im Stadtpolizeikommando Innsbruck, die Namen von Polizisten mit Sterbedaten zwischen 1934 und 1944 anführt. Eine weitere Tafel nennt vier Namen, die 1944/45 und 1968 gestorben sind. Eine Anfrage an das Archiv des Polizeikommandos und das Innenministerium ergab, dass keine Unterlagen mehr vorhanden sind, die klären könnten, wann die Tafel errichtet wurde und wer die Menschen sind, deren die Polizei gedenken möchte.

Bei den auf den Tafeln Verewigten handelt es sich vorwiegend um Polizisten, die als Wehrmachtsangehörige ums Leben kamen.[491] Franz Hickl war Kommandant der Städtischen Sicherheitswache des autoritären

„Ständestaates" und wurde im Gefolge des NS-Putsches am 25. Juli 1934 in Innsbruck erschossen. Alois Stauder war nach der Verfolgung eines des Einbruchs Verdächtigen in der Früh des 16. Juli 1936 nahe dem Innrain mit einer Einschusswunde im Rücken bewusstlos aufgefunden worden. Er erlag kurze Zeit darauf bei der Operation seinen Verletzungen.[492]

Einer der Polizisten ist Opfer des Nationalsozialismus: Alois Lechner, geboren am 2. August 1893 in Innsbruck, gehört zum Kreis jener Exekutivbeamten, die in den Augen der neuen Machthaber zu engagiert gegen die illegale NS-Bewegung vor 1938 vorgegangen waren und deshalb am 30. Mai 1938 mit dem ersten Transport ins KZ Dachau transportiert wurden. Wie die Überstellung ins Lager vor sich ging, ist dem Bericht eines Mithäftlings von Lechner zu entnehmen:

„Am 30. Mai früh wurde ich geholt und zur Einlieferung nach Dachau mit 60 Leidensgenossen bereitgestellt. SS lieferte uns in das Polizeigefängnis, von wo wir zu Fuß zum Bahnhof geführt wurden. Die Innsbrucker Nazi wussten davon, gafften uns höhnisch an und zückten ihre Kamera, um diese Genugtuung festzuhalten. (...) Wir wurden in einen Wagen dritter Klasse geführt. Die Rollvorhänge waren herabgelassen. Wir mußten uns nebeneinander setzen, die Hände auf die Knie legen und die Augen auf die Lampe an der Decke richten. Sprechen durften wir nicht. Rührte sich einer, so erhielt er einen Schlag ins Gesicht."[493]

Am 28. September 1939 deportierte die SS Alois Lechner ins KZ Mauthausen, wo er am 19. Februar 1940 angeblich an einer Grippeerkrankung verbunden mit Herz- und Kreislaufschwäche starb.[494] Nach Aussagen seiner Frau war er zu Tode geprügelt worden.[495]

Die Gedenktafel im Stadtpolizeikommando macht keinen Unterschied zwischen NS-Opfern wie Lechner und Gefallenen des Krieges. Einen Hinweis auf seine Deportation ins KZ sucht man vergeblich. Alois Lechner liegt im Innsbrucker Soldatenfriedhof Tummelplatz begraben,[496] nahe von Gräbern Angehöriger der SS, einer verbrecherischen Organisation, die Lechner in die Konzentrationslager geschickt hatte und für dessen gewaltsamen Tod verantwortlich ist. ■

Gedenktafeln für Robert Moser und zum Standort der Gestapo an der Mauer der Landesbaudirektion, Herrengasse 1

Robert Moser, geboren am 19. Mai 1903 in Innsbruck, war Radiohändler und stellte der sich im April 1945 formierenden überparteilichen Widerstandsbewegung in Innsbruck seine Geschäftsräume zur Verfügung. Er nahm auch den amerikanischen Agenten Fred Mayer in seinen Betrieb auf und tarnte ihn als französischen Zwangsarbeiter. Als die Gestapo zahlreiche Innsbrucker Mitglieder der Widerstandsbewegung verhaftete, vermutete sie in Moser offenbar einen Anführer. Beim Verhör, in dem Moser nach dem Aufenthaltsort Mayers gefragt wurde, schlugen ihn die Gestapo-Männer mit einer Lederpeitsche und dem Ochsenziemer. Ein Mitgefangener Mosers berichtete, dass dessen „Rücken mit dem Hemd eine blutige Masse bildete". Die schweren Misshandlungen in den Tagen nach seiner Festnahme in der Nacht vom 18. auf den 19. April führten dazu, dass Robert Moser am 23. April 1945 in der Haft verstarb.[497]

Die Geheime Staatspolizei (Gestapo) war die politische Polizei des Dritten Reiches und hatte die Machtbefugnis, ohne richterlichen Entscheid Hausdurchsuchungen vorzunehmen, Menschen zu verhaften, sie zu verhören, zu foltern und in Arbeitserziehungs-, Konzentrations- und Vernichtungslager zu verschicken.

Im März 1938 befand sich die Gestapo in der Bienerstraße 8, ab 11. Mai 1939 war die Zentrale der Innsbrucker Gestapostelle für den Verwaltungsbereich Tirol (ohne den Bezirk Lienz) und Vorarlberg in der Herrengasse 1, wo sie auch bis Mai 1945 blieb. Die Gestapostelle Innsbruck gliederte sich bis zum Jahre 1944 in drei Abteilungen mit zahlreichen Unterabteilungen. Es gab auch ein selbstständiges N(achrichten)-Referat. Die Abteilung I war für Personal- und Wirtschaftsangelegenheiten zuständig. Die Abteilung II war der exekutive und polizeiliche Kern der Gestapostelle. Die Abteilung III diente der (Spionage-)Abwehr und der grenzpolizeilichen Aufsicht. Zu Beginn des Jahres 1944 wurden die Abteilungen II und III zu einer Abteilung IV (Exekutivdienst) zusammengelegt.

Die zahlreichen Leiter der Innsbrucker Gestapostelle stammten bis auf Max Nedwed aus Deutschland: Dr. Wilhelm Harster: März 1938 bis 1939; Dr. Forstner

Robert Moser
(Foto Tiroler
Landesarchiv)

und Dr. Leopold Spann: 1939; Dr. Wilhelm Müller: Februar 1940 bis Mitte 1940; Werner Hilliges: Mitte 1940 bis Mitte 1941; Adolf Hoffmann: Mitte 1941 bis Ende 1942; Werner Hilliges: Ende 1942 bis Mai 1944; Rudolf Thyrolf (Vertretung): ca. ab Juni 1943 bis Herbst 1943; Friedrich Busch (Vertretung): Herbst 1943 bis Oktober 1944; Dr. Max Nedwed: ab Oktober 1944.

In der Gestapostelle Innsbruck arbeiteten unter Einschluss der Grenzkommissariate Brenner und Bregenz, des Schillerhofs in Mühlau, einem Ausweichquartier für Teile der Karteien nach den Bombenangriffen im Dezember 1943, und der Verwaltung des „Arbeitserziehungslagers" Reichenau (10 Personen) zwischen 210 und 230 Männer und Frauen. In der Herrengasse, dem Sitz der Stapostelle, dürften etwas über 100 Personen gearbeitet haben. Von den 125 Personen der Gestapostelle Innsbruck mit den Dienststellen Herrengasse, Schillerhof und Lager Reichenau hatten Ende 1944 50 den Status eines Beamten und 16 den von Angestellten, der Rest war Hilfspersonal (Fahrer, Dolmetscher, Telefonistinnen, weibliche Schreibkräfte), darunter rund 50 Frauen, die vom Arbeitsamt zugeteilt worden waren. Etwas mehr als ein Drittel waren „Reichsdeutsche", das Gros kam aus Österreich, vorwiegend aus Tirol.

Die Gestapo nahm den gesamten ersten Stock des Amtsgebäudes Herrengasse für ihre Büros ein. Zusätzlich zu diesen Zimmern besetzte die Gestapo zwei Büros im Parterre des Eingangsbereiches und im 4. Stock. Weiters war in diesem Gebäude neben der Gestapo

auch der Sicherheitsdienst (SD) des Reichsführer-SS untergebracht.

Das Gebäude Herrengasse 1 war durch einen Zugang mit einem 1944 geschaffenen Gefängnistrakt an der Herzog-Otto-Straße verbunden. Dorthin wurden die Häftlinge während der Verhörpausen gebracht, auch jene, die nicht mehr transportfähig waren. Bis auf eine Zelle wurden alle nach Kriegsende abgerissen.[498]

InitiatorInnen der Gedenktafel: Doris Linser, Gemeinderätin der Grünen, stellte am 20. November 1995 im Innsbrucker Gemeinderat den Antrag, eine Gedenktafel am Haus Herrengasse 1, dem ehemaligen Sitz der Gestapo, anzubringen, wo zu diesem Zeitpunkt die Landesbaudirektion untergebracht war; vormals befand sich dort das Tiroler Landesarchiv. Der Innsbrucker Stadtsenat kam diesem Ansinnen am 27. März 1996 nach und beauftragte den Stadtarchivar Franz-Heinz Hye mit einem Gestaltungsentwurf. Dieser nannte den Kommandanten der Städtischen Sicherheitswache des autoritären „Ständestaates" Franz Hickl „erstes Opfer der Nationalsozialisten". SS-Scharführer Friedrich Wurnig hatte ihn am 25. Juli 1934 mit vier Schüssen am Eingang der Herrengasse 1, wo sich das Polizeikommissariat befand, niedergestreckt. Diesen ersten Entwurf lehnten die NS-Opferverbände ab, da Hickl Repräsentant einer Diktatur war und der inhaltliche Zusammenhang zwischen der Ermordung Hickls und dem Terror der Gestapo nicht gegeben war. Daraufhin einigten sich die Stadt Innsbruck und die Opferverbände auf folgenden Tafeltext, der dem Stadtsenat am 25. Juni 1997 vorgelegt wurde:

> „In Memoriam
> In diesem Haus befand sich in der Zeit der nationalsozialistischen Herrschaft der Sitz der Geheimen Staatspolizei (GESTAPO). Viele Mitbürgerinnen und Mitbürger wurden hier aus politischen, religiösen oder rassistischen Gründen verfolgt, gefoltert und ermordet. In Trauer und zur Erinnerung: Die Stadtgemeinde Innsbruck."[499]

Landeshauptmann Wendelin Weingartner (ÖVP) sprach sich gegen diesen Text aus. Am 5. Mai 1998 brachte die antifaschistische Plattform „Adele Obermayr" eine pro-

Gedenktafel für
Robert Moser aus
dem Jahr 1998
(Foto Selina
Mittermeier)

Historische
Hinweistafel aus
dem Jahr 1999
(Foto Horst
Schreiber)

visorische Gedenktafel am Haus in der Herrengasse an. Schließlich beauftragte der Landeshauptmann Wilfried Beimrohr vom Tiroler Landesarchiv nach Beschlussfassung im Landtag damit, die Tätigkeit der Gestapo anhand der wenigen noch im Archiv lagernden Akten zu untersuchen. Eine Erforschung der Gestapo auf breiter Quellenbasis, die das Land Tirol finanzieren wollte, wurde medial angekündigt, blieb aber letztendlich aus. In der Folge kam es zu einer öffentlichen Auseinandersetzung zwischen Landeshauptmann Weingartner und dem Innsbrucker Bürgermeister Herwig van Staa (Für Innsbruck). Obwohl im Rechts- und Gemeindeausschuss des Tiroler Landtages vereinbart worden war, dass der neue Text zwischen Land Tirol und Stadt Innsbruck abgestimmt werden sollte, ließ Weingartner Ende Juni 1998 an der Außenmauer des Hauses des ehemaligen Gestapo-Hauptquartiers in der Herrengasse eine Gedenktafel anbringen, die nur mehr mit „Das Land Tirol" unterzeichnet war. Der Text nannte stellvertretend für „alle Opfer des nationalsozialistischen Terrors" den am 23. April 1945 von der Gestapo „in diesem Haus" zu Tode gefolterten Widerstandskämpfer Robert Moser. Ein Hinweis darauf, dass dort zwischen 1939 und 1945 die Zentrale der Gestapo für den Gau Tirol-Vorarlberg untergebracht war, fehlte. Der Landeshauptmann vertrat die Ansicht, dass der Sitz der Landesbaudirektion nicht als „Gestapo-Haus" gebrandmarkt werden sollte. „Für Weingartner war der ‚unnötige Tafelstreit' damit beendet, ihm sei es immer nur darum gegangen, daß der Text den historischen Fakten entsprechen müsse", berichtete Der Standard, dem Wilfried Beimrohr erklärte,

„daß nach seinen Recherchen im Auftrag Weingartners Robert Moser das einzige nachweisbare Todesopfer der Gestapofolterungen innerhalb dieser Zentrale sei. Der nunmehrige Tafeltext gehe auf einen Entwurf des Landesarchivs zurück, wobei Beimrohr bedauert, daß ein Hinweis auf die Rolle der Gestapo, deren Willkür unzählige Menschen das Leben gekostet habe, gekürzt worden sei."[500]

Nach heftiger Kritik von Bürgermeister Herwig van Staa, den Grünen, der antifaschistischen Plattform „Adele Obermayr",[501] von NS-Opfern und den NS-Opferverbänden[502] entschuldigte sich Landeshauptmann Weingartner für „missverständliche Botschaften". Sein Ziel wäre die Formulierung eines historisch korrekten Tafeltextes gewesen. Er spielte darauf an, dass zwar in der Innsbrucker Gestapozentrale gefoltert wurde, die Morde in der Regel aber im Arbeitserziehungslager Reichenau und vor allem in verschiedenen Konzentrationslagern erfolgten, wohin die Gestapo ihre Opfer transportieren ließ. Der Tiroler Landtag erteilte Weingartner den Auftrag, mit NS-Opfern einen gemeinsamen Text zu erarbeiten. Der Landeshauptmann, Heinz Mayer, Präsident des „Bundes der Opfer des politischen Freiheitskampfes in Tirol", und Ludwig Steiner, Widerstandskämpfer wie Mayer und ehemaliger Spitzenpolitiker der ÖVP, einigten sich auf die Formulierung: „Von 1939 bis 1945 war dieses Gebäude Sitz der Geheimen Staatspolizei (GESTAPO). Für viele, die hier verhört und gefoltert wurden, begann damit der Weg in die Konzentrations- und Vernichtungslager."[503] Allerdings blieb die umstrittene Bronzetafel hängen und wurde nicht durch eine Gedenktafel mit diesem Text ersetzt, wie Mayer es wollte. Im Frühjahr 1999 erfolgte eine Neufassung der „Historischen Hinweistafel", die sich nahe der bronzenen Gedenktafel befindet und die Geschichte des Gebäudes der Alten Universität in der Herrengasse erzählt. Der Text, auf den sich Weingartner, Mayer und Steiner geeinigt hatten, diente als Ergänzung der Hinweistafel. Offizielle Einweihungsfeierlichkeiten gab es keine.[504] ▪

Installation „Marionettenjustiz" im Landesgericht Innsbruck, Maximilianstraße 4

Klaus Schröder, Präsident des Oberlandesgerichtes Innsbruck, setzte sich für eine Aufarbeitung der NS-Justiz in Tirol und Vorarlberg ein, speziell was die Rolle von Justizangehörigen während und nach der Zeit des Nationalsozialismus betrifft. Er beauftragte das Institut für Zeitgeschichte der Universität Innsbruck mit dieser Forschung. Am 20. November 2015 fand im Schwurgerichtssaal des Landesgerichts Innsbruck das Symposium „Täter – Richter – Opfer, Tirol und Vorarlberg unter dem Hakenkreuz" statt, auf dem die Ergebnisse präsentiert wurden. Zuvor hatte Schröder einen Schulwettbewerb zur Errichtung einer Gedenkstätte für die Opfer der NS-Justiz in Tirol und Vorarlberg im Landesgericht Innsbruck ausgelobt, aus dem das Projekt der Schülerinnen Anna Braunstorfer, Sarah Eberharter und

Amalia Kiechler der HTL Bau und Design, Innsbruck, Trenkwalderstraße als Sieger hervorging. Die Entscheidung bei der Auswahl der Einreichungen hatten am 3. Juni 2015 Schröder, Michael Schnell, Richter am Landesgericht Innsbruck, und Sieglinde Hirn von der Tiroler Künstlerschaft vorgenommen.

Justizminister Wolfgang Brandstetter, der Oberlandesgerichtspräsident und Landtagspräsident Herwig van Staa (ÖVP) enthüllten vor Beginn des Symposiums am 20. November 2015 die Installation. Sie setzt sich aus fünf Marionettenkreuzen in Nirosta zusammen, die mit Stahlseilen am Boden verankert sind. Die Bodenplatte ist aus einem Stahl gefertigt, der an der Oberfläche rostet. Sie versinnbildlicht die Vergänglichkeit und die verstrichene Zeit. Auf aufgestellten Glasplatten thematisieren Begriffe wie Macht, Urteil, Unrecht etc. den Themenkomplex Täter – Richter – Opfer.[505] ▪

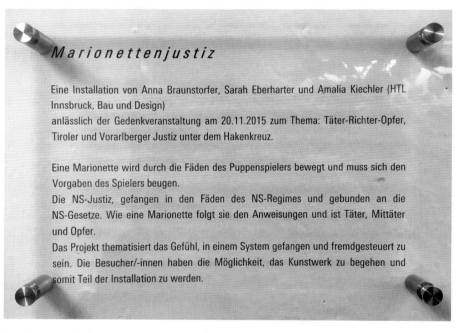

Installation und Informationstafel mit den Überlegungen der Schülerinnen. Auf den Glasplatten sind die Begriffe Macht, Richter, Urteil, Täter, Opfer, Unrecht, Widerstand, Tat, Recht, Motiv, Justiz, Geständnis zu lesen. (Fotos Selina Mittermeier)

Gedenktafel für Johann Orszag im Ferienheim der Kinderfreunde auf der Hungerburg, Gramartstraße 7

Johann Orszag wurde am 8. November 1880 in Pressburg (Bratislava) geboren, heimatzuständig war er nach Lučenec, einer Stadt in der heutigen Slowakei. Er absolvierte eine Buchdruckerlehre und ging anschließend „auf die Walz". Im Jahre 1900 scheint er als Mitglied des Bozner Buchdruckervereins auf, einer Interessensvertretung, die Vorläufer der Gewerkschaft war. 1905 war er bereits als Obmann tätig, ein Jahr später wurde er wegen seines Einsatzes entlassen. In Bozen, wo er sich für die Sozialdemokratie engagierte, machte er die Bekanntschaft seines Förderers Simon Abram.

1906 übersiedelte Orszag nach Innsbruck, wo er als Vorsitzender der Tiroler Gewerkschaftsbewegung arbeitete, maßgeblich an der Gründung des ersten „Fortbildungsvereines für Frauen und Mädchen" in Innsbruck beteiligt war und der bedeutendste Organisator des sozialdemokratischen Pressewesens in Tirol wurde. 1909 konnte die Volkszeitung drei Mal wöchentlich erscheinen, ab April 1911 täglich. Ebenfalls im Jahr 1909 übernahm Orszag zwei Jahre lang die Funktion eines Landesparteisekretärs der Tiroler Sozialdemokratie. 1910 richtete er gemeinsam mit Simon Abram eine eigene Parteidruckerei im Parteiheim Mentlgasse ein. 1912 gründete Orszag die Volks- und Märchenbühne Innsbruck,[506] die schließlich im Kinderfreundeheim Leopoldstraße 42 eine große und technisch moderne Bühne erhielt. Orszag war Spielleiter und schrieb Theaterstücke. Zur Linderung der Not der Arbeiterkinder im Ersten Weltkrieg hob er am 7. Dezember 1917 mit Abram die sozialdemokratische Organisation Kinderfreunde aus der Taufe. Im Februar 1918 konnte das Kinderfreundeheim auf der Hungerburg eröffnet werden, Ende November 1920 das bereits erwähnte Heim in der Leopoldstraße. Damit verfügten die Kinderfreunde als „Erziehungsorganisation des Proletariats" über eine geeignete Infrastruktur, um sozialistische Bildungsarbeit und reformpädagogische Ideen in die Tat umzusetzen. Vor allem aber konnten Kinder und Jugendliche aus Arbeiterfamilien zur Unterstützung berufstätiger Mütter in Kinderhorten untergebracht werden, Erholungsferien genießen und zusätzliche Verpflegung erhalten.

Johann Orszag in den 1920er Jahren (Foto Rosi Hirschegger)

Johann Orszag war auch am Aufbau des Genossenschaftswesens in Tirol beteiligt, so als Vorstandsmitglied des „Arbeiter-Konsumvereines" für Innsbruck und Umgebung sowie seit Kriegsbeginn als kaufmännischer Direktor der Ersten Tiroler Arbeiterbäckerei (ETAB), wo er nach dem Abgang Abrams nach Salzburg 1924 die alleinige Verantwortung im Betrieb übernahm. Orszag modernisierte die Fabrik und lieferte schließlich in alle Bezirke Tirols mit Ausnahme von Lienz aus.

Nach den Februarkämpfen 1934 wurde er seines Postens enthoben, aber wegen seiner Sachkompetenz als stellvertretender Leiter wieder aufgenommen. Im Geheimen hielt er für ehemalige Mitglieder der „Arbeiterjugend" Vorträge über Volkswirtschaftslehre.

Am 21. Mai 1938 erhängte sich Johann Orszag am Dachboden der ETAB, nachdem ihn ein ehemaliger Mitarbeiter und illegaler Nationalsozialist wegen des falschen Vorwurfs finanzieller Unregelmäßigkeiten angezeigt hatte.[507]

InitiatorInnen der Gedenktafel: Im Gedenkjahr 1988, in dem sich der 50. Todestag von Johann Orszag jährte, enthüllten die Kinderfreunde Tirol und der „Bund der Sozialistischen Freiheitskämpfer" am 11. Juni 1988 im Ferienheim der Kinderfreunde auf der Hungerburg eine Gedenktafel. Der Obmann der Freiheitskämpfer, Landtagsabgeordneter Ferdinand Kaiser, betonte, dass er als ehemaliger Angehöriger der Sozialistischen Arbeiterjugend Johann Orszag in Vorträgen und Seminaren als „Lehrer und Vorbild sozialistischer Ideale und Vermittler theoretischer Kenntnisse des Marxismus" erlebt hatte. Aus dieser Jugend hätten sich die Kader der Revolutionären Sozialisten entwickelt, die gegen Austrofaschismus und Nationalsozialismus im Widerstand waren. Mit der Anbringung der Erinnerungstafel wollten die Sozialistischen Freiheitskämpfer und die Kinderfreunde danken „für alles, was Gen. Johann Orszag für die Partei und ihre Jugend, für den Sozialismus getan hat und dafür gestorben ist."[508] In seinem mündlichen Bericht über die Tätigkeit des Bundes der Sozialistischen Freiheitskämpfer über die Jahre 1986/87 unterstrich Kaiser, die Tafel für Johann Orszag „soll uns auch

Mahner sein, das marxistische Gedankengut in unserer Sozialistischen Partei nicht dem Sachdenken zu opfern. Wir wollen mit unserer Tätigkeit ein Mahner gegen Sozialismusmüdigkeit in unseren Reihen sein."[509]

Die finanziellen Kosten waren „zu unserer eigenen Verwunderung", so die Kinderfreunde, durch Subventionen der Stadt Innsbruck und des Landes Tirol in der Höhe von 20.000 Schilling gedeckt. Daher konnten die Spenden der Freiheitskämpfer Hans Ebenberger (5.000 Schilling) und Hermann Innerlohinger (2.000 Schilling) für die Errichtung eines Gedenksteins mit Erinnerungstafel für den in der NS-Zeit ermordeten Widerstandskämpfer Konrad Tiefenthaler verwendet werden.[510] ∎

Gedenktafel für Johann Orszag aus dem Jahr 1988 (Foto Kinderfreunde Tirol)

Gedenktafel für das ehemalige Johann-Orszag-Kinder- und Jugendheim an der Eingangstür der Kinderfreunde-Krippe in der Dr.-Karl-von-Grabmeyer-Straße 4 (Cineplexx)

Die Kinderfreunde Tirol und die Sozialdemokratischen FreiheitskämpferInnen Tirol hielten unter ihren Vorsitzenden Simon Grießenböck und Helmut Muigg gemeinsam mit der Innsbrucker Bildungsstadträtin Elisabeth Mayr (SPÖ) im Gedenken an den 80. Todestag von Johann Orszag am 5. September 2018 eine Gedenkfeier ab, in deren Rahmen die Gedenktafel angebracht wurde. Im Leopoldheim (Johann-Orszag-Heim) erhielten Arbeiterkinder warme Mahlzeiten und eine Betreuung nach reformpädagogischen Richtlinien im Rahmen sozialistischer Bildungsarbeit.[511]

Eingangstüre des Kindergartens der Kinderfreunde (Foto Horst Schreiber), wo die Gedenktafel für Johann Orszag (Foto Dietmar Höpfl) angebracht ist.

An dieser Stelle stand von 1920 bis 1970 das Johann-Orszag-Heim, ein Kinder- und Jugendheim, der Kinderfreunde.

Im Gedenken an
JOHANN ORSZAG
Geboren am 8.11.1880, von den Nationalsozialisten in den Tod getrieben am 21.5.1938

Mitbegründer der SPÖ Freie(n) Schule Kinderfreunde Tirol, bedeutender Genossenschafter und Gewerkschafter, Sozialdemokrat und Marxist, Freund, Erzieher und Förderer der Jugend in Tirol

NIEMALS VERGESSEN! WEHRET DEN ANFÄNGEN!

1934 - 1945

Bund Sozialdemokratische FreiheitskämpferInnen, Opfer des Faschismus und aktiver AntifaschistInnen

Gedenkstein mit Erinnerungstafel für Konrad Tiefenthaler am Vorplatz der Bundesbahndirektion, Claudiastraße 2

Konrad Tiefenthaler kam am 26. November 1897 in Nenzing zur Welt. Er wuchs in einer armen, kinderreichen Kleinbauernfamilie in Nüziders auf. Nach dem Besuch der Volksschule arbeitete er bei der Reichsbahn in Bludenz, Mitte der 1920er Jahre wurde er nach Innsbruck versetzt. Von Anfang an engagierte sich Tiefenthaler in der Sozialdemokratischen Arbeiterpartei und vor allem in der Gewerkschaft, zuletzt als Obmann der Personalvertretung für Tirol und Landessekretär.

In der austrofaschistischen Diktatur wurde er 1934 zwangspensioniert und acht Tage lang im Innsbrucker Landesgerichtlichen Gefängnis inhaftiert. Danach

Konrad Tiefenthaler
(Foto Andreas Weissbriacher)

Gedenktafel für Konrad Tiefenthaler auf einem Stein am Vorplatz der Bahndirektion (Foto Selina Mittermeier)

fand er Beschäftigung in der Konsumgenossenschaft in Innsbruck. Tiefenthaler und seine Frau Anna betätigten sich als Funktionäre innerhalb der illegalen Revolutionären Sozialisten. Nach 1938 existierten Kontakte zu Eisenbahnern in Salzburg und Wien, aber auch nach Deutschland und in die Schweiz. Am 17. Dezember 1938 bewarb sich Tiefenthaler um den Beitritt in die NSDAP, mit 1. März 1940 wurde er aufgenommen. Gleichzeitig arbeitete er weiterhin für den Widerstand und betätigte sich in Innsbruck verstärkt im Netzwerk der Gruppe „Neu Beginnen" des bayrischen Sozialdemokraten Waldemar von Knöringen. Am 2. Juli 1942 nahm die Gestapo Konrad Tiefenthaler in Schutzhaft, am 31. Juli überstellte sie ihn ins Gefängnis des Landesgerichts. Schließlich kam er „wegen fortschreitender allgemeiner Schwäche" in die Zelle der Krankenstation, wo er sich am 6. August 1942 erhängte. Für die Gestapo war Konrad Tiefenthaler der einzige in der Widerstandsgruppe, „der die notwendigen Fähigkeiten und Eigenschaften besessen hat, der im Ernstfalle als irgendein Führer in Betracht gekommen wäre. Er war in seiner politischen Einstellung ein fanatischer und verbohrter Gegner des Nationalsozialismus."[512]

Initiatorin der Erinnerungstafel: Anlässlich des Gedenkjahres zu 50 Jahre Machtübernahme der NSDAP in Österreich veranlasste die Sozialistische Eisenbahnergewerkschaft mit Unterstützung der SPÖ und auf Initiative des „Bundes Sozialistischer Freiheitskämpfer und Opfer des Faschismus" Tirol die Errichtung einer

Vizepräsident der Bundesbahndirektion Innsbruck Adolf Sollath und Gertrud Tiefenthaler, die Tochter von Konrad Tiefenthaler, bei der Enthüllung der Tafel, die zuerst beim Haupteingang angebracht wurde. (Foto TT, 27.12.1988, S. 5)

Gedenktafel an der Außenwand der Bundesbahndirektion, stellvertretend für jene Bediensteten der Bundesbahndirektion, die der NS-Herrschaft zum Opfer fielen. Einer der Initiatoren war der damalige Vizepräsident der Bundesbahndirektion Innsbruck, Adolf Sollath.[513] Die feierliche Enthüllung fand am 22. Dezember 1988 in Anwesenheit von Vizebürgermeister Ferdinand Obenfeldner (SPÖ) und Herbert Salcher (SPÖ), ehemaliger Landeshauptmannstellvertreter, Gesundheits- und Finanzminister, statt.[514] Den Vorplatz der Bundesbahndirektion als Ort für die Errichtung des Gedenksteins mit der Tafel hatte Vizepräsident Sollath ausgesucht.[515] ■

Adele-Obermayr-Straße

Adele Obermayr wurde am 10. März 1894 als Adelheid Husch in Schärding in eine Arbeiterfamilie hineingeboren, im Kleinkindalter übersiedelte sie mit ihren Eltern nach Innsbruck-Hötting. Nach einer Lehre als Verkäuferin zog sie nach Kitzbühel und arbeitete als Apothekenhilfe. 1916 trat Adele Obermayr der Sozialdemokratischen Partei bei, nach den Wahlen von 1918 zog sie in den Gemeinderat von Kitzbühel ein. Doch kurz darauf musste sie beruflich nach Landeck übersiedeln, wo sie ihren Mann Alois kennenlernte, mit dem sie 1920 nach Mühlau zog. Sie wirkte in zahlreichen Funktionen für die Partei, etwa als Gemeinderätin in Mühlau, in der Landesparteivertretung, als Vorsitzende des Frauenlandeskomitees und von 1929 bis 1934 als Landtagsabgeordnete. Sie setzte sich ein für Bildung, Rechte und soziale Absicherung von Frauen und ArbeiterInnen. Nach dem Verbot der Sozialdemokratischen Partei 1934 leistete sie Widerstand, erst gegen den austrofaschistischen Ständestaat, dann gegen den Nationalsozialismus. In der Gruppe „Roby" des deutschen Kommunisten Robert Uhrig wirkte sie federführend beim Aufbau eines Stützpunktes in Innsbruck mit. 1942 flog die Gruppe auf. Nach eigenen Angaben verbrachte sie ab dem 30. Mai 1942 bis Ende des Krieges ihre Haft in 18 Gefängnissen. Ab 21. Jänner 1943 war sie zwei Jahre im Frauenkonzentrationslager Ravensbrück interniert, dort musste sie medizinische Versuche über sich ergehen lassen. Wegen „Beihilfe zum Hochverrat" wurde sie am 14. April 1944 zu sechs Jahren Zuchthaus in Innsbruck verurteilt, wo sie auch ihre Befreiung erlebte.

Trotz massiver gesundheitlicher Beeinträchtigungen scheint Adele Obermayr bereits im Sommer 1945 als Mitglied der provisorischen Landesregierung auf – als einzige Frau. Von 1945 bis 1953 war sie sozialistische Abgeordnete zum Tiroler Landtag und dann bis 1961 im Bundesrat in Wien. Zu Lebzeiten erhielt sie das Ehrenzeichen des Landes Tirol, das Ehrenzeichen für die Verdienste um die Republik Österreich erst posthum. Als eine der zentralen Frauen und Persönlichkeiten der sozialdemokratischen Bewegung Tirols starb Adele Obermayr am 19. Mai 1972 in Innsbruck.[516]

Adele Obermayr
(Foto Stadtarchiv
Innsbruck)

Adele Obermayr (1894–1972), Politikerin, Widerstandskämpferin. Sie war Gemeinderätin von Mühlau. Aufgrund ihrer Widerstandstätigkeit gegen das NS-Regime wurde sie im Konzentrationslager Ravensbrück interniert.

Fotos Horst Schreiber

Initiatorin der Straßenbenennung: Auf Antrag von Gemeinderätin Sigrid Marinell (SPÖ) beschloss der Innsbrucker Gemeinderat am 24. Mai 2007, die Straße, die in Pradl vom Sillufer ins neu bebaute Tivoli-Areal abzweigt, nach Adele Obermayr zu benennen.[517]

Gedenkstätte „Tor der Erinnerung" im Eingangsbereich des Parteihauses der SPÖ, Salurner Straße 2

Gedenktafel, die von 2005 bis 2016 im Foyer des SPÖ-Parteihauses angebracht waren. (Foto Helmut Muigg)

Der „Tiroler Bund Sozialdemokratischer Freiheits-kämpferInnen, Opfer des Faschismus und aktiver AntifaschistInnen" unter der Leitung ihres Vorsitzenden Helmut Muigg setzte sich für eine Gedenktafel im Parteihaus der SPÖ für politische Opfer des Nationalsozialismus und des spanischen Bürgerkriegs aus Tirol ein. Anlässlich des Gedenkens an die Februarkämpfe 1934 am 11. Februar 2005 enthüllten Muigg und der Parteivorsitzende Landeshauptmannstellvertreter Hannes Gschwentner nach der Kranzniederlegung am Mahnmal des ehemaligen Arbeitserziehungslagers Reichenau im Beisein zahlreicher PolitikerInnen der SPÖ eine Tafel für Opfer des Nationalsozialismus und eine weitere, die an die Februarkämpfe erinnerte („Nie wieder Demokratie mit Füßen treten"), sowie einen Hinweis an der Außenseite der Hausfassade knapp über dem Gehsteig: „Hier wurde die Demokratie mit Füßen getreten!"[518] Auf der Gedenktafel waren nicht nur WiderstandskämpferInnen im Nationalsozialismus (Axinger, das Ehepaar Brunner, Depaoli (falsch Depauli), Frank, Gruber, Mayer, Werndl) und Teilnehmer am Kampf gegen den Franco-Faschismus (Ellenbogen, Humer, Mager, Pils, Pollitzer-Retzer (nicht Retzer-Pollitzer), Seifert, Tafferner/Taferner) erwähnt, sondern mit Caldonazzi, Gapp, Hofer, Lechner, Mayr (richtig Mayer), Ortner, Paterno, Steiner und Wanner auch Geistliche, ein Wehrdienstverweigerer und ein Polizeibeamter des „Ständestaates" sowie Vertreter des konservativ-katholischen Widerstands, des monarchistisch-legitimistischen, des militärischen und des Widerstands Einzelner.

Karl Ellenbogen, geboren am 30. April 1917 in Innsbruck, lebte in Wien, von wo aus er in den spanischen Bürgerkrieg zog und 1937 in der Schlacht am Fluss Jarama fiel. Karl Mager, geboren am 1. November 1895, lebte in Dornbirn, 1934 wegen Sprengstoffbesitzes zu zweieinhalb Jahren Zuchthaus verurteilt und am 1. Mai 1935 begnadigt, reiste im Oktober 1936 nach Spanien, wo er am 28. November 1936 bei Madrid ums Leben kam. Franz Seifert, geboren am 12. September 1917 in Tirol, zog von einem unbekannten Ort aus Österreich nach Spanien und kam nach einer Verwundung im September 1937 in ein Krankenhaus. Dann

verlieren sich seine Spuren.[519] Kurt Pollitzer-Retzer, geboren am 11. Juni 1913 in Bozen, kämpfte in Spanien und kam am 23. September 1938 in der Serra de Cavalls um.[520] Die Angabe, dass ein Peter Taferner, geboren am 18. Oktober 1903 im Südtiroler Antholz, der in Eppan lebte und im Jänner 1938 in der Schlacht bei Teruel in Aragonien gefallen sein soll, konnten jüngste Forschungen nicht bestätigen.[521] Der ebenfalls auf der Tafel angeführte Otto Siegl, geboren am 6. November 1907 in Schwarzach-St. Veit, dürfte als Eisenbahner kurz in Innsbruck gearbeitet haben, lebte in Bludenz, wo er im Zuge der Februarkämpfe 1934 einige Zeit in Haft saß und dann als Revolutionärer Sozialist tätig war. Die Überlieferung seiner Verhaftung wegen „staatsgefährdender Umtriebe" und seines Todes in der Haft im Innsbrucker Polizeigefängnis am 7. Juni 1943 konnten neueste Forschungen nicht mit Erfolg überprüfen.[522]

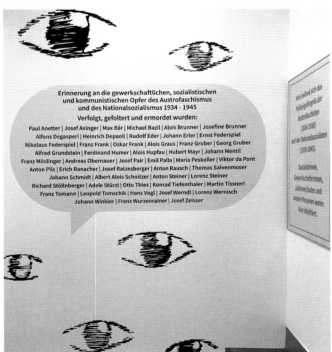

Am 10. Dezember 2018 eröffnete die SPÖ die neue Gedenkstätte in ihrem Parteihaus in Innsbruck. Der Werbedesigner Christoph Sereinig setzte das Projekt der SchülerInnen der HTL Bau und Design, Innsbruck, Trenkwalderstraße, Klasse 5b, Grafik mit dem Poster, den beiden Wandbeklebungen und der Edelstahltafel zum Projekt um. Der Touchscreen mit den Biografien der WiderstandskämpferInnen, die Horst Schreiber zusammenstellte, wird im Frühjahr 2019 montiert. (Fotos Horst Schreiber)

Paul Anetter
Josef Axinger
Max Bär
Michael Bazil
Alois Brunner
Josefine Brunner
Alfons Degasperi
Heinrich Depaoli
Rudolf Eder
Johann Erler
Ernst Federspiel
Nikolaus Federspiel
Franz Frank
Oskar Frank
Alois Graus
Franz Gruber
Georg Gruber
Alfred Grundstein
Ferdinand Humer
Alois Hupfau
Hubert Mayr
Johann Mentil
Franz Möslinger
Andreas Obernauer
Josef Pair

Emil Palla
Maria Peskoller
Anton Pils
Viktor da Pont
Erich Ranacher
Josef Ratzesberger
Anton Rausch
Thomas Salvenmoser
Johann Schmidt
Albert Alois Schnitzer
Anton Steiner
Lorenz Steiner
Richard Stöllnberger
Adele Stürzl
Otto Thies
Konrad Tiefenthaler
Martin Tissner
Franz Tomann
Leopold Tomschik
Hans Vogl
Josef Werndl
Lorenz Wernisch
Johann Winkler
Franz Wurzenrainer
Josef Zeisser

Alfons Degasperi
(Foto Österreichisches
Staatsarchiv/Archiv der
Republik)

Paul Anetter, geboren am 23. März 1893 in Oberdrauburg (Kärnten), Angehöriger der Sozialdemokratischen Arbeiterpartei, wurde von der Gestapo Lienz am 11. Oktober ins KZ Dachau überstellt und nach kurzer Freilassung am 14. Mai 1942 ins KZ Mauthausen, wo er am 1. Oktober 1942 starb.[523]

Michael Bazil, geboren am 23. März 1917 in Innsbruck, Mitglied der sozialdemokratischen Freien Gewerkschaften und der KPÖ, saß 1935 wegen illegaler gewerkschaftlicher Betätigung in Haft. 1937 kam er in Spanien an, um als Mitglied der Internationalen Brigaden den Franco-Faschismus zu bekämpfen. In der Schlacht bei Brunete in der Nähe von Madrid fiel Michael Bazil im Juli 1937.

Alfons Degasperi, geboren am 26. März 1901 im Trentiner Gleno, war Sozialdemokrat und Revolutionärer Sozialist, der seit seiner Verwundung in der Schlacht gegen die Franco-Truppen bei Teruel in Aragonien als vermisst gilt.

Heinrich Depaoli, geboren am 20. Dezember 1903 in Innsbruck, wurde im Mai 1939 wegen des Versuchs, eine illegale Organisation der KPÖ in Innsbruck zu errichten, zu drei Jahren Gefängnis verurteilt und schließlich ins KZ Flossenbürg deportiert, wo er am 11. August 1942 ums Leben kam.

Rudolf Eder, geboren am 20. Februar 1906 in Innsbruck, verbüßte nach politischer Verfolgung im Austrofaschismus mehrere Haftstrafen. Mitte Mai 1937 ging er nach Spanien, um sich den Internationalen Brigaden im antifaschistischen Kampf gegen Francos Truppen anzuschließen. Seitdem gilt Rudolf Eder als vermisst.

Johann Erler, geboren am 8. Februar 1894 im Landwerfen (Salzburg), bekämpfte den Faschismus in Spanien, wurde nach seiner Verwundung nach Frankreich evakuiert, wo er in die Hände der Gestapo geriet. Nach dreimonatiger Haft in Innsbruck 1941 kam er am 29. Juli ins KZ Sachsenhausen, wo er vermutlich „auf der Flucht" erschossen wurde.

Ernst Federspiel, geboren am 4. Oktober 1924 in Innsbruck, betätigte sich früh für die KPÖ und übernahm Kurierdienste zwischen Innsbruck und München. Nach der Verhaftung durch die Gestapo und Einberufung

Ernst Federspiel
(Foto Hannelore Ecker)

sendern und des Verbreitens von Feindnachrichten verhaftet. Das Oberlandesgericht Wien verurteilte ihn zu sieben Jahren Zuchthaus, weil es ihm auch die Vorbereitung zum Hochverrat wegen der Förderung des Kommunismus zur Last legte. Oskar Frank starb am 25. Februar 1945 in der Krankenbaracke des KZ Gusen, angeblich an „Herzmuskelschwäche und Lungenentzündung".

in die Wehrmacht desertierte er. Trotz mehrmaliger Fluchten wurde er schließlich gefasst und nach dem Todesurteil durch ein Militärgericht am 21. April 1945 im Steinbruch am Paschberg in Innsbruck erschossen.

Nikolaus Federspiel, geboren am 27. Oktober 1888 im Südtiroler Laatsch, war wie seine Frau Elisabeth zuerst in der Sozialdemokratischen und dann in der Kommunistischen Partei tätig und deshalb seit den 1920er Jahren politischer Unterdrückung ausgesetzt. Nach der Verhaftung vieler Familienmitglieder 1942 wurde er am 6. August 1943 erneut mit seiner Ehefrau verhaftet, weil sie ihren fahnenflüchtigen Sohn Ernst und weitere Genossen unterstützt hatten. Am 24. Jänner 1944 verurteilte ihn das Sondergericht Innsbruck wegen Zersetzung der Wehrkraft und Beihilfe zur Fahnenflucht zu zweieinhalb Jahren, seine Frau zu eineinhalb Jahren Zuchthaus. Am 25. Februar 1944 wurde Nikolaus Federspiel in das Zuchthaus Bruchsal in Baden-Württemberg überstellt, wo er am 10. März 1945 infolge schwerer Misshandlungen starb.

Franz Frank, geboren am 28. November 1902 im niederösterreichischen Tiefenbach, war Mitglied der sozialdemokratischen Freien Gewerkschaften, des Republikanischen Schutzbundes und ab 1932 Tiroler Landesobmann der KPÖ. Im Kampf gegen die Franco-Truppen fiel er in der Schlacht bei Brunete am 10. Juli 1937.

Oskar Frank, geboren am 10. Dezember 1891 in Innsbruck, Mitglied der Sozialdemokratischen Partei, wurde am 1. August 1941 wegen des Abhörens von Feind-

Alois Graus
(Foto Chronik Fritz Kirchmair)[524]

Alois Graus, geboren am 26. November 1897 in Lans, war Obmann der Ortsgruppe der Sozialdemokratischen Partei und Leiter des Republikanischen Schutzbundes in Hopfgarten im Brixental. Er war einer der eifrigsten Aktivisten beim Aufbau der linken Widerstandsgruppe „Roby" im Tiroler Unterland. Am 4. Februar 1942 verhaftete die Gestapo Alois Graus. Sie deportierte ihn ins KZ Mauthausen, holte ihn wieder zurück und folterte ihn, um ein Geständnis zu erpressen. Dann kam Graus wieder ins KZ Mauthausen, wo er am 5. November 1943 im Krankenrevier des Mauthausener Nebenlagers Gusen starb.

Franz Gruber, geboren am 26. Oktober 1906 in Innsbruck, war Sozialdemokrat, der sich nach dem Verbot der Partei 1934 mit den Ideen des Kommunismus vertraut machte. 1940 musste er in den Krieg nach Frankreich einrücken, doch als er an die russische Front versetzt werden sollte, desertierte er 1941. Im Mai 1942 wurde er im Ötztal verhaftet und zu achteinhalb Jahren Zuchthaus verurteilt, zunächst aber ins Militärstraflager Börgermoor im Emsland eingewiesen. Dort kam er am 1. Juli 1943 ums Leben.

Alfred Grundstein
(Foto Elisabeth Schmied)

Hubert Mayr
(Foto Peter Wallgram)

Alfred Grundstein, geboren am 27. April 1900 im württembergischen Ebingen, war Mitglied der KPD und zog nach 1938 nach Innsbruck. Bei der Wehrmacht in Innsbruck schmiedete er mit dem Kommunisten Josef Ronczay Umsturzpläne und warb Arbeitskollegen für den Widerstand an. Im Oktober 1944 wurde er verhaftet und im Februar 1945 ins Wehrmachtsgefängnis im sächsischen Torgau an der Elbe überstellt. Für das Reichskriegsgericht war er ein kommunistischer Agitator und als Soldat im Feld ein Kriegsverräter. Am 26. Februar 1945 wurde Alfred Grundstein hingerichtet.

Ferdinand Humer, geboren am 15. Juni 1904 in Innsbruck, saß 1934 wegen der Betätigung für die illegale Sozialdemokratische Partei und 1935 wegen der Gründung einer kommunistischen Zelle mit seinen beiden Brüdern Ernst und Josef sowie seiner Mutter Maria in Haft. 1937 schlug sich Ferdinand Humer mit seinem Bruder Ernst nach Spanien durch, wo er im Kampf gegen die Franco-Truppen Ende September 1938 in der Sierre de la Vall de la Torre im Ebrobogen fiel.

Alois Hupfau, geboren am 12. Jänner 1907 in Innsbruck, war überzeugter Sozialdemokrat, der 1944 zur Wehrmacht einberufen wurde, obwohl seine Frau seit 1940 vollständig gelähmt war. Am 24. März 1945 desertierte er, wurde jedoch aufgegriffen und von einem SS-Standgericht zum Tode verurteilt, da er „in der Entscheidungsstunde seines Volkes seine Pflichten als Soldat auf das schwerste verletzt" habe. Am 26. Februar 1945 wurde er in Prenzlau in Brandenburg hingerichtet.

Hubert Mayr, geboren am 28. November 1913 in Innsbruck, war engagierter Sozialdemokrat, Revolutionärer Sozialist und Spanienkämpfer. Im Februar 1939 musste er nach Frankreich fliehen und war in Internierungslagern untergebracht. Auf der Flucht vor den deutschen Truppen gelangte er nach Algerien und wurde 1943 Geheimagent und Offizier der britischen Armee. Er sprang mit einem Fallschirm im Grenzgebiet von Österreich/Italien/Slowenien ab. Im August 1944 wurde er von Friaul nach Oberkärnten eingeschleust und baute mit einheimischen Deserteuren und Antifaschisten ein Netz an Unterstützern auf, auch im Villgratental, wo er den Abwurf von britischen Waffen erwartete. Als die Gestapo seine Organisation aufdeckte und Verhaftungen vornahm, gelang es ihm bis Anfang November 1944, sich mit einem Kameraden vom Villgratental über das Drautal und den Weißensee zur Gailtaler Kompanie der slowenischen PartisanInnen durchzuschlagen. Doch die jugoslawische Geheimpolizei Ozna beim IX. Partisanenkorps der kommunistisch orientierten Osvobodilna Fronta sah in ihm einen britischen Spion, der noch dazu die alten Grenzen Österreichs wiederherstellen wollte, während die Kommunistische Partei Sloweniens noch vor Kriegsende den territorialen Anspruch auf das Gebiet zwischen Klagenfurt und Triest durchzusetzen gedachte. Deshalb war es aller Wahrscheinlichkeit nach die Geheimpolizei Ozna, die den 31-Jährigen im November 1944 im slowenischen Gorenja Trebuša exekutierte.[525] Hubert Mayrs religiös eingestellter Vater kam am 27. März 1940 im KZ Sachsenhausen ums Leben, weil er seine Kinder nicht in die Hitlerjugend schicken wollte.

Johann Mentil, geboren am 7. August 1899 in Obervellach (Kärnten), wurde mit zehn anderen Hilfsarbeitern beim Bau der Osttiroler Iselsbergstraße im Oktober 1939 in Innsbruck der Prozess wegen Vorbereitung zum Hochverrat gemacht, weil sie deutschfeindliche Sender gehört hatten. Die Arbeiter wiesen zum Teil ein Naheverhältnis zum Kommunismus auf oder waren bis Februar 1934 sozialdemokratisch organisiert gewesen. Mentil wurde zu zweieinhalb Jahren Zuchthaus verurteilt. Als er vorzeitig freikam, verhaftete die Gestapo ihn im August 1941 in Lienz nochmals, nachdem sie eine kommunistische Widerstandsbewegung aufgedeckt hatte. Johann Mentil wurde am 10. Oktober 1941 ins KZ Dachau eingeliefert. Er erlebte zwar noch die Befreiung, verstarb aber am 24. Mai 1945 in Dachau an Typhus.

Franz Möslinger, geboren am 30. August 1902 in Meran, betätigte sich seit den 1930er Jahren für die illegale KPÖ. Am 30. August 1939 erhob das Oberlandesgericht Wien Anklage gegen acht TirolerInnen wegen des fortgesetzten Abhörens von Feindsendern und der Verbreitung kommunistischer Propaganda. Zum Kreis der Beschuldigten gehörte auch Franz Möslinger, der zu diesem Zeitpunkt allerdings nicht mehr am Leben war: Er hatte am 28. Februar 1939, nach fünf Wochen Gestapohaft, Selbstmord begangen. Ein Mithäftling berichtete von schweren Misshandlungen, denen Franz Möslinger ausgesetzt gewesen war.

Emil Palla, geboren am 22. Mai 1914 im Südtiroler Andratz, engagierte sich in Lienz für die Sozialdemokratische Partei und wurde wegen des Vorwurfs des Hochverrats verhaftet. Das Oberlandesgericht Wien legte ihm in seinem Urteil vom 7. Oktober 1939 zur Last, deutschfeindliche Sender, vor allem Radio Moskau, gehört zu haben, um auch andere im kommunistischen Sinne zu beeinflussen. Palla wurde zu einem Jahr und drei Monaten Gefängnis verurteilt und am 10. Oktober 1941 ins KZ Dachau transportiert. Die weiteren Stationen seines Leidensweges waren das KZ Buchenwald und schließlich das KZ Sachsenhausen, wo er am 18. November 1942 ums Leben kam. Als Todesursache wurde offene Lungentuberkulose angegeben.

Anton Pils, geboren am 22. August 1914 in Jenbach, saß 1934 wegen Betätigung für die KPÖ in Haft, 1935 floh

Anton Pils
(Foto Wilfried Bader)

er zu Verwandten in die Tschechoslowakei, um einer neuerlichen Festnahme zu entgehen. Im Mai 1937 zog Anton Pils in den Kampf gegen den Faschismus in Spanien, wo er seit seiner Verwundung im Oktober 1937 als vermisst gilt.

Erich Ranacher, geboren am 18. Februar 1923 in Lienz, wurde am 10. September 1943 einberufen. Im Kaukasus, wo seine Einheit aufgerieben wurde, desertierte er und schloss sich zuerst slowenischen Partisanenverbänden an, dann einer Partisanengruppe im Raum Villach, die sich aus Deserteuren, Wehrdienstverweigerern und ZwangsarbeiterInnen gebildet hatte. Ziel der Gruppe war es, das lokale NS-System durch Sabotageakte zu bekämpfen. Es kam zu mehreren Schießereien mit den nationalsozialistischen Verfolgern. Ein Landwachtmann wurde dabei erschossen und Ranacher verletzt. Er konnte bei Maria Peskoller, einer Initiatorin und Unterstützerin der Gruppe, untertauchen. Die Widerstandsgruppe flog im November 1944 auf, nahezu alle Mitglieder wurden verhaftet, acht Angeklagte zum Tode verurteilt. Erich Ranacher wurde am 23. Dezember 1944 in Graz hingerichtet.

Josef Ratzesberger, geboren am 4. Februar 1899 im oberösterreichischen Putzleinsdorf, wurde am 8. August 1941 in Innsbruck verhaftet und wegen fortgesetzter kommunistischer Mundpropaganda und der Vorbereitung zum kommunistischen Hochverrat zu zwei Jahren Zuchthaus verurteilt. Er kam in die bayrischen Zuchthäuser Kaisheim bei Ingolstadt und Amberg. Ab dem 21. September 1943 befand sich Ratzesberger im KZ

Mauthausen, im Jänner 1944 wurde er vorübergehend zur Wehrmacht entlassen, kehrte aber im März 1944 „als für die Wehrmacht ungeeignet" in die Haft zurück. Ab dem 28. September 1944 befand er sich wieder im KZ Mauthausen, wo er trotz Verbüßung seiner Haftstrafe weiter festgehalten wurde. Am 25. Dezember 1944 verzeichnet das Sterberegister den Tod von Josef Ratzesberger im Nebenlager „Quarz" in Melk an der Donau.

Johann Schmidt, geboren am 26. Februar 1901 in Wien, trat 1932 in die Ortsgruppe Kufstein der KPÖ ein. Er warb auf seinem Arbeitsplatz für den Kommunismus und stand in Verbindung mit einer kommunistischen Widerstandsgruppe. Er hörte Feindsender und wurde wegen NS-feindlicher Aussagen denunziert. Am 7. August 1942 erfolgte seine Festnahme während des Heimaturlaubes in Schwoich. Johann Schmidt wurde zum Tode verurteilt und am 4. Jänner 1945 in Graz hingerichtet.

Albert Alois Schnitzer, geboren am 14. Mai 1902 in Innsbruck, kämpfte im spanischen Bürgerkrieg an der Seite der Republikanischen Armee gegen den Franco-Faschismus. Am 14. November 1940 wurde Schnitzer in Paris verhaftet. Von März bis Mai 1941 war er in Innsbruck in Haft. Dann deportierte ihn die Gestapo ins KZ Flossenbürg, wo er am 19. Mai 1941 eintraf und am 13. Jänner 1942 ums Leben kam.

Anton und Lorenz Steiner, geboren am 4. Jänner 1905 bzw. am 9. August 1903 im Südtiroler Sand in Taufers, lebten in Lienz. Sie sammelten von US-amerikanischen Flugzeugen abgeworfene Flugblätter und verteilten sie an Kollegen im Betrieb. Die kommunistisch gesinnten Brüder wurden angezeigt und nach ihrer Verhaftung ohne Gerichtsverfahren von der Gestapo Lienz ins KZ Mauthausen überstellt. Anton Steiner verstarb dort am 4. April 1942 angeblich an Lungenentzündung, Lorenz Steiner am 19. April desselben Jahres an einem „Durchbruch der Magengeschwüre".

Richard Stöllnberger, geboren am 22. Februar 1900 im oberösterreichischen Königswiesen, war zum Zeitpunkt seiner Verhaftung am 16. Februar 1943 bei den Heinkel-Werken in Jenbach als Schlosser beschäftigt. Die Anklage legte ihm zur Last, kommunistischen Hochverrat

vorbereitet zu haben, indem er wiederholt mit seinen beiden Mitangeklagten von Feindsendern abgehörte Nachrichten erörterte. Er habe zudem Material für die Herstellung eines Schalldämpfers beschafft, einen Arbeitskollegen zum Austritt aus der NSDAP bewegt und zu Treffen mit einer kommunistischen Widerstandsgruppe motiviert. Stöllnberger kam ins Gestapo-Lager Reichenau in Innsbruck, wo er so schwer misshandelt wurde, dass er im Mai 1943 in die psychiatrische Abteilung der Innsbrucker Klinik eingeliefert werden musste. Am 11. Oktober 1943 beging Stöllnberger dort unter nicht näher geklärten Umständen Selbstmord.

Otto Thies, geboren am 29. November 1902 in Hötting, trat 1921 in die SPÖ ein, beteiligte sich anlässlich der Februarkämpfe 1934 am Streik der Bergarbeiter und wurde Revolutionärer Sozialist. Er war Mitglied einer antinationalsozialistischen Widerstandsgruppe und saß Ende 1942 knapp drei Wochen in Haft. Nach seiner abermaligen Festnahme wurde Otto Thies am 28. Mai 1943 wegen „Aufrichtung einer Organisation mit hochverräterischen Bestrebungen im Sinne der illegalen Sozialdemokratischen Partei" zu drei Jahren Gefängnis in Innsbruck verurteilt. Bei der Häftlingsarbeit zog sich Thies eine Blutvergiftung an der Hand zu. Seine Einlieferung in die Innsbrucker Klinik am 11. August 1943 kam viel zu spät. Otto Thies verstarb am 21. August 1943.

Martin Tissner
(Foto DÖW Wien)

Martin Tissner, geboren am 20. Juni 1913 in Innsbruck, engagierte sich in der Sozialistischen Arbeiterjugend und bei den Revolutionären Sozialisten. Im November 1937 zog Tissner in den Kampf gegen den

Franco-Faschismus. 1939 kam er in französische Internierungslager in Saint-Cyprien und Gurs. 1941 flüchtete er und kehrte nach Spanien zurück. Am 1. November wurde Martin Tissner in den Pyrenäen festgenommen und am 23. Dezember ins Gefängnis der katalanischen Stadt Lleida transportiert, wo er im Jänner 1942 starb.

Franz Toman (Foto Familie Kropsch)

Franz Toman, geboren am 31. Juli 1889 im mährischen Wikleck (Výkleky), war von Jugend an Mitglied der Sozialdemokratischen Arbeiterpartei. Zum Zeitpunkt seiner Verhaftung am 25. Juni 1942 arbeitete er als Filialleiter der Wörgler Verkaufsstelle der Tiroler Verbrauchergenossenschaft und hielt Verbindung zu einer linken Widerstandsgruppe. Toman wurde im April 1944 wegen Vorbereitung zum kommunistischen Hochverrat angeklagt. Erschwerend erwies sich, dass er bereits 1935 zu einer mehrmonatigen Haftstrafe wegen Betätigung für die illegale Kommunistische Partei verurteilt worden war. Die mehr als zwei Jahre dauernde Haft bis zur Verhandlung verbrachte Toman im Arbeitserziehungslager Reichenau in Innsbruck und in den Konzentrationslagern Dachau und Flossenbürg. Am 11. Juli 1944 wurde er zu drei Jahren Zuchthaus verurteilt und zur Verbüßung seiner Strafe nach Graz überstellt. Franz Toman kam am 19. Februar 1945 ums Leben, als eine Fliegerbombe in der Haftanstalt Graz-Karlau einschlug.

Leopold Tomschik, geboren am 12. Juli 1903 im tschechischen Zlabings (Slavonice), war Sozialdemokrat, Gewerkschaftsführer und Mitglied in einer kommunistischen Widerstandsgruppe. Bei einem Urlaub im Winter 1940/41 in Kitzbühel knüpfte er Beziehungen zum linken Widerstand vor Ort und stellte Verbindun-

Leopold Tomschik
(Foto Bildarchiv SAPMO-
Bundesarchiv Berlin)

gen zum Widerstand in Berlin, Wien und München her. Tomschik wurde am 4. Februar 1942 verhaftet und am 5. Juni 1944 wegen Hochverrates und Feindbegünstigung durch die Gründung einer staatsfeindlichen Organisation sowie des Verrats von Staatsgeheimnissen zum Tode verurteilt. In der Nacht vom 16. auf den 17. August 1944 nahm sich Leopold Tomschik im Strafgefängnis Berlin-Plötzensee das Leben.

Josef Werndl
(Foto Monika
Halbwirth)

Josef Werndl, geboren am 6. März 1898 in Palting bei Braunau am Inn (Oberösterreich), gehörte der Sozialdemokratischen Partei und Gewerkschaft in Innsbruck an. Hier leitete Werndl seit Mai 1941 eine kommunistische Widerstandsgruppe von Eisenbahnern, er war auch Kassier der „Roten Hilfe". Ab November 1941 war er ein führender Kopf beim Aufbau einer kommunistischen Widerstandsguppe im Tiroler Unterland. Im Juni 1942 gewährte er einem russischen Fallschirmspringer

Unterschlupf und brachte ihn in Wien bei einem ihm bekannten KP-Funktionär unter. Am 30. Juni 1942 verhaftete ihn die Gestapo. Nach schweren Folterungen erhängte sich Josef Werndl am 17. Juli 1942 im Innsbrucker Polizeigefängnis.

Lorenz Wernisch, geboren am 31. Jänner 1909 in Lienz, wurde am 12. Dezember 1941 von der Gestapo Lienz wegen des Verdachtes der kommunistischen Betätigung verhaftet und ohne Gerichtsverfahren in das KZ Mauthausen eingeliefert. Nach seiner Überstellung Anfang Juli 1942 in das KZ Stutthof bei Danzig kam er dort am 21. August 1942 ums Leben.

Johann Winkler rechts, mit Max Bair (Foto DÖW Wien)

Johann Winkler, geboren am 10. Juni 1908 in Unterangerberg bei Leonding (Oberösterreich), wohnte in Puig bei Steinach, von wo aus er mit Max Bair am 3. Juni 1937 zur Republikanischen Armee in den spanischen Bürgerkrieg aufbrach. In einem Brief an seine Braut bezeichnete er sich stolz als „Soldat der Freiheit". Bereits ein Jahr nach seiner Ankunft in Spanien fiel Johann Winkler in der Ebroschlacht am 26. Juli 1938.

Josef Zeisser, geboren am 17. Februar 1892 in Kirchbichl, verlor vermutlich in Folge der Februarkämpfe 1934 in Wörgl seine Arbeit im Häringer Bergbau. Über die Hintergründe und die genauen Umstände seiner Verhaftung ist nichts bekannt. Nach kurzer Gestapo-Haft in Innsbruck scheint Zeisser ab dem 28. April 1941 im KZ Flossenbürg als politischer Häftling auf. Er verstarb im November 1941 angeblich an „Herz- und Kreislaufschwäche". Seine Tochter Maria überlebte das KZ Ravensbrück.

InitiatorInnen des „Tors der Erinnerung": Die beiden Gedenktafeln von 2005 wurden bei der Renovierung des Parteihauses 2016/17 entfernt. Die Sozialdemokratischen FreiheitskämpferInnen setzten sich im Frühjahr 2018 mit der HTL Bau und Design, Innsbruck, Trenkwalderstraße in Verbindung und vereinbarten mit den Professorinnen Martina Messner und Kathrin Jäger, dass die SchülerInnen der Klasse 5b Grafik Projekte zur Neugestaltung des Eingangsbereichs des Parteihauses erarbeiteten. Horst Schreiber erläuterte den Schulklassen den historischen Hintergrund. Nach einem eingehenden Meinungsbildungsprozess entschied sich eine Jury aus ExpertInnen, Sozialdemokratischen FreiheitskämpferInnen und SPÖ-FunktionärInnen für das Projekt „Tor der Erinnerung" von Lillian Bendiksen, Janik Döttlinger und Jasmin Stolz.

Nach Betreten des Parteihauses finden sich auf der linken Wand Augen als Symbole für die Mehrheit der Gesellschaft, die der verbrecherischen Politik des Nationalsozialismus tatenlos zusah. Eine Sprechblase versinnbildlicht, dass es dennoch Menschen gab, die sich den Mund nicht verbieten ließen. In ihr sind die Namen aller derzeit bekannten linken WiderstandskämpferInnen aus Tirol enthalten, die das NS-Regime ermordete (Erinnerung an die gewerkschaftlichen, sozialistischen und kommunistischen Opfer des Austrofaschismus und des Nationalsozialismus 1934 – 1945. Verfolgt, gefoltert und ermordet wurden: ...). Über einen Touchscreen können die BesucherInnen die Biografien der Opfer aufrufen. Auf der rechten Wand zeichnen sich menschliche Silhouetten ab, die auf zweifache Weise interpretiert werden können. Zum einen stehen sie als namenlose Gestalten für die Opfer des Nationalsozialismus, von denen ein Teil auf der Wand gegenüber aus der Anonymität tritt und einen Namen bekommen hat. Zum anderen können die Silhouetten auch als Mitläuferinnen und Zuschauer aufgefasst werden, die Verantwortung tragen, weil sie durch ihren Beitrag oder ihre Inaktivität die NS-Verbrechen ermöglicht haben. Die Gedenkstätte „Tor der Erinnerung" thematisiert den linken Widerstand in Tirol und von TirolerInnen, gleichzeitig übt sie Kritik am Verhalten der Mehrheitsgesellschaft.

Eine Tafel verweist auf die Zweckentfremdung des Partei- und Gewerkschaftshauses ab der zweiten Hälfte der 1930er Jahre: Hier befand sich das Polizeigefängnis der Austrofaschisten (1936–1938) und der Nationalsozialisten (1938–1945). SozialistInnen, GewerkschafterInnen, Jüdinnen/Juden und andere Personen waren hier inhaftiert.

Anlässlich der Eröffnungsfeier der Gedenkstätte sprachen die neu ernannte Vorsitzende der Sozialdemokratischen FreiheitskämpferInnen Tirol, Landtagsabgeordnete Elisabeth Fleischanderl, und der geschäftsführende Vorsitzende der SPÖ Tirol Landtagsabgeordneter Georg Dornauer. Die Historikerin Gisela Hormayr klärte über den linken Widerstand in Tirol auf. Die SchülerInnen der HTL Bau und Design Lillian Bendiksen, Janik Döttlinger und Jasmin Stolz erläuterten das Projekt. Mitglieder des „Roten Singkreises" und des ArbeiterInnen-Sängerbundes sangen antifaschistische Lieder. ■

Gedenktafel für die bei der Befreiung Tirols gefallenen Soldaten der US-Armee am Franziskanerplatz

Drei Divisionen der 7. US-Armee befreiten Tirol 1945. Die 44. Infanteriedivision, unterstützt von der 10. Panzer-Division, drang im Raum Vils-Reutte vor, um über den Fernpass das obere Inntal zu erreichen. Am Abend des 28. April 1945 überschritt das 114. Infanterie-Regiment südlich von Pfronten bei Steinach die Tiroler Grenze. Die 103. Infanteriedivision stieß unter Panzerschutz am 1. Mai von Mittenwald aus mit dem Ziel in das Scharnitztal vor, sich bis Innsbruck durchzukämpfen. Die 36. Infanteriedivision erreichte am 4. Mai Kufstein, dann besetzte sie Kirchbichl und Wörgl. Im Raum Itter lieferte sie sich noch ein Gefecht mit einer deutschen Kampfgruppe, die einen US-Panzer abschoss. Die verlustreichste Schlacht hatte die 44. Infanteriedivision zu bewältigen. Am Fernpass, noch dazu bei einem plötzlichen Wintereinbruch, leisteten rund 1.200 Mann auf deutscher Seite am 1. und 2. Mai erbitterte Gegenwehr. Erst mit Hilfe eines kleinen Trupps einheimischer Soldaten, die dem Widerstand angehörten, konnten die US-amerikanischen Streitkräfte ihren Gegner umgehen und ihm in den Rücken fallen. Sowohl die 44. Infanteriedivision als auch die deutsche Division hatte jeweils an die hundert Tote oder Verwundete zu beklagen. Am 3. Mai standen die Amerikaner in Telfs, am 4. Mai passierten sie Imst, wo sie in ein kleineres Scharmützel verwickelt wurden, am 5. Mai erreichten sie Landeck, am 6. Mai nahmen sie im Stanzertal Verbindung zu den Truppen der 1. französischen Armee auf, die Vorarlberg befreit hatte, und am 7. Mai stellten sie am Reschenpass Kontakt zur 5. US-Armee her.

Außer am Fernpass gab es noch im Bereich der Scharnitzer Klause härtere Gefechte. Der Regimentkampfgruppe der 103. US-Infanteriedivision stellten sich am 1. Mai nicht nur Soldaten, sondern auch ein von HJ-Bannführer Hermann Pepeunig geleiteter Trupp 15- bis 16-jähriger Hitlerjungen entgegen, die einen US-Panzer zerstörten. Erst nach 12-stündigem Kampf konnte die 103. US-Infanteriedivision Scharnitz einnehmen. Am nächsten Tag besetzte sie Reith bei Seefeld und am 3. Mai Zirl. In Innsbruck kam es zu keinen Gefechten mehr, da die Widerstandsbewegung die Macht in der Stadt übernommen hatte, so dass die 103. Infanteriedi-

Gedenktafel aus Bronze auf der Mauer des Franziskanerklosters am Franziskanerplatz (Foto Horst Schreiber)

vision am Abend kampflos in die Landeshauptstadt einziehen konnte. Noch in der Nacht auf den 4. Mai fuhr eine ihrer motorisierten Abteilungen auf den Brenner, um mit den in Südtirol aufmarschierenden Truppen der 5. US-Armee südlich von Gossensass Kontakt aufzunehmen.

Mit der Kapitulation der deutschen Heeresgruppe G in Innsbruck (19. Armee) und München (1. Armee), die Tirol und Vorarlberg zu verteidigen hatten, waren die bewaffneten Kämpfe in Tirol am 5. Mai 1945 beendet.[526]

Initiatoren der Gedenktafel: Veteranen der „Cactus-Division", die bei der Befreiung Tirols gekämpft hatten, regten anlässlich eines Besuchs in Innsbruck die Errichtung eines Erinnerungszeichens an. 1995 enthüllten Landeshauptmann Wendelin Weingartner (ÖVP) und Bürgermeister Herwig van Staa (Für Innsbruck) im Hof des Innsbrucker Zeughauses gemeinsam mit einem US-

Veteran unter Anwesenheit von Ludwig Steiner (ÖVP) und österreichischem Militär die auf Deutsch und Englisch gehaltene Gedenktafel, die schließlich 1997 auf den Franziskanerplatz transferiert wurde. Am 11. April 1997 enthüllten Landesrat Fritz Astl und Vizebürgermeister Eugen Sprenger, beide ÖVP, die Gedenktafel mit den Zeichen der 103. Infanteriedivision (Cactus-Division), der 36. Infanteriedivision (Texas-Division) und der 44. Infanteriedivision, die Tirol befreiten, sowie der 42. Infanteriedivision (Regenbogen-Divison), die ab Mitte Mai 1945 im Land stationiert war. Sprenger bemerkte, „daß generell nicht von ‚amerikanischer Besatzungsmacht' gesprochen werden sollte. ‚Soldaten eines Landes, das nicht direkt von der Nazi-Aggression betroffen war, setzten ihr Leben ein, um Tirol von einem Terrorregime zu befreien.'"[527] Astl betonte, dass mit der Befreiung durch die US-Armee der Grundstein für den Aufbau und die Weiterentwicklung Tirols nach 1945 gelegt wurde.[528]

Gedenktafel für Pierre Voizard am Voizardhof, Roseggerstraße 7–17

Pierre Voizard, geboren am 22. August 1896 in Toul, Lothringen, nahm als Freiwilliger am Ersten Weltkrieg teil und war nach einer Karriere im öffentlichen Dienst von 1936 bis 1941 Präfekt (préfet) der Departements Aude und Seine-et-Marne, anschließend Generalsekretär im französischen Protektorat Marokko. Nach der Landung der Alliierten am 6. Juni 1944 in der Normandie meldete er sich zum Kriegsdienst auf der Seite des „Freien Frankreich" und nahm als Unterleutnant im Französischen Expeditionskorps am Italien-Feldzug teil. Nachdem er im französischen Generalstab gearbeitet hatte, wurde er im Juli 1945 zum Chef der französischen Militärregierung als Generaladministrator unter Hochkommissar Émile Béthouart ernannt. Ab Juni 1946 erfolgte ein organisatorischer Umbau in der französisch verwalteten Zone Österreichs. Die Militärregierung wurde zu einer Kontrollmission, in der Voizard die Funktion des Generaldelegierten Chefs einnahm. Auf Landesebene wurden ständige Kontrollabteilungen bei den Landesregierungen installiert. In Tirol zog Voizard diese Aufgabe als Chef an sich. Als hervorragender Fachmann der Verwaltung war er von allen Seiten anerkannt.[529] Der Tiroler Landeshauptmann und spätere österreichische Außenminister Karl Gruber (ÖVP) meinte, die französische Regierung habe „in einem Anfall von Genialität ihren wohl besten Präfekten nach Österreich geschickt."[530] Von 1950 bis 1953 war Voizard Minister in Monaco, 1953/54 Generalgouverneur im französischen Protektorat Tunesien. Als Mitglied einer Untersuchungskommission ging er gegen Folterpraktiken der französischen Armee in Algerien vor. Pierre Voizard starb am 26. Dezember 1982 in Paris.[531]

Initiatorin der Gedenktafel: Am 25. Jänner 1950 berichtete Bürgermeister Melzer (ÖVP):

„Es vergeht kaum eine Sitzung des Gemeinderates, in der nicht über die entsetzliche Wohnungsnot gesprochen wird. Niemand hätte gedacht, daß die Besetzung auch jetzt noch nicht beseitigt werden kann. Sie erschwert die Wohnungslage weiterhin. Ich habe keine Mühe gescheut, den zuständigen Stellen der Besatzung die Schwierigkeiten vor Augen zu halten, und muß bekennen, daß auch die Besatzungsbehörde großes Interesse zeigt, dem Übel-

Pierre Voizard
(Stadtarchiv Innsbruck)

Wohnblock in der Roseggerstraße in den 1950er Jahren
(Stadtarchiv Innsbruck)

stand soweit als möglich abzuhelfen. (...) Ich habe den Vorschlag erstattet, daß auch die Besatzungsbehörde versuchen möge, selbst Wohnungen zu bauen, in denen sie ihre Mitglieder unterbringen kann. (...) Er hat nun zu einem schönen Erfolge geführt, den außer Innsbruck keine Stadt Österreichs aufzuweisen hat."[532]

Generaladministrator Pierre Voizard hatte den Bürgermeister am 4. August 1949 informiert, dass die französische Regierung der Stadt Innsbruck in Raten bis 31. Dezember 1949 2,5 Millionen Schilling für den Bau von mindestens 60 Wohnungen zur Verfügung stellt, sofern die Stadt ihrerseits die gleichgroße Summe investiert. Am Tag des Abzugs aus Tirol würden sämtliche Rechte der französischen Regierung am neu erbauten Objekt an die Stadt übergehen.[533]

Im Dezember 1949 übergab der französische Hochkommissar General Émile Béthouart dem Innsbrucker Bürgermeister Anton Melzer im Beisein von

Gedenktafel für
Pierre Voizard
(Foto Selina Mitter-
meier)

Landeshauptmann Alfons Weißgatterer und dem Generaldelegierten Chef der französischen Kontrollmission in Österreich Pierre Voizard eine Spende von einer Million Schilling für den Wiederaufbau zerstörter Wohnhäuser.[534] Am 1. April 1950 fand die Richtfeier des großen Neubaus in der Roseggerstraße statt. Der Wohnblock wurde je zur Hälfte aus der Spende und von der Stadtgemeinde finanziert. Er umfasste sechs Häuser mit 68 Wohnungen. Am festlichen Akt beteiligten sich Pierre Voizard mit seinem Kabinettchef, dem Delegierten beim Landeshauptmann und Bürgermeister Innsbrucks, J. J. Kielholz, Generalsekretär Oberstleutnant Nadeau, Bürgermeister Melzer, die Vizebürgermeister Hans Flöckinger (SPÖ) und Franz Kotter (ÖVP) sowie mehrere Gemeinderäte und Vertreter zuständiger städtischer Behörden.[535] Aus Dankbarkeit für die Millionenspende und die gute Zusammenarbeit mit der französischen Kontrollabteilung benannte die Stadt Innsbruck die Häuserreihe in der Roseggerstraße nach Pierre Voizard. ■

Émile-Béthouart-Steg und Gedenktafel für den General

Émile-Béthouart-Steg mit einer Gedenktafel unterhalb der Verkehrsflächenbenennung (Fotos Horst Schreiber)

General Marie Émile Antoine Béthouart kam am 17. Oktober 1889 in Dole zur Welt. Seine militärische Ausbildung absolvierte er in der Offiziersschule von St. Cyr. Er kämpfte als Infanterieoffizier im Ersten Weltkrieg, leitete im Zweiten Weltkrieg ein Expeditionskorps in Norwegen und diente in Marokko bei den Truppen des Vichy-Regimes, das mit Deutschland kollaborierte. Nach der Landung der Alliierten in Nordafrika schloss er sich den freifranzösischen Truppen von General Charles de Gaulle an. Béthouart kam vor ein Kriegsgericht, doch der Sieg der Alliierten bewahrte ihn vor Ärgerem. Er avancierte zum Chef der freifranzösischen Militärmission in Washington, im April 1944 berief ihn Charles de Gaulle an die Spitze des neu geschaffenen Generalstabs. Im August 1944 übernahm er den Oberbefehl über das Erste Armeekorps, das im Mai 1945 Vorarlberg befreite und den Arlberg erreichte.

Zwischen dem 5. und 10. Juli 1945 lösten französische Einheiten die Truppen der USA ab. Die neu geschaffene französische Besatzungszone im Westen Österreichs umfasste daraufhin Vorarlberg und Tirol. Am 10. Juli wurde General Béthouart zum Oberkommandierenden in der französischen Zone bestellt, schließlich war er auch französischer Hochkommissar bis 1950. Die Politik Frankreichs und von Béthouart als engem Vertrauten de Gaulles war es, die Identität Österreichs zu stärken und es vom Einfluss Deutschlands zu lösen. Béthouarts Versöhnungspolitik war nicht immer einfach durchzusetzen. Zum einen, weil auf französischer Seite Gefühle von Rache und Revanche nach den langen Jahren der deutschen Besetzung vorhanden waren, andererseits weil die Feindseligkeit in der Bevölkerung Tirols und Vorarlbergs gegen die Franzosen so stark ausgeprägt war, dass selbst Béthouart mit einem Kurswechsel drohte. Eine kluge Politik und symbolträchtige Entscheidungen wie die Erlaubnis für die Schützen, Waffen zu tragen und die Ehrung von Andreas Hofer weiterhin öffentlich vornehmen zu dürfen, aber auch seine Verabschiedung 1950 unter Anwesenheit von Schützenkompanien am Bergisel vor dem Hofer-Denkmal samt Kranzniederlegung ließen Béthouart in Tirol zu einer Ikone der Versöhnung werden. Der General verstarb am 17. Oktober 1982 in Fréjus.[536]

Initiatoren des Stegs: Am 22. Oktober 1998 beschloss der Innsbrucker Gemeinderat nach Anregung des französischen Honorarkonsuls Ivo Greiter, den Innsteg, eine Brücke, die die Stadtteile St. Nikolaus und Saggen verbindet, nach General Émile Béthouart zu benennen.[537] Begründet wurde diese Entscheidung mit dessen wertschätzender und versöhnlicher Haltung gegenüber Tirol, seiner Bevölkerung und dem Schützenwesen.[538]

Am 10. Juni 2003 erfolgte die Eröffnung des Émile-Béthouart-Steges in einem großen Festakt in der Tradition eines „landesüblichen Empfanges". Er wurde eingeleitet mit Festreden und einer Kranzniederlegung von Tirols Landeshauptmann Herwig van Staa (ÖVP) und Marc Plum von der französischen Botschaft in Wien am Eduard-Wallnöfer-Platz, wo das Befreiungsdenkmal steht, das unter Béthouart für die Tiroler FreiheitskämpferInnen und die bei der Befreiung Österreichs gefallenen alliierten Soldaten errichtet worden war. Beim Denkmal versammelten sich die Militärmusik

General Marie Émile Antoine Béthouart (Foto Stadtarchiv Innsbruck)

Tirol, die Ehrenkompanie der Stabskompanie Militärkommando Tirol, die Stadtmusikkapelle und Schützenkompanie Mariahilf/St.Nikolaus, die Schützenkompanie Wilten, weitere Traditionsverbände und 200 männliche und weibliche Kadetten der „École spéciale militaire de St. Cyr". Die Eröffnungszeremonie fand dann am Émile-Béthouart-Steg statt.

Nicole Kotchine, Kommandantin der französischen Elite-Militärakademie St. Cyr, unterstrich die Bedeutung der Brückenbenennung und des Festakts als „Symbol für die Freundschaft beider Völker in einer Zeit, wo Europa sich neu ordnet". Honorarkonsul Ivo Greiter betonte die Verdienste Béthouarts um Tirol und seine Tirol-freundliche Gestaltung des Befreiungsdenkmals am Eduard-Wallnöfer-Platz, während der Premier Conseiller der französischen Botschaft Marc Plum meinte: „Er kam als Sieger, blieb als Beschützer und ging als Freund! (...) Béthouart, der ausgezeichnete Militarist und Verwalter, für den Tirol zur zweiten Heimat wurde, hatte aber auch Visionen: Für ihn war die Gründung eines Vereinten Europas von größter Wichtigkeit!" Innsbrucks Bürgermeisterin Hilde Zach (Für Innsbruck) bezeichnete den Geehrten als „Brückenbauer", der sich „im Herzen der Menschen" ein Andenken geschaffen habe. Landeshauptmann Herwig van Staa sah die Anwesenheit von Tirols Altlandeshauptmann Eduard Wallnöfer (ÖVP) und der Tiroler Schützen beim Begräbnisgottesdienst von Béthouart im Invalidendom in Paris „als großen Augenblick im Verhältnis Tirol/Frankreich". Diözesanadministrator Ernst Jäger, Superintendentin Luise Müller und Militärdekan Werner Seifert segneten die Brücke. Zum Abschluss der Zeremonie sangen die rund 200 Mitglieder der Formationen das General-Béthouart-Lied.[539] ■

Jerzens

Gedenktafel für Josef Lechner und Erich Lederle am Kriegerdenkmal

Das NS-Regime ermordete systematisch AnstaltspatientInnen psychiatrischer Krankenhäuser, aber auch von Armen- und Versorgungshäusern als „unwertes Leben" und „Ballastexistenzen". Josef Lechner, geboren in Steinhof, Gemeinde Arzl im Pitztal, und Erich Lederle, geboren am 23. Oktober 1909 in Jerzens, wurden am 10. Dezember 1940 von der Heil- und Pflegeanstalt für Geistes- und Nervenkranke in Hall in Tirol in die Tötungsanstalt Hartheim bei Linz gebracht und dort mit Gas ermordet. Die Datierung des Sterbemonats von Josef Lechner im Jänner 1940 ist auf der Gedenktafel falsch angegeben.

Initiatoren der Gedenktafel: Anlässlich seines mehrteiligen Kunstprojekts „Temporäres Denkmal" forderte Franz Wassermann 2004 193 Gemeinden auf, für ihre BürgerInnen, die im Zuge der NS-Euthanasie ermordet worden waren, Erinnerungszeichen im öffentlichen Raum anzubringen. Der Gemeinderat von Jerzens beschloss, an der freien Seite des Kriegerdenkmals eine Gedenktafel für die beiden Opfer der Gemeinde zu installieren. Pfarrer Raimund Bernhard weihte in Anwe-

senheit von Bürgermeister Josef Reinstadler und von GemeinderätInnen die Gedenktafel zu Allerseelen am 2. November 2004 ein. In seiner Ansprache meinte er: „Die Gedenktafel soll uns an diese Menschen erinnern, aber auch daran, wie viel Armut, Leid und Trauer die Kriege auch für die zivile Bevölkerung mit sich gebracht haben."[540]

Die 2004 eingeweihte Gedenktafel am Kriegerdenkmal
(Foto Franz Wassermann, Temporäres Denkmal)

Karrösten

Metallplastik für Josef Anton Geiger an der Außenmauer der Pfarrkirche

Pfarrer Geiger war bereits zu Lebzeiten eine legendäre Persönlichkeit in Karrösten und deshalb auch zum Ehrenbürger ernannt worden. Durch seine politische Tätigkeit im Landtag, im Bauernbund und im Bundeswirtschaftsrat konnte er für seine kleine Gemeinde viel bewirken. Er war die treibende Kraft für die Elektrifizierung des Dorfes, den Wegebau nach Karrösten, die Renovierung der Kirche, den Bau der Totenkapelle und der Sakristei sowie für die Anlegung eines eigenen Friedhofs, der die Bestattung im Ort statt in Karres ermöglichte. Die Gemeinde Karrösten ließ daher ein Ehrenmal für Josef Anton Geiger an der Außenseite der Kirchenmauer von Karrösten errichten, das Monsignore Provikar Michael Weiskopf am 25. Juni 1961 einweihte. Die Büste des Pfarrers schuf der Heiterwanger Künstler Josef Kieltrunk. Die Musikkapelle, die Schützen, die Feuerwehr und die Turner nahmen an der Feier teil. Die Ehrengäste waren Landesrat Eduard Wallnöfer

Sterbebild von Josef Anton Geiger 1945 (Foto Günter Flür)

(ÖVP), der Präsident des Bauernbundes Josef Muigg und Bezirkshauptmann Wilhelm Kundratitz. Zwar würdigten die Redner die Verdienste von Josef Anton Geiger und sein Schicksal, dass er „fern der geliebten Heimat in Würzburg gestorben" war, der Nationalsozialismus und die Verfolgung Geigers kamen nicht zur Sprache.[541] ■

Die Metallplastik für Pfarrer Josef Anton Geiger von 1961 (Foto Günter Flür)

Kartitsch

Gedenktafel für Josef Außerlechner OPraem an der Mauer der Pfarrkirche

Josef Außerlechner wuchs mit sechs Geschwistern in einfachen bäuerlichen Verhältnissen in Kartitsch in Osttirol auf. 1927 trat er als Laienbruder in das Prämonstratenserstift Wilten in Innsbruck ein. Er nahm den Ordensnamen Gereon an und verrichtete Arbeiten als Gärtnergehilfe und im Speisesaal. Nach der Aufhebung des Klosters am 24. August 1939 kehrte er in seinen Heimatort zurück und arbeitete zunächst als Hausdiener in einem Gasthof, musste aber dann wegen der Anfeindungen im Dorf von seinem Bruder versteckt werden. Außerlechner wurde als „arbeitsscheuer Betbruder" beschimpft, der nicht wie andere Männer Dienst an der Front leiste. So soll er bei seiner „Arbeitsdienstverpflichtung" Probleme gemacht haben. Sein Versteck wurde schließlich verraten. Vermutlich vom Dorfgendarmen informiert, erschien der Leiter der Gestapo Lienz gemeinsam mit örtlichen Parteifunktionären, um Josef Außerlechner am 3. März 1943 zu verhaften. Das Zugangsbuch des KZ Dachau verzeichnet seine Einlieferung bereits für den folgenden Tag. 15 Monate später wurde im Sterberegister des Lagers als offizielle Todesursache „Verletzungen bei Fliegerangriff, Verblutung" vermerkt. Mithäftlinge berichteten später von wiederholten schweren Misshandlungen durch die Aufseher im Lager. Noch am Tag vor seinem Tod wurde Josef Außerlechner, so die Zeugen, über eine Stiege geschleift und von Wachhunden angegriffen.[542]

Josef Außerlechner 1939 (Foto Hubert Außerlechner)

Mit der Anbringung der Tafel 2014 wurde Josef Außerlechner in würdigem Rahmen geehrt. (Foto Hubert Außerlechner)

InitiatorInnen der Gedenktafel: Oswald Außerlechner, der Vater von Josef Außerlechner, ließ bereits Ende der 1940er Jahre in Eigeninitiative und auf eigene Kosten eine Gedenktafel mit Erlaubnis des Kartitscher Pfarrers Josef Grimm an der Filialkirche in St. Oswald/Kartitsch neben der Eingangstür anbringen. In der Fraktion St. Oswald steht das Elternhaus von Josef Außerlechner. Den Text verfasste Vater Oswald gemeinsam mit dem Pfarrer. Anlässlich der Renovierung der Kirche 1964 wurde die Tafel abgenommen und im Elternhaus verwahrt. Im Juli 1969 brachte Oswald Außerlechner sie im Zuge der Innenrenovierung der Pfarrkirche in Kartitsch mit Zustimmung von Pfarrer Josef Indrist auf der Außenseite der „alten" Sakristei an. Auch dieses Mal wieder auf eigene Kosten. Bei der Außenrenovierung der Pfarrkirche 1992 wurde die „alte" Sakristei vergrößert und die Gedenktafel deshalb an der neuen nordseitigen Außenwand angebracht. Zur Gedenkfeier am 5. Oktober 2014 ließen die Nichten und Neffen von Josef Außerlechner – Oswald, Theresia, Hubert, Alois und Maria – die Tafel renovieren und einen Doppelrahmen an die Wand malen. Sie ergänzten den ursprünglichen Text mit der Angabe „KZ-Häftling Nr. 44 970". Der Abt von Stift Wilten, Raimund Schreier, weihte die Tafel in einer feierlichen Gedenkmesse ein.[543] ∎

Kitzbühel

Gedenktafel für Andreas Obernauer, Josef Pair, Viktor da Pont, Anton Rausch und Ignaz Zloczower in der Katharinenkirche

Andreas Obernauer, geboren am 1. Jänner 1901 in Kitzbühel, war als Schaffner der Reichsbahn in Innsbruck tätig. Obwohl er zunächst Mitglied einer völkischen Gewerkschaft war, schloss er sich 1941 einer illegalen kommunistischen Gruppe von Eisenbahnern an, die von Josef Werndl geführt wurde. Obernauer betätigte sich vor allem in der „Roten Hilfe", die Spenden für inhaftierte SozialistInnen und KommunistInnen und für deren Familien sammelte. Im November 1941 beabsichtigte Werndl nach einem Gespräch mit Anton Rausch, seine illegale Schar der Gruppe „Roby" anzuschließen. Andreas Obernauer unternahm nun die Vorbereitungen zum organisatorischen Zusammenschluss der Widerstandsgruppen, wozu er mehrmals mit Rausch und anderen zusammentraf. Er warb auch weiterhin unter den Eisenbahnern in Innsbruck neue Mitglieder an und beriet sich öfter mit Werndl. Im Juni 1942 ließ er einen sowjetischen Fallschirmjäger bei sich nächtigen, den Werndl nach Wien brachte.

Obernauer wurde am 25. Juni 1942 verhaftet und gemeinsam mit mehreren führenden Mitgliedern der Gruppe „Roby" vor dem Volksgerichtshof angeklagt. Am 14. April 1944 verurteilte ihn der 6. Senat wegen „Vorbereitung zum Hochverrat in Tateinheit mit landesverräterischer Begünstigung" zum Tod. Andreas Obernauer wurde am 17. August 1944 in München-Stadelheim hingerichtet.[544]

Josef Pair kam am 21. Juli 1875 in Häring zur Welt. Er war Bezirksobmann der Sozialdemokratischen Partei in Kitzbühel, wo er für kurze Zeit auch den Posten des Vizebürgermeisters innehatte. Er wurde am 4. Februar 1942 im Zuge der Aufdeckung der linken Widerstandsgruppe „Roby" verhaftet und als einer der Organisatoren in Tirol enttarnt. Er war in Zusammenarbeit mit Leopold Tomschik ein wichtiger Verbindungsmann zur Zentrale in Berlin. Pair nahm an illegalen Besprechungen teil und warb neue Mitglieder für den Widerstand. Der 67-Jährige war den strapaziösen Verhören im Innsbrucker Polizeigefängnis nicht gewachsen und musste ins Krankenhaus Innsbruck eingeliefert werden. Josef Pair verstarb dort am 24. April 1942. Die offiziell ausgestellte Todesursache wurde mit „allgemeiner Herzmuskelschwäche und multiplen Lungeninfarkten" angegeben.[545]

Josef Pair (stehend 2.v.r.) im Kreis der Naturfreunde Kitzbühel 1921 (Foto Naturfreunde Kitzbühel)

Die 2015 angebrachte Gedenktafel im Weiheraum der Katharinenkirche für die Gefallenen des Zweiten Weltkrieges (Fotos Adah Gleich)

Viktor da Pont
(Foto Chronik Fritz
Kirchmair)[546]

Viktor da Pont wurde als Sohn eines eingewanderten Italieners am 12. August 1896 in Kitzbühel geboren, wo er als Friseur tätig war. Drei Jahre lang kämpfte er im Ersten Weltkrieg an der italienischen Front. Da Pont sympathisierte zunächst mit der Sozialdemokratischen Partei, trat aber 1932 der NSDAP bei. Im Juni 1941 machte ihn Johann Pair mit dem kommunistischen Agitator Robert Uhrig bekannt. In der Folge nahm da Pont an mehreren Treffen der Gruppe „Roby" teil. Er verwahrte

auch einen Koffer mit marxistischen Büchern, die Uhrig nach Kitzbühel mitgenommen hatte. Die Gestapo verhaftete da Pont im Februar 1942 und überstellte ihn vom 8. Jänner bis 23. September 1943 ins KZ Dachau. Obwohl da Pont nicht zu den eifrigsten Mitgliedern der Gruppe gezählt hatte, verurteilte ihn der Volksgerichtshof am 14. April 1944 in München zum Tod – offenbar war dafür seine Parteizugehörigkeit ausschlaggebend. Im Urteil hieß es, da Pont und der ebenfalls zum Tod verurteilte Hans Vogl hätten „dem Führer die Treue gebrochen und sich als Todfeinde des Nationalsozialismus verschworen". Die letzten Wochen seines Lebens verbrachte Viktor da Pont mit Georg Gruber in einer Zelle in München-Stadelheim, wo er am 30. Juni 1944 hingerichtet wurde.[547]

Anton Rausch kam am 6. November 1913 in Kirchbichl zur Welt. Er war Leiter der Konsumfiliale (später Tiroler Verbrauchsgenossenschaft) in Kitzbühel. Schon früh hatte er sich der Arbeiterbewegung angeschlossen und musste nach dem Februaraufstand 1934 einige Wochen in Haft verbringen. Nach Ansicht der Gestapo und des

Anton Rausch
(Foto Werner Rausch)

Volksgerichtshofes war er einer der führenden Köpfe jener kommunistischen Gruppe, die nach dem Decknamen ihres Berliner Initiators Robert Uhrig Gruppe „Roby" genannt wurde. Der Volksgerichtshof legte ihm zahlreiche Treffen während Uhrigs zweimaliger Aufenthalte in Tirol und dazwischen zur Last. Rausch nahm an Besprechungen in Mariastein, Kitzbühel, Windau, Hopfgarten im Brixental und Kufstein teil, wobei Rausch einige Personen für die Gruppe angeworben haben soll. Die Treffen dienten in erster Linie der Information über die politische Lage und den Anweisungen für die illegale Arbeit. Die Mitglieder zahlten Beiträge, übernahmen marxistische Schriften und warben weitere Mitglieder. In Berlin gelang es der Gestapo, Spitzel in die Organisation einzuschleusen; Robert Uhrigs zweite Tirol-Reise im Herbst 1941 wurde detailliert beobachtet. Die Gestapo nahm Anton Rausch am 4. Februar 1942 fest. Vom 7. Jänner bis zum 23. September 1943 verbrachte er seine Untersuchungshaft im KZ Dachau. Der 6. Senat des Volksgerichtshofes verurteilte ihn am 14. April 1944 in München „wegen organisatorischer und agitatorischer Vorbereitung zum Hochverrat in Tateinheit mit landesverräterischer Begünstigung" zum Tod. Anton Rausch wurde am 30. Juni 1944 in München-Stadelheim hingerichtet.[548]

Ignaz Zloczower wurde am 12. April 1876 in Horodenka, Iwano-Frankiwsk, in der heutigen Ukraine geboren. Die Stadt im historischen Galizien gehörte zur Habsburgermonarchie. 1930/31 wohnte er in Innsbruck und dann in Kitzbühel, wo er als Friseurgehilfe im Grand-Hotel arbeitete und in der Webergasse 13 wohnte. Die

Vermutung, dass er über Viktor da Pont mit dem Widerstand in Kontakt kam, liegt nahe, kann aber aus den Quellen nicht belegt werden. Über Zloczower, dessen Heimatzuständigkeit Wien war, ist wenig bekannt. Wegen seiner jüdischen Herkunft lieferte ihn die Gestapo am 15. Mai 1942 ins Innsbrucker Polizeigefangenenhaus ein, am 15. Juli 1942 überstellte sie ihn ins KZ Dachau, im Herbst wurde er im KZ Auschwitz-Birkenau ermordet. In einem Beschuldigten-Verzeichnis vom 18. Jänner 1943 meldete die Gestapo Innsbruck, dass Ignaz Zloczower am „01.11.1942 im Judenlager Auschwitz gestorben" sei.[549]

InitiatorInnen der Gedenktafel: Im September 2013 machte der Lehrer und Kulturpublizist Karl Prieler in der Kitzbüheler Stadtzeitung auf fünf Menschen aufmerksam, die wegen ihres Widerstandes gegen den Nationalsozialismus oder wegen ihrer jüdischen Herkunft ermordet worden waren. Er wollte Kitzbühel als Stadt positionieren, in der man sich viele Jahrzehnte nach Kriegsende auch dieser bis dahin weitgehend verdrängten Geschichte erinnert. Zwischen November 2013 und Jänner 2014 setzte sich Monika Skowronski in einer öffentlichen Gemeindeversammlung und einer Petition an den Gemeinderat für die Errichtung einer Gedenktafel für die von Prieler genannten Personen ein. Als Standort schlug sie den Schulpark vor, weil er zentral gelegen ist und die Gedenktafel in besonderem Maße die Jugend ansprechen sollte.

Im März 2014 machte sich Karl Prieler im Kulturausschuss des Gemeinderates für die Anbringung einer Gedenktafel in der Katharinenkirche stark, die 1950 im Stadtzentrum als Gedenkstätte für die im Zweiten Weltkrieg gefallenen Kitzbüheler eingerichtet worden war. An den Wänden im Innenraum sind die Namen der Soldaten auf Kupfertafeln zu lesen. Ebenfalls um 1950 hatten Sebastian Seissl und die Komponistin Maria Hofer die Errichtung eines Glockenspiels in der Kirche initiiert, das zwei Mal täglich erklingt, um zum Frieden zu mahnen und an die Gefallenen zu erinnern. Das Rundfenster mit dem Friedensengel über dem Eingang ist eine Schenkung der US-amerikanischen 42. Infanteriedivision („Regenbogendivision"), die Mitte Mai 1945 in Kitzbühel eingerückt war.

Durch die Einbeziehung der NS-Opfer würde ein „Ort des Ausgleichs und der Versöhnung" entstehen, wenn das Gedenken an Kitzbüheler und alliierte Kriegsopfer, an NS-Widerstandsopfer und Opfer rassischer Verfolgung an einem Ort vereint wären. Prieler überzeugte den Obmann des Kameradschaftsbundes und des Kaiserjägerbundes von seinem Vorhaben, auch der Pfarrer und der Kirchenrat stimmten zu. Karl Prieler war es auch, der den Text für die Gedenktafel verfasste. Am 15. September 2014 kam es zum Stadtratsbeschluss. Der Kunstschmied Heinz Sohler sorgte für die Ausarbeitung der kupfernen Gedenktafel, die am 6. November 2015 an der freien Wand neben dem Eingang in der Katharinenkirche angebracht wurde. Somit hatte die Stadt Kitzbühel ihr erstes antifaschistisches Erinnerungszeichen. Allerdings, auf einen offiziellen Einweihungsakt verzichtete sie. Karl Prieler stellte eine Gedenkmappe zusammen, die im Stadtarchiv aufliegt und an mehreren Standorten in Kitzbühel verfügbar ist:

„Es soll eine offene Mappe sein, die laufend ergänzt wird, wenn es neue Materialien oder Erkenntnisse gibt. Ich beginne mit der vorliegenden Entstehungschronik, den Biographien der Opfer, soweit bekannt, und einigen Textbeiträgen (z. B. von Herbert Rosendorfer). Ich will selbst die Augen offen halten nach weiteren Materialien (Bilder, Briefe, Dokumente, Berichte etc...) und lade jeden ein, der etwas dazu beitragen kann, mitzumachen. Die Beiträge sollen geprüft (...) und unter dem jeweiligen Namen der Person, die sie liefert, beigefügt werden.“[550]   ∎

Kössen

Gedenktafel für US-Luftwaffenangehörige im Habersautal

Text der Gedenktafel: „Am 2. März 1945 kam es hier in der Luft zu einer Kollision zweier amerikanischer Liberator-Bomber, die in der Folge im gegenüberliegenden Gelände der Lenzenkaralm abstürzten. Dabei verloren 19 Männer noch kurz vor Kriegsende ihr junges Leben. Nur einem einzigen Besatzungsmitglied, dem 1st Lt. Carl W. Langley war es beschieden, sich mit dem Fallschirm zu retten. Er wurde beim Zusammenstoß aus der Pilotenkanzel herausgeschleudert, konnte aber nach seiner Gefangenschaft in die USA zurückkehren.

Die Namen, die Fliegereinheiten und die Positionen der Verunglückten sind hier in christlichem Gedenken festgehalten. R. I. P. ‚Im Leid, im Tod, in der Trauer sind alle Menschen gleich.'"

Die beiden US-amerikanischen Liberator-Flugzeuge kollidierten während eines Unwetters, als sie sich auf dem Rückflug von einem Bombenangriff auf Linz befanden. Sie stürzten um 12 Uhr 52 im Habersauertal an der Gemeindegrenze zwischen Kössen und Walchsee ab. Ums Leben kamen: Earl W. Pooley, James Michelaros, George A. Fucillo, Albert C. Griffin, Adam L. Welgar, Charles W. Jones, Laverne R. Krueger, John N. Magness, Walter J. Kuszler, Walter Broker, Peter D. Lambros, Richard V. Miller, William J. Hafemeister, Paul E. Schultz, Henry Koprowski, William S. Kaukas, Doyle G. Sumner, Leegrand H. Koller, George L.

Ein Originalteil eines abgestürzten Flugzeugs bildet den Rahmen der kreuzförmigen Gedenktafel, auf der die Namen der verunglückten US-Soldaten mit einem Informationstext auf Deutsch und Englisch verewigt sind. (Foto Stefan Mühlberger)

Taylor. Ihre Leichname konnten erst nach Einsetzen der Schneeschmelze geborgen werden. Laut Aussage eines Bauern aus der Gegend der Absturzstelle sollen es einheimische Jugendliche gewesen sein, die vor Eintreffen der Bergungsmannschaft die Leichen ausgeplündert hatten.[551]

Initiatoren der Gedenktafel: Anlässlich des Gedenkens 60 Jahre Kriegsende und Befreiung vom Nationalsozialismus initiierten die Bürgermeister von Kössen und Walchsee, Stefan Mühlberger und Andreas Mayr, mit Roland Domanig und Jakob Mayer, die bei der historischen Recherche halfen, nahe der Absturzstelle die Aufstellung einer Gedenktafel, die an den Tod der US-amerikanischen Soldaten erinnert. Das Gedenkzeichen fertigte Hans Guggenberger, Sagzahnschmiede in Kramsach, an. Am 10. September 2005 segnete Pfarrer Karl Mitterer die Gedenkstätte in Anwesenheit der Abordnung von Soldatenkameradschaften von Kössen und Walchsee, von Gemeindevertretern und eines aus den USA angereisten Bruders eines der Soldaten, der ums Leben gekommen war.[552]

Den Initiatoren war daran gelegen, ein Zeichen des Friedens und der Versöhnung zu setzen. Für den Kössener Gemeinderat und FPÖ-Bezirksparteiobmann von Kitzbühel, Michael Haas, stellte dieses Gedenken einen „würdelosen Akt der Anbiederung an die Kriegsnation USA" dar und eine „Verhöhnung" der in der Kriegszeit „schwergeprüften" Tiroler Bevölkerung. Der Politiker blieb den Feierlichkeiten fern und begründete seinen Entschluss weiters so:

„*Die Amerikaner haben durch einen Bombenterror ohnegleichen einen völkerrechtswidrigen Krieg gegen unsere Frauen und Kinder geführt, der auch unzählige Einsatzkräfte von Rettung und Feuerwehr das Leben kostete. Daß unsere eigenen Politiker die Amerikaner dafür noch mit Gedenktafeln ehren, löst bei großen Teilen der Bevölkerung tiefes Unverständnis und Unbehagen aus (...). Es ist jedoch kein Wunder, daß die Mitglieder von Schützenvereinen und des Kameradschaftsbundes über diese unnötige Fleißaufgabe der beiden ÖVP-Bürgermeister alles andere als glücklich sind (...). Das Ehrengrab des österreichischen Fliegerasses Major Walter Nowotny wurde aufgelassen und geschändet, unserer vor dem Feind gebliebenen Väter und Großväter sollen wir nicht gedenken dürfen, aber den Amerikanern, die nach wie vor Kriege führen, sollen wir Denkmäler errichten?*"[553]

Walter Nowotny war ein aus Österreich stammender Burschenschafter und Jagdflieger der deutschen Luftwaffe, der sich schon vor 1938 für den Nationalsozialismus engagierte und im Krieg 258 Abschüsse verzeichnete. 2003 wandelte die Stadtregierung sein Ehrengrab im Wiener Zentralfriedhof in ein einfaches Soldatengrab um, wo seitdem Rechtsextreme sowie die Jugend- und Studentenorganisation, aber auch namhafte Abgeordnete der FPÖ alljährlich Feierlichkeiten abhalten.[554]

Im Frühjahr 2017 entfernten unbekannte Täter mit erheblichem Aufwand die Gedenktafel für die abgeschossenen US-Luftwaffenangehörigen im Habersautal. Am 16. Juni 2018 wurde sie wieder angebracht.[555] ∎

Kramsach

Gedenktafel für Walter Caldonazzi an der Außenmauer des Kunstforums Troadkastn am Walter-Caldonazzi-Platz

Ing. Walter Caldonazzi kam am 3. Juni 1916 in Mals, Südtirol, zur Welt. Er gehörte seit seiner Gymnasialzeit in Kufstein der katholischen Mittelschulverbindung Cimbria an. Während seines Studiums trat er der katholischen Hochschulverbindung Amelungia bei. Vor 1938 war Caldonazzi Mitglied der Heimatwehr. Er engagierte sich führend am Aufbau einer Widerstandsgruppe in Wien, die das Ziel verfolgte, Mitglieder aus allen politischen Lagern zu sammeln und einen selbstständigen, monarchistisch regierten Staat Österreich unter Einschluss von Bayern und Südtirol zu bilden. Caldonazzi initiierte eine Zelle dieser Widerstandsgruppe in Kramsach, die sich aus Arbeitern und Angestellten des Messingwerkes Achenrain (spätere Raspe-Werke) zusammensetzte. Auch sein Vater Rudolf betätigte sich aktiv. Caldonazzi beschmierte das Haus eines Deutschen in Wien mit der Parole: „Österreich den Österreichern! Piefke hinaus! Nazibonze!" Er besorgte Wehrmachtsangehörigen ein fiebertreibendes Mittel, um so ihre Rückkehr an die Front zu verhindern. Darüber hinaus verfertigte Caldonazzi Pläne

Walter Caldonazzi (links) mit seiner Schwester und den Eltern (Foto DÖW Wien)

von Rüstungsbetrieben, um den Alliierten lohnende Ziele für Bombardierungen zu verraten. Er wurde am 25. Februar 1944 festgenommen. Der Volksgerichtshof verurteilte Caldonazzi nach den Hauptverhandlungen am 27. und 28. Oktober 1944 wegen der Vorbereitung zum Hochverrat, der Feindbegünstigung, der Spionage und der Wehrkraftzersetzung zum Tode. Walter Caldonazzi wurde am 9. Jänner 1945 in Wien mit dem Fallbeil hingerichtet.[556]

Gedenktafel aus dem Jahr 2007 auf der Außenmauer des Kunstforums Troadkastn am Walter-Caldonazzi-Platz (Foto Gisela Hormayr)

InitiatorInnen der Gedenktafeln: „Niemals hätte ich gedacht, dass die Aufarbeitung dieser Thematik auch heute noch auf derartige Widerstände und Konfrontationen stößt. Warum wir als Kunstfreunde uns damit beschäftigen? Weil es sonst niemand tut!", begründete Martin Seiwald, Obmann der „Freunde zeitgenössischer Kunst" in Kramsach (Kunstforum Troadkastn), die Initiative, seit 2003 zahlreiche Veranstaltungen zur Aufarbeitung der NS-Zeit in Angriff genommen zu haben. Im März 2007 verfolgte der Kunstverein in Verbindung mit der Ausstellung „Humanismus gegen Faschismus" ein spezielles Ziel. Die Arbeit des Vorstandes – Karin Friedrich, Herbert Luger, Ilse Geiger, Martin Seiwald, Brigitte und Alois Schild sowie die Kulturreferentin von Kramsach, Walburga Brunner – führte zum erhofften Erfolg: Am 4. Juli 2007 konnten Martin Seiwald und Bürgermeister Manfred Stöger zwei Gedenktafeln enthüllen, die nebeneinander montiert sind: Die eine benennt einen Platz bei der Mariataler Postbrücke nach Caldonazzi, die andere erinnert an das Schicksal des Widerstandskämpfers. Die künstlerische Gestaltung übernahm der Bildhauer Alois Schild.[557]

Monument in Form einer Metallskulptur für 61 ermordete Mitmenschen im Skulpturenpark

1938 schlossen die NS-Behörden Heim und Schule der Barmherzigen Schwestern für Mädchen mit Behinderung in Kramsach-Mariatal. 1939 brachten sie dort Kinder mit intellektuellen Defiziten und schweren Beeinträchtigungen aus Heimen von Eugendorf bei Salzburg, St. Anton bei Bruck, Fügen und Mils bei Hall unter und nannten das Heim „Idiotenanstalt". Hans Czermak, der Leiter der Abteilung Volkspflege der Reichsstatthalterei Tirol-Vorarlberg, kam 1941 in Begleitung der Leiter des Gaufürsorgeverbandes und des Gesundheitsamtes Kufstein in die Anstalt, um Kinder für den Abtransport auszuwählen. Der Protest von Schwester Anna Bertha Königsegg, die als Visitatorin dem Mutterorden der Barmherzigen Schwestern in Salzburg vorstand, war vergeblich, die Gestapo verhaftete sie. 50 Kinder und Jugendliche und elf PatientInnen über 20 Jahre wurden am 23. Mai 1941 in zwei Busse verfrachtet, nach Schloss Hartheim bei Linz deportiert und dort getötet.[558] Alberta Berchtenbreiter, die Leiterin der Anstalt Mariatal stellte fest: „Unter den abtransportierten Kindern waren eine Reihe von Kindern, die sehr viel gearbeitet haben und wertvoller waren als mancher Dienstbote. Ich habe dringend gebeten, man solle diese Kinder hier lassen, es wurde jedoch nicht bewilligt."[559] Zum Abtransport sagte sie aus:

> *„Ein ganz braver Bub mit 6 Jahren wurde von der Tante abgeholt. Beim Ausgang wurde ihr der Kleine weggerissen und ins Auto verbracht. Ein 14-jähriger Bub verkroch sich im Dach, wo die Männer nicht hin konnten. Alle Kunst, ihn heraufzubringen, war vergeblich. Eine Schwester mußte den Versuch machen: Als er die Schwester sah, kam er von selbst herauf – um das Los der anderen zu teilen. Ein 16-jähriger Bub lag schwer krank im Bett. Ich bat den Kleinen dazulassen, er sterbe ja ohnehin gleich. Es war umsonst. (...) und alle Kinder (...) wurden mit Gewalt und gegen unseren Einspruch weggebracht. Die Kinder haben geweint und gejammert und als sie in den Omnibussen untergebracht worden waren, hörte man die Kinder nicht mehr, sondern wurde es alsbald ganz still. Ich nehme an, bzw. hat es uns damals den Anschein erweckt, dass den Kindern damals irgendwelche Einspritzungen verabreicht wurden."[560]*

Metallskulptur: Das Steckenpferd des Diktators. Monument für 61 ermordete Mitmenschen (Foto Alois Schild)

Hans Czermak verteidigte sich als einer der Hauptverantwortlichen nach dem Krieg so: „Der Zustand der Kinder in Mariathal war ein solcher, dass jede Intervention von meiner Seite auf energische Ablehnung gestossen wäre, da dies einer Sabotage der ganzen Aktion gleichgekommen wäre." Seine Wahrnehmung anlässlich einer Inspektion von Mariatal sei ihm „unvergesslich" gewesen, „denn hier sah ich die bedauernswertesten aller Wesen, die weit unter dem animalischen Niveau nur mehr dahinvegetierten." Gegenüber der Anstaltsleiterin bemerkte er, „dass wohl ein ‚eigener Magen' dazu gehöre, ständig bei diesen Kindern zu sein und sich um solche nichtswürdige Wesen anzunehmen."[561]

Die Schwestern versuchten, Kinder von der Transportliste zu streichen, um sie so zu retten, stießen aber bei Czermak auf wenig Verständnis. Entgegen den Behauptungen Czermaks befanden sich unter den Ermordeten auch Menschen mit geringfügigen Krankheitssymptomen.

Initiator der Metallskulptur: Seit 1993 betreiben die „Freunde zeitgenössischer Kunst" einen Skulpturenpark in Kramsach, der sich auf einer ebenen Wiesenfläche befindet, zwischen einem steil bewaldeten Berghang und der Brandenberger Ache. Dort hat Alois Schild seine Großplastiken aufgestellt. Im Auftrag des Mobilen Hilfsdienstes (MOHI) Tirol schuf Schild 1995 die Metallskulptur „Eiserner Wagen mit unsportlichen Lebewesen", die Bezug nahm auf die Ermordung von Menschen mit Behinderung in der NS-Zeit. Ein eingearbeitetes Hakenkreuz sorgte für derartiges Aufsehen, dass das Kunstobjekt nach wenigen Stunden verhüllt werden musste. Nach mehreren Überarbeitungen entstand aus der Skulptur bis 2003 „Das Steckenpferd des Diktators. Monument für 61 ermordete Mitmenschen". Die Kunstfreunde hatten das „Jahr der Behinderten" zum Anlass für ein Projekt genommen, das historische Ereignisse mit gegenwärtigen Verhältnissen verband. Es thematisierte die NS-Euthanasie und die aktuelle Situation von Menschen mit Behinderung. Finanzielle Unterstützung durch die TKI open, einer Förderschiene der „Tiroler Kulturinitiativen/IG Kultur Tirol", und den Bund ermöglichte die Verwirklichung des Projekts.

Auf der Metallskulptur in Erinnerung an die Ermordeten finden sich die Vornamen der Opfer. Die Betonung der Vornamen und der Verzicht auf die Nennung der Nachnamen sollte nach Absicht von Alois Schild unterstreichen, dass die von Kramsach in die Tötungsanstalt Hartheim deportierten Menschen überwiegend Kinder und Jugendliche waren. Der Kunstverein übergab die Skulptur in einer dreitägigen Veranstaltung mit dem Titel „Heimat bist du großer Söhne (einmal und nie wieder)" vom 13. bis 15. Juni 2003 der Öffentlichkeit. KünstlerInnen unterschiedlicher Sparten, SchülerInnen der Landessonderschule Kramsach-Mariatal und der Volksschulen Kramsach und Reith im Alpbachtal präsentierten Lesungen, Tänze, Installationen, Performances, Musicalausschnitte, die Uraufführung eines Musikwerkes und Land-Art-Objekte. Laut Alois Schild sollte „durch ein Kunstprojekt ein gegenwärtiger und aktueller Ort des Dialogs, des Lernens, des Erinnerns, des Erfahrungsaustausches und der Verständigung geschaffen werden". Die Bedenken, die Schild und die „Kunstfreunde" mit der Thematisierung der NS-Zeit in der Bevölkerung, vor allem aber in der Gemeindestube ausgelöst hatten, wichen einer zunehmenden Akzeptanz. Die Eduard-Wallnöfer-Stiftung der Tiroler Industrie zeichnete das Gesamtprojekt im Dezember 2003 in der Kategorie „mutigste Initiative zum Wohle unseres Landes" aus.[562] ∎

Kufstein

Inschrift für Opfer des Widerstandes – Adele Stürzl, Walter Caldonazzi, Georg Gruber, Anton Obholzer, Ernst Ortner, Thomas Salvenmoser und Franz Wurzenrainer – am Gefallenendenkmal im Soldatenfriedhof des Stadtfriedhofs

Das Gefallenendenkmal vereinigt die Erinnerung an die ums Leben gekommenen Soldaten der Deutschen Wehrmacht, der Bombenopfer und der Opfer des Widerstandes. (Foto Gisela Hormayr)

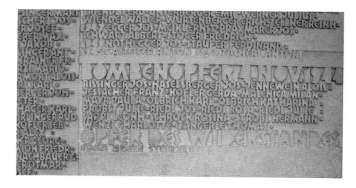

Seit 1987 ist Adele Stürzl als Widerstandskämpferin am Denkmal erwähnt. (Foto Gisela Hormayr)

Im Spätherbst 2016 erweiterte die Stadt Kufstein das Denkmal um fünf Namen zu Tode gekommener Widerstandskämpfer. (Foto Gisela Hormayr)

Adele Stürzl
(Foto DÖW Wien)

Adele Stürzl, geboren am 23. November 1892 in Wien, hatte eine schwere Kindheit erlebt, von der sie sich schon als junges Mädchen emanzipierte. Im Mai 1918 kam sie frisch vermählt nach Kufstein, wo ihr revolutionärer Geist schnell zur Geltung kam, als sie eine Lohnerhöhung für die Arbeiterinnen in der Munitionsfabrik durchsetzte. Sie engagierte sich zunächst in der SPÖ, dann in der KPÖ. Auch nach dem Verbot der KPÖ durch die autoritäre österreichische Regierung arbeitete Stürzl weiter und wurde erstmals im Sommer 1933 für kurze Zeit verhaftet; 1934 bereits für ein halbes Jahr und 1935 nochmals für zwei Monate. Da sie in Kufstein als Kommunistin zu gut bekannt war, stellte sie die Parteiarbeit nach der NS-Machtübernahme offenbar vorübergehend ein. Als Adele Stürzl Ende Juni 1942 festgenommen wurde, warf man ihr gleich einen ganzen Strauß von Widerstandshandlungen vor – sie habe einen Deserteur außer Landes bringen und eine Hungerdemonstration am 1. Mai organisieren wollen, zudem sei sie Mitglied einer kommunistischen Widerstandsgruppe. Tatsächlich hatte Stürzl Gelder für zurückgekehrte Spanienkämpfer gesammelt; illegale Treffen von Kommunisten fanden in ihrem Haus statt, wurden aber von ihrem Untermieter Georg Faé organisiert. Während sich Stürzl von organisatorischen Aufgaben in dieser Gruppe zurückhielt, war sie an anderen Widerstandshandlungen führend beteiligt: So versuchte sie noch im April 1942 einem Deserteur zur Flucht in die Schweiz zu verhelfen und für den 1. Mai 1942 eine „Hungerdemonstration" zu organisieren, bei der sich Hausfrauen mit leeren Einkaufskörben am Kufsteiner Stadtplatz versammeln sollten.

Am 11. November 1942 verurteilte das Sondergericht Innsbruck Adele Stürzl wegen der versuchten Fluchthilfe für den Deserteur zu vier Jahren Zuchthaus; sie verblieb aber in der Innsbrucker Haftanstalt bis kurz vor Beginn des Prozesses gegen die linke Widerstandsgruppe „Roby". Der Vorsitzende des 6. Senats des Volksgerichtshofes warf ihr vor, so ein Augenzeuge, „sie sei eine alte, fanatische Kommunistin mit dem einzigen Bestreben, die Arbeiter aufzuhetzen und unzufrieden zu machen. Das Motiv ihrer politischen Tätigkeit sei der Haß gegen Ordnung und Eigentum." Adele Stürzl verwies dagegen „auf ihre soziale Einstellung, denn ihr ganzes Trachten ging dahin, den Armen und Ärmsten zu helfen". Der Volksgerichtshof verurteilte Adele Stürzl am 14. April 1944 zum Tod. Derselbe Augenzeuge berichtet weiter: „Das große Leid hat ihren Geist während der Kerkerzeit verdunkelt – trotzdem blieb ihr das Schafott in Stadelheim nicht erspart."[563] Adele Stürzl wurde am 30. Juni 1944 in München hingerichtet.[564]

Geheime Burschung von Walter Caldonazzi (stehend rechts) in einer Wiener Privatwohnung, 28. Juni 1938. Er wurde am 9. Jänner 1945 in Wien hingerichtet. (Foto KÖHV Amelungia Wien)

Georg Gruber kam am 16. Jänner 1915 in Kufstein zur Welt. Er trat schon als 14-Jähriger der Sozialdemokratischen Arbeiterjugend bei, deren Kassier er war. Mitte Juni 1941 warb ihn Anton Rausch, mit dem er schon seit 1935 bekannt war, für die linke Widerstandsgruppe „Roby". Gruber beteiligte sich an der Organisierung eines Treffens in Kufstein und warb weitere Mitglieder an. Er nahm an mehreren Treffen teil und hob ab Anfang 1942 auch Beiträge ein. Obwohl die Gestapo bereits im Februar 1942 mehrere Brixentaler Mitglieder dieser Gruppe verhaftet hatte, blieben die Kufsteiner Mitglieder offenbar noch einige Zeit unentdeckt. Gruber und Adi Horejs, die organisatorisch die Kufsteiner Gruppe führten, stellten im April ihre illegale Tätigkeit ein. Am 25. Juni 1942 wurden schließlich fünf Mitglieder aus Kufstein verhaftet, darunter auch Gruber. Vom 8. Jänner bis 23. September 1943 war er im Konzentrationslager Dachau, anschließend im Gefängnis München-Stadelheim inhaftiert. Der Prozess vor dem Volksgerichtshof fand am 13. und 14. April 1944 in München statt. Am 30. Juni 1944 wurde Georg Gruber hingerichtet.[565] In einem Abschiedsbrief schrieb er: „Mein Freund Hans Vogl und ich verbringen gemeinsam unsere letzten Stunden. Ihr könnt mir glauben, der Tod schreckt uns nicht, ich sterbe nicht schwer. Tausende sterben heute, die nicht wissen, warum – wir sterben wenigstens für unsere Überzeugung."[566]

Anton Obholzer, geboren am 21. April 1893 in Linz, lebte bis 1938 mit seiner Frau und seinen sechs Kindern als Lehrer und Gemeindesekretär in Gerlos. 1938 zog die Familie nach Kufstein. Unmittelbar vor der Befreiung durch die US-Armee kam es in Kufstein noch zu Kämpfen zwischen der lokalen Widerstandsbewegung und SS-Einheiten. Am Nachmittag des 3. Mai 1945 versuchten SS-Männer, eine bereits gehisste österreichische (oder Tiroler) Fahne am Haus des Kaminkehrers Andreas Sappl am Franz-Josefs-Platz in Kufstein zu entfernen. Revierinspektor Johann Pichler begab sich mit einem Kollegen vor das Haus, nachdem Obholzer ihn über eine Menschenansammlung informiert hatte. Der Inspektor forderte einen der SS-Männer, der eine Pistole in der Hand hielt, auf, die Waffe abzugeben. Obholzer stand zwischen den beiden und versuchte zu vermitteln, als es zu einem Schusswechsel kam und sowohl Obholzer als auch der SS-Mann tödlich getroffen wurden. Obholzer hatte einen Kopfschuss erlitten. Erst zwei Monaten nach den Ereignissen kam es zu Ermittlungen. Ob der SS-Mann Obholzer erschossen hatte oder irrtümlich der Revierinspektor, ob einer der vier Anwesenden, darunter zwei Söhne Obholzers, den SS-Mann getötet hatten, wie sie für sich reklamierten, blieb ungeklärt.[567]

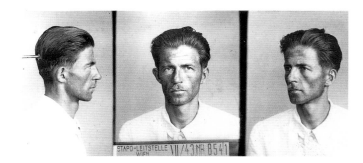

Ernst Ortner, Fotoserie der Gestapo Wien 1943 (Foto DÖW Wien)

Ernst Ortner, geboren am 1. September 1914 in Innsbruck, wuchs in Lienz auf und war seit seiner Gymnasialzeit in Kufstein Mitglied der katholischen Mittelschulverbindung Cimbria. 1934 wurde er Berufssoldat im Österreichischen Bundesheer. Zuvor gehörte er der Heimatwehr an. Während der NS-Zeit diente er in der Deutschen Wehrmacht als Oberfeldwebel der Luftwaffe. Ab 1941 war Ortner nach seiner Bekanntschaft mit dem Unteroffizier der Luftwaffe Eduard Pumpernig, der wie er in Klagenfurt stationiert war, Mitorganisator einer Widerstandsgruppe. Im März 1942 kam es unter Beisein Ortners zu einer Besprechung, bei der die Gruppe sich den Namen „Antifaschistische Freiheitsbewegung Österreichs" (AFOe) gab. Dadurch sollten nicht nur monarchistische, sondern auch linke Kreise angesprochen werden. Die Tätigkeit dieses Widerstandes erstreckte sich besonders auf Klagenfurt und Wien, aber auch auf andere Orte in Österreich. Ortner war Verbindungsmann zur Gruppe in Lienz. Er warb in Osttirol Mitglieder an und reiste nach Lienz, um Flugzettel antinationalsozialistischen Inhalts zur Verbreitung zu übergeben. Ferner besorgte Ortner ein russisches Militärgewehr mit 100 Patronen. Im Juni/Juli 1943 wurde die Antifaschistische Freiheitsbewegung enttarnt, Ortner selbst am 20. Juli festgenommen und ins Wiener Landesgerichtliche Gefängnis gebracht. Wegen Vorbereitung zum Hochverrat im Sinne der Errichtung einer habsburgischen Monarchie, Wehrkraftzersetzung und Feindbegünstigung wurde er vom Volksgerichtshof aufgrund der Hauptverhandlung vom 9. bis 11. August 1944 zum Tode verurteilt. Besonders angeführt wurde bei ihm, dass er als Wehrmachtsangehöriger den Eid auf Hitler „schmählich gebrochen" habe. Ernst Ortner wurde am 22. März 1945 in Wien enthauptet.[568]

Thomas Salvenmoser
(Foto Helmut Salvenmoser)

Thomas Salvenmoser, geboren am 6. Februar 1895 in Scheffau, war Eisenbahner und lebte mit seiner Familie in Kufstein. Er gehörte zum Bekanntenkreis von Adele Stürzl, ohne sich selbst politisch zu betätigen. Am 11. November 1942 befand ihn das Sondergericht Innsbruck gemeinsam mit Stürzl und zwei weiteren Angeklagten des Vergehens der Wehrkraftzersetzung für schuldig und verurteilte ihn zu zehn Monaten Gefängnis. Salvenmoser hatte auf Ersuchen Stürzls einen Brief an die Sozialistin Adele Obermayr überbracht, in der diese um Hilfe bei der Suche nach einer Fluchtmöglichkeit für einen Deserteur gebeten wurde. Aufgrund dieser Verurteilung entließ ihn die Deutsche Reichsbahn wenig später. Seine Ehefrau Elisabeth Salvenmoser war im Juni 1942 im Zusammenhang mit der Zerschlagung der Widerstandsgruppe um Anton Rausch und Adele Stürzl verhaftet und im April 1944 zu einer Gefängnisstrafe von einem Jahr und sechs Monaten verurteilt worden. Im Zusammenhang mit diesen Ermittlungen kam es auch gegen Thomas Salvenmoser erneut zu einer Anklage wegen fortgesetzten Abhörens ausländischer Radiosender. Das Oberlandesgericht Wien verhängte über ihn am 13. September 1944 eine Gesamthaftstrafe von einem Jahr und zehn Monaten. Zwei Tage später verstarb Salvenmoser im Landesgerichtlichen Gefangenenhaus Innsbruck an einem Schlaganfall.[569]

Franz Wurzenrainer kam am 13. November 1892 in Häring zur Welt. Er stammte aus einfachen Verhältnissen und verdiente seinen Lebensunterhalt nach Abschluss der Volksschule als Hilfsarbeiter. Im Ersten Weltkrieg geriet er in russische Kriegsgefangenschaft, aus der er 1918 fliehen konnte. Nach seiner Rückkehr lebte er in Kufstein und trat dort zunächst der SPÖ bei. Ab 1930 war er Mitglied der KPÖ und gehörte zum Umfeld von Adele Stürzl. Er nahm immer wieder an den Sitzungen der Gruppe teil, die sich nach 1938 um Stürzl und Georg Faé gebildet hatte und war über den Besuch des Berliner Kommunisten Robert Uhrig in Kufstein, der den linken Widerstand in Tirol zu organisieren versuchte, informiert; offenbar jedoch ohne ihn persönlich kennenzulernen. Seine Verhaftung erfolgte im September 1942, gemeinsam mit zwei weiteren Kufsteinern, die ebenfalls der Widerstandsgruppe um Stürzl und Anton Rausch zugerechnet wurden. Im April 1944 stand Wurzenrainer in München-Stadelheim vor dem 6. Senat des Volksgerichtshofes, angeklagt der Vorbereitung zum Hochverrat. In der Verhandlung reduzierte sich der konkrete Tatvorwurf auf das wiederholte Abhören von Feindsendern und die Bezahlung eines Mitgliedsbeitrages für die KPÖ. Vor dem Todesurteil bewahrte ihn die günstige Beurteilung seiner Persönlichkeit durch den ermittelnden Gestapobeamten, der sich das Gericht anschloss und eine Zuchthausstrafe von sieben Jahren verhängte. Zur Verbüßung seiner Strafe wurde Wurzenrainer am 20. Mai 1944 nach Straubing überstellt. Einer Eintragung im dortigen Gefangenenbuch zufolge verstarb er wenige Wochen später am 14. Juni 1944 aus nicht näher geklärter Ursache im Spitalstrakt des Gefängnisses.[570]

InitiatorInnen der Gedenktafel: Seit den frühen 1970er Jahren bemühte sich Karl Mandler, Obmann der Sozialdemokratischen Partei Kufsteins von 1930 bis 1932 und Vorsitzender des „Bundes der Opfer des politischen Freiheitskampfes" nach 1945, um öffentliche Anerkennung für Adele Stürzl. Auf seine Initiative hin wurde 1987 im Kufsteiner Soldatenfriedhof an der Gedenktafel für die Gefallenen beider Weltkriege und für die Bombenopfer des Zweiten Weltkrieges eine zusätzliche Inschrift angebracht: „Opfer des Widerstandes – Adele Stürzl 1944". Zudem erreichte er, dass der Stadtrat von Kufstein am 20. September 1993 eine Wegbenennung im Ortsteil Weissach nach der Widerstandskämpferin beschloss.

Als das Offene Grüne Forum mit Gemeinderat Andreas Falschlunger in der Gemeinderatssitzung vom 29. April 2015 beantragte, im Festungsneuhof eine Gedenktafel für weitere lokale WiderstandskämpferInnen zu errichten, reagierte der Kulturausschuss abschlägig, da er die eingereichten Unterlagen als unzureichend erachtete und sich als nicht zuständig sah. Verantwortlich für den Neuhof wäre der Festungsvermarkter Top City. Vizebürgermeister Walter Thaler (FPÖ), Kulturreferent der Stadt, der bei dieser Ausschusssitzung nicht anwesend war, erhob die Frage, „warum wir eine Tafel für einen Innsbrucker oder Scheffauer anbringen sollen". Die Historikerin Gisela Hormayr und Dietmar Wieser vom Heimatkundeverein hatten die Liste der WiderstandskämpferInnen erstellt, die alle einen deutlichen Kufstein-Bezug aufweisen. FPÖ-Gemeinderat Anton Frisch sprach von einem „grünen, untauglichen Antrag zur Ausstellung von Gedenktafeln von Widerstandskämpfern einer längst vergangenen Ära". Daraufhin regte Altbürgermeister Siegfried Dillersberger (FPÖ) in einem Mail an Bürgermeister Martin Krumschnabel (Parteifreie) an, die bereits existierende Tafel für die Opfer des Widerstands, auf der die Widerstandskämpferin Adele Stürzl genannt wird, zu ergänzen. Der Kufsteiner Stadtrat griff den Vorschlag mit Beschluss vom 6. Juli 2015 auf. Im Frühjahr 2016 wurde die Gedenktafel erweitert, Fehler die sich eingeschlichen hatten, konnten im Herbst richtiggestellt werden. Eine offizielle Feierlichkeit gab es nicht.[571]

Gedenktafel für Walter Caldonazzi und Ernst Ortner am Unteren Stadtplatz 10

Die Katholische Mittelschulverbindung Cimbria Kufstein brachte zu ihrem 70. Stiftungsfest am 21. Oktober 1989 am Haus ihres Alten Herrn Fritz Zanier eine Gedenktafel für ihre in der NS-Zeit ermordeten Mitglieder Walter Caldonazzi und Ernst Ortner an.[572]
(Foto Gisela Hormayr)

Gedenkstele
für die ums Leben gekommenen Mitglieder des ÖCV und für Walter Caldonazzi im Festungsneuhof

Nach Beschluss des Österreichischen Cartellverbandes 2002 enthüllte der Tiroler Altlandeshauptmann Bundesbruder Alois Partl (ÖVP) anlässlich der Cartellversammlung des ÖCV in Kufstein, zu der Bundeskanzler Wolfgang Schüssel (ÖVP) und rund 1.000 Festgäste angereist waren, am 11. Mai 2002 den Gedenkstein. Die Prinzipien des Cartellverbandes sind auf den vier Seiten des Sockels eingraviert: religio – patria – scientia – amicitia (Religion – Vaterland – Wissenschaft – Freundschaft). Der Festungshof mit dem Gedenkstein ist seit der Neugestaltung des Eingangsbereichs 2015 abgesperrt und nur mehr nach Entrichtung einer Eintrittsgebühr zugänglich.[573]

Fotos links und links unten: Gedenkstein des Österreichischen Cartellverbandes (ÖCV) für seine in der NS-Zeit umgekommenen Mitglieder und speziell für Walter Caldonazzi (Fotos Gisela Hormayr)

Unten Mitte: Ehemaliger Standort des Gedenksteins am Fuße der Festung (Foto KÖHV Amelungia Wien)

Unten rechts: Cover der Publikation der Amelungia Wien 2009, herausgegeben anlässlich der Einweihung eines Gedenksteines für den Widerstandskämpfer am Walter-Caldonazzi-Platz in Wien-Hietzing am Tag des Stiftungsfestkommerses am 14. Juni 2008 (Foto KÖHV Amelungia Wien)

Adele-Stürzl-Weg

Die Benennung des Weges nach der Widerstandskämpferin geht auf die Initiative von Karl Mandler, Obmann
der Sozialdemokratischen Partei Kufsteins von 1930 bis
1932 und Vorsitzender des „Bundes der Opfer des politischen Freiheitskampfes" nach 1945, zurück, der seit
den frühen 1970er Jahren um eine öffentliche Anerkennung Adele Stürzls bemüht war. Im September 1993
beschloss der Stadtrat von Kufstein die Widmung der
Verkehrsfläche.[574]

Der Adele-Stürzl-Weg liegt im Kufsteiner Ortsteil Weissach.
(Foto Gisela Hormayr)

Adele Stürzl (links), hingerichtet am 30. Juni 1944 in München, mit Adele Obermayr und deren
Mann (Foto Adele Obermayr jun.)

Prof.-Harald-Pickert-Weg

Harald Pickert kam am 29. Jänner 1901 in Leitmeritz (Litoměřice) im nördlichen Böhmen zur Welt, wo auch seine Eltern Karl und Dolores Pickert geboren sind, die sich 1903 in Kufstein niederließen. Das Unternehmen der Familie Pickert, ein Ende des 19. Jahrhunderts gegründeter Verlag, wurde jedenfalls weitergeführt, während Karl Pickert sich in Kufstein eine zweite Existenz als Rechtsanwalt aufbaute. Die Begabung des Sohnes Harald Pickert als Maler und Grafiker wurde früh offenkundig. Er studierte in München bzw. Wien und nahm mit Erfolg an Ausstellungen teil. Im November 1928 meldete das Salzburger Volksblatt den Erwerb von sechs Radierungen Pickerts durch den Bayerischen Staat für die Graphische Sammlung der neuen Pinakothek. Etwa um diese Zeit kehrte er aus nicht näher bekannten Gründen nach Leitmeritz zurück, um im Familienunternehmen zu arbeiten. Sein Vater Karl, bekannt für seine NS-kritische Haltung, verlor unmittelbar nach dem Anschluss seine Zulassung als Anwalt, wurde bald darauf festgenommen und mit dem zweiten Transport von Tiroler Häftlingen im Juni 1938 ins KZ Dachau deportiert. Nach seiner Entlassung im April 1939 beging er in Leitmeritz, möglicherweise aus Furcht vor einer neuerlichen Verhaftung, am 9. Dezember 1940 Selbstmord. Zu diesem Zeitpunkt war sein Sohn Harald längst in Haft wegen staatsfeindlicher und wehrkraftzersetzender Haltung, auch weil er sich geweigert haben soll, an einer Ausstellung im Haus der Kunst in München teilzunehmen. Er überlebte Aufenthalte in den Konzentrationslagern Sachsenhausen, Dachau und Mauthausen mit mehreren Überstellungen in Außenkommandos wie Gusen oder Augsburg. Über seine Erfahrungen sprach er nach seiner Rückkehr im April 1945 nicht.

Einige wenige Blätter mit Motiven aus dem Lageralltag waren im Rahmen einer Ausstellung in Kufstein im August 1946 zu sehen, gerieten aber rasch

Harald Pickert
(Foto Guntram Pickert)

Pickert-Weg im Ortsteil Weissach (Foto Gisela Hormayr)

wieder in Vergessenheit. Harald Pickert verstarb am 6. September 1983 in Mödling, wo sein Sohn wohnte, als anerkannter Grafiker und Maler; begraben ist er in Kufstein. Zeichnungen und Skizzen aus der Zeit seiner mehr als fünf Jahre währenden Inhaftierung in Konzentrationslagern blieben bis zu ihrer Entdeckung 2015 verborgen. Sie stellen das bislang einzige Zeugnis eines Tiroler Künstlers dar, der den Lageralltag am eigenen Leib zu verspüren bekam und für die Nachwelt zu dokumentieren suchte.[575]

Initiator des Weges: Am 20. September 1993 beschloss der Kufsteiner Stadtrat zwei Wegbenennungen im Ortsteil Weissach: eine nach Adele Stürzl, die andere nach Harald Pickert.[576]

Landeck

Porträt von Otto Neururer mit Informationstafel in der Pfarrkirche im Stadtteil Perjen

Blick in die Pfarrkirche Landeck-Perjen mit dem Porträt von Pfarrer Otto Neururer und dem Text des Künstlers zu seinem Bild. Das Porträt ist ein Offsetdruck des Originals von Elmar Peintner, das in sich der Pfarrkirche Imst befindet. Der Kapuzinerpater Dekan Erich Geir forderte das Porträt an. Es wurde 1999 aufgehängt, aber nicht feierlich enthüllt. (Fotos Gunther-Maria Ehlers)

GEDANKEN ZUM BILD OTTO NEURURER´S VON ELMAR PEINTNER:

SCHON SEIT CA. 15 JAHREN BIN ICH EIN VEREHRER VON OTTO NEURURER. DAMALS BEKAM ICH VON EINEM FREUND DAS BUCH VON H.H. DR. HELMUT TSCHOL „OTTO NEURURER – PRIESTER UND BLUTZEUGE" GESCHENKT. DAS LEBEN UND STERBEN DIESES MENSCHEN BEWEGTE MICH ZUTIEFST. FÜR SEINEN EINSATZ FÜR DIE CHRISTLICHE EHE KAM ER IN DIE KONZENTRATIONSLAGER DACHAU UND BUCHENWALD. ER NAHM SICH AUCH IM KZ SEINER MITGEFANGENEN BRÜDERLICH AN UND GAB EIN ZEUGNIS SEINES UNGEBROCHENEN GLAUBENS. AM 30 MAI 1940 STARB ER DEN MÄRTYRERTOD.

MIT MEINEM PORTRAIT WOLLTE ICH DEN AUSSPRUCH CHRISTI: „ WER MEIN JÜNGER SEIN WILL, DER NEHME DAS KREUZ AUF SICH UND FOLGE MIR NACH". BILDHAFT DARSTELLEN. OTTO NEURURER SAGTE JA ZUM KREUZ – SEIN KREUZ WAR DAS KONZENTRATIONSLAGER BUCHENWALD, DAS ICH IM QUERBALKEN DES KREUZES DARGESTELLT HABE: LINKS DIE SS MIT „OCHSENZIEMER" UND BLUTHUNDEN, RECHTS SEINE TODESZELLE. OBEN HABE ICH AM KREUZ DIE HÄFTLINGSNUMMER VON OTTO NEURURER ANGEBRACHT, ALS ZEICHEN FÜR DIE GROSSE ENTWÜRDIGUNG VIELER MENSCHEN IN DIESEM FURCHTBAREN REGIME.

PFARRER OTTO NEURURER GILT SEIT DEM ZEITPUNKT SEINES GEWALTSAMEN TODES IM KONZENTRATIONSLAGER DES HITLER-REGIMES BEI SEHR VIELEN GLÄUBIGEN ALS BLUTZEUGE UND MÄRTYRER IM KIRCHLICHEN SINNE, WEIL ER AUS REIN RELIGIÖSEN UND SEELSORGERISCHEN GRÜNDEN INS LAGER GEBRACHT UND SCHLIESSLICH – MAN KANN ES BESTIMMT SO AUSDRÜCKEN – AUS HASS GEGEN GLAUBEN UND KIRCHE GETÖTET WURDE. AUCH SEIN GANZES VORAUSGEHENDES LEBEN WAR BEKANNT ALS WEG DER TREUEN PFLICHTERFÜLLUNG, DER TÄTIGEN NÄCHSTENLIEBE UND TIEFER FRÖMMIGKEIT, SODASS MAN VON DER ENTSTEHUNG EINES RUFES DER HEILIGKEIT IN VERBINDUNG MIT SEINEM HEROISCHEN VERHALTEN IN DER HAFT UND SEINEM MÄRTYRERTOD SPRECHEN KANN.

ELMAR PEINTNER
AKAD. GRAFIKER UND MALER
IMST, NOVEMBER 1999

Lermoos

Denkmal mit Gedenktafel für US-Luftwaffenangehörige im ehemaligen Pestfriedhof

Nach dem Angriff deutscher Jäger brach einer US-amerikanischen B-24G das Heck ab. Der Fallschirm des Heckschützen öffnete sich nicht, als dieser aus dem Flugzeug fiel, so dass er sich neben dem Hotel „Drei Mohren im Moos" in Lermoos ungebremst in die Wiese bohrte. Der US-Bomber konnte zwar noch Lermoos überfliegen, stürzte aber dann 200 Meter nördlich der Ortskirche außerhalb des Dorfes ab. Das Wrack brannte mit den restlichen neun Besatzungsmitgliedern an Bord zwei Tage lang. Die Todesopfer waren der Pilot Capt. Jack M. Faifer mit seinem Kopiloten 2nd Lt. James W. Thornton, der Navigator 2nd Lt. Richard E. Thomas, der Bombardier 2nd Lt. Leonard S. Cox, der Bordmechaniker Ralph P. Sehnert, der Funker T/Sgt. Edwin E. Nolen und die Schützen S/Sgt. Frank Perrone, S/Sgt. James R. Adams, S/Sgt. William W. Broderick und S/Sgt. Henry P. Egerton, die zusammen mit vier weiteren Fliegern aus den drei Bombern, die bei Biberwier abgestürzt waren, in der Nacht des 4. August 1944 im ungeweihten Teil des Friedhofs von Lermoos beerdigt wurden. Am 2. Juli 1946 mussten sechs ehemalige Nationalsozialisten die

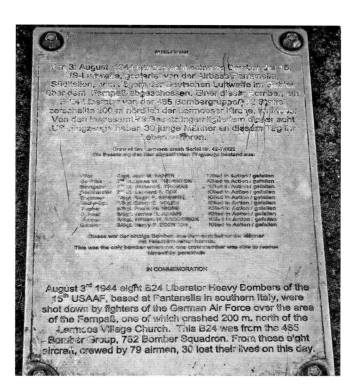

Im Sommer 2000 errichteten Keith M. Bullock und Gerd Leitner im östlichen Bereich des Pestfriedhofs eine Gedenktafel mit dem Propeller eines abgeschossenen US-Flugzeugs. Der Absturzort befindet sich rund 300 Meter nördlich der Lermooser Kirche im Moos.[578] (Fotos Sarah Bullock)

Leichen unter der Bewachung US-amerikanischer Soldaten exhumieren, damit diese in den Soldatenfriedhof von Saint-Avold in Lothringen überführt werden konnten.[579]

Leutasch

Gedenktafel für US-Luftwaffenangehörige bei der Hohen Munde

Um 11 Uhr 45 des 3. August 1944 stürzte nach dem Beschuss durch deutsche Jagdflugzeuge eine US-amerikanische B-24J auf der Nordseite der Hohen Munde ab. Der Pilot 2nd Lt. Theodore G. Poole und der Schütze T/Sgt. Albert S. Hill kamen dabei ums Leben.[581]

Im Sommer 2000 brachten Keith M. Bullock und Gerd Leitner eine Gedenktafel unterhalb der Hohen Munde am Wegkreuz über der Leutascher Schlucht am Weg durchs Gaistal an. Der Absturzort befindet sich an der gegenüberliegenden Felswand.[580]
(Fotos Sarah Bullock)

Lienz

Mahnmal mit Gedenktafel für Osttirols Freiheitskämpfer und Opfer des Nationalsozialismus mit Buch der Opfer am Pfarrplatz St. Andrä

Josef Wurzer schmiss als Schüler der Oberschule für Jungen in Lienz im Herbst 1938 eine „Wasserbombe" auf einen NS-Aufmarsch und wurde daraufhin von der Gestapo inhaftiert und misshandelt. Von 1960 bis 2004 leitete er die Bezirksgruppe des „Bundes der Opfer des politischen Freiheitskampfes Tirol". Wurzer war Motor für die Errichtung eines Mahnmals für die Widerstandskämpfer und Opfer des Nationalsozialismus. Der Lienzer Künstler Hermann Pedit gestaltete eine breite Granitstele mit kupferner Inschriftentafel unter einem großen Ahornbaum. Am 30. Mai 1965 weihte

Dekan Alois Budemaier unter Assistenz von Pfarrer Julius Nußbaumer das Denkmal ein. Die Eisenbahner-Stadtkapelle und der Lienzer Sängerbund sorgten für die musikalische Umrahmung. Die Ansprachen nahmen der Bezirksobmann des Bundes der Opfer, Josef Wurzer, Bürgermeister Hubert Huber (ÖVP) und der Obmann des Bundes der Opfer Heinz Mayer vor. Anwesend waren Vizebürgermeister Hans Blecha (SPÖ), Stadt- und Gemeinderäte, die Gendarmerie und Schulen, Behörden und der Kriegsopferverband, die Arbeitsgemeinschaft vaterlandstreuer Verbände Tirols, die ÖVP Kameradschaft der politisch Verfolgten, der Bundesverband der österreichischen Widerstandskämpfer und dessen Landesverband Kärnten, der Bund demokratischer Frauen, die Liga für Menschenrechte und die Lienzer Jungschützen. Die Mittel für das Denkmal flossen aus dem Budget der Stadt Lienz und aus Sammelbeträgen des „Bundes der Opfer des politischen Freiheitskampfes Tirol".[582]

Mahnmal aus dem Jahr 1965 (Foto Martin Kofler)

Mahnmal mit dem Buch der Opfer. Auf den einzelnen Metallseiten sind 50 Namen nach dem Todesjahr gereiht angeführt, um den drastischen Anstieg der Zahl der Ermordeten gegen Kriegsende aufzuzeigen. (Fotos Klaus Lukasser)

1940

Anton Bodenwinkler, 22.9.1911 Lienz, 11.2.1940
KZ Mauthausen

Konrad Meier, 4.2.1891 Tristach bei Lienz, 26.3.1940
KZ Sachsenhausen

Josef Salcher, 18.3.1890 Bannberg bei Lienz, 23.4.1940
KZ Sachsenhausen

Karl Unterlechner, 8.1.1897 Hatting, lebte in Lienz,[583]
15.10.1940 KZ Dachau

Rene Facilleau, Französischer Kriegsgefangener,
18.12.1940 Lienz

1941

Hermann Fertin, 23.6.1894 Klagenfurt,[584] lebte in Lienz,
15.1.1941 KZ Dachau

Aristide Fatta, Französischer Kriegsgefangener,
18.1.1941 Lienz

Robert Auguste Laroche, Französischer
Kriegsgefangener, 26.5.1941 Lienz

Valerio (Walerio) Cimolino, 26.11.1889 Triest,[585] lebte in
Lienz, 21.11.1941 KZ Dachau

1942

Franz Fronthaler, 2.10.1906 in Lienz, 22.1.1942
Hartheim[586]

Johann Edlinger, 12.6.1899 in Spittal an der Drau, lebte
in Debant. Die Gestapo Klagenfurt verhaftete ihn am
10.10.1941 aus unbekanntem Grund und lieferte ihn
ins KZ Dachau ein, wo er am 8.2.1942 ums Leben
kam. Offizielle Todesursache: „Versagen von Herz
und Kreislauf bei Lungenentzündung".[587]

Anton Steiner, 4.1.1905 in Taufers, lebte in Lienz,
3.4.1942 KZ Mauthausen

Lorenz Steiner, 9.8.1903 in Taufers, lebte in Lienz,
19.4.1942 KZ Mauthausen

Marian Binczyk, 5.7.1907, polnischer Zwangsarbeiter,
lebte in Iselsberg, 22.7.1942 in Dölsach gehängt

Pierre Pineau, französischer Kriegsgefangener,
28.5.1942 Lienz

Michael Dzula, 20.11.1910, ukrainischer
Zwangsarbeiter, 1.8.1942 in Sillian gehängt

Die Geschwister Irene und Kornelia Sputz, geboren
am 21.1.1886 in Banska Bystrica bzw. 2.2.1894 in
Wien, lebten in Wien. Sie erhielten bei ihrer Flucht
Hilfe von Anton Stallbaumer und seiner in Wien
lebenden Schwester Hedwig Valyi samt weiteren

drei Beteiligten in Sillian, wurden aber vom
Grenzpolizeiposten Sillian im Zug nach Mailand in
Franzensfeste festgenommen, der Lienzer Gestapo
übergeben, am 17. August 1942 nach Maly Trostinec
bei Minsk deportiert und dort am 21.8.1942
ermordet.[588]

Lorenz Wernisch, 31.1.1909 Lienz, 21.8.1942
KZ Stutthof

Raoul De Dompsure, 12.8.1909 Domsure,[589]
französischer Kriegsgefangener, 13.9.1942 in
Greifenburg (Kärnten) erschossen

Paul Anetter, 23.3.1893 Oberdrauburg, lebte in Lienz,
1.10.1942 KZ Mauthausen

Emil Palla, 22.5.1914 Andratz, lebte im Ort Stribach in
Dölsach, 18.11.1942 KZ Mauthausen

Rosa Stallbaumer, 30.11.1897 Sillian, 23.11.1942
KZ Auschwitz

1943

Lorenz Plattner, 23.10.1881[590] Schlaiten, 22.3.1943
KZ Dachau

Franz Mattersberger, 19.9.1913 in Matrei in Osttirol,[591]
lebte in Lienz, 1.6.1943 in Brandenburg enthauptet

Alois Niederwieser, 13.3.1906 in Anras (Ort Ried),
wohnte in Greifenburg (Kärnten), 18.10.1943
KZ Mauthausen[592]

Alois Gabrieli, 4.11.1921 Bozen,[593] lebte in Lienz,
9.11.1943 KZ Dachau

Helene Delacher, 25.8.1904 Leisach, 12.11.1943 in
Berlin-Plötzensee enthauptet

1944

Peter Ronacher, 26.8.1909 in Sachsenburg (Kärnten),
zuletzt in Lienz wohnhaft, wo die Gestapo
Klagenfurt ihn 1941 verhaftete, weil er sich „als
Marxist im staatsfeindlichen Sinn" geäußert habe.
Am 12.1.1944 wurde er als gefallen ohne Angabe des
Ortes gemeldet.[594]

Johann Betazza, 11.12.1886 Innsbruck,[595] wohnte in
Lienz, 6.3.1944 KZ Lublin (Majdanek)

Franziska Schwingshackl, ledige Oberwurzer,
verwitwete Mayr, geboren in Assling, zuletzt
wohnhaft in Innsbruck, wurde im Alter von
66 Jahren am 9.3.1944 in München-Stadelheim
enthauptet, weil sie Abtreibungen vorgenommen
hatte.[596]

Aloisia Lercher, 4.1.1921 in Oberlienz (Oberdrum),
lebte in Ainet. Die Gestapo Klagenfurt verhaftet
sie am 13.3.1943. Am 24.5.1943 wurde sie wegen
verbotenen „Umgangs mit Kriegsgefangenen"
zu einem Jahr Zuchthaus verurteilt. Vom
Landesgerichtlichen Gefangenenhaus
Klagenfurt kam Aloisia Lercher am 20.3.1944 als
Gestapohäftling ins Krankenhaus Klagenfurt, wo sie
starb.[597]

Josef Außerlechner, 4.9.1904 in Kartitsch, 13.6.1944
KZ Dachau

Franz Stolzlechner, 11.10.1923 St. Peter im Ahrntal,
lebte in Schlaiten, 9.7.1944 in Wien-Kagran
erschossen

Alois Flatscher, 31.1.1894 Schlaiten, 31.7.1944 auf dem
Todesmarsch vom KZ Lublin ins KZ Auschwitz

Josef Kantschieder, Abfaltersbach, erschossen wegen
Desertion[598] im Sommer 1944

Johann Blassnig, 28.8.1922 Hopfgarten in Defereggen,
28.8.1944 in Ungarn in einer Strafkompanie
(Desertion)

Tiburtius Wibmer, 12.4.1897 Matrei in Osttirol,[599]
4.9.1944 KZ Mauthausen

Hubert Mayr, 28.11.1913 Innsbruck, November 1944 in
Gorenja Trebuša erschossen

Maria Peskoller, 5.12.1902 Görtschach, 23.12.1944 in
Graz enthauptet

Erich Ranacher, 18.2.1923 Lienz, 23.12.1944 in Graz
enthauptet

Marianne Salcher, Lienz, 24.12.1944 KZ Ravensbrück

1945
Maurice Robert, französischer Kriegsgefangener,
2.1.1945 St. Veit in Defereggen (Lawine)

Johann Beca, ukrainischer Zwangsarbeiter, 8.1.1945
Leisach

Josef Pontiller, 4.11.1889 Dölsach, 9.2.1945 in
München-Stadelheim enthauptet

Alois Holzer, 28.1.1919 Schlaiten, 22.3.1945 bei Brünn
in einer Strafkompanie (Desertion)

Ernst Ortner, 1.9.1914 Innsbruck, wuchs in Lienz auf,
22.3.1945 in Wien enthauptet

Gottfried Gutzelnig, 9.11.1896 St. Veit an der Glan, lebte
in Lienz, 27.3.1945 KZ Mauthausen/Melk

Johann Lorenzi, 29.8.1897 in Lienz, wohnte als
italienischer Staatsbürger in Margreid (Südtirol).

Aus unbekanntem Grund wurde er am 11. Jänner
1945 denunziert, verhaftet und ins KZ Mauthausen
deportiert. Dort verstarb er am 26.4.1945 angeblich
an „Herzmuskelschwäche".[600]

Johann Mentil, 7.8.1899 Obervellach (Kärnten), lebte
bzw. arbeitete in Lienz und Debant, 24.5.1945
KZ Dachau

Initiatoren des Buchs der Namen: Vizeleutnant Gottfried Kalser, Fachmann im Bereich Geschichte und Tradition des Bataillonskommandos in der Haspingerkaserne Lienz, setzte sich seit 1995 für die Anbringung der Namen der Opfer am Mahnmal für den Widerstand und die Opfer des Nationalsozialismus ein. Im November 2012 stellte er an die Bezirkshauptfrau Olga Reisner einen entsprechenden Antrag, im März 2013 sprach er bei ihr vor. Auch Michael Ranacher, Verwandter des hingerichteten Partisanen und Deserteurs Erich Ranacher, schloss sich dieser Forderung anlässlich einer öffentlichen Gedenkveranstaltung beim Lienzer Denkmal 2013 an. Der Lienzer Stadtrat erwog zunächst die Aufstellung einer Gedenktafel mit den Namen und beauftragte Martin Kofler mit der Prüfung der Frage, ob außer den Namen auch die Todesdaten und Verfolgungsgründe angeführt werden sollten. Im Oktober 2013 begann Gottfried Kalser mit Oberstabswachtmeister Franz Faustini mit der Erfassung der Opfernamen. Er initiierte 2014 einen erweiterten Arbeitskreis, der sich schließlich „Forum Mahnmal 1938–1945" nannte. Martin Kofler als wissenschaftlicher Leiter und der Chronist Stefan Weis vom Museum der Stadt Lienz, Schloss Bruck, intensivierten die Forschung. Das Forum stellte am 19. Dezember 2015 an die Stadt Lienz den Antrag zur Anbringung der Opfernamen am Mahnmal in Form eines „Gedenkbuches". Die Bürgermeisterin von Lienz, Elisabeth Blanik (SPÖ), informierte Kalser am 7. Februar 2017 vom positiven einstimmigen Beschluss des Gemeinderates, der auch die Kosten übernahm. Die Mitglieder des Forums, Franz Faustini, Gottfried Kalser, Martin Kofler, Stefan Weis und Josef Wurzer, erfassten 50 Opfer namentlich und wiesen auf über 55 Ermordete der NS-Euthanasie hin, deren Namen aber aus Datenschutzgründen nicht genannt wurden. Die Namen von drei weiblichen jüdischen Opfern konnten nicht ermittelt werden.[601]

Am 5. Mai 2017 wurde das „Buch der Opfer" der NS-Diktatur in Osttirol beim Lienzer Mahnmal, ausgeführt vom Kunstschlossermeister Rudolf Duregger, der Öffentlichkeit präsentiert. Franz Faustini führte durch das Programm der Gedenkfeier, Uwe Ladstädter, Obmann des Ausschusses für Kultur und Museum der Stadt Lienz, begrüßte die Festgäste. Gottfried Kalser betonte, dass „bisher Namenlose heute endlich einen Namen bekommen." Josef Wurzer jun. übermittelte die Worte seines Vaters, der aus gesundheitlichen Gründen verhindert war. Martin Kofler erläuterte historische Hintergründe, Stefan Weis würdigte die Opfer der NS-Euthanasie. Dekan Bernhard Kranebitter und Pfarrer Hans Hecht weihten das Buch ein. SchülerInnen des Lienzer Gymnasiums und des BORG Lienz inszenierten die Erinnerung an die NS-Opfer, deren Namen vorgelesen wurden. Bürgermeisterin Blanik betonte die Bedeutung der Menschenrechte und Menschenwürde nicht nur in der Vergangenheit, sondern auch in der Gegenwart mit Blick auf die Herausforderungen durch die Flucht vieler Menschen nach Europa.[602]

Gedenktafel für Ernst Ortner an der Mauer der Kaiser Karl Kapelle im Kriegerfriedhof bei St. Andrä

Der Anstaltsgeistliche Eduard Köck verständigte Dorothea Ortner nach der Hinrichtung vom Tod ihres Mannes und leitete ihr seine letzte Bitte weiter, für ihn eine Gedenktafel in der Kaiser Karl Kapelle in Lienz zu stiften.[603] Herbert Steiner gibt in seiner Publikation von 1968 einen Herrn Niederwieser an, der den Auftrag zur Anfertigung der Tafel gegeben haben soll.[604] In der Familie Ortner ist hingegen von Schlosser Siegfried Etzelsberger die Rede, der mit Josef, dem Bruder von Ernst Ortner, eng befreundet war.[605]

Gedenktafel für den am 22. März 1945 in Wien hingerichteten Widerstandskämpfer Ernst Ortner unterhalb einer größeren Tafel an der Mauer der 1936 eingeweihten Kaiser Karl Kapelle
(Fotos Katrin Kalcher)

Mils bei Hall

Gedenktafel für 69 ermordete BewohnerInnen des St. Josef-Institutes an der Südseite der Pfarrkirche neben dem Kriegerdenkmal

Im Zuge des Massenmordes an Menschen mit geistiger Behinderung und psychischen Krankheiten ging der erste Todestransport mit 179 Menschen von Tirol nach Schloss Hartheim bei Linz am 10. Dezember 1940 ab. Ärzte stellten die Listen der Opfer in der Heil- und Pflegeanstalt Hall und im St. Josef-Institut Mils zusammen. Ursprünglich sollten aus Mils 122 Männer und Frauen deportiert werden. Durch einen Nachweis der Arbeitsfähigkeit reduzierte sich die Zahl der zu Ermordenden auf 68 Personen. Da einem Mann die Flucht gelang, wurden schließlich 67 PatientInnen von Mils zum Bahnhof nach Hall gebracht mit dem Zielort Tötungsanstalt Hartheim. In diesem Todestransport am 29. Mai 1941 befanden sich auch ein Mann und eine Frau des St. Josef-Instituts, die Ernst Klebelsberg, der Leiter der Heil- und Pflegeanstalt Hall, angefordert hatte.

Das St. Josef-Institut war auch von der „Kindereuthanasie" betroffen. Am 27. August 1942 veranlasste der Reichsausschuss zur wissenschaftlichen Erfassung für erb- und anlagebedingte schwere Leiden in Berlin die Überstellung von zehn Südtiroler Kindern des St. Josef-Instituts im Alter zwischen fünf und 18 Jahren in die Kinderfachabteilung der Heil- und Pflegeanstalt Kaufbeuren. Dort gingen fünf Kinder an TBC-Impfexperimenten elend zugrunde, vier weitere wurden 1943 in Kaufbeuren ermordet, ein Kind in der Zweigstelle Irsee.[606]

Initiatorin der Gedenktafel: Die Oberin des St. Josef-Instituts, Sr. Maria Heinrika Aichner, trat an Bürgermeisterin Maria Unterberger wegen einer Gedenktafel für die in der NS-Zeit ermordeten HeimbewohnerInnen heran und fand im Gemeinderat Unterstützung. Anlässlich des „Schützenjahrtages" am 8. November 1998 erfolgte die Einweihung der Gedenktafel an der Südmauer der Pfarrkirche unter Anwesenheit von Generaloberin Maria Gerlinde Kätzler aus Zams und Vizebürgermeister Peter Hanser.[607]   ■

Die Gedenktafel wurde 1998 eingeweiht. (Foto Josef Waldner)

Mötz

Gedenktafel für Angela Autsch HHTT in der Pfarrkirche

Maria Cäcilia Autsch wurde am 26. März 1900 in Röllecken im westfälischen Sauerland geboren. Sie stammte aus einer kinderreichen Familie und wuchs am Land in bescheidenen Verhältnissen auf, die den Besuch einer weiterführenden Schule nicht gestatteten. Nach Abschluss der Grundschule absolvierte sie eine kaufmännische Lehre und arbeitete als Verkäuferin. Mit 33 Jahren bewarb sie sich um die Aufnahme in den Orden der Trinitarierinnen in Mötz im Tiroler Oberland und nahm den Namen „Schwester Angela vom Heiligsten Herzen Jesu" an. Im September 1938 legte sie die ewigen Gelübde ab.

Als Vertreterin der erkrankten Oberin trat sie vehement gegen die drohende Aufhebung des Klosters durch die Nationalsozialisten auf. Sie argumentierte damit, dass sich das Mutterhaus des Ordens in Valencia befände, das Kloster somit spanischer Besitz wäre. Schließlich ersuchte sie den spanischen Konsul in Wien um Hilfe. Von der Enteignung des Klosters wurde dann zwar abgesehen, doch ihre Aktivitäten gingen über eine von der Gauleitung tolerierte passive Resistenz der katholischen Kirche weit hinaus. Am 12. August 1940 verhaftete die Gestapo Sr. Angela und überstellte sie wenige Wochen später in das KZ Ravensbrück. Dort arbeitete sie im Krankenbau. Über ihre außerordentliche Hilfsbereitschaft für die Mitgefangenen liegen viele Zeugnisse vor. Am 25. März 1942 wurde Sr. Angela mit einem Transport von annähernd 1.000 Frauen nach Auschwitz verlegt. Auch hier war sie im Krankenbau und später im SS-Lazarett tätig. Selbstlos brachte sie sich in Gefahr, um das Leben kranker Häftlinge zu retten. Am 23. Dezember 1944 starb Maria Autsch im Lager Auschwitz-Birkenau, angeblich an einem Herzinfarkt während eines Fliegerangriffs. Die Umstände ihres Todes bleiben ungeklärt.[608]

Initiatorinnen der Gedenktafel: Die Trinitarierinnen des Klosters Mödling traten an Pfarrer Pater Johannes Messner mit der Bitte heran, eine Gedenktafel für Sr. Angela in der Pfarrkirche anbringen zu dürfen. Die Pfarre stellte die Tafel zur Verfügung, die ursprünglich an einen Priester erinnerte und in einem Depot lagerte. Für den Schriftzug trugen die Trinitarierinnen Sorge. Die Tafel wurde während eines gewöhnlichen Sonntaggottesdienstes am 26. Juli 1987 eingeweiht. Die einzige Bezugnahme in der Messe auf Sr. Angela nahmen die Trinitarierschwestern aus Mödling in einer Ansprache vor, in der sie aus dem Leben von Sr. Angela erzählten. Ein Seligsprechungsverfahren läuft seit 1990.[609]   ▪

Links: Sr. Angela Autsch nach ihrer Ankunft im KZ Auschwitz-Birkenau im März 1942 (Foto Archiv der Trinitarierinnen Mödling)
Rechts: Gedenktafel für Sr. Angela Autsch aus dem Jahr 1987 (Foto Hermann Heinz)

Gedenktafel für Angela Autsch HHTT
am ehemaligen Kloster der Trinitarierinnen

Die Religionslehrerin von Mötz und Dekanatsleiterin der Katholischen Frauenbewegung Barbara Cia-Egger setzte sich dafür ein, eine Gedenktafel für Sr. Angela an ihrem ehemaligen Kloster anbringen zu lassen. Unterstützung erhielt sie von Familie Rimml, die in jenem Haus wohnt, das einst das Kloster der Trinitarierinnen beherbergte, von Bürgermeister Bernhard Krabacher, Pater Johannes und vom Erziehungswissenschafter Peter Stöger. Bischof Manfred Scheuer weihte die Gedenktafel, die Klaus Pöll grafisch umsetzte, anlässlich der 300-Jahr-Feier der Pfarrkirche Mötz im Frühjahr 2013 ein.[610]   ∎

Tafel am ehemaligen Kloster in Mötz (Foto Hermann Heinz)

Porträt von Angela Autsch HHTT in der Gnadenkapelle der Wallfahrtskirche Locherboden

ZUM GEDENKEN AN
SR. ANGELA AUTSCH
TRINITARIERSCHWESTER IN MÖTZ
* 26. 3. 1900 † 23. 12. 1944 IM KZ AUSCHWITZ

Ein niederösterreichischer Gefängnisinsasse malte dieses Porträt von Sr. Angela Autsch, Klaus Pöll sorgte für die grafische Unterstützung. VerehrerInnen von Sr. Angela brachten es in einer Prozession zum Locherboden, wo es in der dortigen Gnadenkapelle am 10. Juni 2012 angebracht wurde.[611] (Foto Barbara Cia-Egger)

Nassereith

Gedenktafeln im Alten- und Pflegeheim Via Claudia für die Opfer der NS-Euthanasie der Versorgungshäuser der Barmherzigen Schwestern in Nassereith und Imst

Nassereith[612]

Moritz Theresia, 31.8.1883, Nauders, Heimatort Nauders, Transport 20.3.1941

Amann Emilie, 29.6.1882, Wien, Heimatort Kufstein, Transport 20.3.1941

Fuchs (geb. Susan) Maria, 29.3.1879, Bozen, Heimatort Elmen, Transport 20.3.1941

Neuwirth Franz, 25.11.1868, Eppan (Südtirol), Heimatort Innsbruck, Transport 20.3.1941

Gasser (geb. Kahl) Theresia, 23.4.1895, Brixen, Heimatort Kufstein, Transport 20.3.1941

Festin Anna, 22.8.1884, Lienz, Heimatort Lienz, Transport 20.3.1941

Buhl (geb. Rabiser) Marianna, 21.10.1891, St. Ulrich (Südtirol), Heimatort Innsbruck, Transport 20.3.1941

Huber Johanna, 19.6.1876, Erl, Heimatort Erl, Transport 20.3.1941

Mariacher Theresia, 1865, Virgen, Heimatort Prägraten, Transport 20.3.1941

Margreiter (geb. Hussl) Aloisia, 18.5.1898, Schwaz, Heimatort Schlitters, Transport 20.3.1941

Deiser (geb. Traxl) Maria, 17.3.1889, Landeck, Heimatort Silz, Transport 20.3.1941

Föger (geb. Gassler) Maria, 16.9.1885, Telfs, Heimatort Obsteig, Transport 20.3.1941

Schmiedinger Katharina, 15.1.1887, Oberndorf, Heimatort Oberndorf, Transport 20.3.1941

Strobl Frieda, 14.4.1898, Wörgl, Heimatort Wörgl, Transport 20.3.1941

Hangl (geb. Schimonz) Anna, 12.12.1891, St. Johann in Tirol, Heimatort Pfunds, Transport 20.3.1941

Kasebacher Maria, 12.11.1899, Anras, Heimatort Anras, Transport 20.3.1941

Walser Anna, 12.8.1877, Hochgallmigg, Heimatort Fließ, Transport 20.3.1941

Amort Anna, 10.10.1873, Tristach, Heimatort Tristach, Transport 10.12.1940

Assmair Anna, 6.9.1882, Abfaltersbach, Heimatort
   Abfaltersbach, Transport 20.3.1941

Michel Rosa, 4.1.1900, Innsbruck, Heimatort Scharnitz,
   Transport 20.3.1941

Tschiderer Paulina, 2.7.1874, Grins, Heimatort Grins,
   Transport 20.3.1941

Imst[613]

Turisser (geb. Rück) Anna, 30.4.1900, Innsbruck,
   Heimatort Innsbruck, Transport 20.3.1941

Landegger Gertraud, 28.3.1908, Kirchberg, Heimatort
   Kirchberg, Transport 20.3.1941

Messner Katharina, 27.3.1889, Brandenberg, Heimatort
   Breitenbach, Transport 20.3.1941

Penz Anna, 25.5.1887, Obernberg, Heimatort
   Obernberg, Transport 20.3.1941

Schneider Filomena, 24.2.1899, Zirl, Heimatort Zirl,
   Transport 20.3.1941

Tumler Aloisia, 21.8.1906, Innsbruck, Heimatort
   Innsbruck, Transport 20.3.1941

Oberwalder Marianna, 17.4.1884, St. Veit in
   Defereggen, Heimatort St. Veit in Defereggen,
   Transport 20.3.1941

Senfter Ottilia, 13.2.1897, Arbon (Schweiz), Heimatort
   Innervillgraten, Transport 20.3.1941

Mader Antonie, 11.1.1898, Schmirn, Heimatort
   Schmirn, Transport 20.3.1941

Triendl Maria, 10.9.1884, Vomp, Heimatort Vomp,
   Transport 20.3.1941

Bachmann Maria, 10.5.1874, Mieders, Heimatort
   Hopfgarten, Transport 20.3.1941

Maier (geb. Marchner) Maria, 4.6.1881, Bramberg
   (Salzburg), Heimatort Aurach, Transport 20.3.1941

Hosp Franziska, 3.9.1883, Flaurling, Heimatort
   Flaurling, Transport 20.3.1941

Am 10. Dezember 1940 ging der erste Todestransport von Menschen mit geistiger Behinderung und psychischen Krankheiten (NS-Euthanasie), in dem sich auch Anna Amort, eine Patientin des Versorgungshauses Nassereith befand, von der Heil- und Pflegenanstalt Hall ins Schloss Hartheim bei Linz. Im Frühjahr 1941 besichtigten Hans Czermak, Rudolf Lonauer, Leiter der Tötungsanstalten Schloss Hartheim und Niedernhart bei Linz, und sein Stellvertreter Georg Renno die Versorgungshäuser der Barmherzigen Schwestern in

Imst und Nassereith. Vermutlich forderte Renno etwa 30 BewohnerInnen an, rund zehn Männer und Frauen durften auf Initiative der Oberin als Arbeitskräfte im Haus bleiben. Czermak legte wenige Wochen später dem Landrat Listen mit „Pfleglingen" von Imst und Nassereith vor, die von der Heil- und Pflegeanstalt Hall „abgeholt und übernommen werden". Am 14. März 1941 brachten Omnibusse 19 Frauen und einen Mann aus dem Versorgungshaus Nassereith und 19 Frauen aus dem Versorgungshaus Imst nach Hall. Wenige Tage später, am 20. März 1941, erfolgte ein Todestransport mit 92 Personen nach Schloss Hartheim bei Linz, unter ihnen die 20 Pflegebedürftigen des Heimes Nassereith und 13 Frauen des Heimes Imst.[614]

Die Schwester Oberin des Versorgungshauses Nassereith berichtete nach dem Krieg, welche Szenen sich abspielten, als die Menschen aus dem Heim abgeholt wurden:

„Die Pfleglinge machten keine besonderen Schwierigkeiten, da sie glaubten, es handle sich um eine Spazierfahrt. Nur ein Pflegling aus Imst, die sich bereits im Auto befand, schrie wiederholt, ‚wir kommen unter die Metzger', sodass sogar die Bevölkerung aufmerksam wurde."[615]

InitiatorInnen der Gedenktafeln: Der 350. Todestag des Heiligen Vinzenz von Paul, Ordensgründer der Barmherzigen Schwestern, war Anlass, dass sich der Orden mit dem Abtransport und der Ermordung armer, alter, kranker Menschen aus den ehemaligen Versorgungshäusern in Imst, Nassereith und Ried im Oberinntal auseinandersetzte. An Allerseelen 2010 fand in der Mutterhauskirche der Barmherzigen Schwestern in Innsbruck eine Gedenkfeier für die Opfer der NS-Euthanasie aus den drei genannten Versorgungshäusern statt. Prälat Klaus Egger segnete drei Gedenktafeln mit den Namen der Ermordeten in Anwesenheit von Landesrat Gerhard Reheis (SPÖ), der Ordensleitung, einer Vielzahl geistlicher Schwestern, der Leitungen und Mitarbeitenden der Alten- und Pflegeheime in Ried und Nassereith sowie von VertreterInnen aus Politik und Verwaltung. Die Ansprache hielt Hartmann Hinterhuber, Leiter der Klinischen Abteilung für Allgemeine Psychiatrie in Innsbruck. Generaloberin Sr. Pia Regina Auer betonte:

„Die Greueltaten des NS-Regimes sind für uns immer noch unfassbar und erfüllen uns mit großer

Die 2010 eingeweihten
Gedenktafeln für die Opfer
der NS-Euthanasie der
Versorgungshäuser der
Barmherzigen Schwestern
in Nassereith und Imst
im Alten- und Pflegeheim
Nassereith
(Fotos Arnold Schett)

IM GEDENKEN AN DIE
EUTHANASIEOPFER
DES NS-REGIMES 1939-1945

MORITZ THERESIA, NAUDERS
AMANN EMILIE, KUFSTEIN
FUCHS MARIA, ELMEN
NEUWIRTH FRANZ, INNSBRUCK
GASSER THERESIA, KUFSTEIN
FESTIN ANNA, LIENZ
BUHL MARIANNA, INNSBRUCK
HUBER JOHANNA, ERL
MARIACHER THERESIA, PRÄGRATEN
MARGREITER ALOISIA, SCHLITTERS
DEISER MARIA, SILZ
FÖGER MARIA, OBSTEIG
SCHMIEDINGER KATHARINA, OBERNDORF
STROBL FRIEDA, WÖRGL
HANGL ANNA, PFUNDS
KASEBACHER MARIA, ANRAS
WALSER ANNA, FLIESS
AMORT ANNA, TRISTACH
ASSMAIR ANNA, ABFALTERSBACH
MICHEL ROSA, SCHARNITZ
TSCHIDERER PAULINA, GRINS

BARMHERZIGE SCHWESTERN VOM
HEILIGEN VINZENZ VON PAUL
NASSEREITH, IM NOVEMBER 2010

IM GEDENKEN AN DIE
EUTHANASIEOPFER
DES NS-REGIMES 1939-1945

TURISSER ANNA, INNSBRUCK
LANDEGGER GERTRAUD, KIRCHBERG
MESSNER KATHARINA, BREITENBACH
PENZ ANNA, OBERNBERG
SCHNEIDER FILOMENA, ZIRL
TUMLER ALOISIA, INNSBRUCK
OBERWALDER MARIANNA, ST. VEIT I. DEF.
SENFTER OTTILIA, INNERVILLGRATEN
MADER ANTONIE, SCHMIRN
TRIENDL MARIA, VOMP
BACHMANN MARIA, HOPFGARTEN
MAIER MARIA, AURACH
HOSP FRANZISKA, FLAURLING

BARMHERZIGE SCHWESTERN VOM
HEILIGEN VINZENZ VON PAUL
IMST, IM NOVEMBER 2010

Trauer. Offen für Gott, offen für die Menschen – dies ist der Auftrag, den die Schwestern im Geiste vom Hl. Vinzenz von Paul erfüllen wollen. Die Versorgung von Alten, Kranken, Geistig Behinderten und psychisch Kranken war und ist seit jeher eines unserer größten Anliegen."[616]

Da das Heim in Imst aufgelassen und verkauft wurde, kam die Gedenktafel – zumindest vorerst – ins Heim nach Nassereith, wo sie neben der Gedenktafel mit den Namen der Opfer des ehemaligen Versorgungshauses der Barmherzigen Schwestern in Nassereith hängt.

Gedenktafel für US-Luftwaffenangehörige auf einem Felsen am Fernpass

Deutsche Jäger beschossen am 3. August 1944 eine US-amerikanische B-24-Maschine, die um 11 Uhr 45 am Südhang des Wannig westlich der Nassereither Alm „beim Wasser" brennend abstürzte. Sieben Besatzungsmitglieder kamen ums Leben: Howard F. Fiecoat, Robert C. Johnson, Seth C. Babcock jr., Latham Denning, Carl L. Tripp, Ralph W. Herrington, Andrew S. Kresnak.[617] ∎

Im Sommer 2000 errichteten Keith M. Bullock und Gerd Leitner die Tafel auf einem Felsen an der vierten Wegkehre zur Muthenau Alm (Nassereither Alm) über dem Blindsee. Der Absturzort befindet sich rund 200 Meter oberhalb.[618] (Fotos Sarah Bullock)

Neustift im Stubaital

Gedenktafel für Opfer der NS-Euthanasie an der Innenmauer des neuen Friedhofs

Anlässlich seines Kunstprojekts „Temporäres Denkmal" ersuchte Franz Wassermann 2004 die Gemeinde Neustift, für ihre BürgerInnen, die im Zuge der NS-Euthanasie ermordet worden sind, Erinnerungszeichen im öffentlichen Raum anzubringen. Vizebürgermeister Josef Müller setzte sich besonders für die Errichtung einer Gedenkstätte ein, die in der Gemeinde Diskussionen auslöste. Da sich die Schützen, aber auch Mitglieder des Gemeinderates, gegen einen Standort im alten Friedhof aussprachen, wurde die Gedenktafel im neuen Friedhof nahe den Urnengräbern angebracht. Der Neustifter Künstler Hansjörg Egger setzte Kreuze auf die Tafel, die die Zahl der Opfer symbolisieren, nachdem die Angehörigen eine Nennung der Namen ihrer ermordeten Verwandten abgelehnt hatten. Die Einweihung nahm Pfarrer Kurt Udermann zu Allerheiligen 2005 vor. Da die Holztafel witterungsbedingt Schaden nahm, wurde sie durch eine Tafel aus Metall ersetzt.[619]   ◼

Gedenktafel in Neustift im Stubaital, die das ursprüngliche Erinnerungszeichen aus Holz ersetzt. (Foto Christian Egger)

Oberhofen im Inntal

Porträt für Otto Neururer mit Informationstafel und Otto-Neururer-Altar in der Kirche zum heiligen Nikolaus

In der Kirche in Oberhofen hängte die Pfarre anlässlich der Seligsprechung von Otto Neururer, der 1913/14 in der Gemeinde als Pfarrprovisor gewirkt hatte, sein Bildnis mit einer Gedenktafel auf. Die Segnung nahm Pfarrer Christoph Haider am 1. Dezember 1996 vor. Mit dabei waren Anna und Alois Waldhart, die 1914 die Erstkommunion von Pfarrer Neururer erhalten hatten. Das Ölbild Neururers malte Emmerich Kerle. Alois Ruef aus Oberhofen fertigte einen Kerzenleuchter an. Am selben Tag wurde auch die Gedenktafel für Otto Neururer an der Gedenkstätte für die Seelsorger von Oberhofen angebracht, die Pfarrer Haider segnete. ▪

Links: Zum Jubiläumsjahr 1.200 Jahre Oberhofen wurde der Otto-Neururer-Altar am 11. April 1999 während einer Feldmesse von Bischof Alois Kothgasser mit einer Reliquie des Seligen geweiht.[620] Rechts: Ölbild von Otto Neururer mit einer Inschrifttafel aus dem Jahr 1996 (Fotos Karin Schmid)

Gedenktafel für Otto Neururer in der Gedenkstätte für die Seelsorger im Friedhof

Im Anschluss an die Feierlichkeiten zur Einweihung des Porträts von Otto Neururer am 1. Dezember 1996 segnete Pfarrer Christoph Haider an der Gedenkstätte für die Seelsorger von Oberhofen die neu angebrachte Gedenktafel für den Seliggesprochenen.[621]

Gedenkstätte für die Seelsorger von Oberhofen mit der Gedenktafel für Otto Neururer (Foto Karin Schmid)

Otto-Neururer-Weg

Pfarrer Christoph Haider stellte im Gemeinderat den Antrag, dem seliggesprochenen Geistlichen im Zuge der Verleihung von neuen Straßenbezeichnungen entlang des Widums einen Otto-Neururer-Weg zu widmen. Der Gemeinderat stimmte diesem Wunsch in seiner Sitzung am 30. November 2006 zu. Gleichzeitig schaffte der Pfarrer für das Widum eine eigene Messingtafel an.[622] (Foto Gemeinde Oberhofen)

Obsteig

Gedenktafel für Maria Föger
an der Südseite der Kirche

Maria Föger, geb. Gassler, kam am 16. September 1895 in Telfs zur Welt und war seit 1920 mit Josef Föger in Obsteig verheiratet. Das Paar hatte vier Kinder und wohnte im „Krameter Haus", das sich im Ortsteil Wald befand. In den frühen 1930er Jahren war sie mehrmals in der Landesheil- und Pflegeanstalt Hall untergebracht. Im Laufe des Krieges kam Maria Föger ins Versorgungsheim Nassereith, von wo aus sie über die Heil- und Pflegeanstalt Hall am 20. März 1940 weiter nach Schloss Hartheim deportiert und dort ermordet wurde. 2017 forschte Sarah Strigl nach dem Schicksal der Frau in Obsteig, doch niemand konnte oder wollte sich noch an Maria Föger erinnern, mit einer Ausnahme. Auf Nachfragen antwortete eine Dorfbewohnerin, Anna R.: „Ja, ich weiß schon, da ist jemand rausgekommen. Die ist dann weggekommen. (...) Aber sonst, da weiß ich weiters nicht."[623]

Initatoren der Gedenktafel: Im Dezember 2004 behandelte der Gemeinderat eine Anfrage des Künstlers Franz Wassermann, der auf Maria Föger aufmerksam machte und die Benennung einer Straße nach ihr vorschlug. Die Gemeinde stand dem Ansinnen zwar nicht negativ gegenüber, zu einer Umsetzung kam es jedoch nicht. 2011 brachte Ortschronist Hubert Stecher den

Gedenktafel für ein vergessenes Opfer der NS-Euthanasie
(Foto Sarah Strigl)

Fall nochmals vor den Gemeinderat, nachdem er die Publikation von Sommerauer und Wassermann über das Kunstprojekt „Temporäres Denkmal" gelesen hatte. Bürgermeister Hermann Föger wirkte unterstützend; mit Margret Muglach saß eine Frau im Gemeinderat, die mit einem Urenkel von Maria Föger verheiratet war. Die Gemeinde beschloss dieses Mal einstimmig die Anbringung einer Gedenktafel an der Südseite der Kirche. Sie wurde zu Allerheiligen 2011 im Rahmen des Gottesdienstes eingeweiht und gesegnet. Bleibende Spuren hinterließ die Tafel im Gedächtnis des Dorfes nicht, so dass sich heute kaum jemand an Maria Föger erinnert.[624]

Patsch

Edith-Stein-Kapelle mit Edith-Stein-Kreuz, Burgstall Friedhof, Dorfstraße 14

Eingangstafel für die Kapelle zu Ehren von Edith Stein, die 1942 im KZ Auschwitz ermordet wurde. (Foto Selina Mittermeier)

Die in der Form einer 12 Meter hohen Pyramide vom Patscher Künstler Helmut Strobl gestaltete Edith-Stein-Kapelle befindet sich im neuen Friedhof am Ortsrand. In der Kapelle steht ein monumentales drehbares Kreuz, ebenfalls geschaffen von Helmut Strobl. Es erinnert an Edith Stein als Jüdin, Frau und Christin. Die Zweiteilung des Kreuzstammes symbolisiert Mann und Frau. Der Psalm 31, Vers 6 ist längs in hebräischer Schrift und am Fußende auf Deutsch zu lesen: „Vater, in deine Hände empfehle ich voll Vertrauen meinen Geist." 365/366 Nägel für jeden Tag des Jahres weisen auf Krieg, Hunger, Armut, Krankheiten, Rassismus, soziale Ungerechtigkeit und die gesellschaftliche Ausgrenzung von Frauen hin. Millionen Menschen tragen „noch immer das Kreuz"

Dreiseitige Pyramiden-Kapelle für die Europaheilige Edith Stein des Künstlers Helmut Strobl, ausführender Architekt Robert Renz (Foto Selina Mittermeier)

Das Europafriedenskreuz im Inneren (Foto Selina Mittermeier)

Seitenansicht der Kapelle, einer Holzkonstruktion mit glänzendem Alu-Dach [625]

und werden „immer wieder, täglich an das Kreuz genagelt".[626] Auf der Rückseite des Kreuzes hängt ein überle-
bensgroßer Christus. Papst Benedikt XVI. erteilte dem
Edith-Stein-Kreuz der Kapelle seinen Segen, das 2007
auf den Spuren von Edith Stein auf Friedensreise durch
mehrere europäische Städte ging, um an die Greuel des
Zweiten Weltkriegs zu erinnern und zugleich zu Versöhnung und Frieden aufzurufen. Fotos dieser Reise
sind als Fries links und rechts des Kreuzes angebracht,
zwei Tafeln informieren über die Geschichte der Kapelle und des Kreuzes. Vor dem Altar stehen zwei Leuchter
in Form einer Menorah.

Die Pyramidenkapelle war 2001 vor der Innsbrucker Hofburg als Kunst-Adventkalender aufgestellt,
den der Künstler Helmut Strobl Bürgermeister Josef
Rinner 2003 schenkte, der für die Gesamtplanung und

Gestaltung des Friedhofs rund um die Kapelle federführend war. Einige Gemeinderäte und der Vizebürgermeister fühlten sich übergangen, Kritik gab es auch wegen der anfallenden Kosten der baulichen Ausführung.
Strobl unterstützte die Finanzierung mit der Ausgabe
von 366 Bildern der Pyramide. Pfarrer Norbert Gapp
segnete die Kapelle und den neuen Friedhof am 18. Juli
2004 im Rahmen eines Feldgottesdienstes in Anwesenheit der Ehrenformationen von Schützen, der Musikkapelle und einer Abordnung der Feuerwehr. Die Abgeordnete Anneliese Junker (ÖVP) vertrat den Tiroler
Landtag.[627] Auf Anregung des Schriftstellers Winfried
Werner Linde weihte der Geistliche die Kapelle der Eu-
ropaheiligen Edith Stein. Über der Kapellenöffnung findet sich die Inschrift: „Ich bin die Auferstehung und das
Leben".[628]

Pians

Erich-Lederle-Brücke über die Sanna mit Gedenktafel

Erich Lederle, geboren am 23. Oktober 1909 in Jerzens, heimatzuständig in Pians, ist Opfer des Massenmordes an AnstaltspatientInnen der Heil- und Pflegeanstalt für Geistes- und Nervenkranke in Hall in Tirol. Die Nationalsozialisten deportierten zwischen Dezember 1940 und August 1942 360 Menschen von Hall in die Tötungsanstalten Niedernhart und Schloss Hartheim bei Linz. Lederle wurde bereits mit dem ersten Deportationstransport, der von der Heil- und Pflegeanstalt Hall am 10. Dezember 1940 abfuhr, nach Hartheim überstellt und dort mit Gas ermordet.

Initiatoren der Erich Lederle-Brücke: Im Zuge seines Kunstprojekts „Temporäres Denkmal" forderte Franz

Die 2006 eröffnete Erich-Lederle-Brücke über die Sanna ins Paznauntal bei Majetal mit Gedenktafel (Fotos Gemeinde Pians)

Wassermann 2004 auch die Gemeinde Pians auf, ein Gedenkzeichen für Erich Lederle zu setzen. Bürgermeister Peter Rauchegger griff die Idee auf und forcierte mit Zustimmung des Gemeinderates die Namensnennung einer neuen Brücke als Teilstück des Wander- und Radweges ins Paznaun auf dem Gemeindegebiet von Pians, die Ende September 2006 fertiggestellt war.

Der nunmehrige Altbürgermeister Peter Rauchegger zeigt sich weiterhin engagiert. 2016 nahm er mit den Schulbehörden Kontakt auf, um das Thema stärker im Unterricht zu verankern. Beim Chronistentag in See berichtete er über die NS-Euthanasie: „Obwohl aus fast jeder Gemeinde im Bezirk Opfer stammen, hält sich die Auseinandersetzung damit in Grenzen. Für mich ist es wichtig, dass die heimischen Euthanasie-Opfer nie vergessen werden." Bezirkschronist Rudolf Juen sagte ihm seine Unterstützung zu, mehr über die Opfer im Bezirk Landeck herausfinden zu wollen.[629]

Prospekt der Gemeinde Pians

Reutte

Gedenkkreuz mit Inschrift
für Jakob Gapp SM
im Vorraum der Rochuskapelle

Jakob Gapp, Fotoserie der Gestapo Wien (Archiv der Marianisten, Kloster Greisinghof in Tragwein)

Die Seligsprechung von Pater Gapp am 24. November 1996 sowie die Aktivitäten des Archivars von Reutte, Richard Lipp, veranlassten den Dekan von Breitenwang, Monsignore Ernst Pohler, für Gapp ein Gedenkkreuz und eine Inschrift, die er mit Lipp abstimmte, in Auftrag zu geben. Im Anschluss an einen Festgottesdienst der Pfarren Reutte und Breitenwang am 7. Dezember 1996 weihte Dekan Pohler das Gedenkkreuz in der Rochuskapelle ein.[630]

MÄRTYRER DES GLAUBENS
P. JAKOB GAPP SM
KOOPERATOR VON BREITENWANG
RELIGIONSLEHRER IN REUTTE
VOM
1. SEPTEMBER - 4. NOVEMBER 1938
GEBOREN
26. JULI 1897 WATTENS
HINGERICHTET
13. AUGUST 1943
BERLIN - PLÖTZENSEE
SELIG GESPROCHEN VON
PAPST JOHANNES PAUL II.
24. NOVEMBER 1996
ROM
VERHAFTET VON DER GESTAPO
AM 9. NOVEMBER 1942
ER LIESS ALS ZEUGE DES GLAUBENS
SEIN LEBEN UNTER DEM FALLBEIL

Inschrift in der Rochuskapelle aus dem Jahr 1996. Sie wurde zur Erinnerung an die Pestzeit gebaut und 1953/54 zu einer Kriegergedächtniskapelle umgestaltet. (Foto Richard Lipp)

Jakob-Gapp-Straße

Anlass der Benennung der Straße am 11. November 1996, die im Siedlungsgebiet Reuttes bei der Dr.-Robert-Thyll-Straße rechts von ihr im Halbkreis abzweigt und wieder zu ihr zurückkehrt, war die Seligsprechung von Jakob Gapp. Den Anstoß gab der Archivar von Reutte, Richard Lipp.[631] (Foto Richard Lipp)

Gustav-Lenke-Straße

Dipl.-Ing. Gustav Lenke wurde 1880 geboren, war Offizier im Ersten Weltkrieg und seit 1928 kaufmännischer Direktor der Planseewerke in Reutte. Als Experte im Betrieb und in der Arbeiterschaft hochgeachtet, war er in der Gemeinde für seine soziale Einstellung gegenüber Armen und Bedürftigen bekannt. Am 12. März 1938 marschierte eine Horde von Nationalsozialisten zu seiner Wohnung und bewarf sie mit Steinen, weil Lenke jüdischer Herkunft war. Lenke musste mit seiner Frau in ein Gasthaus umziehen. Karl Schretter, der Kreisleiter von Reutte, bestätigte Lenke eine gute Führung des Betriebes und soziales Verhalten gegenüber den Arbeitskräften. Doch trotz seiner Fürsprache wurde Lenke schon am 16. April 1938 seines Amtes enthoben. Seine beiden Kinder erreichten mit einem Kindertransport England, wohin auch er mit seiner Frau flüchten konnte. Gustav Lenke starb bereits 1949.[632]

Initiator der Lenke-Straße: Der Archivar von Reutte, Richard Lipp, regte die Straßenbenennung an. Die Gemeinde griff seinen Vorschlag aufgrund seines Artikels aus dem Jahr 2010 im Jahrbuch EXTRA VERREN des Museumsvereins des Bezirkes Reutte über die Auswirkungen des Antisemitismus im Außerfern auf. Seit 2013 ist das Straßenschild nach dem Gemeinderatsbeschluss vom 7. Juli 2011 angebracht.[633] ■

Gustav Lenke
(Foto Richard Lipp)

Gustav-Lenke-Straße in Reutte mit Blick auf die Villa (Haus mit dem roten Dach), in der Lenke wohnte. Die Straße führt gegenüber der evangelischen Kirche in einem Bogen zur Hofäckerstraße. (Foto Richard Lipp)

Gedenktafel für Hermann Stern im Heimatmuseum

Hermann Stern
(Foto Archiv Markt-
gemeinde Reutte)

Dr. Hermann Stern kam am 24. Mai 1878 in Bozen zur Welt, sein Vater war bereits ein Vierteljahrhundert zuvor vom jüdischen zum katholischen Glauben übergetreten. Stern studierte Jus und ließ sich 1910 als Rechtsanwalt in Reutte nieder. 1911 heiratete er Anna Knittel, mit der er fünf Kinder hatte. Er beteiligte sich rege am Vereinsleben in führender Stellung, war Initiator für den Bau der Zugspitzbahn und sorgte für die Ansiedlung des Metallwerks Plansee, in dem er als erster Geschäftsführer arbeitete. Stern war sozial engagiert, so spielte er eine tragende Rolle bei der Errichtung des Krankenhauses der Barmherzigen Brüder in Kreckelmoos.

Unmittelbar nach der NS-Machtübernahme besetzten SA-Männer seine Kanzleiräume, die die SS am 4. April 1938 beschlagnahmte. Die NS-Behörden hatten Hermann Stern nach den Nürnberger Rassegesetzen zum jüdischen „Mischling 1. Grades" erklärt. Nicht zuletzt aufgrund der Nachstellungen der neuen Machthaber der Marktgemeinde Reutte kam er vom Mai 1938 bis 18. Jänner 1940 in Innsbruck in Haft, die seine Gesundheit schwer in Mitleidenschaft zog. Im April 1941 verhängte Gauleiter Franz Hofer das Gauverbot über Hermann Stern, der in Wien, Mittenwald und Füssen erfolglos einen neuen Aufenthaltsort zu finden suchte. Schließlich verschickte ihn die Gestapo nach Nürnberg. Im März 1942 zwangen die NS-Behörden seine Frau, ihre Wohnung in Innsbruck zu kündigen, so dass die Familie zu Hermann Stern nach Nürnberg übersiedeln musste. Schwer krank und erblindet, hoffte er nach dem Krieg vergeblich auf Wiedergutmachung. Hermann Stern starb am 24. August 1952 in Innsbruck.[634]

InitiatorInnen der Gedenktafel: Der Architekt Sighard Wacker, der Publizist Markus Wilhelm und die Gymnasialprofessorin Sabine Beirer-Raffl setzten sich für die Errichtung einer Gedenktafel für Hermann Stern ein.[635] Am 30. November 2017 enthüllte der Reuttener Bürgermeister Alois Oberer anlässlich einer Ausstellungseröffnung über Fotos alter Außerferner Bauernhöfe die Gedenktafel für Hermann Stern mit einer Textierung von Richard Lipp im Flur des „grünen Hauses", wo das Heimatmuseum untergebracht ist und der Industriepionier lebte und arbeitete.[636] ■

Gedenktafel für
Hermann Stern
(Foto Richard Lipp)

Ried im Oberinntal

Gedenktafel für Viktor Czerny
an der Friedhofsmauer

Viktor Czerny wurde am 24. Juni 1896 in Prerau (Tschechien) geboren. 1938 arbeitete er als Forstmeister in Ried im Oberinntal, bereits sechs Jahre zuvor war er der NSDAP beigetreten. Wann er NS-Gegner wurde, lässt sich nicht genau feststellen. Im April 1945 war er führend am Aufbau einer Widerstandsgruppe im Gerichtsbezirk Ried-Landeck beteiligt. Anfang Mai 1945 plante die aus rund 50 Männern bestehende Gruppe eine Aktion zur Entmachtung der lokalen NS-Führung. Parteifunktionäre, Bürgermeister und Ortsgruppenleiter sollten verhaftet werden. Als jedoch die Parteistellen in Ried und Landeck Kenntnis von den Plänen erhielten, kam es zu einer Verhaftungsaktion gegen die führenden Männer der Widerstandsgruppe. In der Nacht vom 2. auf den 3. Mai 1945 wurde das Haus Czernys umstellt, er selbst beim Versuch zu flüchten erschossen. Die Ermordung geschah vor den Augen seiner Ehefrau, die vier Tage zuvor entbunden hatte. Czerny befand sich an ihrem Wochenbett, als die Verfolger eintrafen.[637]

InitiatorInnen der Gedenktafel: Im Gedenkjahr 1988 recherchierten Lehrkräfte und SchülerInnen des BRG/BORG Landeck unter dem projektverantwortlichen Lehrer Franz Wille über die NS-Zeit im Bezirk. Sie veröffentlichten die Broschüre „März 1938 und die Folgen für den Bezirk Landeck" und beschlossen, mit dem Verkaufserlös eine Gedenktafel für Ing. Viktor Czerny zu finanzieren, um ihn und den Widerstand zu würdigen. Zudem hatten sie herausgefunden, dass ein ehemaliger Lehrer ihres Gymnasiums bei der Verfolgung Czernys beteiligt war. Bürgermeister Franz Köhle (ÖVP) und der Gemeinderat unterstützten das Unterfangen. Am 2. Mai 1989, 44 Jahre nach der Ermordung von Viktor Czerny, segnete der Ortspfarrer die Gedenktafel, die an der Mauer des Friedhofs von Ried im Oberinntal unter Anwesenheit seiner Ehefrau Theodora, seines Sohnes Michael, des Bürgermeisters und von Gymnasialdirektor Manfred Weiskopf angebracht wurde.[638] ▪

Viktor Czerny
(Foto Gabriele Czerny)

Die Gedenktafel, die seit 1989 an Viktor Czerny erinnert.
(Foto Gisela Hormayr)

Gedenktafel im Alten-, Pflege- und Therapiezentrum Heim Santa Katharina für die Opfer der NS-Euthanasie des Versorgungshauses der Barmherzigen Schwestern

Ampferer Paulina, 12.11.1907, Brandenberg, Heimatort Brandenberg, Transport 29.5.1941[639]

Sr. Irmunda Arzberger Maria, 2.7.1886, Wolkersdorf (Kärnten), Heimatort St. Stefan im Lavanttal, Transport 29.5.1941

Egger Aloisia, 18.9.1890, Zams, Heimatort Landeck, Transport 29.5.1941

Gabl Johanna, 1.8.1878, Wenns, Heimatort Wenns, Transport 29.5.1941

Gerl Maria, 20.12.1899, Obernußdorf, Heimatort Obernußdorf, Transport 29.5.1941

Hecher Maria, 30.7.1908, Bad Häring, Heimatort Bad Häring, Transport 29.5.1941

Inderster Maria, 22.11.1919, Kartitsch, Heimatort, Kartitsch, Transport 29.5.1941

Janisch Maria, 9.5.1882, Kufstein, Heimatort Jenbach, Transport 29.5.1941

Jordan (geb. Kircher, verw. Hill) Maria, 15.3.1881, Axams, Heimatort Sellrain, Transport 29.5.1941

Sr. Maria Aloisia Krampitz Martha, 6.4.1900, Breslau (Polen), Heimatort Breslau, Transport 29.5.1941

Kuppelwieser Maria, 22.4.1894, Nauders, Heimatort Nauders, Transport 29.5.1941

Maaß Juliana, 5.8.1910, Ried im Oberinntal, Heimatort Ried im Oberinntal, Transport 29.5.1941

Sr. Martha Manz Anna, 12.8.1871, Ellwangen (Würtemberg), Heimatort Ellwangen, Transport 29.5.1941

Links: Gedenktafel im Altenzentrum (Foto Peter Hager). Rechts: Die 2010 geweihte Gedenktafel für die NS-Euthanasieopfer des Versorgungshauses Ried (Foto Arnold Schett)

Prockl (geb. Hartgasser) Karolina, 11.9.1890, Weilbach (Oberösterreich), Heimatort Schwaz, Transport 29.5.1941

Raaß Maria, 22.5.1904, Fließ, Heimatort Fließ, Transport 29.5.1941

Schaider Josefa, 8.7.1878, Rattenberg, Heimatort Rattenberg, Transport 29.5.1941

Strolz Josefa, 19.6.1901, St. Jakob am Arlberg, Heimatort St. Jakob am Arlberg, Transport 29.5.1941

Thurner Jakobina, 26.9.1878, Imsterberg, Heimatort Imsterberg, Transport 29.5.1941

Weisjele (geb. Mader) Johanna, 21.12.1888, Zirl, Heimatort Telfs, Transport 29.5.1941

Wörgetter Maria, 2.11.1896, St. Johann in Tirol, Heimatort St. Johann in Tirol, Transport 29.5.1941

Zelger Josefa, 1904, Sillian, Heimatort Sillian, Transport 29.5.1941

Im Frühjahr 1941 erschien Hans Czermak, Leiter der Abteilung III für „Volkspflege" beim Reichsstatthalter im Gau Tirol-Vorarlberg, in Begleitung eines unbekannten Mannes in Ried, um BewohnerInnen des von den Barmherzigen Schwestern geführten Versorgungshauses für einen Abtransport in den Tod zu sichten. Wenig später bekam die Oberin eine Liste mit 24 Frauen zugestellt. Am 26. Mai 1941 wurden 23 in die Heil- und Pflegeanstalt Hall gebracht, eine geistliche Schwester konnte auf Intervention von Primar Ernst Klebelsberg in Ried bleiben. Am 29. Mai holte ein Autobus 29 Menschen ab, um sie von Hall in die Tötungsanstalt Hartheim bei Linz zu bringen, unter ihnen 21 Frauen aus dem Versorgungshaus Ried. Klebelsberg hatte zwei PatientInnen aus Ried zurückbehalten. Allerdings war ein Mädchen, dem, so die Oberin von Ried, „nichts gefehlt habe, außer, dass sie ‚eigensinnig' war", von der Deportation nicht ausgenommen worden.[640]

InitiatorInnen der Gedenktafeln: Der 350. Todestag des Heiligen Vinzenz von Paul, Ordensgründer der Barmherzigen Schwestern, war Anlass, dass sich der Orden mit dem Abtransport und der Ermordung armer, alter, kranker Menschen aus den ehemaligen Versorgungshäusern in Imst, Nassereith und Ried im Oberinntal auseinandersetzte. An Allerseelen 2010 fand in der Mutterhauskirche der Barmherzigen Schwestern in Innsbruck eine Gedenkfeier für die Opfer der NS-Euthanasie aus den drei genannten Versorgungshäusern statt.[641]

Rum

Gedenktafel für NS-Euthanasieopfer an der Mauer der Friedhofskapelle

Josef Lechner kam am 1. März 1905 in Rum zur Welt, wo er in der kleinen Bauernschaft der Eltern mitarbeitete. Seine Mutter schilderte ihn als „willig und fleissig". Am 10. Dezember 1940 wurde Josef Lechner von der Heil- und Pflegeanstalt Hall ins Schloss Hartheim bei Linz gebracht und dort getötet.

Johann Lechner, geboren am 19. April 1873 in Innsbruck als uneheliches Kind einer Rumer Tagelöhnerin, die früh verstarb, arbeitete jahrzehntelang als Müller und Knecht, bis er aufgrund eines Arbeitsunfalls erblindete und in der Armenversorgung landete, für die die Gemeinde aufkommen musste. Wegen seiner Kritik und seinem aufmüpfigen Verhalten ersuchte der Bürgermeister von Rum um die Aufnahme Lechners in die Landesheil- und Pflegeanstalt Hall. Von dort wurde er mit dem selben Todestransport wie Josef Lechner nach Hartheim deportiert und ermordet.

Friedhofskapelle und die 2012 eingeweihte Gedenktafel für die Opfer des Krankenmordes von Rum (Fotos Bernhard Kirchebner)

Für *Johann Nolf*, geboren am 27. Juli 1908 in Schwaz als uneheliches Kind einer Rumer Obsthändlerin, kam die Absicht seiner Mutter zu spät, eine bessere Unterbringung als die Landesheil- und Pflegeanstalt Hall zu finden. Am 20. März 1941 wurde er nach Hartheim deportiert und dort ums Leben gebracht. Bereits ein Monat zuvor war ein junger Mann aus Rum, geboren am 20. Februar 1923 in Vill, mit dem ersten Todestransport am 10. Februar 1941 von der Vorarlberger Heil- und Pflegeanstalt Valduna Rankweil ins Schloss Hartheim überstellt worden, wo er seinen 18. Geburtstag nicht mehr erlebte.

Franz Löschenbrand wurde am 9. Mai 1936 in Innsbruck als lediger Sohn einer Köchin aus Rum geboren. Der Bürgermeister und ein Blockleiter von Rum sorgten für die Einlieferung des Kindes in die „Idiotenanstalt" Mariatal in Kramsach, von wo man ihn am 23. Mai 1941 nach Hartheim überstellte. Kurz nach seinem fünften Geburtstag kam Franz Löschenbrand in der Gaskammer des Schlosses um.[642]

InitiatorInnen der Gedenktafel: Im Mai und Dezember 2004 richtete der Künstler Franz Wassermann im Zuge seines Kunstprojekts ein Schreiben an die Gemeinde Rum, in dem er anregte, ein Erinnerungszeichen für die Opfer der NS-Euthanasie der Gemeinde zu setzen. Auf Initiative der Grünen entstand eine Arbeitsgruppe, in der die Lehrerin Christiane Unterwurzacher mitwirkte und von Bürgermeister Edgar Kopp beauftragt wurde, die Namen der Opfer zu recherchieren. Bis zum Frühsommer 2008 konnte sie eine Liste zusammenstellen, die über die Zahl der Namen hinausging, die Wassermann der Gemeinde zukommen hatte lassen. Nach den Gemeinderatswahlen im März 2010 berief Bür-

germeister Kopp einen sogenannten „Euthanasie-Ausschuss" ein, dem Christiane Unterwurzacher vorstand und der die Ausschreibung eines Kunstprojekts zur Erinnerung an die in der NS-Zeit Getöteten beschloss. Der Ausschuss zog den Dorfchronisten Franz Haidacher und den Historiker Horst Schreiber hinzu, die sich für die namentliche Nennung der Opfer aussprachen und für die Aufstellung des Kunstobjekts an einem zentralen Ort, um die Ermordeten symbolisch wieder in die Mitte der Gesellschaft zurückzuholen. Christopher Grüner, Franz Hölbling und Franz Wassermann reichten Projekte ein. In der Ausschuss-Sitzung im Oktober 2010 sorgte Bürgermeister Edgar Kopp für einen Gesinnungswandel in der Gemeinde. Das bedeutete: keine Namensnennung der Opfer, kein Kunstprojekt, kein zentraler Standort für das Erinnerungszeichen. Kostengünstig und schlicht sollte es sein. Die Gemeinde erteilte dem Rumer Künstler Franz Hölbling den Auftrag, eine Gedenktafel zu entwerfen, auf den ein Text kam, den die Mehrheit des Gemeinderates beschlossen hatte. Die Anonymisierung der NS-Euthanasieopfer begründete der Bürgermeister damit, dass die Angehörigen eine Namensnennung kategorisch ablehnten. Doch in Wirklichkeit hatten mit einer Ausnahme alle betroffenen Familien den gegenteiligen Wunsch geäußert.

Am 5. Mai 2012 fand die Einweihungsfeier der Gedenktafel statt, die an der Totenkapelle des Friedhofs angebracht und von Pfarrer Anno Schulte-Herbrüggen gesegnet wurde. Eingeladen waren der Gemeinderat, die Musikkapelle und die Freiwillige Feuerwehr von Rum sowie Verwandte der Ermordeten. Die Bevölkerung wurde nicht offiziell informiert. Die Grünen stellten für die Feier einmalig Kerzen mit den Namen der Opfer auf.[643]   ∎

Scheffau

Gedenktafel für Sebastian Haselsberger in der Pfarrkirche

Sebastian Haselsberger kam am 10. Jänner 1894 in Scheffau zur Welt, wo er 1917 seine Primiz feierte. Von seiner ersten Pfarrstelle in Muhr im Lungau wurde Haselsberger 1929 nach Erl versetzt und übernahm dort auch die Leitung des hoch verschuldeten Theatervereins. In der Nacht vom 18. auf den 19. Juli 1933 zerstörte ein Brand das Passionsspielhaus vollständig. Indizien deuteten zunächst auf eine Aktion einheimischer Nationalsozialisten. Gerüchte um eine Beteiligung Haselsbergers und Klagen über seine Amtsführung bewirkten in der Folge seine Ablösung. Bis 1938 wirkte er in verschiedenen Pfarren der Diözese Salzburg als Kooperator. Am 25. August 1938 wurde er verhaftet und gemeinsam mit seiner ehemaligen Haushälterin der Brandstiftung beschuldigt. Haselsberger gestand, den Versicherungsbetrug zur Rettung der Erler Passionsspiele geplant und seine Haushälterin zur Tat angestiftet zu haben. Der aufsehenerregende Prozess vor dem Landgericht Innsbruck im Oktober 1938, über den Zeitungen in Tirol und Bayern ausführlich berichteten, endete mit seiner Verurteilung zu 15 Jahren Kerker. Zur weiteren Verbüßung

Sebastian Haselsberger (Foto Chronik Fritz Kirchmair)[644]

der Haftstrafe wurde Haselsberger 1941 zunächst in das Zuchthaus Garsten und am 20. September 1943 in das KZ Mauthausen überstellt. Am 4. April 1944 wurde er während eines Transports nach Steyr „auf der Flucht erschossen."[645]

Initiatoren der Gedenktafel: Sie dürfte nicht lange Zeit nach Kriegsende auf Betreiben des Bruders des Opfers, Simon Haselsberger, an der Außenseite der Pfarrkirche angebracht worden sein. Nach der Renovierung der Kirchenfassade 1980 setzte sich ein Neffe des ermordeten Pfarrers, Johann Haselsberger, dafür ein, dass die Gedenktafel ins Kircheninnere kam. Feierlichkeiten wurden keine abgehalten.[646] ∎

Die Gedenktafel hängt seit 1980 in der Pfarrkirche von Scheffau. (Fotos Claudia Turner)

Schwaz

Gedenktafel für Max Bär
an der Mauer am Eingang zum Stadtpark

Max Bär kam am 20. Dezember 1903 in Miesbach (Bayern) zur Welt. Er war der Idealtyp eines klassenbewussten, politisch aktiven Arbeiters. Als Sohn eines Bergmanns arbeitete auch er in einem Bergwerk in Bayern. In den späten 1920er Jahren zog er nach Schwaz und erlernte das Malerhandwerk. Seit 1934 gehörte er der inzwischen verbotenen KPÖ an und nahm 1936 an einem Schulungslehrgang in Prag teil. Im Austrofaschismus wurde er mindestens zwei Mal verhaftet, zuerst im Dezember 1935. Ob er seine zehnmonatige Arreststrafe absaß, ist unklar. Im Frühjahr 1936 nahm die Gendarmerie von Schwaz Mitglieder der illegalen Bezirksleitung der KPÖ fest, darunter auch Max Bär, der vom 6. Juni bis 23. Juli im Gefängnis einsaß. Er organisierte insbesondere in den Jahren 1941 – nach dem Angriff der Wehrmacht auf die Sowjetunion – und 1942 eine illegale KP-Gruppe in Schwaz, deren Mitglieder er in erster Linie politisch schulen wollte. Einen Schulungsbrief, den er verfasste, konnte er aber nicht mehr vervielfältigen. Bär baute ein Netzwerk der „Roten Hilfe" auf, konkret unterstützte er die Familie eines Deserteurs, aber auch sowjetische Kriegsgefangene in den Heinkel-Werken in Jenbach mit Geld und Tabak. Einem Angestellten, der die Kriegsgefangenen misshandelte, schickte er einen Drohbrief. Am 21. Jänner 1943 erschien die Gestapo in der Wohnung von Bär. Da er außer Hauses war, konnte er sich verstecken und am nächsten Tag über Wörgl nach Rosenheim fliehen, wo er jedoch kurz darauf verhaftet wurde. Die Gestapo lud Bärs 13-jährigen Sohn Reinhold vor und traktierte ihn mit Fausthieben im Gesicht. Zwischen Jänner und März 1943 verhaftete sie die Mitglieder der Gruppe um Max Bär, die viele Frauen unterstützt hatten. Der Berliner Volksgerichtshof, der in Salzburg tagte, verurteilte Bär am 30. November 1943 wegen Vorbereitung zum Hochverrat zum Tode. Am 24. Februar 1944 wurde Max Bär im Gefängnis München-Stadelheim hingerichtet.[647]

Initiator der Gedenktafel: Im Gedenkjahr 1988 formierte sich in Schwaz eine „Projektgruppe Alltagsge-

Max Bär
(Foto Reinhold Renzl)

Gedenktafel für Max Bär, die 1993 angebracht wurde.
(Foto Stadtarchiv Schwaz)

schichte", die sich mit der damals noch kaum erforschten Zeit des Nationalsozialismus auseinandersetzte, vom 11. auf den 12. März eine 24-Stunden-Mahnwache am Stadtplatz durchführte und in einer Postwurfsendung alle Schwazer Haushalte über die Aktion informierte: „Anlässlich der Eingliederung Österreichs in das Deutsche Reich gedenken wir der vom Nationalsozialismus Verfolgten und Ermordeten."[648] Die InitiatorInnen legten bebilderte Dokumente aus der NS-Zeit in Schwaz bei und luden die Schwazer Bevölkerung zu Vortrag und Diskussion über „Juden in Tirol" von Gretl Köfler und „Widerstand in Schwaz am Beispiel Max Bär" von Jürgen Heiss ein. Der Veranstaltungsort, die Pölzbühne, war am 23. März 1988 bis zum letzten Platz gefüllt. Die Projektgruppe führte in den nächsten Jahren Gespräche mit der Stadt und Sponsoren, um eine Gedenktafel in Schwaz anzubringen. Es gelang ihr, einen gut sichtbaren Ort durchzusetzen, den Eingang zum Schwazer Stadtpark. Dies wurde wegen der aufgeschlossenen Haltung von Dekan Josef Trojer möglich, der einer Gedenktafel für den kommunistischen Widerstandskämpfer auf der Mauer, die der Kirche gehört, positiv gegenüberstand. Am 4. Dezember 1993 fand schließlich die schlichte Enthüllungsfeier der Tafel statt, bei der ein Mitglied der Projektverantwortlichen für die musikalische Umrahmung sorgte und Jürgen Heiss eine Rede über Max Bär hielt.[649]

Gedenktafel für Josef Brettauer und die Opfer der NS-Euthanasie an der Mauer am Eingang zum Stadtpark

Sterbebild von Josef Brettauer
(Foto Privatarchiv Horst Schreiber)

Josef Brettauer kam am 24. Oktober 1885 in Welsberg (Südtirol) zur Welt und war Polizeihauptwachtmeister. Im Sommer 1938 entstand um die beiden Handelsangestellten Franz Rainer und Rudolf Ottlyk die erste von mehreren legitimistisch ausgerichteten Widerstandsgruppen unter dem Namen „Freiheit Österreich", deren Mitglieder die Gestapo bereits ab Herbst verhaftete, aber nach mehrmonatigen Gefängnisaufenthalten wieder entließ. Die meisten begannen sich im Frühjahr 1939 neuerlich zu organisieren. Bereits Anfang Juli 1939 startete die Gestapo wieder eine Verhaftungswelle unter der mehr als 140 Männer und Frauen umfassenden Gruppe, die sich als Nachfolgeorganisation von „Freiheit Österreich" nun „Vergißmeinnicht" nannte und die Wiedererrichtung der Habsburgermonarchie anstrebte. Die Gestapo nahm Rosa und Josef Brettauer sen. sowie deren erst 18-jährigen Sohn Josef jun. am 7. Juli 1939 fest und brachte sie ins Innsbrucker Polizeigefängnis. Familie Brettauer hatte Franz Rainer zunächst über dessen Mutter Luise kennengelernt, die im Haushalt der Familie Brettauer Näharbeiten erledigte. Als Rainer am 21. März 1939 aus der Haft entlassen wurde, lud Josef Brettauer sen. ihn ein, einige Tage in Schwaz zu verbringen. Rainer warb Josef Brettauer jun. für den Widerstand an. Seinem Vater wurde später vorgeworfen, als Polizeibeamter nicht gegen diese hochverräterische Verschwörung zum Sturz der NS-Regierung eingeschritten zu sein und wiederholt Besprechungen von Rainer mit neu angeworbenen Mitgliedern in seiner Wohnung geduldet zu haben: „Der Angeschuldigte

IN STILLEM GEDENKEN GEWIDMET
DEM SCHWAZER WIDERSTANDSKÄMPFER

JOSEF BRETTAUER
* 1885
† AM 11. JUNI 1942 IN SCHWAZ AN DEN
HAFTFOLGEN IM GEFÄNGNISSPITAL LANDSHUT

UND

DEN SCHWAZERN, DIE IM PSYCHIATRISCHEN
KRANKENHAUS HALL I.T. IM RAHMEN DES
NS-EUTHANASIE-PROGRAMMS HINGERICHTET
WURDEN

2015 wurde am Eingang zum Stadtpark oberhalb der Tafel für Max Bär eine Gedenktafel für Josef Brettauer, der den Widerstand unterstützte, und für Schwazer Opfer der NS-Krankenmordaktion angebracht. Allerdings fanden die Menschen nicht in der Heil- und Pflegeanstalt Hall den Tod, wie der Tafeltext vermuten lässt. (Fotos Stadtarchiv Schwaz)

Brettauer der Ältere gab sogar seiner Freude darüber Ausdruck, daß wieder eine Bewegung entstanden sei, die sich für die Ideale eines freien Österreichs einsetze." Die Gestapo hatte Rosa Brettauer bereits am 8. September auf freien Fuß gesetzt, ihren Mann und Sohn aber vom Innsbrucker Polizeigefängnis in das Landesgerichtliche Gefangenenhaus gebracht und am 3. Dezember 1939 in die Haftanstalt Landshut in Bayern. Der Oberreichsanwalt beim Volksgerichtshof erhob im Juli 1940 in drei getrennten Verfahren Anklage wegen gemeinschaftlich begangenen Hochverrats. Die Anklageschrift gegen acht der Beschuldigten, die aus Arzl bei Innsbruck und Schwaz stammten, richtete sich auch gegen Josef Brettauer sen., der zu diesem Zeitpunkt mit 55 Jahren vom Lebensalter her gesehen aus dem Rahmen fiel: Die anderen Angeklagten waren zwischen 17 und 23 Jahre alt. Im März 1941 wurde Brettauer sen. aus gesundheitlichen Gründen aus der Haft entlassen, da er mehrere Schlaganfälle erlitten hatte. 15 Monate später, am 12. Juni 1942, verstarb er im 57. Lebensjahr. Sein Sohn kam im März 1943 frei und musste in die

Wehrmacht einrücken. Er überlebte das Kriegsende in russischer Kriegsgefangenschaft und kehrte im November 1945 nach Schwaz zurück. Wie viele andere ehemalige WiderstandskämpferInnen sprach er nur wenig über seine Erlebnisse und Erinnerungen. Der Verdacht eines möglichen Verrats der Gruppe aus dem engen Familien- oder Freundeskreis wurde nie gänzlich widerlegt.[650]

Initiator der Gedenktafel: Am 16. November 2005 beschloss der Stadtrat von Schwaz nach einer Initiative aus der Verwandtschaft und Lehrerschaft sowie von Privatpersonen,[651] für den „Kriegsverstorbenen Josef Brettauer" eine Erinnerungstafel zu errichten und gleichzeitig das Gedenken an die Ermordeten der NS-Euthanasie mit umzusetzen, nachdem der Künstler Franz Wasserman 2004 im Rahmen seines Erinnerungsprojekts „Temporäres Denkmal" eine öffentliche Zeichensetzung für die Schwazer NS-Euthanasieopfer angeregt hatte. Eine offizielle Enthüllung dürfte es nicht gegeben haben.[652]

Gedenkstele für Josef Anton King im Kreuzgarten des Bischöflichen Gymnasiums Paulinum, Paulinumweg 1

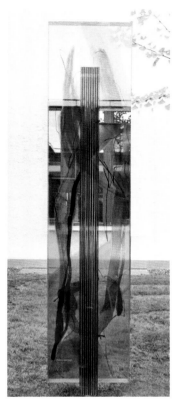

Gedenkstele für Josef Anton King im Kreuzgarten des Bischöflichen Gymnasiums Paulinum: Malerei mit keramischen Schmelzfarben auf ESG-Glas (Fotos Hilde Chistè)

Text auf der Glasplatte am Fuß der Gedenkstele mit einem Bild von Josef Anton King (Foto Hilde Chistè)

JOSEF KING

geboren 1922 in Hörbranz-Berg, Vorarlberg

gestorben 1945 im Konzentrationslager Mauthausen

Er war Schüler des Paulinum.

Das NS-Regime trachtete, sich seiner außergewöhnlichen Sprachbegabung als Dolmetscher zu bedienen; er selbst setzte sie ein, um polnischen und russischen Gefangenen zu helfen. Von einem Kollegen aus Mißgunst verraten, kam er in Haft: zuerst nach Lindau, dann nach Innsbruck und schließlich in das Konzentrationslager Mauthausen. Einen offiziellen Haftgrund gab es nie.

Aus dem Gefängnis wusste Josef King seine Familie mit ergreifenden Worten des Gottvertrauens zu trösten. In ihm festigte sich der Gedanke, daß einigen das Martyrium auferlegt sei, um durch ihr Zeugnis für die Wahrheit den Nachfolgenden einen neuen Anfang zu bereiten. Auf seinem Leidensweg wußte er sich Christus innig verbunden.

Am 24. April 1945 wurde Josef King durch Genickschuß ermordet.

Josef Anton King kam am 17. Februar 1922 in Hörbranz zur Welt und wuchs in einer Bauernfamilie auf. Auf Empfehlung des Pfarrers besucht der begabte Schüler ab 1933 das Bischöfliche Gymnasium Paulinum in Schwaz, wo er durch seine große Hilfsbereitschaft schwächeren Mitschülern gegenüber und seine besonderen Interessen – Radiotechnik und Fremdsprachen – auffiel. Nach der Schließung des Paulinums durch die Nationalsozialisten 1938 musste King in das Gymnasium nach Bregenz wechseln, wo er 1941 maturierte. Wie im Paulinum war der schmächtige, wenig sportliche Jugendliche auch im Bregenzer Gymnasium eher ein Außenseiter, so der Historiker Meinrad Pichler,

Das Sterbebild
von Josef Anton King
(Foto Meinrad Pichler)

„heimlich bewundert zwar für seine geistigen Fähigkeiten, aber eben doch anders als seine städtischen Klassenkollegen, die aus feinen Häusern und zum Teil aus großdeutschen Familien stammen. King dagegen ist religiös, schüchtern und irgendwie auch deshalb nicht dazugehörig, weil ihm im wahrsten Sinne des Wortes der Stallgeruch der häuslichen Landwirtschaft anhaftet. Im Dorf allerdings ist Josef King bestens integriert: Er nimmt am Vereinsleben teil, macht für viele Familien Eingaben und Schriftsätze, wird bei feierlichen Anlässen als Redner engagiert und tritt als gefragter Zitherspieler auf“.[653]

King war Klassenbester, hielt bei der schulischen Verabschiedung eine Rede auf Latein und hatte durch Radiohören Italienisch und Neugriechisch gelernt. Trotz seiner starken Kurzsichtigkeit wurde er im Sommer 1941 zur Wehrmacht eingezogen und in Landeck stationiert. Nach dem Tod seines älteren Bruders an der Ostfront durfte King auf den Bauernhof der Eltern zurückkehren und begann sich für das Schicksal der in der Umgebung eingesetzten ZwangsarbeiterInnen zu interessieren, deren Sprachen er in kurzer Zeit erlernte. Sein Ruf als „neunsprachiger Dolmetscher" bewirkte 1943 seine Dienstverpflichtung zur Gestapo Bregenz, wo er bei Verhören zugegen war und Briefe zensieren musste. King verbrachte viele Sonntagnachmittage im Ostarbeiterlager der Firma Dornier in Lindau-Rickenbach. Zugang verschaffte er sich, indem er sich einen sogenannten Ostarbeiterstern auf seinen Mantel nähte. Er versorgte die Internierten mit Informationen von der Front und übersetzte Flugblätter einer russischen Widerstandsgruppe im Lager, die zu Sabotageakten aufrief. Ein solches Flugblatt geriet in die Hände der Ge-

stapo, die King am 6. Juni 1944 verhaftete, zunächst in Lindau festhielt, wo er mit einem Sprung in den See einen erfolglosen Fluchtversuch unternahm, und ihn am 22. Juni 1944 zur Gestapo Innsbruck überstellte. Wochenlange Verhöre und Folter folgten. Am 19. Jänner 1945 deportierte ihn die Gestapo ins KZ Mauthausen, wo Aufzeichnungen seine Verlegung für den 18. April an einen „unbekannten Bestimmungsort" vermerken. King gehörte zu einer Gruppe von 300 bis 400 österreichischen Häftlingen, die in der zweiten Aprilhälfte in der Gaskammer von Mauthausen ermordet oder im Arrest erschossen wurden. Im Sommer 1945 fuhr sein Vater nach Mauthausen und erfuhr vom amerikanischen Lagerkommandanten, dass Josef Anton King am 24. April 1945 hingerichtet und seine Leiche verbrannt worden war.[654]

Initiator der Gedenkstele: „Josef Anton King hat das Risiko seines Engagements gekannt und ist es eingegangen, hat christliche, menschliche Tugenden gelebt, wo andere weggeschaut haben. Darin besteht ganz wesentlich der aktuelle Wert der Erinnerung an diesen beredten und doch so stillen Helden",[655] schreibt Meinrad Pichler und betont, wieviel Einsatz es benötigte, bis King, von dem nur ein Sterbebild und ein unscharfes Foto erhalten ist, endlich geehrt wurde: 1982 erhielt er posthum das „Ehrenzeichen für die Verdienste um die Befreiung Österreichs", seine Heimatgemeinde Hörbranz errichtete im Gedenkjahr 1988 einen Gedenkstein für ihn.

Auf Anregung von SchülerInnen des Bischöflichen Gymnasiums griff der Verein der Alt-Pauliner die Idee, auf, die Erinnerung an King, Schüler der Schule von

1933 bis 1938, durch eine Zeichensetzung zu erneuern. Anlässlich der Feier zum Silbernen Jubiläum des Vereins errichtete der Verein eine Gedenkstele für Josef Anton King. Bischof Manfred Scheuer hielt am 25. Oktober 2007 ein Pontifikalamt in der neu restaurierten Pauliner-Seminarkirche, Altpauliner Georg Weiss mit seinem Universitätschor samt Instrumentalisten und Altpauliner Ludwig Lusser als Domorganist von St. Pölten am Orgelbock führten Mozarts Orgelsolomesse auf. Für die Einweihung sorgte der Bischof, begleitet von Pastoralassistent Anton Mascher am Saxophon, in Anwesenheit von Altbischof Reinhold Stecher, Mitgliedern des Paulinervereins, dem Direktor des Paulinums Bernhard Schretter, Ministerialrat Walter Köck, dem Altdirektor des Vinzentinums und Kanzler des Bischöflichen Ordinariats Brixen, dem Obman des Paulinervereins Paul Ladurner, dem Tiroler Landesamtsdirektor Hermann Arnold, dem Bürgermeister von Schwaz Hans Lintner, Lehrkräften wie SchülerInnen des Paulinums und Werner Bundschuh von erinnern.at sowie Obmann der Johann August-Malin-Gesellschaft, die die Lebensgeschichte von Josef Anton King wissenschaftlich aufgearbeitet und die Erinnerung an ihn im Ländle maßgeblich gefördert hatte. Der Hörbranzer Bürgermeister Karl Hehle legte einen Kranz nieder. Die Obmannstellvertreterin des Paulinervereins Martina Vogt begrüßte die FestteilnehmerInnen und führte durch den Festakt. Schülerinnen und Schüler der 5. und 8. Klasse des Paulinums hatten am Schulprojekt mit dem Titel „Kirche und Nationalsozialismus" gearbeitet. Die Studentin Michaela Seewald, die noch als Schülerin mit der Aufarbeitung des Schicksals Kings in einer Fachbereichsarbeit beauftragt worden war, referierte das Leben von Josef Anton King, zudem gestaltete sie eine Begleitausstellung. Die Familienmusik Pöll-Ebner aus dem Kreis des Paulinums spielte während der einzelnen Teile des Festaktes auf.[656]

Verantwortlich für die künstlerische Gestaltung der Gedenkstele ist Hilde Chistè, Künstlerin in Absam. Sie versteht die zweiteilige Glasskulptur mit Stele und einer liegenden Platte mit Foto, Lebensbeschreibung und Nennung der Todesumstände von King als Erinnerungsmal. Die Skulptur versinnbildlicht das Verhältnis von „Stehen" und „Liegen" – Leben und Tod – als Urbilder menschlicher Existenz. Im Querschnitt ist die Stele als Kreuz ausgebildet, sie erscheint auf allen Seiten in authentischer Glasmaltechnik auf transparenten Flächen und in Lichtechtheit der Malerei. Eine Abstimmung der Farbtöne erreicht Chistè durch einen mehrschichtigen Aufbau der Scheiben, so dass sich die einzelnen Malebenen überlagern. Die dominierenden Farben sind rot und blau, durchwoben von grün und gelb. So wechseln Leichtigkeit und Schwere, Freude und Traurigkeit einander ab. Es mischt sich die Stimmung eines heiteren Frühlings in das Farbenspiel der Stele und vermittelt den Eindruck, „als rankte sich ein zartes, blühendes Leben an der Stele empor", schreibt der Architekt Markus Illmer über das Kunstwerk, für das das Architektenbüro Illmer & Tautschnig die Planung übernahm, während die Glasmalerei Peters in Paderborn für die technische Ausführung sorgte: „Die Säule bildet auf diese Weise den erhobenen, mehr noch: den in die Durchsichtigkeit des Glasgrundes als in die reine Helle aufgehenden Teil jener Biografie Josef Kings, die wir auf der liegenden Fußplatte lesen und die dort abrupt mit dem Todesjahr 1945 endet."[657] ∎

Arkade „Himmelszelt" für Max Bär, Josef Brettauer, die Opfer der NS-Euthanasie und für Opfer von Gewaltherrschaften in der Vergangenheit und Gegenwart im Stadtpark

Arkadengang am Rand des Schwazer Stadtparks mit Blick in und auf die 2016 von Andrea Bischof gestaltete Arkade (Fotos Stadtarchiv Schwaz)

Inschriften am Deckengewölbe der Arkade, auf der Josef Brettauer, nicht aber Max Bär ausdrücklich als Widerstandskämpfer aus Schwaz bezeichnet wird.

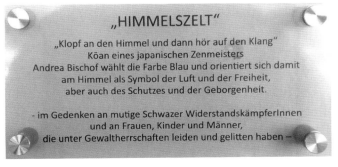

Informationstafel zur Arkade „Himmelszelt" (Fotos Stadtarchiv Schwaz)

InitiatorInnen der Arkade: 2011 und 2015 stieß der Schwazer Schriftsteller Güni Noggler eine Diskussion um die Gedenktafeln der Widerstandskämpfer Max Bär und Josef Brettauer am Eingang des Stadtparks an, die er auf der Fassade der Hans-Sachs-Volksschule angebracht wissen wollte. Bürgermeister Hans Lintner (ÖVP) sprach sich für eine Erweiterung des bisherigen Gedenkens aus und initiierte mit dem Kulturausschuss im Februar 2016 die künstlerische Gestaltung einer Arkade im Stadtpark, dem ehemaligen Friedhof der Stadt. Die Stadt beauftragte die Schwazer Künstlerin Andrea Bischof, ihr Projekt an einer ehemaligen Grabstätte in den Arkaden umzusetzen. Auf dem Deckengewölbe wird an Max Bär und Josef Brettauer, an unbekannte WiderstandskämpferInnen sowie an Opfer der NS-Euthanasie und von Gewaltsystemen in der Vergangenheit und Gegenwart erinnert. Die Schwazer Kulturreferentin Iris Mailer-Schrey übergab die Arkade in einem Festakt am 21. Oktober 2016 der Bevölkerung. Die einführenden Worte sprach Markus Neuwirth, der als außerordentlicher Universitätsprofessor am Institut für Kunstgeschichte der Universität Innsbruck lehrt.[658] ▪

Gedenkstele für das Lager „Oradour" an der alten Landstraße an der Grenze zu Gallzein

2.100 Meter vom Eingang des Wilhelm-Erb-Stollens des Schwazer Bergwerks entfernt, bauten die reichsdeutschen Messerschmittwerke in der zweiten Hälfte des Jahres 1944 mit Hilfe von Kriegsgefangenen, Zwangsarbeitern, einigen Insassen von Konzentrationslagern, darunter auch aus dem „Arbeitserziehungslager Reichenau", sowie unter Beteiligung der rund 40 Mann starken Stammbelegschaft des Schwazer Bergwerks, die seit 1943 durch ein Dutzend Ausländer verstärkt worden war, einen der größten Zechenräume zu einer Fertigungshalle um, die 20 Meter breit und 60 Meter hoch war. Die Halle bestand aus einer Eisenbetonkonstruktion mit drei Plattformen, die von mehreren Dutzend viereckigen Pfeilern gestützt wurden, so dass man über vier Geschoße mit einer Gesamtfläche von 8.500 m² verfügte. Im Dezember 1944 konnte mit der Herstellung von Triebwerksverkleidungen und Zellenteilen für den ersten Düsenjäger der Welt, die Me 262, begonnen werden. Die Zahl der sich aus vielen Nationen zusammensetzenden ausländischen Zwangsarbeitskräfte lag zwischen 300 und 400 Menschen. Die überwiegende Mehrheit war im Osten der Stadt, an der Landstraße Richtung Buch, in einem mit Stacheldraht umzäunten und von der SS bewachten Holzbarackenlager gefangengehalten. Ein Teil der ausländischen Arbeitskräfte wurde aus dem Schwazer „Russenlager" geholt, das sich in der Nähe des Bahnhofs befand. Die Arbeitsbedingungen im Stollen waren katastrophal. Die Ausländer wurden mit unglaublicher Brutalität zur Arbeit getrieben, meist ohne Helme, Schutzkleidung oder Schuhwerk. Angesichts der immer näherrückenden alliierten Armeen war der Zeitdruck für die Schwerstarbeit im Bergwerk enorm, die Bauleitung ließ jegliche Rücksichtnahme fallen. Ohrfeigen, Schläge und Fußtritte zur Steigerung des Tempos und der Arbeitsdisziplin waren ebenso selbstverständlich wie das gnadenlose Aufprügeln erschöpft Zusammengebrochener. Übermüdung, Entkräftung durch mangelhafte Nahrungsmittelzufuhr, Gewaltanwendung und fehlende Sicherheitsvorkehrungen führten zu zahlreichen Unfällen, bei der eine unbekannte Anzahl ausländischer Zwangsarbeitskräfte Schaden nahm.

Bürgermeister Hans Lintner (ÖVP) am Pult bei der Eröffnungsfeier am 2. Juli 2015 (Foto Stadtmarketing Schwaz)

Nach der Befreiung vom Nationalsozialismus durch die 103. US-Infanterie-Division (Cactus-Division) verwendete die amerikanische Militärverwaltung das vormalige Zwangsarbeiterlager an der Straße nach Buch für Kriegsgefangene, tatsächlich oder vermeintlich belastete NationalsozialistInnen sowie Angehörige von SA, SS und Waffen-SS. Sie mussten Aufräume- und Holzarbeiten in Schwaz verrichten, Feldwege ausbessern und dringende landwirtschaftliche Arbeiten vornehmen. Nach dem Abzug der US-Truppen übernahm die französische Militärverwaltung im Juli 1945 das Internierungslager. Sie verstärkte die Sicherungsanlagen und nannte es „Oradour". Der Name des Dorfes Oradour-sur-Glane bei Limoges war für Frankreich das Symbol schlechthin für die NS-Aggressionspolitik. Am 10. Juni 1944 hatte eine Kompanie eines Panzergrenadierregiments der 2. SS Panzer-Division „Das Reich" der Waffen-SS als Vergeltung dafür, dass französische Partisanen deutsche Soldaten getötet hatten, 642 Kinder, Frauen und Männer ermordet und das gesamte Dorf

in Schutt und Asche gelegt. Der französische Kommandant in Schwaz ließ NationalsozialistInnen aus dem gesamten Befehlsbereich der französischen Militärverwaltung einliefern. Ende November 1945 befanden sich 250 Männer und 40 Frauen in den 13 Baracken des Lagers, im ersten Dreivierteljahr 1946 nahm die Belegung drastisch zu, Ende 1946 waren 500 Personen, zu Beginn des Jahres 1947 400 Menschen dort gefangen. Die enorme Steigerung führte zu Engpässen in der Nahrungsmittelversorgung, auch das Brennmaterial war knapp, so dass die Gefangenen froren. Zahlreiche Häftlinge unternahmen Fluchtversuche, im Lager kam es zu einer „Demonstration". Einer, der erfolgreich floh – und schließlich in Argentinien landete –, war im Jänner 1948 der aus Brixen stammende Kriegsverbrecher SS-Oberscharführer und ehemalige Lagerkommandant des Ghettos Przemyśl Josef Schwammberger, der nach eigenen Angaben 35 Juden mit Genickschuss getötet hatte und erst 1992 wegen Mordes und Beihilfe zum Mord an über 650 Menschen zu lebenslanger Haft verurteilt werden konnte. In der Bevölkerung galten die Gefangenen generell als Opfer: als einfache SS-Männer, kleine politische Leiter und simple Mitglieder der NSDAP und ihrer Organisationen. Selbst die Schwazer KPÖ bezeichnete das Lager Oradour als „Schandfleck der deutschen Geschichte".[659]

Im Laufe des Jahres 1947, spätestens im Sommer 1948, übergab die französische Kontrollmission das Lager an das Land Tirol. Die NS-Belasteten kamen frei oder in Tiroler Gefängnisse, wenn sie sich vor Gericht verantworten mussten. Die Bezirkshauptmannschaft Schwaz verwendete „Oradour" als „Lager St. Margarethen" bzw. „DP Lager St. Margarethen" und wies „Displaced persons", Flüchtlinge und Entwurzelte des Krieges, ein, die ihre Heimat verloren hatten oder aus verschiedenen Gründen nicht repatriiert werden konnten. Bis Februar 1951 war das Lager auf jeden Fall noch belegt, unter anderem mit Müttern Neugeborener. Ende 1953 gab es Überlegungen, Schwazer Wohnungssuchende in Baracken zu vermitteln, zunächst ohne Ergebnis. 1954 stellte das Land Tirol über die Bezirkshauptmannschaft Schwaz Baracken für delogierte Familien bereit. Dann gestaltete die Stadt Schwaz das Lager in ein Obdachlosenheim um, das den Charakter von Notwohnungen hatte, in das auch Wohnungssuchende aus anderen Orten des Bezirks eingewiesen

Gedenkstele im Jahr 2018 (Foto Karl Bader)

1944	Errichtung eines Zwangsarbeiterlagers
	Bis zu 400 Zwangsarbeiter, Kriegsgefangene und Insassen von Konzentrationslagern arbeiten unter katastrophal schlechten Bedingungen für die Rüstungsindustrie. (Messerschmitthalle)
Mai 1945	Befreiung der Arbeiter durch amerikanische Soldaten der „Cactusdivision" und Verwendung als „Entnazifizierungslager"
Juni 1945	Die französische Besatzungsmacht nennt das Lager nach dem Ort Oradour, der von der SS Panzerdivision „Das Reich" zerstört und dessen BewohnerInnen grausam ermordet wurden.
	Die Stadt Schwaz setzt mit diesem Mahnmal ein Zeichen gegen Gewalt und Terror und tritt ein für Friede, Freiheit und Demokratie.

Inschrift des Gedenksteins der Stele (Foto Karl Bader)

wurden. Nun bürgerte sich die Bezeichnung „Märzensiedlung" nach dem nahegelegenen Steinbruch ein. Sowohl der Ruf als auch der Zustand der Siedlung, in der die Ärmsten der Armen Unterschlupf fanden, war denkbar schlecht. In der bürgerlichen Stadtgesellschaft galten sie als asozial, die Kinder mussten sich auf ihrem langen Schulweg als „Barackeler" beschimpfen lassen. 1974 war die Siedlung auf ein Drittel des Altbestandes geschrumpft. Verwilderte Plätze, halbzerfallene Baracken, aber auch verkohlte Barackenteile aufgrund von Bränden und Abfallbergen, die sich stellenweise türmten, weil die Städtische Müllabfuhr die Siedlung nicht betreute, gereichten der Gemeinde Schwaz nicht gerade zur Ehre. 1975 veranlasste sie die Schleifung eines Teils der Baracken durch die Aussiedlung einer kinderreichen Familie, dennoch ging die Wohnungsvergabe für die BewohnerInnen der Siedlung weiterhin nur schleppend vorwärts. 1985 diente eine einzelne Baracke immer noch als Wohnunterkunft. Sie wurde am 22. Dezember 1988 abgetragen, 44 Jahre nach Errichtung des Zwangsarbeiterlagers. Kurze Zeit später räumte die Stadtgemeinde die letzten Überreste des ehemaligen Lagers Oradour weg, über das lange Jahre im wahrsten Sinne des Wortes Gras wuchs.[660]

Initiatoren der Gedenkstele: Am 20. Mai 2015 beantragte der Kulturausschuss der Gemeinde Schwaz die Errichtung einer Gedenkstele „Oradour", für die sich der Schwazer Bürgermeister Hans Lintner anlässlich des Gedenkjahres 70 Jahre Befreiung vom Nationalsozialismus stark gemacht hatte. Die Enthüllung fand am 2. Juli 2015 unter Beisein des Bürgermeisters, von Vizebürgermeister Michael Kirchmair und weiterer Mitgliedern des Stadt- und Gemeinderates, des Bezirkshauptmanns von Schwaz Karl Mark, Pfarrer Rudolf Theurl, des Honorarkonsuls von Frankreich in Innsbruck Ivo Greiter und des Präsidenten der austro-amerikanischen Gesellschaft Thomas Niedermeyer statt. Die Feier zur Einweihung der Gedenkstätte gestalteten SchülerInnen der Neuen Mittelschule Schwaz 1 mit ihrem Lehrer, Kulturreferent Martin Schwarz.[661] ◼

Rundwanderweg Oradour

Am 18. Oktober 2017 beschloss der Gemeinderat auf Antrag des Ausschusses für Land- und Forstwirtschaft die Errichtung des Rundwanderweges Oradour im Bereich der Schwazer Felder ab der Bergwerkstraße. Im Frühjahr 2018 konnte die Stadt über einen neuen erschlossenen Erholungsraum mit Verweilzonen berichten. In Folge gestaltete sie die Promenade zwischen der Steinbrücke und dem Lidl-Kreisverkehr direkt am Inn, um auch in diesem Bereich den Wanderweg attraktiv zu machen.[662]   ■

Seefeld

Gedenkstätte im Waldfriedhof für 63 namenlose jüdische KZ-Häftlinge, Römerweg

Angesichts des Vorrückens der US-Armee „räumten" die Nationalsozialisten das KZ Dachau, mindestens 1.700 jüdische Häftlinge trafen am 28. April 1945 mit einem Eisenbahntransport in Seefeld ein. Das eigentliche Ziel war die Region Ötztal, doch der Weitertransport über Innsbruck war aufgrund der zerbombten Eisenbahnstrecke bei Reith nicht möglich. Inmitten des Chaos der letzten Kriegstage löste sich der Transport am Seefelder Plateau auf, der Todesmarsch kranker, hungernder, frierender und völlig entkräfteter Menschen begann. Am Abend des 28. April kamen Häftlinge, die in Kolonnen marschieren mussten, in Mösern an, wo sie in Heustadeln oder unter freiem Himmel in bitterer Kälte übernachteten. Einige waren bereits auf dem Marsch gestorben, andere kamen vor Ort ums Leben. Gauleiter Franz Hofer war nicht daran interessiert, sich noch in den letzten Kriegstagen mit diesem Endphaseverbrechen zu belasten und gab den Befehl, die Gefangenen einzusammeln und über die Tiroler Grenze nach Bayern zurückzuschicken. Am Morgen des 29. April brach die Kolonne wieder auf. Elendsgestalten, die kaum mehr einen Fuß vor den anderen setzen konnten, setzten sich torkelnd in Bewegung. Zahlreiche Menschen mussten auf Pferdegespannen und Karren transportiert werden. Das Sterben ging indessen weiter. Häftlinge brachen zusammen, blieben am Wegesrand liegen, wurden von Möserer Bauern aufgelesenen und in Sammelgräbern bestattet. In Seefeld stiegen die Häftlinge in einen Materialzug, der aber nur bis vor Scharnitz kam, da von Garmisch aus der Strom abgeschaltet worden war. Die Gefangenen stiegen aus und lagerten auf freiem Feld. Am nächsten Tag, dem 30. April, floh die Wachmannschaft. Zwei Tage später, am 1. Mai 1945, befreiten US-Truppen die Häftlinge, die die SS-Männer ihrem Schicksal überlassen hatten.

Eine größere Gruppe der Gefangenen war in Mösern in der Nacht vom 28. auf den 29. April ihren Bewachern entwischt und schlug sich Richtung Telfs durch. Weitere 250 Mann marschierten ebenfalls ins Inntal

Ansichtskarte aus dem Spätherbst 1949: der neu eröffnete Seefelder Waldfriedhof mit Blick auf das im Dezember 1948 eingeweihte Denkmal für die jüdischen KZ-Opfer und Gräber für Wehrmachtsoldaten. (Privatarchiv Niko Hofinger)

hinunter, jedoch unter Bewachung. In Telfs erhielten einige Lebensmittel aus der Bevölkerung, vereinzelt versteckten Einheimische Juden bis zur Ankunft der US-Armee. Ein Teil der Gefangenen wurde von Telfs mit dem Zug weitertransportiert, kam aber nur bis Haiming oder Ötztal-Bahnhof, wo sie am 4. Mai 1945 befreit wurden. „In allen Orten zwischen Mittenwald und Telfs, durch die sich die halbverhungerten Juden schleppten, gab es Tote, starben Häftlinge an Entkräftung oder wurden vom Wachpersonal umgebracht",[663] so die Historiker Thomas Albrich und Stefan Dietrich.

Initiatorin der Gedenkstätte: Bereits vor der Errichtung der Gedenkstätte 2016 gab es Erinnerungszeichen für die verstorbenen und getöteten Juden des Todesmarsches in Seefeld. Der Gendarmerieposten berichtete im Dezember 1945 von fünf Massengräbern mit nicht identifizierten „28 KZ-Häftlingen (Juden)" im „Föhrenwald oberhalb des Waldhotels in Seefeld", die die Gemeinde pflegte.[664] Ein französischer Feldrabbiner, der in Innsbruck Gottesdienste abhielt, sprach 1948 von 30 Toten des Gewaltmarsches, die in drei Massengräbern

im Seefelder Waldfriedhof bestattet waren.[665] Um diese Gräber, in die die Leichen der jüdischen Opfer, die an verschiedenen Orten exhumiert worden waren, bestattet wurden, entstand weit ab vom Ortszentrum der Seefelder Waldfriedhof, den die Gemeinde auch als christlichen Friedhof nutzte. 1948 wurde „an einer schönen, in lichtem Waldbestand gelegenen Stelle ein würdiger Grabplatz für die 1945 auf dem Transport von Dachau in Seefeld ums Leben gekommenen 63 jüdischen KZ.-Häftlingen angelegt und feierlich eingeweiht".[666] Die Ausgestaltung des „KZ.-Friedhofs" besorgte das Österreichische Schwarze Kreuz mit dem Komitee jüdischer Flüchtlinge.[667] Das Schwarze Kreuz setzte gemeinsam mit der Landesregierung und der Gemeinde Seefeld einen „schlichten Gedenkstein", den am 5. Dezember 1948 Major Waldemar Güttner gemeinsam mit dem französischen Feldrabbiner in Anwesenheit zahlreicher jüdischer Flüchtlinge aus ganz Tirol enthüllte. Die Tafel auf dem Gedenkstein dürfte aus Holz gewesen sein und die Inschrift „Ruht nun hier in Frieden" getragen haben. 1961 wurde die Tafel ausgetauscht und mit einer neuen Inschrift versehen, welche die Be-

Das Aufnahmedatum der Fotoserie ist unbekannt. Wann die fünf auf den Fotos abgelichteten Gräber mit dem David-stern und der Inschrift „KZ Grabstätte 1945" aufgestellt und wieder abgetragen wurden, lässt sich in Ermangelung von Quellen und mündlichen Überlieferungen nicht mehr ermitteln. (Fotos Privatarchiv Niko Hofinger)

Links: Gedenkstein (Foto Tal Adler) Rechts: Tafel auf dem Gedenkstein mit einem Davidstern und einem hebräischen Akronym, das übersetzt bedeutet: „Möge seine / ihre Seele eingebunden sein in das Bündel des Lebens". Die Inschrift trägt eine falsche Datierung: Nicht am 24. April, sondern am 1. und 2. Mai 1945 fanden die Beerdigungen statt. (Foto Gemeindearchiv Seefeld)

erdigungen falsch datierte.[668] Weitere Ansprachen bei diesem Festakt hielten Dr. Außerlardscheider von der Tiroler Landesregierung, der Seefelder Bürgermeister Paul Wanner (ÖVP), der Vorsteher der Israelitischen Kultusgemeinde Rudolf Brüll und ein Repräsentant des „American Joint Comitee", des „Bundes der Opfer des politischen Freiheitskampfes" sowie der ÖVP-Kameradschaft.[669] Bürgermeister Wanner und Rudolf Brüll „übernahmen dann die Ruhestätte in ihre Obhut und gelobten, ihr allzeit die notwendige Betreuung angedeihen zu lassen."[670] Mit Gebeten zum Gedächtnis der Toten schlossen die Feierlichkeiten.

Am 2. Oktober 1949 fand die Segnung des christlichen Begräbnisortes statt, in dem 45 Soldaten[671] bestattet wurden, die in den letzten Kriegstagen bei den Kämpfen zwischen Scharnitz und Seefeld gefallen oder im Lazarett ums Leben gekommen waren. Unter ihnen befanden sich auch 18 Soldaten der Gebirgsjägerschule Mittenwald, die am 7. Februar 1945 auf der Eppzirler Alm den Lawinentod gefunden hatten.[672] Acht der Toten waren Österreicher. Die Musikkapelle und der Kirchenchor von Seefeld umrahmten den Festakt. Die Schützenkompanie Seefeld schoss eine Ehrensalve ab. Anwesend bei der „schlichten Feier" waren als Verte-

ter der Landesregierung Landesamtsdirektor Raimund Stoll, der einen Kranz niederlegte, Vertreter der Bezirksbehörde, der Israelitischen Kultusgemeinde für Tirol und Vorarlberg, des Schwarzen Kreuzes und der Gemeinden Seefeld, Scharnitz, Leutasch und Reith bei Seefeld. Das Österreichische Schwarze Kreuz, das von der Bunderegierung „erhebliche finanzielle Unterstützung erhielt", gestaltete sowohl den Bereich für die jüdischen Opfer als auch den für die Soldaten.[673] Nach der Verlagerung des katholischen Friedhofs vom Ortszentrum auf den Waldfriedhof in den 1950er Jahren galt der Friedhofsteil, in dem die Wehrmachtsoldaten und jüdischen Opfern begraben liegen als Kriegerfriedhof, der auch unter dieser Bezeichnung ausgeschildert war.

Nach Beschwerden von Angehörigen gefallener Soldaten über die völlig vernachlässigte Anlage erfolgte im Sommer 1978 eine Umgestaltung des Waldfriedhofs im Zuge seiner Generalsanierung durch das Österreichische Schwarze Kreuz, die Kriegsgräberfürsorge der Tiroler Landesregierung und die Gemeinde Seefeld „zu einer würdigen Gedenkstätte".[674] Für die Kosten kam die Gemeinde Seefeld auf, die Landesregierung und das Schwarze Kreuz leisteten eine finanzielle Unterstützung, auch die Israelitische Kultusgemeinde zahlte

Wann die zwei Gedenksteine mit den identen Erinnerungstafeln errichtet wurden, lässt sich nicht mehr feststellen. Das Schwarz-Weiß-Foto ist die älteste erhaltene Bildaufnahme. Sie ist mit 23. Oktober 1966 datiert. Der hebräische Text lautet übersetzt: „Zum Andenken an die Seelen der Opfer des Naziregimes in den Jahren 5698–5705"[675], nach gregorianischem Kalender 1938–1945. (Fotos Gemeindearchiv Seefeld)

Blick in den 1990er Jahren auf Soldatengräber und auf die drei Gedenksteine für die Opfer des Transportes jüdischer Häftlinge des KZ Dachau nach Tirol im Hintergrund (Foto Gemeindearchiv Seefeld)

einen kleinen Beitrag.[676] Die Einweihung des renovierten Friedhofs fand am 19. November 1978 statt. Anwesend waren Bürgermeister Erwin Seelos (ÖVP), der Bezirkshauptmann von Innsbruck-Land Günter Sterzing, Vertreter des Schwarzen Kreuzes, der Tiroler Kriegsgräbefürsorge, des „Bundes der Opfer des politischen Freiheitskampfes", des Militärkommandos Tirol, des deutschen Generalkonsulats und des Gemeinderats von Seefeld. Kapellmeister Reinstadler dirigierte die Seefelder Musikkapelle. Zum Gedenken an die „Opfer des Krieges und des Rassenwahns" sprachen der Innsbrucker Vizebürgermeister Landesjugendreferent Arthur Haidl (ÖVP), Fritz Steinegger vom Tiroler Landesarchiv, der deutsche Vizekonsul Helmfried Warmbold, Oberst Winfried Mathis vom Militärkommando Tirol, Gemeinderäte, Pfarrer Franz Trutschnig, der die Segnung des Friedhofs vollzog, und David Bibring als Vertreter der Israelitischen Kultusgemeinde. Die Feier schloss mit einer Ehrensalve der Seefelder Schützenkompanie und mit dem Lied vom guten Kameraden.[677]

Die Israelitische Kultusgemeinde für Tirol und Vorarlberg in Innsbruck unter ihrer Präsidentin Esther Fritsch ergriff schließlich die Initiative für die Planung einer neuen Gedenkstätte für die Ermordeten des Todesmarsches. Sie wurde mit finanziellen Mitteln des Nationalfonds der Republik Österreich für die Opfer des Nationalsozialismus, der Tiroler Landesgedächtnisstiftung, der Gemeinde Seefeld und der Kultusgemeinde errichtet. Am 31. Oktober 2016 weihte der Oberrabiner von Österreich, Paul Chaim Eisenberg, das neue künstlerische Denkmal im Beisein von VertreterInnen fast aller Glaubensgemeinschaften ein. Neben Fritsch und ihrem Nachfolger Günter Lieder hielten der Historiker Thomas Albrich, Bürgermeister Werner Frießer (ÖVP), Hermann Hotter als Landesgeschäftsführer des Österreichischen Schwarzen Kreuzes, der Präsident des Tiroler Landtages Herwig van Staa (ÖVP) und Oskar Deutsch in seiner Eigenschaft als Präsident der Israelitischen Religionsgesellschaft Ansprachen. Architekt Michael Prachensky erklärte das künstlerische Konzept.

Der Erdboden der Gedenkstätte ist in grobem Kies gestaltet. Sechs schräg abgeschnittene Baumstümpfe, in der Erde verwurzelt, erinnern an die Ruhe der Toten, die nicht gestört werden soll, und an die Unantastbarkeit jüdischer Gräber. 63 düstere anthrazitfarbene Betonwürfel mit jeweils einem halben Meter Umfang

יד לנרצחים במצעד-המות

Ende April 1945 wurden aus dem NS-Konzentrationslager Dachau tausende halb verhungerte jüdische Häftlinge evakuiert – zum Teil in Todesmärschen, zum Teil mit der Eisenbahn in Richtung der „Alpenfestung". Am 28. April 1945 trafen 1700 dieser Juden am Bahnhof in Seefeld ein. In den Wirren der letzten Kriegstage löste sich der Transport hier auf. Die Bewacher der SS ließen dann Geschwächte und Sterbende am Wegesrand zurück. Der Tagesbericht der Gendarmerie bezeugt die vielen KZ-Insassen, die nur Stunden vor der Befreiung durch amerikanische Truppen auf dem Seefelder Plateau starben. Die alte Gedenktafel nennt insgesamt 63 Juden, die hier bestattet wurden.

Der heutige Waldfriedhof wurde nach Kriegsende weit ab vom Dorf als Begräbnisort für die jüdischen Toten und zugleich als Deutscher Soldatenfriedhof errichtet. Die gemeinsame Bestattung von Christen und Juden sowie von Soldaten und Häftlingen galt bald als problematisch. Mit der Neugestaltung von 2016 versuchten die Gemeinde Seefeld und die Israelitische Kultusgemeinde für Tirol und Vorarlberg, eine würdige Gedenkstätte für die jüdischen Toten des Jahres 1945 zu schaffen. Die 63 Würfel stehen dabei als symbolische Grabsteine der Opfer des Todesmarsches.

Israelitische Kultusgemeinde Innsbruck: Esther Fritsch
Bürgermeister der Gemeinde Seefeld: Werner Frießer

Konzept und künstlerische Ausführung:
Architekt Michael Prachensky

Oktober 2016
Gefördert von: Nationalfonds der Republik Österreich
für die Opfer des Nationalsozialismus

Die Informationstafel der Gedenkstätte am Eingang des Friedhofs verfassten die Historiker Thomas Albrich und Niko Hofinger. (Foto Niko Hofinger)

Neugestaltete Gedenkstätte für die jüdischen Toten des Jahres 1945 (Foto Niko Hofinger)

und eingraviertem Davidstern, die eine sich in einer Viererreihe dahinschleppende Gruppe von Häftlingen versinnbildlichen, erinnern an jedes einzelne jüdische Opfer und stehen als symbolische Grabsteine. Sie sollen aber auch das Trümmerfeld darstellen, das die Diktatur des Nationalsozialismus hinterlassen hat. Daher sind die Würfel nicht linear aneinandergereiht, die Unordnung repräsentiert das Chaos von 1945. Wenn man die untere Stirnseite des Denkmals betrachtet, führt die Reihe der Betonwürfel ins Unendliche und erinnert an die Millionen Opfer des Ersten und Zweiten Weltkrieges. Mit dieser Interpretation knüpft Architekt Prachensky an ein Narrativ an, mit dem das Denkmal im Sinne der Auftraggeberin eigentlich hätte

brechen sollen. In Prachenskys Sichtweise öffnet sich die Gedenkstätte der Erinnerung an Hitlerjungen und gefallene Soldaten. Gegen Kriegsende waren einige Hitlerjungen bei Scharnitz in Kämpfen gegen US-Truppen ums Leben gekommen. Prachensky nimmt darauf Bezug und betont, dass deshalb die Betontwürfel des Denkmals wie Panzersperren an der Scharnitzer Grenze aussehen. Er betrachtet das Denkmal als Gesamtkunstwerk, das gerade dadurch eine Utopie sein möchte, „dass wir hier nun bewusst die jüdischen Opfer, die Soldaten und die im Alltag hier in Seefeld verstorbenen Bürger in Frieden vereint haben. Mögen wir im Frieden zusammenleben, so wie sie hier nun zusammen ruhen in Frieden."[678] ▪

Sillian

Gedenktafel für Opfer der NS-Euthanasie am Kriegerdenkmal im Friedhof

Nach Anregung des Künstlers Franz Wassermann im Zuge seines Erinnerungsprojekts „Temporäres Denkmal" empfahl der Kulturausschuss von Sillian am 31. März 2005, eine Ehrentafel am „Kriegerfriedhof" für NS-Euthanasieopfer der Gemeinde anbringen zu lassen. Ursprünglich war vorgesehen, die Ermordeten namentlich zu erwähnen. Bürgermeister Erwin Schiffmann nannte gegenüber Franz Wassermann Aloisia Wenter (geb. Pernbrunner), die am 19. Jänner 1895 in Auer (Südtirol) zur Welt kam; Josefa Zelger, geboren 1904 in Sillian, und Jakob Huber, geboren am 11. April 1871 in Bruck. Der Todestransport von Wenter in die Tötungsanstalt Schloss Hartheim ging am 10. Dezember 1940 von der Heil- und Pflegeanstalt Hall ab, der von Zelger am 29. Mai 1941. Auf einer Transportliste von Hall nach Hartheim am 20. März 1941 scheint auch ein Jakob Huber auf, allerdings mit dem Geburtsjahr 1884. Die Gemeinde nahm schließlich von der namentlichen Nennung ihrer NS-Euthanasieopfer Abstand. Die geplante Einweihung der Gedenktafel zu Allerseelen 2005 fand nicht statt.[679] ▪

Kriegerdenkmal in Sillian mit Gedenktafel für die Opfer der NS-Euthanasie unterhalb der Widmung: Unseren Helden – Die Pfarrgemeinde Sillian. Die Jahreszahl 1933 nimmt nicht Bezug auf den Krankenmord, sondern auf die Machtübernahme von Adolf Hitler und der NSDAP in Deutschland. (Fotos Franz Wassermann, Temporäres Denkmal)

Silz

Gedenktafel für Adolf Platzgummer
an der Mauer des Bezirksgerichts

Dr. Adolf Platzgummer, geboren am 1. November 1893, war Sohn eines Fabrikarbeiters. Am Franziskanergymnasium Hall trat er der katholischen Mittelschulverbindung Sternkorona bei, an der Universität Innsbruck, wo er Jus studierte, der katholischen Hochschulverbindung Leopoldina. Nach seiner Teilnahme am Ersten Weltkrieg in einem Kaiserjägerregiment wirkte er ab 1924 als Vorsteher der Bezirksgerichte Sillian, Bad Hofgastein in Salzburg und Silz sowie als Richter am Oberlandesgericht Innsbruck. Ab 1919 war Platzgummer Mitglied der Christlichsozialen Partei bzw. der Tiroler Volkspartei, ab 1934 Vertreter des Öffentlichen Dienstes im autoritären Ständischen Landtag Tirols und ab 1936 Obmann der Landesbeamtenkammer Tirols. Die Nationalsozialisten verhafteten ihn als führenden Funktionär des Schuschnigg-Regimes am 12. März 1938, am 18. März kam er frei. Sie schickten Platzgummer mit 31. Dezember 1938 und halber Pension in den erzwungenen Ruhestand. Er hatte neun Kinder, die zwischen 1925 und 1938 zur Welt kamen. Aufgrund des Richtermangels wurde er Ende 1941 in Salzburg wieder in Dienst gestellt, jedoch, so der Salzburger Gauleiter Friedrich Rainer, „nur für Kriegsdauer" und „eine absolut neutrale Verwendung, die mit Strafsachen, vor allem politischer Art, nichts zu tun hat". Kaum drei Monate später drang der Gauleiter auf die Versetzung Platzgummers in die „neugewonnenen Gebiete Süd-Steiermarks oder Süd-Kärntens". Letztendlich war Platzgummer vom 8. Dezember 1941 bis 15. April 1942 von der Justizverwaltung als Ruhestandsbeamter (Zivilrichter) am Landesgericht Salzburg eingesetzt. Dann wurde er auf Verlangen der Salzburger Gauleitung wieder entlassen. Nach dem Attentat auf Adolf Hitler im Juli 1944 lieferte ihn die Gestapo ins Arbeitserziehungslager Reichenau ein, wo er vom 22. August bis 28. September 1944 gefangen war. Unmittelbar nach Kriegsende war Dr. Adolf Platzgummer Mitgründer der Tiroler ÖVP und bis 16. November 1946 ihr erster Landesparteiobmann. Vom 10. Juli bis 11. Dezember 1945 übte er das Amt des Präsidenten der Provisorischen Landesversammlung aus, danach jenes

Adolf Platzgummer
(Foto Anja Moschen,
entnommen aus dem
Sterbebild Platzgummers)

Die 2015 enthüllte Tafel (Foto Anja Moschen)

des Präsidenten des Tiroler Landtages bis 25. Oktober 1949. Ab 1945 war Platzgummer Vorsteher des Bezirksgerichts Innsbruck, ab November 1946 Leitender Erster Staatsanwalt am Oberlandesgericht Innsbruck. Am Volksgericht Innsbruck wirkte er 1946/47 als stellvertretender Vorsitzender bei Entnazifizierungsprozessen mit. Dr. Adolf Platzgummer verstarb am 17. Juni 1951.

Initiatoren der Gedenktafel: Auf Anregung des Tiroler Landtagspräsidenten Herwig van Staa (ÖVP) errichteten das Bundesministerium für Justiz und das Oberlandesgericht Innsbruck eine Erinnerungstafel für Adolf Platzgummer. Am 20. November 2015 enthüllte der Sektionschef im Justizministerium Michael Schwanda die Tafel an der Mauer des Bezirksgerichts Silz. Die Musikkapelle Silz, die Schützen und der Kameradschaftsbund gestalteten in Anwesenheit von Oberlandesgerichtspräsident Klaus Schröder, der Silzer Gerichtsvorsteherin Doris Egg, Landtagspräsident Herwig van Staa und des Sohnes von Adolf Platzgummer den Ablauf des Festaktes, zu dessen Teilnahme Bürgermeister Hermann Föger die Bevölkerung des Ortes aufrief. In einer Grußbotschaft bezeichnete Justizminister Wolfgang Brandstetter Dr. Adolf Platzgummer als Symbol für den Widerstand und die Überwindung eines Unrechtsregimes.[680]   ■

Otto-Neururer-Weg

Am 4. November 1996 beschloss die Gemeinde Silz auf Initiative des Ortschronisten und Gemeindearchivars Johann Zauner die Verkehrsflächenbenennung. Der Otto-Neururer-Weg ist eine Seitengasse der Pozuzostraße.[681] (Foto Johann Zauner)

Porträt von Otto Neururer
mit Informationstafel in der Pfarrkirche

Der Gemeinderat und der Dekan von Silz Josef Tiefenthaler beauftragten ein Bild Otto Neururers beim Künstler Elmar Peintner, das in der Silzer Pfarrkirche an der linken Wand beim Taufwasserbecken auf-

gehängt wurde. Am 31. Jänner 1997 enthüllte Bischof Reinhold Stecher bei der Abendmesse das Bild Neururers, das Peintner in der Technik Bleistift und Eitempera ausgeführt hatte. Die Pfarrkirche von Silz erhielt eine Reliquie des Seliggesprochenen, eine Kapsel mit seiner Asche wurde im Altar eingelassen.[682] ∎

Bildnis von Otto Neururer mit Schulkindern aus Silz des Imster Künstlers Elmar Peintner (Foto Johann Zauner)

OTTO NEURURER

Ein paar Gedanken zu meinem Bild

Bei diesem Portrait wollte ich Otto Neururer als jungen Katecheten darstellen im Kreise „seiner" Kinder (er war Kooperator in Silz vom 25. September 1912 bis 5. März 1913 und Provisor in Silz vom 6. März 1913 bis 30. September 1913).
Im Zentrum steht der Kirchturm von Silz, als Zeichen, dass für Otto Neururer die Kirche und die Botschaft Christi immer seine Mitte und sein Zentrum waren. Der Silzer Kirchturm soll aber auch die Silzer daran erinnern, dass auch Otto Neururer einer der ihren war. Der Blick Otto Neururers ist in die Ferne (in die Zukunft) gerichtet – als würde er ahnen was auf ihn zukommen wird. Auch die Kindergesichter haben keinen fröhlichen Ausdruck, sondern schauen voll Mitgefühl und Mitleid auf „ihren" Katecheten. Das Kreuz auf dem Kirchturm ruft uns das Wort Christi in Erinnerung: „Wer mein Jünger sein will, der nehme sein Kreuz auf sich und folge mir nach."

Nach Silz war Otto Neururer als Kooperator, Katechet und provisorischer Pfarrer in mehreren Pfarreien Tirols tätig. 1932 wurde Otto Neururer Pfarrer in Götzens. Er hat rasch die gott- und menschenverachtende kirchenfeindliche nationalsozialistische Ideologie durchschaut und vor ihr gewarnt. Auch sozial hat er sich stark engagiert. 1938 wurde er verhaftet, weil er einem Mädchen abriet, einen geschiedenen und als Trinker bekannten SA-Mann zu heiraten. Er war im KZ Buchenwald trotz Verbots seelsorglich tätig. Am 30. Mai 1940 wurde er im Sonderarrest an den Füßen, den Kopf nach unten, aufgehängt und starb nach 34-stündiger Todesqual im Alter von 58 Jahren.
Neururer war der erste Priester, den die Nationalsozialisten ermordeten. Sein Leichnam wurde verbrannt. Die Asche befindet sich in einer Urne im Hochaltar der Pfarrkirche Götzens und im Reliqienschrein des Volksaltars der Dekanatskirche Silz.
Pfarrer Otto Neururer wurde am 24. November 1996 von Papst Johannes Paul II. selig gesprochen. Gedenktag ist jährlich am 30. Mai.
Elmar Peintner

Informationstext des Künstlers Elmar Peintner auf der Bildtafel (Foto Johann Zauner)

St. Anton

Französisches Siegesdenkmal mit Gedenktafel am Mooserkreuz

Das französische Siegesdenkmal in St. Anton (Foto Christian Mathies)

Die 2. Marokkanische Infanteriedivision erreichte über Oberstdorf und Warth am 6. Mai 1945 St. Anton. Am nächsten Tag trafen zwei weitere französische Divisionen ein: die 5. Panzerdivision und die 4. Marokkanische Gebirgsdivision, die über Bregenz und Bludenz vorgestoßen waren. Um dieses Zusammentreffens der drei Divisionen der 1. Armee am 7. Mai 1945 zu gedenken, errichtete die französische Militärregierung am 5. Mai 1946 innerhalb von drei Wochen zuerst ein provisorisches Monument mit einer Inschrift aus Holzbuchstaben beim Mooserkreuz in der großen Straßenkehre vor St. Anton. An der feierlichen Einweihung nahmen Hochkommissar General Émile Béthouart, der Generalstabschef der französischen Armee General Jean de Lattre de Tassigny, zahlreiche Honoratioren der französischen Militärregierung, die ÖVP-Landeshauptmänner von Tirol und Vorarlberg, Alfons Weißgatterer und Ulrich Ilg, sowie die Vertreter der Gemeinde St. Anton teil. Die Kapelle des Dorfes umrahmte die Festlichkeiten musikalisch, während Ehrenformationen der französichen Armee Habt-Acht standen und eine Panzerparade abgehalten wurde. In seiner Ansprache rühmte Béthouart die erste französische Armee unter dem Oberbefehl von General de Lattre de Tassigny, „die ihren Siegeszug von der Provence bis in das Herz Tirols geführt" hatte.[683]

Nachdem das Siegesdenkmal 1947 fertiggestellt worden war, erfolgte am 31. Juli die Enthüllung. Es hat-

Blick auf das Lothringerkreuz der Freien Französischen Armee
(Foto Christian Mathies)

Die Verbandsabzeichen der drei Divisionen des 1. Armeekorps
(oben), die sich zu Kriegsende bei der Befreiung in St. Anton vereinigten: v.l.n.r. 4. Marokkanische Gebirgsdivision, 5. Panzerdivision,
2. Marokkanische Infanteriedivision (Fotos Christian Mathies)

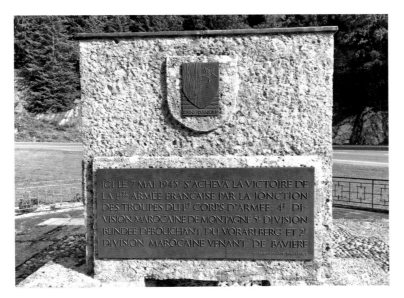

Abzeichen der 1. Französischen Armee (Rhein und Donau) mit bronzener
Gedenktafel. Die Übersetzung des französischen Textes lautet: Hier vollendete
sich am 7. Mai 1945 der Sieg der 1. Französischen Armee durch das Zusam-
mentreffen der Truppen des 1. Armeekorps: 4. Marokkanische Gebirgsdivision,
5. Panzerdivision, die aus Vorarlberg vorstießen, und 2. Marokkanische Division,
die aus Bayern kam. (Foto Christian Mathies)

te die Form eines 13 Tonnen schweren Steinblocks, der wie ein Grenzstein den Vereinigungspunkt der drei Divisionen markieren sollte. Die insgesamt 20 Tonnen Steine kamen aus dem Steinbruch auf der Hungerburg. Auf allen vier Seiten ist das Lothringerkreuz zu sehen, das die Freien Französischen Streitkräfte in ihrer Flagge als Gegenzeichen zum Hakenkreuz trugen. Die Militärregierung ging davon aus, dass das Monument als Zeugnis der französischen Besatzung so konstruiert war, dass es nicht die Gefühle der „österreichischen Freunde" verletzen würde. Es sollte nicht nur an die Vereinigung der französischen Divisionen am Mooserkreuz erinnern, die das Gebiet vom Nationalsozialismus befreiten, sondern auch an die Mühen all jener, die sich im Interesse des neuen Europa für die Annäherung der österreichischen und französischen Nation eingesetzt hatten.[684] ∎

Denkmal für Hannes Schneider mit Relief im Ferienpark des Schi- und Heimatmuseums

Hannes Schneider, geboren am 24. Juni 1890 in Stuben am Arlberg, galt in seiner Zeit als schnellster Schiläufer der Welt. Er war 1921/22 Gründer der ersten Schischule in St. Anton und machte den Ort gemeinsam mit Rudolf Gomperz zum Zentrum des alpinen Sports und des modernen Schitourismus. Er wirkte in Kinofilmen unter der Regie von Arnold Fanck mit, etwa in „Der weiße Rausch" (in Österreich: „Sonne über dem Arlberg"), durch den St. Anton einen hohen Bekanntheitsgrad erreichte, oder in „Das Wunder des Schneeschuhs", ein Streifen, der den Bergfilm begründete. Mit Fanck gab Schneider ein gleichnamiges Buch über die Technik des Schilaufens heraus, das auch in Japan und den USA ein Riesenerfolg wurde. Gemeinsam mit Gomperz entwickelte Schneider Schikurse mit Vollpension, ein Vorbildmodell im modernen Tourismus. Gomperz war es auch, der ihn mit dem britischen Schipionier Arnold Lunn bekannt machte, so dass die Idee des Arlberg-Kandahar-Rennens geboren wurde. Schneiders Abfahrtstechnik („Arlberg-Technik") verbreitete sich in Japan nach seiner viel umjubelten Tournee und der Übersetzung des Buches „Das Wunder des Schneeschuhs" ins Japanische, auch in den USA wurde Schneider berühmt.

Nach der Machtübernahme verhafteten die Nationalsozialisten Hannes Schneider in der Früh des 13. März 1938 und brachten ihn ins Gefängnis nach Landeck. Er galt als Gegner des Nationalsozialismus, der prononciert nazistisch auftretende Schilehrer nicht in seiner Schischule angestellt hatte. Aufgrund massiver Proteste, vor allem aus dem Ausland, konnte Schneider am 6. April das Gefängnis verlassen. Das SS-Wochenblatt „Das Schwarze Korps" denunzierte Schneider und Gomperz, denen es eine „wahre Schreckensherrschaft" in St. Anton vorwarf. Die Zeitung verunglimpfte Schneider als „beutegierigen Juden", der trotz seiner arischen Herkunft verwirkt habe, sich Deutscher zu nennen. Aufgrund von Interventionen aus den USA durfte der „Vater des modernen Skilaufs" mit seiner Familie ausreisen. Nach der Abfahrt mit dem Schiff in Cherbourg erreichte Familie Schneider am 9. Februar 1939 New York. Hannes Schneider wirkte mit beim Aufbau berühmter Schigebiete in den USA und der weltweit ersten künstlichen Beschneiungsanlage. Er besuchte nach

Hannes Schneider (Foto Ski Arlberg)

1947 zwar mehrmals St. Anton, blieb aber in den USA wohnhaft. „Unter meinen besten Freunden habe ich mich anscheinend getäuscht",[685] bemerkte er nach seiner Haftentlassung im April 1938. Hannes Schneider starb am 26. April 1955 in North Conway.

Initiatoren des Denkmals: Der Innsbrucker Künstler Hans Andre schuf im Auftrag der Gemeinde St. Anton und des Fremdenverkehrsvereins 1957 das Hannes-Schneider-Denkmal am Kirchplatz bei der Pfarrkirche. Die Einweihung fand unter Teilnahme hoher Prominenz statt, so waren neben dem Gemeinderat von St. Anton, der Familie Schneider und dem Pionier des alpinen Schisports Arnold Lunn, der 1928 mit Hannes Schneider das erste Arlberg-Kandahar-Rennen organisiert hatte, die ÖVP-Landeshauptmänner von Tirol und Vorarlberg Alois Grauß und Ulrich Ilg, Landtagspräsident Johann Obermoser (ÖVP) und Mitglieder der Tiroler Landesregierung anwesend.[686] 1988 wurde das Denkmal in den Garten (heute Ferienpark) vor dem Schi- und Heimatmuseum (Villa Trier) verlegt, eine neuerliche Feierlichkeit gab es nicht. Seit 1995 steht in unmittelbarer Nähe des Denkmals für Hannes Schneider ein weiteres Denkmal, das an seinen engen Weggefährten Rudolf Gomperz erinnert. Zu Ehren von Hannes Schneider gibt es Denkmäler, Gedenksteine und topographische Benennungen in Stuben am Arlberg, in Japan und in den USA. In den Schimuseen von St. Anton und North Conway hat Hannes Schneider einen festen Platz.[687]

Denkmal für Hannes Schneider, ohne Hinweis auf seine Verfolgung im Nationalsozialismus (Foto Christian Mathies)

Gedenktafel für Hannes Schneider beim Hotel Schneider Hof

Hannes-Schneider-Weg und Ing.-Gomperz-Weg

HANNES SCHNEIDER
und der Schneiderhof

In diesem Haus lebte von 1922 bis 1938 der weltberühmte Skipionier und Begründer der Arlberg-Technik, Hannes Schneider (1890-1955). Nachdem er seit 1907 in St. Anton als Skilehrer tätig war und nach dem Ersten Weltkrieg Ludwina Seeberger geheiratet hatte, wurde 1922 das „Sporthaus Hannes Schneider" errichtet. Aufgrund des Erfolgs der Skischule konnte dieses bereits 1927 nach Plänen des bekannten Architekten Hans Fessler erweitert werden. Das Sporthaus war Dreh- und Angelpunkt der Skischule Hannes Schneiders, in der gekrönte Häupter, Filmstars und Politiker aus aller Welt ein- und ausgingen. Durch die Skifilme und das Arlberg-Kandahar-Rennen entwickelte sich Schneider zum berühmtesten Skiläufer und Skilehrer der Welt. Aufgrund seiner Gegnerschaft zum Nationalsozialismus musste er schließlich seine Heimat verlassen und emigrierter mit seiner Familie 1939 nach North Conway in die USA.

Das komplett renovierte, ehemalige „Sporthaus Hannes Schneider" erstrahlt heute in neuem Glanz. Der Schneiderhof wird von Christoph und Hannah Schneider als Hotel Garni geführt. Christoph Schneider ist der Enkel des berühmten Skipioniers Hannes Schneider.

Christof Thöny

Christoph Schneider, der Enkel von Hannes Schneider, sorgte mit seiner Frau Hannah 2017 für die Anbringung dieser Gedenktafel beim Schneider Hof, den die beiden führen. Einen offiziellen Einweihungsakt gab es nicht. (Fotos Christian Mathies)

In seiner Sitzung vom 27. März 2002 beschloss der Gemeinderat von St. Anton eine Verordnung zur Neufestlegung der Straßenbezeichnungen und Gebäudenummerierungen und damit auch die Benennung eines Hannes-Schneider-Weges, der zentral im Dorf gelegen ist, sowie eines Ing.-Gomperz-Weges, der sich im nordöstlich gelegenen Ortsteil Nassrein befindet.[688] (Fotos Christian Mathies)

Denkmal für Rudolf Gomperz mit Relief aus Marmor im Ferienpark des Schi- und Heimatmuseums

Rudof Gomperz kam am 10. März 1878 als Sohn einer angesehenen, ehemals jüdischen Familie in Wien zur Welt und wurde protestantisch getauft. Er schloss sein Studium als Bauingenieur in Berlin ab und war Mitbegründer des akademischen Alpenvereins Berlin. 1905 ließ er sich in St. Anton nieder, 1906 wurde er Obmann des Schiklubs Arlberg, 1907 Hauptausschussmitglied des Österreichischen Schiverbandes. Er widmete sich weniger seinen eigenen geschäftlichen Interessen als dem Aufbau St. Antons als Fremdenverkehrsort, den er als Organisator, Werber und Schriftsteller förderte. Seinen Ruf als Schiort verdankt St. Anton maßgeblich Rudolf Gomperz. Mit der Machtübernahme der Nationalsozialisten verlor er seine berufliche Existenz. Am westlichen Ortsende stellten die Dorfnazis eine große Tafel auf: „In St. Anton sind Juden unerwünscht". Einzelne Gasthäuser schlugen an den Haustüren Plakate an, auf denen zu lesen war: „Für Juden Zutritt verboten".[689] Denunziationen im Dorf machten ihm das Leben schwerer, als es ohnehin schon war. Im Juni 1941 verfasste Gomperz sein Testament, darin heißt es:

„Niemals in Jahrzehnten dachte ich an meinen persönlichen Vorteil, konnte niemals etwas ersparen. (...) Was hat der Idealismus genützt? Herzlich wenig! Die Menschen, Institutionen, Verbände, denen man einst Jahre geistige Arbeit, Kraft und Vermögen opferte – sie haben einen gründlich vergessen! Ich sterbe als gläubiger Christ (...)."[690]

Um seinen beiden Söhnen eine Zukunft zu ermöglichen, gestand Rudolf Gomperz ein, nicht ihr leiblicher Vater zu sein. Damit verlor er aber als nun kinderlos Verheirateter den Schutz, den die Ehe mit einer „Arierin" bot. Im Dezember 1941 erhielt Gomperz vom Landrat in Landeck die Anweisung, den Judenstern zu tragen und innerhalb eines Monats Tirol zu verlassen. Am Dreikönigstag 1942 schrieb er: „Als reicher Mann kam ich vor 37 Jahren in dieses Dorf, das klein und fast unbekannt war. Als armer Bettler verlasse ich es, das heute dank m e i n e r Arbeit groß, wohlhabend und weltbekannt wurde."[691] Am 20. Jänner 1942 musste Rudolf Gomperz nach Wien abreisen, am 20. Mai erfolgte

Rudolf Gomperz (Foto Hans Thöni)

seine Deportation nach Minsk ins Lager Maly Trostinec, wo er erschossen wurde.

InitiatorInnen des Mahnmals: Der Heimatforscher Hans Thöni, der das Schicksal von Rudolf Gomperz aufarbeitete und unermüdlich an ihn erinnerte, setzte sich 1976 für die Errichtung einer Gedenkstätte ein, scheiterte aber am Einspruch von BürgerInnen St. Antons. Seine Artikelserie im Gemeindeblatt von St. Anton hatte Zustimmung ausgelöst, aber auch Unverständnis bis hin zu offener Feindschaft. Thöni sorgte dafür, dass die Gemeinde im Gedenkjahr 1988 eine kleine Gedenktafel neben dem Denkmal für den Schipionier Hannes Schneider, mit dem Gomperz zusammengearbeitet hatte, anbrachte. Zuvor hatte Thöni den Tiroler Schriftsteller Felix Mitterer mit der Geschichte des Rudolf Gomperz vertraut gemacht, so dass dieser ein Theaterstück – Kein schöner Land – verfasste, das nach seiner Aufführung 1987 breite Diskussionen auslöste. Im Frühjahr 1995 kam es nach Beschluss des Gemeinderates zur Errichtung eines Mahnmals im Ferienpark des Schi- und Heimatmuseums von St. Anton. Der Platz wurde so ausgewählt, dass sich die Denkmäler für Rudolf Gomperz und Hannes Schneider auf gleicher Augenhöhe gegenüberstehen.[692] Der Tiroler Bildhauer Engelbert Gitterle schuf eine Gedenkstätte, in der drei Felszacken aus Wachauer Marmor ein Halbrund bilden, das durch einen flachen Stein mit den Geburtsdaten abgeschlossen wird. Auf der mittleren Felssäule ist das Porträt von Rudolf Gomperz zu sehen. Auf der linken und rechten Säule sind die Inschriften zu lesen: „Er trug den Namen St. Antons in die Welt." „Und wurde ein Opfer des na-

Die Denkmäler von Hannes Schneider und Rudolf Gomperz stehen einander im Ferienpark des Schi- und Heimatmuseums von St. Anton gegenüber. (Foto Christian Mathies)

Rudolf Gomperz (1878–1942): „Er trug den Namen St. Antons in die Welt." / „Und wurde ein Opfer des nationalsozialistischen Rassenwahns." (Foto Christian Mathies)

tionalsozialistischen Rassenwahns." Nach dem Gottesdienst rief der Pfarrer die Gemeinde auf, sich dem Zug anzuschließen, der sich vor der Kirche formierte. An der Spitze der Versammlung, die sich zur Gedenkstätte bewegte, standen der Generaldirektor der Creditanstalt Guido Schmidt-Chiari und die Schilegende Karl Schranz. Bei der Feier intonierte die Musikkapelle die Landeshymne, Standschützen schossen Salven ab. Die Ansprachen zur Einweihung des Denkmals am 5. November 1995 hielten Bürgermeister Herbert Sprenger (ÖVP), der Leben und Werk von Gomperz würdigte, Pfarrer Bruno Decristoforo, der das Denkmal einweihte, aber auch scharfe Kritik an der historischen Schuld der Kirche am Antisemitismus übte, und der Forscher Hans Thöni, der seinen Kampf um Wahrheit und Gerechtigkeit für Gomperz schilderte. Die Enthüllung des Denkmals nahmen Bürgermeister Sprenger und der Künstler Engelbert Gitterle vor.[693]

Stams

Gedenktafel für Otto Neururer, Franz Reinisch SAC, Alois Grimm SJ, Johann Steinmayr SJ, Carl Lampert und Johann Schwingshackl SJ in der Basilika

Die Katholische Aktion veranstaltete am 22. August 1953, dem Herz-Mariä-Fest, anlässlich der 800-Jahr-Feier des Todes des heiligen Bernhard im Stift Stams einen Männertag für das Oberinntal und Außerfern. Am Nachmittag fanden sich rund 150 Vertrauensmänner ein. Am Abend enthüllte der Abt des Stiftes Stams Eugen Fiderer in Anwesenheit der Äbte von Stift Wilten Abt Hieronymus Triendl, Stift Fiecht Abt Albert Grauß, Generalvikar Monsignore Michael Weiskopf und des Imster Bezirkshauptmanns Anton Petzer den Gedenkstein für die sechs Märtyrerpriester der Apostolischen Administratur Innsbruck-Feldkirch in der Heilig-Blut-Kapelle. Der Redakteur des Kirchenblattes für Tirol und Vorarlberg Ludwig Stratmann, ein ehemaliger KZ-Häftling, hielt die Gedenkrede. Im Kirchenblatt schrieb er über die Feier:

„Aber dann, als die Hülle fiel und der Kranz niedergelegt wurde, rauschte machtvoll die Orgel auf und durch Kapelle und Kirche jubelte das ‚Christ ist erstanden'. So feierte einst die Urkirche ihre Märtyrer. Im Geste österlicher Weltüberwindung. Dieser Heldengeist der Urkirche muß in allen wieder lebendig werden. Dafür sind die Märtyrer in den Tod gegangen und darum haben die Männer während der nächtlichen Anbetung in Stams gebetet.“[694]

Heute hängt die Tafel in der Basilika von Stift Stams.[695] ◾

Gedenktafel aus dem Jahr 1953 (Foto Stiftsarchiv Stams)

Gedenktafel für Josef und Anna Griesser an der Mauer der Leichenkapelle

Josef Griesser kam am 17. November 1880 in Stams-Haslach zur Welt, seine Tochter Anna am 23. Dezember 1924. Er litt an Depressionen, seine Tochter war von Geburt an geistig behindert. Im Frühjahr 1939 veranlasste der NSDAP-Ortsgruppenleiter von Stams, der gleichzeitig das Amt des Bürgermeisters ausübte, die Einlieferung der beiden in die Heil- und Pflegeanstalt Hall. Josef und Anna Griesser wurden am 10. Dezember 1940 im Rahmen des Massenmordes an PatientInnen mit psychischen Erkrankungen und Behinderungen aus der Heil- und Pflegeanstalten Hall deportiert. Zielort war die Tötungsanstalt Schloss Hartheim bei Linz, wo der 60-jährige Josef Griesser und seine 16 Jahre alte Tochter in der Gaskammer ums Leben kamen. Ihre Todesdaten wurden mit 6. und 19. Jänner 1941 angegeben.[696]

Initiator der Gedenktafel: Der Künstler und Historiker Hannes Weinberger beschäftigte sich intensiv mit Minderheiten und verschwiegenem Unrecht in der Zeit des Nationalsozialismus im Oberinntal, besonders in seinem Heimatort Stams, um dieses öffentlich zu machen. Weinberger wohnte im Stamser Weiler Haslach im Haus, in dem einst Josef Griesser und seine Tochter lebten. Deshalb setzte er sich für eine Gedenktafel für die beiden Opfer der NS-Euthanasie ein. Der Gemeinderat stimmte seinem Anliegen zu und die Gemeinde übernahm die Kosten. Am 16. Juni 2014 weihte der Pfarrer von Stams, Pater Michael Falkner, in Anwesenheit von Hannes Weinberger, Bürgermeister Franz Gallop, GemeinderätInnen und Stamser BürgerInnen die Gedenktafel an der Leichenkapelle ein. Einen Monat später beschädigte ein Säureanschlag die Tafel. Um dem unbekannten Täter keine Aufmerksamkeit zu schenken, ließ Hannes Weinberger die Gedenktafel in aller Stille reinigen und reparieren. Inzwischen sind es nur wenige Menschen im Dorf, die das Gedenken missbilligen. Zahlreiche DorfbewohnerInnen stellen regelmäßig frische Blumen und Kerzen vor die Tafel.[697]   ◼

Gedenktafel für die beiden Opfer der NS-Euthanasie aus Stams, die seit 2014 an der Leichenkapelle hängt. (Foto Hannes Weinberger)

Kirchliche Pädagogische Hochschule Edith Stein mit Porträt der Märtyrerin

Die Hochschule in Stams mit weiteren Standorten in Innsbruck, Feldkirch und Salzburg trägt den Namen von Edith Stein seit der Gründung am 1. Oktober 2007.[699] ∎

Bild in der Kirchlichen Pädagogischen Hochschule Edith Stein in Stams, gemalt von Studierenden der Religionspädagogik mit ihrem Lehrer Elmar Peintner, fertiggestellt am 15. November 2011.[698] (Foto KPH Stams)

Gedenktafel für US-Luftwaffenangehörige an der Kapelle im Weiler Hauland

Am 3. August 1944 schossen deutsche Jagdmaschinen eine US-amerikanische B-24H ab. Die zehnköpfige Be-satzung überlebte. Der Absturzort befindet sich im Flie-gerries im Weiler Hauland unterhalb der Kapelle.[700] Im Sommer 2000 brachten Keith M. Bullock und Gerd Leit-ner eine Gedenktafel an der Außenseite der Kapelle im Weiler Hauland über dem Stift Stams an.[701]   ▪

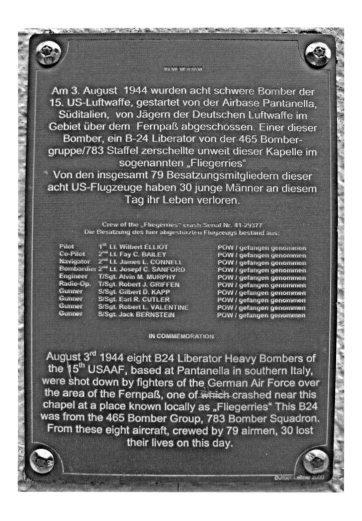

Gedenktafel aus dem Jahr 2000
(Fotos Karl Bader)

Thaur

Gedenktafel für Kaspar Grassmair, Josef Sieberer, Alois Schatz, Josef und Marianne Feichtner und Vinzenz Pedevilla am Sockel des Kriegerdenkmals

Kaspar Grassmair, geboren am 19. Dezember 1887 in Thaur, und *Josef Sieberer*, der am 5. Februar 1892 in Rum zur Welt kam, aber nach Thaur zuständig war, wurden im Rahmen des Massenmordes an psychisch Kranken und Menschen mit Behinderung im ersten Todestransport am 20. März 1941 von der Heil- und Pflegeanstalt Hall ins Schloss Hartheim bei Linz deportiert und dort ermordet. Dasselbe Schicksal erlitt *Alois Schatz*, am 27. Mai 1870 in Thaur geboren, ein sogenannter Gemeindearmer, der Monat für Monat von einem Bauern zum anderen geschickt worden war.[702] Anna, die Tochter von Josef Sieberer, der an den Folgen eines Kopfschusses im Ersten Weltkrieg litt, erzählt:

„Von Vater hörten wir nichts mehr, bis eines Tages der Briefträger eine Postkarte brachte. Mutter stand in der Küche am Nudelbrett und begann plötzlich zu wei-

Kriegerdenkmal in Thaur mit Gedenktafel (Fotos Karl Bader)

nen. Sie sagte uns, dass ‚Tati' an irgendeiner Krankheit gestorben sei. Tage später war ein Paket auf der Post abzuholen. Es war Winter und so machte ich mich mit der Rodel auf den Weg, um das Paket nach Hause zu ziehen. Es enthielt die Urne mit der Asche meines Vaters, eine Urne, die wie eine Fliegerbombe aussah. Ich hatte meinen Vater auf der Rodel nach Hause gebracht."[703]

Sterbebild von Josef Sieberer (Foto Chronos, Josef Bertsch)

Die Kinder *Josef und Marianne Feichtner* konnten nicht als Opfer der NS-Euthanasie identifiziert werden.

Vinzenz Pedevilla, geboren am 5. Mai 1901 in Neustift im Stubaital, wurde nach seinem Studium als Domschüler in Brixen 1925 zum Priester geweiht. Er nahm als Kooperator in Thaur an der Feier des 50-jährigen Priesterjubiläums von Pfarrer Sebastian Rieger teil, dem bekannten Mundartdichter „Reimmichl". Der Bürgermeister und Ortsgruppenleiter von Hall, Heinz Bauer, informierte einen Gestapobeamten über diese Veranstaltung „fanatischer Schwarzer". Pedevilla habe sich die „ganz unglaubliche Frechheit geleistet", dem Gruß zweier Volksgenossen mit „Scheiss-Hitler" zu begegnen. Die Gestapo verhaftete den Kooperator nach mehreren Verhören am 20. August 1941. Das Sondergericht Innsbruck verurteilte ihn nach dem Heimtückegesetz am

Vinzenz Pedevilla auf seinem Sterbebild (Foto Diözese Innsbruck)

15. Oktober 1941 zu acht Monaten Gefängnis. Im Februar 1942 wurde Pedevilla wegen einer Blinddarmoperation von der Haftanstalt Innsbruck in die chirurgische Klinik überstellt. Nach Verbüßung seiner Haftstrafe kam Pedevilla als Kooperator nach Kolsass bei Schwaz, er war aber weiterhin gesundheitlich angeschlagen. Am 28. Jänner 1943 verstarb Vinzenz Pedevilla im Sanatorium der Kreuzschwestern.[704]

InitiatorInnen der Gedenktafel: Der Obmann des Thaurer Geschichtsvereins Chronos, Josef Bertsch, eruierte für das Thaurer Dorfbuch 2002 die Namen der NS-Euthanasie-Opfer der Gemeinde und jenen des Kooperators von Thaur, der in der NS-Zeit verstorben war. Die in Volders tätige Lehrerin Maria Bachler, die in Thaur lebt, beforschte mit zwei vierten Hauptschulklassen für das Projekt „A letter to the stars" die Lebensgeschichten der Thaurer Opfer der NS- Euthanasie. In den Pfarrkirchen von Volders, Baumkirchen, Absam und Thaur platzierte sie mit ihren SchülerInnen nahe dem Altar weiße Rosen und einen Text, der die Namen der Opfer nannte, sowie ein „Vaterunser" in verschiedenen Sprachen. Im Zuge des Erinnerungsprojekts „Temporäres Denkmal" ersuchte der Künstler Franz Wassermann die Gemeinde Thaur 2004 um die Errichtung von Erinnerungszeichen für die in der NS-Euthanasie Ermordeten. Chronist Josef Bertsch besprach sich mit Bürgermeister Josef Giner und Pfarrer Paul Haider über die Errichtung einer Stele am Friedhof. Schließlich nahmen sie den Vorschlag des Pfarrers an, eine Gedenktafel am Kriegerdenkmal anzubringen, die dieser zu Allerseelen 2006 nach seiner Ansprache einweihte.[705]   ◾

Thurn bei Lienz

Denkmal mit Gedenktafel und Fotos für US-Luftwaffenangehörige am Friedensweg auf der Oberlienzer Tratte

Der B-24 Bomber stürzte beim Anflug zu einem Angriff auf München in der Fraktion Oberdorf der Gemeinde Thurn bei Oberlienz ab. Dabei fand der Bordschütze Vincent J. Marimpietri den Tod.[706] Zehn Tage nach dem Absturz eines B-24J US-Bombers in der Fraktion Winnebach der Gemeinde Innichen in Südtirol am 22. November 1944 erlag der Schütze und 2. Funker Jerome Resler im Reservelazarett Lienz seinen schweren Verletzungen.[707]

Initiatoren des Denkmals: Keith M. Bullock und Gerd Leitner errichteten im Bereich des Friedensweges (Oberlienzer Tratte, Thurn, Oberdrum) ein Denkmal mit einer Gedenktafel, gestiftet von der Kunstschmiede des Schlossermeisters Duregger aus Lienz. Am 30. Juli 2000 wurde das Denkmal in Thurn eröffnet. Bischof Alois Kothgasser zelebrierte beim Friedensfest vor der alten Kriegergedächtniskapelle Insteinalm anlässlich der Insteingedenkfeier für die gefallenen Soldaten der Weltkriege gemeinsam mit der Soldatenkameradschaft Osttirol in Anwesenheit der Lienzer Bürgermeisterin Helga Machne sowie von Angehörigen von Vincent Marimpietri, des Bordschützen Marvin Guthrie und des Kopiloten des in Winnebach abgestürzten Flugzeugs Virgil Hall eine Messe.[708]

Denkmal aus dem Jahr 2000 (Fotos Roland Domanig)

Der Text der Gedenktafel ist auf Englisch und Deutsch: „Friedens-
treffen Juli 2000 Instein Peace Ceremony / IN MEMORIAM / Am
9. Juni 1944 starb hier beim Absprung aus seinem B-24 Bomber
der US-Luftkampfschütze / S/Sgt. Vincent J. Marimpietri (21) / Im
Lienzer Lazarett verstarb am 2.12.1944 der in Winnebach aus
seinem B-24-Bomber abgesprungene US-Flugzeugfunker / S/Sgt.
Jerome Resler (22) / ALL GAVE SOME / SOME GAVE ALL [Alle gaben
etwas / Manche gaben alles]"

Tösens

Grabkreuz mit Inschrift für Siegfried Würl im Friedhof

Siegfried Würl, geboren am 19. Februar 1894 in Kennel-
bach, gestorben am 30. Mai 1971 in Zams, erkannte früh
die Gefahren, die vom Nationalsozialismus ausgingen.
Lange vor 1938 kritisierte der Pfarrer von Namlos im
Lechtal den späteren Gauleiter Franz Hofer und Mitglieder der NSDAP. In der Nacht vor dem Einmarsch
deutscher Truppen im März 1938 verbrannte er ein Hakenkreuz auf Packpapier, das an der Tür des Pfarrhofs
angebracht war. Auf die Anzeige reagierte er gegenüber
der Gestapo mit beißender Ironie:

*„Ist das Hakenkreuz ein Hoheitszeichen oder nicht?
Wenn ja, warum werfen gerade die Nationalsozialisten in
Namlos auf der Alpe die Papierhakenkreuze überall dort-
hin auf den Boden, wo die Hunde mit erhobenen Hinter-*

Siegfried Würl mit Erstkommunionkindern in seiner Eigenschaft
als Expositus der Expositurkirche Mariä Heimsuchung[709] in Kleinstockach im Außerfern (Foto Familie Hörbst, Gasthof Roter Stern,
Berwang, Kleinstockach)

*beinen den deutschen Gruß leisten? (...) Ich verlange aber
als Staatsbürger, daß das Hakenkreuz von den Nazis zuerst geachtet werde.“[710]*

Das renovierte Grabkreuz für Pfarrer Siegfried Würl in Tösens (Fotos Franz Hinterholzer)

Als Würl gegen die von den NS-Behörden forcierten Kirchenaustritte predigte, betrieben im Juli 1939 der Landrat und die Kreisleitung von Reutte seine Absetzung als Pfarrer wegen „Unzurechnungsfähigkeit". Am 22. September 1939 verhaftete ihn die Gestapo, die ihn ins KZ Sachsenhausen der Stadt Oranienburg nördlich von Berlin überstellte, im Dezember 1940 kam er ins KZ Dachau. Den sicheren Tod vor Augen, als er einem Invalidentransport zugeteilt wurde, rettete ihn unerwartet ein SS-Arzt. Dass sich Pfarrer Würl nicht dem Evakuierungsmarsch nach Tirol anschloss, den er angesichts seines geschwächten körperlichen Zustandes wohl kaum überlebt hätte, verdankte er einem Mitgefangenen, der ihm dringend davon abriet. Würl konnte daher am 29. April 1945 seine Befreiung erleben.[711]

Als Siegfried Würl am 30. Mai 1971 starb, wurde auf der Tafel seines Grabkreuzes im Friedhof von Tösens ein Text angebracht, der an seine fünfeinhalbjährige Inhaftierung im Konzentrationslager erinnerte.

Uderns

Gedenkstele für die Zillertaler Opfer der NS-Euthanasie im Friedhof

Anrainer Maria, 3.5.1885, Fügen, Heimatort Fügen, Transport 10.12.1940

Bischofer Josef, 24.12.1909, Stumm im Zillertal, Heimatort?, Transport 10.2.1941

Bliem Heinrich, 6.1.1911, Schliersee (Bayern), Heimatort Mayrhofen, Transport 31.8.1942[712]

Brandner Maria, 25.3.1909, Mayrhofen, Heimatort Mayrhofen, Transport 10.12.1940

Esterhammer Maria (Marie), 24.6.1875, Stumm im Zillertal, Heimatort Stumm im Zillertal, Transport 10.12.1940

Fankhauser Johann, 27.11.1907, Schwaz (Zellberg?), Heimatort Schwaz, Transport 17.3.1941

Flörl Margarethe (Margaretha), 27.1.1874, Ramsberg (Bayern), Heimatort Ramsberg, Transport 10.12.1940

Geisler Johann, 10.6.1902, Wien, Heimatort Ried im Zillertal, Transport 10.12.1940

Hörhager Elise (Elisabeth), 5.7.1886, Kaltenbach, Heimatort?, Transport 10.12.1940

Huber Anton, 1878, Bruck am Ziller, Heimatort Bruck am Ziller, Transport 10.12.1940

Huber Jakob, 1884, Bruck am Ziller, Heimatort Bruck am Ziller, Transport 20.3.1941

Kupfner (geb. Widner) Anna, 9.2.1903, Wien, Heimatort Hart im Zillertal, Transport 20.3.1941

Laimböck Johann, 25.11.1890, Stumm im Zillertal, Heimatort Stumm im Zillertal, Transport 10.12.1940

Margreiter (geb. Hussl) Aloisia, 18.5.1898, Schwaz, Heimatort Schlitters, Transport 20.3.1941

Mauracher Franz, 12.4.1923, Fügen-Kapfing, Heimatort Fügen-Kapfing, Transport 23.5.1941

Patscheider Maria, 1887, Klausen (Südtirol), Heimatort Mayrhofen, Transport 10.12.1940

Rieder Maria, 15.9.1888, Hainzenberg, Heimatort Zell am Ziller, Transport 31.8.1942

Seekircher David, 2.1.1892, Hart im Zillertal, Heimatort Hart im Zillertal, Transport 20.3.1941

Sporer Johanna, 27.1.1909, Schwendberg, Heimatort Schwendberg, Transport 10.12.1940

Die 2005 eingeweihte Gedenksäule aus Marmor mit Inschriften auf zwei Seiten und großem Kreuz für die Menschen aus dem Zillertal, die dem NS-Krankenmord zum Opfer fielen. (Fotos Irmgard Bibermann)

Steiner Martha (Marta), 10.1.1898, Hart im Zillertal, Heimatort Hart im Zillertal, Transport 10.12.1940

Strasser (Straßer) Maria, 12.2.1896, Mayrhofen, Heimatort Mayrhofen, zugezogen aus Zell am Ziller, Transport 10.12.1940

Wechselberger Georg, 23.2.1876, Hintertux, Heimatort Schmirn, Transport 31.8.1942

Wechselberger Hermann, 6.1.1907, Stummerberg, Heimatort Gerlosberg, Transport 10.12.1940

Wechselberger Josef, 27.11.1907, Mayrhofen, Heimatort Brandberg, Transport 10.12.1940

Wurm Otto, 23.5.1934, Stummerberg, Heimatort Stummerberg, Transport, 23.5.1941

Im Rahmen der NS-Euthanasie überstellten die Nationalsozialisten zwischen Dezember 1940 und August 1942 in vier Transporten 360 PatientInnen von der Heil- und Pflegeanstalt Hall nach Schloss Hartheim bei Linz, wo sie mit Giftgas getötet wurden, und in die Heil- und Pflegeanstalt Niedernhart bei Linz, in der die Menschen nach der Verabreichung überdosierter Medikamente ums Leben kamen. Unter ihnen befanden sich zahlreiche BewohnerInnen der Versorgungshäuser der Barmherzigen Schwestern in Imst, Nassereith und Ried im Oberinntal. Sie wurden zuerst nach Hall gebracht und kamen von dort in die Tötungsanstalten in Oberösterreich. Der letzte Todestransport von Hall mit 60 Männern und Frauen, unter ihnen 33 PatientInnen der Landesheil- und Pflegeanstalt Valduna in Rankweil, Vorarlberg, ging ein Jahr nach der Einstellung der „Euthanasie"-Aktion auf mündlichen Befehl Adolf Hitlers am 31. August 1942 von der Heil- und Pflegeanstalt Hall mit zwei Autobussen unter der Begleitung von sechs Haller Pflegern nach Niedernhart ab. Grund dafür waren Aktivitäten von Hans Czermak, Leiter der Abteilung III für „Volkspflege" beim Reichsstatthalter im Gau Tirol-Vorarlberg, in Zusammenarbeit mit dem Leiter der Anstalten in Hartheim und Niedernhart, Rudolf Lonauer. Die beiden waren es auch, die den Transport der Menschen zusammenstellten, ohne dass Ernst Klebelsberg als Primar von Hall Einwände erhoben hätte. Bei der Zusammensetzung der Listen hatte er zumindest ein Mitspracherecht. Im letzten Moment wurde Friedrich Stauder, der für Schneiderarbeiten verwendbar war, durch Felix Beng, ein sechsjähriges Kind, ausgetauscht.[713] Nach der Ermordung der Menschen des Transports vom 31. August 1942 durch das Spritzen einer Überdosierung gängiger Arzneimittel schrieb Lonauer an Czermak:

> *„Mit den von Hall nach Niedernhart übernommenen Patienten hatte ich keinerlei Schwierigkeiten und ist die Abwicklung vollkommen reibungslos verlaufen. Ich nehme auch an, dass sie in keiner Weise belästigt wurden. Ich bin dadurch zu der Überzeugung gekommen, dass diese Behandlungsmethode praktischer und reibungsloser ist als die frühere."[714]*

Von der Landesheil- und Pflegeanstalt Valduna in Rankweil, Vorarlberg, wurden am 10. Februar und 17. März 1941 220 Menschen, unter ihnen Josef Bischofer und Johann Fankhauser, in Busse verfrachtet und zur Tötung direkt nach Schloss Hartheim gebracht. Franz Mauracher und Otto Wurm gehören zu jenen 61 PatientInnen, die am 23. Mai 1941 von der Bewahranstalt Kramsach-Mariatal nach Hartheim kamen, um dort ermordet zu werden. Genau an dem Tag, als Otto Wurm nach Oberösterreich abtransportiert wurde, feierte er seinen siebten Geburtstag.[715]

Aloisia Margreiter (rechts) mit ihrer Schwester Elisabeth
(Foto Marianne Hacker)

Aloisia Margreiter, geborene Hussl, ist eine jener Personen, die als Opfer der NS-Euthanasie auf dem Denkmal in Uderns verewigt sind. Sie wurde am 18. Mai 1898 in Schwaz geboren, heiratete Ludwig Margreiter und bewohnte mit ihm und ihren drei Kindern ein Knappenhäusl mit zwei Räumen, einer Rauchküche und Plumpsklo am Schlinglberg in Schwaz. Nach dem frühen Tod des Ehemannes wurde die Familie aufgeteilt, zwei Söhne voneinander getrennt bei Verwandtschaft im Zillertal untergebracht. Eine Vergewaltigung durch einen Nachbarn, der Verlust des Mannes und die Trennung von den Söhnen führten zu psychischen Krisen mit kurzen psychiatrischen Aufenthalten. Die Ärzte verschärften die Diagnosen von Depression über Debilität und in der NS-Zeit auf Imbezilliät, vererbtem Schwachsinn mittleren Grades. Wenn Aloisia Margreiter sich krank fühlte, suchte sie selbst die Pflege- und Heilanstalt Hall auf und ging vorher nach Absam auf Wallfahrt. Im August 1938 wurde sie von Hall ins Versorgungshaus der Barmherzigen Schwestern in Nassereith gebracht. Im Februar 1941 kamen die Ärzte Hans Czermak, der Leiter der Gesundheitsbehörde des Gaues Tirol-Vorarlberg, und Georg Renno, der stellvertretende Leiter der Tötungsanstalt Schloss Hartheim bei Linz, nach Nassereith, um HeimbewohnerInnen auszuwählen, die als „Ballastexistenzen" dem „Gnadentod" zugeführt werden sollten. Sie brachten eine vorgefertigte Namensliste mit, die Barmherzigen Schwestern konnten noch Namen streichen, ebenso der Leiter der Heil- und Pflegeanstalt Hall. Doch Aloisia Margreiter befand sich nicht unter den Geretteten. Am 14. März 1941 wurde sie nach Hall überstellt, am 20. März 1941 ins Schloss

Hartheim bei Linz deportiert und dort bald darauf, nur wenige Wochen vor ihrem 43. Geburtstag, in der Vergasungsanlage des Schlosses getötet. Das Standesamt Hartheim füllte zur Verschleierung des Verbrechens eine Sterbeurkunde mit falschem Todestag und falscher Todesursache aus. Demnach wäre Aloisia Margreiter am 4. April 1941 an einer Angina mit nachfolgender Kreislaufschwäche verstorben. So wie viele andere Angehörige ermordeter Kranker wusste auch Alfons Hussl, dass seine Schwester getötet worden war. Er verzichtete auf die Zusendung der Urne, da sich schon herumgesprochen hatte, dass sich in den von Hartheim zugeschickten Gefäßen nicht die Asche der Verwandten befand.[716]

InitiatorInnen des Denkmals: Nach Anregung des Künstlers Franz Wassermann mit seinem Projekt „Temporäres Denkmal" sorgten die Lehrerin und Politologin Anna Elisabeth Rieser und der Pfarrer von Uderns Erwin Gerst mit Unterstützung der Ärzte Martin Haun und Anton Fiechtl aus Fügen dafür, dass am Friedhof in Uderns ein Denkmal für 25 Menschen des Zillertals, die während der NS-Euthanasie ermordet worden waren, errichtet werden konnte. Der Kramsacher Steinmetzbetrieb Guggenberger übernahm die Gestaltung. Die Gemeinde Uderns leistete einen finanziellen Beitrag, dennoch musste der Pfarrer einen Teil der Kosten privat übernehmen, da sich, so Gerst, „außer Gemeinde und Pfarre (...) niemand für dieses Vorhaben interessiert, auch und vor allem nicht das Land Tirol bzw. die zuständigen Behörden. Es gab keinen einzigen Euro Subvention von dieser Seite."[717] Am 11. September 2005 fand die Einweihungsfeier statt, Bischof Manfred Scheuer segnete das Denkmal.[718]

Volders

Tafel am Gedenkkreuz für Siegfried Rudovsky und Heinrich Arnold im Kriegerfriedhof Tummelplatz, Bruggenwaldele

Gedenkkreuz für die Opfer der NS-Euthanasie aus dem Jahr 2008 (Foto Maria Bachler)

Siegfried Rudovsky, geboren am 3. März 1893 in Brünn, zuständig nach Kleinvolderberg, wurde am 10. Dezember 1940 mit dem ersten Todestransport zur Ermordung psychisch Kranker von der Heil- und Pflegeanstalt Hall in die Tötungsanstalt Schloss Hartheim bei Linz deportiert und dort getötet.

Heinrich Arnold kam am 28. Juni 1906 in Innsbruck zur Welt und war nach Großvolderberg zuständig. Er wurde im Zuge der NS-Euthanasie am 20. März 1941 von der Heil- und Pflegeanstalt Hall in die Tötungsanstalt Schloss Hartheim bei Linz überstellt und dort ums Leben gebracht.[719]

InitiatorInnen des Gedenkkreuzes: Die Lehrerin Maria Bachler nahm 2006 mit ihren SchülerInnen zweier vierten Klassen der damaligen Hauptschule Volders am Projekt „A letter to the stars" teil, dabei wurde sie vom Ortschronisten Karl Wurzer unterstützt. Sie hinterlegte mit Wurzer und Direktor Peter Fischler eine Widmung und zwei Rosen in der Pfarrkirche Volders zum Andenken an zwei Euthanasie-Opfer der Gemeinde. Maria Bachler und ihre SchülerInnen sorgten dafür, dass am Kriegerfriedhof Tummelplatz von Volders ein Kreuz mit einer Gedenktafel für Heinrich Arnold und Siegfried Rudovsky errichtet wurde. Karl Wurzer bat Vizebürgermeister Walter Meixner um die Übernahme der Kosten. Der Gemeinderat stimmte dem am 12. Juni 2008 zu. Mit Unterstützung der Gemeinde Volders, des Schulwartes der Hauptschule Volders, Hubert Hoppichler, SchülerInnen der Hauptschule Volders und des Ortschronisten Karl Wurzer wurde zu Allerseelen 2008 im Beisein lokaler PolitikerInnen und vieler Interessierter die Gedenkstätte feierlich enthüllt und gesegnet.[720]   ▪

Heinrich-Arnold-Straße

Der Vizebürgermeister von Volders Walter Meixner fühlte sich von der Anregung des Künstlers Franz Wassermann angesprochen, an Opfer der NS-Euthanasie im Ort zu erinnern, und betonte im Gemeinderat, dass es darum gehe, „ein Zeichen zu setzen, um die Opfer aus dieser Zeit nicht in Vergessenheit geraten zu lassen."[721] Sein Vorschlag, bei nächster Gelegenheit Straßen in Volders nach diesen Ermordeten zu benennen (Siegfried Rudovsky und Heinrich Arnold), wurde insofern realisiert, als der Gemeinderat am 15. Dezember 2005 beschloss, eine Aufschließungsstraße für einige Grundstücke westlich der Hochhäuser nach Heinrich Arnold zu benennen.[722]   ▪

Foto Gemeinde Volders

Vomp

Gedenkstein mit Gedenktafel für Anton Stock, Franz Prem und Maria Triendl nahe der NMS im Ortsteil Fiecht

Anton Stock
(Foto Hans Stock)

Anton Stock wurde am 8. September 1901 in Schwaz geboren. Bis 1938 war er Mitglied der Heimatwehr, während des Krieges Oberwachtmeister der Gendarmerie der Reserve. Stock hatte als Mitglied eines Gendarmeriewachzuges die Aufgabe, Kriegsgefangene und Zivilpersonen (vorwiegend PartisanInnen) des Durchgangsstraflagers in Vigaun bei Krainburg (Slowenien) zu bewachen. Mit zwei weiteren Gendarmen gewährte er den Gefangenen Erleichterungen: zusätzliches Essen oder Zigaretten, auch Briefe wurden aus dem Lager geschmuggelt. Um Weihnachten 1943 übernahm Stock den Brief einer inhaftierten Jugoslawin und übergab ihn einem deutschen Polizeireservisten, der den Brief jedoch der Gestapo übergab. Zu Jahresbeginn 1944 erfolgte die Verhaftung von Stock und zwei weiterer Gendarmen, die ebenfalls geholfen hatten. Einige Monate später wurden die Beschuldigten zum Prozess vor dem SS- und Polizeigericht XXIII nach Laibach überstellt und zu hohen Kerkerstrafen verurteilt. SS-Gruppenführer, General der Waffen-SS und der Polizei Erwin Rösener, der ein Exempel statuieren wollte, erwirkte beim Reichsführer-SS Heinrich Himmler die Anberaumung eines neuerlichen Prozesses im Lager Vigaun. Am 3. April 1944 verhängte das Gericht wegen Kriegsverrates das Todesurteil über Stock und über einen seiner Kameraden. Am 5. April 1944 mussten Mitglieder sei-

Gedenkstein (Foto Gisela Hormayr) und Gedenktafel (Foto Gottfried Mariacher) für Anton Stock, Franz Prem und Maria Triendl

nes eigenen Wachzuges Anton Stock erschießen. Gendarmeriekompanien, Polizei- und Gestapoeinheiten wurden zusammengezogen, um der Hinrichtung beizuwohnen.[723]

Maria Triendl kam am 10. September 1884 in Vomp zur Welt, am 20. März 1941 wurde sie im Rahmen der NS-Euthanasie als „unwertes Leben" von der Heil- und Pflegeanstalt Hall in die Tötungsanstalt Schloss Hartheim bei Linz überstellt und ermordet.

Ein *Franz Prem* ist als Opfer der NS-Euthanasie nicht zu identifizieren, vermutlich liegt ein Schreibfehler vor. Bei der Volkszählung von 1923 scheint ein *Alois Prem* auf, der als Mitbewohner der Familie Ruech im Wohnhaus Vomp 3 „Marteler" angeführt ist. Er war zunächst auf der Liste jener Menschen, die von der Heil- und Pflegeanstalt Hall zur Tötung ins Schloss Hartheim deportiert werden sollten. Doch Primar Ernst Klebelsberg konnte ihn mit vielen weiteren nach der Intervention bei Gauleiter Franz Hofer von dieser Todesliste streichen. Alois Prem wurde nicht deportiert und starb 1941 in der Heil- und Pflegeanstalt Hall.[724]

Initiatoren der Gedenktafel: Nach Anregung des Künstlers Franz Wassermann im Jahre 2004, Erinnerungszeichen im öffentlichen Raum für die Ermordeten der NS-Euthanasie anzubringen, wurde der Kulturausschuss von Vomp unter seinem Obmann Helmuth Gspan mit Unterstützung von Hans Stock aktiv, der im Ort ein Militärmuseum aufgebaut hatte. Am 17. Oktober 2005 beschloss der Gemeinderat die Aufstellung eines Gedenksteins für die NS-Opfer des Krankenmordes, der auch die Erinnerung an Anton Stock wachhalten sollte. Aus Anlass von 60 Jahre Kriegsende und 50 Jahre Neutralitätsgesetz fand die offizielle Einweihung des Gedenksteines mit der bronzenen Gedenktafel am 26. Oktober 2005 in Anwesenheit des gesamten Gemeinderates, der Familie Stock und des Kameradschaftsbundes Vomp statt. Der Fiechter Pfarrer Thomas Naupp segnete den Stein.[725]

Inschrift für Anton Stock am Grabstein der Familie Stock im Friedhof des Ortsteils Fiecht

Die Familie Stock ließ in den 1950er Jahren[726] auf der Bronzetafel ihres Grabsteins eine Inschrift anbringen, dass Gendarmerie-Oberwachtmeister Anton Stock (8.9.1901) am 5.4.1944 „als Patriot von der SS erschossen" wurde. (Foto Gisela Hormayr)

Gedenktafeln für Jakob Gapp SM, Carl Lampert, Otto Neururer und Josef Mayr-Nusser in der Heilig-Blut-Kapelle der Benediktinerabtei St. Georgenberg im Ortsteil Fiecht

Anlässlich der Errichtung der Heilig-Blut-Kapelle auf dem Gebiet der Benediktinerabtei St. Georgenberg-Fiecht bei Vomp wurden am 13. Juli 1977 unter Abt Gregor Schinnerl zwei Gedenktafeln auf den beiden äuße-ren Holzträgern des Dachs der Kapelle angebracht, die an Carl Lampert, Otto Neururer und den 1948 verstorbenen Abt Adalbert Neipperg erinnerten. Nach der Seligsprechung von Josef Mayr-Nusser am 18. März 2017 in Bozen ließ Abt Anselm Zeller die Tafeln neu beschriften und ersetzte Adalbert Neipperg durch Jakob Gapp und Josef Mayr-Nusser, um den Pilgerinnen und Pilgern die Namen der vier seliggesprochenen Opfer des Nationalsozialismus aus Tirol und Südtirol in Erinnerung zu rufen.[727] ◼

Gedenktafeln für Jakob Gapp, Carl Lampert, Otto Neururer und Josef Mayr-Nusser (Fotos Anselm Zeller)

Wattens

Albert-Troppmair-Weg

Albert Troppmair
(Foto Hans Georg Fankhauser)

Albert Troppmair, geboren am 10. April 1891 in Kolsassberg, war Bauer in Wattens. Er gehörte seit 1942 einem Kreis von Gegnern des Nationalsozialismus in Wattens an, aus dem sich gegen Kriegsende eine Widerstandsgruppe mit wenigen Mitgliedern bildete. Ihr Handlungsspielraum war sehr beschränkt, einerseits wegen des Drucks der Gestapo und andererseits wegen des außergewöhnlich radikalen Ortsgruppenleiters, der über zahlreiche Spitzel verfügte. Albert Troppmair galt als Führer der Widerstandsbewegung und sorgte für Kontakte zum Widerstand in benachbarten Orten, aber auch zu den französischen Arbeitern in der Papierfabrik Wattens sowie zu Angehörigen einer seit 1944 im Ort stationierten Wehrmachtseinheit. Sein Bruder Friedrich soll einige Wochen lang einen amerikanischen Agenten versteckt und unterstützt haben, dessen Identität allerdings bis heute nicht geklärt werden konnte. Am 28. April 1945 wurde Troppmair verhaftet und in das Arbeitserziehungslager Reichenau eingeliefert. Hauptanliegen der übrigen Mitglieder der Widerstandsgruppe war in diesen Tagen der Schutz der Brücken in Weer, Wattens und Volders, an denen bereits Sprengladungen angebracht waren. Am 2. Mai 1945 kehrte Troppmair aus dem Lager nach Wattens zurück. Am darauffolgenden Abend machte er sich trotz Ausgangssperre mit einem weiteren Mitglied der Widerstandsbewegung auf den Weg zu seinem Bruder, ein Maschinengewehr zu holen, um gegen versprengte SS-Truppen vorgehen zu können. Diese hatten mit Brandstiftung gedroht, da bereits österreichische und weiße Fahnen gehisst worden waren. Da SS-Männer Troppmair und seinen Begleiter Albert Deflorian beschossen, verschanzten sie sich. Zugleich näherten sich dem Ort US-amerikanische Truppen, die annahmen, dass die Schüsse ihnen gegolten hätten und daher das Feuer eröffneten. Während Troppmair und Deflorian ihren Standort wechselten, gerieten sie unter Beschuss amerikanischer Soldaten. Troppmair wurde tödlich

Foto Karl Bader

getroffen, Deflorian schwer verletzt. Der Pionier Karl-Heinz Hager aus Hof im Frankenland, der sich mit den beiden auf der Straße befunden hatte, ob zufällig oder als Widerständler ist unbekannt, kam ebenfalls ums Leben. Da Troppmair und Deflorian im Auftrag der Widerstandsbewegung unterwegs gewesen waren, wurde Troppmair als aktiver Widerstandskämpfer anerkannt.[728]

Initiator des Weges: Am 9. März 1950 beschloss der Gemeinderat Wattens auf Antrag von Franz Mark einstimmig die Benennung eines Weges am Kreuzbichl nach Albert Troppmair. Der Weg zweigt von der Kreuzbichlstraße ab und mündet an seinem Ende wieder in diese Straße, die rund um den Bichl führt.[729]

Gedenkstätte für Jakob Gapp (SM)
mit Stele, Büste und Erinnerungstafel
in der Laurentiuskirche

In der Laurentiuskirche, der damaligen Pfarrkirche von Wattens, erhielt Jakob Gapp Taufe, Erstkommunion und seine Primiz, auch seine Verfolgung nahm hier seinen Anfang, als er am 11. Dezember 1938 in seiner Predigt das ideologische Grundlagenwerk des Nationalsozialismus von Alfred Rosenberg als Lüge und Schwindel bezeichnete. Anlässlich des 100. Geburtstages sorgten der Pfarrgemeinderat und die Marktgemeinde Wattens unter Federführung von Hannes Erler für die Errichtung einer Gedenkstätte mit einer Säule und Büste sowie einer marmornen Gedenktafel in einer neu gestalteten

Gedenkstätte für Pater Jakob Gapp aus dem Jahr 1997
(Fotos Heinrich Moser und Franz Wechselberger)

Gebetsnische der Kirche. Der Künstler Max Schwaiger aus Fritzens gestaltete das Ensemble.

Der Provinzial der Marianisten in Österreich und Deutschland Pater Josef Süß zelebrierte am 26. Juli 1997 in der Pfarrkirche eine Gedenkmesse. Dann zog die Festgemeinde begleitet von Schützen und der Musikapelle in einer Prozession zur Segnung einer Gedenktafel am Geburtshaus Gapps und weiter zur Laurentiuskirche, wo der Provinzial die Gedenkstätte für den seligen Pater einweihte.[730]

Gedenktafel für Jakob Gapp (SM) an der Außenmauer des Schuppens im alten Friedhof bei der Laurentiuskirche

Die 1983 eingeweihte Bronzetafel (Foto Heinrich Moser und Franz Wechselberger)

Anlässlich des 40. Todestages von Pater Jakob Gapp ergriff die Katholische Männerbewegung die Initiative zur Anbringung einer Bronzetafel in der Laurentiuskirche, allerdings „gegen den Widerstand einflußreicher Persönlichkeiten"[731] und „nach mehrjährigem ortspolitischen Tauziehen"[732]. Pfarrer Josef Purtauf weihte die Tafel am 2. Juli 1983 ein. Als im Juli 1997 die neue Gedenkstätte für Pater Gapp in der Laurentiuskirche errichtet wurde, kam die Gedenktafel an die Außenwand des Schuppens, in dem das Heilige Grab aufbewahrt wird, im Bereich des alten Friedhofs bei der Laurentiuskirche.[733]

Jakob-Gapp-Jugendhaus, Kirchplatz 2

Das Haus der Jugend neben der Laurentiuskirche, das der Pfarre Wattens gehört und als Gemeindehaus eine öffentliche Bibliothek beherbergt, wurde im Zuge des Festaktes am 26. Juli 1997 in Jakob-Gapp-Jugendhaus umbenannt. Auf dem Gebäude hing am Gedenktag jenes große Bild von Pater Gapp, das bei der Seligsprechung an der Fassade des Petersdoms in Rom zu sehen war. Die Feierlichkeiten endeten mit einem Dorffest und dem Anzünden von Bergfeuern.[734]

Blick auf den Eingang des Jakob-Gapp-Jugendhauses (Foto Heinrich Moser und Franz Wechselberger)

Gedenktafel am Standort des Geburtshauses von Jakob Gapp (SM), Werkbachgasse 4

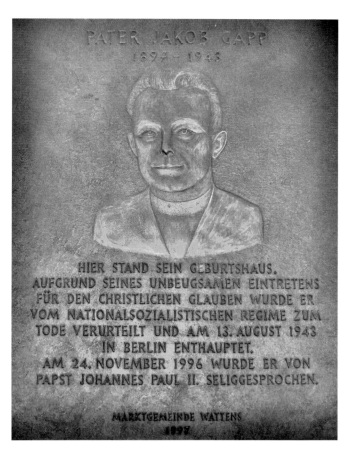

Bronzetafel am Haus Werkbachgasse 4 in Wattens, wo einst das Geburtshaus von Pater Jakob Gapp stand. Die Marktgemeinde Wattens spendete zu dessen 100. Geburtstag die Gedenktafel, die Pater Josef Süß am 26. Juli 1997 im Rahmen eines großen Festaktes einweihte.[735] (Foto Heinrich Moser und Franz Wechselberger)

Pater-Jakob-Gapp-Kreuzweg von Wattens nach Wattenberg mit Informationstafel

Der Kreuzweg führt entlang des Kirchsteigs von der Langen Gasse in Wattens zur Hirschlandkapelle am Wattenberg. Dies war vor Errichtung der Straße auf den Wattenberg und in das Wattental der übliche Kirchweg nach Wattens. Der Kreuzweg soll eine geistige Verbindung zwischen den beiden Gemeinden, die zur Pfarre Wattens gehören, symbolisieren. Die 15 kunstvoll geschnitzten Halbrelieftafeln fertigte der Künstler Leonhard Delago aus Kastelruth an. Die Initiative für den Kreuzweg stammt von Hauptschuldirektor Franz Fröhlich, der ihn gemeinsam mit seiner Familie und Freunden errichtete und finanzierte. Die Weihe nahm Pfarrer Josef Purtauf am 7. Juni 1997 vor.[736]   ■

Informationstafel zum Kreuzweg und Beispiel für eine Station (Fotos Heinrich Moser und Franz Wechselberger)

Wildermieming

Gedenktafel für US-Luftwaffenangehörige in der Kapelle

Exakt zu Mittag des 3. August 1944 zerschellte eine US-amerikanische B-24H nach deutschem Jägerbeschuss einige Meter östlich der Kapelle in Wildermieming. Die Besatzung konnte sich mit dem Fallschirm retten.[737] Im Sommer 2000 brachten Keith M. Bullock und Gerd Leitner eine Gedenktafel in der Kapelle in Wildermieming an.[738]

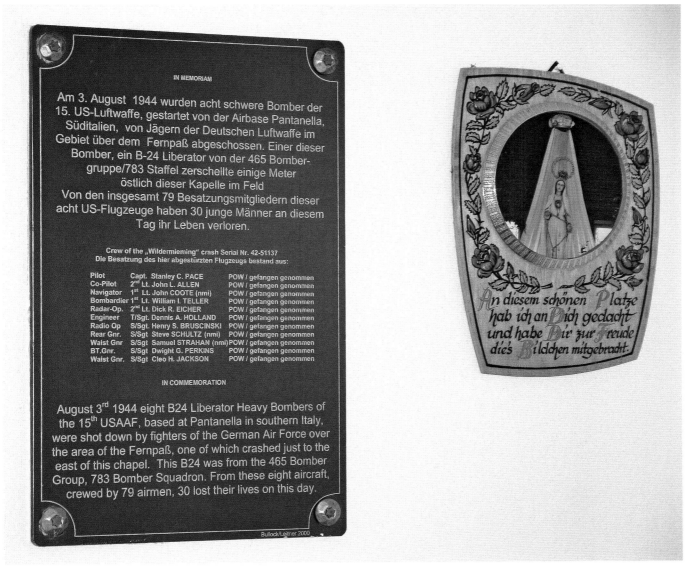

IN MEMORIAM

Am 3. August 1944 wurden acht schwere Bomber der 15. US-Luftwaffe, gestartet von der Airbase Pantanella, Süditalien, von Jägern der Deutschen Luftwaffe im Gebiet über dem Fernpaß abgeschossen. Einer dieser Bomber, ein B-24 Liberator von der 465 Bombergruppe/783 Staffel zerschellte einige Meter östlich dieser Kapelle im Feld
Von den insgesamt 79 Besatzungsmitgliedern dieser acht US-Flugzeuge haben 30 junge Männer an diesem Tag ihr Leben verloren.

Crew of the „Wildermieming" crash Serial Nr. 42-51137
Die Besatzung des hier abgestürzten Flugzeugs bestand aus:

Pilot	Capt.	Stanley C. PACE	POW / gefangen genommen
Co-Pilot	2nd Lt.	John L. ALLEN	POW / gefangen genommen
Navigator	1st Lt.	John COOTE (nmi)	POW / gefangen genommen
Bombardier	1st Lt.	William I. TELLER	POW / gefangen genommen
Radar-Op.	2nd Lt.	Dick R. EICHER	POW / gefangen genommen
Engineer	T/Sgt.	Dennis A. HOLLAND	POW / gefangen genommen
Radio Op	S/Sgt.	Henry S. BRUSCINSKI	POW / gefangen genommen
Rear Gnr.	S/Sgt.	Steve SCHULTZ (nmi)	POW / gefangen genommen
Waist Gnr	S/Sgt.	Samuel STRAHAN (nmi)	POW / gefangen genommen
BT.Gnr.	S/Sgt.	Dwight G. PERKINS	POW / gefangen genommen
Waist Gnr.	S/Sgt.	Cleo H. JACKSON	POW / gefangen genommen

IN COMMEMORATION

August 3rd 1944 eight B24 Liberator Heavy Bombers of the 15th USAAF, based at Pantanella in southern Italy, were shot down by fighters of the German Air Force over the area of the Fernpaß, one of which crashed just to the east of this chapel. This B24 was from the 465 Bomber Group, 783 Bomber Squadron. From these eight aircraft, crewed by 79 airmen, 30 lost their lives on this day.

Bullock/Leitner 2000

An diesem schönen Platze hab ich an Dich gedacht und habe Dir zur Freude dies Bildchen mitgebracht.

Gedenktafel im Inneren der Kapelle westlich des Dorfes. Die Absturzstelle ist ganz nahe, in Richtung Wildermieming in den Feldern.[739]
(Fotos Sarah Bullock)

Wildschönau

Gedenkstätte mit Gedenkstein, Urne mit Biografien und Gedenktafel für Walter Caldonazzi, Viktor Czerny, Ferdinand Eberharter und Karl Mayr auf der Praa-Alm

Links: Holzkreuz mit Gedenktafel für Ing. Walter Caldonazzi und Hermann Klepell 1988 (Foto KÖHV Amelungia Wien)
Rechts: Holzkreuz mit inzwischen unleserlicher Schrift, der alten Gedenktafel und der 2007 neu angebrachten kleinen Tafel für Ing. Walter Caldonazzi im Jahr 2016 (Foto Gisela Hormayr)

Gedenktafel für Ing. Walter Caldonazzi und Hermann Klepell von 1988. Walter Caldonazzi wurde am 9. Jänner 1945 in Wien mit dem Fallbeil getötet. Hermann Klepell, Sohn eines sozialistischen Bezirksrats von Wien-Währing, der mit Caldonazzi in Kontakt war und ebenfalls am 28. Oktober 1944 zum Tode verurteilt worden war, wurde am 22. März 1945 im Landesgericht Wien hingerichtet. So hatte er „versucht, französischen Kriegsgefangenen beziehungsweise einem deutschen Soldaten zur Flucht über die Reichsgrenze ins Ausland zu verhelfen".[740] Klepell hatte als Angehöriger der Maier-Messner Widerstandsgruppe Pläne von Rüstungsunternehmen in Steyr, Wiener Neustadt und Wiener Neudorf an Franz Josef Messner ausgehändigt, damit dieser sie den Alliierten überreichte.[741] (Foto Gisela Hormayr)

Kleine Gedenktafel von Eva-Maria Flecksberger am Holzkreuz aus dem Jahr 2007 (Foto Gisela Hormayr)

Gedenktafel der Amelungia aus dem Jahr 1993 auf der Sockelrückseite des Kreuzes (Foto KÖHV Amelungia Wien)

Die im August 2017 neu errichtete Gedenkstätte taleinwärts nach der letzten Ortschaft Auffach am Südende des Wildschönauer Hochtales. In der Edelstahlurne befinden sich die Lebensläufe der NS-Opfer. (Foto Hubert Kammerlander)

Gedenktafel für Karl Mayr, Walter Caldonazzi, Viktor Czerny und Ferdinand Eberharter (Foto Hubert Kammerlander)

Karl Mayr (Foto Hans Mayr)

Karl Mayr, geboren am 11. März 1884 in Innsbruck, war ein gläubiger Mann, der seine sieben Kinder nach den Grundsätzen des Christentums erzog. Mit einem HJ-Führer seiner Heimatgemeinde Baumkirchen geriet er in eine Auseinandersetzung, weil er sich weigerte, seine Kinder der HJ beitreten zu lassen. Am 11. Oktober 1939 stellte der Innsbrucker Kreisleiter Max Primbs Mayr in Anwesenheit des Ortsgruppenleiters von Rinn und eines Gendarmeriebeamten im Gasthaus Windegg bei Tulfes zur Rede. Als Mayr weiterhin darauf beharrte, seine Kinder religiös zu erziehen und sich dagegen verwehrte, dass sie, wie der Kreisleiter betonte, Hitler-Kinder wären, ließ Primbs ihn festnehmen. Mayr kam zur Verfügung der Gestapo ins Polizeigefängnis nach Innsbruck. Aus seiner Haft heraus schrieb er seiner Frau, dass die Familie am Glauben festhalten möge und dass sie die Kinder zur Pfarrjugend gehen lassen solle. Am 17. November 1939 wurde er ins KZ Sachsenhausen überstellt. Dort verstarb Karl Mayr am 27. März 1940. Die offizielle Todesursache lautete „Beinschwellung und Herzschwäche".[742] Sein Sohn Hubert Mayr starb als linker Widerstandskämpfer.

Ferdinand Eberharter, geboren am 25. Februar 1918 in Kaltenbach, wurde beim Kriegseinsatz in Norwegen schwer verletzt. Daraufhin absolvierte er das Studium der Bodenkultur und wurde Forstingenieur. Eberharter, der aus seiner Gegnerschaft zum Nationalsozialismus nie einen Hehl machte, kam 1944 in Kontakt mit der Tiroler Widerstandsbewegung. Er stellte die Verbindung zu Zillertaler Partisanengruppen her und wurde Ende April 1945 mit der Führung von Einheiten im Kampf gegen die SS beauftragt. Im Zuge einer Einsatzfahrt verletzte ihn am 3. Mai 1945 bei Schwaz eine von SS-Männern geworfene Handgranate tödlich.[743]

InitiatorInnen der Gedenktafeln: Walter Caldonazzi hielt sich in den Sommern 1939 und 1940 auf der Praa Alm auf. In einem Brief an seine Familie vom 1. Jänner 1945, wenige Tage vor seiner Hinrichtung, bezeichnete er die Alm „als schönsten Platz der Welt" und ersuchte um die Errichtung eines Marterls „mit der Bitte um Gebet und den Worten ‚O Land Tirol, mein einzig Glück, dir sei geweiht mein letzter Blick!'" Bereits 1945 stellten Caldonazzis Freunde ein kleines hölzernes Kreuz mit dessen Worten auf der Praa-Alm auf, das allerdings mit der Zeit verwitterte. 1988 brachte der Tiroler Forstverein eine Gedenktafel für Walter Caldonazzi am Sockel eines neuen Holzkreuzes an, das nach einem Wegebau vor einigen Jahren geringfügig verschoben wurde. Der Besitzer der Alm, Peter Riedmann, und seine Frau stellten den Platz zur Verfügung und betreuten das Kreuz. Im selben Jahr pflanzte der Forstverein zwei Bäume zu Ehren der Forstleute Viktor Czerny und Karl Mayr. Beide Bäume existieren nicht mehr, sie wurden von Tieren beschädigt oder mussten dem Wegebau weichen.

1992 fertigte die katholische österreichische Hochschulverbindung Amelungia eine Gedenktafel für ihr Mitglied Walter Caldonazzi an. Bundesbruder Romed Hutter v. Much übernahm die Kosten. Anlässlich der Amelungentagung in der Wildschönau vom 23. bis 26. Oktober 1992 fand in der Kirche in Niederau eine Gedenkstunde und die Segnung der Tafel statt, die wegen Schlechtwetters erst im Sommer des Folgejahres von Peter Riedmann, inzwischen Bürgermeister von Wildschönau, an der Rückseite des Holzkreuzes angebracht

werden konnte. Am 18. September 1993 wurde die Gedenktafel nochmals offiziell gesegnet. 30 Amelungen mit Familie, der Bürgermeister, einige Einheimische und Gäste nahmen teil. Bundesbruder Alfred Hellebart v. Gernot referierte über Walter Caldonazzi anstelle einer Predigt während der Feldmesse.

2007 ließ Eva-Maria Flecksberger aus Kirchbichl, eine entfernte Verwandte von Walter Caldonazzi, aus Eigeninitiative eine weitere, kleine Gedenktafel am Stamm des Holzkreuzes anbringen.[744]

2016 setzte sich der pensionierte Landesforstdirektor Hubert Kammerlander mit dem Besitzer der Alm, Peter Riedmann, in Verbindung. Gemeinsam wählten sie einen Platz aus, am Waldrand oberhalb der Praa-Alm, um eine neue Gedenkstätte zu errichten, die die bisherigen Gedenkzeichen für Walter Caldonazzi ersetzen und sie um weitere drei Forstleute erweitern sollte, die im Nationalsozialismus gewaltsam zu Tode kamen. Die neue Gedenkstätte besteht aus einem großen Holzkreuz und einer Gedenktafel, die auf einem Stein angebracht ist. Eine Urne aus Edelstahl enthält vier Tafeln, auf denen die Lebensläufe der Ermordeten mit einem Foto aufscheinen. Für die Kosten kamen der Tiroler Forstverein und die Hochschulverbindungen Amelungia Wien und Cimbria Kufstein auf. Am 27. August 2017 segnete Pfarrer Paul Rauchenschwandtner in Anwesenheit von Altlandeshauptmann Alois Partl (ÖVP), des Präsidenten des Tiroler Forstvereins Kurt Ziegner, zahlreichen Mitgliedern der Studentenverbindungen, des Ehepaars Riedmann und von einigen Verwandten der NS-Opfer die Gedenkstätte. Hubert Kammerlander stellte deren Biografien vor, während der Historiker Horst Schreiber über den geschichtlichen Hintergrund aufklärte.[745]

Wörgl

Sepp-Gangl-Straße

Josef Gangl, geboren am 12. September 1910 in Obertraubling (Bayern), war Major in der Deutschen Wehrmacht. In den letzten Kriegswochen wurde er mit seinen Einheiten in den Raum Wörgl verlegt. Gangl trat in Kontakt mit der dortigen Widerstandsgruppe. Am 4. und 5. Mai 1945 sollte Schloss Itter, damals eine Außenstelle des KZ Dachau, in der eine größere Zahl prominenter, vor allem französischer Politiker wie der ehemalige Premierminister Edouard Daladier und frühere Staatspräsident Albert Lebrun, gefangengehalten wurde, in einer gemeinsamen Aktion der Widerstandsgruppe mit Einheiten der US-Armee und einer von Major Gangl geführten Wehrmachtstruppe befreit werden. Dabei kam es zu Kampfhandlungen mit versprengten SS- und Wehrmachtseinheiten und Angehörigen der Hitlerjugend. Am 5. Mai 1945 wurde Josef Gangl am Schlosstor durch eine Kugel tödlich verletzt.[746]

Initiator der Straße: Die Sepp-Gangl-Straße verbindet die Wildschönauerstraße mit der Brixentalerstraße. Laut Chronist Hans Gwiggner setzten im Herbst 1945 Mitglieder der Widerstandsgruppe, die in den letzten Kriegswochen aktiv geworden waren, die Umbenennung der Michael-Gaismair-Straße in Sepp-Gangl-Straße ohne formellen Gemeinderatsbeschluss durch. In heimatkundlichen Schriften ist die Straße 1948 bereits erwähnt.[747]

Josef Gangl
(Foto Norbert Gangl)

In der Sepp-Gangl-Straße gibt es kein Straßenschild, es existieren nur Hausnummern.
(Foto Gisela Hormayr)

Inschrift für Sepp Gangl am Mahnmal für die Opfer des Ersten Weltkrieges im alten Sektor des Städtischen Friedhofs

Sepp Gangl wurde in Anwesenheit von Mitgliedern der Wörgler Widerstandsgruppe im Mai 1945 im Städtischen Friedhof beerdigt. Eine ausführliche Grabinschrift informierte über seine Tätigkeit.[748] Wann sein Grab aufgelassen wurde, konnte nicht eruiert werden. Heute befindet sich in unmittelbarer Nähe des Eingangs im westlichsten Teil des alten Friedhofes im Städtischen Friedhof ein Mahnmal für die Opfer des Ersten Weltkrieges, auf dem nach einer Initiative des Schwarzen Kreuzes auch an Sepp Gangl erinnert wird. Näheres ist nicht bekannt.[749]

Widmung für Major Sepp Gangl mit Ungenauigkeiten: Er schloss sich bereits vor dem Mai 1945 der Widerstandsbewegung an. Auf Schloss Itter, das der SS unterstand, waren nicht nur Regierungsmitglieder gefangen. (Foto Gisela Hormayr)

Gedenktafel für Alois und Josefine Brunner am Gedenkstein für die Opfer im Kampf gegen den Faschismus 1934–1984 am Vorplatz des Bahnhofs

Ab 1932 strebte die Regierung unter Bundeskanzler Engelbert Dollfuß die Diktatur in Österreich an. Am 12. Februar 1934 brach der Bürgerkrieg aus, als der Republikanische Schutzbund, die paramilitärische Organisation der Sozialdemokratie, in Linz gegen eine Durchsuchung des Parteiheims Widerstand leistete. Am 15. Februar waren die Kämpfe in österreichischen Industriegebieten, vor allem in Wien, Oberösterreich und der Steiermark, zwischen Bundesheer, Exekutive und faschistischer Heim(at)wehr auf der einen Seite und dem Republikanischen Schutzbund auf der anderen Seite beendet. Die Folge waren 350 bis 360 Tote,[750] das Verbot der Sozialdemokratie und die Abschaffung von Demokratie und Republik.

Als am 12. Februar 1934 der Bürgerkrieg ausbrach, versammelten sich die sozialdemokratischen Spitzenfunktionäre im Innsbrucker Parteiheim und ließen sich dort widerstandslos verhaften.[751] In Wörgl verbreiteten Parteiobmann Johann Lenk, der Schutzbundführer und Häringer Gemeinderat Johann Oberhofer sowie Gemeinderat und Landtagsabgeordneter Johann Astl die Parole der Zentralleitung der Partei „Generalstreik für Dienstag, den 13. Februar ab 6.00 Uhr" bis in entlegene Weiler von Wörgl. Astl begab sich zu diesem Zweck am nächsten Morgen nach Kirchbichl und Häring, zudem ordnete er den Abmarsch der Häringer Schutzbündler nach Wörgl an. Bewaffnete Mitglieder des Republikanischen Schutzbundes verhinderten die Besetzung des Wörgler Parteiheims. Astl beschloss, mit seinen Männern zum Gelände der Zellulosefabrik zu ziehen, wo es zu schweren Gefechten mit einer Heimatwehrformation kam. Dabei wurden vier Personen verletzt, unter ihnen auch Johann Lenk. Um 13 Uhr 30 traf aus Innsbruck Landesgendarmeriekommandant Andreas Steiner zur Verkündigung des Standrechtes ein. Der Wörgler Kooperator Franz Wesenauer erreichte einen Aufschub von einer Stunde, in der er die Schutzbündler zur Aufgabe bewegen wollte. Zumindest im Bereich der Fabrik war er damit erfolgreich. Es kam aber auch noch an anderen Stellen rund um Wörgl zu bewaffneten Auseinandersetzungen, so dass bis zum endgültigen Ende der Kampf-

handlungen noch einige Zeit verging. Außer in Wörgl setzten sich der Republikanische Schutzbund und sozialdemokratische Funktionäre in Kirchbichl und Häring gegen Heimatwehrmänner und Gendarmen zur Wehr. In der Lagemeldung von 17 Uhr berichtete der Tiroler Sicherheitsdirektor, dass der „ernstliche Widerstand" gebrochen sei. Er kündigte Verhaftungen an und führte aus, dass das standrechtliche Verfahren bereits eingeleitet worden wäre: „Im Einvernehmen mit dem Justizminister und Sektionschef Pohler wird der Oberlandesgerichtspräsident ermächtigt, einen Scharfrichter mit dem nötigen Hilfspersonal aufzunehmen. Der Scharfrichter bekommt für jede durchgeführte Justifizierung 100 S.; wenn das Standgericht nicht zum Todesurteil gelangt, bekommt er Diäten."[752] Da die Kämpfe aber bereits vor der Verkündigung des Standrechts über den Rundfunk um 17 Uhr beendet waren, kam es bei den Verhafteten nicht mehr zur Anwendung. Nach Schätzung der Gendarmerie Wörgl betrug die Zahl der aktiven Kämpfer rund 100 Personen. Die meisten von ihnen waren bis zum Abend des 13. Februar 1934 verhaftet,[753] gegen 77 wurden Strafverfahren eingeleitet. Die 12 engagiertesten Anführer und Kämpfer erhielten zwischen einem Jahr und drei Jahren Gefängnis. Bei den anderen Verhafteten stellte das Gericht das Strafverfahren ein. Im Mai 1935 kam der letzte wegen seiner Beteiligung an den Februarkämpfen Inhaftierte wieder auf freien Fuß.[754]

Initiator des Gedenksteins: Zum Gedenken an den 50. Jahrestag des Bürgerkrieges 1934 regte der Landesparteivorstand der SPÖ Tirol in Wörgl die Aufstellung „eines bleibenden Mahnmales für die Opfer des Faschismus" an, „nachdem es vor allem im Raum Wörgl, Kirchbichl und Bad Häring zu bewaffneten Auseinandersetzungen von Mitgliedern des Schutzbundes mit Teilen des Austrofaschismus gekommen war."[755] Landesparteiobmann Ernst Fili beauftragte den Obmann der SPÖ Wörgl Andreas Obitzhofer mit der Errichtung des Gedenkzeichens. Obitzhofer machte einen über zwei Meter großen Steinfindling in der Schottergrube der Firma Wimpissinger bei Kundl ausfindig. Firmenchef Alois Wimpissinger, ein Großonkel Obitzhofers, transportierte den Stein mit seinem Sohn Manfred kostenlos zum Vorplatz des Bahnhofes von Wörgl. Der Standort ergab sich aus zwei Gründen: Kaum 100 Meter entfernt am nördlichen Ende der Bahnhofstraße hatte

Enthüllung des Gedenksteins am 12. Februar 1984 durch den ehemaligen Landesparteiobmann der SPÖ Karl Kunst und SPÖ-Minister Herbert Salcher (Foto Wörgler Rundschau, 15.2.1984, S. 6)

sich das ehemalige Arbeiterheim (das spätere Gasthaus Rose) befunden. Vor allem aber konnte das Denkmal auf Bahngrund kostenlos und zeitlich unbeschränkt aufgestellt werden, nachdem der Vizepräsident der Bundesbahndirektion, Adolf Sollath, entsprechende Verhandlungen mit der Generaldirektion der ÖBB geführt hatte. Die Gießerei Hohenauer in Kundl fertigte die Bronzetafel, die am Stein angebracht wurde. Bürgermeister Fritz Atzl (ÖVP) unterstützte Obitzhofer, so dass der Städtische Bauhof Wörgl die Bauarbeiten und die Montage der Tafel durchführte.[756]

Am 12. Februar 1984 fanden sich rund 300 Parteimitglieder, Funktionäre und SympathisantInnen in der Aula des Schulzentrums Wörgl ein, wo Finanzminister Herbert Salcher und der ehemalige Parteiobmann und Landeshauptmannstellvertreter Karl Kunst Prälat Franz Wesenauer ihren Dank aussprachen.[757] Er hatte in Verhandlungen dazu beigetragen, dass über die Kämpfer des Februars 1934 kein Standrecht verhängt worden war.

Nach der Zusammenkunft im Schulzentrum fand die eigentliche Einweihungsfeier statt, die der Landesparteivorstand der SPÖ unter dem Motto „Freiheit, Gerechtigkeit, Demokratie 1934–1984" veranstaltete. Unter den Festgästen befanden sich Minister Salcher, Ehrenobmann Kunst, Landeshauptmannstellvertreter Ernst Fili, Landesrat Fritz Greiderer, Arbeiterkammerpräsident Karl Gruber, die Abgeordneten zum Nationalrat und Tiroler Landtag, alle SPÖ, ehemalige Mitglieder des Republikanischen Schutzbundes sowie Mitglieder der sozialistischen FreiheitskämpferInnen. Die Begrüßung nahmen der Landtagsabgeordnete Andreas Obitzhofer und Prälat Wesenauer vor. Letzterer führte aus: „Geistig geben wir uns die Hand. Als alter Eisenbahnbub freue ich mich, bei euch zu sein." Ernst Fili hielt ein Referat über die neue Demokratie, der Altbürgermeister von Kirchbichl Adolf Netsch sprach als Zeitzeuge. Franz Lebeda gab Details zu den Februar-Kämpfen aus der Sicht der Wörgler Schutzbündler und schloss mit den Worten: „Nie wieder Faschismus, nie wieder Diktatur und nie wieder Krieg." Die Knappenmusikkapelle Häring umrahmte die Festlichkeiten musikalisch. Nach seiner Rede enthüllte Minister Herbert Salcher mit Karl Kunst den Gedenkstein.[758]

Gedenkstein aus dem
Jahr 1984 mit einer
Erinnerungstafel für das
Ehepaar Brunner aus dem
Jahr 1988
(Foto Niko Hofinger)

Alois und Josefine Brunner (Foto Friedrich-Ebert-Stiftung Bonn)

Alois Brunner wurde am 2. Jänner 1907 in Matrei am Brenner, Josefine Ragnes am 26. Februar 1909 in Innsbruck geboren. 1935 bezogen Josefine Ragnes und Alois Brunner eine gemeinsame Wohnung in Wörgl, 1938 heirateten sie. Alois Brunner war seit Mitte der 1920er Jahre Mitglied der Sozialistischen Arbeiterjugend, ab 1929 der Sozialdemokratischen Arbeiterpartei und des Republikanischen Schutzbundes. 1926 saß er das erste

Mal für seine politische Gesinnung im Gefängnis. Er nahm an den Februarkämpfen 1934 teil und wurde deshalb zur Verbüßung einer achtmonatigen Haftstrafe im Gefangenenhaus in Stein an der Donau verurteilt. Wenige Wochen nach seiner Freilassung stand er wegen des Besitzes bzw. der „Empfangnahme und Weitergabe von sozialdemokratischen Flugblättern" wieder vor Gericht. Das Ehepaar engagierte sich während des Austrofaschismus bei den Revolutionären Sozialisten. 1933 lernten Alois Brunner und seine Frau Josefine, die seit 1932 der SPÖ angehörte, den bayrischen Sozialdemokraten Waldemar von Knoeringen kennen, der seit 1935 die Widerstandsgruppe „Neu Beginnen" im süddeutschen und österreichischen Raum aufbaute. Ab 1937 verlagerte sich der Schwerpunkt der Widerstandstätigkeit von Josefine und Alois Brunner in Zusammenarbeit mit Knoeringen von der Opposition gegen den Austrofaschismus zum Kampf gegen den Nationalsozialismus. Alois Brunner übernahm die Stützpunktleitung in Wörgl. Wegen seiner politischen Vorstrafen war es in erster Linie Josefine Brunner, die umfangreiche Kurierdienste im Rahmen eines Netzes von sozialdemokratischen Widerstandsgruppen zwischen Tirol, Augsburg, München, Salzburg und Wien leistete. Zu diesem Zweck war sie 1937 in der Tschechoslowakei in der Handhabung chemischer und photographischer Techniken geschult worden. Das Ehepaar Brunner war jahrelang eine der Drehscheiben des weit über Tirol hinaus verzweigten sozialdemokratischen Widerstandes der von Knoeringen inspirierten Gruppen. Regelmäßige Berichte über die politischen, wirtschaftlichen und militärischen Verhältnisse bildeten einen Schwerpunkt ihrer konspirativen Tätigkeit. Der Transport von sechs Pistolen und einer geringfügigen Menge von Eisenfeilspänen für die mögliche Sabotage von Eisenbahnwaggons von Augsburg nach Wörgl wurde Josefine Brunner als besonders erschwerend zur Last gelegt. Es waren die innerhalb der Organisation sehr umstrittenen Kontakte der Salzburger Gruppe zur seit längerem unter Beobachtung der Gestapo stehenden KPÖ, die schließlich ab Anfang 1942 zur Verhaftung von über 200 Mitgliedern der Revolutionären Sozialisten führten. Am 16. Mai 1942 wurden Josefine und Alois Brunner festgenommen. Nach mehr als einem Jahr Gestapohaft verkündete der Volksgerichtshof nach der Hauptverhandlung in Innsbruck am 28. Mai 1943 für beide das Todesurteil wegen Feindbegünstigung und ihrer führenden Stellung bei der Errichtung einer Organisation mit hochverräte-

rischen Bestrebungen im Sinne der illegalen Sozialdemokratischen Partei. Die letzten Wochen ihres Lebens verbrachten Josefine und Alois Brunner im Gefängnis München-Stadelheim, wo sie, ohne sich sehen zu dürfen, am 9. September 1943 hingerichtet wurden.[759]

Initiatorinnen der Gedenktafel: Mit Unterstützung des Landesparteivorstandes der SPÖ Tirol wurde über Initiative des „Bundes Sozialistischer Freiheitskämpfer und Opfer des Faschismus" am 25. Oktober 1988 in einer „schlichten Gedenkfeier der SPÖ Wörgl"[760] in Anwesenheit von Nationalrat Robert Strobl (SPÖ) und der gesamten Gemeinderatsfraktion der SPÖ am „Gedenkmal für den Abwehrkampf des Schutzbundes von Wörgl, Häring und Kirchbichl"[761] eine Erinnerungstafel für das Ehepaar Josefine und Alois Brunner angebracht. Landtagsabgeordneter Vizebürgermeister Andreas Obitzhofer (SPÖ) schilderte das Ehepaar Brunner „als aufrechte Demokraten, deren Eintreten für die Werte der Freiheit in einer grausamen Zeit den Tod bedeutet hat." Die Gedenkfeier war Teil des Zyklus von Veranstaltungen der SPÖ Wörgl zum Gedenkjahr 50 Jahre „Anschluss" 1988.[762] Am 26. Juli 1985 hatte der Bundespräsident Alois und Josefine Brunner das „Ehrenzeichen für Verdienste um die Befreiung Österreichs" verliehen.[763] ∎

Inschrift für die Opfer im Widerstand gegen den Nationalsozialismus am Kriegerdenkmal im Kirchhof

Das 1928 errichtete Kriegerdenkmal an der Gabelung der Bahnhofs- und Speckbacherstraße war den Gefallenen des Ersten Weltkriegs gewidmet und wurde nach 1945 durch die Namen der Toten des Zweiten Weltkriegs und der Bombenopfer erweitert. 1976 versetzte die Gemeinde das Denkmal hinter die Pfarrkirche und verewigte die bis dahin eingemeiselten Namen auf einer Bronzetafel. Die Inschrift „Den Helden – Die Heimat" wurde abgeändert in: „Den Gefallenen der Weltkriege".[764]

InitiatorInnen der Inschrift: Die Initiative für eine Zeichensetzung zur Erinnerung an die WiderstandskämpferInnen von Wörgl ging zunächst von Simon Mayer aus, Gemeinderat der Grünen, der 1986 an den Folgen eines Unfalls verstarb. 1987/88 diskutierte der Wörgler Stadtrat die Anbringung einer Gedenktafel mit namentlicher Nennung am Kriegerdenkmal im Kirchhof. Grüne und SPÖ kamen mit ihrem Anliegen nicht durch, da die Mehrheit des Gemeinderates Bedenken äußerte, aufgrund der Forschungslage nicht alle Widerstandsopfer eruieren zu können. Um daher „nicht zu riskieren, dass auch nur eines der Opfer übersehen würde", kam nur ein allgemeines Gedenken an den Wörgler Widerstand zustande. An der westlichen Seite des Kriegerdenkmals, unter den Namen der Gefallenen, Vermissten und Bombenopfer, ist daher sehr unscheinbar nur die Zeile zu lesen: „Den Opfern im Widerstand gegen den Nationalsozialismus".[765] Im Gemeinderat von Wörgl fand dazu am 10. April 1988 eine Gedenksitzung statt. Die Grünen kritisierten, dass der Pfarrer im Festgottesdienst und bei der anschließenden Kranzniederlegung nicht über die NS-Opfer des Widerstandes gesprochen hatte: „Auch auf der Gedenktafel der Gemeinde sind die Namen der Opfer nicht angegeben. Mit wessen Zustimmung diese Entscheidung von Bürgermeister Atzl getroffen wurde, ist unbekannt. Fest steht, daß wir alle vor vollendeten Tatsachen gestellt wurden. Gefaßte Beschlüsse, in denen man sich für das Eingravieren der Namen aussprach, wurden nicht mehr beachtet."[766] In ihrem Mitteilungsblatt veröffentlichten die Grünen Namen von Opfern des Widerstandes und der rassischen Verfolgung.[767] ■

Im Gedenkjahr 1988 war die Gemeindevertretung von Wörgl noch nicht so weit, die Opfer des Nationalsozialismus namentlich zu erwähnen. (Foto Gisela Hormayr)

Gedenktafel für Opfer der NS-Euthanasie an der östlichen Wand der Aufbahrungshalle im Städtischen Friedhof Süd

Die Wörgler Grünen hatten im Mai 2005 einen Antrag zur „Aufstellung einer Gedenktafel für Naziopfer" in den Gemeinderat eingebracht, der folgenlos blieb. In der Gemeinderatssitzung vom 26. Juni 2008 überreichte Alexander Atzl eine von Mike Zangerl gestaltete Gedenktafel, die die Grünen an Bürgermeister Arno Abler als Spende mit der Bitte um Anbringung an einem geeigneten Ort überreichten. Die Tafel war für Opfer der NS-Euthanasie aus Wörgl und Umgebung gedacht, die aus der Heil- und Pflegeanstalt Hall und aus dem Institut Kramsach-Mariatal abgeholt worden waren, um in der Tötungsanstalt Schloss Hartheim bei Linz ermordet zu werden. Zangerl war Lehrer an der Glasfachschule Kramsach, wo die Tafel hergestellt wurde. Er wollte eine schlichte Tafel entwerfen, in deren Zentrum die Namen der Ermordeten stehen und deren Umrisse einen Bruch signalisieren: mit der Menschlichkeit und dem Umgang mit Kranken. Die Kosten, die für die Tafel angefallen wären, überwies die Stadt Wörgl einer sozialen Einrichtung.

Zu Allerseelen am 2. November 2009 versammelten sich Zangerl, Vizebürgermeisterin Maria Steiner, die Gemeinderäte Emil Dander, Ekkehard Wieser, Alexander Atzl und Evelyn Huber vor der Gedenktafel, die Pfarrer Theo Mairhofer und Diakon Toni Angerer segneten. Die Ansprachen hielten Fritz Seelig von den Wörgler Grünen und der Historiker Oliver Seifert. Die vier auf der Gedenktafel erwähnten Opfer stehen stellvertretend für viele andere. Oliver Seifert recherchierte sechs weitere Opfer aus Wörgl. Wie Fritz Seelig sah auch er das Denkmal als Anstoß, sich mit der Geschichte der Opfer auseinanderzusetzen.[768] ◾

Gedenktafel aus dem Jahr 2009 (Foto Sabine Seiwald)

Gedenktafel für die Wörgler Opfer des Widerstandes, der religiösen und rassistischen Verfolgung an der Innenmauer des Kirchhofs: Alois und Josefine Brunner, Stefan Valentinotti, Josef Gangl, Rudolf und Elisabeth Gottlieb und Anna Gründler

Gedenktafel aus dem Jahr 2015 (Foto Gisela Hormayr)

Stefan Valentinotti kam am 11. Dezember 1892 in Bozen-Gries (Südtirol) zur Welt. Er optierte als Südtiroler mit seiner Familie für das Deutsche Reich. Seine Erfahrungen mit dem NS-Regime in Tirol ließen ihn zu einem erbitterten Gegner werden. Gegenüber Arbeitskollegen in den Raspe-Werken in Kramsach bezeichnete er die Südtiroler Umsiedlung als „größten Schwindel und Gemeinheit", am liebsten würde er wieder „auf Knien in seine alte Heimat zurückrutschen". Dem Deutschen Reich prophezeite Valentinotti die totale Niederlage. In Schriften, die er vervielfältigte, sprach er sich für eine Ausrottung der nationalsozialistischen „Propagandamacher" aus, dann „wäre eines der größten Übel der Menschheit beseitigt." Valentinotti beschrieb Adolf Hitler als „einen unfähigen Maler und einen noch unfähigeren Maurermeister", der nur eine Farbe kenne und die bestehe aus Menschenblut. In Deutschland sah er den Urheber des Weltkrieges. Zudem verfasste Valentinotti eine Erklärung über die Errichtung eines Freistaates Südtirol. Der NSDAP in Innsbruck sandte er im April 1944 Schriften zu, in denen er den Nationalsozialismus als „ganz gemeines Verbrechertum" bezeichnete, „an dessen Spitze der verkommene Raubmörder Hitler mit seinen Spießgesellen" stehe: „In einem wohlgeordneten Staate wäre dieser Verbrecher schon längst gehängt worden." Valentinottis Verhaftung erfolgte nach einer Denunziation an seiner Arbeitsstelle in den Kramsacher Raspe-Werken am 16. Mai 1944. Der Volksgerichtshof in Potsdam verurteilte ihn am 20. September 1944 wegen Wehrkraftzersetzung und Vorbereitung zum Hochverrat zum Tode. Stefan Valentinotti wurde am 24. Oktober 1944 in Berlin-Brandenburg enthauptet.[769]

Rudolf Gottlieb wurde am 27. November 1879 in Miskowitz im Bezirk Tabor (Böhmen) geboren, seine Frau Elisabeth Sucharipa am 26. September 1882 in Viehdorf bei Amstetten. Die beiden heirateten im November 1906 in Wien und übersiedelten unmittelbar darauf

Stefan Valentinotti
(Foto Inge Valentinotti)

nach Wörgl. 1908 warf der Ortspfarrer ihrem Vermieter, nachdem er eine weitere Wohnung in seinem Haus in der Bahnhofstraße 21 an eine evangelische Familie vermietet hatte, vor: „Z'erst nimmst an Juden, und iatz gar no an Protestanten!"[770] Die Kinder des Ehepaares, Otto, Erwin und Irma, kamen in Wörgl zur Welt. 1911 kauften die beiden das Haus in der Bahnhofstraße, in dem sie auch ihr Textilgeschäft betrieben und das bald als „Gottlieb-Haus" bekannt war. Aus dem kleinen Betrieb wurde in den 1920er Jahren ein erfolgreiches Warenhaus, das in der Bevölkerung allgemein auch „beim Jud" genannt wurde. Die Familie Gottlieb hatte einen äußerst guten Ruf wegen ihrer sozialen Gesinnung. Ärmere Familien wurden beschenkt, bedürftige WörglerInnen konnten bei ihnen günstiger einkaufen. In der Weltwirtschaftskrise konnte sich das Warenhaus gerade noch halten. 1938 verlor das Ehepaar Gottlieb Haus und Geschäft, das Ludwig Mehr „arisierte". Im März 1939 mussten Elisabeth und Rudolf Gottlieb mittellos nach Wien übersiedeln, sie lebten „in der bittersten Not und unter menschenunwürdigen Verhältnissen".[771] Aufgrund ihres Alters hatten sie kaum Chancen, in ein Fluchtland einreisen zu dürfen. Am 9. Oktober 1942 deportierte die Gestapo die beiden ins KZ Theresienstadt, wo Elisabeth Gottlieb am 10. Mai und Rudolf Gottlieb am 10. Juni 1943 starben. Ihre Tochter Irma kam ins KZ Sajimiste nahe Belgrad und wurde durch Gas in einem Lastwagen im Frühjahr 1942 erstickt. Erwin Gottlieb überlebte in Shanghai, sein Wunsch nach Wörgl zurückzukehren, erfüllte sich nicht. Er verstarb bereits 1951 in Melbourne an den Folgen einer Erkrankung, die er sich in Shanghai zugezogen hatte. Otto Gottlieb war im KZ Dachau interniert und konnte nach Singapur und Australien fliehen, wo er nach dem Krieg mit seinem Bruder lebte. Mit Wörgl blieb er immer verbunden, 1971 und 1973 kam er zu Besuch. An den Rand eines Briefes nach Tirol schrieb er: „Man findet die wirkliche Heimat nie mehr!"[772] Otto Gottlieb starb am 17. Juni 1987 in Melbourne.

Anna Gründler, geboren am 18. Juni 1902 in Schwoich, lebte als Mitglied der Zeugen Jehovas in Wörgl; nähere Informationen sind nicht bekannt. Am 11. Jänner 1939 wurde sie verhaftet und in das Innsbrucker Polizeigefängnis gebracht. Wie bei allen Zeugen Jehovas ist auch für Gründler anzunehmen, dass ihr die Polizei die Freiheit anbot, wenn sie sich loyal zum nationalsozialistischen Staat verhielte. Anna Gründler kam am 24. März 1939 in das KZ Lichtenburg Prettin in der Stadt Annaburg (Sachsen-Anhalt), am 15. Mai 1939 ins KZ Ravensbrück. Sie wurde 1944 einem sogenannten „Schwarzen Transport" („Dunkeltransport") zugeteilt.

Diese Transporte waren ausschließlich zur Ermordung von KZ-Häftlingen eingerichtet worden. Das genaue Todesdatum von Anna Gründler ist unbekannt.[773]

Initiator der Gedenktafel: Auf Initiative des Heimatmuseumsvereines Wörgl unter Obmann Markus Steinbacher brachte die Stadt Wörgl im Kirchhof als Beitrag zum landesweiten Themenschwerpunkt „Aufarbeitung der Erinnerungskultur" eine Gedenktafel für Wörgler Opfer des Nationalsozialismus an. Die Vorstandsmitglieder Egon Frühwirth und Günther Moschig betreuten das Projekt im Museumsverein. Am 23. Oktober 2015 enthüllten Bürgermeisterin Hedi Wechner (SPÖ) und Markus Steinbacher die Tafel, begleitet von einer Bläsergruppe der Stadtmusikkapelle Wörgl und einer Abordnung Wörgler Schützen mit Ehrenhauptmann Herbert Reiter. An der Feier nahmen neben Norbert Gangl, dem Sohn des von den Nationalsozialisten ermordeten Widerständlers Major Sepp Gangl, Vizebürgermeisterin Evelin Treichl, Stadtrat Daniel Wibmer, Kulturreferent Johannes Puchleitner als einer der Redner und die Gemeinderäte Alexander Atzl, Richard Götz, Christian Huter, Christiane Feiersinger und Altbürgermeister Herbert Strobl teil. Die Bürgermeisterin betonte mit Verweis auf die aktuelle Flüchtlingskrise: „Diese Gedenktafel soll erinnern, dass es unsere Aufgabe ist, uns gegen alles Unrecht zu erheben und dabei kein Platz ist für politische, religiöse oder rassistische Ausgrenzung". Hunderttausende Menschen seien auf der Flucht, daher bedeute „Widerstand gegen Hass heute Zivilcourage".[774] Die Historikerin Gisela Hormayr stellte die Opfer vor, die auf der Gedenktafel genannt sind. Pfarrer Theo Mairhofer segnete die Tafel, die er als Mahnmal und Warnung vor Fanatismus bezeichnete. „Wer wirklich Frieden will, darf nicht hetzen und keine Gewalt anwenden, auch nicht in Worten",[775] zitierte er die Schriftstellerin Luise Rinser und rief zur Verwendung einer Sprache auf, die der Würde, dem Respekt und der Achtung des Anderen diene.[776]   ▪

Zirl

„Gedenkstätte für unsere Zirler NS-Euthanasieopfer" Anton Geiger, Johanna Weisjele, Amalia Frischmann, Aloisia Glatz und Filomena Schneider mit Informationsstele beim Kriegerdenkmal

Gedenke der Opfer – Nie vergessen die Täter: Die 2014 eingeweihte Gedenkstätte für die Opfer der NS-Euthanasie von Zirl gegenüber dem Kriegerdenkmal (Fotos Andreas Stögerer)

Auf den Bänken aus Stahl sind die Ermordeten namentlich angeführt. Eine Sitzbank ist jenen Ermordeten gewidmet, die unbekannt sind. (Foto Andreas Stögerer)

Die Stele informiert über die NS-Euthanasie und die Aussage des Denkmals. (Foto Andreas Stögerer)

Filomena Schneider
(Foto Peter Schneider)

Filomena Schneider, geboren am 24. Februar 1899 in Zirl, litt am frühen Tod ihrer Eltern und Geschwister. Nach Aufenthalten in der Heil- und Pflegeanstalt Hall kam sie ins Versorgungshaus Imst der Barmherzigen Schwestern. Am 14. März 1941 wurde sie im Zuge des Massenmordes an psychisch Kranken und Menschen mit geistiger Behinderung nach Hall gebracht und am 20. März nach Hartheim deportiert, wo sie in der Gaskammer zu Tode kam. In der Gedenkausstellung von Schloss Hartheim ist ein Foto von Filomena Schneider auf einer Glastafel zu finden.

Anton Geiger wurde am 14. Oktober 1896 in Zirl geboren. Der Bahnangestellte kam wegen seiner Erkrankung in die Heil- und Pflegeanstalt Hall, dann in die Vorarlberger Heil- und Pflegeanstalt Valduna in Rankweil. Von dort wurde er am 20. Februar 1941 in die Tötungsanstalt Schloss Hartheim bei Linz überstellt und getötet.

Johanna Weisjele, geborene Mader, kam am 21. Dezember 1888 in Zirl zur Welt. Nach ihrer Erkrankung lebte sie einige Zeit bei ihrer verheirateten Schwester in Zirl, bis diese sie in der Heil- und Pflegeanstalt Hall unterbrachte. 1940 kam Johanna Weisjele in das Versorgungshaus der Barmherzigen Schwestern nach Ried im Oberinntal. Am 26. Mai 1941 wurde sie in die Heil- und Pflegeanstalt nach Hall überstellt und am 29. Mai 1941 in die Tötungsanstalt Hartheim deportiert.

Amalia Frischmann, geborene Skrabl, wurde am 10. Juli 1875 in Zirl geboren. Sie war Näherin. Nach Aufenthalten in den Heil- und Pflegeanstalten Feldhof bei

Graz und Hall lebte sie zehn Jahre im Versorgungshaus der Barmherzigen Schwestern in Imst. Am 31. August 1942 ging der letzte Todestransport aus der Heil- und Pflegeanstalt Hall, wohin Amalia Frischmann kurz zuvor gebracht worden war, nach Oberösterreich, dieses Mal in die Anstalt Niedernhart, in der sie mit einer Medikamentenüberdosis getötet wurde.

Aloisia Glatz, geborene Schuler, kam am 19. Mai 1894 in Imst zur Welt und lebte seit 1932 mit ihrem Mann und ihrer Mutter in Zirl. Als sie 1941 in die Heil- und Pflegeanstalt Hall eingewiesen wurde, bat ihr Mann um die Entlassung seiner Frau in die häusliche Pflege, doch die Behörden lehnten ab. Am 31. August 1942 erfolgte die Überstellung von Aloisia Glatz nach Niedernhart, wo sie ums Leben kam.

InitiatorInnen der Gedenkstätte: Als der Künstler Franz Wassermann im Rahmen seines Projektes „Temporäres Denkmal" die Gemeinde Zirl im Mai 2004 kontaktierte, sprach sich der Gemeinderat am 30. Juni grundsätzlich dafür aus, die drei von Wassermann genannten NS-Euthanasieopfer „nicht dem Vergessen preiszugeben." Da aber bereits alle neuen Straßen benannt worden waren und auf längere Sicht keine neuen Straßennamen erforderlich sein würden, beabsichtigte die Gemeinde, „die Namen auf einer Gedenktafel [zu] verewigen, die dann an der Friedhofsmauer angebracht werden soll."[777] Mit der Realisierung wollte der Gemeinderat zuwarten, da es noch weitere Opfer gab. Nach einer neuerlichen Anfrage von Franz Wassermann im Oktober 2006 bekundete Bürgermeister Hanspeter Schneider den Willen der Gemeinde zur Umsetzung des Vorhabens. Dann schlief das Projekt ein.

Im Februar 2011 entschloss sich Brigitte Zach im Rahmen der unverbindlichen Übung „Wissenschaftliches Arbeiten" am Abendgymnasium Innsbruck unter der Leitung von Horst Schreiber, in Zirl initiativ zu werden. Nachdem das erste Gespräch mit Bürgermeister Josef Kreiser positiv verlief, startete sie ihre umfangreichen Nachforschungen, die dazu führten, dass sie fünf NS-Euthanasieopfer aus Zirl ausfindig machen konnte. Die Gemeinde lobte einen Wettbewerb aus, an dem 18 KünstlerInnen teilnahmen, und entschied sich für das Projekt von Günther Tschaufeser. Das Kunstwerk besteht aus sechs in Stahl gerosteten Koffern auf einer vier Mal vier Meter großen Stahlplatte, umgeben von sechs Stahlbänken, die verzinkt sind. Am Sockel der Stahlplatte ist zu lesen: Gedenke der Opfer – Nie vergessen die Täter. Eine Stele mit einer Hinweistafel zum Hintergrund der Gedenkstätte ergänzt das Objekt.

Am 14. September 2014 weihte Pfarrprovisor Gabriel Thomalla die Gedenkstätte ein, die Reden hielten Bürgermeister Josef Kreiser, Caritas-Direktor Georg Schärmer als einer der Angehörigen der Opfer und der Historiker Horst Schreiber. Brigitte Zach verlas die Namen der Opfer, während Kinder eine Kerze auf die Sitzbänke stellten und die Korporationen der Gemeinde bei der Niederlegung des Kranzes salutierten.[778]

Anhang

Anmerkungen

1 Durch die doppelte Zuordnung des Befreiungsdenkmals ergeben sich bei den Gedenkzeichen für Personen mit unterschiedlich zuordenbaren Kategorien 14 statt 13 Gedenkzeichen.

2 https://www.dolomitenstadt.at/story/der-anschluss-osttirol-1938-in-bildern/, http://www.denkmalprojekt.org/2013/zirl_martinsbuehel_bez-innsbruck-land_tirol_oesterr.html http://tirol.orf.at/news/stories/2866298/, http://www.heute.at/oesterreich/news/story/Dollfus--Gedenktafel-von-Gipfelkreuz-gestohlen-47558562, http://www.tt.com/politik/landespolitik/13253651-91/%C3%BCber-dem-tschirgantgipfel-herrscht-keine-politische-ruh.csp (14.7.2018).

3 Gedenktafel für Maria Peskoller und Marian Binczyk, Dölsach; Befreiungsdenkmal Innsbruck; Gedenktafel für Franz Reinisch und Rudolf von Mayer, Innsbruck; Mahnmal für Osttirols Freiheitskämpfer und Opfer des Nationalsozialismus mit Buch der Opfer, Lienz; Gedenktafel für Jakob Gapp, Josef Anton Geiger, Walter Krajnc, Franz Josef Messner, Kapistran Pieller und Franz Reinisch, Hall; Gedenktafel für Andreas Obernauer, Josef Pair, Viktor da Pont, Anton Rausch und Ignaz Zloczower, Kitzbühel; Inschrift für Opfer des Widerstandes – Adele Stürzl, Walter Caldonazzi, Georg Gruber, Anton Obholzer, Ernst Ortner, Thomas Salvenmoser und Franz Wurzenrainer, Kufstein; Gedenktafel für Josef Brettauer und die Opfer der NS-Euthanasie, Schwaz; Arkade „Himmelszelt" für Max Bär, Josef Brettauer, die Opfer der NS-Euthanasie und für Opfer von Gewaltherrschaften in der Vergangenheit und Gegenwart, Schwaz; Gedenkstein für Anton Stock, Franz Prem und Maria Triendl, Vomp; Gedenktafel für Kaspar Grassmair, Josef Sieberer, Alois Schatz, Josef und Marianne Feichtner und Vinzenz Pedevilla, Thaur; Gedenktafel Jakob Gapp und Josef Mayr-Nusser, St. Georgenberg, Vomp; Gedenkstätte für Walter Caldonazzi, Viktor Czerny, Ferdinand Eberharter und Karl Mayr, Praa-Alm; Gedenktafel für die Wörgler Opfer des Widerstandes, der religiösen und rassistischen Verfolgung: Alois und Josefine Brunner, Stefan Valentinotti, Josef Gangl, Rudolf und Elisabeth Gottlieb und Anna Gründler.

4 Innsbruck (ein Weg, eine Gasse und eine Straße für Edith Stein, Ilse Brüll und Adele Obermayr; eine Gedenktafel für Ilse Brüll), Kufstein (Weg für Adele Stürzl), Mötz (2 Tafeln und ein Porträt für Angela Autsch), Nassereith und Ried im Oberinntal (2 Tafeln für 34 weibliche NS-Euthanasie-Opfer der Versorgungshäuser Imst und Ried), Obsteig (Tafel für Maria Föger), Patsch (eine Kapelle und ein Kreuz für Edith Stein), Stams (ein Porträt für Edith Stein und eine Hochschulbenennung nach ihr) und Wörgl (Tafel für Josefine Brunner).

5 Dölsach (Tafel für Maria Peskoller), Innsbruck (Frauen am Befreiungsdenkmal, Tafel für Alice Bauer, Frauen in der Gedenkstätte im Parteihaus der SPÖ), Kufstein (Inschrift für Adele Stürzl), Lienz (Frauen im Buch der Opfer), Nassereith (Tafel für NS-Euthanasie-Opfer), Uderns (Stele für NS-Euthanasie-Opfer), Stams (Tafel für Anna Griesser), Thaur (Tafel für Marianne Feichtner), Vomp (Tafel für Maria Triendl), Wörgl (Tafeln für Josefine Brunner, Elisabeth Gottlieb und Anna Gründler), Zirl (Gedenkstätte für NS-Euthanasie-Opfer).

6 In Bezug auf ihre Art ist eine Reihe von Gedenkzeichen mehrteilig. Bei der Zählung wurde auf Mehrfachnennungen verzichtet und diverse Zeichen einer Gedenkstätte nicht nochmals zugeordnet.

7 Der jüdische Friedhof wurde nicht separat ausgewiesen, wohl aber eine Gedenktafel und Grabinschriften.

8 Nicht eruiert werden konnten die Jahreszahlen der Errichtung für die Inschrift für Sepp Gangl am Mahnmal des Ersten Weltkriegs in Wörgl, die Gedenkkreuze für die polnischen Zwangsarbeitskräfte in Innsbruck-Amras und Hall, den jüdischen Gedenkstein, die Gedenktafel für die italienischen Kriegsgefangenen und die sieben Grabkreuze für Opfer des Arbeitserziehungslagers Reichenau in Innsbruck-Amras, die Gedenktafel im Stadtpolizeikommando Innsbruck, die Gedenkstätte für Pfarrer Otto Neururer im Innsbrucker Dom, das Relief für Pater Franz Reinisch im Wiltener Friedhof und vier Grabinschriften sowie den Gedenkstein für die jüdischen Opfer im Jüdischen Friedhof in Innsbruck.

9 Claudia Kuretsidis-Haider/Heinz Arnberger: Gedächtniskulturen und Erinnerungslandschaften in Niederösterreich, in: Heinz Arnberger/Claudia Kuretsidis-Haider (Hg.): Gedenken und Mahnen in Niederösterreich. Erinnerungszeichen zu Widerstand, Verfolgung, Exil und Befreiung, Budapest ²2011, S. 24–42. Siehe auch Heimo Halbrainer/Gerald Lamprecht/Georg Rigerl: Orte und Zeichen der Erinnerung. Erinnerungszeichen für die Opfer von Nationalsozialismus und Krieg in der Steiermark, hg. vom Landtag Steiermark, Graz 2018.

10 Kirche. Wochenblatt für die Diözese Innsbruck, 2.6.1996, S. 3.

11 Gisela Hormayr: „Die Zukunft wird unser Sterben einmal anders beleuchten". Opfer des katholisch-konservativen Widerstands in Tirol 1938–1945, Innsbruck-Wien-Bozen 2015, S. 57–62.

12 Ignaz Steinwender: Geistliche im Weinberg des Herren. Missionare, Bischöfe, Regenten, Wissenschaftler, Künstler etc. aus dem Zillertal, Zell am Ziller 2008, S. 160f.

13 http://www.bilderreisen.at/sbg/altenmarkt-zauchensee-pfarrkirche.php und http://sbgv1.orf.at/stories/351101 (3.1.2017); Mail Gottfried Laireiter, Regens, 4.5.2016.

14 Siehe den Epilog von Tony Judt: Geschichte Europas von 1945 bis zur Gegenwart, München-Wien 2006, S. 931–966.

15 Zu den Feierlichkeiten siehe Horst Schreiber: Widerstand und Erinnerung in Tirol 1938–1998. Franz Mair. Lehrer, Freigeist, Widerstandskämpfer, Innsbruck-Wien-München 2000, S. 130–136.

16 Ebd., S. 135.

17 Tiroler Tageszeitung (TT), 9.5.1946, S. 2.

18 Siehe dazu Heidemarie Uhl: Das „erste Opfer". Der österreichische Opfermythos und seine Transformationen in der Zweiten Republik, in: ÖZP 30 (2001), S. 19–34, hier S. 21.

19 Martin Achrainer/Niko Hofinger: Politik nach „Tiroler Art – ein Dreiklang aus Fleiß, Tüchtigkeit und Zukunftsglaube". Anmerkungen, Anekdoten und Analysen zum politischen System Tirols 1945–1999, in: Michael Gehler (Hg.): Tirol. „Land im Gebirge": Zwischen Tradition und Moderne, Wien-Köln-Weimar 1999, S. 27–136, hier S. 33f.

20 Wolfgang Neugebauer/Peter Schwarz: Der Wille zum aufrechten Gang. Offenlegung der Rolle des BSA bei der gesellschaftlichen Reintegration ehemaliger Nationalsozialisten, Wien 2005, S. 147–160; Christian Mathies: Immer auf der Seite der Demokratie? Überlegungen zur Kontroverse um die NS-Vergangenheit Ferdinand Obenfeldners, in: Lisa Gensluckner u.a. (Hg.): Gaismair-Jahrbuch 2008, Innsbruck-Wien-Bozen 2007, S. 42–50; Markus Linder: Der ÖGB Tirol 1945–1955, in: Horst Schreiber/Rainer Hofmann: 60 Jahre ÖGB. Geschichte, Biografien, Perspektiven, Wien 2004, S. 49–132, hier S. 51 und 62.

21 Bundesarchiv Berlin, NSDAP-Zentralkartei, Unterlagen Alfons Weißgatterer (6298401) und Dr. Hans Tschiggfrey

(7895243); Horst Schreiber: Anmerkungen zur NSDAP-Mitgliedschaft des Altlandeshauptmannes von Tirol, Eduard Wallnöfer, in: Geschichte und Region/Storia e regione 14 (2005), S. 167–197; Markus Krispel: Landeshauptmann Alfons Weißgatterer (1898–1951), sein politischer Aufstieg – eine Skizze, Innsbruck Diplomarbeit 2007; Michael Wladika: Zur Repräsentanz von Politikern und Mandataren mit NS-Vergangenheit in der Österreichischen Volkspartei 1945–1980. Eine gruppenbiographische Untersuchung. Forschungsprojekt im Auftrag des Karl von Vogelsang-Instituts, Wien 2018, S. 175–193.

22 Tiroler Nachrichten(TN), 9.5.1946, S. 2.

23 Horst Schreiber/Christopher Grüner (Hg.): Den für die Freiheit Österreichs Gestorbenen. Das Befreiungsdenkmal in Innsbruck. Prozesse des Erinnerns, Innsbruck 2016, S. 28.

24 Ebd., S. 36.

25 Ebd., S. 40.

26 Ebd., S. 41.

27 Stadtarchiv Innsbruck (StAI), Niederschrift der Innsbrucker Gemeinderatssitzung, 27.5.1955, S. 279.

28 StAI, Niederschrift der Innsbrucker Gemeinderatssitzung, 28.7.1955, S. 433f.

29 Achrainer/Hofinger: Politik, S. 57.

30 Ebd., S. 58.

31 Uhl: Das „erste Opfer", S. 25f.

32 Ebd., S. 25f; Heidemarie Uhl: Transformationen des österreichischen Gedächtnisses. Erinnerungspolitik und Denkmalkultur in der Zweiten Republik, in: Institut für die Wissenschaften vom Menschen (Hg.): Transit – Europäische Revue: Vom Neuschreiben der Geschichte. Erinnerungspolitik nach 1945 und 1989 15 (Herbst 1998), S. 100–119, hier S. 113f.

33 TT, 26.10.1965, S. 1.

34 Johann Holzner u.a. (Bearb.): Zeugen des Widerstandes. Eine Dokumentation über die Opfer des Nationalsozialismus in Nord-, Ost- und Südtirol von 1938 bis 1945, Innsbruck-Wien-München 1977.

35 DÖW (Hg.): Widerstand und Verfolgung in Tirol 1934–1945, Bd. 1 und 2, Wien 1984.

36 Uhl: Das „erste Opfer", S. 20.

37 Siehe dazu auch Ernst Bruckmüller: Kollektives Gedächtnis und öffentliches Gedenken, in: Arnberger/Kuretsidis-Haider (Hg.): Gedenken und Mahnen in Niederösterreich, S. 12–18, hier S. 16.

38 Zit. n. Heidemarie Uhl: Erinnern und Vergessen. Denkmäler zur Erinnerung an die Opfer der nationalsozialistischen Gewaltherrschaft und an die Gefallenen des Zweiten Weltkriegs in Graz und in der Steiermark, in: Stefan Riesenfellner/Heidemarie Uhl: Todeszeichen. Zeitgeschichtliche Denkmalkultur in Graz und in der Steiermark vom Ende des 19. Jahrhunderts bis zur Gegenwart, Wien-Köln-Weimar 1994, S. 111–196, hier S. 150.

39 Heidemarie Uhl: „Gedenken und Mahnen in Niederösterreich": regionales/lokales Gedächtnis im transnationalen Kontext, in: Arnberger/Kuretsidis-Haider (Hg.): Gedenken und Mahnen in Niederösterreich, S. 9–11, hier S. 10.

40 Uhl: Erinnern und Vergessen, S. 151.

41 Ebd., S. 147f.

42 Achrainer/Hofinger: Politik, S. 49.

43 Der Volksbote, 30.11.1957, S. 5.

44 Ebd., 7.12.1957, S. 9.

45 Schreiber: Widerstand und Erinnerung, S. 139.

46 Ebd., S. 142.

47 Zit. n. ebd., S. 143.

48 Der Volksbote, 14.12.1957, S. 6.

49 Privatarchiv (PA) Niko Hofinger, Protokoll über die Sitzung der Arbeitsgemeinschaft vaterlandstreue Verbände Tirols, 13.2.1978.

50 StAI, Niederschrift über die Innsbrucker Gemeinderatssitzung, 21.4.1971, S. 303.

51 Abgeordneter der Tiroler Volkspartei im Landtag, Führer der Tiroler Heimatwehr, Bundesführer des Österreichischen Heimatschutzes und Sicherheitsdirektor für Tirol, der am 30. August 1940 im KZ Buchenwald ums Leben kam.

52 Direktor des Innsbrucker Gefangenenhauses, führend tätig in der Tiroler Heimatwehr und der Vaterländischen Front, starb im November 1939 im KZ Mauthausen.

53 PA Niko Hofinger, Protokoll über die Sitzung der Arbeitsgemeinschaft vaterlandstreue Verbände Tirols, 11.7.1977 und 21.11.1977.

54 Zit. n. Schreiber: Widerstand und Erinnerung, S 121.

55 Zit. n. ebd., S. 123.

56 PA Niko Hofinger, Protokoll über die Sitzung der Arbeitsgemeinschaft vaterlandstreuer Verbände, 18.1.1982.

57 Ebd., Protokoll über die Sitzung der Arbeitsgemeinschaft vaterlandstreuer Verbände, 29.3.1982.

58 StAI, Niederschrift über die Innsbrucker Gemeinderatssitzung, 31.1.1983, S. 61.

59 PA Niko Hofinger, Protokoll über die Sitzung der Arbeitsgemeinschaft vaterlandstreuer Verbände Tirols, 25.1.1983.

60 Ebd., Protokoll über die Sitzung der Arbeitsgemeinschaft vaterlandstreuer Verbände Tirols, 4.10.1982 und 10.1.1984.

61 Schreiber: Widerstand und Erinnerung, S. 127.

62 PA Niko Hofinger, Protokoll über die Sitzung der Arbeitsgemeinschaft vaterlandstreuer Verbände Tirols, 8.11.1982.

63 Mail Wolfgang Rebitsch, 24.6.2013; Mail Elisabeth Sternat, 12.6.2016.

64 Mail Gabi Innerhofer, 22.9.2017.

65 https://www.oecv.at/Biolex/Detail/10401536 (5.10.2018).

66 https://telfs.at/news-detail/ganz-bairbach-feierte-kirchenjubilaeum.html (5.10.2018).

67 Foto: https://commons.wikimedia.org/wiki/Category:Lourdeskapelle,_Jerzens#/media/File:Lourdeskapelle,_Jerzens_04.JPG (22.9.2018).

68 Mail Maria Reinstadler, 10.10.2018.

69 Siehe Gerald Steinacher: Nazis auf der Flucht. Wie Kriegsverbrecher über Italien nach Übersee entkamen, Innsbruck-Wien-Bozen 2008.

70 APA-Basisdienst, 11.3.1988; siehe auch TT, 12./13.3.1988, S. 22.

71 PA Niko Hofinger, Protokoll zur Sitzung der Arbeitsgemeinschaft vaterlandstreuer Verbände, 6.6.1984.

72 Ebd., Werner Kunzenmann an Paul Reitzer, Israelitische Kultusgemeinde, o. D.

73 Ebd., Ersuchen an Landeshauptmann Eduard Wallnöfer, o.D.

74 Neugebauer/Schwarz: Der Wille zum aufrechten Gang, S. 147–160; Doris Sottopietra/Maria Wirth: Ehemalige NationalsozialistInnen in der SPÖ: eine quantitative und qualitative Untersuchung, in: Maria Mesner (Hg.): Entnazifizierung zwischen politischem Anspruch, Parteienkonkurrenz und Kaltem Krieg. Das Beispiel der SPÖ, München-Wien 2005, S. 266–334, hier S. 311–317; Mathies: Überlegungen zur Kontroverse um die NS-Vergangenheit Ferdinand Obenfeldners, in: Gensluckner u.a. (Hg.): Gaismair-Jahrbuch 2008, S. 42–50; Paul Endl/Elias Schneitter: Ferdinand Obenfeldner. Tiroler und Sozialist, Innsbruck 2009.

75 Ferdinand Kaiser an Bundesvorstand des Bundes der Sozialistischen Freiheitskämpfer und Opfer des Faschismus Wien, 17.1.1967 sowie Rudolfine Muhr an Ferdinand Kaiser, 13.2.1967. Archiv des Bundes Sozialistischer FreiheitskämpferInnen, Opfer des Faschismus und aktiver AntifaschistInnen Innsbruck (ABS), Nachlass Maria Kaiser.

76 Ebd., Ferdinand Kaiser an Bundesvorstand des Bundes der Sozialistischen Freiheitskämpfer und Opfer des Faschismus Wien, 27.4.1977.

77 Ebd., Ferdinand Kaiser an Rosa Jochmann, 16.5.1977.

78 Ebd., Ferdinand Kaiser an Bundesvorstand des Bundes der Sozialistischen Freiheitskämpfer und Opfer des Faschismus Wien, 15.11.1977.

79   Ebd., Günter Dietrich, Landesparteisekretär SPÖ Vorarl-
     berg, an Ferdinand Kaiser, 14.7.1982; Ferdinand Kaiser an
     Genossen Adolf Klaming, Bregenz, 25.4.1985; Ferdinand
     Kaiser an Landesparteisekretär SPÖ Vorarlberg Hanno
     Schuster, 20.2.1989.

80   Ebd., Mitgliederbewegung Sozialistische Freiheitskämpfer
     in den Bundesländern 1987.

81   Helmut Muigg/Martin Ortner: Sozialdemokratischer Wider-
     stand in Tirol – Erinnerungskultur am Beispiel einer Ge-
     denktafel, in: Horst Schreiber u.a. (Hg.): Gaismair-Jahrbuch
     2006, Innsbruck-Wien-Bozen 2005, S. 213–221, hier S. 213.

82   Thomas Albrich: Jüdisches Leben in Nord- und Südtirol
     nach der Shoah, in: Thomas Albrich (Hg.): Jüdisches Leben
     im historischen Tirol. Band 3, S. 357–488, hier S. 460–462.

83   Ebd., S. 463.

84   TT, 16.12.1989, S. 27f.

85   Horst Schreiber: „Es entspricht der Mentalität des freiheits-
     liebenden Tirolers, immer klar Farbe zu bekennen." Zur
     Geschichte, Struktur und Entwicklung der Tiroler Schule
     1945–1998, in: Gehler (Hg.): Tirol, S. 487–566, hier S. 551f.

86   Uhl: Das „erste Opfer", S. 27f.

87   Ebd., S. 28f.

88   Andrea Sommerauer: Im Gedächtnis verankern. Über
     den Umgang mit der NS-Euthanasie in Tirol seit 1945 mit
     Verweisen auf Vorarlberg, in: Stefan Lechner/Andrea Som-
     merauer/Friedrich Stepanek: Beiträge zur Geschichte der
     Heil- und Pflegeanstalt Hall in Tirol im Nationalsozialismus
     und zu ihrer Rezeption nach 1945. Krankenhauspersonal
     – Umgesiedelte SüdtirolerInnen in der Haller Anstalt –
     Umgang mit der NS-Euthanasie seit 1945, Innsbruck 2015,
     S. 255–351, hier S. 296.

89   Andrea Sommerauer/Franz Wassermann (Hg.): Prozesse
     der Erinnerung. Temporäres Denkmal. Im Gedenken an
     360 Opfer der NS-Euthanasie. PatientInnen des heutigen
     Psychiatrischen Krankenhauses Hall i.T., Innsbruck-Wien-
     Bozen ²2007, S. 9.

90   http://www.mylivingroom.org/fileadmin/user_upload/
     Projekte/TEMPORAERES_DENKMAL/PDF/Deutsch/Liste_
     Publikation_12_06_Namen.pdf (22.6.2018).

91   Mail Franz Wassermann, 17.10.2017.

92   http://www.mylivingroom.org/index.php?id=422 (15.4.2017).

93   Zit. n. Sommerauer/Wassermann (Hg.): Prozesse der Erin-
     nerung, S. 94.

94   Horst Schreiber: Sie gehören zu uns: Erinnerungen an die
     Ermordeten der NS-Euthanasie in Rum und Zirl, in: Martin
     Haselwanter u.a. (Hg.): Gaismair-Jahrbuch 2013, Innsbruck-
     Wien-Bozen 2012, S. 167–177.

95   Sommerauer/Wassermann (Hg.): Prozesse der Erinnerung,
     S. 88; Sommerauer: Im Gedächtnis verankern, S. 314, 319;
     Osttiroler Bote, 26.5.2005; Gemeindekurier Nußdorf-Debant,
     Juli 2005: Mail Sigrid Ladstätter, 3.5.2017.

96   Sommerauer: Im Gedächtnis verankern, S. 325f.

97   Wolfgang Neugebauer: „Unser Gewissen verbietet uns,
     in dieser Aktion mitzuwirken." Der NS-Massenmord an
     geistig und körperlich Behinderten und der Widerstand der
     Sr. Anna Bertha Königsegg: http://www.doew.at/cms/down-
     load/d7kv5/wn_koenigsegg.pdf (12.2.2017).

98   TT, 8.11.2015, S. 16.

99   Schreiber/Grüner (Hg.): Den für die Freiheit Österreichs
     Gestorbenen, S. 69f, 82.

100 Hormayr: Opfer des katholisch-konservativen Widerstands
     in Tirol, S. 181f.

101 Siehe Christina Müller: „Die Vergessenen vom Paschberg".
     Eine Hinrichtungsstätte der Deutschen Wehrmacht in
     Innsbruck, in: Elisabeth Hussl u.a. (Hg.): Gaismair-Jahrbuch
     2014, Innsbruck-Wien-Bozen 2013, S. 176–183.

102 Martin Pollack: Kontaminierte Landschaften, St. Pölten-
     Salzburg-Wien 2014, S. 57.

103 Herwig Czech: Von der Richtstätte auf den Seziertisch.
     Zur anatomischen Verwertung von NS-Opfern in Wien,
     Innsbruck und Graz, S. 141–190, hier S. 152, 156f, 161f:
     http://www.doew.at/cms/download/9147o/jb2015_czech.pdf
     (10.4.2017).

104 http://www.tt.com/panorama/11207829-91/15-wissenschafter-
     eingeladen-anatomie-arbeitet-ns-zeit-auf.csp, 6.3.2016
     (10.4.2017). Siehe zuletzt: 128 NS-Opfer kamen an Innsbru-
     cker Anatomie: https://tirol.orf.at/m/news/stories/2980151/
     (7.5.2019)

105 Mail Wilfrid Tilg, 12.6.2017.

106 Mail Gottfried Kalser, 29.9.2018.

107 Mail Gottfried Kalser, 28.9.2018; weiters Mail Gottfried
     Kalser, 26.9.2018.

108 http://www.erinnern.at/bundeslaender/tirol/unterrichts
     material/zwangsarbeiterlager-haiming (2.5.2017); http://
     www.erinnern.at/bundeslaender/tirol/unterrichtsmaterial/
     zwangsarbeit-in-tirol (11.3.2017); Erich Schreder: Zwangs-
     arbeit im Reichsgau Tirol und Vorarlberg im Zweiten Welt-
     krieg, in: Geschichte und Region/Storia e regione 12 (2003),
     S. 72–10; Mail Johann Herdina, TIWAG, 21.4.2016.

109 Heidemarie Uhl: Warum Gesellschaften sich erinnern, in:
     Erinnerungskulturen, herausgegeben vom Forum Politi-
     sche Bildung. Informationen zur Politischen Bildung 32,
     Innsbruck-Wien-Bozen 2010, S. 5–14, hier S. 12f.

110 Heidemarie Uhl: „Anschluss"-Gedenken 2008: Abschied von
     der Opferthese: http://sciencev1.orf.at/uhl/151021.html,
     10.3.2008 (15.4.2017).

111 Schreiber: Tiroler Schule 1945–1998, in: Gehler (Hg.): Tirol,
     S. 487–566, hier S. 553–555.

112 Ebd., S. 555.

113 TT, 22.5.1998, S. 14.

114 Claudia Sporer-Heis: Zur Frage der Restitution jüdischen
     Eigentums am Tiroler Landesmuseum Ferdinandeum, in:
     Gabriele Anderl/Alexandra Caruso (Hg.): NS-Kunstraub in
     Österreich und die Folgen, Innsbruck-Wien-Bozen 2005,
     S. 121–130, hier S. 121. Siehe weiters Martin Kofler: Albin
     Egger-Lienz und Osttirol. Die Sammlungen im „Museum
     der Stadt Lienz Schloss Bruck" zwischen Aufbau und Res-
     titution (1938 bis zur Gegenwart), in: Anderl/Caruso (Hg.):
     NS-Kunstraub, S. 131–141.

115 Schreiber: Anmerkungen zur NSDAP-Mitgliedschaft des Alt-
     landeshauptmannes von Tirol; https://www.profil.at/home/
     das-kampagne-106135, 26.2.2005 (5.6.2018).

116 Protokoll der Stadtratssitzung vom 8.7.1998, zit. n. Thomas
     Albrich: Tirol 2000: „Leonhard und Paola" statt „Arisierung"
     und „Zwangsarbeit", in: Lisa Gensluckner u.a. (Hg.):
     Gaismair-Jahrbuch 2001, Innsbruck-Wien-München 2000,
     S. 104–113, hier S. 110.

117 Ebd., S. 104f.

118 Schreiber: Anmerkungen zur NSDAP-Mitgliedschaft des
     Altlandeshauptmannes von Tirol, S. 193.

119 Ebd., S. 195.

120 Ebd., S. 194.

121 Harald Welzer: Erinnerungskultur und Zukunftsgedächtnis,
     in: Aus Politik und Zeitgeschichte 25–26 (2010), S. 16–23,
     hier S. 18f.

122 Schreiber: Anmerkungen zur NSDAP-Mitgliedschaft des
     Altlandeshauptmannes von Tirol, S. 195.

123 Bertrand Perz u.a. (Hg.): Schlussbericht der Kommission
     zur Untersuchung der Vorgänge um den Anstaltsfriedhof
     des Psychiatrischen Krankenhauses in Hall in Tirol in den
     Jahren 1942 bis 1945, Innsbruck 2014; https://www.uibk.
     ac.at/geschichte-ethnologie/ee/trachten/material-ploner-fsp.
     html (30.4.2017); http://www.erinnern.at/bundeslaender/
     tirol/unterrichtsmaterial/zwangsarbeiterlager-haiming
     (2.5.2017); http://www.erinnern.at/bundeslaender/tirol/
     unterrichtsmaterial/zwangsarbeit-in-tirol (11.3.2017).

124 http://www.tt.com/politik/landespolitik/12576669-91/51-mio.---f%C3%BCr-maximilian-jahr-kalkuliert.csp (4.7.2018); TT, 3.7.2018, S. 13.

125 Stadt Schwaz (Hg.): Schwaz. Der Weg einer Stadt, Innsbruck 1999; Sabine Pitscheider: Kematen in der NS-Zeit. Vom Bauerndorf zur Industriegemeinde, Innsbruck-Wien-Bozen 2015.

126 Martin Kofler: Osttirol im Dritten Reich 1938–1945, Innsbruck-Wien 1996; Roman Spiss: Landeck 1918–1945. Eine bisher nicht geschriebene Geschichte, Innsbruck 1998.

127 Stefan Dietrich: Telfs 1918–1946, Innsbruck-Wien-München-Bozen 2004.

128 TT, 1.9.2016, S. 30.

129 Zit. n. Heidemarie Uhl: 1945 – Jahr der Befreiung: http://sciencev2.orf.at/stories/1760399/index.html (15.4.2017).

130 http://www.tt.com/politik/landespolitik/12204054-91/landesged%C3%A4chtnisstiftung-kauft-walln%C3%B6fer-b%C3%BCste-um-130.000-.csphttp://www.tt.com/politik/12209306-91/walln%C3%B6fer-b%C3%BCste-um-130.000-euro-sorgt-f%C3%BCr-wirbel-in-landespolitik.csp (10.3.2017); http://www.tt.com/politik/landespolitik/12233410-91/walli-b%C3%BCste-land-reagiert-auf-bitte-von-familie-walln%C3%B6fer.csp (10.3.2017); http://derstandard.at/2000049426133/Wallnoefer-Bueste-wird-im-Volkskunstmuseum-aufgestellt (10.3.2017).

131 Siehe die Wortmeldung von Herwig van Staa in der Landtagssitzung vom 23.6.2016: http://www.eduard-wallnoeferplatz.at/images/downloads/5_landtag_30_6_2016_zur_oeffnung_der_gitter_des_befreiungsdenkmals.mp3 (10.3.2017).

132 Johann Großruck: Pater Edmund Pontiller OSB 1889–1945. Ein Osttiroler Glaubenszeuge im Nationalsozialismus, Innsbruck 2015, S. 253.

133 Ebd., S. 254.

134 Siehe Robert Musils Unfreundliche Betrachtungen: http://gutenberg.spiegel.de/buch/-6941/3 (20.4.2017).

135 Ebd.; Aleida Assmann: Formen des Vergessens, Göttingen ²2016, S. 70–73.

136 Ebd., S. 87.

137 Ebd., S. 73f.

138 Ebd., S. 74.

139 Volkhard Knigge: Zur Zukunft der Erinnerung, in: Aus Politik und Zeitgeschichte 25–26 (2010), S. 10–16, hier S. 14.

140 Uhl: „Gedenken und Mahnen in Niederösterreich", S. 11.

141 Jan Philipp Reemtsma: Wozu Gedenkstätten?, in: Aus Politik und Zeitgeschichte 25–26 (2010), S. 3–9.

142 Fritz Kirchmair, Chronik des Bezirks Kufstein 1933–1945, Bd. V, Heimatmuseum Kufstein.

143 Österreichisches Schwarzes Kreuz. Kriegsgräberfürsorge. Mitteilungen und Berichte 1 (1988), S. 35.

144 Fritz Kirchmair: Chronik des Bezirks Kufstein 1933–1945, Bd. V. Heimatmuseum Kufstein, S. 114; http://www.denkmalprojekt.org/2008/kufstein_wku2_tirol_oe.htm (20.3.2017); Mail Gisela Hormayr, 19.2.2017.

145 Peter Sixl (Hg. unter Mitarbeit von Veronika Bacher und Grigorij Sidko): Sowjetische Tote des Zweiten Weltkrieges in Österreich. Namens- und Grablagenverzeichnis. Ein Gedenkbuch, Graz-Wien 2010; http://www.erinnern.at/bundeslaender/oesterreich/e_bibliothek/zweiter-weltkrieg/peter-sixl-hg.-sowjetische-tote-des-zweiten-weltkrieges-in-oesterreich-namens-und-grablagenverzeichnis.-ein-gedenkbuch/Sixl%20Sowjetische%20Tote%20des%20Zweiten%20Weltkriegs%20in%20OEsterreich.pdf (25.10.2018).

146 Thomas Albrich: Luftkrieg über der Alpenfestung 1943–1945. Der Gau Tirol-Vorarlberg und die Operationszone Alpenvorland, Innsbruck 2014, S. 276f.

147 Leopold Unterrichter: Die Luftangriffe auf Nordtirol im Kriege 1939–1945, in: Veröffentlichungen des Museum Ferdinandeum 26–29 (1946/49), Innsbruck 1949, S. 555–581, hier S. 565.

148 Auskunft ITS Bad Arolson, 15.8.2016; Mail Gisela Hormayr, 26.7. und 21.8.2016.

149 Mail Erica Ausserdorfer, Archivarin der Stadt Kufstein, 11.4.2018.

150 Österreichisches Schwarzes Kreuz. Kriegsgräberfürsorge. Mitteilungen und Berichte 1 (1986), S. 29.

151 Rapatriement de corps de Français morts en Autriche, in: Haut-Commissariat de la République française en Autriche. Mission française (Hg.): Bulletin d´information et de documentation 21 (August–Oktober 1947), S. 47–49.

152 Sixl: Sowjetische Tote des Zweiten Weltkrieges in Österreich, S. 632, 648.

153 Ebd., S. 774.

154 Das ungarische „Kriegsopfer" Maria Kerkes (8.12.1943) dürfte keine Zwangsarbeiterin gewesen sein.

155 Sixl: Sowjetische Tote des Zweiten Weltkrieges in Österreich, S. 774, 802.

156 Zusammengestellt nach: http://www.denkmalprojekt.org/2009/hall_in_tirol_kgs_wk1u2_tirol_oe.htm (28.2.2018).

157 Sixl: Sowjetische Tote des Zweiten Weltkrieges in Österreich, S. 178.

158 Zusammengestellt nach: http://www.denkmalprojekt.org/2011/id_2222_kramsach_soldatenfriedhof.html (26.10.1018).

159 Zusammengestellt nach Sixl: Sowjetische Tote und http://www.denkmalprojekt.org/oesterreich/landeck_soldatenfrdh_.htm (26.10.1018).

160 Sixl: Sowjetische Tote, S. 93.

161 Ebd., S. 107.

162 Ebd., S. 109.

163 Ebd., S. 139

164 Ebd.

165 Ebd., S. 149.

166 Ebd., S. 534 gibt zum Alter von Ewgenija Nisankowskaja nicht 68, sondern 41 Jahre an: 20.2.1905–17.7.1946.

167 Ebd., S. 546.

168 Ebd., S. 560.

169 Ebd., S. 640.

170 Ebd., S. 770.

171 Ebd., S. 772.

172 Ebd., S. 774.

173 Ebd., S. 775.

174 http://www.denkmalprojekt.org/oesterreich/landeck_soldatenfrdh_.htm: Ob es sich bei den hier angeführten Toten Olga Cehelski (68 Jahre), Johann Curcowsky (75 Jahre), Michael Czorpita (76 Jahre), Boris Czuczkewycz (6 Jahre) und Ismail Refik (26 Jahre) um ausländische Zwangsarbeitskräfte handelt, wäre noch zu überprüfen.

175 Zusammengestellt nach http://www.denkmalprojekt.org/2013/lienz_soldatenfriedhoefe_bez-lienz_tirol_wk2_oesterr.html (23.10.2018) und Sixl, Sowjetische Tote des Zweiten Weltkrieges in Österreich. Jeweils der erste Vor- und Nachname entspricht der Grabesinschrift laut der genannten Homepage, der oder die weiteren Namensvarianten (manchmal auch ein weiteres Datum) dem Ergebnis der Recherchen von Sixl, Sowjetische Tote des Zweiten Weltkrieges in Österreich.

176 Sixl: Sowjetische Tote des Zweiten Weltkrieges in Österreich, S. 20.

177 Ebd., S. 47.

178 Ebd., S. 109.

179 Ebd., S. 233.

180 Ebd., S. 258.

181 Ebd., S. 476

182 Ebd., S. 584f.

183 Ebd., S. 633.

184 Ebd., S. 687: Sixl gibt hingegen als Geburtstag den 18.7. an.

185 Ebd., S. 170, 177.

186 Tiroler Landesarchiv (TLA), Opferfürsorgeakt 240–542.

187 Zit. n. Gendarmeriepostenkommando Dölsach, 14.3.1942, in: WiVerf 1, S. 396.
188 Zit. n. Gendarmeriepostenkommando Sillian, 1.8.1942, in: WiVerf 1, S. 397.
189 WiVerf 1, S. 617, Fußnote 56.
190 Albrich: Luftkrieg über der Alpenfestung 1943–1945, S. 247.
191 Ebd., S. 285f.
192 Österreichisches Schwarzes Kreuz. Kriegsgräberfürsorge. Mitteilungen und Berichte 2 (2000), S. 38.
193 http://www.denkmalprojekt.org/2009/natters_wk1u2_tirol_oe.htm (28.2.2018); Bezirksblatt Innsbruck-Land 11 (1978), S. 15.
194 Mail Astrid Kröll, 26.5.2013; Horst Schreiber: Nationalsozialismus und Faschismus in Tirol und Südtirol. Opfer. Täter. Gegner, Innsbruck-Wien-Bozen 2008, S. 186; http://www.denkmalprojekt.org/2013/pflach_kriegsgraeber_bez-reutte_tirol_wk2_oesterr.html (22.2.2018).
195 Sixl: Sowjetische Tote des Zweiten Weltkrieges in Österreich, S. 46, 596.
196 Zusammengestellt nach http://www.denkmalprojekt.org/2016/woergl%20(kriegsgraeber)_bezirk-kufstein_tirol_oe.html (6.11.2018).
197 Sixl: Sowjetische Tote, S. 372.
198 Ebd., S. 424. Sixl gibt als Bestattungsort die Friedhöfe Wörgl und Kufstein an.
199 Ebd.
200 Ebd., S. 458.
201 Ebd.
202 Ebd., S. 515.
203 Ebd.
204 Ebd., S. 519. Sixl gibt als Bestattungsort die Friedhöfe Wörgl und Kufstein an.
205 Ebd., S. 542.
206 Ebd., S. 571. Mit denselben Daten, aber der Schreibweise Pelepey gibt Sixl als Bestattungsort den Friedhof Kufstein an.
207 Ebd.
208 Ebd., S. 581.
209 Ebd., S. 755. Sixl gibt als Bestattungsort die Friedhöfe Wörgl und Kufstein an.
210 Ebd., S. 784.
211 Ebd.
212 Ebd., S. 118, 137, 153, 162, 197, 207, 251, 344, 490, 641, 681, 866.
213 Ebd., S. 162 gibt an, dass Dollhow im Kufsteiner Friedhof begraben sein soll.
214 Zusammengestellt nach: http://www.denkmalprojekt.org/2009/zams_kgs_wk1u2_tirol_oe.htm (5.4.2018). Im Waldfriedhof (Soldatenfriedhof) hinter der Waldkapelle oberhalb der Stadtpfarrkirche Landeck stehen für 42 Kriegstote Aluminiumgusskreuze, darunter elf Soldaten und 31 „Ostflüchtlinge", die aber als solche auf den Kreuzen nicht ausgewiesen sind. http://www.denkmalprojekt.org/oesterreich/landeck_soldatenfrdh_.htm (28.2.2018).
215 Sixl, Sowjetische Tote des Zweiten Weltkrieges in Österreich, S. 149f.
216 Ebd., S. 413.
217 Ebd., S. 413: Wladimir Kwardschelia, 25.5.1911.
218 Ebd., S. 809.
219 Ebd., S. 386.
220 Ebd., S. 87 und 809.
221 Zusammengestellt nach http://www.denkmalprojekt.org/2012/innsbruck-amras_tirol_wk2_a-k_oesterr.html und http://www.denkmalprojekt.org/2012/innsbruck-amras_tirol_wk2_l-z_oesterr.html (10.5.2018).
222 Sixl: Sowjetische Tote des Zweiten Weltkrieges in Österreich, S. 827.
223 Ebd., S. 232, 667, 814.
224 TLA, Opferfürsorgeakt 240-563. Postenkommandant Schwaninger, Posten Kirchbichl, an Amt der Tiroler Landesregierung (ATLR), 20.11.1953.
225 Ebd., Gemeindeamt Kirchbichl an ATLR, 30.11.1953.
226 Chronik des Gendarmeriepostenkommandos Kirchbichl, 2.9.1940, in: WiVerf 1, S. 399.
227 Aussage des Beschuldigten Wolfram Schlegel vor der Bundespolizeidirektion Innsbruck, 12.7.1947, in: WiVerf 1, S. 407.
228 Ebd., S. 408.
229 Sixl: Sowjetische Tote des Zweiten Weltkrieges in Österreich, S. 833.
230 Ebd., S. 426.
231 Ebd., S. 441.
232 Ebd., S. 34.
233 Ebd.
234 Ebd., S. 39.
235 Ebd., S. 41.
236 Ebd., S. 157.
237 Ebd., S. 437.
238 Ebd., S. 494.
239 Ebd.
240 Ebd., S. 671.
241 Ob hier auch Angehörige des faschistischen Kroatiens, das mit Hitlerdeutschland verbündet war, angeführt sind, müsste erst noch recherchiert werden.
242 Nicht aufgenommen wurden jene Personen, von denen bekannt war oder vermutet wurde, dass es sich um mit Deutschland verbündete Staatsangehörige bzw. um „Volksdeutsche" handelt. Die Bezeichnung „Kriegsopfer" kann jedoch vieldeutig sein. Im Einzelfall müssten noch tiefergehende Recherchen erfolgen.
243 Sixl: Sowjetische Tote des Zweiten Weltkrieges in Österreich, S. 241, 259, 589, 880.
244 Ebd., S. 283.
245 Ebd., S. 708.
246 Ebd., S. 880.
247 Österreichisches Schwarzes Kreuz. Kriegsgräberfürsorge. Mitteilungen und Berichte 3 (1986), S. 30.
248 Zusammengestellt aus Sixl: Sowjetische Tote des Zweiten Weltkrieges in Österreich.
249 Sixl, Sowjetische Tote des Zweiten Weltkrieges in Österreich, S. 510, führt nach seinen Recherchen zwei Beerdigungsorte an für Chinka Motschanowa in Hall und für Chynka Motschanowa in Amras.
250 Laut Grabesinschrift 24.9.1944.
251 http://www.katjasdacha.com/whiterose/leaflets/cp7.html (17.1.2018).
252 Hormayr: Opfer des katholisch-konservativen Widerstands in Tirol, S. 138–143. Zur Weißen Rose mit Literaturhinweisen siehe http://orf.at/stories/2427273/2427272/ (7.7.2018).
253 http://www.erinnern.at/bundeslaender/tirol/unterrichtsmaterial/gedenktafel-fuer-christoph-probst-in-aldrans (10.1.2017); http://www.meinbezirk.at/hall-rum/lokales/gedenktafel-fuer-widerstandskaempfer-in-aldrans-enthuellt-d731553.html (10.1.2017).
254 Mail Gottfried Kalser, 5.10.2018.
255 Siehe http://www.eduard-wallnoefer-platz.at/biografie/Josef+Salcher/88 (8.10.2018).
256 Online-Datenbank. DeGruyter. Anklage 8J 212/43 und Urteil 6H 31/44 -- 7(8)J 212/43.
257 Helmut Muigg/Martin Ortner: Sozialdemokratischer Widerstand in Tirol – Erinnerungskultur am Beispiel einer Gedenktafel, in: Horst Schreiber u.a. (Hg.): Gaismair-Jahrbuch 2006, Innsbruck-Wien-Bozen 2005, S. 213–221.
258 Albrich: Luftkrieg über der Alpenfestung 1943–1945, S. 246.
259 Mail Werner Singer, 14.8., 30.8. und 13.10.2018.
260 Ebd., S. 259.

261 http://www.bullock.at/index.php/story-ehrwald.html
(2.5.2018); siehe zu Keith Bullock auch Österreichisches
Schwarzes Kreuz. Kriegsgräberfürsorge. Mitteilungen und
Berichte 2 (2000), S. 37f und 2 (2002), S. 41.

262 Johann Großruck: Pater Edmund Pontiller OSB 1889–1945.
Ein Osttiroler Glaubenszeuge im Nationalsozialismus, Innsbruck 2015.

263 Michael Pontiller: Märtyrer der Heimatkirche. P. Edmund
Pontiller OSB – als Zeuge Christi hingerichtet, in: Osttiroler
Heimatblätter (2) 2000, o. S.; Michael Pontiller: Märtyrer
der Heimatkirche – Teil II. P. Edmund Pontiller OSB – als
Zeuge Christi hingerichtet, in: Osttiroler Heimatblätter (2–3)
2001, o. S.; Pfarrbrief Dölsach – Iselsberg, März 2015, (S. 3)
und Februar 2016, (S. 2).

264 Großruck: Pater Edmund Pontiller, S. 238f, 281–284; Pontiller: Märtyrer der Heimatkirche. P. Edmund Pontiller, in:
Osttiroler Heimatblätter (2) 2000, o. S. und (2–3) 2001, o. S.;
Pfarrbrief Dölsach – Iselsberg, März 2015, S. 3 und Februar
2016, S. 2.

265 Lisa Rettl: „Heute muss ich euch benachrichtigen, dass
mein Todesurteil vollstreckt wird ...“ Maria Peskoller
(1902–1944), in: Alexandra Schmidt (Hg.): Drautöchter.
Villacher Frauengeschichte(n). Klagenfurt 2013, S. 206–220;
Lisa Rettl: „und dann denk' ich an die Frau Peskoller...“
Weiblicher Widerstand und Desertionsdelikte, in: Thomas
Geldmacher u.a. (Hg.): „Da machen wir nicht mehr mit ...“
Österreichische Soldaten und Zivilisten vor Gerichten der
Wehrmacht, Wien 2010, S. 117–125.

266 WiVerf 1, S. 396.

267 Pfarrbrief Dölsach – Iselsberg, März 2015, (S. 3) und Februar 2016, (S. 2).

268 Albrich: Luftkrieg über der Alpenfestung 1943–1945, S.
119–122.

269 http://www.bullock.at/index.php/story-ehrwald.html
(2.5.2018); Österreichisches Schwarzes Kreuz. Kriegsgräberfürsorge. Mitteilungen und Berichte 2 (2001), S. 44f. Siehe
zum Monument auch die Broschüre des Heimatmuseums
Ehrwald (Hg.): 3. August / August 3rd 1944, Ehrwald 2001.

270 http://www.bullock.at/index.php/story-ehrwald.html
(2.5.2018).

271 Albrich: Luftkrieg über der Alpenfestung 1943–1945, S. 260.

272 Ebd., S. 259.

273 http://www.bullock.at/index.php/errichtung-fernpass.html
(2.5.2018).

274 Albrich: Luftkrieg über der Alpenfestung 1943–1945, S. 260.

275 http://www.bullock.at/index.php/story-ehrwald.html
(2.5.2018).

276 Martin Achrainer u.a.: Porträts zum Widerstand in Tirol,
in: Schreiber/Grüner (Hg.): Das Befreiungsdenkmal in Innsbruck, S. 54–129, hier S. 123f.

277 Gisela Hormayr: „Ich sterbe stolz und aufrecht“. Tiroler
SozialistInnen und KommunistInnen im Widerstand gegen
Hitler, Innsbruck-Wien-Bozen 2012, S. 153f, 176–178,
211–221; Christian Mathies: Johann Vogl (1895–1944): Sozialist und Widerstandskämpfer, in: Monika Jarosch u.a. (Hg.):
Gaismair-Jahrbuch 2009, Innsbruck-Wien-Bozen 2008, S.
77–87; Mail Peter Kitzbichler, 28.1 und 29.1.2013.

278 Hormayr: Opfer des katholisch-konservativen Widerstands
in Tirol, S. 45–52; Pfarrer Otto Neururer. Ein Seliger aus dem
KZ. Dokumentation, Innsbruck ³2004; http://www.selige-
kzdachau.de/portfolio/otto-neururer (1.4.2018).

279 Kirche. Wochenblatt für die Diözese Innsbruck, 19.9.1993,
S. 4; http://www.selige-kzdachau.de/portfolio/otto-neururer,
http://www.dekanat-prutz.at/de/fliess/kaplanei-piller/
kirche-kultur/sel-pfr-otto-neururer/, http://www.dekanat-
prutz.at/de/fliess/kaplanei-piller/kirche-kultur/pater-franz-
fluer/, http://www.dekanat-prutz.at/de/fliess/pfarre-fliess/
menschen/chronik-priester/pfarrer-samaass/, http://www.

280 Kirche. Wochenblatt für die Diözese Innsbruck, 5.5.1996,
S. 5

281 TT, 2.6.1997, S. 9; Kirche. Wochenblatt für die Diözese Innsbruck, 15.6.1997, S. 2.

282 https://www.meinbezirk.at/landeck/leute/bischof-stechers-
religionslehrer-und-der-herz-jesu-sozialist-maertyrer-der-
nazi-zeit-d1930628.html (24.3.2018).

283 Mail Martin Riederer, 16.5.2017.

284 Ebd.; https://www.meinbezirk.at/landeck/lokales/papst-
johannes-paul-ii-in-fliess-d1068382.html, https://www.mein
bezirk.at/landeck/lokales/fliesser-altar-erhaelt-neururer-
reliquie-d1017053.html, https://www.meinbezirk.at/landeck/
leute/die-fliesser-barbarakirche-und-otto-neururer-
d1936898.html (17.5.2017).

285 Mail von Irmgard Bibermann nach Auskunft von Irmgard
Wille, 25.9.2018.

286 Mail von Alexandra Partl, 3.12.2018; PA Horst Schreiber:
Protokoll der 5. Gemeinderatssitzung vom 18.9.2015, S. 13.

287 Berg Heil! Alpenverein und Bergsteigen 1918–1945, hg. vom
Deutschen Alpenverein, vom Oesterreichischen Alpenverein und vom Alpenverein Südtirol, Köln-Weimar-Wien
2011; Martin Achrainer: „So, jetzt sind wir ganz unter uns!“
Antisemitismus im Alpenverein: https://www.alpenverein.at/
portal_wAssets/docs/museum-kultur/Archiv-Dokumente/
Archiv-Dokumente-Texte/Achrainer-Antisemitismus-im-
Alpenverein.pdf (17.11.2016); Klaus Kundt: „Juden und
Mitglieder der Sektion Donauland unerwünscht“. Gedenkstättenrundbrief 117, S. 19–28: https://www.gedenkstaetten
forum.de/nc/gedenkstaetten-rundbrief/rundbrief/news/juden
_und_mitglieder_der_sektion_donauland_unerwuenscht/
(22.6.2018).

288 Kundt: „Juden und Mitglieder der Sektion Donauland
unerwünscht“. Gedenkstättenrundbrief 117: https://www.
gedenkstaettenforum.de/nc/gedenkstaetten-rundbrief/
rundbrief/news/juden_und_mitglieder_der_sektion_donau
land_unerwuenscht/ (22.6.2018).

289 Kundt: „Juden und Mitglieder der Sektion Donauland
unerwünscht“. Gedenkstättenrundbrief 117: https://www.
gedenkstaettenforum.de/nc/gedenkstaetten-rundbrief/
rundbrief/news/juden_und_mitglieder_der_sektion_donau
land_unerwuenscht/ (22.6.2018); Der Deutsche Alpenverein
(DAV) hat mit der Aufarbeitung seiner antisemitischen Vergangenheit begonnen: http://www.gedenkstaettenforum.de/
nc/gedenkstaetten-rundbrief/rundbrief/news/juden_
und_mitglieder_der_sektion_donauland_unerwuenscht/
(17.11.2016).

290 Foto Wikimedia commons: https://commons.wikimedia.org/
wiki/Category:Friesenberghaus#/media/File:Friesenberg
haus_Gedenktafel.jpgwiderstand

291 Mail Peter Scheulen, 7.2.2013 mit Anhang: Aus der Götzner Heimatmappe; TN, 3.6.1957, S. 4; Verein Freunde der
Wallfahrtskirche Götzens (Hg.): Im Gewöhnlichen außergewöhnlich gut. Der selige Pfarrer Otto Neururer (1882–1940).
Eine Dokumentation in Wort und Bild, Innsbruck o.J. (2004)
o.S.

292 Ablichtung aus Erich Fein: Die Steine reden. Gedenkstätten
des österreichischen Freiheitskampfes. Mahnmale für die
Opfer des Faschismus. Eine Dokumentation, Wien 1975,
S. 268.

293 Foto: https://commons.wikimedia.org/wiki/
Category:Pfarrkirche_Hl._Peter_und_Paul_
(G%C3%B6tzens)?uselang=de#/media/File:Erinnerungen_
an_den_seligen_Otto_Neururer.jpg (30.3.2018).

294 TN, 3.6.1957, S. 4; Mail Peter Scheulen, 11.11.2018.

295 Mail Peter Scheulen, 7.2.2013 mit Anhang: Aus der Götzner
Heimatmappe.

unitas-ruhrania.org/index.php?page=303&printview=1
(10.12.2016).

296 Ebd.
297 Götzner Gemeindebote, Juli 1977, S. 9f, hier S. 10.
298 Mail Peter Scheulen, 7.2.2013 mit Anhang: Aus der Götzner Heimatmappe; Bezirksblatt Innsbruck-Land 8–9 (1977), S. 9.
299 Kirche. Wochenblatt für die Diözese Innsbruck, 1.12.1996, S. 6; Götzner Gemeindebote, Dezember 1996, S. 3.
300 Götzner Gemeindebote 82 (1996), S. 3.
301 Kirche. Wochenblatt für die Diözese Innsbruck, 1.12.1996, S. 6; TT, 16.12.1996 (Chronik Innsbruck), S. 10.
302 Götzner Gemeindebote 82 (1996), S. 3.
303 http://www.dibk.at/Meldungen/20-Jahre-Seligsprechung-Otto-Neururer-im-November (1.4.2018).
304 Mail Peter Scheulen, 17.3.2017 mit Anhang: Manuel Schmid: Gedanken zum Denkmal für den Seligen Pfarrer Otto Neurirer in Götzens.
305 http://www.meinbezirk.at/hall-rum/gedanken/otto-neururer-goetzens-gedenkt-des-maertyrers-d1357366.html, http://www.meinbezirk.at/westliches-mittelgebirge/lokales/mozart-requiem-zum-finalen-neururer-gedenkfeier-hoehepunkt-d1368989.html, http://www.meinbezirk.at/westliches-mittelgebirge/lokales/ein-denkmal-fuer-den-seligen-maertyrer-d1367053.html,
306 Bezirksblatt Innsbruck-Land 8–9 (1977), S. 9.
307 Gisela Hormayr: „Wenn ich wenigstens von euch Abschied nehmen könnte". Letzte Briefe und Aufzeichnungen von Tiroler NS-Opfern aus der Haft, Innsbruck-Wien-Bozen 2017, S. 229–232; Achrainer u.a.: Porträts zum Widerstand in Tirol, in: Schreiber/Grüner (Hg.): Das Befreiungsdenkmal in Innsbruck, S. 84; http://www.eduard-wallnoefer-platz.at/biografie/Walter+Krajnc/52qqq und https://www.oecv.at/Biolex/Detail/14101280 (12.5.2017).
308 Mail Alexander Zanesco, Archivar der Stadt Hall, 11.5.2017.
309 Werner Kunzenmann (Redaktion): Pater Jakob Gapp SM. Ein Märtyrer des Glaubens, Innsbruck 1996; Josef Levit: Pater Jakob Gapp SM. Ein Märtyrer des Glaubens. Dokumentation, Greisinghof bei Tragwein 1996; Hormayr: Opfer des katholisch-konservativen Widerstands in Tirol, S. 76–81; Achrainer u.a.: Porträts zum Widerstand in Tirol, in: Schreiber/Grüner (Hg.): Das Befreiungsdenkmal in Innsbruck, S. 73f; http://jakob-gapp.zurerinnerung.at/ (25.5.2018).
310 Gertrude Enderle-Burcel/Johannes Kraus (Mitarbeiter): Christlich – ständisch – autoritär. Mandatare im Ständestaat 1934–1938. Biographisches Handbuch der Mitglieder des Staatsrates, Bundeskulturrates, Bundeswirtschaftsrates und Länderrates sowie des Bundestages, hg. vom DÖW, Wien 1991, S. 80f; Hansjörg Sailer: Josef Anton Geiger 1880–1945. Leben und Wirken des Karröster Expositus nach seiner ‚Chronik der Seelsorge Karrösten' und dem ‚Tagebuch' Johann Waldharts, Innsbruck Diplomarbeit 2005; Hormayr: Opfer des katholisch-konservativen Widerstandes in Tirol, S. 65–67.
311 Hormayr: Opfer des katholisch-konservativen Widerstandes in Tirol, S. 158–160.
312 Ebd., S. 130, 134f, 257–259; Online-Datenbank. De Gruyter. Anklage 6J 158/44g und Urteil 5H 96/44, 5H 100/44 -- 6J 158/44g, 6J 165/44g; Achrainer u.a.: Porträts zum Widerstand in Tirol, in: Schreiber/Grüner (Hg.): Das Befreiungsdenkmal in Innsbruck, S. 90f.
313 Heimo Halbrainer/Gerald Lamprecht: Nationalsozialismus in der Steiermark. Opfer. Täter. Gegner, Innsbruck-Wien-Bozen 2015, S. 335–337; Hormayr: Opfer des katholisch-konservativen Widerstands in Tirol, S. 122–125.
314 Hormayr: Opfer des katholisch-konservativen Widerstands in Tirol, S. 146–150; Achrainer u.a.: Porträts zum Widerstand in Tirol, in: Schreiber/Grüner (Hg.): Das Befreiungsdenkmal in Innsbruck, S. 102f; https://www.franz-reinisch.org/ (4.11.2018).
315 Hormayr: Opfer des katholisch-konservativen Widerstands in Tirol, S. 150.
316 Jahresbericht 1982/83 des Öffentlichen Gymnasiums der Franziskaner Hall in Tirol, S. 67; Mail Paul Torggler, 27.5.2016; http://www.gfluer.at/dachle/sdachleAusgabe4.pdf (9.2.2017); http://www.gfluer.at/chronik.html (9.2.2017); http://sterbebilder.schwemberger.at/picture.php?/70978 (9.2.2017).
317 Jahresbericht 1982/83 des Öffentlichen Gymnasiums der Franziskaner Hall in Tirol, S. 67; Gerhard Sailer: Gegen das Vergessen, in: Jahresbericht 2004/05 des Öffentlichen Gymnasiums der Franziskaner Hall in Tirol, S. 16; Mail Br. Pascal Hollaus OFM, 8.6.2016; Mail Paul Torggler, 27.5.2016.
318 Jahresbericht 1982/83 des Öffentlichen Gymnasiums der Franziskaner Hall in Tirol, S. 67; Sailer: Gegen das Vergessen, in: Jahresbericht 2004/05 des Öffentlichen Gymnasiums der Franziskaner Hall in Tirol, S. 16; Stadtzeitung. Amtliche Mitteilungen und Neues aus Hall, 8.7.2004, S. 4.
319 Oliver Seifert: Das Schicksal der PatientInnen der Heil- und Pflegeanstalt Hall in Tirol in den Jahren 1942 bis 1945, in: Horst Schreiber u.a. (Hg.): Gaismair-Jahrbuch 2017, Innsbruck-Wien-Bozen 2016, S. 118–128, hier S. 123.
320 Ebd., S. 123–125.
321 Zit. n. Caterina Molzer-Sauper: Ruhet in Frieden, in: eco. nova 1 (2015), S. 50–52, hier S. 51f.
322 Bischof Manfred Scheuer, Redemanuskript: Wir gedenken der am ehemaligen Anstaltsfriedhof in den Jahren 1942–1945 beerdigten Patientinnen und Patienten. Psychiatrie LKH Hall, 8. November 2015: http://dioezesefiles.x4content.com/page-downloads/hall2015.pdf (11.11.2018).
323 Siehe Lechner/Sommerauer/Stepanek: Beiträge zur Geschichte der Heil- und Pflegeanstalt Hall in Tirol im Nationalsozialismus und zu ihrer Rezeption nach 1945; Bertrand Perz u.a. (Hg.): Schlussbericht der Kommission zur Untersuchung der Vorgänge um den Anstaltsfriedhof des Psychiatrischen Krankenhauses in Hall in Tirol in den Jahren 1942 bis 1945, Innsbruck 2014; Oliver Seifert: Leben und Sterben in der Heil- und Pflegeanstalt Hall in Tirol 1942 bis 1945. Zur Geschichte einer psychiatrischen Anstalt im Nationalsozialismus, Innsbruck 2016; Mail Oliver Seifert, 22.6.2016.
324 Zit. n. Molzer-Sauper: Ruhet in Frieden, in: eco.nova 1 (2015), S. 52; Seifert: Das Schicksal der PatientInnen der Heil- und Pflegeanstalt Hall in Tirol, in: Schreiber u.a. (Hg.): Gaismair-Jahrbuch 2017, S. 118–128.
325 Imster Woche, 28.5.1993.
326 Chronologie des Lassiger Brunnens und weitere Erläuterungen, zur Verfügung gestellt im Mail Franz Treffner, 7.2.2018.
327 Kirche. Wochenblatt für die Diözese Innsbruck, 24.3.1996, S. 5; Imster Woche, 28.5.1993.
328 TT, 30.10.1996.
329 Mail Elmar Peintner, 7.2.2018.
330 http://www.tirisdienste.at/MoApp/pdf/Kunst/74370.pdf (1.3.2018).
331 http://www.osk.at/Kriegsgraeber/KG_Tir/Tir_neu_IBK_Amras.html (2.4.2018).
332 Das Österreichische Schwarze Kreuz, Landesverband Tirol, Major d.R. Waldemar Güttner: Der Kriegerfriedhof Innsbruck-Amras, o. J.
333 Österreichisches Schwarzes Kreuz. Kriegsgräberfürsorge. Mitteilungen und Berichte 3 (1986), S. 30.
334 http://www.ausstellung-zwangsarbeit.org/die-ausstellung/der-lange-weg/der-umgang-mit-den-toten/ (10.5.2017; inzwischen vom Netz genommen).
335 Oswald von Gschliesser: Tirol – Österreich. Gesammelte Aufsätze zu deren Geschichte, Innsbruck 1965 (Schlern-Schriften 238), S. 185.
336 Dankenswerterweise übersetzt von Marko Lukic.

337 Gschliesser: Tirol – Österreich, S. 186.

338 Franz-Heinz Hye: Zur Geschichte des Amraser Krieger-friedhofs an der Wiesengasse, in: Amraser Bote, 20.12.1981, S. 1–5, hier S. 5.

339 Joachim Weninger/Heinz Arnberger: Sowjetische Kriegsgrä-beranlagen, in: Arnberger/Kuretsidis-Haider (Hg.): Gedenken und Mahnen in Niederösterreich, S. 587–635.

340 http://www.tirisdienste.at/MoApp/pdf/Kunst/74373.pdf (12.4.2018); Gschliesser: Tirol – Österreich, S. 185.

341 Ein Foto des Gedenksteins ist auf Seite 265 abgelichtet in der Dokumentation von Erich Fein: Die Steine reden, die 1975 erschien.

342 Albrich: Jüdisches Leben in Nord- und Südtirol nach der Shoa, in: Albrich (Hg.): Jüdisches Leben im historischen Tirol. Band 3, S. 483.

343 Die Angaben beziehen sich im Folgenden auf http://www.eduard-wallnoefer-platz.at/befreiungsdenkmal/widerstandskampfer-biographien (15.8.2018).

344 Horst Schreiber: Freigelegte Erinnerungslandschaft und urbaner Begegnungsraum. Die Sicht des Historikers auf den neu gestalteten Eduard-Wallnöfer-Platz, in: Schreiber/Grüner (Hg.): Das Befreiungsdenkmal in Innsbruck, S. 45–51, hier S. 50.

345 Otto Molden: Der Ruf des Gewissens. Der österreichische Freiheitskampf 1938–1945. Beiträge zur Geschichte der österreichischen Widerstandsbewegung, Wien 1958.

346 Schreiber: Widerstand und Erinnerung in Tirol, S. 135.

347 Ebd., S. 130–150; Molden: Der Ruf des Gewissens.

348 StAI, Niederschrift der Innsbrucker Gemeinderatssitzung, 31.3.1978, S. 445f.

349 Ebd., S. 451.

350 Ebd., 24.5.1978, S. 574.

351 Ebd., 31.5.1979, S. 210.

352 Ebd., S. 211.

353 Ebd., 22.11.1979, S. 543f.

354 Ebd., 29.5.1980, S. 269. Siehe auch die Beilage Vorschläge für die Benennung von Brücken, Promenaden und Straßen, April 1980.

355 Ebd., 16.10.1980, S. 464–468; Schreiber: Franz Mair, S. 121f, 128.

356 Schreiber: Franz Mair, S. 129.

357 Horst Schreiber: Wirtschafts- und Sozialgeschichte der Nazizeit in Tirol, Innsbruck 1994, S. 238f.

358 Foto: https://klavierzimmer.files.wordpress.com/2008/01/kzmahnmalreichenau.jpg (11.11.2018).

359 Thomas Albrich: Ein KZ der Gestapo. Das Arbeitserziehungslager Reichenau bei Innsbruck, in: Klaus Eisterer (Hg.): Tirol zwischen Diktatur und Demokratie (1930–1950). Beiträge für Rolf Steininger zum 60. Geburtstag, Innsbruck-Wien-Bozen 2002, S. 77–113; Johannes Breit: Das Gestapo-Lager Innsbruck-Reichenau. Geschichte – Aufarbeitung – Erinnerung, Innsbruck 2017; Schreiber: Nationalsozialismus und Faschismus in Tirol und Südtirol, S. 195–208.

360 StAI, Niederschrift der Innsbrucker Gemeinderatssitzung, 24.10.1968, S. 747f.

361 Ebd., 20.10.1971, S. 736f.

362 Ebd., 4.10.1972, S. 607.

363 Ebd., 8.11.1972, S. 685f.

364 TT, 27.10.1972, S. 3 und 28.10.1972, S. 4; Der neue Mahnruf. Zeitschrift für Freiheit, Recht und Demokratie 11 (1972), S. 4.

365 TT, 15./16.8.2015, S. 12.

366 Aus Materialien, die mir dankenswerterweise Matthias Breit überlassen hat; vor allem die Broschüre: deportati via il lager di Reichenau 1944 auf Deutsch.

367 Redemanuskript von Bürgermeisterin Hilde Zach, zur Verfügung gestellt von Matthias Breit; Mail Matthias Breit 31.1.2018; weiters Kurier, 21.5.2008, S. 14; TT, 21.5.2008,

S. 19 (Tirol Lokal Innsbruck Stadt und Land); http://tirv1.orf.at/stories/279157 (31.1.2018).

368 Abgelichtet in Lorraine Justman-Wisnicki: In quest for life – Ave Pax, Xlibris Print on Demand Bloomington 2003.

369 Ebd., S. 311, 318, 321, 371, 434, 436, 440, 447.

370 Paulina Janaszewicz, geboren 1933, scheint als Häftling in Bergen-Belsen auf: https://www.ushmm.org/online/hsv/person_view.php?PersonId=3336161 (25.7.2018).

371 http://db.yadvashem.org/righteous/family.html?language=en&itemId=4016506 (25.7.2018).

372 Seine Tochter Lorraine füllte zwei Mal ein Gedenkblatt für die Holocaust-Gedenkstätte Yad Vashem in Jerusalem aus. 1975 gab sie als Geburtsjahr ihres Vaters wie auf dem Grabstein 1897 an, drei Jahre später jedoch angeblich 1894. Es ist anzunehmen, dass es sich um einen Schreibfehler handelt. http://yvng.yadvashem.org/index. html?language=de&s_lastName=justman&s_firstName=jakob&s_place=&s_dateOfBirth=&s_inTransport= (25.7.2018).

373 Zusammengestellt nach Justman-Wisnicki: In quest for life; siehe auch Achrainer u.a.: Porträts zum Tiroler Widerstand, in: Schreiber/Grüner (Hg.): Das Befreiungsdenkmal in Innsbruck, S. 82f; Thomas Albrich: Die Jahre der Verfolgung und Vernichtung unter der Herrschaft des Nationalsozialismus und Faschismus 1938 bis 1945, in: Albrich (Hg.): Jüdisches Leben im historischen Tirol. Band 3, S. 187–356, hier S. 349f; Albrich: Jüdisches Leben in Nord- und Südtirol nach der Shoah, in: Albrich (Hg.): Jüdisches Leben im historischen Tirol. Band 3, S. 409.

374 Julia König: Ilse Brüll: „Ich gehe zu Annemarie und Evi." Ihr Leben, ihre Flucht und ihr Tod in Auschwitz, in: Thomas Albrich (Hg.): Wir lebten wie sie. Jüdische Lebensgeschichten aus Tirol und Vorarlberg, Innsbruck ²2000, S. 199–216; Michael Guggenberger: „Ihr Feiglinge! Eine wehrlose Frau angreifen!" Die Überfälle auf die Familien Brüll: erscheint 2019 auf www.erinnern.at.

375 Horst Schreiber: Heinz Mayer: Obmann des „Bundes der Opfer des politischen Freiheitskampfes in Tirol", in: Lisa Gensluckner u.a. (Hg.): Gaismair-Jahrbuch 2002, Innsbruck-Wien-München-Bozen 2001, S. 25–38, hier S. 25; http://www.hohenemsgenealogie.at/gen/getperson.php?personID=I3268&tree=Hohenems (22.7.2018).

376 http://www.hohenemsgenealogie.at/gen/ahnentafel.php?personID=I3179&tree=Hohenems&parentset=&generations=&tngmore=1 und http://www.hohenemsgenealogie.at/gen/getperson.php?personID=I3201&tree=Hohenems (23.5.2017); http://www.doew.at: Opferdatenbank (23.5.2017).

377 Michael Guggenberger: „Was wollen Sie von mir? Ich habe Ihnen nichts getan!" Die Überfälle auf die Familien Pasch, Seidl-Neumann und Goldenberg: erscheint 2019 auf www.erinnern.at; Albrich: Jüdisches Leben in Nord- und Südtirol nach der Shoa, in: Albrich (Hg.): Jüdisches Leben im historischen Tirol. Band 3, S. 446f; http://www.hohenemsgenealogie.at/gen/getperson.php?personID=I3355&tree=Hohenems (23.7.2018).

378 Horst Schreiber/Irmgard Bibermann: Von Innsbruck nach Israel. Der Lebensweg von Erich Weinreb / Abraham Gafni. Mit einem historischen Essay über jüdisches Leben in Tirol, Innsbruck-Wien-Bozen 2014, S. 151; http://www.hohenemsgenealogie.at/gen/getperson.php?personID=I3735 und http://www.hohenemsgenealogie.at/gen/getperson.php?personID=I3733&tree=Hohenems (23.7.2018).

379 Albrich: Jüdisches Leben in Nord- und Südtirol nach der Shoa, in: Albrich (Hg.): Jüdisches Leben im historischen Tirol. Band 3, S. 483.

380 Ebd., S. 416.

381 Sabine Albrich-Falch: Jüdisches Leben in Nord- und Südtirol von Herbst 1918 bis Frühjahr 1938, in: Albrich (Hg.): Jüdisches Leben im historischen Tirol. Band 3, S. 11–186,

hier S. 78–82; Albrich: Jüdisches Leben in Nord- und Südtirol nach der Shoa, in: Albrich (Hg.): Jüdisches Leben im historischen Tirol. Band 3, S. 409–416, 452–457, 460–462; Thomas Albrich (Hg.): Judenbichl. Die jüdischen Friedhöfe in Innsbruck, Innsbruck-Wien 2010; Sabine Pitscheider: Irma Krug-Löwy: „Im großen und ganzen haben sie mir nichts getan ...". Überleben in einer „privilegierten Mischehe", in: Albrich (Hg.): Wir lebten wie sie, S. 289–306.

382 Innsbrucker Stadtnachrichten. Offizielles Mitteilungsblatt der Landeshauptstadt 10 (1981), S. 4.

383 Albrich-Falch: Jüdisches Leben in Nord- und Südtirol von Herbst 1918 bis Frühjahr 1938, in: Albrich (Hg.): Jüdisches Leben im historischen Tirol. Band 3, S. 103; Albrich: Die Jahre der Verfolgung und Vernichtung, in: Albrich (Hg.): Jüdisches Leben im historischen Tirol. Band 3, S. 234f, 293; Albrich: Jüdisches Leben in Nord- und Südtirol nach der Shoa, in: Albrich (Hg.): Jüdisches Leben im historischen Tirol. Band 3, S. 380, 449f, 457, 472, 474; TT, 22.3.1994, S. 4; http://www.ikg-innsbruck.at/synagoge/ (22.6.2017).

384 Albrich (Hg.): Jüdisches Leben im historischen Tirol. Band 3, S. 161f; Michael Guggenberger: „Mein Mann, der leidend war, brach gelähmt zusammen". Rohe Gewalt gegen Ing. Josef Adler, Stefan Bauer und ihre Familien: erscheint 2019 auf www.erinnern.at.

385 Michael Guggenberger: „Schauen Sie sich die Häuser an, ob sie für uns zu brauchen sind, wir brauchen Villen!" Die Morde der SS an Dr. Wilhelm Bauer und Ing. Richard Graubart: erscheint 2019 auf www.erinnern.at.

386 Albrich (Hg.): Jüdisches Leben im historischen Tirol. Band 3, S. 161f; Michael Guggenberger: „Nehmt einen Stein!" Der Auftragsmord an Ing. Richard Berger: erscheint 2019 auf www.erinnern.at.

387 Michael Guggenberger: „Schauen Sie sich die Häuser an, ob sie für uns zu brauchen sind, wir brauchen Villen!" Die Morde der SS an Dr. Wilhelm Bauer und Ing. Richard Graubart: erscheint 2019 auf www.erinnern.at.

388 Zum Novemberpogrom, den Opfern und Tätern siehe generell Thomas Albrich (Hg.): Die Täter des Judenpogroms 1938 in Innsbruck, Innsbruck 2016; Albrich (Hg.): Jüdisches Leben im historischen Tirol. Band 3; Thomas Albrich/Michael Guggenberger: „Nur selten steht einer dieser Novemberverbrecher vor Gericht". Die strafrechtliche Verfolgung der Täter der so genannten „Reichskristallnacht" in Österreich, in: Thomas Albrich/Winfried R. Garscha/Martin F. Polaschek (Hg.): Holocaust und Kriegsverbrechen vor Gericht. Der Fall Österreich, Innsbruck-Wien-Bozen 2006, S. 26–56; Michael Gehler: Murder on Command. The Anti-Jewish Pogrom in Innsbruck 9th-10th November 1938, in: Leo Baeck Institute Yearbook XXXVIII (1993), London-Jerusalem-New York, S. 119–153; Michael Gehler: Spontaner Ausdruck des „Volkszorns"? Neue Aspekte zum Innsbrucker Judenpogrom vom 9. und 10. November 1938, in: zeitgeschichte 1/2 (1990/91), S. 2–21; Horst Schreiber (Hg.): Von Bauer & Schwarz zum Kaufhaus Tyrol, Innsbruck-Wien-Bozen 2010; http://november pogrom1938.at/ (8.8.2016).

389 Zit. n. Albrich: Die Jahre der Verfolgung und Vernichtung, in: Albrich (Hg.): Jüdisches Leben im historischen Tirol. Band 3, S. 232.

390 Siehe im Folgenden Dolomiten, 9.6.1997, S. 16; TT, 30.5.1997, S. 5 und 9.6.1997, S. 5.

391 Kirche. Wochenblatt für die Diözese Innsbruck, 15.6.1997, S. 16.

392 http://www.eduard-wallnoefer-platz.at/pogromdenkmal/pogromdenkmal-ubersichtmein (8.8.2016).

393 StAI, Niederschrift der Innsbrucker Gemeinderatssitzung, 29.5.1980, S. 269.

394 Ebd., S. 270.

395 Albrich (Hg.): Die Täter des Judenpogroms 1938 in Innsbruck, S. 93–98 (Thomas Kühne: SS-Obersturmführer Dr. Gerhard Lausegger).

396 Zit. n. Sophia Reisecker/Helmut Muigg: Das Suevia-Denkmal in Innsbruck: Stationen einer „Entnazifizierung" im 21. Jahrhundert, in: Horst Schreiber/Martin Haselwanter/Elisabeth Hussl (Hg.): Gaismair-Jahrbuch 2017, Innsbruck-Wien-Bozen, S. 174–185, hier S. 183.

397 Ebd., S. 183f.

398 https://poschenker.files.wordpress.com/2015/03/050365 wa-la-conversion-d-edith-stein.jpg (1.5.2018).

399 http://www.kath.net/news/4448 (11.2.2018).

400 http://religionv1.orf.at/projekt02/news/0302/ne030219_stein_fr.htm (11.2.2018).

401 https://www.heiligenlexikon.de/BiographienE/Edith_Stein.html (22.3.2017).

402 StAI, Niederschrift der Innsbrucker Gemeinderatssitzung, 29.5.1980, S. 269.

403 Schreiber: Franz Mair, S. 121; https://www.galerieimtaxis-palais.at/fileadmin/archiv_1999-2008/ausstellungen/kaligofsky/kaligofsky_rundgang.htm (22.3.2017).

404 StAI, Niederschrift über die Innsbrucker Gemeinderatssitzung, 13.11.1980, S. 510. PA Niko Hofinger, Protokoll über die Sitzung der Arbeitsgemeinschaft vaterlandstreuer Verbände Tirols, 4.10.1982.

405 Zit. n. TT, 29.4.2004, S. 15.

406 Innsbruck informiert 6 (2004), S. 13.

407 Zit. n. http://derstandard.at/1650038/Innsbruck-Jugendliche-erinnern-an-ermordete-Schuelerin (6.2.2017).

408 Niederschrift über die Innsbrucker Gemeinderatssitzung, 9.12.2010, S. 686f, https://www.innsbruck.gv.at/page.cfm?vpath=buergerinnen--politik/gemeinderat/gemeinde ratssitzungen&genericpageid=5063 (11.2.2018).

409 Siehe Schreiber (Hg.): Von Bauer & Schwarz zum Kaufhaus Tyrol.

410 Horst Schreiber: Die Gedenknische im Kaufhaus Tyrol: kommerzialisierte Inszenierung statt würdevoller Erinnerung, in: Schreiber u.a. (Hg.): Gaismair-Jahrbuch 2017, S. 186–194.

411 Schreiber: Heinz Mayer", in: Gensluckner u.a. (Hg.): Gaismair-Jahrbuch 2002, S. 25–38.

412 Pitscheider: Irma Krug-Löwy, in: Albrich (Hg.): Wir lebten wie sie, S. 289–306.

413 Ebd., S. 35.

414 Zu Mayer siehe auch Albrich (Hg.): Jüdisches Leben im historischen Tirol. Band 3, S. 447–449.

415 http://www.original-magazin.at/04_ausgabe/Ausgab04.pdf und http://www.vinzenzgemeinschaften-tirol.at/aktuelles/gedenkfeier-70-jahre-widerstand/ (12.11.2016).

416 Sabine Pitscheider: Gänsbacherstraße 4: „Arisierung" und Restitution. Studie erstellt im Auftrag des Diakonischen Vereins Tirol 2015: http://www.studentenwohnheim-saggen.at/fileadmin/userdaten/dokumente/StudieUnikorr2015.pdf, S. 7 (18.8.2017).

417 Die Hohenems Genealogie gibt als Todesjahr für Gerda Bauer, verheiratete Schoenfeld, und Alois Bauer 1977 bzw. 1981 an. Gerda Schoenfeld selbst erzählt, dass ihre Mutter mit 82 Jahren verstarb und es kaum überwinden konnte, dass ihr Sohn Alois ein Jahr vor ihr verschied. AHC interview with Gerda Anna Schoenfeld, 2.6.2008: http://digital.cjh.org/R/5LNG1CPRUTP6TRYD4BB83TFLEJPLKIHUETGL UD77TJQVLIHPGQ-04125?func=dbin-jump-full&object%5 Fid=1247312&local%5Fbase=GEN01&pds_handle=GUEST (25.4.2018).

418 Pitscheider: Gänsbacherstraße 4: http://www.studenten wohnheim-saggen.at/fileadmin/userdaten/dokumente/StudieUnikorr2015.pdf, S. 7 (18.8.2017); Schreiber (Hg.), Von Bauer & Schwarz zum Kaufhaus Tyrol, S. 114–117, 129;

http://www.libertyellisfoundation.org/show-manifest-big-image/czoxOToiMDA0ODc5NjczXzAwMzkyLmpwZyI7/2 (18.8.2017); AHC interview with Gerda Anna Schoenfeld, 2.6.2008: http://digital.cjh.org/R/5LNG1CPRUTP6TRYD4BB83 TFLEJPLKIHUETGLUD77TJQVLIHPGQ-04125?func= dbin-jump-full&object%5Fid=1247312&local%5Fbase=GE N01&pds_handle=GUEST (25.4.2018); Michael Guggenberger: „Nur „bärig hergeschlagen"? Karl Bauer überlebt den Anschlag des SS-Mordkommandos Schintlholzer: erscheint 2019 auf www.erinnern.at.

419 https://evang.at/innsbruck-studentinnen-wohnheim-saggen-gedenkt-der-geschichte-des-hauses/ (18.8.2017).

420 Ebd.

421 StAI, Niederschrift der Innsbrucker Gemeinderatssitzung, 22.11.1979, S. 543f.

422 Zit. n. ebd., S. 544.

423 Zit. n. ebd., 24.1.1980, S. 51f.

424 Ebd., 28.7.1983, S. 795f.

425 Mail Hannelore Steixner, Archivarin des Stiftsarchivs Stams, 19.7.2017.

426 4. Österreichischer Rundbrief des P. Franz Reinisch-Fonds, Österreichischer Freundeskreis, Walter Schwarz, 15.11.1983, zur Verfügung gestellt im Mail Angela Marlier, 25.4.2017.

427 P. Klaus Brantzen, Schönstatt-Männerliga Vallendar, an Walter Schwarzer, 3.1.1983, zur Verfügung gestellt im Mail Angela Marlier, 25.4.2017; Mail Klemens Halder, Archivar des Stiftarchivs Stams, 3.5.2017.

428 StAI, Niederschrift über die Innsbrucker Gemeinderatssitzung, 24.1.1980, S. 51. 1977 berichtete darüber das Kirchenblatt für Tirol, 23.10.1977, S. 3.

429 Hannelore Steixner, Archivarin des Stiftsarchivs Wilten, 19.4.2017.

430 Mail Klemens Halder, Archivar von Stift Stams, 20.5.2017.

431 Ebd.; weiters http://www.franz-reinisch.org/reinisch-reise/ (4.5.2017).

432 PA Niko Hofinger: Hofrat Mag. Dr. Walter Schwarzer, Träger des großen Ehrenzeichens für Verdienste um die Republik Österreich, des Ehrenzeichens für die Verdienste um die Befreiung Österreichs, der Verdienstmedaille des Landes Tirol und vieler anderer Auszeichnungen, war Gründungsmitglied der Arbeitsgemeinschaft vaterlandstreuer Verbände Tirols und Bundesehrenobmann der Österreichischen Gemeinschaft. Die Arbeitsgemeinschaft gab am 28. Jänner 1985 seinen Tod bekannt.

433 Mail Br. Robert Müller CSsR, 21.4.2017; weiters Mail Angela Marlier, 21.4. und 24.4.2017.

434 https://www.oecv.at/Biolex/Detail/12100697 und https://www.parlament.gv.at/WWER/PAD_00216/index.shtml (21.4.2017).

435 Mail Christoph Haidacher, Archivar der KÖHV Leopoldina, 10.5.2017.

436 https://www.oecv.at/Biolex/Detail/50300001 (20.7.2018).

437 Mail Christoph Haidacher, Archivar der KÖHV Leopoldina, 10.4.2018.

438 StAI, Niederschrift der Innsbrucker Gemeinderatssitzung 29.5.1980, S. 269.

439 Innsbruck informiert 7/8 (1997), S. 16; Kirche. Wochenblatt für die Diözese Innsbruck, 25.5.1997, S. 2 und 8.6.1997, S. 3.

440 Kirche. Wochenblatt für die Diözese Innsbruck, 1.12.1996, S. 6 und 8.12.1996, S. 5; http://www.priesterseminar-innsbruck.at/de/haus/neururerkapelle.php (10.4.2017).

441 https://de.wikipedia.org/wiki/Datei:Innsbruck-Priesterseminar-Neururerhaus.JPG (12.9.2018).

442 http://www.innsbruckinformiert.at/blitzlicht/2015/juli/080715_neururer-kapelle/ (12.12.2016).

443 Foto offizieller Download Website Diözese Innsbruck.

444 Hormayr: Opfer des katholisch-konservativen Widerstands in Tirol, S. 151–157; Hormayr: Letzte Briefe und Aufzeichnungen von Tiroler NS-Opfern aus der Haft, S. 233–241; zu den Briefen von Carl Lampert: https://www.kath-kirche-vorarlberg.at/organisation/archiv/artikel/carl-lamperts-briefe (10.6.2018); Literatur zu Carl Lampert: https://www.kath-kirche-vorarlberg.at/themen/carl-lampert-erinnern/literatur (10.6.2018).

445 Mail Martin Kapferer, Archivar der Diözese Innsbruck, 29.3.2018.

446 http://www.dibk.at/Meldungen/Veranstaltungen-zur-Seligsprechung-von-Carl-Lampert; http://www.dibk.at/Meldungen/Gedenkstaette-fuer-Lampert-bei-Dankgottesdienst-eingeweiht (21.2.2017).

447 Sowohl der Domprobst und Mitarbeiter der Diözese als auch das Diözesanarchiv Innsbruck wurden nicht fündig.

448 Mail Gilbert Rosenkranz, 29.8.2018.

449 https://www.meinbezirk.at/hall-rum/gedanken/gedenken-an-den-seligen-carl-lampert-d749863.html (19.4.2017).

450 Hormayr: Opfer des katholisch-konservativen Widerstands in Tirol, S. 209f, 216f; Ludwig Steiner: Der Botschafter. Ein Leben für Österreich, Bozen 2005; http://www.doew.at/neues/archiv-2015/ludwig-steiner-1922–2015 und http://www.meinbezirk.at/innsbruck/politik/land-tirol-errichtete-eine-gedenktafel-an-der-pfarrkirche-mariahilf-fuer-ludwig-steiner-d1808297.html (15.5.2017) sowie https://www.oecv.at/Biolex/Detail/10400837 (15.5.2017).

451 Hormayr: Opfer des katholisch-konservativen Widerstands in Tirol, S. 81–86.

452 Ebd.; Achrainer u.a.: Porträts zum Widerstand in Tirol, in: Schreiber/Grüner (Hg.): Das Befreiungsdenkmal in Innsbruck, S. 112; Johann Holzner/Anton Pinsker/Johann Reiter/Helmut Tschol: Zeugen des Widerstandes. Eine Dokumentation über die Opfer des Nationalsozialismus in Nord-, Ost- und Südtirol von 1938 bis 1945, Innsbruck 1977, S. 95–97; http://www.biographien.ac.at/oebl/oebl_S/Steinmayr_Johann_1890_1944.xml (20.4.2017).

453 Hormayr: Opfer des katholisch-konservativen Widerstands in Tirol, S. 46, 86–89; Holzner u.a.: Zeugen des Widerstandes, S. 88–91; http://www.biographien.ac.at/oebl/oebl_S/Schwingshackl_Johann_1887_1945.xml (20.4.2017).

454 Siehe Holzner u.a.: Zeugen des Widerstandes.

455 Mail Rudolf Kerschbaumer, 6.2.2018.

456 Katholisches Sonntagsblatt. Kirchenzeitung der Diözese Bozen-Brixen, 23.6.1985, S. 7.

457 Mail Christian Marte, 14.6.2018.

458 Martha Verdorfer: Die Geschichte des Josef Mayr-Nusser, in: Gabriele Rath/Andrea Sommerauer/Martha Verdorfer (Hg.): Bozen Innsbruck. zeitgeschichtliche stadtrundgänge, Bozen 2000, S. 69–73; TT, 19.3.2017, S. 20f; http://www.kath.net/news/55902 (24.5.2017).

459 StAI, Niederschrift über die Gemeinderatssitzung, 28.2.1985, S. 262.

460 Ebd., S. 263.

461 Ebd., Niederschrift über die Gemeinderatssitzung, 27.2.1986, S. 260.

462 Ebd., Niederschrift über die Gemeinderatssitzung, 26.6.1986, S. 940–943.

463 TT, 19.3.2017, S. 20f; http://www.kath.net/news/55902 (24.5.2017).

464 Holzner u.a.: Zeugen des Widerstandes, S. 32–33, 42–43; https://www.oecv.at/Biolex/Detail/10402590 (2.7.2016).

465 StAI, Niederschrift über die Gemeinderatssitzung, 28./29.3.1985, S. 450.

466 Adler im Wandel, in: Leopold-Franzens-Universität (Hg.): zukunft forschung 1 (2018), S. 7.

467 Das Ehrenmal der Universität Innsbruck: https://www.uibk.ac.at/ipoint/dossiers/uni-im-rueckspiegel/976634.html (4.4.2017).

468 Innsbrucker Nachrichten (IN), 5.7.1926, S. 4.

469 Zit. n. Gerhard Oberkofler: Das Innsbrucker Universitätsdenkmal. Ein Gebrauchsgegenstand der Professorenwelt,
in: Das Fenster 70 (2000), S. 6794–6797, hier S. 6794.

470 IN, 5.7.1926, S. 4.

471 Ebd.

472 Michael Gehler: Studenten und Politik. Der Kampf um die
Vorherrschaft an der Universität Innsbruck 1918–1938,
Innsbruck 1990, S. 105.

473 Ebd., S. 107.

474 Ebd., S. 164.

475 Ebd., S. 231.

476 IN, 5.7.1926, S. 4.

477 Universitätsarchiv Innsbruck, Weltkrieg 1914–1918/26,
Gefallene, Kriegerdenkmal 2, Rektor Eduard Reut-Nicolussi
an Kommerzialrat, Oberstlt. a.D. Anton Reiter, Vorsitzender
der Gesellschaft der Freunde und Förderer der Universität
Innsbruck, 22.1.1952 und Rektor an Josef Albrecht,
29.3.1952.

478 Mail von Peter Goller, 6.3.2019.

479 Stefanie Gutschlhofer/Michael Kalb: Erinnerungskultur
und Gedächtnispolitik an der Universität Innsbruck, in:
Österreichische Hochschülerinnen und Hochschülerschaft:
Österreichische Hochschulen im 20. Jahrhundert. Austro-
faschismus, Nationalsozialismus und die Folgen, Wien 2013,
S. 403–414, hier S. 412f.

480 Neue Tiroler Zeitung, 7.11.1984, S. 7; Innsbrucker Stadt-
nachrichten 12 (1984), S. 9; Bernhard Natter: Die Univer-
sität und das Vaterlandsdenkmal, in: Rath/Sommerauer/
Verdorfer (Hg.): Bozen Innsbruck, S. 129–133. Siehe weiters
Peter Goller/Georg Tidl: Jubel ohne Ende. Die Universität
Innsbruck im März 1938. Zur Nazifizierung der Tiroler
Landesuniversität, Wien 2012.

481 Zit. n. Das Ehrenmal der Universität Innsbruck: https://
www.uibk.ac.at/ipoint/dossiers/uni-im-rueckspiegel/976634.
html (4.4.2017). Zur gesamten Rede siehe https://www.uibk.
ac.at/ipoint/dossiers/uni-im-rueckspiegel/rede_horak_1984.
pdf (4.4.2017).

482 Siehe https://www.uibk.ac.at/theol/chronik/ellacuri.html
(4.4.2017). Ellacuría studierte vom Wintersemester 1958/59
bis zum Sommersemester 1962 in Innsbruck, Montes vom
Wintersemester 1961/62 bis zum Sommersemester 1964.

483 TT, 16./17.11.1991, S. 5.

484 Adler im Wandel, in: Leopold-Franzens-Universität (Hg.):
zukunft forschung 1 (2018), S. 7.

485 TT, 12./13.3.1994, Wochenmagazin, S. III und 17.3.1994,
S. 25.

486 Oliver Seifert: „daß alle uns geholten Patienten als gestorben zu behandeln sind …". Die „Euthanasie"-Transporte aus
der Heil- und Pflegeanstalt für Geistes- und Nervenkranke
in Hall in Tirol, in: Sommerauer/Wassermann (Hg.In): Prozesse der Erinnerung, S. 29–77; Oliver Seifert: „Sterben hätten sie auch hier können." Die „Euthanasie" – Transporte
aus der Heil- und Pflegeanstalt Hall in Tirol nach Hartheim
und Niedernhart, in: Brigitte Kepplinger/Gerhart Marckh-
gott/Hartmut Reese (Hg.): Tötungsanstalt Hartheim, Linz
2008, S. 359–410; Hartmann Hinterhuber: Nationalsozialistische Verbrechen an psychisch Kranken und Behinderten,
Innsbruck 1995.

487 Christian Smekal/Hartmann Hinterhuber/Ullrich Meise
(Hg.): Wider das Vergessen. Psychisch Kranke und Behinderte – Opfer nationalsozialistischer Verbrechen. Gedenkschrift der Leopold-Franzens-Universität Innsbruck,
Innsbruck 1997, S. 7.

488 http://www.gugging.at/de/archiv/kuenstler/oswald-tschirtner
(10.9.2016).

489 Kurier, Chronik Tirol, 27.6.1996, S. 12.

490 TT, 10.11.2008, S. 4; https://www.i-med.ac.at/universitaet/
mahnmal.html, https://www.uibk.ac.at/ipoint/dossiers/

archiv-1938–2008-vertriebene-wissenschaft/ und https://
www.uibk.ac.at/universitaetsarchiv/literatur/ (15.5.2017).

491 Vgl. etwa Hauptmann der Schutzpolizei Raimund Saurer,
der im Innsbrucker Soldatenfriedhof Tummelplatz begraben liegt: http://www.denkmalprojekt.org/2012/innsbruck_
tp_wk2_3.html (14.7.2018).

492 IN, 16.10.1936, S. 6.

493 Ernst Verdross-Drossberg, ehemaliger Magistratsdirektor
von Hall in Tirol, zit. n. Hormayr: Opfer des katholisch-
konservativen Widerstands in Tirol, S. 18f.

494 Ebd., Fußnote 14; Mail Gisela Hormayr mit Ausschnitt aus
dem Totenbuch und Abfrage aus der Häftlingsdatei des
Archivs der Gedenkstätte Mauthausen, 14.7.2018.

495 Lorraine Justman-Wisnicki wohnte bei der Witwe von Alois
Lechner, die ihr erzählte, dass ihr Mann zu Tode geprügelt
worden sei. Justman-Wisnicki: In quest for life, S. 221.

496 Siehe http://www.denkmalprojekt.org/2012/innsbruck_tp_
wk2_2.html (14.7.2018).

497 Hormayr: Opfer des katholisch- konservativen Widerstands
in Tirol, S. 215f; Schreiber/Grüner: Das Befreiungsdenkmal
in Innsbruck, S. 92; WiVerf 1, S. 544f, 550f.

498 Wilfried Beimrohr: Die Gestapo in Tirol und Vorarlberg, in:
Tiroler Heimat 64 (2000), S. 183–236.

499 Privatarchiv (PA) Horst Schreiber, GRin Uschi Schwarzl, Die
Innsbrucker Grünen, Dringende Anfrage, 23.3.1998; siehe
auch http://www.erinnern.at/bundeslaender/tirol/unter
richtsmaterial/tirol-in-der-ersten-republik-im-nationalsozia
lismus-und-in-der-nachkriegszeit/12_claudia-rauchegger-
fischer-erinnerungskultur, S. 20 (18.1.2018).

500 Der Standard, 20.6.1998, S. 8.

501 PA Horst Schreiber, Offener Brief der Plattform Adele Obermayr an Landeshauptmann Weingartner, 26.6.1998.

502 Ebd., Offener Brief von Heinz Mayer, Präsident des Bundes der Opfer des politischen Freiheitskampfes in Tirol,
26.6.1998.

503 https://www.univie.ac.at/hypertextcreator/zeitgeschichte/
site/browse.php?arttyp=k&artiid=1010# (18.1.2018).

504 Der Standard, 20.6.1998, S. 8, 26.6.1998, S. 9, 1.7.1998, S. 8,
4.7.1998, S. 9, 1.2.1999, S. 11.

505 Bundesministerium für Justiz (Hg.): Täter – Richter – Opfer.
Tiroler und Vorarlberger Justiz unter dem Hakenkreuz,
Wien 2016; TT, 21.11.2015, S. 6; http://tirol.orf.at/news/
stories/2742971/ (10.3.2017); http://www.tt.com/panorama/
verbrechen/10755291-91/justiz-arbeitet-rolle-in-ns-zeit-auf.
csp (10.3.2017); http://www.htl-ibk.at/project/projekt-taeter-
richter-opfer/ (10.3.2017).

506 Zur Märchenbühne siehe Irmgard Bibermann: Hedwig
Schneider (1879–1951). Zwischen Gemeindepolitik und
Märchenbühne: Kampf gegen Armut und Förderung der
Jugend, in: Rainer Hofmann/Horst Schreiber: Sozialdemo-
kratie in Tirol. Die Anfänge, Krailing 2003, S. 223–235.

507 Rainer Hofmann: Johann Orszag (1880–1938) – Gewerkschafter und Genossenschafter mit Leib und Seele, in:
Hofmann/Schreiber: Sozialdemokratie in Tirol. S. 237–246.

508 Archiv des Bundes Sozialdemokratischer Freiheitskämpfer-
Innen, Opfer des Faschismus und aktiver AntifaschistInnen
Tirol, Nachlass Maria Kaiser. Gedenkworte von Ferdinand
Kaiser, des Landesobmannes des Bundes der Sozialisti-
schen Freiheitskämpfer, bei der Gedenktafelenthüllung
für Johann Orszag am 11.6.1988 auf der Hungerburg in
Innsbruck.

509 Ebd., Handschriftliche Aufzeichnungen zum Bericht des
Vorsitzenden Ferdinand Kaiser über die Tätigkeit des
„Bundes Sozialistischer Freiheitskämpfer und Opfer des
Faschismus" in den Jahren 1986 und 1987.

510 Ebd., Tiroler Kinderfreunde Dietmar Höpfl und Silvia Bartl
an Ferdinand Kaiser, 20.10.1988 sowie Ferdinand Kaiser an
Tiroler Kinderfreunde, 2.11.1988.

511 Medieninformation SPÖ Tirol, 5.9.2018. https://www.die
neuespoe-tirol.at/presse/johann-orszag-zum-80-todestag
(2.10.2018).

512 Hormayr: Tiroler SozialistInnen und KommunistInnen
im Widerstand gegen Hitler, S. 119f; weiters ebd., S. 80f,
108–110; Hormayr: Letzte Briefe und Aufzeichnungen von
Tiroler NS-Opfern aus der Haft, S. 110–113.

513 TT, 27.12.1988, S. 5.

514 Mail Helmut Muigg, 25.4.2017; Andrea Sommerauer: Die
Gedenktafel für Konrad Tiefenthaler, in: Rath/Sommerauer/
Verdorfer (Hg.): Bozen Innsbruck, S. 134–137.

515 Ebd.

516 Hormayr: Tiroler SozialistInnen und KommunistInnen im
Widerstand gegen Hitler, S. 182, 208–211; Andrea Sommerauer: Adele Obermayr (1894–1972). Sozialdemokratische
Politikerin in der Provinz, in: Horst Schreiber/Ingrid
Tschugg/Alexandra Weiss (Hg.): Frauen in Tirol. Pionierinnen in Politik, Wirtschaft, Literatur, Musik, Kunst und Wissenschaft, Innsbruck-Wien-München-Bozen 2003, S. 23–30;
Andrea Sommerauer: Zur Wehr gesetzt – Die Abgeordnete
zum Tiroler Landtag Adele Obermayr (1894–1972), in: Hof-
mann/Schreiber: Sozialdemokratie in Tirol, S. 57–76.

517 Mail Helmut Muigg, 19.4.2017; Niederschrift der Innsbrucker Gemeinderatssitzung, 24.5.2007, https://www.
innsbruck.gv.at/page.cfm?vpath=buergerinnen--politik/
gemeinderat/gemeinderatssitzungen&genericpageid=5102
(18.2.2018).

518 Auskunft Helmut Muigg, 10.9.2017.

519 Siehe Friedrich Stepanek: „Ich bekämpfte jeden Faschismus". Lebenswege Tiroler Spanienkämpfer, Innsbruck-
Wien-Bozen 2010, S. 189, 199, 203.

520 https://www.doew.at/erinnern/biographien/spanienarchiv-
online/spanienfreiwillige-p/pollitzer-retzer-kurt (15.8.2018).

521 http://www.doew.at/erinnern/biographien/spanienarchiv-
online/spanienfreiwillige-t/taferner-peter (15.8.2018). Dazu
Stepanek: Lebenswege Tiroler Spanienkämpfer, S. 205.

522 Holzner u.a.: Zeugen des Widerstandes, S. 92; http://www.
malingesellschaft.at/lexikon-verfolgung-und-widerstand
(15.8.2018); Mail Gisela Hormayr, 30.4.2018.

523 Die Angaben beziehen sich im Folgenden auf http://www.
eduard-wallnoefer-platz.at/befreiungsdenkmal/wider-
standskampfer-biographien (15.8.2018).

524 Fritz Kirchmair, Chronik des Bezirks Kufstein 1933–1945,
Bd. VIII, Heimatmuseum Kufstein.

525 Peter Pirker/Ivo Jevnikar: „So geheim wie möglich", in: Die
Presse, Spectrum, 14.4.2018, S. III; Peter Wallgramm: Hubert
Mayr 1913–1945. Ein Leben im Kampf für die Freiheit, Inns-
bruck 2005; Stepanek: Lebenswege Tiroler Spanienkämpfer,
S. 42, 54, 58, 72, 74, 86, 114, 198.

526 Wilfried Beimrohr: Das Kriegsende 1945 in Tirol, https://
www.tirol.gv.at/fileadmin/themen/kunst-kultur/landes
archiv/downloads/kriegsende1945.PDF (19.2.2018); Albrich:
Luftkrieg über der Alpenfestung 1943–1945; Zur Beteili-
gung der Hitlerjungen im Kampf um Scharnitz siehe Dirk
Rupnow/Horst Schreiber/Sabine Pitscheider: Studie zu den
Sozialehrenzeichenträgern der Stadt Innsbruck. P. Magnus
Kerner OFMCap. und Hermann Pepeunig, erstellt im Auf-
trag der Stadt Innsbruck vom Institut für Zeitgeschichte der
Universität Innsbruck, Innsbruck 2013, S. 28–30.

527 Innsbruck informiert 5 (1997), S. 20.

528 TT, 12./13.4.1997, S. 4.

529 Klaus Eisterer: Französische Besatzungspolitik. Tirol und
Vorarlberg 1945/46, Innsbruck 1992, S. 22–24; Innsbruck
informiert 11 (1998), S. 24–28.

530 Ebd., S. 24.

531 https://fr.wikipedia.org/wiki/Pierre_Voizard (1.4.2018).

532 StAI, Niederschrift der Innsbrucker Gemeinderatssitzung,
25.1.1950, S. 22.

533 Ebd., S. 22f.

534 TT, 18.12.1949, S. 1.

535 TT, 1.4.1950, S. 5.

536 Eisterer: Französische Besatzungspolitik, S. 16, 22–24; Innsbruck informiert 11 (1998), S. 16; http://sciencev1.orf.at/
science/news/141522 (6.6.2016).

537 Niederschrift der Innsbrucker Gemeinderatssitzung,
22.10.1998, S. 123f.

538 Innsbruck informiert 6 (2003), S. 3; TT, 7./8./9.6.2003,
S. 13.

539 Innsbruck informiert 7 (2003), S. 5.

540 Sommerauer/Wassermann (Hg.In): Prozesse der Erinnerung, S. 22 und 87; Kundmachung der Gemeinderatsbeschlüsse der Gemeinde Jerzens vom 9.9.2004.
http://www.jerzens.tirol.gv.at/gemeindeamt/html/
221312241_1.pdf (11.10.2017).

541 Enderle-Burcel/Kraus (Mitarbeiter): Mandatare im Ständestaat 1934–1938, S. 80f; Hormayr: Opfer des katholisch-
konservativen Widerstands in Tirol, S. 65–67; TT, 1.7.1961,
S. 5; Sailer: Josef Anton Geiger;
http://www.gfluer.at/dachle/sdachleAusgabe4.pdf und
http://www.gfluer.at/chronik.html (9.2.2017).

542 Hubert Außerlechner: Josef Außerlechner – Bruder Gereon
O.Praem., in: Gemeindezeitung Kartitsch, August 2014,
S. 32; Großruck: Pater Edmund Pontiller, S. 255–257; Fritz
Steinegger: Frater Gereon (Josef) Außerlechner O. Praem.,
Laienbruder (1904–1944), in: Jan Mikrut (Hg.): Blutzeugen
des Glaubens. Martyrologium des 20. Jahrhunderts. Band 3:
Diözesen Feldkirch, Innsbruck, Gurk, Salzburg, Wien 2000,
S. 63–68.

543 Mail Hubert Außerlechner, 21.4. und 24.4.2016.

544 Hormayr: Tiroler SozialistInnen und KommunistInnen im
Widerstand gegen Hitler, S. 171, 181f, 196, 204f, 214, 222.

545 Ebd., S. 172–174, 185–189, 191–193, 201f, 228–230.

546 Fritz Kirchmair, Chronik des Bezirks Kufstein 1933–1945,
Bd. VIII, Heimatmuseum Kufstein.

547 Hormayr: Tiroler SozialistInnen und KommunistInnen im
Widerstand gegen Hitler, S. 171–173, 186f, 192, 201, 204f,
215f, 218, 221f, 294, 299.

548 Ebd., S. 171–173, 185–188, 191–193, 196f, 201, 204f, 214f,
218, 221f, 230f, 261f, 264f.

549 Ebd., S. 173, 265, 299; Hohenems Genealogie. Jüdische
Familiengeschichte in Vorarlberg und Tirol: Israel Ignaz
Zloczower, in: http://www.hohenemsgenealogie.at/gen/
ahnentafel.php?personID=I4314&tree=Hohenems&parent
set=&generations=&tngmore=1 und http://www.hohenems-
genealogie.at/en/genealogy/getperson.php?personID=I4314
&tree=Hohenems (10.5.2017).

550 Karl Prieler: Kitzbühel und die Erinnerung, in: http://
webs.schule.at/karl_prieler/index.php?Kitzb%FCheltexte:
Kitzb%FChel_und_die_Erinnerung (8.5.2017). Weiters Hormayr: Tiroler SozialistInnen und KommunistInnen im Widerstand gegen Hitler, S. 171–174, 181f, 185–189, 191–197,
201f, 204f, 214f, 221f, 228–230; Mail Karl Prieler, 29.4.2016:
Sie verloren ihr Leben. Im Widerstand gegen den Nationalsozialismus. Errichtung einer Gedenktafel für die Kitzbüheler Opfer (Chronologie und Unterlagen).

551 Albrich: Luftkrieg über der Alpenfestung 1943–1945, S. 338.

552 Mail Stefan Mühlberger, 30.1.2018.

553 http://www.ots.at/presseaussendung/OTS_20050902_
OTS0072/gr-haas-gedenktafel-fuer-verungluekte-gis-ist-
verhoehnung-der-oesterreichischen-zivilbevoelkerung,
2.9.2005 (2.2.2018).

554 http://wien.orf.at/news/stories/2529189/, https://de.wiki
pedia.org/wiki/Walter_Nowotny, https://www.vice.com/
de_at/article/9kqx7z/fpo-funktionare-kummern-sich-jahre-
lang-um-ein-nazi-grab-am-zentralfriedhof (31.1.2018); Der
Standard, 13.11.2018, S. 8.

555 https://www.meinbezirk.at/kitzbuehel/lokales/gedenken-an-flugzeugabsturz-1945-im-habersautal-d2697227.html, 18.6.2018 (11.7.2018).

556 Hormayr: Opfer des katholisch-konservativen Widerstands in Tirol, S. 130–136; KÖHV Amelungia Wien (Redaktion und Gestaltung Bernhard Spitaler): Walter Caldonazzi: Widerstandskämpfer und Märtyrer, Wien 2009.

557 Bürgerinfo. Die Kramsacher Gemeindezeitung 4 (2007), S. 8; Gedenktafel an NS-Widerstandskämpfer in Kramsach enthüllt, in: http://vero-online.info/news.php?m=single&id=545.

558 Seifert: „daß alle uns geholten Patienten als gestorben zu behandeln sind …", in: Sommerauer/Wassermann (Hg.In): Prozesse der Erinnerung, S. 61; Hinterhuber: Nationalsozialistische Verbrechen an psychisch Kranken und Behinderten, S. 105f.

559 Horst Schreiber: Ein „Idealist, aber kein Fanatiker"? Dr. Hans Czermak und die NS-Euthanasie in Tirol, in: Tiroler Heimat 72 (2008), S. 205–224, hier S. 212.

560 Hinterhuber: Nationalsozialistische Verbrechen an psychisch Kranken und Behinderten, S. 105f.

561 Ebd., S. 212.

562 Hannes Schlosser: Ein Monument für 61 unvergessene Menschen, in: Lisa Gensluckner u.a. (Hg.): Gaismair-Jahrbuch 2004, Innsbruck-Wien-München-Bozen 2003, S. 185–196; Andrea Sommerauer: Im Gedächtnis verankern. Über den Umgang mit der NS-Euthanasie in Tirol seit 1945 mit Verweisen auf Vorarlberg, in: Lechner/Sommerauer/Stepanek: Beiträge zur Geschichte der Heil- und Pflegeanstalt Hall, Innsbruck 2015, S. 255–351.

563 Achrainer u.a.: Porträts zum Tiroler Widerstand, in: Schreiber/Grüner (Hg.): Das Befreiungsdenkmal in Innsbruck, S. 116.

564 Hormayr: Tiroler SozialistInnen und KommunistInnen im Widerstand gegen Hitler, S. 176ff, 188ff; Martin Achrainer: Adele Stürzl (1892–1944). Die Rosa Luxemburg von Kufstein, in: Schreiber/Tschugg/Weiss (Hg.): Frauen in Tirol, S. 38–45; Thomas Messner: Adele Stürzl 1892–1944. Biographie einer Tiroler Widerstandskämpferin, Innsbruck Diplomarbeit 1995; Rosmarie Thüminger: Mit offenen Augen. Adele Stürzl. Eine Annäherung, Innsbruck 2009.

565 Hormayr: Tiroler SozialistInnen und KommunistInnen im Widerstand gegen Hitler, S. 204, 214, 221f, 238.

566 Achrainer u.a.: Porträts zum Tiroler Widerstand, in: Schreiber/Grüner (Hg.): Das Befreiungsdenkmal in Innsbruck, S. 76.

567 Hormayr: Opfer des katholisch-konservativen Widerstands in Tirol, S. 230; TLA, Opferfürsorgeakt Franziska Obholzer.

568 Hormayr: Opfer des katholisch-konservativen Widerstands in Tirol, S. 120–122, 125; http://www.cimbria-kufstein.at/category/ortner/ (12.3.2017).

569 Hormayr: Tiroler SozialistInnen und KommunistInnen im Widerstand gegen Hitler, S. 238–241.

570 Achrainer u.a.: Porträts zum Widerstand in Tirol, in: Schreiber/Grüner (Hg.): Das Befreiungsdenkmal in Innsbruck, S. 127f.

571 Siehe Achrainer: Adele Stürzl, S. 38–45 und Messner: Adele Stürzl; http://www.meinbezirk.at/kufstein/lokales/hormayr-erinnerungskultur-gibt-es-in-kufstein-nur-in-ansaetzen-d1313574.html (3.4.2017); http://www.meinbezirk.at/kufstein/lokales/leserbrief-gedenktafel-fuer-widerstand-d1403608.html, http://www.meinbezirk.at/kufstein/politik/kulturausschuss-nicht-zustaendig-fuer-gedenken-d1395735.html, http://www.tt.com/politik/10218632-91/schlagabtausch-um-gedenktafel.csp?tab=article (3.4.2017); http://www.tt.com/politik/landespolitik/10236427-91/lösung-für-gedenktafel-gefunden.csp (3.4.2017).

572 KÖHV Amelungia Wien: Walter Caldonazzi; Hormayr: Opfer des katholisch-konservativen Widerstands in Tirol, S. 120–122, 125, 130–136; http://www.cimbria-kufstein.at/category/ortner/ (6.6.2017).

573 KÖHV Amelungia Wien (Redaktion und Gestaltung Bernhard Spitaler): Walter Caldonazzi v. Faßl: ein moderner Märtyrer aus der Zeit 1938–1945, Wien ²2009; Hormayr: Opfer des katholisch-konservativen Widerstands in Tirol, S. 130–136.

574 Achrainer: Adele Stürzl, S. 38–45; Hormayr: Tiroler SozialistInnen und KommunistInnen im Widerstand, S. 176ff, 188ff; Messner: Adele Stürzl; Schreiber/Grüner: Das Befreiungsdenkmal in Innsbruck, S. 115f; Thüminger: Adele Stürzl.

575 Siehe Achrainer: Adele Stürzl, S. 38–45 und Messner: Adele Stürzl; Hormayr: Letzte Briefe und Aufzeichnungen von Tiroler NS-Opfern aus der Haft, S. 267–270; http://www.hohenemsgenealogie.at/en/genealogy/getperson.php?personID=I3424&tree=Hohenems (2.2.2017).

576 Mail Gisela Hormayr, 21.4.2017.

577 Mail Elmar Peintner, 7. und 8.2.2018.

578 http://www.bullock.at/index.php/errichtung-lermoos.html (2.5.2018).

579 Albrich: Luftkrieg über der Alpenfestung 1943–1945, S. 260.

580 http://www.bullock.at/index.php/errichtung-munde.html (2.5.2018).

581 Albrich: Luftkrieg über der Alpenfestung 1943–1945, S. 261.

582 TT, 2.6.1965, S. 3; Osttiroler Bote, Nr. 20, 1965, S. 11 und Nr. 22, 1965, S. 3.

583 Das DÖW gibt Tristach statt Lienz an: Opferdatenbank https://www.doew.at (29.9.2018).

584 Ebd.

585 Ebd.

586 Ebd.

587 Holzner u.a.: Zeugen des Widerstandes, S. 25.

588 Hormayr: Opfer des katholisch-konservativen Widerstands in Tirol, S. 191f, 194.

589 Wilhelm Baum u.a. (Hg.): Das Buch der Namen. Die Opfer des Nationalsozialismus in Kärnten, Klagenfurt-Wien 2010, S. 105.

590 Opferdatenbank https://www.doew.at (29.9.2018).

591 Ebd.

592 Ebd.

593 Ebd.

594 Holzner u.a.: Zeugen des Widerstandes, S. 85.

595 Opferdatenbank https://www.doew.at (29.9.2018).

596 Innsbrucker Nachrichten, 21.1.1944, S. 3.

597 Mail Klaus Lukasser, 19.8.2018.

598 Wilhelm Baum u.a. (Hg.): Das Buch der Namen, S. 111.

599 Opferdatenbank https://www.doew.at (29.9.2018).

600 Holzner u.a.: Zeugen des Widerstandes, S. 55f.

601 Mail Gottfried Kalser, 26.9.2018; TT, 26.3.2013, S. 30; Sitzung über die Niederschrift des Sondergemeinderates, 26.1.2017, https://www.lienz.gv.at/fileadmin/pdf/Gemeinderatsprotokolle/GR_20170126_Sondersitzung_Hochstein_signiert.pdf (16.5.2017). Die Herausgeber der Publikation Das Buch der Namen nennen auf S. 114–116 namentlich 15 Osttiroler Opfer der NS-Euthanasie.

602 https://www.dolomitenstadt.at/2017/05/05/sie-verdienen-liebe-ehrfurcht-und-dankbarkeit/ (16.5.2017); TT, Osttirol Lokal, 6.5.2017, S. 37.

603 Claudia Funder: „Namenlose" Opfer bekommen ein Gesicht, in: TT, 26.3.2013, S. 30; Hormayr: Opfer des katholisch-konservativen Widerstands, S. 120–122 und 125; http://www.cimbria-kufstein.at/category/ortner/ (6.4.2017).

604 Herbert Steiner: Gestorben für Österreich. Widerstand gegen Hitler, Wien-Zürich 1968, S. 34.

605 Auskunft des Großneffen von Ernst Ortner, Thomas Faustini, im Mail Martin Kofler, 24.4.2017.

606 Hinterhuber: Nationalsozialistische Verbrechen an psychisch Kranken und Behinderten, S. 98–102; Seifert: „daß

alle uns geholten Patienten als gestorben zu behandeln sind …“, in: Sommerauer/Wassermann (Hg.In): Prozesse der Erinnerung, S. 48, 57, 60; Michael von Cranach: Vortrag Tagung „Wahnsinn und ethnische Säuberung“ in Bozen, 10.3.1995, in: Herbert Zimmermann: Kunterbuntes aus Mils, Heft 46 (o.J.), übergeben an das Ferdinandeum 1999; Stefan Lechner: Die Absiedlung der Schwachen in das „Dritte Reich“. Alte, kranke, pflegebedürftige und behinderte Südtiroler 1939–1945, Innsbruck 2016.

607 Milser Dorfblatt, 1.12.1998; http://www.mils-chronik.at/chronik/index.php/geschichte6/85-ns-zeit/567-gedenktafel-an-die-opfer-des-st-josefinst (20.3.2017).

608 Hormayr: Opfer des katholisch-konservativen Widerstands in Tirol, S. 52–56.

609 Notizen von Barbara Cia-Egger über ihr Gespräch mit Pater Johannes Messner, 2.5.2016; Mail Barbara Cia-Egger, 22.4. und 2.5.2016.

610 Ebd.

611 Mail Barbara Cia-Egger, 22.4. und 2.5.2016.

612 http://www.mylivingroom.org/fileadmin/user_upload/Projekte/TEMPORAERES_DENKMAL/PDF/Deutsch/Liste_Publikation_12_06_Namen.pdf (1.4.2018).

613 Ebd.

614 Seifert: „daß alle uns geholten Patienten als gestorben zu behandeln sind …“, in: Sommerauer/Wassermann (Hg.In): Prozesse der Erinnerung, S. 49, 52f.

615 Seifert: „Sterben hätten sie auch hier können.“, in: Kepplinger/Marckhgott/Reese (Hg.): Tötungsanstalt Hartheim, S. 389.

616 Gedenkfeier für die Euthanasieopfer des Jahres 1941 in den Heimen Ried, Imst und Nassereith: http://www.meinbezirk.at/imst/lokales/gedenkfeier-fuer-die-euthanasieopfer-des-jahres-1941-in-den-heimen-ried-imst-und-nassereith-d28641.html (23.4.2016).

617 Albrich: Luftkrieg über der Alpenfestung 1943–1945, S. 261.

618 http://www.bullock.at/index.php/errichtung-fernpass.html (2.5.2018).

619 Andrea Sommerauer: Die Reaktionen der Gemeinde. Ein Zwischenbericht, in: Sommerauer/Wassermann (Hg.In): Prozesse der Erinnerung, S. 85–96, hier S. 88; Mail Christian Egger, 13.2.2017; Mail Hansjörg Egger, 24.2.2017.

620 Mail Karin Schmid, 11.5. und 30.5.2017 sowie 10.10.2018.

621 Ebd.

622 25. Niederschrift 8/2006 über die am 30.11.2006 im Sitzungszimmer des Gemeindeamtes abgehaltene öffentliche Gemeinderatssitzung von Oberhofen im Inntal. Mail Andrea Zelger, 24.4.2017.

623 Zit. n. Sarah Strigl: Kindheit unter dem Hakenkreuz in Obsteig. Ein Oral History Projekt, Innsbruck Diplomarbeit 2018, S. 96.

624 Ebd., S. 94–99.

625 Foto Seitenansicht der Kapelle: https://www.innsbruck.info/infrastruktur/detail/infrastruktur/edith-stein-kapelle-patsch.html

626 Text auf der Informationstafel in der Kapelle.

627 Kurier, 29.4.2004, S. 9, 17.7.2004, S. 10, 19.7.2004, S. 12.

628 Ebd.; TT, 17./18.7.2004, S. 20; Kurier, 1.3.2006, S. 12; http://tirv1.orf.at/stories/189631, 1.5.2007 (10.4.2017); http://www.pfarre-patsch.at/pfarre.html (10.4.2017); Edith-Stein-Gesellschaft Österreich, Rundbrief 7 (März 2016), S. 2.

629 http://www.meinbezirk.at/landeck/lokales/euthanasie-opfer-mehr-vergangenheitsbewaeltigung-noetig-d1879255.html (22.7.2016); weiters Sommerauer/Wassermann (Hg.In): Prozesse der Erinnerung, S. 85.

630 Mail Richard Lipp, 24.5.2013, 25.4.2016, 25.5.2017.

631 Mail Richard Lipp, 1.10.2018.

632 Richard Lipp: Vom Antisemitismus zum Holocaust. Auch das Außerfern war keine Insel der Seligen, in: Jahrbuch EXTRA VERREN des Museumsvereins des Bezirkes Reutte

2010, S. 173–188, hier S. 184; Horst Schreiber: Die Machtübernahme. Die Nationalsozialisten in Tirol 1938/39, Innsbruck 1994, S. 142.

633 Mail Richard Lipp, 8.2.2013 und 12.6.2018.

634 Lipp: Auch das Außerfern war keine Insel der Seligen, in: Jahrbuch EXTRA VERREN 2010, S. 182–184.

635 Mail Sabine Beirer-Raffl, 4.3.2017.

636 Mail Richard Lipp, 8.2.2018; https://www.meinbezirk.at/reutte/lokales/eroeffnung-winterausstellung-im-museum-im-gruenen-haus-d2337192.html, 3.12.2017 (9.2.2018).

637 Hormayr: Opfer des katholisch-konservativen Widerstands in Tirol, S. 222–225; Oliver Rathkolb/Maria Wirth/Michael Wladika: Die „Reichsforste“ in Österreich 1938–1945: Arisierung, Restitution, Zwangsarbeit und Entnazifizierung. Studie im Auftrag der Österreichischen Bundesforste, Wien 2010, S. 107f.

638 Gedenktafel für Ing. Viktor Czerny enthüllt, in: Die Rundschau Landeck, 10.5.1989.

639 Zu den angegebenen Daten der Ermordeten siehe http://www.mylivingroom.org/fileadmin/user_upload/Projekte/TEMPORAERES_DENKMAL/PDF/Deutsch/Liste_Publikation_12_06_Namen.pdf (1.4.2018).

640 Seifert: „daß alle uns geholten Patienten als gestorben zu behandeln sind …“, in: Sommerauer/Wassermann (Hg.In): Prozesse der Erinnerung, S. 53, 56f.

641 Gedenkfeier für die Euthanasieopfer des Jahres 1941 in den Heimen Ried, Imst und Nassereith: http://www.meinbezirk.at/imst/lokales/gedenkfeier-fuer-die-euthanasieopfer-des-jahres-1941-in-den-heimen-ried-imst-und-nassereith-d28641.html (23.4.2016).

642 Horst Schreiber: Sie gehören zu uns: Erinnerungen an die Ermordeten der NS-Euthanasie in Rum und Zirl, in: Martin Haselwanter u.a. (Hg.): Gaismair-Jahrbuch 2013, S. 167–177.

643 Ebd.

644 Fritz Kirchmair, Chronik des Bezirks Kufstein 1933–1945, Bd. VIII, Heimatmuseum Kufstein.

645 Hormayr: Opfer des katholisch-konservativen Widerstands in Tirol, S. 68–70.

646 Mail Pfarramtsleiterin Claudia Turner, 9.5.2016.

647 Hormayr: Tiroler SozialistInnen und KommunistInnen im Widerstand, S. 249–252, 255–257.

648 Mail Jürgen Heiss, 9.2.2017.

649 Mail Jürgen Heiss, 9.2. und 10.2.2017.

650 Hormayr: Opfer des katholisch-konservativen Widerstands in Tirol, S. 109f, 254.

651 Mail Bernhard Mertelseder, 23.1.2017.

652 Mail Bernhard Mertelseder, 13.2.2017; http://www.schwaz.at/wp-content/15_grbschlnovem.PDF (22.2.2017).

653 http://www.malingesellschaft.at/pdf/pichler-king, S. 2 (2.4.2017).

654 Meinrad Pichler: Der Vorzugsschüler im Widerstand. Gelebte Humanität, praktiziertes Christentum: Josef Anton King (1922–1945), in: Meinrad Pichler: Quergänge. Vorarlberger Geschichte in Lebensläufen, Hohenems 2007, S. 238–251.

655 Ebd., S. 7.

656 Pauliner Forum 46 (Juni 2007), S. 3f; Pauliner Forum 47 (Oktober 2007), S. 18–20; Pauliner Forum 48 (Mai 2008), S. 3–13; http://www.kath-kirche-vorarlberg.at/organisation/carl-lampert-forum/artikel/nachlese-gedenkfeier-fuer-josef-anton-king-2008 (2.4.2017); http://www.malingesellschaft.at/aktuell/veranstaltungen/einweihung-einer-gedenkstele-fur-josef-king (2.4.2017); http://www.paulinum.at/index.php?mact=News,cntnt01,detail,0&cntnt01articleid=32&cntnt01returnid=63 (2.4.2017).

657 https://www.scribd.com/embeds/63818903/content?start_page=1&view_mode=scroll&access_key=key-5812c12maih3up5ontl&show_recommendations=false (2.4.2017).

658 http://mobileapps.tt.com/panorama/gesellschaft/10271873-91/ns-widerstand-schwaz-will-w%C3%BCrdigen-ort.csp, http://www.andrea-bischof.com/aktueller, http://www.güni-noggler.com/antrag-an-den-schwazer-gemeinderat.html (10.5.2018); Mail Bernhard Mertelseder, 13.2.2017.

659 Helmut Alexander: Schwaz seit 1945, in: Stadtgemeinde Schwaz (Hg.): Schwaz. Der Weg einer Stadt, Innsbruck 1999, S. 186–295, hier S. 214.

660 Ebd., S. 211–216; Edith Blaschitz: NS-Flüchtlinge österreichischer Herkunft: Der Weg nach Argentinien, in: Jahrbuch 2003, hg. vom DÖW, Wien 2003, S. 103–136; Horst Schreiber: Von inbrünstiger Begeisterung und dem Grauen der Barbarei: Schwaz unter nationalsozialistischer Herrschaft 1938–1945, in: Stadtgemeinde Schwaz (Hg.): Schwaz, S. 121–185, hier S. 168–171.

661 stadt schwaz. Rathausinfo. Amtliche Mitteilung der Stadtgemeinde Schwaz 7 (Sept./Okt. 2015); Mail Bernhard Mertelseder, 13.2.2017; http://schwaz.at/wp-content/rathausinfo/2015/07/Rathausinfo_7-2015_web.pdf (10.3.2017).

662 Gemeinderatsbeschluss vom 18.10.2017: https://www.schwaz.at/wp-content/2008/01/Beschl%C3%BCsse-GR-1.pdf und stadt schwaz Rathausinfo 4 (April/Mai 2018), S. 3: https://www.schwaz.at/wp-content/rathausinfo/2018/Rathausinfo-04-2018.pdf (4.10.2018).

663 Albrich, Die Jahre der Verfolgung und Vernichtung, in: Albrich (Hg.): Jüdisches Leben im historischen Tirol. Band 3, S. 354; Thomas Albrich/Stefan Dietrich: Todesmarsch in die „Alpenfestung": Der „Evakuierungstransport" aus dem KZ Dachau nach Tirol Ende April 1945, in: Geschichte und Region/storia e regione 6 (1997), S. 13–50.

664 Ebd., S. 48.

665 Albrich: Jüdisches Leben in Nord- und Südtirol nach der Shoa, in: Albrich (Hg.): Jüdisches Leben im historischen Tirol. Band 3, S. 385.

666 TT, 4.10.1949, S. 3.

667 TN, 6.12.1948, S. 4.

668 PA Niko Hofinger, Österreichisches Schwarze Kreuz, Landesverband Tirol, Waldemar Güttner, 25.9.1961.

669 TN, 6.12.1948, S. 4 sowie TT, 6.12.1948, S. 3.

670 TN, 6.12.1948, S. 4.

671 Bezirksblatt Innsbruck-Land 12 (1978), S. 13.

672 Österreichisches Schwarzes Kreuz. Kriegsgräberfürsorge. Mitteilungen und Berichte 1 (1986), S. 29.

673 TT, 4.10.1949, S. 3; Tiroler Nachrichten, 3.10.1949, S. 4.

674 PA Niko Hofinger, Protokoll der Sitzung der Israelitischen Cultus-Gemeinde Innsbruck vom 18.11.1979, erstellt am 29.11.1976; Albrich/Dietrich: Todesmarsch in die „Alpenfestung"; Tal Adler: Wandern in Seefeld – eine Geschichtsreise, in: Elisabeth Hussl u.a. (Hg.): Gaismair-Jahrbuch 2014, Innsbruck-Wien-Bozen 2013, S. 187–194.

675 Ich danke Esther Fritsch, der Ehrenpräsidentin der Israelitischen Kultusgemeinde für Tirol und Vorarlberg, für die Übersetzung.

676 Gemeindearchiv Seefeld, Ordner 817 (Gräbergebühren, Schriftverkehr), Israelitische Kultus-Gemeinde Innsbruck an Gemeindeamt Seefeld, 3.7.1978 und Gemeinde Seefeld an Israelitische Kultus-Gemeinde Innsbruck, 13.7.1978.

677 Bezirksblatt Innsbruck-Land 12 (1978), S. 13; Österreichisches Schwarzes Kreuz. Kriegsgräberfürsorge. Mitteilungen und Berichte 2 (1978), S. 13 und 1 (1979), S. 21; Gemeindearchiv Seefeld, Ordner 817 (Gräbergebühren, Schriftverkehr), Auflistung der Ehrengäste bei der Einweihungsfeier des Kriegerfriedhofs, 19.11.1978.

677 Albrich/Dietrich: Todesmarsch in die „Alpenfestung"; Adler: Wandern in Seefeld.

678 PA Horst Schreiber: Künstlerisches Konzept der Jüdischen Gedenkstätte und Mahnmal in Seefeld. Rede aus Anlass der Eröffnung von Michael Prachensky, Seefeld, 31.10.2016.

679 Liste der NS-Euthanasieopfer: http://www.mylivingroom.org/fileadmin/user_upload/Projekte/TEMPORAERES_DENKMAL/PDF/Deutsch/Liste_Publikation_12_06_Namen.pdf (3.4.2017); Erwin Schiffmann an Franz Wassermann, 5.4.2005; Mail Carmen Told, Gemeinde Sillian, 5.2.2013.

680 Martin Achrainer: Die Aufgabe der Justiz. Nationalsozialismus und Justiz in Österreich 1938 bis 1945 anhand der Akten des Oberlandesgerichts Innsbruck, Innsbruck Diplomarbeit 2001; Silz. Inser Dorf. Informationen und Neues aus dem Dorfgeschehen der Gemeinde Silz, Dezember 2015, S. 6, 11; TT, 21.11.2016, S. 6; Mail Martin Achrainer, 11.2.2017; https://www.oecv.at/Biolex/Detail/12100875 (3.4.2017).

681 Mail Johann Zauner, 7.2.2018.

682 Mail Elmar Peintner, 7.2.2018; Mail Johann Zauner, 6.2.2018; Kirche. Wochenblatt für die Diözese Innsbruck, 9.2.1997, S. 2.

683 TT, 6.5.1946, S. 1.

684 Le monument de St. Anton-Mooserkreuz, in: Haut-Commissariat de la République française en Autriche. Mission française (Hg.): Bulletin d'information et de documentation 24 (Juin 1948-février 1949), S. 92–94; Klaus Eisterer: Französische Besatzungspolitik. Tirol und Vorarlberg 1945/46, Innsbruck 1991, S. 20f; Gemeinde St. Anton am Arlberg (Hg.): St. Anton am Arlberg. Entwicklungsgeschichte der Gemeinde in einer Darstellung von Hans Thöni, Innsbruck 1996, S. 258.

685 Hanno Loewy: Wunder des Schneeschuhs? Hannes Schneider, Rudolf Gomperz und die Geburt des modernen Skisports am Arlberg: http://cdn3.vol.at/2009/04/Wunder_des_Schneeschuhs1.pdf, S.21 (10.3.2017).

686 Mail Bürgermeister von St. Anton, Helmut Mall, 9.3.2018.

687 Hans Thöni: Hannes Schneider zum 100. Geburtstag des Skipioniers und Begründers der Arlberg-Technik, St. Anton am Arlberg-Bludenz-Ludesch 1990; http://www.ask-enrico.com/st-anton-am-arlberg und http://sackl-kahr.com/Arlberg/epaper/ausgabe.pdf (10.3.2017).

688 Mail Christian Mathies, 11.7.2018 (Kundmachung der Gemeinde St. Anton, angeschlagen vom 28.3. bis 15.4.2002).

689 St. Anton am Arlberg. Entwicklungsgeschichte, S. 249.

690 Hans Thöni: Fremdenverkehrspionier am Arlberg: Das Schicksal des Rudolf Gomperz, in: Albrich (Hg.): Wir lebten wie sie, S. 123–146, hier S. 136; Loewy: Wunder des Schneeschuhs?

691 Thöni: Das Schicksal des Rudolf Gomperz, S. 137.

692 Mail Bürgermeister von St. Anton, Helmut Mall, 9.3.2018.

693 Thöni: Das Schicksal des Rudolf Gomperz, S. 144–146; TT, 6.11.1995, S. 11; Harry Sichrovsky: Ein Denkmal für Rudolf Gomperz, in: Gemeindeblatt St. Anton am Arlberg, St. Christoph, St. Jakob 1 (1996), S. 6; St. Anton am Arlberg: Das Heimatmuseum, in: http://www.ask-enrico.com/st-anton-am-arlberg (13.1.2017).

694 Kirchenblatt für Tirol und Vorarlberg, 6.9.1953, S. 1.

695 Ebd.; Mail Karl Palfrader, 6.5.2016.

696 Hannes Weinberger: Euthanasie in Stams, in: Stams informativ. Unser Dorf im Mittelpunkt, Juli 2014, S. 10.

697 Mail Hannes Weinberger, 9.12.2014; Markus Hauser: Warnung vor Wiederholung des Naziterrors, 21.6.2014: http://www.tt.com/panorama/gesellschaft/8540155-91/warnung-vor-wiederholung-des-naziterrors.csp (20.12.2016).

698 Mail Elmar Peintner, 7.2.2018.

699 Mail Regina Brandl, 20.2.2017.

700 Albrich: Luftkrieg über der Alpenfestung 1943–1945, S. 262.

701 http://www.bullock.at/index.php/index.php/index.php/index.php/index.php/index.php/story-ehrwald.html (2.5.2018).

702 Anmerkungen von Maria Bachler zu Kaspar Grassmair und Alois Schatz finden sich in der Info-Datenbank Ermordete: Liste der NS-Euthanasieopfer: http://www.mylivingroom.

org/fileadmin/user_upload/Projekte/TEMPORAERES_DENK
MAL/PDF/Deutsch/Liste_Publikation_12_06_Namen.pdf
(2.10.2016).

703 Maria Bachler: Josef Sieberer: http://www.lettertothestars.at/
liste_opfer.php?numrowbegin=1650&id=62585&action=
search&searchterm=&history=&locked=1 (2.10.2016).

704 Hormayr: Opfer des katholisch-konservativen Widerstands
in Tirol, S. 62–65; Mail Josef Bertsch, 7.2.2013.

705 Mail Josef Bertsch, 5.2.2013 und 5.8.2016; Sommerauer/
Wassermann (Hg.In): Prozesse der Erinnerung, S. 30.

706 Albrich: Luftkrieg über der Alpenfestung 1943–1945, S. 247.

707 Ebd. S. 285f.

708 http://www.bullock.at/index.php/insteingedenk.html
(2.5.2018); Mail Roland Domanig, 5.7.2018; s' Thurner Blattl
22 (Dezember 2013), S. 36: https://www.osttirol-online.at/
gz/53bd54f6928e5/GZ_Thurn_2013_3/HTML/index.html#/36/
zoomed (2.5.2018).

709 https://www.zugspitzarena.com/de/info-service/a-z/exposi
turkirche-mariae-heimsuchung-in-kleinstockach_az-159818
(30.4.2018).

710 Hormayr: Opfer des katholisch-konservativen Widerstands
in Tirol, S. 39.

711 Ebd., S. 38–40; Siegfried Würl: „Was hat mir der Jäger den
Pfarrhof zu beschmieren" – Nase im Eiswasser, in: Eugen
Weiler (Hg.): Die Geistlichen in Dachau, Mödling 1971,
S. 887–892; Mail Dekan Franz Hinterholzer, 9.5.2017;
http://www.karl-leisner.de/wp-content/uploads/2013/02/
rdbr50s.pdf, S. 180 (20.5.2017).

712 Daten von Maria Anrainer, Josef Bischofer, Johann Fankhauser, Elise Hörhager, Franz Mauracher, Martha Steiner,
Maria Strasser und Otto Wurm aus Mail Peter Eigelsberger,
9.4.2018, ansonsten aus: http://www.mylivingroom.org/
fileadmin/user_upload/Projekte/TEMPORAERES_DENK
MAL/PDF/Deutsch/Liste_Publikation_12_06_Namen.pdf
(1.4.2018).

713 Seifert: „daß alle uns geholten Patienten als gestorben zu
behandeln sind …", in: Sommerauer/Wassermann (Hg.In):
Prozesse der Erinnerung, S. 68f, 72f; Seifert: „Sterben
hätten sie auch hier können.", in: Kepplinger/Marckhgott/
Reese (Hg.): Tötungsanstalt Hartheim, S. 359–410.

714 Seifert: „daß alle uns geholten Patienten als gestorben zu
behandeln sind …", in: Sommerauer/Wassermann (Hg.In):
Prozesse der Erinnerung, S. 73.

715 Zu den PatientInnen der Valduna, Rankweil siehe Gernot
Egger: Ausgrenzen – Erfassen – Vernichten. Arme und
„Irre" in Vorarlberg, Bregenz 1990.

716 Schreiber: Nationalsozialismus und Faschismus in Tirol
und Südtirol, S. 228–230.

717 Mail Erwin Gerst, 7.6.2016.

718 Kundmachung über die 12. Sitzung des Gemeinderates von
Uderns am 30.3.2005: http://wartung5.business.co.at/
Gemeinde%20Uderns/images/12GRSitzung.pdf (10.10.2016).

719 Sommerauer/Wassermann (Hg.In): Prozesse der Erinnerung, S. 15 und 22.

720 PA Horst Schreiber, Sitzungsprotokoll Nr. 4, Gemeinderat
Volders, 17.6.2004, S. 23f; Volderer Gemeindeblatt 1 (2006),
S. 9; Volderer Gemeindeblatt 2 (2006), S. 16; Mail Maria
Bachler, 11.8.2016.

721 PA Horst Schreiber, Sitzungsprotokoll Nr. 4, Gemeinderat
Volders, 17.6.2004, S. 23.

722 Sitzungsprotokoll Nr. 47, Gemeinderat Volders, 12.6.2008,
S. 12; Mail Maria Bachler, 11.8.2016.

723 Hormayr: Opfer des katholisch-konservativen Widerstands
in Tirol, S. 178–182; Schreiber/Grüner (Hg.): Das Befreiungsdenkmal in Innsbruck, S. 113.

724 Sommerauer/Wassermann (Hg.In): Prozesse der Erinnerung, S. 30; Mails von Oliver Seifert, 13./14.2.2017; Mail
Gottfried Mariacher, 11.8.2016.

725 Mails von Gottfried Mariacher, 8. und 19.2.2013 sowie
11.8.2016.

726 Auskunft von Familie Stock. Mail Gisela Hormayr,
25.9.2018.

727 Mail Anselm Zeller, 18.5.2017.

728 Hormayr: Opfer des katholisch-konservativen Widerstands
in Tirol, S. 227, 272; TLA, Opferfürsorgeakt Johanna Troppmair.

729 Mail Martin Krämer, 16.5.2017; Elfriede Gäck-Marx: Die
Straßen von Wattens. Von A bis W, Wattenberg o.J. (2014),
S. 16.

730 TT, 28.7.1997, S. 9; Kirche. Wochenblatt für die Diözese
Innsbruck, 20.7.1997, S. 5 und 3.8.1997, S. 5; http://
www.pfarre-wattens.at/kirchen/laurentiuskirche.html
(11.3.2017).

731 Kirche. Wochenblatt für die Diözese Innsbruck, 2.6.1996, S. 3.

732 Ebd., 8.8.1993, S. 3.

733 Mail Franz Wechselberger, 18.2. und 23.2.2017.

734 TT, 28.7.1997, S. 9; Kirche. Wochenblatt für die Diözese
Innsbruck, 20.7.1997, S. 5 und 3.8.1997, S. 5; http://
www.pfarre-wattens.at/kirchen/laurentiuskirche.html
(11.3.2017).

735 Mail Franz Wechselberger, 18.2.2017.

736 Ebd.; Kirche. Wochenblatt für die Diözese Innsbruck,
20.7.1997, S. 5 und 3.8.1997, S. 5.

737 Albrich: Luftkrieg über der Alpenfestung 1943–1945, S. 262.

738 http://www.bullock.at/index.php/errichtung-wildermieming.
html (2.5.2018).

739 http://www.bullock.at/index.php/errichtung-wildermieming.
html (2.5.2018).

740 http://www.doew.at (Opfersuche Hermann Klepell; 9.9.2016)

741 Andrea Hurton: Im Netz der Verräter, in: Der Standard,
4.6.2010, https://derstandard.at/1271378203933/Im-Netz-
der-Verraeter (14.7.2018).

742 Achrainer u.a.: Porträts zum Widerstand in Tirol, in: Schrei-
ber/Grüner (Hg.): Das Befreiungsdenkmal in Innsbruck,
S. 88f; Hormayr: Opfer des katholisch-konservativen Widerstands in Tirol, S. 201–204.

743 Achrainer u.a.: Porträts zum Widerstand in Tirol, in: Schrei-
ber/Grüner (Hg.): Das Befreiungsdenkmal in Innsbruck,
S. 68; Hormayr: Opfer des katholisch-konservativen Widerstands in Tirol, S. 228–230.

744 Walter Caldonazzi, hg. von der Katholischen österreichischen Hochschulverbindung Amelungia; Mail Gisela
Hormayr, 6.5.2016.

745 http://www.tt.com/panorama/gesellschaft/13370745-91/
gedenkst%C3%A4tte-f%C3%BCr-vier-ns-widerstands
k%C3%A4mpfer-in-der-wildsch%C3%B6nau.csp (31.1.2018).

746 WiVerf 2, S. 599f; Stephen Harding: Die letzte Schlacht. Als
Wehrmacht und GIs gegen die SS kämpften, Wien 2015;
Hormayr: Opfer des katholisch-konservativen Widerstands in Tirol, S. 233–235; http://vero-online.info/page.
php?id=2891#close (10.5.2017).

747 Mail Gisela Hormayr, 24.2.2017.

748 Fein: Die Steine reden, S. 269.

749 Erkundigungen bei der Friedhofsverwaltung, im Stadtarchiv
und beim Schwarzen Kreuz blieben erfolglos.

750 http://www.kurt-bauer-geschichte.at/PDF_Forschung_Unter-
seiten/Kurt-Bauer_Opfer-Februar-34.pdf (17.2.2018).

751 Gerhard Oberkofler, Die Tiroler Arbeiterbewegung. Von
den Anfängen bis zum Ende des 2. Weltkrieges, Wien ²1986,
S. 240. Siehe weiters Horst Schreiber: Die Geschichte der
Tiroler Sozialdemokratie im Überblick, in: Hofmann/Schrei-
ber: Sozialdemokratie in Tirol, S. 15–56, hier S. 48f.

752 Zit. n. Oliver Seifert: Der Februarkämpfer und Nationalratsabgeordnete Johann Astl (1891–1964). „… aber wenn
der Staat ein Zuchthaus geworden ist, kann auch eine Liebe
nicht gefunden werden zu einem solchen Zuchthaus", in:

Hofmann/Schreiber: Sozialdemokratie in Tirol, S. 359–370, hier S. 366.

753 Oberkofler, Tiroler Arbeiterbewegung, S. 246.

754 Ebd., S. 240–248.

755 PA Horst Schreiber, Andreas Obitzhofer: 12. Feber 1984 in Wörgl (zweiseitige Sachverhaltsdarstellung o.D.).

756 Ebd.

757 Wörgler Rundschau, 15.2.1984, S. 6.

758 Ebd., S. 6f.

759 Gisela Hormayr: Josefine Brunner, Wörgl. Eine Frau vor dem Volksgerichtshof, in: Alexandra Weiss u.a. (Hg.): Gaismair-Jahrbuch 2011, Innsbruck-Wien-Bozen 2010, S. 98–105; Hormayr: Tiroler SozialistInnen und KommunistInnen im Widerstand, siehe die Seitenangaben im Personen- und Ortsregister S. 344; Hormayr: Letzte Briefe und Aufzeichnungen von Tiroler NS-Opfern aus der Haft, S. 47–66.

760 Wörgler & Kufsteiner Rundschau, 9.11.1988, S. 10.

761 PA Horst Schreiber, Bericht des Landesverbandes Tirol der Sozialistischen Freiheitskämpfer und Opfer des Faschismus für die Jahre 1988–1990.

762 Wörgler & Kufsteiner Rundschau, 9.11.1988, S. 10.

763 Mail Gisela Hormayr, 23.2.2018.

764 Hans Steiner: Signale an die Gemeinschaft – Denkmäler in Wörgl, in: Josef Zangerl (Hg.), Wörgl. Ein Heimatbuch, Wörgl 1998, S. 423–428.

765 Wörgler Rundschau, 10.11.1976, S. 14; PA Horst Schreiber, Protokoll der 16. Sitzung des Gemeinderates Wörgl, 10.4.1988; Mail Gisela Hormayr, 19.2.2017; Mail Günther Moschig, 23.10.2014.

766 Rede zur Gedenksitzung für die Opfer im Widerstand gegen den Nationalsozialismus am 10. April 1988, in: LISTE miteinander LEBEN Mitteilungsblatt, Kopie übermittelt im Mail Gisela Hormayr, 12.5.2017.

767 Ebd.

768 Niederschrift der Sitzung des Gemeinderates Wörgl, 26.6.2008: http://www.vero-online.info/page.php?id=1350 (12.1.2017); Erinnerungskultur in Wörgl: https://www.you tube.com/watch?v=a1en5Jy4zOc&index=2&list=PLVVZaYhk ATqeDHbWqJJFxVMqN-b4I01HO (12.1.2017).

769 Hormayr: Opfer des katholisch-konservativen Widerstands, S. 187–190.

770 Martin Achrainer: Familie Gottlieb, Wörgl, in: Albrich (Hg.): Wir lebten wie sie, S. 307–324, hier S. 307.

771 Ebd., S. 315.

772 Ebd., S. 321.

773 Hormayr: Letzte Briefe und Aufzeichnungen von Tiroler NS-Opfern aus der Haft, S. 183f; Martin Achrainer: „Wenn mir Jehova die Kraft gibt, werde ich niemals von seinem Glauben abfallen." Tiroler BibelforscherInnen im Nationalsozialismus, in: Gensluckner u.a. (Hg.): Gaismair-Jahrbuch 2002, S. 69–80.

774 http://vero-online.info/gedenktafel-fuer-ns-oper-feierlich-enthuellt/ (10.5.2017).

775 Ebd.

776 Mail Günther Moschig, 23.10.2014.

777 Marktgemeinde Zirl an Franz Wassermann, 1.7.2004: http://www.mylivingroom.org/fileadmin/user_upload/ Projekte/TEMPORAERES_DENKMAL/PDF/Deutsch/Denkmal_ Gemeinde_Reaktionen_2011.pdf (18.1.2018).

778 Schreiber: Erinnerungen an die Ermordeten der NS-Euthanasie in Rum und Zirl, S. 167–177; Sommerauer: Im Gedächtnis verankern, S. 338f, 344f; http://www.erinnern.at/bundeslaender/tirol/schulprojekte/ denkmal-fuer-die-ns-euthanasie-opfer-in-zirl/Brigitte%20 Zach-%20Euthanasieopfer%20in%20Zirl.pdf (10.12.2016); http://www.meinbezirk.at/telfs/gedanken/gedenkstaette-fuer-euthansieopfer-am-zirler-kalvarienberg-jury-kuert-siegerprojekt-d932111.html (10.12.2016).

Quellen- und Literaturverzeichnis

Quellen

Archive

Archiv des Bundes Sozialistischer FreiheitskämpferInnen, Opfer des Faschismus und aktiver AntifaschistInnen Innsbruck (ABS)
Nachlass Maria Kaiser

Bundesarchiv Berlin
NSDAP-Zentralkartei

Gemeindearchiv Seefeld
Ordner 817 (Gräbergebühren, Schriftverkehr)

Heimatmuseum Kufstein
Fritz Kirchmair, Chronik des Bezirks Kufstein 1933-1945

Internationaler Suchdienst (ITS) Bad Arolson
Personenabfragen

Stadtarchiv Innsbruck (StAI)
Niederschrift der Innsbrucker Gemeinderatssitzungen 1950, 1955, 1968, 1971, 1978-1980, 1983, 1985, 1986, 1998, 2010

Privatarchive (PA) Niko Hofinger und Horst Schreiber
Diverse Materialien

Tiroler Landesarchiv (TLA)
Opferfürsorgeakten

Universitätsarchiv Innsbruck
Weltkrieg 1914–1918/26, Gefallene, Kriegerdenkmal 2

Online-Datenbank. DeGruyter
Anklagen und Urteile

Mails und Auskünfte

Auskunft Helmut Muigg, 10.9.2017
Mails Martin Achrainer, 11.2.2017, Erica Ausserdorfer, 11.4.2018, Hubert Außerlechner, 21.4. und 24.4.2016, Maria Bachler, 11.8.2016, Sabine Beirer-Raffl, 4.3.2017, Josef Bertsch, 5.2. und 7.2.2013, 5.8.2016, Irmgard Bibermann, 25.9.2018, Regina Brandl, 20.2.2017, Matthias Breit 31.1.2018, Barbara Cia-Egger, 22.4. und 2.5.2016, Roland Domanig, 5.7.2018, Christian Egger, 13.2.2017, Hansjörg Egger, 24.2.2017, Peter Eigelsberg, 9.4.2018, Erwin Gerst, 7.6.2016, Christoph Haidacher, 10.4. und 10.5.2017, 10.4.2018, Klemens Halder, 3.5. und 20.5.2017, Jürgen Heiss, 9.2. und 10.2.2017, Johann Herdina, 21.4.2016, Franz Hinterholzer, 9.5.2017, Pascal Hollaus, 8.6.2016, Gisela Hormayr, 6.5., 26.7. und 21.8.2016, 21.4., 19.2., 24.2. und 12.5.2017, 23.2., 30.4., 14.7. und 25.9.2018, Gabi Innerhofer, 22.9.2017, Gottfried Kalser, 26.9., 28.9. und 29.9.2018, 5.10.2018, Martin Kapferer, 29.3.2018, Rudolf Kerschbaumer, 6.2.2018, Peter Kitzbichler, 28.1. und 29.1.2013, Martin Krämer, 16.5.2017, Astrid Kröll, 26.5.2013, Martin Kofler, 24.4.2017, Sigrid Ladstätter, 3.5.2017, Gottfried Laireiter, 4.5.2016, Richard Lipp, 8.2.2013, 24.5.2013,

25.4.2016, 25.5.2017, 12.6. und 1.10.2018, Klaus Lukasser, 19.8.2018, Helmut Mall, 9.3.2018, Mail Gottfried Mariacher, 8.2. und 19.2.2013, 11.8.2016, Angela Marlier, 21., 24. und 25.4.2017, Christian Mathies, 11.7.2018, Christian Marte, 14.6.2018, Bernhard Mertelseder, 23.1. und 13.2.2017, Günther Moschig, 23.10.2014, Stefan Mühlberger, 30.1.2018, Robert Müller, 21.4.2017, Helmut Muigg, 19.4. und 25.4.2017, Karl Palfrader, 6.5.2016, Elmar Peintner, 7.2., 8.2.2018, Karl Prieler, 29.4.2016, Maria Reinstadler, 10.10.2018, Wolfgang Rebitsch, 24.6.2013, Martin Riederer, 16.5.2017, Gilbert Rosenkranz, 29.8.2018, Mail Peter Scheulen, 7.2.2013, 11.11.2018, Karin Schmid, 11.5. und 30.5.2017, 10.10.2018, Oliver Seifert, 22.6.2016, 13. und 14.2.2017, Werner Singer, 14.8., 30.8, 13.10.2018, Hannelore Steixner, 19.4. und 19.7.2017, Elisabeth Sternat, 12.6.2016, Wilfrid Tilg, 12.6.2017, Carmen Told, 5.2.2013, Paul Torggler, 27.5.2016, Franz Treffner, 7.2.2018, Claudia Turner, 9.5.2016, Franz Wassermann, 17.10.2017, Franz Wechselberger, 18.2. und 23.2.2017, Hannes Weinberger, 9.12.2014, Alexander Zanesco, 11.5.2017, Johann Zauner, 6.2. und 7.2.2018, Andrea Zelger, 24.4.2017, Anselm Zeller, 18.5.2017.

Zeitungen und Zeitschriften

APA-Basisdienst 1988
Bezirksblatt Innsbruck-Land 1977, 1978
Der neue Mahnruf. Zeitschrift für Freiheit, Recht und Demokratie 1972
Der Standard 1998, 1999, 2018
Der Volksbote 1957
Die Presse 2018
Die Rundschau Landeck 1989
Dolomiten 1997
Gemeindekurier Nußdorf-Debant 2005
Götzner Gemeindebote 1977, 1996
Imster Woche 1993
Innsbruck informiert 1997, 1998, 2003, 2004
Innsbrucker Nachrichten 1926, 1936, 1944
Innsbrucker Stadtnachrichten 1981, 1984
Katholisches Sonntagsblatt. Kirchenzeitung der Diözese Bozen-Brixen 1985
Kirche. Wochenblatt für die Diözese Innsbruck 1993, 1996, 1997
Kirchenblatt für Tirol 1977
Kirchenblatt für Tirol und Vorarlberg 1953
Kurier 1996, 2004, 2006, 2008
Milser Dorfblatt 1998
Neue Tiroler Zeitung 1984
Österreichisches Schwarzes Kreuz. Kriegsgräberfürsorge. Mitteilungen und Berichte 1978, 1979, 1986, 1988, 2000-2002
Osttiroler Bote 1965, 2005
Pauliner Forum 2007, 2008
s' Thurner Blattl 2013
Silz. Inser Dorf. Informationen und Neues aus dem Dorfgeschehen der Gemeinde Silz 2015
Stadtzeitung. Amtliche Mitteilungen und Neues aus Hall 2004
Tiroler Nachrichten 1946, 1948, 1949, 1957
Tiroler Tageszeitung 1946, 1948-1950, 1961, 1965, 1972, 1980, 1988, 1989, 1991, 1994–1998, 2003, 2004, 2008, 2013, 2015–2018
Volderer Gemeindeblatt 2006
Wörgler & Kufsteiner Rundschau 1988
Wörgler Rundschau 1976, 1984

Internet

http://cdn3.vol.at/2009/04/Wunder_des_Schneeschuhs1.pdf
http://db.yadvashem.org/
http://digital.cjh.org/
http://dioezesefiles.x4content.com/page-downloads/hall2015.pdf
http://gutenberg.spiegel.de/
http://jakob-gapp.zurerinnerung.at/
http://mobileapps.tt.com/ (https://www.tt.com/)
http://novemberpogrom1938.at/
http://orf.at/
http://religionv1.orf.at/
http://sackl-kahr.com/
http://sbgv1.orf.at/
http://schwaz.at/
http://sciencev1.orf.at/
http://sciencev2.orf.at/
http://sterbebilder.schwemberger.at/
http://tirol.orf.at/
http://tirv1.orf.at/
http://vero-online.info/
http://wartung5.business.co.at/
http://webs.schule.at/
http://wien.orf.at/
http://www.andrea-bischof.com/
http://www.ask-enrico.com/
http://www.bilderreisen.at/
http://www.biographien.ac.at/
http://www.bullock.at/
http://www.cimbria-kufstein.at/
http://www.dekanat-prutz.at/
http://www.denkmalprojekt.org/
http://www.dibk.at/
http://www.doew.at/
http://www.meinbezirk.at/
http://www.eduard-wallnoefer-platz.at/
http://www.erinnern.at/
http://www.franz-reinisch.org/
http://www.gfluer.at/
http://www.gugging.at/
http://www.güni-noggler.com/
http://www.heute.at/
http://www.hohenemsgenealogie.at/
http://www.htl-ibk.at/
http://www.ikg-innsbruck.at/synagoge/
http://www.innsbruckinformiert.at/
http://www.jerzens.tirol.gv.at/
http://www.karl-leisner.de/
http://www.kath-kirche-vorarlberg.at/
http://www.kath.net/
http://www.katjasdacha.com/
http://www.kurt-bauer-geschichte.at/
http://www.lettertothestars.at/
http://www.libertyellisfoundation.org/
http://www.malingesellschaft.at/
http://www.mils-chronik.at/
http://www.mylivingroom.org/
http://www.osk.at/
http://www.ots.at/
http://www.paulinum.at/
http://www.pfarre-patsch.at/

http://www.pfarre-wattens.at/
http://www.priesterseminar-innsbruck.at/
http://www.schwaz.at/
http://www.selige-kzdachau.de/
http://www.studentenwohnheim-saggen.at/
http://www.tirisdienste.at/
http://www.tt.com/
http://www.unitas-ruhrania.org/
http://www.vero-online.info/
http://yvng.yadvashem.org/
https://commons.wikimedia.org/
https://de.wikipedia.org/
https://derstandard.at/
https://evang.at/
https://fr.wikipedia.org/
https://klavierzimmer.files.wordpress.com/
https://poschenker.files.wordpress.com/
https://telfs.at/
https://www.alpenverein.at/
https://www.dieneuespoe-tirol.at/
https://www.doew.at
https://www.dolomitenstadt.at/
https://www.gedenkstaettenforum.de/
https://www.heiligenlexikon.de/
https://www.i-med.ac.at/
https://www.innsbruck.gv.at/
https://www.innsbruck.info/
https://www.kath-kirche-vorarlberg.at/
https://www.lienz.gv.at/
https://www.oecv.at/
https://www.osttirol-online.at/
https://www.parlament.gv.at/
https://www.profil.at/
https://www.scribd.com/
https://www.tirol.gv.at/
https://www.uibk.ac.at/
https://www.univie.ac.at/
https://www.ushmm.org/
https://www.vice.com/
https://www.zugspitzarena.com/

Internet: ab Ende 2019 auf www.erinnern.at

Michael Guggenberger: „Ihr Feiglinge! Eine wehrlose Frau angreifen!" Die Überfälle auf die Familien Brüll.
Michael Guggenberger: „Mein Mann, der leidend war, brach gelähmt zusammen". Rohe Gewalt gegen Ing. Josef Adler, Stefan Bauer und ihre Familien.
Michael Guggenberger: „Nehmt einen Stein!" Der Auftragsmord an Ing. Richard Berger.
Michael Guggenberger: „Nur „bärig hergeschlagen"? Karl Bauer überlebt den Anschlag des SS-Mordkommandos Schintlholzer.
Michael Guggenberger: „Schauen Sie sich die Häuser an, ob sie für uns zu brauchen sind, wir brauchen Villen!" Die Morde der SS an Dr. Wilhelm Bauer und Ing. Richard Graubart.
Michael Guggenberger: „Was wollen Sie von mir? Ich habe Ihnen nichts getan!" Die Überfälle auf die Familien Pasch, Seidl-Neumann und Goldenberg.

Literatur

Achrainer, Martin u.a.: Porträts zum Widerstand in Tirol, in: Schreiber/Grüner (Hg.): Das Befreiungsdenkmal in Innsbruck, S. 54–129.

Achrainer, Martin: „Wenn mir Jehova die Kraft gibt, werde ich niemals von seinem Glauben abfallen." Tiroler Bibelforscher-Innen im Nationalsozialismus, in: Gensluckner u.a. (Hg.): Gaismair-Jahrbuch 2002, S. 69–80.

Achrainer, Martin: Adele Stürzl (1892-1944). Die Rosa Luxemburg von Kufstein, in: Schreiber/Tschugg/Weiss (Hg.): Frauen in Tirol, S. 38–45.

Achrainer, Martin: Die Aufgabe der Justiz. Nationalsozialismus und Justiz in Österreich 1938 bis 1945 anhand der Akten des Oberlandesgerichts Innsbruck, Innsbruck Diplomarbeit 2001.

Achrainer, Martin: Familie Gottlieb, Wörgl, in: Albrich (Hg.): Wir lebten wie sie, S. 307–324.

Achrainer, Martin/Niko Hofinger: Politik nach „Tiroler Art – ein Dreiklang aus Fleiß, Tüchtigkeit und Zukunftsglaube". Anmerkungen, Anekdoten und Analysen zum politischen System Tirols 1945–1999, in: Gehler (Hg.): Tirol, S. 27–136.

Adler im Wandel, in: Leopold-Franzens-Universität (Hg.): zukunft forschung 1 (2018), S. 7.

Adler, Tal: Wandern in Seefeld – eine Geschichtsreise, in: Hussl u.a. (Hg.): Gaismair-Jahrbuch 2014, S. 187–194.

Albrich-Falch, Sabine: Jüdisches Leben in Nord- und Südtirol von Herbst 1918 bis Frühjahr 1938, in: Albrich (Hg.): Jüdisches Leben im historischen Tirol. Band 3, S. 11-186.

Albrich, Thomas (Hg.): Wir lebten wie sie. Jüdische Lebensgeschichten aus Tirol und Vorarlberg, Innsbruck ²2000.

Albrich, Thomas (Hg.): Die Täter des Judenpogroms 1938 in Innsbruck, Innsbruck 2016.

Albrich, Thomas/Michael Guggenberger: „Nur selten steht einer dieser Novemberverbrecher vor Gericht". Die strafrechtliche Verfolgung der Täter der so genannten „Reichskristallnacht" in Österreich, in: Albrich/Garscha/Polaschek (Hg.): Holocaust und Kriegsverbrechen vor Gericht, S. 26–56.

Albrich, Thomas (Hg.): Judenbichl. Die jüdischen Friedhöfe in Innsbruck, Innsbruck-Wien 2010.

Albrich, Thomas (Hg.): Jüdisches Leben im historischen Tirol. Band 3: Von der Teilung Tirols 1918 bis in die Gegenwart, Innsbruck-Wien 2013.

Albrich, Thomas: Die Jahre der Verfolgung und Vernichtung unter der Herrschaft des Nationalsozialismus und Faschismus 1938 bis 1945, in: Albrich (Hg.): Jüdisches Leben im historischen Tirol. Band 3, S. 187-356.

Albrich, Thomas: Ein KZ der Gestapo. Das Arbeitserziehungslager Reichenau bei Innsbruck, in: Eisterer (Hg.): Tirol zwischen Diktatur und Demokratie (1930-1950), S. 77–113.

Albrich, Thomas: Jüdisches Leben in Nord- und Südtirol nach der Shoah, in: Albrich (Hg.): Jüdisches Leben im historischen Tirol. Band 3, S. 357–488.

Albrich, Thomas: Luftkrieg über der Alpenfestung 1943-1945. Der Gau Tirol-Vorarlberg und die Operationszone Alpenvorland, Innsbruck 2014.

Albrich, Thomas: Tirol 2000: „Leonhard und Paola" statt „Arisierung" und „Zwangsarbeit", in: Gensluckner u.a. (Hg.): Gaismair-Jahrbuch 2001, S. 104–113.

Albrich, Thomas/Stefan Dietrich: Todesmarsch in die „Alpenfestung": Der „Evakuierungstransport" aus dem KZ Dachau nach Tirol Ende April 1945, in: Geschichte und Region/Storia e regione 6 (1997), S. 13–50.

Albrich, Thomas/Winfried R. Garscha/Martin F. Polaschek (Hg.): Holocaust und Kriegsverbrechen vor Gericht. Der Fall Österreich, Innsbruck-Wien-Bozen 2006.

Alexander, Helmut: Schwaz seit 1945, in: Stadt Schwaz (Hg.): Schwaz, S. 186–295.

Anderl, Gabriele/Alexandra Caruso (Hg.): NS-Kunstraub in Österreich und die Folgen, Innsbruck-Wien-Bozen 2005.

Arnberger, Heinz/Claudia Kuretsidis-Haider (Hg.): Gedenken und Mahnen in Niederösterreich. Erinnerungszeichen zu Widerstand, Verfolgung, Exil und Befreiung, Budapest ²2011.

Assmann, Aleida: Formen des Vergessens, Göttingen ²2016.

Außerlechner, Hubert: Josef Außerlechner – Bruder Gereon O.Praem., in: Gemeindezeitung Kartitsch, August 2014, S. 32.

Baum, Wilhelm u.a. (Hg.): Das Buch der Namen. Die Opfer des Nationalsozialismus in Kärnten, Klagenfurt–Wien 2010.

Beimrohr, Wilfried: Die Gestapo in Tirol und Vorarlberg, in: Tiroler Heimat 64 (2000), S. 183–236.

Berg Heil! Alpenverein und Bergsteigen 1918–1945, hg. vom Deutschen Alpenverein, vom Oesterreichischen Alpenverein und vom Alpenverein Südtirol, Köln-Weimar-Wien 2011.

Bibermann, Irmgard: Hedwig Schneider (1879-1951). Zwischen Gemeindepolitik und Märchenbühne: Kampf gegen Armut und Förderung der Jugend, in: Hofmann/Schreiber: Sozialdemokratie in Tirol, S. 223–235.

Blaschitz, Edith: NS-Flüchtlinge österreichischer Herkunft: Der Weg nach Argentinien, in: Jahrbuch 2003, hg. vom DÖW, Wien 2003, S. 103–136.

Breit, Johannes: Das Gestapo-Lager Innsbruck-Reichenau. Geschichte – Aufarbeitung – Erinnerung, Innsbruck 2017.

Bruckmüller, Ernst: Kollektives Gedächtnis und öffentliches Gedenken, in: Arnberger/Kuretsidis-Haider (Hg.): Gedenken und Mahnen in Niederösterreich, S. 12–18.

Bundesministerium für Justiz (Hg.): Täter – Richter – Opfer. Tiroler und Vorarlberger Justiz unter dem Hakenkreuz, Wien 2016.

Cranach, Michael von: Vortrag Tagung „Wahnsinn und ethnische Säuberung" in Bozen, 10.3.1995, in: Herbert Zimmermann: Kunterbuntes aus Mils, Heft 46 (o.J.), übergeben an das Ferdinandeum 1999.

Das Österreichische Schwarze Kreuz, Landesverband Tirol, Major d.R. Waldemar Güttner: Der Kriegerfriedhof Innsbruck-Amras, o. J.

Dietrich, Stefan: Telfs 1918-1946, Innsbruck-Wien-München-Bozen 2004.

DÖW (Hg.), Widerstand und Verfolgung in Tirol 1934-1945, Bd. 1 und 2, Wien 1984.

Edith-Stein-Gesellschaft Österreich, Rundbrief 7 (März 2016).

Egger, Gernot: Ausgrenzen – Erfassen – Vernichten. Arme und „Irre" in Vorarlberg, Bregenz 1990.

Eisterer, Klaus (Hg.): Tirol zwischen Diktatur und Demokratie (1930-1950). Beiträge für Rolf Steininger zum 60. Geburtstag, Innsbruck-Wien-Bozen 2002.

Eisterer, Klaus: Französische Besatzungspolitik. Tirol und Vorarlberg 1945/46, Innsbruck 1992.

Enderle-Burcel, Gertrude/Johannes Kraus (Mitarbeiter): Christlich – ständisch – autoritär. Mandatare im Ständestaat 1934-1938. Biographisches Handbuch der Mitglieder des Staatsrates, Bundeskulturrates, Bundeswirtschaftsrates und Länderrates sowie des Bundestages, hrsg. vom DÖW, Wien 1991.

Endl, Paul/Elias Schneitter: Ferdinand Obenfeldner. Tiroler und Sozialist, Innsbruck 2009.

Fein, Erich: Die Steine reden. Gedenkstätten des österreichischen Freiheitskampfes. Mahnmale für die Opfer des Faschismus. Eine Dokumentation, Wien 1975.

Gäck-Marx, Elfriede: Die Straßen von Wattens. Von A bis W, Wattenberg o.J. (2014).

Gehler, Michael (Hg.): Tirol. „Land im Gebirge": Zwischen Tradition und Moderne, Wien-Köln-Weimar 1999.

Gehler, Michael: Murder on Command. The Anti-Jewish Pogrom in Innsbruck 9th-10th November 1938, in: Leo Baeck Institute Yearbook XXXVIII (1993), London-Jerusalem-New York, S. 119–153.

Gehler, Michael: Spontaner Ausdruck des „Volkszorns"? Neue Aspekte zum Innsbrucker Judenpogrom vom 9. und 10. November 1938, in: zeitgeschichte 1/2 (1990/91), S. 2–21.

Gehler, Michael: Studenten und Politik. Der Kampf um die Vorherrschaft an der Universität Innsbruck 1918-1938, Innsbruck 1990.

Geldmacher, Thomas u.a. (Hg.): „Da machen wir nicht mehr mit..." Österreichische Soldaten und Zivilisten vor Gerichten der Wehrmacht, Wien 2010.

Gemeinde St. Anton am Arlberg (Hg.): St. Anton am Arlberg. Entwicklungsgeschichte der Gemeinde in einer Darstellung von Hans Thöni, Innsbruck 1996.

Gensluckner, Lisa u.a. (Hg.): Gaismair-Jahrbuch 2001, Innsbruck-Wien-München 2000.

Gensluckner, Lisa u.a. (Hg.): Gaismair-Jahrbuch 2002, Innsbruck-Wien-München-Bozen 2001.

Gensluckner, Lisa u.a. (Hg.): Gaismair-Jahrbuch 2004, Innsbruck-Wien-München-Bozen 2003.

Gensluckner, Lisa u.a. (Hg.): Gaismair-Jahrbuch 2008, Innsbruck-Wien-Bozen 2007.

Goller, Peter/Georg Tidl: Jubel ohne Ende. Die Universität Innsbruck im März 1938. Zur Nazifizierung der Tiroler Landesuniversität, Wien 2012.

Großruck, Johann: Pater Edmund Pontiller OSB 1889–1945. Ein Osttiroler Glaubenszeuge im Nationalsozialismus, Innsbruck 2015.

Gschliesser, Oswald von: Tirol – Österreich. Gesammelte Aufsätze zu deren Geschichte, Innsbruck 1965 (Schlern-Schriften 238).

Gutschlhofer, Stefanie/ Kalb, Michael: Erinnerungskultur und Gedächtnispolitik an der Universität Innsbruck, in: Österreichische Hochschülerinnen und Hochschülerschaft: Österreichische Hochschulen im 20. Jahrhundert. Austrofaschismus, Nationalsozialismus und die Folgen, Wien 2013.

Halbrainer, Heimo/Gerald Lamprecht: Nationalsozialismus in der Steiermark. Opfer. Täter. Gegner, Innsbruck-Wien-Bozen 2015.

Halbrainer, Heimo/Gerald Lamprecht/Georg Rigerl: Orte und Zeichen der Erinnerung. Erinnerungszeichen für die Opfer von Nationalsozialismus und Krieg in der Steiermark, hg. vom Landtag Steiermark, Graz 2018.

Harding, Stephen: Die letzte Schlacht. Als Wehrmacht und GIs gegen die SS kämpften, Wien 2015.

Haselwanter, Martin u.a. (Hg.): Gaismair-Jahrbuch 2013, Innsbruck-Wien-Bozen 2012.

Heimatmuseum Ehrwald (Hg.): 3. August / August 3rd 1944, Ehrwald 2001.

Hinterhuber, Hartmann: Nationalsozialistische Verbrechen an psychisch Kranken und Behinderten, Innsbruck 1995.

Hofmann, Rainer: Johann Orszag (1880–1938) – Gewerkschafter und Genossenschafter mit Leib und Seele, in: Hofmann/Schreiber: Sozialdemokratie in Tirol, S. 237–246.

Hofmann, Rainer/Horst Schreiber: Sozialdemokratie in Tirol. Die Anfänge, Krailing 2003.

Holzner, Johann/Anton Pinsker/Johann Reiter/Helmut Tschol (Bearb.): Zeugen des Widerstandes. Eine Dokumentation über die Opfer des Nationalsozialismus in Nord-, Ost- und Südtirol von 1938 bis 1945, Innsbruck-Wien-München 1977.

Hormayr, Gisela: „Die Zukunft wird unser Sterben einmal anders beleuchten". Opfer des katholisch-konservativen Widerstands in Tirol 1938-1945, Innsbruck-Wien-Bozen 2015.

Hormayr, Gisela: „Ich sterbe stolz und aufrecht". Tiroler SozialistInnen und KommunistInnen im Widerstand gegen Hitler, Innsbruck-Wien-Bozen 2012.

Hormayr, Gisela: „Wenn ich wenigstens von euch Abschied nehmen könnte". Letzte Briefe und Aufzeichnungen von Tiroler NS-Opfern aus der Haft, Innsbruck-Wien-Bozen 2017.

Hormayr, Gisela: Josefine Brunner, Wörgl. Eine Frau vor dem Volksgerichtshof, in: Weiss u.a. (Hg.): Gaismair-Jahrbuch 2011, S. 98–105.

Hussl, Elisabeth u.a. (Hg.): Gaismair-Jahrbuch 2014, Innsbruck-Wien-Bozen 2013.

Hye, Franz-Heinz: Zur Geschichte des Amraser Kriegerfriedhofs an der Wiesengasse, in: Amraser Bote, 20.12.1981, S. 1–5.

Jahresbericht 1982/83 des Öffentlichen Gymnasiums der Franziskaner Hall in Tirol.

Jarosch, Monika u.a. (Hg.): Gaismair-Jahrbuch 2009, Innsbruck-Wien-Bozen 2008.

Judt, Tony: Geschichte Europas von 1945 bis zur Gegenwart, München-Wien 2006.

Justman-Wisnicki, Lorraine: In quest for life – Ave Pax, Xlibris Print on Demand Bloomington 2003.

Kepplinger, Brigitte/Gerhart Marckhgott/Hartmut Reese (Hg.): Tötungsanstalt Hartheim, Linz 2008.

Knigge, Volkhard: Zur Zukunft der Erinnerung, in: Aus Politik und Zeitgeschichte 25–26 (2010), S. 10–16.

Kofler, Martin: Albin Egger-Lienz und Osttirol. Die Sammlungen im „Museum der Stadt Lienz Schloss Bruck" zwischen Aufbau und Restitution (1938 bis zur Gegenwart), in: Anderl/Caruso (Hg.): NS-Kunstraub, S. 131–141.

Kofler, Martin: Osttirol im Dritten Reich 1938–1945, Innsbruck-Wien 1996.

KÖHV Amelungia Wien (Redaktion und Gestaltung Bernhard Spitaler): Walter Caldonazzi: Widerstandskämpfer und Märtyrer, Wien 2009.

KÖHV Amelungia Wien (Redaktion und Gestaltung Bernhard Spitaler): Walter Caldonazzi v. Faßl: ein moderner Märtyrer aus der Zeit 1938–1945, Wien [2]2009.

König, Julia: Ilse Brüll: „Ich gehe zu Annemarie und Evi." Ihr Leben, ihre Flucht und ihr Tod in Auschwitz, in: Albrich (Hg.): Wir lebten wie sie, S. 199–216.

Krispel, Markus: Landeshauptmann Alfons Weißgatterer (1898–1951), sein politischer Aufstieg – eine Skizze, Innsbruck Diplomarbeit 2007.

Kunzenmann, Werner (Redaktion): Pater Jakob Gapp SM. Ein Märtyrer des Glaubens, Innsbruck 1996.

Kuretsidis-Haider, Claudia/Heinz Arnberger: Gedächtniskulturen und Erinnerungslandschaften in Niederösterreich, in: Arnberger/Kuretsidis-Haider (Hg.): Gedenken und Mahnen in Niederösterreich, S. 24–42.

Le monument de St. Anton-Mooserkreuz, in: Haut-Commissariat de la République française en Autriche. Mission française (Hg.): Bulletin d´information et de documentation 24 (Juin 1948–février 1949), S. 92–94.

Lechner, Stefan: Die Absiedlung der Schwachen in das „Dritte Reich". Alte, kranke, pflegebedürftige und behinderte Südtiroler 1939–1945, Innsbruck 2016.

Lechner, Stefan/Andrea Sommerauer/Friedrich Stepanek: Beiträge zur Geschichte der Heil- und Pflegeanstalt Hall in Tirol im Nationalsozialismus und zu ihrer Rezeption nach 1945. Krankenhauspersonal – Umgesiedelte SüdtirolerInnen in der Haller Anstalt – Umgang mit der NS-Euthanasie seit 1945, Innsbruck 2015.

Levit, Josef: Pater Jakob Gapp SM. Ein Märtyrer des Glaubens. Dokumentation, Greisinghof bei Tragwein 1996.

Linder, Markus: Der ÖGB Tirol 1945–1955, in: Schreiber/Hofmann: 60 Jahre ÖGB, S. 49–132.

Lipp, Richard: Vom Antisemitismus zum Holocaust. Auch das Außerfern war keine Insel der Seligen, in: Jahrbuch EXTRA VERREN des Museumsvereins des Bezirkes Reutte 2010, S. 173–188.

Mathies, Christian: Immer auf der Seite der Demokratie? Überlegungen zur Kontroverse um die NS-Vergangenheit Ferdinand Obenfeldners, in: Gensluckner u.a. (Hg.): Gaismair-Jahrbuch 2008, S. 42–50.

Mathies, Christian: Johann Vogl (1895–1944): Sozialist und Widerstandskämpfer, in: Jarosch u.a. (Hg.): Gaismair-Jahrbuch 2009, S. 77–87.

Mesner, Maria (Hg.): Entnazifizierung zwischen politischem Anspruch, Parteienkonkurrenz und Kaltem Krieg. Das Beispiel der SPÖ, München-Wien 2005.

Messner, Thomas: Adele Stürzl 1892–1944. Biographie einer Tiroler Widerstandskämpferin, Innsbruck Diplomarbeit 1995.

Mikrut, Jan (Hg.): Blutzeugen des Glaubens. Martyrologium des 20. Jahrhunderts. Band 3: Diözesen Feldkirch, Innsbruck, Gurk, Salzburg, Wien 2000.

Molden, Otto: Der Ruf des Gewissens. Der österreichische Freiheitskampf 1938–1945. Beiträge zur Geschichte der österreichischen Widerstandsbewegung, Wien 1958.

Molzer-Sauper, Caterina: Ruhet in Frieden, in: eco.nova 1 (2015), S. 50–52.

Muigg, Helmut/Martin Ortner: Sozialdemokratischer Widerstand in Tirol – Erinnerungskultur am Beispiel einer Gedenktafel, in: Schreiber u.a. (Hg.): Gaismair-Jahrbuch 2006, S. 213–221.

Müller, Christina: „Die Vergessenen vom Paschberg". Eine Hinrichtungsstätte der Deutschen Wehrmacht in Innsbruck, in: Hussl u.a. (Hg.): Gaismair-Jahrbuch 2014, S. 176–183.

Natter, Bernhard: Die Universität und das Vaterlandsdenkmal, in: Rath/Sommerauer/Verdorfer (Hg.): Bozen Innsbruck, S. 129–133.

Neugebauer, Wolfgang/Peter Schwarz: Der Wille zum aufrechten Gang. Offenlegung der Rolle des BSA bei der gesellschaftlichen Reintegration ehemaliger Nationalsozialisten, Wien 2005.

Oberkofler, Gerhard: Das Innsbrucker Universitätsdenkmal. Ein Gebrauchsgegenstand der Professorenwelt, in: Das Fenster 70 (2000), S. 6794–6797.

Oberkofler, Gerhard: Die Tiroler Arbeiterbewegung. Von den Anfängen bis zum Ende des 2. Weltkrieges, Wien ²1986.

Perz, Bertrand u.a. (Hg.): Schlussbericht der Kommission zur Untersuchung der Vorgänge um den Anstaltsfriedhof des Psychiatrischen Krankenhauses in Hall in Tirol in den Jahren 1942 bis 1945, Innsbruck 2014.

Pfarrbrief Dölsach – Iselsberg, März 2015 und Februar 2016.

Pfarrer Otto Neururer. Ein Seliger aus dem KZ. Dokumentation, Innsbruck ³2004.

Pichler, Meinrad: Der Vorzugsschüler im Widerstand. Gelebte Humanität, praktiziertes Christentum: Josef Anton King (1922–1945), in: Pichler: Quergänge, S. 238–251.

Pichler, Meinrad: Quergänge. Vorarlberger Geschichte in Lebensläufen, Hohenems 2007.

Pitscheider, Sabine: Irma Krug-Löwy: „Im großen und ganzen haben sie mir nichts getan ...". Überleben in einer „privilegierten Mischehe", in: Albrich (Hg.): Wir lebten wie sie, S. 289–306.

Pitscheider, Sabine: Kematen in der NS-Zeit. Vom Bauerndorf zur Industriegemeinde, Innsbruck-Wien-Bozen 2015.

Pollack, Martin: Kontaminierte Landschaften, St. Pölten-Salzburg-Wien 2014.

Pontiller, Michael: Märtyrer der Heimatkirche – Teil II. P. Edmund Pontiller OSB – als Zeuge Christi hingerichtet, in: Osttiroler Heimatblätter (2–3) 2001, o. S.

Pontiller, Michael: Märtyrer der Heimatkirche. P. Edmund Pontiller OSB – als Zeuge Christi hingerichtet, in: Osttiroler Heimatblätter (2) 2000, o. S.

Rapatriement de corps de Français morts en Autriche, in: Haut-Commissariat de la République française en Autriche. Mission française (Hg.): Bulletin d´information et de documentation 21 (August–Oktober 1947), S. 47–49.

Rath, Gabriele/Andrea Sommerauer/Martha Verdorfer (Hg.): Bozen Innsbruck. zeitgeschichtliche stadtrundgänge, Bozen 2000.

Rathkolb, Oliver/Maria Wirth/Michael Wladika: Die „Reichsforste" in Österreich 1938–1945: Arisierung, Restitution, Zwangsarbeit und Entnazifizierung. Studie im Auftrag der Österreichischen Bundesforste, Wien 2010.

Reemtsma, Jan Philipp: Wozu Gedenkstätten?, in: Aus Politik und Zeitgeschichte 25–26 (2010), S. 3–9.

Reisecker, Sophia/Helmut Muigg: Das Suevia-Denkmal in Innsbruck: Stationen einer „Entnazifizierung" im 21. Jahrhundert, in: Schreiber u.a. (Hg.): Gaismair-Jahrbuch 2017, S. 174–185.

Rettl, Lisa: „Heute muss ich euch benachrichtigen, dass mein Todesurteil vollstreckt wird ..." Maria Peskoller (1902–1944), in: Schmidt (Hg.): Drautöchter, S. 206–220.

Rettl, Lisa: „und dann denk' ich an die Frau Peskoller..." Weiblicher Widerstand und Desertionsdelikte, in: Geldmacher u.a. (Hg.): „Da machen wir nicht mehr mit...", S. 117–125.

Riesenfellner, Stefan/Heidemarie Uhl: Todeszeichen. Zeitgeschichtliche Denkmalkultur in Graz und in der Steiermark vom Ende des 19. Jahrhunderts bis zur Gegenwart, Wien-Köln-Weimar 1994.

Rupnow, Dirk/Horst Schreiber/Sabine Pitscheider: Studie zu den Sozialehrenzeichenträgern der Stadt Innsbruck. P. Magnus Kerner OFMCap. und Hermann Pepeunig, erstellt im Auftrag der Stadt Innsbruck vom Institut für Zeitgeschichte der Universität Innsbruck, Innsbruck 2013.

Sailer, Gerhard: Gegen das Vergessen, in: Jahresbericht 2004/05 des Öffentlichen Gymnasiums der Franziskaner Hall in Tirol, S. 16.

Sailer, Hansjörg: Josef Anton Geiger 1880–1945. Leben und Wirken des Karröster Expositus nach seiner ,Chronik der Seelsorge Karrösten' und dem ,Tagebuch' Johann Waldharts, Innsbruck Diplomarbeit 2005.

Schlosser, Hannes: Ein Monument für 61 unvergessene Menschen, in: Gensluckner u.a. (Hg.): Gaismair-Jahrbuch 2004, S. 185–196.

Schmidt, Alexandra (Hg.): Drautöchter. Villacher Frauengeschichte(n). Klagenfurt 2013.

Schreder, Erich: Zwangsarbeit im Reichsgau Tirol und Vorarlberg im Zweiten Weltkrieg, in: Geschichte und Region/Storia e regione 12 (2003), S. 72–10.

Schreiber u.a. (Hg.): Gaismair-Jahrbuch 2017, Innsbruck-Wien-Bozen 2016.

Schreiber, Horst (Hg.): Von Bauer & Schwarz zum Kaufhaus Tyrol, Innsbruck-Wien-Bozen 2010.

Schreiber, Horst u.a. (Hg.): Gaismair-Jahrbuch 2006, Innsbruck-Wien-Bozen 2005.

Schreiber, Horst: „Es entspricht der Mentalität des freiheitsliebenden Tirolers, immer klar Farbe zu bekennen." Zur Geschichte, Struktur und Entwicklung der Tiroler Schule 1945–1998, in: Gehler (Hg.): Tirol, S. 487–566.

Schreiber, Horst: Anmerkungen zur NSDAP-Mitgliedschaft des Altlandeshauptmannes von Tirol, Eduard Wallnöfer, in: Geschichte und Region/Storia e regione 14 (2005), S. 167–197.

Schreiber, Horst: Die Gedenknische im Kaufhaus Tyrol: kommerzialisierte Inszenierung statt würdevoller Erinnerung, in: Schreiber u.a. (Hg.): Gaismair-Jahrbuch 2017, S. 186–194.

Schreiber, Horst: Die Geschichte der Tiroler Sozialdemokratie im Überblick, in: Hofmann/Schreiber (Hg.): Sozialdemokratie in Tirol, S. 15–56.

Schreiber, Horst: Die Machtübernahme. Die Nationalsozialisten in Tirol 1938/39, Innsbruck 1994.

Schreiber, Horst: Ein „Idealist", aber kein Fanatiker"? Dr. Hans Czermak und die NS-Euthanasie in Tirol, in: Tiroler Heimat 72 (2008), S. 205–224.

Schreiber, Horst: Freigelegte Erinnerungslandschaft und urbaner Begegnungsraum. Die Sicht des Historikers auf den neu gestalteten Eduard-Wallnöfer-Platz, in: Schreiber/Grüner (Hg.): Das Befreiungsdenkmal in Innsbruck, S. 45–51.

Schreiber, Horst: Heinz Mayer: Obmann des „Bundes der Opfer des politischen Freiheitskampfes in Tirol", in: Gensluckner u.a. (Hg.): Gaismair-Jahrbuch 2002, S. 25–38.

Schreiber, Horst: Nationalsozialismus und Faschismus in Tirol und Südtirol. Opfer. Täter. Gegner, Innsbruck-Wien-Bozen 2008.

Schreiber, Horst: Sie gehören zu uns: Erinnerungen an die Ermordeten der NS-Euthanasie in Rum und Zirl, in: Haselwanter u.a. (Hg.): Gaismair-Jahrbuch 2013, S. 167–177.

Schreiber, Horst: Von inbrünstiger Begeisterung und dem Grauen der Barbarei: Schwaz unter nationalsozialistischer Herrschaft 1938–1945, in: Stadt Schwaz (Hg.): Schwaz, S. 121–185.

Schreiber, Horst: Widerstand und Erinnerung in Tirol 1938–1998. Franz Mair. Lehrer, Freigeist, Widerstandskämpfer, Innsbruck-Wien-München 2000.

Schreiber, Horst: Wirtschafts- und Sozialgeschichte der Nazizeit in Tirol, Innsbruck 1994.

Schreiber, Horst/Christoph Grüner (Hg.): Den für die Freiheit Österreichs Gestorbenen. Das Befreiungsdenkmal in Innsbruck. Prozesse des Erinnerns, Innsbruck 2016.

Schreiber, Horst/Ingrid Tschugg/Alexandra Weiss (Hg.): Frauen in Tirol. Pionierinnen in Politik, Wirtschaft, Literatur, Musik, Kunst und Wissenschaft, Innsbruck-Wien-München-Bozen 2003.

Schreiber, Horst/Irmgard Bibermann: Von Innsbruck nach Israel. Der Lebensweg von Erich Weinreb / Abraham Gafni. Mit einem historischen Essay über jüdisches Leben in Tirol, Innsbruck-Wien-Bozen 2014.

Schreiber, Horst/Martin Haselwanter/Elisabeth Hussl (Hg.): Gaismair-Jahrbuch 2017, Innsbruck-Wien-Bozen 2016.

Schreiber, Horst/Rainer Hofmann: 60 Jahre ÖGB. Geschichte, Biografien, Perspektiven, Wien 2004.

Stadt Schwaz (Hg.): Der Weg einer Stadt, Innsbruck 1999.

Seifert, Oliver: „daß alle uns geholten Patienten als gestorben zu behandeln sind ...". Die „Euthanasie"-Transporte aus der Heil- und Pflegeanstalt für Geistes- und Nervenkranke in Hall in Tirol, in: Sommerauer/Wassermann (Hg.): Prozesse der Erinnerung, S. 29–77.

Seifert, Oliver: „Sterben hätten sie auch hier können." Die „Euthanasie" – Transporte aus der Heil- und Pflegeanstalt Hall in Tirol nach Hartheim und Niedernhart, in: Kepplinger/Marckhgott/Reese (Hg.): Tötungsanstalt Hartheim, S. 359–410.

Seifert, Oliver: Das Schicksal der PatientInnen der Heil- und Pflegeanstalt Hall in Tirol in den Jahren 1942 bis 1945, in: Schreiber u.a. (Hg.): Gaismair-Jahrbuch 2017, S. 118–128.

Seifert, Oliver: Der Februarkämpfer und Nationalratsabgeordnete Johann Astl (1891–1964). „... aber wenn der Staat ein Zuchthaus geworden ist, kann auch eine Liebe nicht gefunden werden zu einem solchen Zuchthaus", in: Hofmann/Schreiber: Sozialdemokratie in Tirol, S. 359–370.

Seifert, Oliver: Leben und Sterben in der Heil- und Pflegeanstalt Hall in Tirol 1942 bis 1945. Zur Geschichte einer psychiatrischen Anstalt im Nationalsozialismus, Innsbruck 2016.

Sichrovsky, Harry: Ein Denkmal für Rudolf Gomperz, in: Gemeindeblatt St. Anton am Arlberg, St. Christoph, St. Jakob 1 (1996), S. 6.

Sixl, Peter (Hg. unter Mitarbeit von Veronika Bacher und Grigorij Sidko): Sowjetische Tote des Zweiten Weltkrieges in Österreich. Namens- und Grablagenverzeichnis. Ein Gedenkbuch, Graz-Wien 2010.

Smekal, Christian/Hartmann Hinterhuber/Ullrich Meise (Hg.): Wider das Vergessen. Psychisch Kranke und Behinderte – Opfer nationalsozialistischer Verbrechen. Gedenkschrift der Leopold-Franzens-Universität Innsbruck, Innsbruck 1997.

Sommerauer, Andrea: Adele Obermayr (1894–1972). Sozialdemokratische Politikerin in der Provinz, in: Schreiber/Tschugg/Weiss (Hg.): Frauen in Tirol, S. 23–30.

Sommerauer, Andrea: Die Gedenktafel für Konrad Tiefenthaler, in: Rath/Sommerauer/Verdorfer (Hg.): Bozen Innsbruck, S. 134–137.

Sommerauer, Andrea: Die Reaktionen der Gemeinde. Ein Zwischenbericht, in: Sommerauer/Wassermann (Hg.): Prozesse der Erinnerung, S. 85–96.

Sommerauer, Andrea: Im Gedächtnis verankern. Über den Umgang mit der NS-Euthanasie in Tirol seit 1945 mit Verweisen auf Vorarlberg, in: Lechner/Sommerauer/Stepanek: Beiträge zur Geschichte der Heil- und Pflegeanstalt Hall in Tirol, S. 255–351.

Sommerauer, Andrea: Zur Wehr gesetzt – Die Abgeordnete zum Tiroler Landtag Adele Obermayr (1894–1972), in: Hofmann/Schreiber: Sozialdemokratie in Tirol, S. 57–76.

Sommerauer, Andrea/Franz Wassermann (Hg.): Prozesse der Erinnerung. Temporäres Denkmal. Im Gedenken an 360 Opfer der NS-Euthanasie. PatientInnen des heutigen Psychiatrischen Krankenhauses Hall i.T., Innsbruck-Wien-Bozen 2007.

Sommerauer, Andrea/Franz Wassermann (Hg.): Prozesse der Erinnerung. Temporäres Denkmal. Im Gedenken an 360 Opfer der NS-Euthanasie. PatientInnen des heutigen Psychiatrischen Krankenhauses Hall i.T., Innsbruck-Wien-Bozen 2007.

Sottopietra, Doris/Maria Wirth: Ehemalige NationalsozialistInnen in der SPÖ: eine quantitative und qualitative Untersuchung, in: Mesner (Hg.): Entnazifizierung, S. 266–334.

Spiss, Roman: Landeck 1918–1945. Eine bisher nicht geschriebene Geschichte, Innsbruck 1998.

Sporer-Heis, Claudia: Zur Frage der Restitution jüdischen Eigentums am Tiroler Landesmuseum Ferdinandeum, in: Anderl/Caruso (Hg.): NS-Kunstraub, S. 121–130.

Steinacher, Gerald: Nazis auf der Flucht. Wie Kriegsverbrecher über Italien nach Übersee entkamen, Innsbruck-Wien-Bozen 2008.

Steinegger, Fritz: Frater Gereon (Josef) Außerlechner O. Praem., Laienbruder (1904–1944), in: Mikrut (Hg.): Blutzeugen des Glaubens, S. 63–68.

Steiner, Hans: Signale an die Gemeinschaft – Denkmäler in Wörgl, in: Zangerl (Hg.), Wörgl, S. 423–428.

Steiner, Herbert: Gestorben für Österreich. Widerstand gegen Hitler, Wien-Zürich 1968.

Steiner, Ludwig: Der Botschafter. Ein Leben für Österreich, Bozen 2005.

Steinwender, Ignaz: Geistliche im Weinberg des Herren. Missionare, Bischöfe, Regenten, Wissenschaftler, Künstler etc. aus dem Zillertal, Zell am Ziller 2008.

Stepanek, Friedrich: „Ich bekämpfte jeden Faschismus". Lebenswege Tiroler Spanienkämpfer, Innsbruck-Wien-Bozen 2010.

Strigl, Sarah: Kindheit unter dem Hakenkreuz in Obsteig. Ein Oral History Projekt, Innsbruck Diplomarbeit 2018.

Thöni, Hans: Fremdenverkehrspionier am Arlberg: Das Schicksal des Rudolf Gomperz, in: Albrich (Hg.): Wir lebten wie sie, S. 123–146.

Thöni, Hans: Hannes Schneider zum 100. Geburtstag des Skipioniers und Begründers der Arlberg-Technik, St. Anton am Arlberg-Bludenz-Ludesch 1990.

Thüminger, Rosmarie: Mit offenen Augen. Adele Stürzl. Eine Annäherung, Innsbruck 2009.

Uhl, Heidemarie: „Gedenken und Mahnen in Niederösterreich": regionales/lokales Gedächtnis im transnationalen Kontext, in: Arnberger/Kuretsidis-Haider (Hg.): Gedenken und Mahnen in Niederösterreich, S. 9–11.

Uhl, Heidemarie: Das „erste Opfer". Der österreichische Opfermythos und seine Transformationen in der Zweiten Republik, in: ÖZP 30 (2001), S. 19–34.

Uhl, Heidemarie: Erinnern und Vergessen. Denkmäler zur Erinnerung an die Opfer der nationalsozialistischen Gewaltherrschaft und an die Gefallenen des Zweiten Weltkriegs in Graz und in der Steiermark, in: Riesenfellner/Uhl: Todeszeichen, S. 111–196.

Uhl, Heidemarie: Transformationen des österreichischen Gedächtnisses. Erinnerungspolitik und Denkmalkultur in der Zweiten Republik, in: Institut für die Wissenschaften vom Menschen (Hrsg.): Transit – Europäische Revue: Vom

Neuschreiben der Geschichte. Erinnerungspolitik nach 1945 und 1989 15 (Herbst 1998), S. 100–119.

Uhl, Heidemarie: Warum Gesellschaften sich erinnern, in: Erinnerungskulturen, hg. vom Forum Politische Bildung. Informationen zur Politischen Bildung 32, Innsbruck-Wien-Bozen 2010, S. 5–14.

Unterrichter, Leopold: Die Luftangriffe auf Nordtirol im Kriege 1939–1945, in: Veröffentlichungen des Museum Ferdinandeum 26–29 (1946/49), Innsbruck 1949, S. 555–581.

Verdorfer, Martha: Die Geschichte des Josef Mayr-Nusser, in: Rath/Sommerauer/Verdorfer (Hg.): Bozen Innsbruck. zeitgeschichtliche stadtrundgänge, Bozen 2000.

Verein Freunde der Wallfahrtskirche Götzens (Hg.): Im Gewöhnlichen außergewöhnlich gut. Der selige Pfarrer Otto Neururer (1882–1940). Eine Dokumentation in Wort und Bild, Innsbruck o.J. (2004) o.S.

Wallgramm, Peter: Hubert Mayr 1913–1945. Ein Leben im Kampf für die Freiheit, Innsbruck 2005.

Weiler, Eugen (Hg.): Die Geistlichen in Dachau, Mödling 1971.

Weinberger, Hannes: Euthanasie in Stams, in: Stams informativ. Unser Dorf im Mittelpunkt, Juli 2014, S. 10.

Weiss, Alexandra u.a. (Hg.): Gaismair-Jahrbuch 2011, Innsbruck-Wien-Bozen 2010.

Welzer, Harald: Erinnerungskultur und Zukunftsgedächtnis, in: Aus Politik und Zeitgeschichte 25–26 (2010), S. 16–23.

Weninger, Joachim/Heinz Arnberger: Sowjetische Kriegsgräberanlagen, in: Arnberger/Kuretsidis-Haider (Hg.): Gedenken und Mahnen in Niederösterreich, S. 587–635.

Wladika, Michael: Zur Repräsentanz von Politikern und Mandataren mit NS-Vergangenheit in der Österreichischen Volkspartei 1945–1980. Eine gruppenbiographische Untersuchung. Forschungsprojekt im Auftrag des Karl von Vogelsang-Instituts, Wien 2018.

Würl, Siegfried: „Was hat mir der Jäger den Pfarrhof zu beschmieren"– Nase im Eiwasser, in: Weiler (Hg.): Die Geistlichen in Dachau, S. 887–892.

Zangerl, Josef (Hg.): Wörgl. Ein Heimatbuch, Wörgl 1998.

Zeugen für Christus. Das deutsche Martyrologium des 20. Jahrhunderts, hg. von Helmut Moll im Auftrag der Deutschen Bischofskonferenz, Paderborn-Wien [7]2019

Ziegler, Meinrad/Waltraud Kannonier-Finster: Österreichisches Gedächtnis. Über das Erinnern und Vergessen der NS-Vergangenheit, Innsbruck-Wien-Bozen 2016.

Personenregister

Ortsregister